초등학교
새국어사전

전학년용

리 유아교실

머 리 말

한글의 우수성은 이제 우리나라에만 국한되는 것이 아니라, 세계 여러나라에서도 많은 학자들과 대학에서 「한국어 연구」, 「한국어과」란 독립적 학문으로 자리 매김하고 있는 실정입니다.

한 나라의 말과 글은 오랜 역사와 전통 가운데서 이루어져 가며 그 나라 민족의 정신과 문화를 담고 또한 재창조해 내는 것입니다.

따라서 말과 글은 그 민족 가운데서 태어나고 자라고 발전하며 그리고 사멸의 과정을 밟게 되는데, 훌륭한 사전이란 오늘의 현재속에서 생명력있게 살아있는 낱말과 그 뜻풀이를 어떻게 채택해야 하는가에 있습니다.

사실 이러한 낱말은 헤아릴 수 없어 여기서는 아직 뜻이 확정되지 않은 아주 최근의 낱말은 뺏습니다. 그리고 역사 속에서 사라지는 낱말들도 삭제했습니다. 이를테면 「동독」, 「소련」이라는 단어는 이제 쓰지않기 때문입니다.

초등학교 전과목 교과서에서 나오는 주요 낱말을 빠짐없이 수록하도록 특별한 노력을 기울였습니다. 또 이러한 낱말들을 이해하고 활용하는데 손쉽게 접근할 수 있도록 적절한 예문을 제시하였습니다. 사전의 생명은 정확·풍부·편리에 두고 최선의 노력을 다해 만들었습니다.

특히, 초등학생의 수업을 돕기 위해 삽화·사진들을 도입해 넣었으므로 명실공히 학습의 기초자료로써 독자 여러분의 좋은 친구가 되어 줄 것이라고 생각됩니다.

유아교실 편집부

일 러 두 기

1 낱말의 선정

1. 국어학습과 전교과목에 두루 걸쳐 필요하다고 여겨지는 낱말을 널리 모았다.
2. 최신 신문·잡지·방송·음악·체육 등에 흔히 보고 듣게 되는 일상의 낱말을 되도록 많이 실었다.
3. 상급학교에 진학한 후의 학습과 또한 장차 사회생활에서 필수적으로 알아야 할 낱말들을 최대한 수록하였다.
4. 교과서에 나오는 인명·지명·나라명·책명·사건명 등의 중요 학습 사항을 간추려 실었다.
5. 최근 새로 생겨나 일상 생활에 자주 쓰이는 낱말을 실었다.

2 낱말(표제어)

1. 낱말의 표제어는 굵은 활자체인, 고딕 서체로 나타내었다.
2. 활용되는 낱말은 그 낱말이 쓰일 때 변화되는 예를 표제어 옆에 괄호로 묶어 나타냈다.
   보기 돕다(도우니, 도와서) 살다(사니, 살아서)
   　　　가깝다(가까우니, 가까워서) 묻다(물으니, 물어서)
3. 한자말은 【 】에 넣어 보였다.

3 낱말의 배열

　우리 한글은 글자 한 자 한 자가 닿소리와 홀소리 글자 둘 이상이 맞춰져서 이루어진 것이다. 예를 들면 「학교」라는 두 글자는 「ㅎㅏㄱ」「ㄱㅛ」라는 다섯 개의 낱자로 구성되어 있다.

1. 표제어의 낱말은 첫소리(닿소리)와 가운뎃소리, 끝소리 (받침)의 차례로 벌여 놓았다.
   (1) 첫소리의 차례
   ㄱ ㄲ ㄴ ㄷ ㄸ ㄹ ㅁ ㅂ ㅃ ㅅ ㅆ ㅇ ㅈ ㅉ ㅊ ㅋ ㅌ ㅍ ㅎ
   (2) 가운뎃소리의 차례
   ㅏ ㅐ ㅑ ㅒ ㅓ ㅔ ㅕ ㅖ ㅗ ㅘ ㅙ ㅚ ㅛ ㅜ ㅝ ㅞ ㅟ ㅠ ㅡ ㅢ ㅣ
   (3) 끝소리의 차례
   ㄱ ㄲ ㄳ ㄴ ㄵ ㄶ ㄷ ㄸ ㄹ ㄺ ㄻ ㄼ ㄽ ㄾ ㄿ ㅀ ㅁ ㅂ ㅄ ㅅ ㅆ ㅇ ㅈ ㅉ ㅊ ㅋ ㅌ ㅍ ㅎ
2. 소리와 글자가 같으나 뜻이 다른 말은 그 낱말의 오른쪽에 각각 1, 2, 3,…의 번호를 붙여 구별하였다.

4 낱말의 풀이

1. 낱말의 뜻은 이해하기 쉽게 풀이하였으며, 이해를 돕기 위해 예문을 제시하거나 속담 등을 실어 도움이 되도록 하였다.
2. 낱말의 뜻이 여럿인 경우는 많이 쓰이는 뜻을 우선으로 하여 차례로 ①, ②, ③…의 번호를 붙여 풀이하였다.
3. 낱말의 뜻을 분명히 하고, 정확한 이해의 도움을 위해 비슷한 말, 반대말, 준말, 본말, 큰말, 작은말, 센말, 거센말, 높임말, 낮춤말 등을 두루 실었다.

5 읽는 소리

1. 낱말 중에서 길게 소리나는 글자(장음)에는 긴소리 부호인 :를 붙였다.
   보기 방:송국 풀이…, 건:설 풀이…
2. 낱말이 표기와는 다르게 발음이 되는 것은 낱말 다음의 [ ] 안에 그 소리를 표시하였다.

보기 밟:다[밥따] 좋:다[조타] 활동[-똥]

6 한자 기재

한자는 일상생활에 자주 대하는 글이므로 가급적 모두 표기하였다.

■ 이 사전에 쓰인 부호에 대하여

:	긴소리 표시	예	예문
[ ]	발음 표시	비	비슷한 말, 같은 말
( )	표제어의 활용	반	반대말, 맞선말
【 】	한자	본	본딧말
-	표제어·발음의 생략 부분	준	준말
→	참고자료	작	작은말
<	큰 말 앞에	큰	큰말
>	작은 말 앞에	센	센말
×	틀린 말 앞에	거	거센말
보기	실제의 보기	여	여린말
*	참고로 알아둘 일	높	높임말
		낮	낮춤말

ㄱ

ㄱ[기역] 한글 자모의 첫째 글자. 자음의 하나. 무성음. [낫 놓고 기억자도 모른다] 매우 무식함을 뜻함.

ㄱ자집 용마루를 「ㄱ」자 모양으로 지은 집. 비곡자집.

가: ①물건의 바깥 쪽으로 향하여 끝난 곳. 비가장자리. 반가운데. ②일정한 표면의 한 계선이 되는 곳.

가가 호:호【家家戶戶】 집집마다. 예~ 방문하다.

가감【加減】 ①덧셈과 뺄셈. ②적당히 조절함. -하다.

가감승제 더하기·빼기·곱하기·나누기 법을 통틀어 이르는 말.

가:게 ①작은 규모로 물건을 파는 집. ②길가나 장터같은 데서 물건을 벌여 놓고 파는 곳.

가격【價格】 물건의 값. 예공장도 ~으로 팔다.

가:결【可決】 서로서로 의논하여 놓다고 결정함. 반부결. -하다.

가계¹【家計】 집안의 수입·지출의 살림살이. 생계.

가계²【家系】 대대로 이어온 한 집안의 계통. 비가문.

가곡【歌曲】 ①노래. 예~발표회. ②노래의 곡조.

가공¹【加工】 아직 덜 된 물건에 손질을 더하여 새로운 물건을 만듦. 예~무역.

가:공²【可恐】 두려워할 만함. 예~할 무기. -하다.

가구¹【家具】 집안에 놓고, 살림살이에 쓰이는 가구. 가재. 예~점. 비세간.

가구²【家口】 ①각 살림을 하는 집의 수효. 예한 집에 두 ~가 산다. 비세대. ②집안 식구.

가극 음악과 무용을 섞어가면서 일부는 노래도 부르면서 하는 연극. 오페라. 예시립 ~단. 비악극. 대가극.

가:급적 될 수 있는 대로. 예~ 빨리 오너라.

가까스로 ①애를 써서 겨우. 예웃음을 ~ 참았다. ②어떤 기준에 빠듯하게. 예어려운 고비를 ~ 넘겼다.

가까이 가깝게. 가까운 데.

가까이하다 ①허물없이 사귀다. ②무엇을 좋아하다. 예책을 ~.

가깝다[-따] ①거리가 짧다. ②사이가 친하다. ③어떤 기준에 거의 비슷하다. ④촌수가 멀지 않다. 반멀다.

가꾸다 ①생물이 잘 자라도록 보살피다. ②꾸미다.

가끔 어쩌다가. 드문 드문. 비간혹. 종종. 반언제나. 자주.

가난 살림살이가 넉넉하지 못함. 비 빈곤. 구차. 반 부유. -하다.

가난뱅이 가난한 사람을 낮추어 보아 이르는 말. 반 부자.

가내【家內】 ①한 집안. 예 ~편안하십니까? ②가까운 일가.

가내 공업 단순한 기술과 기구를 써서 집안에서 하는 작은 규모의 공업. 비 수공업. 반 공장 공업.

가냘프다 가늘고 약하다. 비 연약하다. 반 억세다.

가누다 ①몸이나 정신을 겨우 가다듬어 바르게 하다. ②일을 휘어잡아 처리해 내다.

가느다랗다 아주 가늘다. 예 ~란 팔뚝. 반 굵다랗다.

가늘다 ①굵지 않다. ②소리가 작다. 예 목소리가 매우 ~. 반 굵다. ③넓이가 좁다.

가늠 ①목표에 맞고 안 맞음을 헤아리는 표준. ②일이 되어 가는 형편이나 기미를 살펴 얻은 짐작. ③시세의 기미를 엿보는 눈치. -하다.

가·능【可能】 될 수 있음. 할 수 있음. 예 그 일은 실현이 ~하다. 반 불가능.

가·능성【可能性】[-썽] ①일이 장차 실현될 수 있는 성질. ②완성될 수 있는 성질.

가다 ①목적한 곳을 향하여 움직이다. 반 오다. ②입맛·정신 따위가 변하다. ③죽다.

가다가 이따금. 간혹.

가다듬다[-따] ①매만져서 곱게 하다. 예 앞 머리를 ~. ②정신이나 마음을 바로 차리다. 예 정신을 ~.

가담 한편이 되어 일을 같이 함. 예 독립 운동에 ~하다.

가동 사람이나 기계가 움직여 일함. 예 엔진을 ~시키다.

가두 길거리. ~ 시위.

가두다 ①드나들지 못하게 한정된 곳에 넣어 두다. ②잡아다가 유치장에 넣다. 예 감옥에 ~.

가득 꽉 차게. 그득. 물건의 분량이 한도에 차도록 많이. -하다.

가라앉다 ①뜬 것이 밑바닥에 이르다. 예 배가 ~. 반 뜨다. ②조용해지다. 준 갈앉다.

가락¹ ①소리의 길이와 높낮이. ②음악의 곡조. 비 장단. ③일의 솜씨나 능률.

가락² ①물레로 실을 감을 때, 고치솜에서 풀려 나오는 실을 감는 쇠꼬챙이. ②가느스름하고 기름하게 토막진 물건의 날개. ③손이나 발의 갈라진 부분.

가락국【駕洛國】[국명] 42년경 낙동강 하류, 오늘날 경상남도 김해 지방에 있었던 고대 국가. 6세기 중엽 신라에 병합됨. 가야. 가야국.

가랑비 가늘게 조금씩 내리는 비. 비 이슬비. [가랑비에 옷 젖는 줄 모른다] 대수롭지 않은 것이라도 자꾸 거듭되면 무시하지 못할 것이 된다.

가랑이 끝이 갈라진 부분. 두 다리의 사이. 예 ~를 벌리다.

가랑잎[-닙] ①저절로 떨어진 마른 잎. ②떡갈잎. 비낙엽. 준갈잎. [가랑잎에 불 붙기]성질이 조급하고 아량이 적음을 비유하는 말.

가래¹ 흙을 파헤치거나 떠서 던지는 농기구.

가래² 기침과 함께 토해 내는 끈끈한 액체. 비담.

가:량 대강 어림쳐서 나타내는 말. 예이 책의 가격은 얼마 ~ 할까? 비정도. 쯤.

가려 내다 여럿 가운데에서 분간하여 추리하다. 예불량품을 ~.

가려지다 ①무엇이 사이에 가리게 되다. ②「가리어지다」의 준말. 예커튼으로 ~.

가:련하다 ①신세가 불쌍하다. 가엾다. ②애틋하다. 예집 없는 소녀가 ~. -히.

가렵다 살갗을 긁고 싶은 느낌이 나다. 예벌레에 물려 ~.

가:령 이를테면. 예를 들면. 예내가 ~대통령이 된다면 정치를 잘 할 텐데. 비가상. 만일.

가로¹ ①좌우로 건너지른 모양새. 반세로. ②옆으로 누운 모양.

가로²【街路】 시가지의 넓은 도로. 예~변. 비가도.

가로되 말하기를. 이르기를. 예공자 ~. 높가라사대.

가로등【街路燈】 큰 도로나 주택가의 조명과 교통을 위해

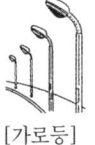
[가로등]

길가에 높이 달아 놓은 등.

가로막 젖먹이 동물의 가슴과 배 사이에 있는 힘살로, 호흡하는데 중요한 구실을 하며, 대소변이나 토할 때 배에 힘을 주는 구실도 함. 비횡격막.

가로막다 ①옆에서 무슨 일을 못하게 하다. 예말을 ~. ②앞을 가로질러 막다.

가로세로 ①가로와 세로. ②가로 또는 세로로.

가로수 길가의 양쪽에 잇달아 나란히 심은 나무. 도로수.

가로쓰기 글씨를 가로로 써 나가는 방법. 반세로쓰기.

가로젓다 반대하는 뜻으로 좌우로 고개를 흔들다.

가로지르다 옆으로 건너지르다. 예대문에 빗장을 ~.

가로채다 남의 것을 옆에서 별안간 탁 쳐서 빼앗다.

가로축 좌표 평면에서 가로로 놓인 수직선. 횡축. 반세로축.

가로획 글자의 가로 긋는 획. 횡축. 반세로획.

가루 잘게 부스러진 물건. 비분말. [가루는 칠수록 고와지고 말은 할수록 거칠어진다] 이러니 저러니 하고 시비가 길어지면 말다툼에까지 이를 수 있음을 경계하는 말.

가르다 ①나누다. 예편을 ~. 반합치다. ②시비를 판단하다.

가르치다 ①지식을 가지게 하다. 예한문을 ~. 비지도하다. ②모르는 일을 알아듣게 하다.

가르침 ①가르쳐 알게 함. ②가르치는 내용. 비교훈.
가름 ①함께 하던 일을 서로 나누기. ②구별. -하다.
가리개 ①가리는 물건. ②사랑방 같은 데 치장으로 치는 병풍의 하나. 두 폭으로 만듦.
가리다 바로 보이지 아니하게 가로막다. 예자욱한 안개가 시야를 ~.
가리키다 ①손가락이나 동작 등으로 무엇을 지적하다. ②특별히 지적하여 말하다. 예손가락으로 육교가 있는 곳을 ~.
가마¹ 숯·질그릇·기와 따위를 굽는 곳. 예벽돌~.
가:마² 사람을 태우고 앞뒤에서 멜빵에 걸어메고 가는 탈것.
가마³ 「가마니」의 수효를 세는 말. 예몇 ~.

[가마²]

가마니 곡식, 소금 등을 담는, 짚으로 만든 섬의 한 가지.
가마솥 아주 크고 우묵한 솥.
가만히 남 모르게 살그머니. 움직임이 매우 조용하게. 예운동장 구석에서 ~ 있어라.
가:망【可望】 될 만한 희망. 바랄 만한 희망. 예살 ~이 있다.
가맹 동맹이나 연맹에 가입함.
가:면 ①속마음을 감추고 거짓으로 꾸민 언행. ②나무·종이 등으로

[가면]

만든 얼굴의 형상.
가:면극 배우나 연기자들이 가면을 쓰고 하는 연극.
가:명【假名】 본 이름이 아닌 가짜 이름. 예~을 쓰다. 반본명. 실명.
가무【歌舞】 노래와 춤. ~가 어우러진 극.
가무잡잡하다 얼굴이 가무스름하다. 예저 아이는 얼굴이 매우 ~. 큰거무접접하다.
가문【家門】 ①대대로 내려오는 그 집안의 신분 또는 지위. 예~이 좋다. ②집안과 그 친척.
가물가물 가물거리는 모양.
가물거리다 ①불빛 따위가 희미하여 자꾸 사라질 듯 말 듯하다. ②정신이 맑지 못하고 희미하다. 예~는 의식.
가물다(가무니, 가물어서) 오랫동안 비가 내리지 않아 땅이 메마르게 되다. 예날이 ~.
가물치[동물] 가물치과의 민물고기. 몸길이 30~60cm로 가늘며, 진흙물에서 사는데, 산란기에는 물가의 얕은 곳으로 이동함. 식용함.
가미 ①음식에 양념 등을 넣어 맛이 더 나게 함. ②본래의 것에 다른 요소를 보태어 넣는 것.
가:발【假髮】 머리털로 여러 가지 모양을 만들어 차례로 머리에 쓰는 물건.
가방 흔히 가죽이나 두꺼운 천 등으로 만들어, 물건을 넣어 들고 다니기에 편하도록 만든

용구.
가볍다 ①무겁지 않다. 반무겁다. ②경솔하다. 점잖지 않다.
가보 한 집안의 보배가 될 만한 물품. 예~로 전해 내려오다.
가:부【可否】 ①옳고 그름. ②표결에서의 가와 부. 예투표로 ~를 결정짓자.
가:분수[-쑤] 분자가 분모보다 큰 분수나, 분자와 분모가 같은 수. 반진분수.
가뿐하다 ①마음이 아주 가볍다. ②들기에 좋은 정도로 아주 가볍다. ③걸리는 것이 없다.
가쁘다(가쁘니, 가빠) ①힘에 겹다. 예숨쉬는 것이 ~. ②숨이 차다. 예언덕을 빨리 올라왔더니 숨이 ~.
가사[1]【家事】 집안의 살림살이에 관한 일. 예~에 쫓기다.
가사[2] 노래의 내용이 되는 글. 노랫말.
가산[1]【加算】 더하여 셈함. 예이자를 ~하다. 비합산. 반감산.
가산[2]【家産】 한 집안의 재산. 예~을 물려받다.
가:상[1]【假想】 실제에 관계없이 미루어 생각함. 예~의 적.
가상[2]【嘉尙】 착하게 생각하여 칭찬함. 예~한 어린이.
가:설[1]【假設】 우선 임시로 베풀어 차림. 예~ 무대가 꾸며진 원형극장.
가설[2]【架設】 건너질러서 설치하는 일. 예~ 공사.
가세[1]【加勢】 세력을 더함. 거듦.

가세[2]【家勢】 집안 살림의 정도 예~가 기울다.
가:소롭다(가소로우니) ①대수롭지 않다. ②우습고 아니꼽다.
가속【加速】 속도를 더함. 속도가 더해짐. 예~운동. 반감속.
가솔린 석유를 증발시켜 만든 기름. 휘발유. 자동차·비행기 등의 연료로 쓰임.
가수 노래를 부르는 것을 직업으로 삼는 사람. 예유명 ~.
가스 ①공기처럼 모양이나 부피가 없는 것. ②등불이나 땔감으로 쓰이는 기체.
가스 레인지 연료를 가스로 해서 쓰는 서양식 조리용 가스대.
가슴 ①배와 목 사이의 부분. ②마음. 예~이 벅차서 마구 뛴다.
가시 ①식물의 줄기나 잎에 바늘처럼 뾰족하게 돋아난 것. ②미운 사람의 비유. 예눈의 ~. ③생선의 잔뼈.
가시다 ①본래의 모양이 없어지거나 바뀌어지다. 비사라지다. 반생기다. ②깨끗이 씻어 새롭게 하다. 예식사 후 입 안을 ~.
가:식【假飾】 말이나 행동을 거짓으로 꾸밈. 예그의 ~ 없는 행동이 좋다. 반진정.
가야국[국명] 지금의 경상 남도 김해 지방에 있었던 나라. 신라 유리왕 때에 김수로왕의 6형제가 각각 세운 여섯 나라를 전부 말함. 가야.

가야금 신라 진흥왕 때 악사 우륵이 만듦. 줄 12개를 걸쳐 놓고 타는 현악기의 하나.

[가야금]

가얏고 가야금.

가업【家業】 한 집안에 대대로 내려오는 직업. 예~을 이어 가다.

가:없다 그지없다. 한량없다. 예부모님의 사랑이 ~. 비한없다.

가:연성[-썽] 불에 타기 쉬운 성질. 반불연성.

가:엾다 딱하고 불쌍하다. 예가난하여 공부를 못하니 ~. 비측은하다. 불쌍하다.

가옥【家屋】 사람이 사는 집. 예~을 매매하다. 비집.

가요 널리 불려지는 노래. 민요·동요·유행가 등을 통틀어 이르는 이름. 예건전 ~.

가:용성【可溶性】 액체에서 녹을 수 있는 성질. 설탕·소금 등이 녹는 일. 예~이 강한 물질.

가운[1]【家運】 집안의 운수. 예~이 기울다.

가운[2] ①여자들이 행사 때에 입는 긴 망토 모양의 옷. ②의사·신부·판사·검사 등이 입는 위생복이나 법복.

가운데 ①어느 쪽으로도 치우치지 않는 곳. 예~토막.②복판. 비중간.③사이. 속.

가위[1] 옷감·종이 따위를 오리는데 쓰이는 기구.

가위[2] 우리 나라에서 옛날부터 전해 오는 명절의 하나. 음력 8월 15일. 추석. 한가위.

가을 한 해 네 철의 셋째 철. 날씨가 선선함. 입추에서 입동 전까지. 반봄.

가입【加入】 단체·조직에 들어감. 예수영부에 ~하다. 비가담. 반탈퇴. -하다.

가자미[동물] 가자미과의바닷물고기의 하나. 몸이 위 아래로 납작하고 두 눈이 오른쪽에 몰리어 붙어 있으며 주로 바다 밑바닥에서 삶. 접어.

가작【佳作】 ①꽤 잘 지은 글이나 작품. ②당선 다음가는 작품.

가장[1] 여럿 중에서 어느 것보다 더. 예나는 우리 반에서 공부를 ~ 잘한다. 비제일. 으뜸.

가장[2]【家長】 집안의 어른. 예우리집 ~은 아버지이시다.

가:장 행렬 모습을 바꾸어 떼를 지어 다니는 행렬. 예운동회 때 ~을 하다. -하다.

가:재[동물] 게와 새우의 중간 모양으로 개울의 바위 틈에 사는 집게발이 달린 동물. 뒷걸음질을 잘함.

[가재]

가전 제:품【家電製品】 가정에서 일상적으로 사용하는 전기 제품을 줄여서 이르는 말. 냉장고·세탁기·텔레비전 따위.

가정[1]【家庭】 ①한 가족이 모여 살고 있는 생활 공동체. 예화목한 ~. ②자기 집.
가:정²【假定】 사실과 관계없이 임시로 정함. 예내가 선생님이 되었다고 ~하자. -하다.
가정 교:육 가정에서 집안 어른들의 일상 생활을 통해 자녀들이 받는 교육.
가정 상비약 집안에서 구급약이나 간단한 치료를 하기 위하여 항상 준비해 두는 약품.
가정 통신 아동의 교육 지도상 필요한 사항을 교사와 가정 상호간에 주고받는 통신.
가:제 무명실로 성기게 짠 천이며, 소독하여 상처를 동이거나 대는데 씀. 거즈.
가족【家族】 한 집안에 사는 사람. 어버이와 자식·부부 등. 예부양 ~. 비식구.
가족 계:획 자식을 알맞은 정도로 낳아 기르려고 계획하는 일.
가죽 ①동물의 몸을 싸고 있는 물질. ②짐승의 껍질을 손질하여 만든 물건. 구두·장갑·가방·옷 등을 만드는데 씀.
가중【加重】 ①더 무거워짐. ②형벌을 더함. 예~ 처벌.
가:증 얄밉고 괘씸함. 예~스러운 녀석. -하다.
가지[식물] 식물의 줄기에서 갈라져 나간 부분. 예나무 ~. 반줄기. [가지]
가지각색 여러 가지 모양과 빛깔. 비가지가지.
가지다 ①몸에 지니다. ②차지하다. 반버리다.
가지런하다 층이 나지 않고 고르게 되어 있다. 매고르다. 정연하다. 예배열이 ~.
가:짜 진짜같이 꾸민 것. 예~참기름. 반거짓. 비진짜.
가창【歌唱】 노래. 노래를 부름.
가:책【呵責】 꾸짖어 책망함. 예양심에 ~이 되다.
가첩【家牒】 한 집안의 혈통적 계통을 적은 책
가축 집에서 기르는 짐승. 개·닭·돼지 따위. 비집짐승. 반야수.
가축 병원 집에서 기르는 짐승을 치료하는 병원.
가치【價値】 ①값어치. 값. 예~있는 물건. 반무가치. ②보람. ③인간의 욕망을 충족시키는 재화의 중요 정도. 예사용 ~.
가치관 사람이 자신을 포함한 세계나 만물에 대하여 가지는, 평가의 근본적인 태도나 생각.
가친【家親】 자기 아버지를 겸손하게 일컫는 말. 가부. 가엄.
가톨릭 천주교. 그리스도교의 구파. 카톨릭.
가풍【家風】 한 집안의 독특한 풍습이나 규율. 비가품.
가필【加筆】 ①글이나 그림에 붓을 대어 고침. ②글을 고쳐 써 넣거나 지움. -하다.
가해【加害】 남에게 해를 끼치거나 상처를 입힘. 반피해.
가호【加護】 ①잘 보호하여 줌. ②신의 힘을 베풀어 보호해 줌. 예신의 ~. -하다.

가:혹 매우 까다롭고 독함. 예 ~한 처벌. -하다.

가화 만:사성【家和萬事成】 집안이 화목하면 다른 모든 일이 다 잘되어 나간다는 뜻.

가훈【家訓】 ①집안 어른들이 자녀들에게 주는 교훈. ②선대부터 그 집안의 도덕적 실천 기준으로 삼아 전해 내려오는 가르침.

각【角】 ①모퉁이. ②두 직선의 끝이 서로 만나 이루어지는 도형. ③각도의 준말.

각 개인 각각.

각계【各界】 사회의 여러 가지 분야. 예~ 각층.

각계 각층 사회 각 방면의 여러 층. 예~의 의견을 종합하다.

각고 대단히 힘들음.

각광【脚光】 ①무대 위의 배우의 몸을 비추는 광선. ②많은 사람들로부터 주목을 받다.

각국【各國】 각 나라. 여러 나라.

각기【各其】 저마다. 비 각각.

각기둥 밑면에 다각형이며 옆면은 직사각형이나 정사각형인 다면체. [각기둥]

각도【角度】 ①각의 크기. 예 90도 ~. 준 각. ②사물에 대한 관점.

각도기 각 크기를 재는 기구.

각료【강뇨】 국가 행정권을 담당하는 최고 의결 기관을 구성하고 있는 각 장관. 예~ 회의.

각막【角膜】[강-] 눈동자의 바깥 벽의 앞에 둥근 접시 모양으로 된 투명한 막.

각박【刻薄】 성질이 모가 나서 인정이 없고 아주 인색함. 예 ~한 세상. -하다.

각본【脚本】 연극의 무대 장치, 배우의 대사 등을 적은 글. 극본. 예~대로 하다. 비 대본.

각뿔 밑면은 다각형이고 옆면은 여러 개의 삼각형인 입체 도형. [각뿔]

각색¹【各色】 ①여러 가지 종류. 예 가지 ~의 모양이 다 있다. 비 각종. ②각각의 빛깔.

각색²【脚色】 소설·시 등을 극본으로 만드는 일. -하다.

각서【覺書】 ①어떠한 일의 이행을 약속하는 뜻으로 적은 글. ②나라끼리 교환되는 외교 문서의 한 가지.

각성 ①깨달아 정신을 차림. ②눈을 떠서 정신을 차림. -하다.

각양 각색 서로 다른 각가지 모양. 예~의 민족 의상.

각오【覺悟】 미리 깨달아 마음을 작정함. 예 욕을 먹는 건 ~해야 한다. 비 결심.

각자【各自】 ①각각의 자신. 예 ~의 책임을 다하다. ②제각기.

각종【各種】 여러 가지 종류. 각가지. 예 ~ 상품이 있다.

각지 각 지방. 예 전국 ~.

각축전 승부를 다투는 싸움. 예 월드컵을 놓고 치열한 ~이 벌어질 것이다.
간¹ 짠맛의 정도. 예)음식은 ~이 맞아야 한다.
간:²【肝】 뱃속 오른쪽 위에 있는 적갈색 소화 기관으로 해로운 물질을 걸러내고 영양분을 저장하는 중요한 구실을 함.
간:격 ①물건과 물건과의 사이. ②시간과 시간과의 동안. ③사람들 사이의 심리적 거리감.
간:결【簡潔】 간단하고 요령 있음. 예)~한 문장. 비)복잡. -하다.
간계 ①간사한 꾀. 예)~를 부리다. ②나쁜 꾀. 비)간책.
간과【看過】 ①대강 보아 넘김. ②관심을 두지 않고 예사로이 보아 내버려 둠.
간교【奸巧】 간사하여 나쁜 꾀가 많음. 예)그는 너구리처럼 ~하다.
간:단【簡單】 간략하고 단출하여 복잡하지 않음. 예)~한 옷차림. 비)단순. 반)복잡.
간디[인명][1869~1948] 인도가 영국의 식민지였을 때, 무저항·불복종 운동으로 인도의 독립과 해방을 위해 힘쓴 인도의 민족 운동 지도자.
[간디]
간:략[갈-] 간단하고 짤막함. 예)설명이 ~하다. -하다.
간만【干滿】 썰물과 밀물. 예)서해안은 ~의 차가 심하다.
간밤 지난밤. 어젯밤.
간병【看病】 환자의 옆에 있어 보살피며 뒷바라지를 하여 줌. 예)~을 받다. -하다.
간부【幹部】 단체나 모임의 중심이 되는 사람. 예)~ 회의.
간사【奸詐】 제 잇속을 차리기 위하여 교활하게 알랑거리는 것. 또는 그 성질. 예)그는 매우 ~스럽다. -하다.
간:선제 간접 선거에 의해 선거하는 제도. 반)직선제.
간섭【干涉】 남의 일에 참견함. 예)엄마는 매우 ~이 심하다. 비)참견. 반)방임. -하다.
간:소 수수하고 꾸밈이 없음. 비)검소. -하다.
간수¹【看守】 ①교도소에서 죄인을 감독하는 사람. 또는 그 직책. ②보살피고 지킴.
간수² 잘 거두어 보호함.
간:식【間食】 세 끼의 식사 사이에 과자나 과일 등을 먹는 것.
간신배 간사한 신하들의 집단.
간신히 겨우. 가까스로. 예)~ 턱걸이를 해냈다. 반)수월히.
간악 간사하고 못됨. 예)여우는 참 ~한 동물이다. -하다.
간:암 간장에 생기는 암을 통틀어 이르는 말. 간장암.
간:염 「간장염」의 준말.
간:의【簡儀】 조선 시대 세종 17년에 해·달·별 따위의 움직임을 보기 위해 만든 기계.
간장¹ 음식의 간을 맞추는 액체. 예)음식에 ~을 넣다. 준)장.
간:장²【肝腸】 ①배 속에 있는

간이나 창자. ②애가 타 녹을 듯한 심정. 예애~을 태우다.
간:절 지성스럽고 절실함. 예나의 ~한 소망은 친구의 병이 빨리 낫는 것이다. 비간곡.
간:절히 간절하게.
간:접【間接】 바로 대하지 않고 중간에 남을 통하여 서로 대함. 예~ 선거 제도. 반직접.
간조 하루 중에서 바다의 썰물이 가장 낮게 된 상태. 반만조.
간주【看做】 그런 양으로 보아 둠. 그렇다고 침.
간지【干支】 천간과 지지. 즉 「갑·을·병·정…」의 십간과 「자·축·인·묘…」의 십이지를 이르는 말.
간지럼 간지러운 느낌.
간직 잘 간수하여 둠. 예소중히 ~하다. 비보관. 간수.
간척【干拓】 바다 따위를 막아, 물을 빼내어 농토나 뭍으로 만드는 일. 예~ 사업. -하다.
간척지 간척 공사를 하여 이룬 땅. 특히 농사를 지을 수 있는 땅. 예~ 조성.
간:첩【間諜】 적지에 들어가 군사 정보·군사 기밀을 수집하는 자. 비스파이.
간:청【懇請】 간절히 부탁함. 예도와 달라고 ~하다. 비애원.
간추리다 ①중요한 것만 골라서 간략하게 추리다. ②가지런히 정돈하다.
간:택【揀擇】 ①임금이나 왕자의 신부감을 고르는 일. ②분간하여 선택함.
간파 겉으로 보아서 속뜻을 확실히 알아 냄. 예그 사람의 속뜻을 ~했다. -하다.
간판【看版】 가게 이름 따위를 적어 일정한 장소에 내건 표지.
간:편 간단하고 편리함. 예~한 의자. 비간단. 반복잡. -히.
간행【刊行】 책 따위를 인쇄하여 발행함. 출판. 예~물.
간:헐 일정한 시간을 두고 되풀이하여 쉬었다 일어났다 하는 것.
간호 병든 환자를 보살펴 주거나, 늙은이·어린이 등을 돌보아 줌. 비간병. 구완. -하다.
간:혹【間或】 이따금. 어쩌다가. 비혹간. 간간이.
갇히다[가치-] 가둠을 당하다. 예감옥에 ~.
갈고리 「갈고랑이」의 준말.
갈구【渴求】 몹시 애타게 구함. 예자유를 ~하다. -하다.
갈근 칡뿌리.
갈:기 말이나 사자 같은 짐승의 목덜미에 난 긴 털.
갈기갈기 여러 가닥으로 찢어진 모양.
갈기다 후려치다. 급히 때리다.
갈다 새 것으로 바꾸다. 예커튼을 새 것으로 ~.
갈대[-때][식물] ①물가나 축축한 곳에 나는 대나무 비슷한 풀. ②포아풀과의 여

[갈대]

갈등 ①일이 얽히어 풀기 어려운 형편. 예무엇을 해야 할지 ~이 생긴다. ②서로 사이가 좋지 않아 다툼.

갈라지다 ①하나이던 것이 깨어져 쪼개지다. 예벽이 ~. ②사이가 멀어지다. 예형제 사이가 ~. 반뭉쳐지다.

갈래 둘 이상으로 갈라진 부분. 예두 ~로 갈라진 길. 반줄기

갈림길[-낄] 몇 갈래로 갈라진 길. 예우리는 ~에서 헤어졌다.

갈망 간절히 바람. 비열망.

갈매기[동물] 바다물새. 빛이 희며 바다에서 흔히 볼 수 있음. 물갈퀴가 있어 헤엄도 잘 치며 고기를 잡아먹고 삶. [갈매기] 비백구.

갈비 ①가슴통을 둘러싼 뼈. 비늑골. 가리. ②소의 갈비뼈를 요리의 재료로 이르는 말.

갈비뼈 가슴의 양옆구리에 만져지는 뼈. 활처럼 휘어서 앞은 가슴뼈에, 뒤는 등뼈에 붙어서 가슴통을 이루며, 내장을 보호함.

갈빗대 갈비의 낱낱의 뼈대.

갈색[-쌕] 검은 빛을 띤 주황색. 밤색.

갈아엎다 논이나 밭 등을 갈아서 흙을 뒤집어엎어 놓다.

갈증[-쯩] 목이 말라서 물을 몹시 마시고 싶은 감각.

갈채【喝采】 기뻐서 크게 소리를 내어 떠들며 칭찬함. -하다.

갈치[동물] 갈치과의 바닷물고기. 몸길이 약 1.5m로 띠처럼 길고 얄팍함. [갈치]

갈퀴 나뭇잎, 곡식 등을 긁어 모으는 데 쓰이는 기구. 보통 대쪽이나 철사 따위를 얽어 만듦. 예~질 을 하다.  [갈퀴]

갈팡질팡 방향을 잡지 못하고 이리저리 헤매는 모양.

갈피 ①겹치거나 포갠 물건의 하나하나의 사이. 예책~. ②일의 갈래가 구별되는 것.

갉아먹다 ①이로 조금씩 갉아서 먹다. 예쥐가 고구마를 ~. ②남의 재물을 뜯어서 먹다.

감: 감나무의 열매. 빛이 붉으며 가을에 익음.

감:각【感覺】 ①눈·귀·코·혀·살갗으로 아는 느낌. ②사물을 느껴서 받아들이는 힘.

감:개 무량 사물에 대한 느낌이 한이 없음. 예고향 산천을 대하고 보니 정말 ~하다.

감:격 ①매우 고맙게 느낌. 예~의 눈물을 흘리다. 비감동. ②크게 느끼어 분발함. -하다.

감:광【感光】 물질이 빛을 받아 화학적 변화를 일으키는 일. 예필름이 ~되다.

감귤 「귤」과 「밀감」을 아울러

이르는 말.
감금【監禁】 지정된 장소에 가두어 자유를 속박하고 감시함. 예~ 생활. -하다.
감기 두통이 나며 열이 나는 병.
감:다¹[-따] 머리를 물에 씻다.
감:다²[-따] 실·끈·줄 등을 무엇에 말거나 두르다. 빤풀다.
감당【堪當】 일을 능히 맡아서 해냄. 예그 일을 ~하기엔 너무 어리다. 비감내. -하다.
감독 ①보살피어 잘못이 없도록 시킴. 또는 그 직무를 맡은 사람. 비감시. 빤방임. ②연극·영화 등에서 연기를 지도하는 사람.
감:동【感動】 마음에 깊이 느낌. 예그가 하는 얘기를 듣고 큰 ~을 받다. 비감격. -하다.
감:면【減免】 형벌이나 세금 따위를 적게 해 주거나 면제함. 예형벌을 ~하다.
감:명 깊이 느끼어 마음에 새김. 예깊은 ~을 받았다. -받다.
감미롭다 맛이 달다. 달콤하다.
감방 죄수를 가두어 두는 방.
감별 물건의 종류나 진짜와 가짜를 살펴 가려냄. 예병아리~.
감:사 ①고마움. ②고마운 뜻을 나타냄.
감:상¹【感想】 마음 속에 느끼어 일어나는 생각. 예읽은 책의 ~문을 쓰다. 비소감.
감상²【鑑賞】 영화·문학·미술·음악 등의 예술 작품을 깊이 맛보고 즐기고 평가하는 것.
감:소 줄어서 적어짐. 빤증가.
감:속【減速】 가는 속도를 줄임. 예커브 길에서는 차를 ~해야 한다. 빤가속.
감수【甘受】 ①다른 불만 없이 달게 받음. 예어머니께 혼날 것을 ~해야 한다. ②주어진 것을 어쩔 수 없는 일이라 생각하고 받아들임. 예그 일만은 ~한다. -하다.
감:수성[-썽] 외부로부터의 자극을 받아들이는 능력.
감시 잘못되는 일이 생길까 주의하여 늘 지켜봄.
감:싸다 ①몸이나 물건 따위로 덮어 주다. 예이불로 온몸을 ~. ②약점을 덮어주다.
감안 아울러 생각함. 예이런 저런 사정을 ~하다.
감언 이:설[-니-] 듣기 좋은 말과 이로운 조건을 내세워 꾀는 말. 예~에 속으면 안 된다.
감:염【感染】 ①병균이 몸 안에 들어와 병이 듦. 예세균에 ~되다. ②나쁜 버릇이나 풍습을 닮아 물이 듦. -하다.
감영【監營】 조선 시대에 각 도의 관찰사가 나라 일을 보던 관아. 예경상 ~.
감옥 죄인을 가두어 두는 곳.
감:원 현재 근무하고 있는 사람의 수를 줄임. 빤증원. -하다.
감:전【感電】 전기가 몸에 통하여 충격을 받음.

감:점[-점] 점수를 줄임.
감:정【感情】 사물에 대해서 느끼어 일어나는 마음. 예인간은 ~의 동물이다. 비기분. 심정.
감:지덕지 분에 넘친 듯이 대단히 고맙게 여기는 모양. 예조그만 도움에도 ~하다.
감쪽같다 꾸미거나 고친 표가 나타나지 아니하다. 예분장한 것이 ~.
감:천 지극한 정성에 하늘이 감동함. 예지성이면 ~이라.
감초[식물] ①콩과의 여러해살이풀. 높이가 1m 정도며 여름에 노란 꽃이 핌. ②한방에서 감초의 뿌리를 약재로 사용함.
감:촉 ①외부의 자극에 접하여 느낌. ②몸에 닿았을 때의 기분. 예밍크의 ~이 부드럽다.
감추다 ①숨기다. ②남에게 알리지 아니하다. 예흉터를 ~.
감:칠맛 ①음식이 입에 당기는 맛. 예~이 나는 김치. ②사람의 마음을 끌어들이는 힘을 비유적으로 이르는 말.
감:탄사 감동·놀람 등의 느낌을 나타내는 말. 예~를 연발하다.
감:퇴 체력·기세 등이 줄어져 약해짐.
감투 ①말총 따위로 만들어 관리들이 쓰는 옛날 모자의 한 가지. ②벼슬. 예~를 쓰다.
감:하다 줄이다. 적어지다. 줄다.
감:행 어려움을 무릅쓰고 일을 용감하게 행함.
감:형【減刑】 형벌을 감함. 사면의 한 가지. -하다.
감:화【感化】 좋은 영향을 받아서 마음이 변함. 예그의 따뜻한 마음에 ~되다.
감:회 마음에 느끼어 생각함. 예~가 새롭다. 비회포.
감:히 ①두려움을 무릅쓰고. 예~ 거역하느냐. ②송구함을 무릅쓰고. 예~ 말씀드립니다.
갑갑하다 ①마음 속이 시원히 트이지 아니하여 마음이 후련하지 않다. ②너무 더디거나 지루하여 견디기가 지겹다.
갑골 문자 거북이 등이나 짐승의 뼈에 새긴 중국 고대의 상형 문자.
갑론을박 서로 자기 주장을 내세우고 상대방의 주장을 반박함.
갑문【閘門】 운하·도크 등에서 선박을 통과시키기 위하여 수면의 높낮이를 조절하는 장치.
갑신 정변 1884년 12월(조선 고종 21년), 우정국 낙성식을 기회로 개화파 김옥균·박영효 등이 보수파를 몰아내고자 일으킨 정변.
갑오 개혁 조선 고종 때(1894년) 옛날 정치제도를 서양의 진보적인 방식으로 크게 고친 일.
갑오 경장 갑오 개혁.
갑옷 옛날에 싸움을 할 때에 몸을 보호하기 위하여 입던 옷.

갑인자 조선 세종 16년(1434, 갑인년)에 만든 구리 활자.

갑자기 생각할 사이도 없이 급히.

갑자사화 조선 왕조 연산군 10년(1504)에 일어난 사화.

갑작스럽다 매우 급하다.

갑작스레 갑작스럽게.

갑판【甲板】 군함이나 큰 배 등의 윗부분에 철판이나 나무로 깐 넓고 평평한 바닥. 데크.

값 ①대가. ②사고 파는데 주고 받는 돈.

값어치[가버-] 일정한 값에 해당하는 적당한 분량이나 정도. 예~가 나간다. 비가치.

갓¹ 옛날에 어른이 된 남자가 외출할 때 머리에 쓰던 모자.

[갓¹]

갓² 금방. 이제 막.

갓길 고속도로나 자동차 전용도로 밖의 가장자리 도로. 구급차 경찰차 등이 사용하는 길.

갓나다 이제 막 세상에 태어나다.

강【江】 크고 넓으며 길게 흐르는 내. 비하천. 반산.

강강술래 부녀자들이 하는 민속적인 춤. 남쪽 지방에서 성행함.

강:개 불법을 하고 의기가 복받쳐 원통해 하고 분개하는 일. 예비분 ~. -하다.

강건【強健】 몸이 튼튼하고 굳건함. 반유약하다.

강국【強國】 경제력과 군사력이 뛰어나 국제 사회에서 우위를 인정받는 나라. 반약국.

강군【強軍】 ①싸우는 힘이 센 군대. ②운동 경기에 있어서 강한 팀. 예저 팀은 ~이다.

강:권【強勸】 억지로 권하는 것. 예~에 못 이겨 샀다.

강:단 강의나 강연, 설교를 하기 위해 올라서게 만든 자리.

강:당【講堂】 학교·회사 등에서 많은 사람을 모아 강의나 의식 따위를 하는 큰 방.

강도¹【強度】 강한 정도.

강:도²【強盜】 폭행으로 남의 재물을 빼앗는 사람. 비도둑.

강:등 등급이나 계급을 내림. 예1등급 ~되다. 반승진.

강력【強力】 강한 힘. 힘이 굳셈. 예~한 국방력. 반무력.

강렬【強烈】 강하고 아주 세참.

강령 ①일하는 데 으뜸이 되는 큰 줄거리. ②정당이나 조합 등 어떤 단체의 기본 방침.

강:림【降臨】 신이나 부처가 인간 세상에 내려옴. 반승천.

강:매 강제로 팖. 예~ 행위를 엄단하다. -하다.

강:박 관념 떨쳐 버리려 해도 자꾸 마음에 떠오르는 불안하거나 불쾌한 생각.

강:사【講士】 강습회·연설회 등에서 연설하는 사람.

강산【江山】 ①강과 산. ②자연. 비산천. 강토.

강:설【降雪】 눈이 내림. 또는 내린 눈. 예~량.

강성 힘차고 왕성함.

강세 ①세력이 강함. ②물가나 시세가 올라가는 기세. 반약세.

강소천[인명] (1915~1963) 함경남도 고원 출생. 「어린이 노래」·「이슬비의 속삭임」 등 많은 동요와 동화를 쓴 아동 문학가. 작품집에는 「호박꽃 초롱」·「꽃신」·「진달래와 철쭉」 등이 있음.

[강소천]

강:수량【降水量】 하늘에서 내린 물의 총량. 단위는 mm.

강:습【講習】 학문·기술 따위를 연구하여 익힘. 예우리 고유의 탈춤을 학교에서 ~받다.

강:습회 여러 사람을 한 자리에 모아 놓고 어떤 것을 가르쳐 주기 위한 모임. 예요리 ~.

강:압 강한 힘으로 억누름. 예~적 통치. 비억압. -하다.

강약 셈과 약함. 예힘의 ~.

강:연 여러 사람에게 강의하는 식으로 연설함. 비연설.

강:요【強要】 무리하게 요구함. 억지로 하도록 함. -하다.

강:우량【降雨量】 일정 기간 중에 그 지방에 온 비의 양.

강:의【講義】 학문이나 기술의 일정한 내용을 체계적으로 설명하여 가르치는 것. -하다.

강인 강하고 끈기가 있음.

강자【強者】 힘이 대단히 강한 사람. 반약자.

강:점¹【強占】 남의 땅이나 물건을 강제로 점거함.

강점²【強點】 [-쩜] 남보다 우수하거나 뛰어난 점. 예쾌활한 점이 ~이다. 반약점.

강:제 권력으로 남의 자유 의사를 억누르고 무리로 행함. 억지로 시킴. 예~ 노동. 반순리. 자유.

강:조【強調】 어떤 부분을 특별히 강하게 주장하거나 두드러지게 하는 것. 예~ 사항.

강:좌 대학에서 교수가 강의를 분담하는 학과. 예철학 ~.

강직 마음이 굳세고 곧음. 예~한 군인 정신. -하다.

강진【強震】 벽이 갈라질 정도의 아주 심한 지진. 진도 5 이상.

강철 여러 가지 기계나 칼날 같은 데 쓰이는 가장 강한 쇠.

강타【強打】 ①세게 침. 예주먹으로 얼굴을 ~하다. ②치명적인 타격을 가함.

강타자【強打者】 야구에서 공을 잘 치는 선수.

강:탈【強奪】 억지로 빼앗음. 예~한 재물. -하다.

강토【疆土】 나라의 국경 안에 있는 땅. 비영토. 국토.

강:평 작품·실습 등에 대해 총괄적으로 분석하고 평가하는 것. 예작품 발표회에 대한 선생님의 ~이 있겠습니다.

강:행【強行】 ①강제적으로 행함. ②어려움을 무릅쓰고 억지로 행함. 예훈련을 ~하다.

강호【強豪】 ①힘이 강하여 대적하기 힘든 상대. ②아주 강한 팀. 예~를 물리치다.

강화¹【強化】 부족한 점을 보충하여 강하게 함. 예공격을 ~하다. -하다.

강:화²【講和】 싸움을 하던 나라끼리 평화를 위하여 서로 의논함. 예~ 조약. -하다.

강화도【江華島】[지명] 인천 광역시 서해안의 한강·임진강·예성강 하구에 있는 섬. 화문석과 인삼으로 유명함. 마니산 꼭대기에는 단군성지가 있음.

갖바치[갇-] 가죽신을 만드는 일을 직업으로 삼던 사람.

갖추다 필요한 것을 미리 차리다.

같다 ①서로 다르지 않다. 예나이가 ~. ②다른 것과 비교하여 비슷하다. 반다르다.

같은 또래 어떤 정도나 연령이 비슷한 사이. 예영미와 호빈이는 ~이다.

갚다 꾸거나, 빌리거나, 받은 것을 도로 돌려주다. 물려주다. 비보답하다. 반꾸다.

개¹:[동물] 가정에서 흔히 기르는 짐승. 귀가 밝아 도둑을 잘 지킴.

개²【介·個·箇】 낱으로 된 물건의 수효를 세는 말. 예사과 세 ~.

개:가【改嫁】 시집갔던 여자가 다시 다른 남자에게 시집감. -하다.

개간【開墾】 버려진 땅을 개척하여 논밭을 만듦. 예자갈밭을 ~하다. -하다.

개:과 천:선 지나간 허물을 고치어 착하게 됨.

개관 도서관·회관 따위를 설비하여 놓고 처음 엶. 예~식을 갖다. 반폐관. -하다.

개교 기념일 학교의 개교를 기념하는 날.

개구리[동물] 양서류 동물의 하나. 올챙이 때는 아가미로 숨을 쉬지만, 자라면 허파로 숨을 쉼.
[개구리]

개구쟁이 장난이 심한 아이. 장난꾸러기.

개국【開國】 나라를 처음으로 열어 세움. 예고려의 ~공신.

개국 공신 나라를 처음으로 세울 때에 공훈이 있는 훌륭한 신하.

개그 연극·영화·텔레비전 프로 등에서, 관객을 웃기기 위하여 임기 응변으로 하는 대사나 몸짓. 예~맨.

개근【皆勤】 하루도 빠지지 아니하고 출석·출근함.

개기 월식 달이 지구의 그림자에 완전히 가리어 태양의 빛을 전연 받지 못하는 현상.

개기 일식 달이 해를 가려서 해가 완전히 보이지 않는 현상.

개:나리[식물] 이른 봄에 노랗게 꽃이 피는 나리의 한 가지.

개:념 대충의 뜻이나 내용.

개:다 비가 그치고 날이 맑아지다. 반흐리다.

개:똥벌레[동물] 배 끝에 파르스름한 불을 켜는 물가의 풀밭에 사는 벌레. 반딧불이.

개:량 품질이나 성능 등을 고쳐 좋게 함. 예 농사짓는 법을 ~하다. 비 개선. 개조. 반 개악.

개:마 고원[지명] 장백·낭림·함경·마천령 산맥으로 둘러싸인 우리 나라에서 가장 높고 넓은 고원 지대.

개막【開幕】 막을 열어 연극을 시작함. 무슨 일이 시작됨. 예 연극이 ~되다.

개:명【改名】 이름을 고침. 또는 바꾼 이름. -하다.

개문 문을 엶. 반 폐문.

개:미[동물] 땅 속이나 썩은 나무에 집을 지어서 질서있는 생활을 하는 곤충의 일종.

개발【開發】 ①미개지를 살기 좋도록 개척하여 발전시킴. ②지식이나 능력 등을 더 나아지도록 이끄는 것. ③산업이나 경제 등을 흥하도록 발전시키는 것.

개방 ①제한되어 있던 것을 마음대로 드나들도록 터놓음. 반 폐쇄. ②숨김없이 터놓음.

개벽 ①하늘과 땅이 처음으로 열림. ②하늘과 땅이 어지럽게 뒤집힘. 예 천지 ~. -하다.

개:별【個別】 하나하나 낱낱이 바로 나눔. 예 ~ 통지. -하다.

개봉 ①싸거나 봉한 것을 떼어냄. 예 편지를 ~하다. ②영화를 처음으로 상영함. 예 ~ 극장.

개비 쪼갠 나무 도막의 조각. 또는 그것을 세는 단위. 예 성냥 한 ~.

개:선¹【改善】 나쁜 것을 고치어 좋게 함. 예 생활을 ~하다. 비 개량. 반 개악.

개:선²【凱旋】 싸움에 이기고 돌아옴. 예 ~ 장군. -하다.

개:선문 전쟁에서 이기고 돌아오는 군사를 환영하고 기념하기 위하여 세운 문.

개:선 장군 적과의 싸움에 이기고 돌아온 장군.

개설【開設】 ①처음으로 설치함. ②은행 등에서 새로운 계좌를 만들다. -하다.

개:성【個性】 개인이 가지고 있는 특별한 성질.

개시 처음으로 시작함. 비 시작.

개:신교 장로교·감리교 등의 그리스도교의 한 파.

개:악 본디보다 도리어 나쁘게 고치는 것. 예 법을 ~. 반 개선.

개업【開業】 영업을 시작함. 비 개점. 반 폐업. -하다.

개:요 대강의 요점. 대요. 예 한국 역사의 ~를 서술하다.

개운하다 기분이 산뜻하고 가볍다. 예 목욕을 하니 참 ~.

개울 시내, 골짜기에서 흘러내리는 작은 물. 비 개천.

개:인【個人】 국가나 사회를 이루고 있는 하나하나의 사람. 반 단체. 집단.

개:인기 개인의 기술. 특히 단체 경기를 하는 운동에서의 개인의 기량. 예 그는 ~가 좋다.

개:입【介入】 사이에 끼여들어감. 사건에 관여함. -하다.

개:작【改作】 고치어 다시 지음. 예~하여 다시 발표하다.

개장【開場】 어떠한 장소를 열어 입장을 하게 함. 예수영장을 ~하다. 반폐장.

개점 ①처음 영업을 시작함. ②아침에 가게 문을 열어 장사를 시작함. 예~시간은 오전 9시 이다. 비개업. 반폐점.

개:정¹【改訂】 ①잘못된 것을 거쳐 바로 잡는 것. 예~ 작업. ②글귀나 글자 등의 틀린 곳을 바로잡는 것. 수정. 예~ 증보판.

개정²【開廷】 법정을 열어 재판을 시작하는 것. 예판사가 ~을 선언하다. 반폐정.

개:조【改造】 고치어 다시 만듦. 예~한 지붕.

개:찰【改札】 차표 따위를 들어가는 곳에서 조사함. -하다.

개척 ①거친 땅을 처음으로 갈고 일구어서 기름지고 좋은 땅으로 만드는 일. ②새 분야에 처음 손을 대어 발전시킴. 예해외 시장을 ~. 비개간.

개척자 ①미개지를 개척하는 사람. 예~ 정신. ②새로운 분야의 길을 여는 사람. 비선구자

개천절【開天節】 국경일로 단군께서 우리 나라를 세우신 것을 기념하는 날. 양력 10월 3일.

개:체 따로따로 떨어진 낱낱의 물체. 반집합체.

개최 어떤 모임을 주장하여 여는 일. 예궐기 대회를 ~하다.

개통【開通】 새로 낸 도로나 철도·다리 등의 길을 열어서 통하게 함. 반불통. -하다.

개펄 갯벌가의 진흙 땅. 준펄.

개:편【改編】 고쳐서 엮거나 조직을 다시 짜서 이룸.

개학 학교에서 방학을 마치고 다시 수업을 시작함. 반방학.

개항【開港】 항구를 열어서 외국과 무역을 시작함.

개:헌【改憲】 헌법의 일부 또는 전부의 내용을 바꿈.

개:혁【改革】 제도나 기구 따위를 새롭게 뜯어 고침. -하다.

개화 사람의 지혜가 열리어 새로운 문화를 가지게 됨. 반미개.

개화파 조선 말기 낡은 제도를 바꾸고 발달된 서양 문물을 받아들여 개화한 나라를 만들자고 주장한 당파.

개회 회의나 모임을 시작하는 것. 예~를 선언하다. 반폐회.

객【客】 손님. 손. 찾아온 사람.

객고 객지에서 당하는 고생.

객관【客觀】 나와의 관계를 벗어나서 제삼자의 입장에서 사물을 보는 일. 반주관.

객사¹【客死】 타향에서 죽음.

객사²【客舍】 집을 멀리 떠나 임시로 묵는 장소. 객관.

객주 조선 시대에 상인의 물품을 맡아 팔기도 하고 매매가 이루어지게 하며, 또는 장사치들을 재워 주던 영업 또는 그런 일을 하던 사람.

객지 자기 집을 떠나 임시로 있는 곳. 예~ 생활. 비타향.

객차【客車】 사람을 옮겨 나르는 자동차나 기차. 빤화물차.

갤런 액체의 양의 단위. 영국 1갤런은 약 4.54ℓ, 미국 1갤런은 약 3.78ℓ.

갯마을 강이나 시내가 바다로 흘러 들어가는 곳에 위치한 마을. 어촌. 포촌.

갯벌 바닷물이 드나드는 모래톱.

갱【坑】 ①광물을 파내기 위하여 땅속을 파 들어간 굴. 구덩이. ②「갱도」의 준말.

갱도 ①땅 속으로 뚫은 길. ②광산에서 갱 내로 통한 길.

갱:신【更新】 ①다시 새로워짐. 다시 새롭게 고침. 예기록을 ~하다. ②계약 기간이 만료되었을 때, 그 기간을 연장하는 일. 예임대계약을 ~하다.

갸ː륵하다 하는 일이 장하고 착하다. 예효성이 ~. 비장하다.

갸름하다 가늘고 좀 긴 듯하다. 빤둥그스름하다.

갸우뚱거리다 무엇을 생각하느라 고개를 이쪽 저쪽으로 기울어지게 흔들다.

거¹ 「것」의 준말.

거² 그것. 거기. ~ 누구요?

거³ 「그것」의 준말. 감탄할 때 내는 소리. 예~ 정말로 맛있다.

거간【居間】 사이에 들어 물건을 사고 파는 일을 거듦. 또는 그 사람. 본거간꾼.

거ː구 커다란 몸뚱이. 거체.

거ː국【擧國】 온 나라의 모두. 전국. 국민 전부. 예~적인 행사.

거ː금 큰 액수의 돈. 많은 돈.

거기 그곳. 그 곳에. 빤여기.

거꾸러지다 ①거꾸로 엎어지다. ②죽다. 셴꺼꾸러지다.

거꾸로 차례나 방향이 반대로 바뀌게. 예천장에 ~ 매달리다.

거느리다 손아랫사람을 데리고 있다. 예부하를 많이 ~.

거ː대【巨大】 굉장히 큼. 예~한 몸. 비막대. 빤미미.

거덜나다[-라-] 살림이나 무슨 일이 흔들려 결딴나다.

거ː동【擧動】 ①사람의 행동하는 것이나 태도. 예~이 수상하다. ②임금의 행차. 비거둥.

거두다 ①널려 있는 것을 모아 들이다. 예빨랫줄에서 마른 빨래를 ~. ②뒤를 잘 보살펴 주다. ③목숨이 끊어지다.

거ː두 절미 ①머리와 꼬리를 잘라 버림. ②앞뒤의 잔 사설을 빼어 버림. 예~하고 용건만 말하시오.

거ː드름 잘난 체하는 태도. 예~을 부리다.

거ː들다(거드니, 거들어서) 남이 하는 일을 도와 주다.

거들떠보다 눈을 치뜨며 아는 체하고 보다.

거들먹거리다 신이 나서 도도하게 함부로 행동하다.

거듭 벌써 한 일을 되풀이하는 일. 예중요한 부분은 ~ 말하다. 비되풀이. -하다.

거ː래【去來】 ①돈을 서로 꾸고

거래처

갚거나 물건을 서로 사고 파는 일. 예금전 ~. ②서로 오고 가거나 주고받거나 하는 것.

거:래처 거래하는 장소.

거:론 어떤 사항을 문제로 삼아 논의하거나 말하는 것.

거:룩하다 성스럽고 위대하다.

거룻배 돛이 없는 작은 배. 준 거루.

거류 외국 등지에서 임시로 머물러 사는 것.

거르다¹(거르니, 걸러서) 찌꺼기가 있는 액체를 체 같은 데 받쳐 국물을 짜내다. 예술을 ~.

거르다² 순서를 건너 뛰다. 예점심 식사를 ~.

거름 나무·풀·농작물 등이 잘 자라게 하기 위하여 주는 양분. 예논밭에 ~을 주다. 비비료.

거리¹ 사람이나 차가 많이 다니는 길. 예번화한 명동 ~.

거:리²【距離】 서로 떨어진 사이의 길이·정도.「길거리」의 준말.

거:만 남을 업신여기고 잘난 체하여 교만함. 예태도가 ~하다. 비오만. 반겸손. -하다.

거:머리[동물] ①논·못에 살며 동물의 살에 붙어 피를 빨아먹는 물벌레. ②남에게 달라붙어 괴롭게 구는 사람.

거머쥐:다 힘있게 쥐다.

거:멓다 매우 검다.

거:목【巨木】 대단히 큰 나무.

거무스름하다 약간 검다. 예~한 얼굴에 건강한 체격.

거문고 국악기의 하나. 오동나무의 긴 널로 속이 비게 짜고 그 위에 여섯 줄을 건 [거문고] 현악기의 하나.

거:물【巨物】 ①학문이나 정치·세력 등이 중요한 위치에 있는 사람. 예~급 인사. ②큰 물건.

거뭇거뭇 군데군데 검은 모양. 예기미가 ~ 낀 얼굴.

거미[동물] 절지 동물이며, 그 물같은 집을 지어 놓고 벌레가 걸리면 그것의 양분을 빨아먹고 사는 벌레.

거:부¹【巨富】 아주 큰 부자. 큰 재산. 예갑부.

거:부²【拒否】 ①상대편의 요구·제안 따위를 승낙하지 않고 물리침. ②회의의 결의를 부인함. 예회담 제의를 ~다. 비거절.

거:부권 ①남의 의견이나 요구를 거부할 권리. ②입법부를 통과한 의안에 대하여 대통령이 동의를 거부할 수 있는 권리.

거북선 조선 선조 때 이순신 장군이 왜군을 무찌르기 위하여 쇠로 만든 [거북선] 거북 모양의 배.

거:북하다 ①몸이나 마음이 편

안하지 아니하다. ②말하기 어려움. 예거절하기가 ~.
거:사【巨事】 매우 큰 일. 예~를 벌이다. 비거행. -하다.
거:사【擧事】 큰 일을 일으키는 것. 비거행. -하다.
거:상 밑천을 많이 가지고 장사를 하는 사람.
거세다 거칠고 세다. 굉장히 세다. 예성질이 ~.
거센말 뜻은 같으나 말의 느낌을 강하게 하기 위하여 거센소리를 쓰는 말.「캄캄하다」따위.
거센소리 ㅊ·ㅋ·ㅌ·ㅍ·ㅎ 따위의 거센 숨을 따라 나는 소리. 격음. 기음.
거:수 경:례 모자를 썼을 때는 오른 손을 모자챙 옆, 모자를 벗었을 때는 눈썹 언저리까지 올려서 하는 경례. 예~를 붙이다.
거스르다(거스르니, 거슬러서) ①순리를 벗어나다. ②거스름 돈을 내주다. ③순종하지 아니하고 거역하다. 예명령을 ~.
거스름돈[-똔] 큰 돈에서 받을 것을 제하고 되돌려 내주는 남은 돈. 우수리. 잔돈.
거슬리다 순순히 받아들여지지 않고 언짢은 느낌이 들다.
거실【居室】 ①거처하는 방. 리빙 룸. ②가족이 일상 모여서 생활하는 공간. 예넓은 ~.
거:역【拒逆】 윗사람의 명령이나 뜻을 어김. -하다.
거울 ①빛의 반사를 이용하여 물체의 형상을 비추어 보는 물건. ②본받아 배울 만한 본보기.
거위 [동물] 집에서 기르는 새의 일종. 기러기과의 새. 몸빛은 희고 목이 길며 부리는 황금색임. 헤엄은 잘치나 날지 못함.

[거위]

거의 어느 한도에 매우 가까운 정도. 예숙제가 ~다 되어 간다. 비대개. 거반.
거:인【巨人】 ①몸이 아주 큰 사람. ②뛰어나고 위대한 사람. 예학계의 ~. 반소인.
거:장【巨匠】 과학·문화·예술계에서 특히 뛰어난 사람.
거적대기 거적의 날개.
거:절 남의 요구나 제의를 물리침. 예그는 나의 부탁을 ~했다. 비거부. 반승낙. -하다.
거:제 대:교 경상남도 통영군과 거제군을 잇는 다리. 길이 740m, 폭 12m
거:제도【巨濟島】[지명] 경상남도 진해면 남동부의 남쪽 바다에 있는 섬으로 우리나라에서 제주도 다음으로 두번째로 큰 섬. [389k㎡]
거주【居住】 일정한 곳에 자리를 잡고 머물러 살고 있음. 예~ 이전의 자유.
거주민 일정한 곳에 자리를 잡고 사는 백성. 국민. 준주민.
거주자 어느 곳에 거주하는 사람.

거주지 현재 사는 곳.

거:중기 무거운 물건을 들어올리는 재래식 기계.

거:즈 무명실로 성기게 짠 천. 흔히 붕대로 사용하는 가볍고 부드러운 무명베.

거:지 남에게 얻어 먹고 사는 사람. 비걸인.

거:지 왕자[책명] 미국의 마크 트웨인의 소설.

거:짓 사실과 어긋나게 말하는 일. 비허위. 반참.

거:짓말[-진-] 사실과 다르게 꾸미어 하는 말. 반참말.

거:짓말쟁이[-진-] 거짓말을 잘 하는 사람.

거처【居處】한군데에 자리잡고 삶. 또는 그 곳.

거:추장스럽다 ①다루기가 거북하고 주체스럽다. ②번거로운 갈래나 절차가 많아서 거치적거려 성가시다.

거친 말 난폭하거나 막되고 세련되지 못한 말.

거친 먹이 영양 가치가 비교적 적고 섬유질이 많은 먹이. 즉 곡식의 짚같은 먹이.

거칠다(거치니, 거칠어서) ①잘 다듬어져 있지 않다. 예나무의 결이 ~. ②험하고 사납다. 반부드럽다.

거침없:다 중간에 걸리거나 막히는 것이 없다.

거:포【巨砲】매우 큰 대포.

거푸 잇달아 거듭. 예바둑을 몇 판째 ~졌다.

걱정 어떤 일에 근심이 되어 속을 태우는 일. 예그는 몸이 약해서 ~이다. 비근심. 반안심.

걱정거리[-쩡꺼-] 걱정이 되는 일.

건¹【巾】①헝겊 따위로 만든 쓰개의 총칭. ②「두건」의 준말. [건¹]

건² 사건. 또는 일.

건강【健康】몸에 병이 없고 튼튼함. 예~한 몸. 비건전. 반허약. -하다. -히.

건:강 관:리 건강을 지키기 위하여 보살피고 다스림.

건:강미 건강한 육체에서 나타나는 아름다움.

건:강 식품 건강 유지에 좋다는 여러가지 식품을 이르는 말.

건:강 진:단 몸에 병이 있고 없음의 상태를 검사하는 일.

건:국【建國】나라를 세움. 예~신화. 비개국. -하다.

건:국 신화 나라를 처음 세운 것에 따른 신화.

건:국 이:념 나라를 세움에 있어서, 최고 이상으로 삼는 근본 정신. 예~이 강하다.

건:너다 물 위를 넘어서 맞은편으로 가다.

건:너편 서로 마주 보고 있는 반대쪽. 예~으로 가다.

건:넌방 대청을 건너 안방의 맞은편에 있는 방. 반안방.

건:널목 기찻길과 도로가 서로 엇갈린 곳.

건:네주다 건너게 하여 주다. 예나룻배로 ~.

건달【乾達】 할 일 없이 난봉피우며 다니는 사람.

-건대 앞으로의 일을 미리 말하여 둘 때 쓰는 말끝. 예내가 생각하~ 그것은 사실이 아니다.

건:립【建立】[걸-] 건물·절·탑·동상 따위를 만들거나 지어서 세움. 건설. -하다.

건:망증【-쯩】 기억 장애의 하나. 보고 들은 일을 전혀 기억하지 못하거나, 드문드문 기억하거나 또는 어떤 시기 이전의 일을 기억하지 못하는 등의 증상이 있음.

건물【建物】 사람이 살거나 그 밖의 여러가지의 목적으로 지어 놓은 건조물.

건:반 피아노·타자기 따위의 손으로 치는 부분. 키보드.

건:반 악기 건반을 가진 악기의 총칭. 오르간, 피아노, 쳄발로 등.

건방지다 말과 행동을 너무 지나치게 잘난 체하다. 반겸손하다.

건사하다 잘 간수하여 지키다. 예서류를 ~.

건:설【建設】 ①건물이나 조직 따위를 새로 만들어 세움. 예주택 ~. 비건립. 반파괴. ②사회나 국가 따위를 새로 이룩하는 것. 예복지 사회 ~.

건성【乾性】 메마른 성질.

건습구 습도계 물의 증발 속도를 습도에 따라 다른 것을 측정하는 장치.

건:아 몸이 씩씩하고 건장한 사나이. 예대한의 ~들이여!

건어물 생선·조개류 따위를 말린 식품. 준건어.

건:의【建議】 의견이나 희망을 내어 말함. -하다.

건:장 몸이 크고 힘이 굳셈. 예신체가 ~한 사나이. -하다.

건:재상 건축 재료를 파는 가게. 또는 그 사람.

건:전【健全】 튼튼하고 착실하여 탈이 없음. 예~한 사고 방식.

건전지 전기 에너지를 내는 약품을 녹말이나 종이에 흡수시켜 쏟아지지 않게 한 전지. 반습전지.

건:조¹【建造】 건물이나 선박 따위를 만드는 일. 예선박을 ~하다. -하다.

건조²【乾燥】 습기나 물기가 없음. 예공기가 ~하면 감기에 걸리기 쉽다.

건조기 기후가 건조한 시기.

건조대【乾燥帶】 강우량이 아주 적고 초원이나 사막이 많은 지대.

건조제 다른 것의 수분을 제거하기 위하여 쓰는 물질.

건초【乾草】 베어서 말린 풀.

건:축 흙·나무·시멘트 등으로 집·창고 따위의 건조물을 세움. 예~비. -하다.

건:축가【建築家】[-까] 건축 사업에 대한 전문적인 지식과 기술을 지닌 사람.

건:평【建坪】 건물이 자리잡은 터의 평수. 예~이 넓다.

건포도 포도 열매를 말려 단맛

걷어들이다 흩어지거나 널리 있는 것을 거두어 모으거나 안으로 들이다. 예)꾸어 준 돈을 ~.

걷어차다 발길로 세게 차다.

걷어채다 남에게 걷어참을 당하다.

걷어치우다 ①흩어진 것들을 정리하다. ②하던 일들을 그만두다. 예)사업이 잘 안 되어서 ~.

걷히다 ①끼었던 구름이나 안개 따위가 없어지다. 예)까만 구름이 ~. ②돈 따위가 거두어지다.

걸걸하다 외양이 훤칠하고 성질이 쾌활하다.

걸레 방·마루 등 더러운 곳을 훔치는데 쓰는 누더기 헝겊.

걸레질 걸레로 닦거나 훔치는 일. 예)~을 깨끗이 하다. -하다.

걸리다 ①마음에서 떠나지 않고 거리끼다. 예)어린 아이를 혼자 보낸 것이 마음에 ~. ②시일이나 시간이 얼마 동안 들다.

걸리버 여행기[책명] 영국의 소설가 쉬프트가 쓴 풍자 소설.

걸림돌 무슨 일의 진행을 가로막는 것을 빗대어 이르는 말.

걸맞다 격에 알맞게 잘 어울리다. 예)이 옷차림은 파티에 ~.

걸:상[-쌍] 걸터앉을 수 있게 된 의자. 비)의자.

걸:스카우트 전 세계에 퍼져 있는 소녀들의 수양·교육 단체.

걸식[-씩] 빌어서 먹음. 예)문전 ~하다.

걸음걸이 걸음을 걷는 모양.

걸음마 어린아이가 걸음을 배울 때의 걸음걸이.

걸인【乞人】 빌어먹는 사람.

걸작【傑作】[-짝] 아주 잘 된 훌륭한 작품. 비)명작.

걸출【傑出】 남보다 훨씬 뛰어남. 또는 그 사람. -하다.

걸:치다 ①서로 이어지게 하다. ②옷 따위를 입다. 예)망토를 ~.

걸:터앉다[-따] 의자나 걸상 같은 데에 온몸의 무게를 싣고 앉다. 예)책상에 ~.

걸핏하면 무슨 일이 있기만 하면 자주 자주.

검:【劍】 크고 긴 칼.

검:객【劍客】 칼을 잘 쓰는 사람. 비)검사. 예)일등 ~.

검:거 수사 기관이 죄 지은 사람을 잡아감. 예)범인을 ~하다.

검:다[-따] ①빛깔이 먹빛과 같다. 반)희다. ②마음이 음침하다.

검:도 ①검술을 닦는 방도. ②승패를 놓고 시합하는 검도 경기.

검:문【檢問】 경찰·헌병 등이 사람의 신분을 조사하여 옳고 그름을 물음. 예)불심 ~.

검:버섯[-섣] 늙은이의 살갗에 생기는 거무스름한 점. 예)~이 낀 얼굴.

검불 마른 풀이나 나뭇잎 따위. 비)검부러기.

검:붉다[-따] 조금 검은 빛을 띠면서 붉다.

검:사【檢事】 죄 지은 사람을 조사하고, 공판 절차의 추구, 재판을 통하여 벌을 받도록 하는 일을 맡은 사법 행정관. 검찰관.

검:사【檢査】 사실을 조사하여 옳고 그름을 판단함. 예숙제~를 하다. 비검열. 조사.

검:색【檢索】 조사하여 찾아봄. 예검문 ~을 하다. -하다.

검:소【儉素】 사치하지 않고 꾸밈이 없이 수수함. 예~한 생활. 비소박. 반사치. 화려. -하다.

검:약【儉約】 헛되이 쓰지 않고 절약하여 아낌. 비검소. -하다.

검:역【檢疫】 전염병을 예방하기 위해. 특히 차량·선박·비행기 등 교통기관의 승객을 진찰 또는 소독함. 예배를 ~ 하다.

검:열 검사하여 바로 잡음.

검:인 서류나 물건을 검사하고 그 표로 찍는 도장. -하다.

검정¹ 검은 빛깔.

검:정²【檢定】 자격이나 조건 등을 검사하여 정함.

검:지【-指】 집게손가락.

검:진【檢診】 병이 있나 없나 검사하는 진찰. -하다.

검:찰【檢察】 ①검사하여 살피는 것. ②범죄를 수사하여 증거를 수집하는 것.

검:찰청 법무부 장관에 속하여 검찰 사무를 보는 관청.

검:출 검사하여 찾아냄.

검:푸르다(검푸르니, 검푸르러서) 검은 빛을 띠면서 푸르다.

겁【怯】 무섭고 두려움에 떠는 것. 예~을 먹다.

겁쟁이 겁이 많은 사람.

겁탈 남을 위협하여 그 사람의 것을 함부로 빼앗음.

겉 물건의 밖으로 드러난 쪽. 비거죽. 반속.

겉돌:다[걷똘-](겉도니, 겉도오) 잘 어울리지 않고 따로 놀다. 예~기만 하는 아이.

겉모습[걷-] 겉으로 나타나 보이는 모습. 외모.

겉보기[걷-] 겉으로 보이는 모양새. 예~가 아주 좋다.

겉옷[걷-] 겉에 입는 옷. 외의. 반속옷.

겉치:레 눈에 보이는 곳만 잘 꾸민 것. 외면치레. 예~만 한다.

게¹ 「거기」의 준말.

게:²【동물】 몸은 단단한 껍데기에 싸여, 다리가 다섯 쌍인 물에 사는 동물. 식용함.

게릴라 적의 빈틈을 엿보아 기습을 가함으로써 적을 교란시키는 소규모의 비정규 부대.

게:시판【揭示板】 게시를 하려고 한 곳에 세워둔 판. 게판.

게:양 깃발 따위를 높이 달아 올림. 예국기를 ~하다.

게:양대【揭揚臺】 국기나 깃발 같은 것을 달기 위하여 높이 만들어 놓은 대. 예국기 ~.

게우다 먹었던 것을 삭이지 못

게으름 행동이 느리며 게으른 버릇이나 태도.

게으름쟁이 행동이 느리고 움직이기를 싫어하는 사람. 비게으름뱅이

게임 운동 경기. 시합. 한 판의 승부.

겨 벼나 밀·보리 따위를 찧을 때에 벗겨져 나오는 껍질.

겨:냥 ①목표를 겨누는 일. ②겨누어 정한 치수나 모양.

겨누다 목적물을 맞히려고 방향과 거리를 똑바로 보다.

겨드랑이 양편 팔이 몸에 붙은 아래의 오목한 곳.

겨레 ①같은 핏줄을 가지고 나온 사람들. ②한 조상에서 태어난 자손들. 비민족. 동포.

겨루기 태권도에서, 기술의 활용과 시간에 아무런 제한없이 공격과 방어법을 동시에 단련하는 일. 자유겨루기와 맞춰겨루기 등이 있음.

겨우 ①힘들게. 가까스로. 예~먹고 산다. ②기껏해야 고작. 비간신히. 반넉넉히.

겨우살이[식물] 겨우살이과에 속하는 식물의 총칭. 기생목·참나무 따위에 기생하며, 줄기·잎은 약재로 씀.

겨울 네 철 중 가장 추운 네 번째 계절. 양력 12월에서 이듬해 2월까지.

겨울 방:학 겨울의 추운 동안 학교에서 일정한 기간 수업을 중지하는 일. -하다.

겨울새[동물] 겨울을 우리 나라에서 지내고 봄이 되면 다시 날아가는 철새. 기러기·청둥오리·두루미·개똥지빠귀 등이 있음. 반여름새.

겨울잠 개구리·뱀 등과 같이 땅 속에서, 활동하지 않고 겨울을 지내는 일. 비동면.

겨자[식물] 겨자과의 한해살이풀 도는 두해살이풀. 밭에 재배함. 씨는 맵고 향기로워 양념과 약재로 씀.

격노【激怒】[경-] 몹시 화를 내는 것. 비격분. -하다.

격돌 심하게 부딪침.

격동 ①몹시 움직임. ②깊이 느껴 마음이 움직임.

격려 무엇을 더욱 잘 하도록 부추김. 예장학금을 주어 ~하다.

격려사 격려하는 말.

격리 사이를 막거나 떼어 놓음. 예몹쓸 병에 걸리어 ~시키다.

격멸 상대방을 쳐서 없앰.

격식【格式】 격에 맞는 방식. 예~을 차리다. 비양식.

격앙 감정이 심하게 움직여 높아짐. 예~된 감정.

격언【格言】 훌륭한 분들이 남긴 말들로 교훈이 될 만한 짧은 말 토막. 비금언

격월【隔月】 한 달을 거르거나 한 달씩 거르는 것. 간월.

격일 하루를 거르거나 하루씩 거르는 것. 예~제 근무. 간일.

격전【激戰】 매우 심하게 싸움. 예~지. -하다.

격증【激增】 수량이 갑자기 많

이 늘어나 불어남. 예~하는 자동차. 반격감. -하다.

격차 품등·자격·가격 등의 차이. 예~가 생기다.

격찬【激讚】 몹시 칭찬함. 예~을 받은 예술 작품. -하다.

격추 적의 비행기 등을 쏘아 떨어뜨림. 예JAL기가 ~되었다.

격침【擊沈】 적의 군함을 공격하여 침몰시킴. -하다.

격퇴【擊退】 적군을 쳐서 물리침. 예적군을 ~하다. -하다.

격투 서로 맞붙어 싸우는 것. ~가 벌어지다. -하다.

격파 ①쳐부숨. ②쳐서 깨뜨림.

격하 자격·등급·지위 등의 격을 내림. 예~ 운동. 반격상.

겪다 ①어렵거나 경험될 만한 일을 치르다. 예고난을 ~. ②손님이나 여러 사람에게 음식을 차려 대접하다.

견고【堅固】 굳세고 튼튼함. 예수비를 ~히 하다.

견디다 ①잘 참다. 이겨내다. 예아픔을 ~. 비참다. ②살림살이의 어려움을 이겨 나가다.

견:문【見聞】 ①보고 들음. ②보고 들어 얻은 지식. 예~을 넓히다. 비문견. -하다.

견:물 생심【見物生心】 물건을 보면 욕심이 생김.

견:본【見本】 전체의 질이나 상태 등을 알리기 위하여 본보기로 보이는 물건. 샘플. 예책~.

견:습【見習】 남의 하는 일을 보고 그대로 연습하여 익힘. 수습. 예~기자. -하다.

견:식【見識】 보고 들어 아는 지식과 학식. 예~이 넓다.

견우성 독수리자리의 수성의 이름. 칠석에 은하수를 건너 직녀성과 만난다는 전설로 유명함.

견우 직녀 견우성과 직녀성.

견원지간 개와 원숭이 사이라는 뜻. 서로 사이가 나쁜 두 사람을 빗대어 이르는 말.

견:적【見積】 비용 따위를 미리 대강 어림잡아 계산함.

견제 지나치게 자유 행동을 하거나 세력을 펴는 것을 못하도록 누르는 일.

견주다 ①비교하여 가리다. 예실력을 ~. ②맞대어 보다. 예서로의 키를 ~.

견직물 명주실로 짠 천.

견:학 실지로 가 보고 지식을 넓힘. 예인쇄소에 ~을 갔다. 비견습. -하다.

견:해 ①보고서 깨달아 앎. ②자기 의견과 해석. 보는 바.

결 나무·돌·살갗 따위에 나타난 줄. 예나무~.

결과 어떤 원인으로 말미암아 생긴 결말의 상태. 예~가 중요하다. 비결말. 반원인.

결국 드디어. 일의 끝. 끝장. 끝에 가서는. 비결말. 필경.

결근【缺勤】 회사·학교 등에 나가지 아니함. 반출근. -하다.

결단【決斷】 딱 잘라 일을 결정함. 예~이 서지 않는다.

결단성 결단을 내리는 성질.

결론¹【結論】죽 늘어놓은 말이나 글의 끝맺는 부분.

결론²【決論】의론의 가부와 시비를 따지어 결정함.

결리다 ①가슴 등이 잡아당기는 것처럼 아프다. 예옆구리가 ~. ②눌려서 기를 펴지 못하다.

결막 눈꺼풀의 안쪽과 눈알의 흰자 부분을 각막 주위까지 덮고 있는 얇은 막.

결막염 결막에 생기는 염증.

결말【結末】일을 마무리하는 끝. 끝장. 비결과. 반시작.

결백【潔白】깨끗하고 의심스러움이 없음. 비청백.

결부【結付】연결시켜 붙임. 예그 일을 ~시키지 마라. -하다.

결빙 물이 어는 것.

결사적[-싸-] 죽음을 각오하고 덤비는 것. 비한사코.

결산[-싼] 일정 기간 동안 들어 오거나 나간 돈의 액수를 계산하는 것. 예연말 ~. -하다.

결석【缺席】[-썩] 출석해야 할 곳에 나가지 아니함. 예학교에 ~하다. 반출석.

결승 최후의 승패를 결정함. 예~전.

결승전 운동 경기 등에서 마지막 승부를 가리는 싸움.

결식【缺食】[-씩] 끼니를 거름. 예~아동. -하다.

결실[-씰] ①열매가 맺힘. ②일이 잘 이루어짐. 예노력의 ~.

결심【決心】[-씸] 단단히 마음을 정함. 비각오. 결의. -하다.

결여 있어야 할 것이 빠져 있음. 예책임감이 ~된 사람. -하다.

결연【結緣】인연을 맺음. 예자매 ~을 맺다. -하다.

결의¹【決意】뜻을 굳게 정함. 예필승의 ~를 다지다. 비결심.

결의²【決議】의논하여 결정함. 만장일치로 ~하고 회의를 마쳤다. 비의결. 반부결.

결전【決戰】[-쩐] 승패나 흥망이 결정되는 싸움. 예~의 날이 다가오다. -하다.

결점【缺點】[-쩜] 부족하거나 잘 하지 못한 점. 예~이 많은 사람. 비단점. 반장점.

결정【決定】[-쩡] 어떻게 하겠다고 작정함. 예내가 ~할 문제다. 비작정. 확정. 반미정.

결코 절대로. 딱 잘라 말할 수 있게. 예불의는 ~ 정의를 이길 수 없다.

결투 서로 사이에 원한이나 말다툼이 있을 때 힘으로 싸워서 승패를 결정함. 예~를 신청하다.

겸상 한 상에 두 사람이 마주 앉아 먹도록 차린 상. 예~을 차리다. 반외상. 독상. -하다.

[겸상]

겸손【謙遜】남을 높이고 자기를 낮춤. 예~한 태도. 비공손. 겸허. 반거만.

겸 ①넓고 얇은 것이 포개어짐. ②사물이 합쳐서 거듭됨.

겹집 여러 채가 겹으로 된 집.

겹치기 두 가지 이상의 일을 한꺼번에 맡아서 하다.

경【經】①경서. 기도문과 주문. ②부처의 가르침을 적은 책. 불경. 예소 귀에 ~ 읽기.

경각심 정신을 가다듬어 조심하는 마음. 예~을 불러일으키다.

경감【輕減】덜어서 가볍게 함.

경거 망:동 경솔하게 함부로 행동함. 예~을 삼가라.

경:건 공경하는 마음으로 삼가며 조심성이 있음. -하다.

경계【境界】서로 이어 맞닿는 자리. 예국가 ~선. 비계급.

경:고 미리 조심하라고 알림.

경공업 부피에 비하여 무게가 가벼운 제품을 만드는 공업. 섬유·화학·식료품 따위. 반중공업.

경과 ①때를 지남. 예2시나 ~. ②일을 겪어온 과정.

경국대:전【책명】 조선시대 정치의 기준이 된 법전. 세조 때 최황·노사신 등이 왕명으로 6전의 체제를 갖춘 법전 제작을 시작하여, 성종 2년(1471) 완성을 보았음. 6권 4책.

경금속 알루미늄·마그네슘 등의 가벼운 쇠붙이. 반중금속.

경기【景氣】매매나 거래 등에 나타나는 호황·불황 따위 경제 활동의 상태. 예호~.

경:기【競技】①「경기 운동」의 준말. 비시합. ②기술이 낫고 못함을 겨루는 일.

경기도【지명】 우리 나라 14도의 하나. 한반도의 가운데에 위치함. 도청 소재지는 수원.

경:기장 여러가지 운동 경기를 하는 장소. 비운동장.

경내【境內】①정해 놓은 구역의 안. ②절이 있는 땅. 반경외.

경농 논밭을 갈아 농사를 지음.

경:대 거울을 달아 세운 화장대. 예~ 서랍.

경도【經度】경선의 위치를 「도」로 나타낸 것. 적도를 360 등분하여 그리니치 천문대를 0°, 동·서를 각각 180°로 나타낸다. 동을 동경, 서를 서경이라고 부른다. 날도. 반위도. 준경.

경량 가벼운 무게. 예~급 선수.

경력【經歷】[-녁] 여러 가지 겪어 온 일들. 겪어 지내 옴.

경련[-년] 근육이 오그라지거나 떨리는 현상.

경:례[-네] 공경의 뜻을 나타내는 몸짓. 준예. -하다.

경:로 효:친[-노-] 노인을 공손히 대하고 존경하며, 어버이를 잘 받들어 섬김.

경륜【經綸】①일을 짜임새 있게 계획함. 또 그 계획. ②천하를 다스림.

경리 회계에 관한 사무를 처리함. 혹은 처리하는 사람.

경:마 말을 타고 일정한 거리를 달리는 경기. 예~ 대회.

경:매 살 사람이 값을 부르게

하여 그 중에 높은 가격의 사람에게 파는 일. 예~를 붙이다.
경멸【輕蔑】깔보고 업신여김.
경:보【競步】육상 경기의 한 가지. 한쪽 발이 땅에서 떨어지기 전에 다른 발이 땅에 닿게 하여 빨리 걷는 경기.
경:보기 특이한 소리나 빛 따위를 이용하여 급한 위험이나 고장을 알리는 기구. 예화재~.
경:복궁 조선시대 초기 태조 3년(1394)에 지은 궁궐. 1592년 임진왜란 때 불탔는데, 고종 임금때 다시 세웠음.
경부선 서울에서 대전·대구·부산에 이르는 철도. 길이 444.5km. 1905년에 개통.
경비행기 연습용이나 사무연락용·스포츠용 등으로 쓰이는 작은 비행기. 라이트 플레인.
경사【傾斜】비스듬히 한쪽으로 기울어짐. 예~진 비탈길.
경:사【慶事】경축할 만한 즐겁고 기쁜 일. 예~가 겹치다.
경상【輕傷】가벼운 부상. 예~이라 다행이다. 반중상.
경:상도[지명] 우리 나라의 옛날 행정 구역의 하나로, 지금의 경상남도·북도를 일컫는 말.
경솔 말이나 행동이 조심성이 없고 가벼움. -하다.
경수로 원자로 내에서 핵분열이 발생하는 중성자의 속도를 감독하기 위해 천연수를 사용한 원자로.

경시【輕視】가벼이 여김. 예전통을 ~하다. 비넘봄. 반중시.
경신【更新】①옛 것을 고치어 새롭게 함. ②기록 경신에서, 종전의 기록을 깨뜨리는 것. 예기록~. 비갱신.
경악 깜짝 놀람. -하다.
경:연【競演】연극·음악 따위의 재주를 겨룸. 예~ 대회.
경영【經營】기업이나 사업 등을 계획을 세워 일을 다스림. 예과수원을 ~하다. 비운영.
경외[1]【境外】경계의 밖. 반경내.
경:외[2]【敬畏】공경하고 어려워함.
경:우【境遇】그 일이 생긴 때의 형편이나 사정. 예최악의 ~. 비처지. 형편.
경운기【耕耘機】기계의 힘으로 움직여 논이나 밭을 가는 데 쓰는 도구. 경간기.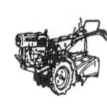
[경운기]
경원선 서울 청량리역에서 시작하여 강원도 철원을 거쳐 원산 사이를 잇는 철도. 총길이 223.7km. 1914년 개통.
경위【經緯】어떤 일이 진전되어 온 내력. 예사건의 ~.
경유[1]【輕油】석유의 원유를 끓일 때 섭씨 200~300도에서 얻는 기름. 반중유.
경유[2]【經由】거치어 지나감. 예대구를 ~하여 부산으로 가다.
경:의【敬意】존경하는 마음.

경의선 서울과 신의주 사이를 잇는 철도. 총길이 499.3km.

경이【驚異】 놀라고 이상하게 여김. 예~로운 표정. -하다.

경인【京仁】 서울과 인천을 아울러 부르는 말. 예~지방.

경인 공업 지대 서울·인천·부천·안양·수원 등을 중심으로 중화학 및 경공업이 발달한 우리나라 최대의 공업 지대.

경작【耕作】 논밭을 갈아 농사를 지음. 예~지. 비농작.

경:쟁 서로 겨루어 다툼.

경:쟁률 경쟁의 비율.

경:쟁심 경쟁하려는 마음. 다른 사람에게 지기 싫어하는 마음.

경:적 위험을 알리기 위하여 울리는 고동. 예자동차의 ~.

경제 ①생활에 필요한 모든 물건을 얻어내고 쓰고 하는 모든 활동. ②돈이나 물건을 절약함.

경제 개발 계:획 자원을 개발하고 산업을 발달시켜 나라의 살림을 튼튼히 하고 국민 생활을 넉넉히 하기 위한 국가의 계획.

경제력【經濟力】 국가나 개인이 지닌 경제적인 힘.

경제 사:회 이:사회 유엔의 주요 기관의 하나. 경제·사회·문화·교육 등의 문제를 취급함.

경제 순환 경제 활동에서의 생산·분배·지출의 순환.

경제 작물 농가의 수입을 높이기 위하여 짓는 작물.

경주【慶州】[지명] 경상북도에 있는 한 시. 옛 신라의 도읍이며, 불국사·석굴암·다보탑 등의 많은 고적이 있음.

경중【輕重】 ①가벼움과 무거움. ②중요한 것과 중요하지 않은 것. 예일의 ~을 가리다.

경지 농사를 짓는 땅.

경직【硬直】 굳어서 꼿꼿해짐.

경:진 ①서로 다투어 앞으로 나아감. ②생산품이나 제품 따위의 좋고 나쁨을 겨룸. 예국산품 ~대회. -하다.

경:찰관 경찰 공무원의 통칭.

경:찰서 경찰 관청의 하나. 대도시의 각 구 및 시·군에 설치함.

경:천【敬天】 하늘을 공경함. 예~ 사상. -하다.

경청【傾聽】 귀를 기울여 주의해 들음. 예연설을 ~하다.

경:축【慶祝】 기쁘고 좋은 일을 축하함. 예~식. 비경하.

경춘선 서울과 춘천을 잇는 철도. 길이 92.9km.

경치【景致】 자연의 아름다운 구경거리. 비풍경. 경관.

경치다 ①호된 꾸지람을 듣거나 벌을 받다. ②못마땅하게 여겨 이르는 말. ③매를 맞다.

경칩 땅 속의 벌레가 겨울잠에서 깨어 꿈틀거리기 시작하는 시기. 우수 다음의 절기. 24절기의 셋째. 양력 3월 5일경.

경:칭【敬稱】 공경하는 뜻으로 사용하는 칭호. 각하·선생 등.

경쾌【輕快】 ①정신이 산뜻함.

경탄 ①아주 놀라 탄식함. 예한라산의 경치에 ~을 금치 못했다. ②몹시 칭찬함. -하다.

경:포대 강원도 강릉시 동북쪽 7km 지점에 있는 다락집. 관동팔경의 하나로 고려 때 지음.

경:품【景品】판 물건에 곁들이거나 제비를 뽑아서 손님들에게 주는 선물. 예~을 타다.

경:하 경사스런 일에 기쁜 뜻을 나타냄. 町축하.

경:합【競合】서로 경쟁함.

경험 몸소 겪어 봄. 예내 ~에 의하면 그것은 사실과 다르다. 町체험. 凹무경험.

경:호 신변에 위험이 없도록 경계하고 보호함. 예대통령 ~원.

경황【景況】흥미나 재미를 가질 수 있는 마음의 여유.

경:회루 임금과 신하들이 모여 잔치를 하던 곳. 서울 경복궁 안 서쪽 연못 한 가운데 있는 큰 누각으로 태종 12년(1412)에 지었음.

곁들이다 ①한 그릇에 여러가지 음식을 담다. ②주된 일에 다른 일을 겸하여 하다.

계:¹【契】옛날부터 우리나라에 내려오는 것으로써 같은 목적을 가진 사람들이 협동을 목적으로 이루어진 조직.

계:²【係】사무나 직업 분담의 작은 갈래. 과의 아래 단위임. 우두머리는 계장임.

계곡 산 사이로 물이 흐르는 골짜기. 산골짜기.

계급 지위·신분 등의 높고 낮음.

계급장 군인 등의 복장에 달아 계급을 나타내는 표.

계:기¹【契機】어떤 일을 일으키고 경험하는 기회.

계:기²【計器】물건의 무게·길이·양 등을 재는 기구. 미터기·저울 따위. ~로 알아보다.

계란 달걀.

계:략 크고 깊은 꾀.

계:량 분량이나 무게를 재는 것. 계측. 예~기.

계:량기【計量器】길이·부피·무게·시각·각도·온도 따위를 재는 기구.

계면쩍다「겸연쩍다」의 변한 말.

계명 음계의 이름.

계:모 자기를 낳은 어머니가 죽고 아버지가 두 번째로 얻은 아내.

계:몽 배우지 못하여 무식한 사람을 깨우쳐 줌. 계명.

계:미자【癸未字】조선조 태종 3년 계미년(1403)에 주자소를 두고 만든 구리 활자.

계:발 슬기와 재능을 펴서 깨우쳐 줌. 町계몽. -하다.

계:산【計算】수량을 헤아림.

계:산기 셈을 빠르고 정확하게 해주는 기계. 수판·컴퓨터 따위.

계:속 끊이지 않고 이어서 나아감. 町지속. 연속. 凹중단. 중지.

계:수【計數】수를 계산하는 것.

또는 그 결과로 얻은 값.
계:승 뒤를 이어받음. 예가업을 ~하다. 비승계. -하다.
계:시【啓示】 ①일깨워 가르침. ②신이 영감으로 알게 함. 예신의 ~. 비묵시. -하다.
계:약 두 사람 이상의 사이에 서로 뜻이 맞아 앞으로 법의 효과가 날 수 있도록 맺은 약속.
계:엄령 국가의 원수가 계엄 실시를 선포하는 명령. 예비상 ~.
계:열 사물이 어떤 공통점에서 서로 같은 계통이나 조직.
계:유 정난 조선 단종 원년 (1453)에 수양대군이 김종서·황보인 등을 없애고 정권을 잡는 일.
계:율[계-/게-] 불교에서 중이 지켜야 할 율법. 비율법.
계:절 ①봄·여름·가을·겨울의 네 철을 말함. 예사~. 비철. ②알맞은 시절.
계:절풍 계절에 따라 불어오는 바람. 여름에는 동남 계절풍, 겨울에는 북서 계절풍이 불어옴.
계:좌【計座】 예금을 할 수 있도록 만든 자리. 예금 계좌.
계:주 몇 사람이 한편이 되어 이어달리는 경기. 이어달리기.
계:책 용한 꾀와 방법.
계:측 물건의 무게·길이·부피 등을 재어 계산하는 것. 예~기. 비측정. -하다.
계층 사회적 지위가 거의 비슷한 사람들의 층. 예사회 ~.
계:통【系統】 ①이치나 성질 등에 따라 갈라놓은 순서. ②같은 핏줄을 잇는 것.
계:피 한방에서「계수나무 껍질」을 약재로 이르는 말.
계:획 앞으로 해 나갈 일을 생각하여 세우는 일.
고 옷고름·노끈 등의 매듭이 풀리지 않게 한 가닥을 고리처럼 맨 것. 예~를 매다.
고가【高架】 땅 위로 높이 가로질러 가설하는 것. 예~ 도로.
고:가【古家】 지은지 오래된 집.
고가【高價】 비싼 값. 반염가.
고가 도:로 땅 위에 기둥을 세워 그 위에 설치한 도로.
고갈【枯渴】 물·돈·물자 등이 말라서 없어짐. 예자원이 ~되다.
고갯마루 산이나 언덕의 꼭대기.
고견 ①뛰어난 의견. 예~을 듣다. ②남의 의견을 높임말.
고결 성품이 고상하고 깨끗하다. 예~한 성품. -하다.
고:고학【考古學】 옛적의 유물이나 유적에 의하여 고대 인류의 생활 전체를 연구하는 학문.
고구려[국명] 삼국시대의 한나라. 기원전 37년에 동명왕이 우리나라 북쪽에 세운 나라. 지금의 한강 이북에서 만주에 걸쳐 세워졌음.
고:구마[식물] 메꽃과의 여러해살이풀. 뿌리에 둥글고 긴

고국 덩어리가 달리는 농작물. 단감자.

[고구마]

고:국【故國】 조상 때부터 살던 나라. 回본국. 回타국.

고:국 산천 조국의 산과 내.

고:궁【古宮】 옛날에 임금님이 살던 궁궐. 옛 궁궐.

고귀 ①지체나 신분이 높고 귀함. ②훌륭하고 귀중함. 높고 귀함. 예~한 생명. 回존귀. 回비천.

고:금【古今】 옛날과 지금.

고급 ①지위나 신분이 높은 것. ②품질·수준 따위가 높은 것.

고기¹ ①「물고기」의 준말. ②동물의 살.

고기² 그 곳. 그 곳에.

고기압 기압이 높음. 回저기압.

고기잡이 낚시나 그물 등으로 물고기를 잡는 일. 어렵. 예어제 강에 나가 ~를 하였다.

고깃간 쇠고기·돼지고기 등을 파는 가게. 回푸줏간.

고깃배 고기잡이 배. 回어선.

고깔 중이 쓰는 모자의 일종으로 세모진 것. 주로 베 조각으로 만듦. 예~ 모자.

고난 괴로움과 어려움. 回고생.

고난도 체조 등에서 기술적으로 해내기 어려운 정도.

고뇌 괴로움과 번뇌.

고니[동물] 물새 중에서 제일 큰 새. 날개의

[고니]

길이가 60~70cm 되며 온몸이 순백색임. 回백조.

고단하다 일이나 운동 등을 너무 많이 해서 몸이 나른하다.

고달프다 몹시 고단하다.

고:대¹【古代】 옛날. 回현대.

고대²【苦待】 애를 태우며 몹시 기다림. 예그가 돌아오기를 학수 ~하다.

고:대 문명 오래 전 시대의 문명. 回근대 문명.

고도【孤島】 외딴 섬.

고도 성장 발전의 속도나 규모가 높은 정도로 빨리 이루어짐.

고독 외로움. 쓸쓸함.

고동 ①배나 기차가 내는 소리. 예뱃~ 소리. ②틀어서 작동시키는 기계 장치.

고되다 하는 일이 힘에 겨워 고단하다.

고드름 낙숫물이 흘러 떨어지다가 처마 끝에서 길게 얼어붙어 매달린 얼음.

고들빼기[식물] 국화과의 두해살이풀. 씀바귀와 비슷하며 산이나 들에 저절로 남. 어린 순은 식용함. 고채.

고등 고:시 국가 고시의 한 가지. 일반 행정 고급 공무원·기술 고급 공무원·외교관·사법관의 임용 자격 시험.

고등 교:육 고도의 지식을 터득하게 하는 동시에, 전문적 직업에 필요한 지식·기술을 터득하게 하는 교육의 총칭. 전문 대학 이상의 교육.

고등 동:물 진화의 정도가 높은

동물. 보통 무척추 동물에 대하여 척추 동물을 이르는 말. 빤하등 동물.
고등 법원 지방 법원의 위, 대법원의 아래인 중급 법원. 제2심 판결을 담당하는 법원. 준고법.
고등어[동물] 고등어과의 바닷물고기. 몸은 기름하고 통통하며 등은 녹색이고, 배는 은백색임. 몸길이는 40~50cm임.
고등 학교【高等學校】 중학교를 졸업하고 들어가는 학교.
고락 괴로움과 즐거움.
고란사 충청남도 부여 백마강 왼편 기슭에 있는 작은 절. 바위 틈에 저절로 남.
고랑 ①밭고랑 사이의 낮은 곳. ②「쇠고랑」의 준말.
고래[동물] 동물 중 제일 큰 물고기로 젖을 먹여 새끼를 기르고, 허파로 숨을 쉬는 짐승. [고래]
고래고래 목소리를 한껏 높여서 큰 소리로 부르짖는 모양. 예밥을 달라고 ~ 소리를 질렀다.
고랭지【高冷地】 높이가 600m 이상으로 높고 한랭한 지방.
고려【高麗】[국명](918~ 1392) 태조 왕건이 후삼국을 통일하고 개성에 도읍하여 세운 나라. 이성계에 의해 멸망함.
고려 인삼 우리나라에서 나는 인삼을 흔히 일컫는 말.
고려 자기 고려 시대에 만든 자기. 무늬와 빛깔이 아름답고 예술적 가치가 높음. 청자가 가장 유명함.
고려장 고구려 때의 풍속으로 늙은이를 산채로 무덤 속 구덩이에 두었다가 죽으면 그 곳에 매장하는 일.
고령【高齡】 많은 나이.
고:료 글을 써 주고 받는 돈. 「원고료」의 준말. 예~를 받다.
고르다¹ 아무 차별 없이 똑같다. 예아이들 키가 전부 ~.
고르다² 여러가지 중에서 쓸 것이나 좋은 것을 가려내거나 뽑다. 비가리다.
고름¹ 종기가 곪아서 생기는 희고 누른 액체. 농. 예~을 짜다.
고름² 「옷고름」의 준말.
고리 ①긴 것을 구부려 둥글게 만든 것. ②「문고리」의 준말.
고리 대:금 ①이자가 비싼 돈. ②비싼 이자를 받는 돈 놀이. 예~ 업자. 준고리대.
고린내 곯아 썩은 달걀에서 나는 냄새. 썩은 냄새.
고릴라[동물] 포유류 유인원과의 큰 짐승.
고립 도와 주는 사람이 없이 혼자 있음. 외롭게 삶. 예풍랑을 만나 무인도에 ~ 되었다.
고막【鼓膜】 귓구멍 속에 들어 공기의 진동에 따라 움직이는 얇은 막. 비귀청.
고:맙다 남의 은혜나 신세에 감사하다. 빤귀찮다.

고매 인품이나 학식이 높고 뛰어남. 예 ~한 인격.

고명딸 아들이 많은 집의 외딸.

고모 아버지의 누이.

고모부 고모의 남편.

고:목【古木】 오래되어 묵은 나무. 고목나무. 비 노목.

고무 열대 지방의 고무나무에서 나오는 액체를 굳혀 만든 탄력성이 강한 물질.

고무래 곡식을 긁어 모으거나 밭의 흙을 고르는 데 쓰는 기구의 일종. [고무래]

고무신 고무로 만든 신.

고무줄 고무로 만든 줄.

고문¹【拷問】 죄를 진 혐의가 있는 사람에게 견디기 어려운 고통을 주며 묻는 말. -하다.

고:문²【古文】 ①옛 글. 우리나라의 갑오경장 이전의 글. ②중국 한 문체의 하나.

고문³【顧問】 어떤 분야에 전문적인 지식과 풍부한 경험을 가지고 자문에 응하여 의견을 제시하는 사람. 예 ~ 변호사.

고:물¹【古物】 헐거나 낡아서 못 쓰는 물건. 예 ~차.

고물² 떡의 거죽에 묻히는 가루. 콩·팥·녹두 등을 이용. 예 콩~.

고민【苦悶】 몹시 괴로워서 속을 태움. 비 번민. -하다.

고:발【告發】 피해자가 아닌 사람이 범죄 사실을 신고함.

고배 ①쓴 술잔. ②쓰라린 일을 당함을 비유하여 이르는 말.

고:별【告別】 떠나는 것을 알림.

고:본【古本】 헌 책.

고봉【高峰】 높은 산 봉우리.

고부 시어머니와 며느리.

고:분 옛날의 무덤. 비 고총.

고분고분 말이나 행동이 공손하고 부드러운 모양.

고비 어떤 일의 가장 막다른 처지. 비 막바지. 반 시초.

고삐 한 끝을 말이나 소의 재갈이나 코뚜레에, 몰거나 부리기 위해 매어 놓은 끈.

고:사¹【故事】 옛날부터 전해 오는 일. 예 ~ 성어.

고:사²【考査】 학교에서 학생의 평소 성적을 검사함.

고사³【苦辭】 굳이 사양함.

고사리 [식물] 참고사리과에 딸린 산나물로 산림의 햇볕이 잘 드는 곳에서 자라는 풀. 어린 잎과 줄기는 나물을 하여 먹음. [고사리]

고:사장 시험을 보는 곳.

고사포 항공기를 공격하는데 쓰이는 큰 대포.

고산병 높은 산에 올라갔을 때 낮아진 기압 때문에 일어나는 병. 얼굴이 붉어지고 코피가 나며, 구토·메스꺼움 등의 증세가 나타남. 산악병.

고상【高尙】 품은 뜻이 드높고 깨끗함. 예 ~한 품위를 지닌 신사. 비 고결. 반 저속. -하다.

고생 ①어렵고 구차하고 가난

한 생활. 비고통. 반안락. ②몹시 애쓰고 수고함.
고:생대【古生代】 지질시대의 4대 구분 중 선캄브리아대 후, 중생대 전의 시대. 곧 지금부터 약 5억7천만년 전부터 약 2억4천만년 전까지의 기간.
고:서【古書】 옛날의 책.
고성 높은 목소리. 예 ~ 방가.
고성능 아주 좋은 성능.
고:소【告訴】 피해를 입은 사람이 직접 검사나 경찰에 신고함. 예 경찰에 ~하다. 비고발.
고소하다 ①깨소금이나 참기름 같은 맛이나 냄새가 나다. 예 참기름 냄새가 ~. ②미운 사람이 잘못되어 기분이 좋다.
고속 속도가 매우 빠름. 예 ~ 버스. 비쾌속. 반저속.
고속 국도 고속으로 달리는 국도.
고수머리 머리카락이 곱슬곱슬한 머리. 곱슬머리.
고수 부지 큰물이 날 때에만 물에 잠기는 하천 부지.
고숙【姑叔】 고모부.
고슴도치[동물] 포유류 고슴도치과의 하나. 몸빛은 암갈색에 주둥이가 뾰족하고 다리가 짧음. 등과 몸 양편에 가시가 돋혀 있음. 준고슴돝.
[고슴도치]
고습【高濕】 습기가 높음.
고승 ①학덕이 높은 중. ②지위가 높은 승려.
고:시【告示】 관청에서 일반에게 널리 알림. -하다.
고:시조 옛 시조. 갑오개혁 이전에 지어진 시조.
고심 애쓰고 마음과 힘을 다함. 예 ~한 끝에 결심하다. -하다.
고아【孤兒】 부모가 없는 가엾은 아이. 예 전쟁 ~.
고압 ①높은 압력. 예 ~ 가스. ②높은 전압. 예 ~ 전선.
고압선【高壓線】 센 전류를 보내는 전선.
고액 많은 금액.
[고압선]
고:약하다[-야카-] 성질이나 날씨, 냄새 등이 좋지 않다. 비괴팍하다. 반착하다.
고양이[동물] 쥐를 잘 잡아먹고, 둥근 머리에 긴 꼬리를 가졌으며, 온몸에 부드러운 털을 가진 짐승.
고온 높은 온도. 반저온.
고요 조용함. 비정적.
고욕 견디기 어려운 불명예스러운 일. 예 ~을 참다.
고용【雇用】 삯을 주고 사람을 부림. 예 ~주. -하다.
고유【固有】 ①본디부터 있음. 예 ~ 의상. ②어느 물건에만 특별히 있음. -하다.
고유 명사 어느 특정한 사물에 한정하여 그 이름을 나타내는 명사. 인명·지명·상호 등.
고을 한 도를 몇으로 나눈 군이 소재하는 행정 구역의 하나. 비고장. 지방. 읍. 준골.
고음【高音】 높은 소리. 반저음.

고:의【故意】 일부러 함.
고:이 ①정성을 다하여. ②곱게. ③삼가 조심하여.
고:인【故人】 세상을 떠난 사람.
고인돌 선사 시대의 무덤. 납작한 돌을 세우고 그 위에 평평한 돌을 얹음. 지석묘. 비 관돌.  [고인돌]
고자세 거만한 태도.
고:자질 남의 허물을 몰래 일러바치는 일. -하다.
고장¹ ①태어나거나 자란 곳. 고향. ②지방. 예 우리 ~은 인삼으로 유명하다.
고:장²【故障】 사고로 생기는 탈. 예 라디오가 ~나다.
고:적【古蹟】 ①남아 있는 옛 물건. ②옛 물건이 있는 자리. 사적. 예 ~ 답사. 비 유적.
고전【苦戰】 몹시 힘드는 괴로운 싸움. 비 고투. -하다.
고:전미 고전적인 아름다움.
고정【固定】 일정한 장소·상태에 있어 움직이지 않음. -하다.
고조【高調】 ①높은 가락. ②의기를 돋움. 예 사기를 ~시키다. ③시나 노래로 크게 흥겨움이 일어나는 일. 반 저조.
고조모 할아버지의 할머니.
고조부 할아버지의 할아버지, 아버지의 증조 할아버지.
고:조선【國名】 우리 민족이 제일 먼저 세운 부족 국가로 기원전 2333년에 단군이 세운 나라.
고주파 주파수가 높은 파동이나 전파. 반 저주파.
고증【考證】 증거를 대어 설명함. 예 학계의 ~을 거치다. -하다.
고:지¹【告知】 고하여 알림. 통지함. 예 등록금 ~서.
고지²【高地】 ①평지보다 높은 땅. 예 ~대. 반 저지. 평지. ②이루어야 할 목표나 목적.
고지식하다 ①성질이 곧아서 융통성이 없다. ②어리석고 곧다.
고진 감래【苦盡甘來】 쓴 것이 다하면 단 것이 온다는 뜻. 고생 끝에 즐거움이 옴.
고질 병이 오래 되어 고치기 어려운 병. 예 ~병.
고집【固執】 제 의견이나 생각을 굳게 내세움. 예 ~을 세우다.
고초 어려움과 괴로움. 비 고난.
고추【식물】 가지과의 한해살이풀. 붉고 매운 열매가 열리는 채소. 매운 맛을 내는 양념으로 쓰임.
고추잠자리【동물】 잠자리과의 곤충. 수컷은 몸이 붉고, 암컷은 노르스름하여 암컷은 「메밀잠자리」라고도 함. [고추잠자리]
고충 괴로운 심정이나 사정.
고층 ①2층 이상의 높은 층. 예 ~ 아파트. ②하늘의 높은 곳.
고치 누에가 실을 토하여 제 몸

을 싸서 만든 집. 명주실을 뽑아 내는 원료가 됨.

고치다 ①잘못된 것을 다시 만들다. ②병을 낫게 하다. [고치]

고통 몹시 견디기 어려움. 예~이 심하다. 비고초. 반안락.

고투 힘드는 싸움이나 일을 함.

고:풍 옛날의 풍속. 옛 모습.

고프다 뱃속이 비어 시장하다.

고하【高下】 높음과 낮음. 위 아래. 예지위의 ~를 막론하고.

고학 제 손으로 학비를 벌어서 공부함. 예~생. -하다.

고함 큰 소리로 부르짖는 목소리. 예~을 치다.

곡괭이 단단한 땅을 파는 연모. 쇠붙이의 머리 부분이 황새의 부리처럼 길고 좁게 생겼음.  [곡괭이]

곡면【曲面】 곡선으로 이루어진 면. 반평면.

곡명【曲名】 노래의 이름.

곡목【曲目】 연주할 곡명을 적어 놓은 목록. 프로그램.

곡물 사람의 식량이 되는 쌀·보리·콩·조 따위의 총칭. 곡식. 예~상.

곡선【曲線】 ①부드러운 선. ②구부러진 선. 반직선.

곡선미 ①몸이 곡선에 나타나는 아름다움. ②건축·그림·조각 등에서 곡선을 써서 나타내는 아름다움. 반직선미.

곡식【穀―】 사람이 먹고 있는 곡물의 이름. 쌀·보리·콩·조·수수 같은 것을 통틀어 이르는 말. 비곡물. 곡류.

곡예 몸을 아슬아슬하게 놀려서 하는 재주. 예줄타기 ~.

곡절 복잡하게 얽힌 사정. 예~이 많은 인생. 비연유. 사정.

곡조 노랫소리의 높은 것과 낮은 것. 음악의 가락. 비가락.

곡창【穀倉】 ①곡식을 쌓아 두는 창고. ②곡식이 많이 나는 지방. 예우리 나라의 ~지대.

곡해 사실과 어긋나게 잘못 이해함. 예친구의 의도를 ~하다.

곤:경【困境】 어려운 처지.

곤:궁 가난하고 구차한 것.

곤두박질 몸을 갑자기 거꾸로 내리박이는 것. -하다.

곤두서다 거꾸로 꼿꼿이 서다. 예시끄러워 신경이 ~.

곤:란【困難】 일의 처리나 살림살이가 매우 어려움. 예~에 빠지다. 비곤궁. 반용이.

곤:룡포 임금이 입던 정복. 준용포.  [곤룡포]

곤봉【棍棒】 체조 용구의 하나. 단단한 나무를 깎아서 손 잡는데는 가늘고 그 반대쪽은 굵게 만든 것. 몽둥이. 버드나무로 넓적하고 길게 만들었음.

곤죽 몹시 질어서 질퍽질퍽한 것을 이르는 말.

곤지 시집가는 새색시가 단장

곤충 머리·가슴·배와 3쌍의 다리, 2상의 날개가 있으며, 한살이를 하는 벌레들. 변태를 함.

곤:하다【困—】 몸의 기운이 풀려서 나른하다.

곤:혹 곤란한 일을 당하여 어찌할 바를 모름.

곧 ①바로. 즉시. ②다시 말하면.

곧다 ①구부러지지 않고 똑바르다. 앉은 자세가 ~. ②마음이 바르다.

곧이듣다[고지-따] 남의 말을 그대로 믿다.

곧잘 ①제법 잘. ②걸핏하면.

곧장 ①똑바로 곧게. ②쉬지 않고 계속. 예~ 간다.

골¹ 생각하고, 외우고, 몸을 움직이고, 각 기관이 정상적으로 작용하게 하는 등의 일을 맡아 하는 우리 몸의 사령부. 머리뼈로 보호되어 있음.

골² 벌컥 성이 일어나는 기운. 예그는 ~을 잘 낸다. 비화.

골격 뼈대. 예~이 튼튼하다.

골고다[지명] 예수가 십자가형을 받은 예루살렘 교외의 언덕. 갈보리.

골고루 ①더하고 덜함이 없이 고르게. ②「고루고루」의 준말. 비고르게.

골:다 잠잘 때 드르렁드르렁 콧소리를 내다. 예자면서 코를 ~.

골동품 오래되고 귀한 물건이나 미술품.

골:드 금. 황금

골똘하다 한 가지 일에 온 정신을 쏟아 딴 생각이 없다.

골:라잡다 여럿 가운데서 골라 가지다. 예마음대로 ~.

골:목 집과 집 사이에 난 좁다란 길. 예~ 대장.

골몰 한 가지 일에만 온 정신을 쏟음. 비열중. -하다.

골무 바느질할 때 바늘을 눌러 밀기 위하여 손가락 끝에 끼는 물건.

골반 신체의 허리부분를 형성하는 좌우의 엉덩이뼈·궁둥이뼈·꼬리뼈에 둘러싸인 뼈 부분.

골:방 큰 방의 뒤쪽에 딸린 작은 방. 예~에서 놀다.

골수 분자[-쑤-] 가장 핵심이 되는 구성 요원.

골수염 세균의 감염으로 골수에 생기는 염증.

골육【骨肉】 ①뼈와 살. ②핏줄이 같은 사람. 골육지친.

골육 상쟁 가까운 혈족 사이에 서로 싸움. 골육 상잔.

골재【骨材】[-째] 시멘트와 섞어서 콘크리트를 만드는 모래·자갈 등의 재료.

골절【骨折】 뼈가 부러짐.

골짜기 두 산 사이의 움푹 패어 들어간 곳. 예산~. 준골짝.

골치 골머리.

골탕 몹시 당하는 손해나 욕.

골:판지 물결 모양으로 골이 진 판지의 한쪽 또는 양쪽에 다른 판지를 붙인 것. 예~ 상자.

곪:다[-따] 상처가 난 곳에 고름이 들다. 예상처가 ~.
곯다 먹는 것이 모자라서 늘 배가 고프다.
곰:[동물] 몸집이 크고 털빛이 흑색·갈색·백색이 여러 종류가 있으며, 밤·딸기·나무뿌리·개미·고기 등을 먹으며 겨울에 굴에서 겨울잠을 잠.
곰:곰이[-고미] 깊이 깊이 생각하는 모양. 곰곰.
곰방대 짧은 담뱃대.
곰:살궂다 성질이 부드럽고 친절하며 다정하다. [곰방대]
곰지락 가볍게 천천히 움직이는 모양. 쎈꼼지락. 큰굼지럭.
곰:취[식물] 국화과의 여러해살이풀. 높이는 1m 내외. 잎은 큰 심장형이며 여름에 노란 꽃이 핌.
곰:팡이 습기가 있는 곳이나 축축한 음식물 등에 생기는 균.
곱 곱셈. 곱절이 되는 수.
곱:다(고와, 고우니) 겉모양이 산뜻하고 아름답다.
곱:다랗다 매우 곱다.
곱돌 윤이 나고 매끈매끈한 돌.
곱:살스럽다 얼굴 모습이 보기에 곱고 얌전하다.
곱셈 어떤 수를 몇 곱절하는 계산. 반나눗셈. -하다.
곱셈 구구 곱셈에 쓰이는 기초 공식. 1에서 9까지의 각 수를 수끼리 서로 곱하여 곱을 나타냄.
곱슬머리 곱슬곱슬한 머리.
곱자 나무나 쇠로 90도 각도로 만든「ㄱ」자 모양의 자.
곱절 같은 수량의 몇 번 합치는 일.
곱창 소의 내장.
곳 장소. 예그 ~을 찾아갔다.
곳간[고깐] 곡물을 쌓아 두는 창고. 예~ 열쇠. 비창고.
곳곳 여러 곳. 이곳저곳.
공:¹ 고무나 가죽 따위로 둥글게 만들어 차거나 치고 노는 기구.
공²【功】 ①「공로」의 준말. ②일에 애쓴 보람.
공³【空】 ①속이 텅 빈 것. 아무것도 없는 것. ②숫자「0」을 말함.
공간 ①비어 있어 아무것도 없는 곳. ②무한히 퍼져있는 장소. 예무한한 우주 ~.
공:갈【恐喝】 무섭게 으르고 위협함. 예~ 협박. -하다.
공:감【共感】 남의 생각이나 의견에 대하여 자기도 그렇다고 느끼는 것. 예의견에 ~을 느낀다.
공개 널리 드러내어 알림. 비개방. 반비밀. -하다.
공:격【攻擊】 ①나아가 적군을 쳐부숨. 비공략. 반방어. ②남을 몹시 꾸짖거나 반대하고 나섬. 예인신 ~을 하다.
공경 공손하게 섬김. 예윗사람을 ~하라. -하다.
공고¹【公告】 세상에 널리 알림.
공:고²【鞏固】 매우 굳고 튼튼

함.
공공 ①여러 사람과 힘을 같이 함. ②일반 사회. 예~기관.
공공 복리 여러 사람의 행복과 이익. 예~에 힘쓰다.
공공 사:업 여러 사람을 위해 하는 사업. 수도·전기·전화시설 등.
공과【功過】[-꽈] 공로와 허물. 예~를 따지다.
공과금 국가나 공공 단체에 내는 돈. 세금·조합비 따위.
공관 ①공공용으로 쓰는 건물. ②정부 고관의 공적 저택.
공군 공중에서의 전투를 맡은 군대. 예~이 하늘을 지킨다.
공권력[-꿔녁] 국가나 공공 단체가 국민에 대하여 명령·강제하는 권력. 예~을 발동하다.
공금【公金】 나라나 공공 단체의 돈. 예~ 횡령.
공:급【供給】 ①필요에 따라 물품을 대어 줌. ②바꾸거나 팔 목적으로 시장에다 상품을 내놓음. 반수요. -하다.
공기¹【空氣】 ①지구를 둘러싸고 있는 무색·무취의 투명한 기체. 질소·산소의 혼합 기체. 비율은 4:1. ②분위기. 예 방 안 ~가 시원치 않다.
공기²【空器】 ①빈 그릇. ②밥이나 국등을 덜어 먹는데 쓰는 기구. 예밥~.
공기총 압축 공기를 이용하여 탄알이 발사되도록 만든 총.
공기 펌프 밀폐된 용기 속의 공기를 뽑아 내거나 넣는 펌프.

공단【工團】「공업 단지」의 준말. 예구로 ~.
공대말 공대하는 말. 높임 말.
공덕【功德】 여러 사람을 위해 착한 일을 많이 하는 일. 예 부처님의 ~을 기리다.
공:동 여러 사람이 힘을 합하여 함께 함. 비합동. 반단독.
공:동 묘:지 여러 사람이 공동으로 쓸 수 있게 일정한 곳에 마련하여 둔 묘지. 반사설 묘지.
공:동 식수 여러 사람이 다같이 나무를 심음. -하다.
공:동체 운명이나 생활을 같이 하는 조직체. 공동 사회.
공든탑 힘과 마음을 다하여 이루어 놓은 일.
공들이다 마음과 힘을 다하다. 열성을 바치다.
공:략 군대의 힘으로 적의 영토나 진지를 공격함.
공력【功力】[-녁] 애쓰는 힘. 힘들여 이루는 공.
공로 힘들여 일한 보람. 비공훈. 반죄과. 준공.
공론【公論】[-논] 여러 사람의 의견. 예~을 모으다. 반여론.
공리【公利】[-니] 일반 공중의 이익이나 공공 단체의 이익.
공립【公立】 정부 단체에서 설립하여 유지하는 일. 또는 그 시설.
공립 학교 지방 자치 단체가 지방비로 설립하여 유지하는 학교. 반사립 학교.
공명¹【功名】 공을 세워 이름을 떨침. 예부귀 ~. -하다.

공명²【公明】 바르고 떳떳함. 예 ~ 선거. 반부정.

공명 정:대 하는 일이나 행동에 사사로움이 없이 떳떳하고 바르다.

공모【公募】 여러 사람들에게 널리 알리어 뽑음. 예창작 동화를 ~하다.

공무원【公務員】 국가나 지방 공공 단체의 사무를 담당하는 사람.

공문서【公文書】 공무원이 직무상 작성한 서류.

공:물 옛날에 백성들이 세금으로 나라에 바치는 물건.

공민권 선거권·피선거권을 가지고 정치에 참여할 수 있는 지위나 자격.

공:방전【攻防戰】 쌍방간 공격하고 방어하는 전투. 예여당과 야당간에 치열한 ~.

공배수 두 개 이상의 정수에 공통되는 배수. 반공약수.

공백 아무것도 없어 텅 빔. 예 ~ 기간. 비여백.

공:범 두 사람 이상이 짜고 범한 죄. 또는 그 사람. 반단독범.

공병¹【空瓶】 빈 병.

공병²【工兵】 군대에서 길·다리 등을 건설 또는 파괴하는 일을 맡아 하는 군인.

공보【公報】 관청이나 국민 일반에게 널리 알리는 일. 반사보.

공보처 국무총리 소속하의 중앙행정 기관의 하나. 국내외의 홍보·여론 조사·언론 등 방송에 관한 사무를 관장함.

공복 아침에 아무 음식도 먹지 않은 배. 예~을 채우다.

공부【工夫】 배우고, 익히고, 슬기를 닦는 일. 예~를 잘 하다. 비학습. -하다.

공비¹【工費】 공사에 드는 돈. 예~가 많이 든다. 비공사비.

공:비²【共匪】 공산당 유격대. 예~를 사로잡다.

공사¹【工事】 집을 짓거나 다리를 놓는 일. 예~현장. 비역사.

공사²【公私】 단체의 일과 개인의 일. 예~을 분명히 하다.

공사³【公使】 외국에 있으면서 본국을 대표하는 외교관의 하나. 대사의 아래.

공산【公算】 확실성의 정도. 확률. 예반장에 당선될 ~이 크다. 비가망.

공:산주의 모든 재산을 다같이 나누고 개인 재산을 없애자는 주장이지만, 실지에 있어서는 국민에게 자유를 주지 않고 기계처럼 부려서 몇몇만 잘 살자는 주장. 반민주주의.

공상【空想】 이루어질 수 없는 일을 머리 속에서 생각하는 것. 예쓸데없는 ~에 잠기다.

공상 과학 소:설 시간과 공간의 테두리를 벗어난 일을 과학적 가상을 바탕으로 묘사한 이야기. 과학 소설. 에스에프(SF)

공:생 ①서로 같은 곳에서 함께 삶. ②종류가 다른 두 생물이 한 곳에서 서로 이익을 주고 받으며 공동 생활을 하는 일.

공석【空席】 ①빈 자리. ②결원이 된 자리. 예과장 직위가 현재 ~이다.

공설 운:동장 국가나 공공 단체에서 설립한 운동장.

공:세 공격하는 태세. 예선심~.

공소【公訴】 검사가 법원에 재판을 요구하는 일. 예~권.

공손 예의 바르고 상냥함. 예~한 태도. 비겸손. 반거만.

공수¹【空輸】 비행기로 사람·짐을 보냄. 예육군 ~부대. -하다.

공:수²【攻守】 공격과 수비.

공습 경:보 적의 비행기가 습격해 왔음을 알리는 소리.

공시【公示】 공공 기관이 일정한 내용을 공개적으로 게시하여 일반에게 널리 알리는 것.

공식【公式】 셈의 방법을 보이는 식. 틀에 박힌 방식.

공신【功臣】 나라에 큰 공로가 있는 신하. 예개국 ~.

공안【公安】 사회의 질서가 편안히 지켜지는 상태.

공약 여러 사람 앞에서 약속함. 또는 그 약속. 예선거 ~. -하다.

공약수【公約數】 어떤 둘 이상의 수의 공통되는 약수.

공:양【供養】 ①웃어른께 음식을 드림. ②부처 앞에 음식물을 바침. 예~미. 비불공

공:양미【供養米】 부처에게 공양드리는 데 쓰이는 쌀.

공언【公言】 ①공개하여 하는 말. ②공정한 말.

공업【工業】 자연물에 사람의 힘을 보태거나 기계로 쓸모있는 물품을 만드는 일.

공업 단지【工業團地】 경제 성장을 위하여 공장들을 한 곳에 모아 놓은 지역. 준공단.

공업 폐:수 공업 생산의 과정에 생기는 오염된 물.

공연¹ 여러 사람 앞에서 무용·연극·음악 등을 공개함.

공:연²【共演】 연극이나 영화에 함께 출연함. -하다.

공영¹【公營】 관청이나 공공 단체의 경영. 반민영.

공:영²【共榮】 서로 함께 번영함.

공예【工藝】 물건을 예술적으로 만드는 솜씨. 제작의 기술.

공용¹【公用】 ①공적인 용무. ②국가·공공 단체가 사용하는 것.

공:용²【共用】 공동으로 사용함. 예남녀 ~. 반전용.

공원【公園】 누구든지 자유로이 휴식을 하기 위하여 만들어 놓은 놀이터. 예어린이 대~.

공:유【共有】 어떤 물건을 두 사람 이상이 공동으로 가지는 일. 예재산을 ~하다.

공:제【共濟】 서로 힘을 합하여 도움. 예사원 ~ 조합. -하다.

공조¹【工曹】 고려·조선 시대 때 관청의 하나.

공:조²【共助】 여럿이 서로 돕는 것. 예~ 체제.

공조 판서 고려·조선 시대 공조의 으뜸 벼슬.

공:조【共存】 ①서로 다른 두 가

지 이상의 물건이나 일이 있음. ②함께 살아감. -하다.
공주¹【公主】 임금의 딸. 비왕녀. 반왕자. 세자.
공주²【公州】[지명] 충청남도에 있는 도시. 옛 백제의 도읍이었음. 당시 이름은 웅진.
공중【空中】 하늘과 땅 사이의 빈 곳. 비공간.
공중 도:덕 여러 사람들이 공동 생활을 할 때 함께 지켜야 할 도리. 예~을 지키다.
공중 전:화 모든 사람들이 요금을 내고 수시로 사용하도록 공공 장소에 설치한 전화.
공지 일반에게 널리 알리는 것.
공채【公債】 나라의 큰 사업 또는 전쟁 따위로 재정이 모자랄 때, 나라나 공공 단체가 지는 빚. 예~를 발행하다. 반사채.
공책 무엇을 쓸 수 있도록 백지로 된 책. 노트.
공청회 나라에서 중요한 일을 결정하기 전에 여러 사람의 의견을 듣는 모임.
공:탁【供託】 ①물건을 맡겨 보관을 의뢰하는 것. ②법령의 규정에 따라 금전·유가 증권 따위를 공탁소에 맡겨 두는 것.
공:통 분모 여러 개의 서로 다른 분수를 크기가 변하지 않게 통분한 분모.
공:통점[-쩜] 여럿 사이에 서로 통하는 점. 반차이점.
공판【公判】 그 사람의 죄가 있고 없음에 관하여 판정하는 법원의 심판. -하다.

공평【公平】 한 쪽으로 기울지 않고 공정함. -하다.

공포¹【公布】 모든 사람에게 널리 알림. 예헌법 ~.

공:포²【恐怖】 두려움과 무서움.

공포탄 화약은 들어 있으나 탄알이 없는 탄약. 위치 확인 등에 씀.

공표 세상에 널리 알림.

공:학【共學】 남학생과 여학생이 한 학교에서 함께 배움.

공항 비행기가 뜨고 내릴 수 있게 만든 곳.

공해¹【公海】 세계 각국의 선박들이 공통으로 사용할 수 있는 바다. 반영해.

공해²【公害】 산업이 발달함에 따라 생기는 대기 오염, 수질 오염 등이 사람에게 끼치는 해.

공허【空虛】 속이 텅 비어 허전함. 예~한 마음.

공:헌 어떤 일을 위하여 힘들여 이바지함. 예인류문화에 ~하다.

공:화국 주권이 모든 국민에게 있는 나라. 곧 민주정치를 하는 나라. 예제5~. 반전제국.

공회당 여러 사람의 회합 등에 쓰기 위하여 지은 집.

공훈【功勳】 나라를 위하여 세운 공로. 비공적. 공로.

공휴일【公休日】 나라에서 쉬도록 제정한 날. 국경일이나 일요일 따위. 준공휴.

-곶[곧] 지명 아래에 붙어 반도 모양으로 바다로 내민 작은

곶감 껍질을 벗겨 말린 감. 예~장사. 비건시.

과【課】 관청·회사 등의 업무 조직의 한 구분. 계의 위, 부의 아래 단위임. 예경리~.

과:감【果敢】 일을 함에 있어서 결단성이 강하고 용감함.

과:객【過客】 지나가는 나그네.

과거¹【科擧】 옛날에 국가 관리를 뽑기 위하여 보았던 시험.

과:거²【過去】 지나간 때. 반미래.

과:격 지나치도록 격렬함.

과:꽃【식물】 엉거시과에 속하는 한해살이풀. 산에 나는데 줄기의 높이가 30~60cm 정도며 가을에 보라·연분홍·흰색 등의 꽃이 핌. 관상용. 당국화.

과년【瓜年】 결혼하기에 적당한 여자의 나이. 예~한 딸.

과:다【過多】 너무 많음. 반과소.

과:단성[-썽] 일을 딱 잘라서 결정하는 성질.

과:당 정도가 보통보다 지나침.

과:대¹【過大】 너무 큼. 반과소.

과대²【誇大】 작은 것을 너무 크게 떠벌림. 예~ 광고. 반과소.

과:도【過度】 정도에 지나침. 예~한 운동은 건강을 해친다.

과:로 지나치게 일을 하여 고달픔. 예~로 쓰러지다.

과목¹【科目】 학문의 구분.

과:목²【果木】 과실이 열리는 나무. 비과실 나무.

과:반수【過半數】 반이 넘는 수. 예~의 찬성.

과:보호 어린이 등을 필요 이상으로 소중히 기르는 일.

과:분 분수에 넘치다.

과:산화수소 수소와 산소의 화합물의 하나. 무색 투명한 폭발성 액체. 강한 산화성이 있음.

과:세¹【過歲】 묵은 해를 보내고 새해를 맞음. 설음 쇰. -하다.

과:세²【課稅】 세금을 매김.

과:소 너무 작음. 반과대.

과:소비【過消費】 정도에 지나치는 소비. 예~ 추방 운동.

과:속 자동차 따위의 속도를 너무 빠르게 하는 것.

과:수원 과실 나무를 가꾸는 농원. 준과원.

과시【誇示】 ①뽐내어 보임. ②사실보다 크게 나타내어 보임.

과:식【過食】 지나치게 많이 먹음. 반소식. -하다.

과:신【過信】 실제 이상으로 지나치게 믿음. 예실력을 ~하다.

과:실¹【過失】 ①허물. ②잘못.

과:실² 먹을 수 있는 나무의 열매. 비과일.

과업 맡은 일. 비업무.

과:연【果然】 알고 보니 참으로. 정녕. 예경치가 ~ 아름답다.

과:열【過熱】 지나치게 뜨거움.

과:오【過誤】 과실과 잘못. 예~를 인정하다. 비과실.

과외【課外】 정해진 학과 외에

과욕 과:욕【過慾】 지나친 욕심.
과:용 정도에 지나치게 쓰는 것. 예약을 ~하면 해가 된다.
과:일 과실. 실과.
과:잉 예정한 수효나 필요 수량보다 남음. 예~ 생산.
과장¹【課長】 관청이나 회사 등에서 한 과의 우두머리.
과장²【誇張】 실지보다 지나치게 나타냄. 예~이 심하다.
과:정【過程】 일을 해 나가는데 밟아야 할 순서. 예결과보다 ~이 중요하다. 비경로.
과제【課題】 부과된 문제. 예당연한 ~. 비숙제.
과제물 과제로서 해야 할 거리.
과:중 너무 무거움. 예책임 ~.
과:즙 과일에서 짜낸 물.
과:하다¹ 정도가 지나치다.
과하다² 세금 등을 매겨서 내게 하다. 예무거운 세금을 ~.
과학 자연에 속하는 모든 것을 다루는 학문.
과학자 과학을 연구하는 사람.
과:히 ①너무 지나치게. ②그다지. 예~ 크지 않다.
곽란[광난] 음식이 체하여 별안간 토하고 설사가 심하게 나는 급성 위장병. 곽기.
관¹【冠】 관복이나 예복을 입을 때 머리에 쓰는 모자의 하나.
관²【棺】 시체를 넣는 나무 궤.
관³【貫】 무게의 단위의 하나. 1관은 3.75kg임.
관가【官家】 지방의 일을 맡아 다스리던 곳. 예~에 머물다.
관:개 수로 농사에 필요한 물을 논밭에 대기 위하여 만든 물길.

관계¹【關係】 ①둘 이상의 사물이나 사람이 서로 걸림. 예부부 ~. ②어떤 방면이나 영역. 예교육 ~의 서적. ③사물이나 현상 사이의 상호 연관.
관계²【官界】 국가의 각 기관. 관리들의 사회. 예~ 진출.
관공서【官公署】 국가나 지방 공공단체의 기관. 비관청.
관광 다른 고장의 문물과 풍토를 가서 구경함. 예~객. -하다.
관군【官軍】 정부편의 군대.
관권 국가 기관 또는 관리의 권력. 예~ 선거. 반민권.
관:내【管內】 맡고 있는 구역 안. 예~를 순시하다.
관념 사물에 대한 견해나 생각. 예고정 ~.
관대¹【寬大】 마음이 너그럽고 큼.
관:대²【款待】 정성껏 대접함.
관동 지방 대관령 동쪽의 땅. 강원도 지방을 널리 일컫는 말. 영동.
관동 팔경 강원도 동해안에 있는 여덟 명승지.
관람 연극이나 영화 따위를 구경하는 것. -하다.
관람객[괄-] 관람하는 사람.
관람석[괄-] 연극·영화·경기 등을 구경하는 좌석.
관련【關聯】[괄-] 서로 관계가 있음. 비관계.
관:례【慣例】 습관처럼 된 전례.
관:록【貫祿】[괄-] 경력·지위

등에 의하여 갖추어진 위엄이나 권위. 예~이 붙다.

관료[괄-] ①같은 관직에 있는 동료. ②관리나 공무원. ③특수한 권력을 가진 관리들.

관:리¹ ①아랫사람을 통제하고 지휘 감독함. 예부하 ~. ②시설이나 물건의 유지·개량 따위를 꾀함. 예물품 ~.

관리²[괄-] 관청의 일을 맡아 보는 사람. 비공무원.

관문 ①국경이나 요새의 성문. ②경계에 세운 문. ③어떤 일을 하기 위하여 통과해야 할 대목.

관보 정부가 일반에게 널리 알릴 사항을 실어 발행하는 인쇄물.

관복【官服】 관리의 제복.

관북 지방 함경남도와 함경북도를 합쳐서 이르는 말.

관비 관청에서 내는 비용. 공비. 예~로 비용을 쓰다. 반사비.

관사 관청에서 지은 관리의 집.

관상¹【觀賞】 보고 즐김.

관상²【觀相】 사람의 상을 보고 그의 운명이나 성질을 판단하는 일. 예~을 보다. -하다.

관서 지방 평안남도와 평안북도를 합쳐서 이르는 말.

관세 외국에서 들어오는 물건에 대하여 부과하는 세금.

관세음보살 보살의 하나. 괴로울 때 그의 이름을 정성으로 외면 그 음성을 듣고 구제하여 준다고 함. 준관음보살.

관:솔불 관솔에 붙인 불.

관심 마음이 끌리어 잊지 못함. 비주의. 반무관심. -하다.

관아【官衙】 지난날 관원이 모여 나라일을 처리하던 곳.

관:악 관악기로 연주하는 음악.

관:악기 입으로 불어서 긴 대롱 속의 공기를 진동시켜 소리를 내는 악기.

관용【寬容】 너그럽게 이해하거나 용서함. 예~을 베풀다.

관운 벼슬을 할 운수.

관원【官員】 관리. 벼슬아치.

관인【官印】 관청이나 관리가 직무상에 쓰는 도장.

관자놀이 귀와 눈 사이에 있는 부분. 무엇을 먹으면 움직이는 곳.

관:장 맡아서 다루는 것.

관저 높은 관리가 살도록 정부에서 관리하는 집. 반사저.

관전【觀戰】 전쟁·운동이나 바둑 등의 승부 다툼을 구경함.

관절【關節】 뼈와 뼈가 연결되어 있는 부분. 뼈마디.

관:제소 관찰하여 통제하는 곳.

관제 엽서 정부에서 만들어 파는 우편 엽서. 반사제 ~.

관:제탑 비행장에서 비행기가 이륙·착륙 등 모든 사항을 지시하는 탑. 항공 관제탑.

관중석 관중들이 앉는 자리.

관직 관리가 국가로부터 위임 받은 일정한 범위의 직무. 또는 그 지위. 벼슬.

관찰 일이나 물건을 자세히 봄.

관찰사[-싸] 조선시대 팔도에 파견된 벼슬 이름. 지금의 도지사와 같음. 지방의 행정·군사·사법권을 맡아 다스림.

관철 자신의 생각·주장 등을 처음부터 끝까지 밀고 나가 기어이 목적을 이루는 것.

관측소 ①기상·천문·지리학 등을 연구하기 위하여 자연 현상을 관찰·측정·기록하는 곳. ②군에서 적의 움직임을 관측하기 위하여 설치한 곳.

관통 꿰뚫어 통함. 통관.

관:행 이전부터 습관을 따라서 하는 것. 예~에 따르다.

관:현악 현악기·타악기·관악기에 의한 합주음악. 비교향악.

관혼 관례와 혼례.

관혼상제 일정한 형식으로 행하여지고 있는 관례·혼례·상례·제례의 총칭.

괄호 묶음표. 숫자나 글의 어떤 부분을 분명하게 나타내기 위하여 쓰는 부호. ( )·[ ] 등.

광:¹ 온갖 물건을 넣어 두는 곳.

광²【光】 ①빛. ②윤택. 시대를 이룸.「호태왕」또는「영락대왕」이라고도 함.

광경 형편이나 모습. 비정경.

광:고【廣告】 글이나 말로 세상에 널리 알림. 비공고.

광년 빛이 일년 동안에 가는 거리. 약 9조4,670억 km에 해당함.

광:대¹ 인형극·노래·춤·줄타기 등의 재주를 잘 부리는 사람.

광:대²【廣大】 넓고 큼.

광:대뼈 뺨 위 눈초리 아래로 내민 뼈. 예~가 나온 얼굴.

광도 빛의 강한 정도.

광란[-난] 미쳐 날뜀.

광릉[-능] 조선시대 세조와 정희 왕후의 능. 경기도 남양주시 진접읍 부평리에 있음.

광명【光明】 ①밝고 환함. 반암흑. ②밝은 빛. ③밝은 희망을 비유한 말. -하다.

광:물 땅 속에 들어 있는 천연의 무기질. 금·철·석탄·구리 따위.

광복【光復】 잃었던 나라를 도로 찾음. 비해방. -하다.

광복군【光復軍】 제2차 세계대전 중에 중국에서 편성된 우리나라의 항일독립군.

광복절 국경일의 하나. 1945년 8월 15일. 우리나라가 일본으로부터 해방된 날.

광:부【鑛夫】 광산에서 광물을 캐는 일꾼. 비갱부.

광:산 유용한 광물을 캐내는 산.

광:석【鑛石】 유용한 광물을 많이 함유하여 캐내면 이익을 얻을 수 있는 광물의 집합체.

광선【光線】 빛. 빛의 줄기.

광섬유 빛을 써서 정보를 전달할 때 빛의 통로로 쓰이는 지름 0.1mm 정도의 가는 유리 섬유.

광속도 진공 상태에서 빛이 나가는 빠르기. 1초에 약 30만 km.

광신 어떤 사상이나 종교 등을 미치다시피 덮어놓고 믿는 것.

광양 제:철소 전라남도 광양군 금호도의 남쪽 바다를 메워

광어 / 56 / 괴짜

세운 제철소.
광:어【廣魚】 넙치.
광:업 광산에 관한 사업.
광:역【廣域】 넓은 구역이나 범위. 예 ~ 행정.
광:역시 인구·산업의 과밀을 막고, 주변의 저개발 지역을 개발하기 위한 넓은 지역에 걸친 도시. 예인천 ~.
광:역 자치 단체 1989년 12월 19일 통과된 지방 자치법에 따른 도 단위의 지방 자치 단체. 특별시·광역시·도 15개로 되어 있음.
광:장 여러 사람이 모임을 가질 수 있는 넓은 마당. 예여의도 ~.
광주【光州】[지명] 전라남도에 있는 광역시. 교통의 중심지로 쌀·면화·고치 등의 산출이 많고 각종 공업이 발달됨.
광주리 대·싸리·버들 등으로 엮어서 만든 그릇.
광주 학생 운:동 1929년 11월 3일 광주에서 일어난 학생들의 항일 투쟁 운동.
광체【光體】 스스로 빛을 내는 물질. 비발광체.
광택 곱게 윤이 나는 빛.
광통신 전기 신호로 바꾼 레이저 광선을 광섬유를 통하여 보내는 통신 방법. 광섬유 통신망.
광학 물리학의 한 분야로서 빛의 성질과 현상을 연구하는 학문.
광학 유리 광학 기계의 렌즈나 프리즘을 만드는데 쓰이는 맑고 투명한 유리.
광:한루[-할-] 전라북도 남원시에 있는 정자. 조선시대 태조 때의 건물로, 경내에 춘향의 사당이 있음. 보물 제281호.
괘【卦】「점괘」의 준말.
괘:념 마음에 걸려 잊지 않음.
괘:도【掛圖】 벽에 걸게 된 학습용의 그림이나 지도.
괘:종 시계 벽에 거는 시계.
괜찮다 ①별로 나쁘지 않다. ②상관없다. 예~히 뛰어왔구나.
괴:기【怪奇】 괴상하고 기이함.
괴:기 소:설 이상한 사건이나 환상을 소재로 하여 괴기한 분위기를 나타내고 공포감을 주는 소설.
괴:다¹ 우묵한 곳에 물 같은 것이 많이 모이다.
괴:다² 밑을 받치어 고정시키다.
괴:담【怪談】 괴상한 이야기.
괴로움 몸과 마음이 편하지 못함. 비고통. 반즐거움.
괴롭히다 못살게 굴다.
괴:뢰군 남의 앞잡이가 되어 이용당하는 군대. 예북한 ~.
괴:멸 파괴되어 멸망하는 것.
괴:물【怪物】 괴상하게 생긴 물건이나 동물. 비귀신.
괴:벽【怪癖】 괴상한 버릇.
괴:상 이상 야릇함. 비괴이.
괴수 나쁜 무리의 우두머리. 비두목. 반졸개.
괴:이 이상 야릇함. -하다.
괴:짜 이상한 짓을 하는 사람을

속되게 이르는 말.
괴:팍하다 성미가 까다롭고 고집이 세며 성을 잘 낸다.
괴:한 차림새나 거동이 수상한 사람. 예집에 ~이 침입하다.
굉음 크게 울리는 소리.
굉장 아주 큼직하고 훌륭함.
교:가【校歌】 학교의 기풍을 떨치기 위하여 특별히 만들어 부르는 노래.
교각【橋脚】 다리를 받치는 기둥.
교:감 학교장을 보좌하고 교무를 감독하는 사람. [교각]
교:과 가르치는 입장에서 계통을 세워 조직한 일정한 과목. 국어·수학·사회 등. 교과목.
교:과서【教科書】 각급 학교에서 가르치는데 쓰는 책.
교:관【教官】 학교에서 교련을 가르치는 교사.
교:권 교사로서의 권위와 권리.
교:기【校旗】 학교를 나타내는 기.
교:내【校內】 학교의 안.
교:단 교실에서 선생님이 가르칠 때 올라서는 단.
교대【交代】 서로 번갈아 대신함. 비교체. -하다.
교:도소【矯導所】 죄를 지어 형을 받은 사람을 가두는 곳.
교두보【橋頭堡】 ①다리를 지키기 위하여 쌓은 진지. ②아군의 상륙이나 도하 작전을 위한 발판으로, 적군 점령지의 한 모퉁이에 마련한 작은 진지.
교란 뒤흔들어 어리럽게 하거나 혼란하게 하는 것. -하다.
교량【橋梁】 다리.
교류【交流】 ①근원이 다른 것이 서로 섞이어서 흐르는 전류. ②문화·사상 등이 서로 통하는 것.
교:묘【巧妙】 솜씨나 꾀가 재치 있고 묘하다. 예~한 속임수.
교:무【校務】 학교의 모든 일과 그 밖의 일반 사무.
교:무실【教務室】 학교 직원이 사무를 보는 방.
교:문【校門】 학교의 정문.
교민【僑民】 다른 나라에 살고 있는 우리나라 국민.
교:사¹【校舍】 학교의 건물.
교:사²【教師】 공부를 가르치는 사람. 비선생. 교원.
교섭 ①어떤 일을 이루기 위해 서로 만나 의논함. ②관계를 가짐.
교:수【教授】 대학에서 전문적인 학문을 가르치는 사람.
교신【交信】 통신을 주고 받음.
교:실 학교에서 학생들이 수업을 하는 방. 예1학년 5반 ~.
교:양【教養】 ①학문·지식 따위를 바탕으로 하여 닦은 마음이나 행동. ②가르쳐 기름.
교외【郊外】 도회지에서 약간 떨어진 곳. 비야외. 반시내.
교우¹【交友】 친구를 사귐.
교:우²【校友】 같은 학교에서 같이 배우고 있는 벗.
교:육【教育】 지식이나 기술을 가르치어 품성을 길러 줌. 예

학교 ~. 가정 ~.
교:육감 특별시와 광역시 및 각 도의 교육위원회의 사무를 관장하는 별정직 공무원.
교:육 대학 초등학교 교사 양성을 목적으로 하는 대학. 준교대.
교:육비 교육에 드는 돈.
교역【交易】 물품을 서로 교환하여 장사함. -하다.
교:장【校長】 학교를 대표하는 어른. 비학교장.
교:재【教材】 학생을 가르치는 데 필요한 재료.
교전【交戰】 맞붙어 싸우는 것.
교:정¹【校訂】 글자가 잘못된 것을 대조하여 바르게 잡음.
교:정²【校庭】 학교의 마당.
교제 서로 사귐. -하다.
교:주 종교 단체의 우두머리.
교:지¹【教旨】 조선시대 임금이 신하에게 내리던 발령장.
교:지²【校誌】 학생들이 교내에서 편집·발행하는 잡지.
교:직 학생을 가르치는 일.
교집합 두 집합에서 공통인 원소들로 이루어진 집합. ∩으로 나타냄. [교집합]
교차【交叉】 가로 세로로 엇갈림. 예~로. -하다.
교차로 서로 엇갈린 길.
교착 ①단단히 달라붙음. ②어떤 상태가 그대로 고정되어 좀처럼 변화가 없음. 예회담이 ~ 상태에 있다.
교체 서로 바꿈. 교대함.

교:칙 학교의 규칙. 학규.
교통【交通】 사람이나 물건이 오고 가는 것. 비왕래.
교통량 일정한 곳에서 일정한 시간에 왕래하는 교통의 분량.
교통 법규 사람이나 차가 왕래할 때 지켜야 할 규칙.
교통 신:호 교통이 번잡한 도로에 설치하여 사람이나 차량이 질서있게 길을 가도록 하는 신호.
교:편 ①교사로서 수업함. ②가르칠 때 교사가 가지는 회초리.
교포【僑胞】 외국에 가서 살고 있는 동포. 예재미 ~.
교향곡 관현악을 위하여 작곡한 보통 4악장으로 된 곡.
교향악 관현악을 위하여 만든 음악.
교:회 같은 종교인들이 모여서 예배를 보기 위하여 지은 집.
구¹【球】 공같이 둥글게 생긴 물체. 또는 그 모양.
구²【區】 ①「구역」의 준말. ②특별시·광역시 등에 딸린 행정 구역. 예성북~. 동대문~.
구간【區間】 일정한 두 곳의 사이.
구:강【口腔】 입안. 입에서 목구멍에 이르는 부분.
구걸 남에게 돈·곡식 등을 거저달라고 비는 일. -하다.
구구【區區】 ①각각 다름. ②잘고 구차함. 예~한 변명.
구구법 곱셈에 쓰는 공식. 1에서 9까지의 수로 두 수끼리 서로 곱한 것을 나타낸 것.
구:국 위태하게 된 나라를 구함. 예~의 영웅. 반매국.
구금 사람을 일정한 장소에 가둠. 예~을 당하다. -하다.
구:급 위급한 것을 구원함.
구:급차 위급한 환자나 부상자를 신속히 병원으로 실어 나르는 차. [구급차]
구기 공을 사용하는 운동 경기.
구덩이 땅이 움푹하게 팬 곳.
구도¹【求道】 진리나 종교적인 깨달음의 경지를 구함.
구도²【構圖】 전체적으로 조화있게 배치하는 요령.
구독 책이나 신문·잡지 따위를 사서 읽음. 예정기 ~자.
구:두¹【口頭】 직접 입으로 말함.
구두² 가죽·베·고무 등으로 만든 서양식의 신
구두쇠 돈과 물건을 너무 지나치게 아끼는 사람. 준구두.
구:두 시:험 시험관이 묻는 말에 구두로 대답하는 시험.
구렁 움푹 패어 들어간 땅. 깊이 빠진 곳. 예~에 빠지다.
구렁이[동물] ①큰 뱀의 하나. ②성질이 흉악한 사람.
구렁텅이 험하고 깊은 골짜기.
구:령 여러 사람의 움직임을 통일하기 위해 지르는 소리.「경례」·「차렷」·「쉬어」등.
구르다¹ 데굴데굴 돌며 옮겨가다.
구르다² 발로 밑바닥이 울리도록 쿵쿵 내리 디디다.
구름 대기 속의 수분이 작은 물방울의 상태로 떠다니는 수증기.
구릉【丘陵】 언덕.
구리 빛이 불그스름한 쇠붙이. 동. 예~ 선.
구리다 ①똥 냄새 같은 것이 나다. ②행동이 의심스럽다.
구린내 구리게 나는 냄새.
구릿빛 흑색을 띤 적색. 햇빛에 검붉게 탄 빛.
구매 물건을 사들임. 반판매.
구멍 파냈거나 뚫어진 자리. 예쥐~. [구멍을 보아 말뚝 깎는다]
구멍 가:게 동네에 조그맣게 차린 가게.
구:면 이전부터 알고 있는 사람.
구명¹【究明】 깊이 연구하여 밝힘. 예사고 원인을 ~하다.
구:명²【救命】 사람의 목숨을 구함. 예~ 보트.
구:명정 사고가 났을 때 사람의 목숨을 구하는 데 쓰는 보트.  [구명정]
구:미¹【口味】 ①입맛. ②가지고 싶어하는 마음. 욕심.
구미²【歐美】 ①유럽과 아메리카. ②유럽과 미국. 비서구.
구별【區別】 ①종류에 따라 갈라 놓음. ②차별함.
구보 달음질. 뛰어감.
구분【區分】 따로 구별하여 갈라 놓음. 예남녀별로 ~.

구불구불 이리저리 구부러진 모양. 예)~한 산길. 센)꾸불꾸불.

구사 일생[-쌩] 죽을 고비를 여러번 겪고 겨우 살아남.

구상【構想】 ①생각을 함. ②예술 작품의 내용·표현·형식 등의 짜임을 생각함.

구색 골고루 갖춤.

구:석기 시대 석기시대 중에서 가장 오래된 시대. 반)신석기 시대.

구석지다 한쪽 구석으로 치우치다.

구:설 시비하거나 헐뜯는 말.

구성 얽어서 만듦. 예)소설 ~의 3요소. 비)편성. -하다.

구성지다 천연덕스럽고 멋지다.

구:세【救世】 세상 사람들을 고통에서 구하는 것.

구:세주 ①인류를 죄악에서 구원하는 예수 그리스도를 일컫는 말. ②어려움이나 괴로움에서 구해 주는 사람을 비유하여 이르는 말.

구속 제 마음대로 못하게 가두어 둠. 반)석방.

구수하다 ①맛이나 냄새가 비위에 맞아 좋다. ②말을 듣기에 그럴 듯하게 하다.

구슬 ①보석으로 둥글게 만든 물건. ②사기나 유리로 둥글게 만든 아이들의 장난감.

구슬땀 구슬같이 맑고 둥글게 맺힌 땀방울.

구슬프다 처량하고 슬프다.

구실¹ 응당 제가 해야 할 일. 예)사람은 제 ~을 해야 한다. 역할. 비)소임.

구:실²【口實】 핑계 삼을 일.

구심점[-쩜] 구심력의 중심이 되는 점. 예)~이 되다.

구애¹ 거리낌.

구애²【求愛】 이성의 사랑을 구하는 것. 예)~를 받아들이다.

구:약 성:서 기독교의 성서의 하나. 예수 탄생 이전부터 전해지는 유대교의 가르침을 모은 책.

구역【區域】 사이를 갈라놓은 경계 안. 비)지역.

구역질 ①속이 느글거려 토하는 짓. ②아니꼬운 생각이 들다.

구:원【救援】 어려움에 처한 때 도와 줌. 비)구제. -하다.

구:원자 도와 주는 사람.

구유 말과 소의 먹이를 담아 주는 토막 따위를 움푹 파서 만든 나무 통. [구유]

구이 고기나 생선에 양념을 발라 구운 음식. 예)생선 ~.

구인【求人】 쓸 사람을 구함. 예)~ 광고를 내다.

구입 물건을 사들임. 예)승용차를 ~하다. 반)판매. -하다.

구장 축구·야구 등 구기운동 경기를 하는 운동장. 특히 야구장.

구직【求職】 일자리를 구함.

구절【句節】 ①한 토막의 글 또는 말. ②구와 절.

구:정¹【舊正】 음력 설. 반)신정.

구:정²【舊情】 전부터 사귀어 온 정. 예)~을 못 잊다.

구:제¹【救濟】 어려운 사람을 도와 줌. 비구호. 구원.

구제²【驅除】 해충 따위를 몰아내어 없애 버리는 것. 예송충이 ~. -하다.

구:조¹【救助】 어려운 사람을 구원하고 도와 줌. 비구원.

구조²【構造】 꾸미어 만듦.

구:차하다 ①살림이 넉넉하지 못하고 군색하다. ②떳떳하지 못하다. 반넉넉하다.

구청【區廳】 구의 행정 사무를 맡아 보는 관청. 예종로 ~.

구축¹【構築】 만들어 쌓아 올림.

구축²【驅逐】 몰아서 쫓아내는 것.

구축함 군함 함정의 하나. 비교적 소형의 고속함으로 어뢰·폭뢰를 장비하고 미사일을 장비한 것도 있음. 호위·초계·대잠공격 등에 임함.

구:출【救出】 구해 냄.

구충제【驅蟲劑】 ①몸 속의 기생충을 없애는 약. ②해충을 없애는 약제. 비살충제.

구형【求刑】 형사 재판에서, 검사가 피고인에게 어떤 형벌을 주기를 판사에게 요구하는 것.

국 ①나물·고기·생선 등에 물을 많이 부어 끓인 음식. ②「국물」의 준말.

국가¹【國家】 나라.

국가²【國歌】 한 나라의 이상과 기개를 나타내는 애국 정신을 북돋우는 노래.

국가 보:훈처【國家報勳處】[-까-] 중앙 행정기관의 하나. 원호 대상자에 대한 원호와 군인 보험에 관한 사무를 관장함.

국경 나라와 나라 사이의 경계.

국경선 나라와 나라 사이의 경계선. 예~을 넘다.

국경일【國慶日】 정부에서 경사스러운 날이라 정하여, 온 국민이 기념하는 날. 반국치일.

국고【國庫】 국가 소유의 현금을 출납·보관하는 곳. 중앙금고.

국교【國交】 나라와 나라 사이의 교제. 예~ 정상화.

국군 우리 나라의 군대. 육군·공군·해군을 통틀어서 말함.

국기¹【國旗】 그 나라를 표시하기 위하여 만들어 놓은 기.

국기²【國技】 그 나라의 대표적인 운동경기. 씨름. 태권도 등.

국난【國難】 나라의 위태로움과 혼란스러운 일. 예~ 극복.

국내【國內】 국가의 영토 안.

국내선 나라 안의 교통이나 통신에만 이용되는 철도·항공 노선·전화선 등.

국내성【國內城】[궁-][지명] 고구려의 옛 도읍. 지금의 만주 지방에 있음.

국도¹【國道】 나라에서 지정하여 관리하는 도로. 반지방도.

국도²【國都】 한 나라의 수도.

국란【國亂】 나라 안에서 일어나는 변란. 내란.

국력 한 나라가 가진 세력. 예~이 강한 우리 나라. 비국세.

국립【궁닙】 나라에서 세움.

국립 공원 자연풍경을 대표하는

뛰어난 경승지를 국가가 지정하여 유지·관리하는 공원.

국립 묘:지 나라를 위해 싸우다 전사한 군인들과 국가에 큰 공이 있는 분들의 영령을 모시고, 그 공적을 길이 추앙하도록 만든 묘지. 서울 동작구 동작동과 대전 광역시 근교에 있음.

국립 박물관 나라에서 설립하여 문화재를 관리·진열해 놓은 곳.

국립 의료원 국민 보건의 향상 및 국민 의료를 위하여 보건 복지부 소속하에 설립된 종합 의료 기관.

국면[局面][궁-] ①어떤 일이 되어 가는 형세. 예어려운 ~에 부닥치다. ②바둑·장기의 승패의 변화.

국명[國名] 나라의 이름.

국무 위원 국정에 관하여 대통령을 보좌하며 국정을 심의하는 국무 회의를 구성하는 각부의 장관.

국무 총:리[-니] 내각의 우두머리. 준총리.

국무 회:의 정부의 권한에 속하는 중요정책을 심의하는 정부의 최고 정책 심의 회의. 대통령을 의장, 국무 총리를 부의장으로 하여 전 국무 위원으로 구성함.

국문[國文] 그 나라의 고유한 글.「국문학」의 준말.

국문법 국어의 문법.

국민 복지 연금 늙거나 질병·사망 등에 대하여 연금을 지급함으로써 국민의 생활 안정과 복지 증진에 기여하고자 하는 사회 보장 제도.

국민 소:득 국민 전체가 일정한 기간, 보통 1년 동안에 생산하여 얻은 것을 돈으로 따져 놓은 액수. 예~이 증대되다.

국민 의례[궁-] 국가적·사회적 의식이나 그밖의 행사 등에서 행하는 국기 배례·애국가 제창·묵념 등의 의례.

국민장 국가에 대한 공로가 큰 자에게 국민 전체의 이름으로 지내는 장례.

국민 투표 국가의 중대한 일에 대하여, 국민 전체가 하는 투표.

국민 학교 초등학교의 전 이름.

국밥 국과 밥. 국에 만 밥.

국방[國防][-빵] 외적으로부터 나라를 지킴. 예자주 ~.

국방부 행정 각부의 하나. 국방 및 군사에 관한 사무를 맡아 봄.

국법[國法] 나라에서 정해 놓은 모든 법률이나 법규.

국보[國寶] 나라에서 보배로 지정한 문화재. 예~ 제1호.

국부[國父] 나라를 세우는데 공이 있어 국민으로부터 존경을 받는 사람.

국비[國費] 나라에서 지출하는 돈. 예~ 장학생. 반사비.

국빈 나라의 손님으로 국가적인 대우를 받는 외국 사람.

국사[國事] 나라에 관한 일. 또는 한 나라의 정치에 관한 일.

국사[國史] ①한 나라의 역사.

②우리 나라의 역사.
국사 편찬 위원회 우리나라 역사에 관한 연구·수집·간행 등의 일을 맡아 처리하는 곳.
국산품 자기 나라에서 생산되는 물건. 예~ 애용. 반외래품.
국세【國稅】 나라에서 국가의 경비에 쓰려고 국민에게 부과하여 받아들이는 세금.
국세청 세금을 매기고 거둬들이는 일을 맡고 있는 관청.
국수¹ 밀가루나 메밀가루를 반죽하여 가늘게 썰거나 국수틀로 가늘게 뺀 음식의 한 가지.
국수²【國手】 바둑·장기 등의 기량이 나라에서 으뜸가는 사람.
국시【國是】 그 나라의 근본이 되는 주의와 방침.
국악 우리 나라의 고유한 음악.
국악기 국악을 연주하는데 쓰이는 악기.
국어【國語】 ①그 나라의 말. ②우리 나라의 말.
국어 사전【國語辭典】 자기 나라 말을 모아서 일정한 차례로 벌려 싣고 그 발음·어원·뜻·쓰임에 대하여 풀이한 책.
국영【國營】 나라에서 경영함.
국왕【國王】 그 나라의 임금.
국외【國外】 나라 밖. 예~로 출장을 간다. 비외국. 반국내.
국위 선양 나라의 위엄, 위력을 다른 나라에 알림.
국유 재산 국가가 소유하는 재산. 반사유 재산.
국유지【國有地】 국가가 소유하는 토지. 반사유지.
국익【國益】 국가의 이익. 국리.
국자[-짜] 국을 뜨는 긴 자루가 달린 기구.
국자감 ①고려시대에 유학을 가르치던 학교. 성종 11년 (992) 종래의 경학을 개편하여 설치함. ②「성균관」의 다른 이름.
국장 나라에 큰 공이 있는 사람이 죽었을 때 국비로 지내는 장례.
국적【國籍】 그 나라 국민으로서의 신분과 자격.
국정 감사【國政監査】 국회가 특정한 국정에 관한 일을 직접 감독하고 조사하는 일.
국정 교:과서 구 교육부가 저작권을 가지고 편찬한 교과서.
국제【國際】 나라와 나라 사이의 교제. 또는 그 관계.
국제 공항 국제간을 운항하는 항공기가 이륙·착륙할 수 있도록 정부에서 지정한 공항.
국제 기구 세계 여러 나라가 서로 힘을 합쳐서 만든 조직체.
국제 기:능 올림픽 대:회 국가간의 직업훈련·기능수준향상·국제친선 등을 도모하기 위하여 기계조립·용접 등의 31개 부문의 산업기능을 겨루는 국제 대회. 예제1회 ~.
국제 노동 기구 세계 노동자들의 노동조건을 개선할 목적으로 활동하고 있는 국제 연합의 전문기구. 아이엘오(ILO).
국제법 국가간의 합의에 따라 국가간 관계를 규칙으로 정한

국제선 국제 교통과 통신에 이용되는 각종의 선. 반 국내선.

국제 연합 제2차 세계 대전 후, 세계 평화와 안전을 유지하기 위하여 만든 여러 나라의 단체. 약칭은 유엔(UN).

[마크]

국제 연합 총:회 국제 연합에 가입한 전체 회원국으로 구성됨. 국제 연합 헌장에 있는 모든 문제를 의논하는 기구.

국제 올림픽 위원회 4년마다 행해지는 올림픽 경기대회를 운영·주관하는 단체. 아이오시(IOC).

국제 우편 나라와 나라 사이에 왕래되는 우편. 반 국내 우편.

국제항[-쩨-] 외국 선박이 많이 드나드는 항구.

국제 회:의 국제적 이해 사항을 토의·결정하기 위하여 여러 나라의 대표자가 모여서 여는 회의.

국채 나라에서 자금을 마련하기 위하여 발행하는 증권. 비 공채.

국책【國策】 나라의 정책.

국치일 나라를 빼앗긴 치욕적인 날. 곧 1910년 8월 29일 한일합방이 조인된 날을 말함.

국토【國土】 한 나라의 땅. 또는 나라의 주권과 권력이 미치는 곳. 비 영토. 강토.

국토 방위 국토를 적의 침공으로부터 막아 지킴.

국토 분단 국토가 갈라짐.

국학【國學】 ①자기 나라의 고유한 학문. ②통일 신라때 관리를 양성할 목적으로 세운 일종의 국립대학. 신문왕 2년 (682)에 세웠으며, 경덕왕 때 태학감으로 이름을 고친 후 해공왕 때 다시 국학이 됨.

국한【局限】 어떤 부분에만 제한하여 정함. -하다.

국호【國號】 나라의 이름.

국화¹【菊花】 [식물] 가을에 주로 피는 대표적인 꽃.

[국화¹]

국화²【國花】 한 나라의 상징으로 그 나라 사람들이 사랑하고 중하게 여기는 꽃. 우리나라의 국화는 무궁화임.

국회【國會】 국민이 선거한 국회의원으로 조직된 입법기관. 비 의회.

국회 의사당 국회의 회의가 열리는 건물. 서울 여의도동에 위치해 있음.

국회 의원 국회에서 나라의 일을 결정하거나 법률을 정하는 일을 하는 국민의 대표자.

군:¹【郡】 지방 행정 구역의 하나. 도의 아래. 읍면의 위.

군²【君】 손아랫사람이나 친구를 부를 때 성이나 이름 아래에 쓰는 말. 예 김~의 건투를 비네.

군³【軍】 「군대」의 준말.

군가【軍歌】 군대의 사기를 돋

우기 위해 부르는 노래.
군계 일학 평범한 사람 가운데의 뛰어난 사람을 이르는 말.
군관 군사를 맡아 보는 관리.
군국주의 군비를 튼튼히 하고 국제간의 분쟁을 무력으로 해결하려는 주의.
군기¹【軍旗】 군의 각 단위 부대를 나타내는 깃발.
군기²【軍紀】 군대의 규율.
군대 군인들이 모인 조직.
군:더더기 ①쓸모없이 덧붙은 물건. 예~가 없는 문장. ②까닭없이 남을 따라다니는 사람.
군도¹【軍刀】 ①군인이 차는 칼. ②전투에 쓰는 칼.
군도²【群島】 무리를 이룬 많은 섬.
군락【群落】 ①많은 부락. ②같은 식물이 떼를 지어 자람.
군량【軍糧】 군대에서 쓰는 양식.
군량미 군대의 식량으로 쓰는 쌀.
군령【軍令】 ①군의 명령. ②국가 원수의 통수권을 가지고 군에 내리는 명령.
군:말 하지 않아도 좋을 때에 쓸데없이 하는 말.
군민¹【軍民】 군인과 일반 사람.
군:민²【郡民】 행정 구역인 군 안에서 사는 사람.
군:밤 불에 구운 밤.
군법 군대의 법률.
군복【軍服】 군인들이 입는 옷.
군부【軍部】 군사에 관한 일을 맡아 보는 모든 기관.

군:불 방을 덥게 하려고 때는 불.
군비 전쟁에 대비한 국방상의 모든 군사 설비. 예~를 갖추다.
군사¹【軍事】 군대·군비·전쟁에 관계되는 일.
군사²【軍士】 군대에서 계급이 낮은 군인. 비병사. 군졸.
군사 동맹 군사 행동에 대하여 나라 또는 여러 나라가 맺은 동맹.
군사력 군사적인 힘.
군사부 일체 임금·스승·아버지의 은혜는 같다는 말.
군사 분계선【軍事分界線】 6·25사변의 휴전협정에 의하여 정해진 군사 활동의 한계선.
군사 우편 군인·군무원이 발송한 우편물이나, 그들에게 가는 우편물의 원활한 취급을 위하여 마련된 특별 우편 제도.
군사 정전 위원회 휴전협정에 의하여 그 협정의 실행 상태를 토의하기 위한 모임.
군:살 필요 이상으로 찐 살.
군:색 ①살림이 어려움. ②일이 뜻대로 되지 않아서 어려워 보임.
군:소리 쓸데없는 말. 비군말.
군:수¹【郡守】 한 군의 행정 사무를 맡아 보는 우두머리.
군수²【軍需】 군사상에 필요한 물자. 예~품.
군신【君臣】 임금과 신하.
군신 유:의【君臣有義】 오륜의 하나. 임금과 신하 사이의 도

군악【軍樂】 군대에서 사기를 돋우기 위하여 또는 의식이 있을 때 연주하는 음악.
군용【軍用】 군대에서 쓰임.
군용 도:로 군사상 필요에 따라 만들어 놓은 도로.
군의관 군대에서 병들거나 다친 군인을 치료하는 장교. 준 군의.
군인 군대의 장교·하사관·병졸을 통틀어 일컫는 말. 예 직업 ~.
군:일[-닐] 쓸데없는 일.
군자【君子】 학식이 뛰어나고 행실이 어질며 착한 남자.
군자금 군사에 필요한 자금.
군정【軍政】 군대에서 맡아 하는 정치. 반 민정.
군졸【軍卒】 군사. 비 병졸.
군주【君主】 임금.
군중【群衆】 한 장소에 모인 사람의 무리. 비 대중.
군집 많은 사람·짐승 등의 떼를 지어 한 곳에 모임. -하다.
군:청 행정 구역의 하나인 군의 일을 맡아 보는 관청.
군축 군사상의 준비, 전쟁을 위한 준비를 줄이는 것.
군:침 먹고 싶을 때 입속에 도는 침. 예 떡을 보니 ~이 난다.
군항【軍港】 군사상 특수 설비를 갖춘 항구.
군화 군인들이 신는 구두.
굳건하다 뜻이 굳세고 하는 일이 건실하다.
굳다¹ ①단단하고 야물다. ②뜻이 한결같다.
굳다² 습관이 되다.
굳세다 단단하고 힘이 세며 뜻한 바를 굽히지 않고 나아가다. 예 의지가 ~. 반 약하다.
굳어지다 굳게 되다.
굳이[구지] 고집을 부려서. 예 말리는데도 ~ 그 일을 하려고 한다. 비 억지로.
굳히다 ①엉기어 단단하게 하다. ②움직이지 않게 하다.
굴¹ 굴과에 속하는 동물의 총칭. 바닷물에 잠긴 바위에 붙어 삶.
굴:²【窟】 ①땅이나 바위가 안으로 벌어져 깊숙이 들어가 생긴 곳. ②터널.
굴곡 이리저리 꺾이고 굽음.
굴:뚝 불을 땔 때 연기가 밖으로 빠져 나가도록 만든 장치.
굴렁쇠 둥근 테를 채로 굴려서 노는 쇠로 된 어린이 장난감의 하나. [굴렁쇠]
굴레 소·말을 부리기 위하여 목에서 고삐에 걸쳐 얽어매는 줄.
굴착 땅을 파서 뚫음. 예 ~기. -하다.
굴착기 흙·바위 등을 파내거나, 뚫는데 쓰이는 기계. [굴착기]
굴하다 ①뜻을 굽히다. 예 설득에 ~. ②힘에 부치어 넘어지다.
굵다[-따] 물체의 둘레가 크다. 반 가늘다.

굶주림[굼-] 먹지 못하여 배가 고픔. 기아.

굼:뜨다(굼뜨니, 굼떠서) 동작이 몹시 느리다. 반날래다.

굼:뱅이 ①매미의 어린 벌레. 누에와 비슷하나, 몸 길이가 짧고 뚱뚱함. ②동작이 몹시 느리며 미련한 사람을 비유하는 말.

굽¹ 한 쪽으로 휘다.

굽:다²(구우니, 구워서) 불에 익히거나 약간 타게 하다. 예 도자기를 ~. 생선을 ~.

굽이[구비] 휘어서 구부러진 곳.

굽이굽이 ①굽여져 나간 마디마다. ②물이 굽이쳐 흐르는 모양.

굽히다 ①굴복하다. 예 자기의 뜻을 ~. ②앞으로 구부리다. 꺾이다. 비펴다.

굿[굳] 무당이 귀신에게 복을 비는 일. -하다.

굿모:닝 「안녕하십니까」의 영어식 오전 인사.

굿바이 영어로 「안녕」의 뜻으로 작별 인사.

궁【宮】 궁전. 궁궐.

궁궐 임금이 사는 집. 비대궐.

궁금증[-쯩] 궁금하여 답답한 마음. 비답답증.

궁도 ①활 쏘는 법을 닦는 일. ②활 쏘는데 지켜야 할 도리.

궁둥이 엉덩이의 아래 부분. 곧 앉으면 바닥에 닿는 부분.

궁리 좋은 도리를 발견하려고 곰곰이 생각하고 이치를 깊이 연구함. 비연구. -하다.

궁여지책 몹시 곤궁한 나머지 생각다 못하여 짜낸 꾀.

궁전 임금의 식구와 임금이 살고 있는 큰 대궐. 비궁궐.

궁중【宮中】 대궐 안. 비궐내.

궁중 무:용 궁중에서 추던 춤.

궁중 음악 궁중에서 연주되던 음악. 예 궁정악.

궁지【窮地】 어려운 경우.

궁터 궁전이 있던 자리.

궁핍【窮乏】 곤궁하고 가난함. 예 ~한 생활. -하다.

궂다 ①언짢고 거칠다. ②날씨가 나쁘다. 예 날씨가 ~.

-권【圈】 어떤 낱말이나 지역에 붙어서 한정된 구역을 나타내는 말. 예 수도~.

권:고 남에게 무슨 일을 하도록 타이르는 말. 반만류. -하다.

권:농【勸農】 농사를 장려함.

권력【權力】 남을 자기 의사에 복종시키는 권리와 힘.

권리 자기의 이익을 주장하고 누릴 수 있는 힘. 예 나도 물어 볼 ~가 있다. 비권익. 반의무.

권:말 책의 맨 끝. 예 ~ 부록.

권모 술수 목적 달성을 위해 남을 교묘하게 속이는 꾀.

권:법 주먹을 써서 지르고 막아 내고 하는 격투 기술.

권:선 착한 일을 권함. -하다.

권:선 징악 착한 일을 권하고 나쁜 일을 물리치고 벌을 줌.

권세【權勢】 권력과 세력.

권:유 권하여서 하도록 함. 예 운동을 ~하다. 비권고. -하다.

권익【權益】 권리와 이익.
권:장【勸獎】 권하여 장려하는 것. 예 ~ 도서.
권:총 한 손으로 발사할 수 있는 짧고 작은 총.
권:투 링 위에서 글러브로 공격하고 방어하는 경기. 예 ~ 시합.
권:하다 어떤 행동을 하도록 부추기다. 예 술을 ~.
권한 그 사람의 판단으로 처리할 수 있는 범위. 예 그것은 내 ~ 밖의 일이다.
궐기【蹶起】 ①벌떡 일어남. ②많은 사람이 힘차게 들고 일어남. 예 ~ 대회.
궤:【櫃】 물건을 넣도록 나무로 네모나게 만든 상자.
궤:도 ①기차·전차 따위가 다니는 길. ②천체가 공전하는 일정한 길. 예 정상 ~.
궤:변 이치에 맞지 않는 변론. 예 ~가. ~술.
귀 듣는 기능을 가진 감각기관의 하나. 얼굴 양쪽에 있으며 소리를 듣거나 몸의 균형을 잡는 일을 맡아 봄.
귀가 집으로 돌아가거나 돌아옴.
귀감 본보기가 될 만한 모범. 예 모든 학생의 ~이 된다.
귀경【歸京】 서울로 돌아가거나 돌아오는 것. -하다.
귀국¹【歸國】 자기 나라로 돌아가거나 돌아옴. 비 환국. 반 출국.
귀:국²【貴國】 상대방의 나라를 높이어 일컫는 말.

귀:금속【貴金屬】 금·백금 따위의 귀하고 아름다운 쇠붙이.
귀기울이다 정신을 가다듬어 잘 듣는다. 예 ~는 임금님.
귀뚜라미[동물] 어둡고 습한 곳에 사는 곤충. 늦은 여름부터 가을에 덤불 속에서 날개를 비벼 소리를 냄.

[귀뚜라미]

뀌띔 눈치로 알아차릴 만큼 일깨워 줌. -하다.
귀머거리 소리를 듣지 못하는 사람. 비 농자.
귀:부인 신분이 높은 부인.
귀:빈【貴賓】 귀한 손님.
귀성【歸省】 부모를 뵙기 위하여 객지에서 고향으로 돌아가거나 돌아오는 것. -하다.
귀순병 귀순하여 온 병사.
귀:신【鬼神】 ①죽은 사람의 넋. ②어떤 일에 재주가 많은 사람. 예 ~ 같다.
귀:애하다 귀엽게 여겨 사랑하다.
귀양 죄를 지은 사람은 먼 외딴 곳으로 쫓아 보내어 자유를 주지 않고 혼자 살게 하는 벌. 비 유배. 유형.
귀엣말 남의 귀에 대고 작게 소곤거리는 말. 비 귓속말. -하다.
귀:엽다(귀여우니, 귀여워서) 보기에 사랑스럽다. 반 얄밉다.
귀:인【貴人】 신분이나 지위가 높은 사람. 반 천인.

귀:재 세상에 드물게 뛰어난 재능. 또는 그런 재능을 가진 사람.

귀:족【貴族】 문벌이나 지위가 높은 사람. 비양반. 반평민.

귀주 대:첩 고려 현종 10년 (1019) 거란의 3차 침입 때 강감찬 장군이 귀주에서 거란군을 크게 무찌른 싸움.

귀:중【貴重】 귀하고도 소중함. 예~한 물건. 비소중. 반비천.

귀:중²【貴中】 편지를 받을 단체의 이름 아래 쓰는 말.

귀찮다 마음이 성가시다.

귀:천【貴賤】 귀함과 천함.

귀퉁이 ①귀의 언저리. ②물건의 쑥 내민 모퉁이.

귀틀집 큰 통나무를「井」자 모양으로 층층이 맞추어 얹고 그 틈을 흙으로 메워 지은 집.　[귀틀집]

귀:하【貴下】「……께 드림」의 뜻을 나타냄.

귀:하다 ①신분이나 지위가 높다. ②귀염을 받을 만하다.

귀향 고향으로 돌아감.

귀화【歸化】 다른 나라의 국적을 얻어 그 나라 국민이 됨. 예한국에 ~한 미국인.

귀환【歸還】 다시 제자리로 돌아옴. 비복귀. -하다.

귓속말 남의 귀 가까이에 입을 대고 소곤소곤하는 말.

규격【規格】 제품의 모양·크기·품질 등에 대하여 정해진 표준. 예상품의 ~ 표시.

규범 본보기. 모범. 사회 ~.

규수【閨秀】 ①시집 안 간 여자. 예양가집 ~. ②학문에 뛰어난 여자. 예~ 화가.

규약【規約】 서로 지키기로 정한 규칙. 예~을 지키자.

규장각 조선시대 임금들의 글·글씨·문서 등을 보관하던 곳.

규정【規定】 규칙을 정함.

규제 규칙을 세워 제한함.

규칙【規則】 여러 사람이 의논해서 정해놓은 반드시 지켜야 할 약속. 예~을 준수하다. 비법칙.

규:탄【糾彈】 잘못이나 허물을 잡아내어 따지고 밝힘. 예부정 선거를 ~하다.

규합 어떤 일을 꾸미려고 사람을 모으는 것. 예동지를 ~.

균 ①세균. ②병균, 박테리아.

균등【均等】 고르고 가지런하여 차별이 없음. 반차등.

균열【龜裂】[규녈] ①거북이 등의 껍질 모양같이 갈라져서 터짐. ②사람 사이에 마음이 맞지 않아 틈이 생김.

균형 어느 한쪽으로 치우침 없이 쪽 고름. 비평균.

귤【橘】 귤나무의 열매.

귤나무【식물】 귤이 열리는 나무. 우리 나라에서는 제주도에서 재배함.　　[귤나무]

그「그것」,「그이」의 준말. 예~게 진짜다.

그까짓 겨우 그 정도의. 예~ 일

그늘 빛이 물체에 가리워져 어두워지는 상태. 또는 그 자리. 비응달. 반양지.
그대 ①「자네」보다 높임말. ②애인끼리 「당신」이라는 뜻으로 쓰는 말.
그득 그득하게. 그득히.
그득히 넘칠 정도로 그득차게.
그따위 그러한 종류의 뜻을 나타내는 말.
그때 그 당시.
그라운드 운동장.
그랑 프리 가요제·영화제 등의 경연에서 최우수자에게 주는 상·대상.
그래서 「그리하여서」·「그러하여서」의 뜻의 접속 부사.
그래프 수량의 변화를 한 눈에 볼 수 있도록 나타낸 표.
그래픽 그림과 사진.
그램 무게 단위의 하나. g으로 쓰며, 1g은 4℃의 물 1㎤의 무게와 같음.
그러기에 그러기 때문에.
그럭저럭 되는 대로.
그럴 듯하다 ①그렇다고 할 만하다. ②상당하여 괜찮다.
그렇게 그러하게.
그렇고말고 「그러하고 말고」의 준말. 예~, 좋은 사람이다.
그로기 권투에서 심한 타격을 받아 몸을 가누지 못하고 비틀거리는 상태.
그루 ①한 해에 한 땅에 농사짓는 횟수. ②나무를 뿌리째 셀 때 쓰는 말. ③포기.
그루터기 풀이나 나무 등을 베어 내고 남은 뿌리와 그 부분.
그룹: 여럿이 같은 목적으로 모이는 모임. 집단.
그르다 ①옳지 못하다. ②이룰 수 없게 되다.
그릇 물건을 담는 기구의 총칭. 세는 단위는 개·벌·죽. 예밥~.
그리고 단어·구·절·문장 등을 병렬적으로 연결할 때 쓰는 접속부사. 예봄, 여름, 가을 ~ 겨울.
그리니치 천문대 영국에 있는 세계적인 천문대. 이곳을 지나는 자오선이 세계경도의 중심인 본초 자오선임. 태양이 이곳을 지날 때를 정오로 하여 세계의 지방시·표준시로 정하고 있음.
그리다¹ 몹시 생각하여 보고 싶은 마음을 품다. 예고향을 ~. 비사모하다.
그리다² 물건의 모양을 그림으로 나타내다.
그리스도 기독교의 창시자. 이름은 예수. 구세주.
그리스도교 예수교.
그리:스 신화 그리스 반도에 거주한 아리아 민족과 그 자손들에 의하여 만들어진 여러 신에 대한 이야기. 유럽의 미술과 문학에 큰 영향을 끼쳤음.
그리움 보고 싶은 마음.
그리워하다 보고 싶어하다.
그린:벨트 도시 주변의 경치를 아름답게 하고 자연 환경을 보존하기 위하여 개발을 제한

하고 있는 지역. 녹지 지역.

그:림 사람이나 물체의 모습, 또는 자연의 경치 등을 그려서 나타낸 것. 예 ~을 그리다.

그:림 엽서 한쪽 면에 사진이나 그림을 인쇄한 우편 엽서.

그:림 일기 보고 듣고 한 것들을 그림과 글로 나타낸 일기.

그림자 물체에 빛이 비치어 그 반대쪽에 나타나는 어두운 부분.

그:림 지도 고장의 명소·유적·철도 등을 알아보기 쉽게 그림으로 나타낸 지도.

그:림책 그림을 모은 책.

그립다 보고 싶은 마음이 간절하다. 예 고향이 ~.

그만 더하지 말고 그 정도까지만.

그만큼 그만한 정도로.

그만하다 크지도 작지도 덜하지도 더하지도 않고 비슷하다.

그맘때 그 때쯤.

그물 새나 물고기 따위를 잡을 때 쓰는 실이나 노끈으로 엮은 기구. 비 어망.

그믐날 한 달의 마지막 되는 날.

그믐달[-딸] 음력으로 매월 그믐께 돋는 달. 달의 왼쪽 부분이 칼날 같이 보임. 반 초승달.

그야「그것이야」의 준말.

그야말로 말한 바와 같이 참으로. 예 ~ 괜찮은 사람들이다.

그윽하다 ①깊숙하고 고요하다. ②뜻이 깊다.

그을다 볕이나 연기같은 것에 오랫동안 쐬어 빛이 검게 되다.

그저 ①그대로 사뭇. ②아무 생각없이. 예 ~ 잠만 자는구나.

그제야 그 때에 이르러 비로소.

그중 많은 가운데 가장.

그지없다 ①끝이 없다. 한이 없다. ②이루 다 말할 수 없다.

그처럼 그 모양으로.

그치다 계속되던 움직임이 멈추다. 비 중단하다. 반 시작하다.

극¹【極】 ①자석에서 자력이 가장 센 두 끝. ②북극과 남극.

극²【劇】「연극」의 준말.

극기【克己】 자기의 욕심·충동·감정 등을 눌러 이김. 비 자제.

극기 훈:련 극기력을 키우기 위한 매우 힘들고 고된 훈련.

극난【極難】 몹시 어려움.

극단¹【極端】 ①맨 끄트머리. ②중용을 잃고 한쪽으로 치우침.

극단²【劇團】 연극 상연을 목적으로 조직된 단체.

극동【極東】 아시아의 가장 동쪽에 위치한 지역. 한국·중국·일본 등을 말함. 반 근동.

극락 ①지극히 안락하여 아무 걱정이 없는 경우와 처지. ②「극락 세계」의 준말.

극렬【極烈】 지극히 열렬함. 예 ~한 항의를 하다. -하다.

극복 ①적을 이겨 굴복시킴. ②괴로움을 이겨냄. 예 역경을 ~하다. 비 극기.

극본【劇本】 연극을 할 수 있도록 나오는 사람의 움직임·말 따위를 적은 글. 비 대본.

극비 중대한 비밀. 예~ 문서를 공개하다.
극성 성질이 지독하고 과격함.
극성스럽다 극성맞은 데가 있다.
극악 무도 더없이 악하고 도덕심이 없음. 예~한 죄인.
극약【劇藥】 독약보다는 약하나, 적은 분량으로도 사람이나 동물에게 위험을 주는 약품.
극작가 연극의 각본을 쓰는 일을 업으로 하는 사람.
극장【劇場】 무대나 관람석을 갖추고 영화나 연극 등을 상연하는 곳. 예노천 ~.
극적【劇的】 연극을 보는 것과 같이 감격적이거나 인상적인 모양. 예~인 순간.
극점[-쩜] ①극도에 다다른 점. ②위도 90도의 지점.
극지 맨 끝에 있는 땅.
극진히 극진하게. 예~ 모서라.
극찬 매우 칭찬하는 것.
극치【極致】 힘을 다하여 마지막으로 도달하는 곳. 예예술의 ~.
극한 상황 더할 수 없이 막다른 지경에까지 이른 상태.
극형 더할 수 없이 무거운 형벌. 예~에 처하다.
극화[그콰] 사건·소설 등을 극의 형식으로 바꿈. -하다.
극히 ①매우. ②대단히. ③몹시. 예~ 사소한 일이다.
근【斤】 척관법에 의한 무게의 단위. 1근은 16냥인 600g이지만 375g으로도 씀. 예고기 두 ~.

근:간¹【近間】 요사이. 예~ 서적.
근간【根幹】 ①뿌리와 줄기. ②어떤 사물의 바탕이나 가장 중심이 되는 부분.
근거【根據】 ①사물의 근본. ②사물의 토대.
근:거리 가까운 거리. 반원거리.
근검【勤儉】 부지런하고 검소함. 예~ 절약하는 사람.
근:교【近郊】 도시 변두리의 마을이나 들. 반원교.
근:근이 겨우. 간신히. 예~ 살아가다.
근:년【近年】 요 몇해 사이. 근세.
근:대【近代】 지나간 지 오래지 않은 시대. 비근세.
근:대화【近代化】 현대 문명에 뒤떨어지지 않게 낡은 것을 바꿈. 예농촌의 ~. -하다.
근:래【近來】 요사이. 비최근.
근력【筋力】[글-] ①근육의 힘. ②일을 능히 해내는 힘.
근로【勤勞】[글-] 일정한 시간 동안 일에 종사함. 예~ 기준법. 비노동. -하다.
근린 가까운 이웃. 예~ 관계.
근면 부지런히 힘씀. 반나태.
근무【勤務】 일터에 나가 일함.
근본【根本】 사물이 발생하는 근원. 예일의 ~.
근성【根性】 ①사람에게 뿌리깊이 박힌 성질. 예상인 ~. ②바탕이 되는 성질.
근:세【近世】 ①오래되지 않은 세상. 예~에 있었던 일이다.

②중세와 현대의 중간 시대. 우리 나라에서는 조선시대를 말함.
근:시【近視】 가까운데 것은 잘 보이나 먼데의 것을 잘 못보는 시력. 반 원시.
근:신【謹愼】 잘못에 대하여 반성하고 행동을 삼감.
근심 애를 태우는 마음. 비 걱정. 염려. 반 안심.
근원【根源】 ①물줄기가 나오기 시작하는 곳. ②사물이 비롯되는 본 바탕. 기원.
근:위병 옛날, 임금을 가까이에서 지키던 병사.
근육【筋肉】 몸의 운동 기능을 맡은 힘줄과 살. 힘살.
근절 어떤 일이 다시 일어나지 못하도록 뿌리째 끊어 없애 버림. 예 밀수 ~. -하다.
근:접【近接】 가깝게 접근하거나 접하는 것. 예 ~ 도시.
근정전【勤政殿】 경복궁 안에 있는 궁전. 조선시대에 임금이 조회를 행하던 곳.
근:처 가까운 곳. 비 근방. 부근.
근:하 신년 삼가 새해를 축하한다는 인사말. 연하장 등에 쓰는 말.
근:해【近海】 육지에서 가까운 바다. 예 지중해 ~.
근:화【槿花】 무궁화.
근:황 요즈음의 형편.
글 생각이나 느낌을 글자로 쓴 것. 예 이것은 훌륭한 ~이다.
글귀[-뀌] 글의 한 토막.
글라이더 엔진이나 프로펠러가 없이 공기의 흐름을 이용하여 나는 간단한 비행기.
글러브 권투·야구·펜싱 등을 할 때 손에 끼는 가죽으로 만든 장갑. 예 권투 ~.
글모음 동요·동시 등을 모으는 일. 또는 모아서 엮은 책.
글벗 글을 같이 익히는 친구.
글썽글썽 눈에 눈물이 괴어 곧 넘칠 듯한 모양.
글쎄 ①이런지 저런지 확실치 않을 때 쓰는 말. ②자기의 뜻을 강조할 때 쓰는 말. 예 ~ 말이다.
글씨 말을 글로 적은 표. 비 글자.
글자[-짜] 사람의 말을 적는 일정한 부호. 비 문자.
글짓기 생각·느낌 등을 글로 적는 일. 비 작문.
글피 모레의 다음 날.
긁다[극따] ①손톱이나 기구 등으로 문지르다. 예 가려워 ~. ②갈퀴 따위로 끌어 모으다.
금[1] 물건의 값. 가격.
금[2] ①접거나 구겨서 생긴 선. 줄. 예 ~을 긋다. ②가늘게 갈라진 흠. ③물건값. 시세.
금[3]【金】 누런 빛깔의 귀금속의 하나. 예 ~ 메달.
금강산 강원도 북쪽에 있는 경치 좋기로 세계적으로 이름난 산. 묘한 바위가 많으며, 1만2천이나 되는 봉우리에 폭포·못·절이 있고, 철에 따라 봄에는 금강산, 여름에는 봉래산, 가을에는 풍악산, 겨울에는 개골산이라 일컬음.

금고【金庫】 돈과 중요한 서류를 간수하여 보관하는데 쓰는 쇠로 만든 궤.

금관【金冠】 황금으로 장식한 임금의 왕관. ⑩신라 ~.

[금관]

금관 가야[국명] 6가야의 하나로, 지금의 경상 남도 김해 부근에 자리했던 고대 국가.

금관 악기 쇠붙이로 만든 관악기. 트럼펫·트럼본 등

금광【金鑛】 금을 캐는 광산.

금괴【金塊】 금덩어리.

금:기 ①꺼려서 싫어하거나 금하는 것. ②약이나 음식을 좋지 않은 것으로 여겨 쓰지 않는 일.

금년【今年】 올해.

금당 벽화 고구려 영양왕 때에 승려인 담징이 일본 호류사의 금당에 그린 벽화.

금도금 금속 재료의 표면에 금의 얇은 막을 입히는 것.

금메달 금으로 만들거나 금도금 한 메달.

금명간 오늘이나 내일 사이. ⑩ ~에 발표할 것이다.

금:물 해서는 안 될 것.

금박 금을 두드려 종이처럼 아주 얇게 만든 물건.

금발【金髮】 금빛 나는 머리털.

금붕어[동물] 잉어과에 속하는 민물고기. 붕어의 변종으로 원산지는 중국. 종류가 많고 빛깔이 여러 가지이며 아름다움. 관상용으로 기름.

금:상 첨화【錦上添花】 좋은 일에 또 좋은 일이 더함.

금성【金星】 지구의 바로 안쪽에서 태양의 주위를 도는 행성. 수성, 다음으로 태양에 가까운 별. 샛별. 계명성이라 함.

금속 철·금·은·구리같은 쇠붙이.

금속 활자[-짜] 금속으로 만든 활자. 활판 인쇄에 쓰임.

금수 ①날짐승과 길짐승. 곧 모든 짐승. ②무례하고 추잡한 행실을 하는 사람의 비유.

금:수【錦繡】 수를 놓은 비단.

금:수 강산【錦繡江山】 비단에 수를 놓은 듯이 아름다운 강산. 곧 우리 나라를 일컬음.

금:식 어떤 계율 때문에, 또는 어떤 결심을 보이기 위하여 얼마 동안 음식을 먹지 않는 것.

금슬【琴瑟】 부부 사이의 화목한 즐거움. ⑩ ~이 좋은 부부.

금언【金言】 우리에게 생활의 본보기가 될 만한 귀중한 내용을 가진 짧은 말. ⑪격언.

금:연 담배 피우는 것을 금함.

금오신화[책명] 조선 세조 때 김시습이 한문으로 지은 우리 나라 최초의 한문 소설.

금융 기관[-늉-] 돈의 수요·공급을 맡아 하는 기관. 은행·보험회사·상호신용금고 등.

금:의 환향 성공하여 자기 고향으로 돌아옴.

금일【今日】 오늘.

금일봉【金一封】 금액을 밝히지

않고 종이에 싸서 봉하여 주는 상금·격려금·기부금 따위.

금자탑【金字塔】후세에 전해질 만한 큰 업적.

금잔디【식물】①벼과의 여러해살이풀. 뿌리 줄기가 옆으로 뻗고, 잎은 길이 2~5cm임. 우리 나라 중부 이남에 분포함. 잎에 털이 나 있음. ②잡풀없이 탐스럽게 자란 잔디.

금전 출납부 돈이 나가고 들어오는 것을 적는 장부.

금주【今週】이번 주일.

금:주²【禁酒】술을 마시지 못하게 금하는 것.

금:지【禁止】하지 못하게 함.

금지 옥엽 금으로 된 가지와 옥으로 된 잎이라는 뜻으로, 귀여운 자손을 이르는 말.

급격 급히 세차게 공격하는 일.

급등 물가가 갑자기 오르는 것.

급료【給料】[금뇨] 일한 대가로 주는 월급이나 일급.

급류【急流】[금뉴] 물살이 급한 강물이나 냇물.

급소【急所】①몸 가운데 조금 다쳐도 목숨에 관계되는 곳. ②사물의 중요한 곳.

급식【給食】학교나 공장 등에서 아동·종업원에게 음식을 주는 일. 예학교 ~.

급우 한 학급에서 공부하는 친구.

급제 시험에 합격됨. 예과거에 ~ 하다. 비합격. 반낙제. -하다.

급증 갑자기 늘어나거나 늘리는 것. 예세계 인구가 ~하다.

급훈【級訓】그 학급에서 교육 목표로 필요하다고 내세운 교훈.

급히 매우 빠르게. 반천천히.

긋:다(그으니, 그어서) 줄을 치거나 금을 그리다. 예선을 ~.

긍:정 그렇다고 인정함. 반부정.

긍:지 스스로 자신이 있어 자랑하는 마음. 예~를 가져라.

기¹【旗】헝겊이나 종이에 그려 대 끝에 달아 공중에 세우는 물건. 비깃발.

기²【氣】①활동하는 힘. 기력. ②있는 힘의 전부.

기간【期間】일정한 시기의 사이. 예휴가 ~에 고향에 간다.

기갑 부대 기계화 부대와 장갑 부대의 총칭.

기강 으뜸이 되는 규율과 질서.

기개 씩씩한 기상과 꿋꿋한 의지.

기계【機械】사람의 힘을 쓰지 않고 어떤 일을 하기 위해 일정한 운동을 되풀이하도록 만든 장치. 예~를 가동시키다.

기계 공업 기계를 사용하여 각종 기계나 부품을 생산·가공하는 공업. 반수공업.

기계 체조 철봉·뜀틀·평행봉·링·평균대 등의 운동기구를 사용하는 체조. 반맨손 체조.

기고 신문·잡지 등에 싣기 위하여 원고를 써서 보내는 것.

기고 만:장 ①뜻대로 일이 잘 되어 기세가 등등하다. ②펼펼

떨 만큼 성이 나 있음.
기골【氣骨】 힘과 골격.
기공【起工】 공사를 시작함. 예~식. 반준공. -하다.
기관¹【汽罐】 열·증기 등을 운동에 필요한 힘으로 바꾸는 장치. 보일러·증기관 등을 말함.
기관²【氣管】 숨쉴 때 공기의 통하는 길. 호흡기의 일부. 비숨관.
기관³【器官】 생물체를 구성하고 특별한 기능을 갖는 조직.
기교【技巧】 교묘한 기술.
기구¹【氣球】 수소나 헬륨을 넣어 공중에 띄우는 공 모양의 주머니. 경기구. 풍선.
기구²【器具】 세간이나 그릇·연장 등의 총칭. 비도구.
기권【棄權】 자기의 권리를 포기함. -하다.
기근 흉년으로 인하여 먹을 것이 없어 굶주림. 비기아.
기금【基金】 일의 기초가 되는 돈. 예~을 마련하다. 비자금.
기꺼이 기쁘게. ~ 받다.
기껍다(기꺼우니, 기꺼워서) 은근히 마음 속으로 기쁘게 여기다. 예기꺼이 승낙하다.
기:껏 힘이 미치는 데까지. 힘을 다하여. 비겨우.
기:껏해야 많이 한다고 하더라도.
기:나긴 매우 긴. 긴긴. 예~ 세월 동안.
기네스 북 영국 기네스 맥주 회사에서 발행하는, 진기한 세계 기록을 모은 책. 1956년 이래 매년 신판이 나오고 있음.
기념【紀念】 어떤 일을 기억하여 잊지 않음. 예개교 ~일.
기념비 어떤 일을 기념하기 위하여 세운 비.
기념식【紀念式】 어떤 일을 기념하기 위하여 행하는 의식. 예지하철 개통 ~.
기념 우표 국가적으로 특별히 기념하기 위하여 발행하는 우표.
기념일 어떤 일을 잊지 않으려고 마음 깊이 새겨 두는 날.
기:능¹【技能】 기술에 관한 재주와 능력. 비기술.
기능²【機能】 활동하는 힘이나 어떤 물건이 가지고 있는 능력.
기다리다 ①오기를 바라다. ②끝날 때까지 있다. 비대기하다.
기단¹【氣團】 공기가 수평으로 넓게 퍼져 있는 공기 덩어리.
기단²【基壇】 집이나 탑의 터전이 되는 아랫부분. 또는 그 밑에 받치는 돌. 예~을 튼튼히 하다.
기대【期待】 마음 속으로 어떠한 일이 이루어지기를 바라고 기다림. 비소원. -하다.
기도¹【祈禱】 소원이 이루어지기를 신에게 비는 일. 비기원.
기도²【企圖】 일을 꾀함.
기독교 세계 3대 종교의 하나. 예수 그리스도가 일으킨 종교. 비예수교.
기동【起動】 몸을 일으켜 움직

임. 예 허리를 다쳐 ~을 못 한다.

기동[機動] 상황에 따라 조직적이며 신속·적절하게 대처하는 행동. 예 ~ 훈련.

기둥 ①집을 버티고 서 있는 나무. ②집안이나 단체·국가의 가장 중요한 사람.

기:량[技倆] 사람의 도량과 재능.

기러기[동물] 늦가을에 와서 봄이 되면 날아가는 철새. 몸모양이 오리와 비슷하나, 목이 길고 다리가 짧음. 강·바다·늪가에 산다. [기러기]

기로[岐路] 갈림길. 예 삶과 죽음의 ~에 서다.

기록[記錄] ①사실을 적음. ②운동 경기 등의 성적. 예 ~ 갱신.

기류[氣流] 공기의 흐름.

기르다(기르니, 길러서) 동·식물을 가꾸거나 자라게 하다.

기름지다 ①기름기가 많다. ②땅이 매우 걸다.

기리다 좋은 점이나 잘 하는 일을 추어서 말하다.

기린[동물] 기린과의 동물. 키는 6m, 이마 양쪽에 짧은 뿔이 있으며, 목과 다리가 특히 긺. 아프리카의 초원이나 숲에 삶. [기린]

기마 말을 타는 것. 또는 타는 말.

기마전 말을 타고 하는 싸움을 본 뜬 아이들의 놀이의 한 가지.

기막히다[-마키-] 놀라거나 일이 너무 지나쳐 어이없다.

기만[欺瞞] 남을 속여 넘김.

기미 독립 운:동[己未獨立運動] 1919년 3월 1일을 기하여 우리 나라의 자주 독립을 목적으로 일제에 항거하여 일어난 민족적인 의거. 3·1운동.

기백[氣魄] 씩씩한 정신과 앞으로 나아가려는 기운. 비 기개.

기별 소식을 알림. 또는 그 소식.

기병 말을 타고 싸우는 군사.

기본[基本] 일의 기초와 근본. 예 ~ 실력. 비 본바탕.

기분[氣分] ①느낌. ②감정.

기쁨 즐거운 마음. 반가움.

기사¹[記事] ①사실을 기록한 글. ②신문이나 잡지에 실린 글.

기사²[騎士] ①말을 타고 싸우는 무사. ②중세기 유럽의 무인 계급. 예 ~들의 격투가 벌어지다.

기사 희생 중병으로 죽을 뻔하다가 다시 살아남.

기상¹[氣象] 대기 중에서 일어나는 날씨·기압 등의 여러 가지 현상. 예 ~ 통보.

기상²[氣像] 타고난 성질과 정신. 예 대한 남아의 씩씩한 ~.

기상 위성 대기권 밖에서 지구상의 구름을 촬영하여 지구상으로 송신, 기상 예보의 자료

기상청 우리 나라의 기상 상태를 관측하고 예보하는 중앙 행정 기관.

기색¹【氣色】 얼굴에 나타나는 마음의 움직임. 예~이 안 좋은 것을 보고 왔다. 비안색.

기색²【起色】 일이 일어날 조짐.

기생【寄生】 스스로 생활하지 못하고 다른 사람을 의지하여 생활하는 것. -하다.

기생충【寄生蟲】 ①회충·요충 따위와 같이 다른 생물의 몸에 붙어서 사는 벌레. ②다른 사람의 힘에 의해서 생활하는 사람.

기선【汽船】 증기 기관의 힘으로 움직이는 배. 증기선.

기성 세:대 현재 사회에서 활동하고 있는 나이 먹은 층.

기세 기운 찬 모습. 비형세.

기수¹【騎手】 ①말을 타는 사람. ②경마에 나가 말을 타는 사람.

기수²【機首】 비행기의 앞머리.

기수³【旗手】 기를 가지고 신호하는 사람. 예~의 지시.

기숙사 학교나 공장 등에서 먹고 자고 할 수 있도록 시설을 갖춘 집. 예~에 있다.

기:술【技術】 만들고 배운 것을 실지로 이용하는 재주. 비기예.

기:술자[-짜] 기술을 가진 사람. 예~가 부족하다.

기슭[-윽] ①비탈진 곳의 끝자리. ②산의 아래쪽.

기습 ①적이 모르게 습격함. 예~ 공격. 비습격. -하다.

기악【器樂】 악기를 사용하여 연주하는 음악. 반성악.

기안 공문 따위의 초안을 만듦. 예~ 작성. -하다.

기암【奇岩】 기이하게 생긴 바위.

기약【期約】 때를 정하여 약속함. 예~ 없이 떠나다. -하다.

기억【記憶】 지나간 일을 마음에 새겨 두고 잊지 아니함. 예~이 없다. 반망각. -하다.

기억력[-녁] 기억하는 능력.

기업【企業】 돈을 벌기 위해 계속하는 사업. 또는 그 사람.

기여【寄與】 이바지함. 예국가에 크게 ~하다.

기역 한글의 닿소리 가운데에서 첫째 글자.「ㄱ」.

기온【氣溫】 대기의 온도.

기와 진흙으로 구워 만든 지붕을 이는 물건. 개와.

기와집 지붕을 기와로 이은 집. 비와가.

기왕 이미. 그렇게 된 바에.

기용【起用】 어떤 사람을 중요한 자리에 뽑아 쓰는 것. 예인재를 ~하다. -하다.

기우제 하지가 지나도록 가물 때에 비 오기를 비는 제사. 예~를 지내다. 반기청제.

기운 ①하늘과 땅 사이에 가득 차서 만물이 나고 자라는 힘의 근원. ②생물이 살아 움직이는 힘. 예~이 없다. 비원기.

기울다(기우니) ①한편으로 쏠리다. ②마음이나 생각을 한 가지 일에 쏟다.

기웃 무엇을 보려고 고개를 기울이는 모양. 〈작〉갸웃. 〈센〉끼웃.

기원[起源] 어떤 일이 생겨난 근본. 〈비〉근원.

기원²[祈願] 바라는 일이 이루어지기를 빎. 〈예〉통일을 ~하다.

기이[奇異] 기묘하고 이상함. 〈예〉바위가 ~한 모습이다.

기인[起因] 일이 일어나게 된 까닭. 〈예〉너로 ~하여 친구와 헤어졌다. -하다.

기일[忌日] 사람이 죽은 날. 제삿날. 〈예〉아버지의 ~이 내일이다.

기입[記入] 글씨를 적어 넣음.

기입장 적어 넣는 책.

기자 신문·잡지 등에 기사를 쓰고 편집을 하는 사람. 〈예〉신문~.

기자 회견 기자들과 만나서 질문을 받고 답하는 형식의 회견.

기적¹[汽笛] 배나 기차에서「뚜우」하고 울리는 소리.

기적²[奇蹟] 사람의 생각이나 힘으로는 도저히 할 수 없는 신기한 일. 〈예〉~적으로 살아난 사람.

기절[氣絶] 깜짝 놀라 잠시 정신을 잃음. -하다.

기점[-쩜] 무엇이 시작하는 곳.

기조[基調] 사상이나 학설 등의 기본적인 사고방식. 〈예〉~연설.

기존 이미 존재함. 〈예〉~시설.

기준[基準] 기본이 되는 표준. 〈예〉판단의 ~.

기중기 무거운 물건을 동력으로 끌어올려 상하·좌우·전후로 이동시키는 기계. 크레인.

기증 물건 등을 보내어 선사함.

기지¹[機智] 경우에 따라서 그때그때 재치있게 대응하는 슬기.

기지²[基地] ①부대 주둔지나 군사 활동의 근거가 되는 장소. 〈예〉공군 ~. ②터전.

기진 기운이 다함.

기진 맥진 기운과 의지력이 다하여 스스로 가누지 못할 지경이 됨. 기진 역진. -하다.

기질 ①기력과 체질. ②성질을 나타내는 밑바탕이 되는 특성.

기차[汽車] 증기나 디젤기관을 원동력으로 하여 일정한 궤도 위를 달리는 차량. 〈비〉열차.

기척 있는 줄을 알 만한 소리나 자취. 〈예〉~도 없이 조용하다.

기체[氣體] 공기, 산소·수소 등과 같이 일정한 모양과 부피가 없는 물질. 공기·가스 따위.

기초¹[基礎] 일이나 물질의 밑바탕이나 근본. 〈예〉~가 튼튼해야 한다. 〈비〉토대.

기초²[起草] 글의 초안을 잡음.

기초 자치 단체 1989년 12월 19일 통과된 지방 자치법에 따른 군 단위의 지방 자치단체. 시·군·구 260개로 되어

기침 ①호흡기의 병. 해수. ②목의 자극으로 생겨 갑자기 터져 나오는 숨소리.

기타【其他】 그 밖의 다른 것.

기타:² 「8」자 모양의 나무로 된 공명 상자와 여섯 가닥의 줄로 된 현악기의 한 가지.

기탁【寄託】 부탁하여 맡겨 두는 일. 예~ 업무.

기포【氣泡】 고체나 액체의 내부에 기체가 들어가 거품처럼 둥그렇게 부풀어 있는 것.

기품【氣品】 인격이나 작품 등이 고상하게 보이는 품격. 예~ 있는 몸가짐.

기한【期限】 미리 정하여 놓은 때. 예~이 촉박하다.

기합 비상한 힘을 내기 위한 정신과 힘의 집중. 또는, 그 집중을 위하여 내는 소리.

기행【紀行】 여행하는 동안에 보고 듣고 느낀 것을 적은 문장이나 글. 예~문.

기형【畸形】 동·식물의 정상이 아닌 형태. 예~아.

기호¹【記號】 무슨 뜻을 나타내는 표. 예발음 ~. 비부호.

기:호²【嗜好】 즐기고 좋아함. 예~ 식품. -하다.

기회【機會】 ①어떤 일을 해 나가는데에 가장 알맞은 때. 좋은 때. ②기다리던 그때. 예~는 바로 지금이다.

기획【企劃】 일을 계획함.

기후 ①날씨. ②춥고, 덥고, 비가 오고, 맑고 하는 등의 모든 현상.

긴: 기다란. 예~ 머리칼.

긴급【緊急】 중대하고 또 급히 처리하려 함. 예~ 출동.

긴장【緊張】 마음을 단단히 먹고 특히 조심함. 반이완.

긴축 바짝 줄임. 반이완.

길¹ 다닐 수 있도록 만들어 놓은 땅 위. 예큰 ~.

길:² 사람의 키의 한 길이. 예담의 높이가 한 ~이나 된다.

길³ ①익숙해진 솜씨. ②짐승을 잘 가르쳐서 부리기 좋게 된 버릇. ③손질을 잘하여 생기는 윤.

길:다 사이가 멀다. 반짧다.

길동무[-똥-] 길을 함께 가는 동무. 길벗. -하다.

길들다 ①물건에 손질을 잘 하여 윤기가 나다. ②버릇이 되다.

길림[지명] 중국 지린성의 성도. 쑹화강 상류에 있는 도시. 목재·약재 등의 집산지로 제재·화학 공업이 성함.

길마 짐을 싣기 위하여 소의 등에 얹는 안장.

길쌈 옷감을 짜는 일. -하다.

길이¹ 한 끝에서 다른 끝까지 이르는 거리. 예~를 재다.

길:이² 오래오래. 오래도록. 언제까지나. 예~ 보전하세.

길일【吉日】 길한 날. 좋은 날. 예~을 택하다.

길잡이 길을 인도하는 사람. 비선도자. 선구자.

길조【吉兆】 좋은 일이 있을 조짐.

길흉【吉凶】 좋은 일과 나쁜 일.

행복과 불행. 예)~을 점치다.
김:¹ [직물] 붉은 해초. 바닷물 속이나 바위 등에 이끼 모양으로 붙어 나는 바다 풀. 식용으로 널리 쓰임. 해태.
김:² 물 따위가 열을 받아 변하는 기체. 수증기.
김구【金九】[인명] (1876~1949) 독립운동가·정치가. 황해도 해주 출신. 임시 정부 주석, 독립 후 한국 독립당 당수 등을 지냄. 독립 운동으로 일생일 바침.

[김구]

김만중【金萬重】[인명] (1637~1692) 조선 숙종 때의 판서·문학자. 한글 소설 문학의 선구자, 작품으로는「구운몽」·「사씨남정기」등이 있음.

[김만중]

김:매기 논이나 밭에 나는 잡초를 뽑는 일. 제초.
김:밥 김에 밥을 말아서 싼 음식.
김장 겨울부터 봄까지 먹을 김치나 깍두기를 담그는 일.
김좌진【金佐鎭】[인명] (1889~1930) 독립 운동가. 충남 홍성 출신. 3·1운동때 만주로 건너가 북로군정서를 조직하였으며, 1920년 청산리 싸움에

[김좌진]

서 이범석 장군과 함께 일본군을 크게 무찔렀음.
김치 무·배추 따위를 소금에 절여서 양념을 하여 익힌 반찬.
김포【金浦】[지명] 경기도 김포군의 군청 소재지로 읍. 김포 평야의 중심지이며 쌀이 생산됨.
김포 공항 서울특별시 강서구 공항동에 위치한 국내선 비행장. 김포 공항.
깁: 비단의 한 가지.
깁:다 헤어진 데를 조각을 대고 꿰매다. 예)구멍난 양말을 ~.
깃¹ 새 날개의 털. 옷깃.
깃² 「옷깃」의 준말.
깃들이다 ①짐승이 보금자리를 만들어 그 속에 들어 살다. ②속에 머물러 살다.
깃발【旗一】 깃대에 달린, 천이나 종이로 된 부분. 기폭.
깃털 ①새의 깃과 짐승의 털. ②깃에 붙어 있는 털.
깊다 ①얕지 않다. ②마음이나 생각이 듬쑥하고 신중하다. 예)그는 생각이 ~. 반)얕다.
깊이 ①깊게. ②잘. 자세히. 예)~ 생각해라.

ㄲ

ㄲ[쌍기역] 「ㄱ」의 된소리.
까까머리 머리털을 깡그리 깎은 머리. 또는 그런 사람.
까:뀌 한 손으로 나무를 찍어 깎는 연장.

까놓다 ①껍질을 까서 놓다. ②마음 속의 비밀이나 생각을 모두 털어놓다.

까다 ①껍질을 벗기다. ②알을 품어서 새끼로 변하게 하다.

까:다롭다 ①성질이 이상하다. ②너그럽지 못하다. 예식성이 ~.

까닥이다 머리를 앞뒤로 흔들다.

까닭 ①이유. ②일의 원인. 예지각을 한 데에는 ~이 있다.

까마귀[동물] ①까마귀과의 새. 몸빛은 대개 검고 울음소리가 흉함. 인가 부근에 살며 일부 농작물에 해를 줌. ②몹시 까맣게 된 것을 이르는 말.
[까마귀]

까마득하다 아주 멀어서 아득하다.

까마득히 까마득하게.

까먹다 ①껍데기를 벗기고 먹다. ②밑천을 헛되이 다 없애다. ③기억하던 것을 잊어버리다.

까무러치다 갑자기 숨이 끊어져 정신을 잃다. 기절하다. 예몹시 놀라서 ~.

까불다 ①몹시 아래위로 흔들리다. ②경솔하게 행동하다.

까지 ①동작이나 상태가 마침을 나타내는 말. ②시간 또는 공간의 한도를 나타내는 말.

-까짓 이·그·저·요·네 등에 붙어 '하잘것없는 정도'임을 나타내는 말. 그 ~ 쯤이야…

까지다 껍질 따위가 벗겨지다.

까:치[동물] 까마귀와 비슷한 새. 머리·등은 검고 가슴이 희며 고리가 긴 새. 날개 길이는 20~22cm.
[까치]

까칠까칠 윤기가 없고 매끄럽지 않는 모양. 큰꺼칠꺼칠.

까투리 「암꿩」의 다른 이름.

까풀 여러 겹으로 된 껍질이나 껍데기의 층. 큰꺼풀.

깍두기 무를 잘게 썰어서 양념에 버무린 반찬.

깍쟁이 ①인색하고 이기적인 사람. 예~ 처럼 굴다. ②몸집이 작고 알밉게 약빠른 사람.

깍지 ①콩 따위의 꼬투리에서 알맹이를 까낸 껍질. ②껍질.

깜박 ①잠깐 흐려지다가 밝아지는 모양. ②눈을 잠깐 감았다 뜨는 모양. 예~ 잊어 버리다.

깜박거리다 자꾸 깜박이다.

깜짝 ①갑자기 놀라는 모양. ②눈을 잠깐 감았다 뜨는 모양.

깜찍하다 ①나이에 비해 너무 약다. ②영리하다. ③악착스럽다.

깝대기 ①달걀·조개 등의 겉을 싼 단단한 물질. ②알몸을 배어낸 겉의 물건. 큰껍데기.

깡총하다 키가 작고 다리가 길다. 큰껑충하다.

깡충깡충 토끼처럼 짧은 다리로 힘있게 두 다리를 높이 들면서 뛰는 모양.

깡통 ①얇은 쇠붙이로 만든 그

릇. ②아는 것이 없이 머리가 텅 빈 사람.
깨 참깨·들깨의 총칭.
깨끗이 깨끗하게.
깨끗하다 ①때가 끼지 않고 말끔하다. ②흐리지 않고 맑다. ③가지런히 잘 정돈되어 있다.
깨다¹ ①부서지게 하다. ②일을 중간에서 못 이루게 하다.
깨:다² ①배워서 알게 되다. ②자다가 눈을 뜨다.
깨닫다 ①생각하던 끝에 알게 되다. ②잘못된 것을 알다.
깨물다 이로 물어 아프게 하다.
깨소금 참깨를 볶아 소금을 넣고 빻아서 만든 양념.
깨알 같다 깨알처럼 매우 잘다.
깨우치다 이치나 사리를 깨닫게 하다. 예잘못을 ~.
깨:지다 ①단단한 물건이 쪼개지거나 갈라지다. ②일이 틀어지다. ③상처를 입다. ④어떤 난관이나 기록이 돌파되다.
깨치다 깨달아 알게 되다.
깻묵[깬-] 들깨나 참깨에서 기름을 짜낸 깨의 찌끼.
깻잎 깨의 잎.
꺼뜨리다 불을 꺼지게 하다.
꺼:리다 ①피하거나 싫어하다. ②어려워하다.
꺼림칙하다[-치카-] 매우 꺼림하다. 께름칙하다.
꺼지다¹ ①불 따위가 사라져 없어지다. 예연탄불이 ~. ②거품 따위가 스러지거나 가라앉다. 예거품이 ~. ③노여움이 가라앉다. 예분이 ~.
꺼지다² ①우묵하게 들어가다. 예배가 ~. ②내려앉아 빠지다. 예방바닥이 ~.
꺽다 ①가지를 부러뜨리다. ②마음을 굽히다. ③방향을 옆으로 틀다. 예핸들을 ~. ④몸의 어느 부분을 구부리다. ⑤운동 경기에서 이기다.
꺾어지다 부러져 동강이 나다.
껄끄럽다(껄끄러우니) ①껄끄러기 따위가 살에 닿아서 자꾸 뜨끔거리다. ②미끄럽지 못하고 껄걸하다. 예옷감이 ~.
껌 고무같은 치클에 당분·박하·향료 등을 넣어 만든 과자. 삼키지는 않고 씹기만 함.
껌껌하다 ①몹시 어둡다. ②조금도 모른다. 잭깜깜하다.
껍데기[-떼-] 겉을 덮은 단단한 껍질. 반알맹이.
껍질 껍데기. 예사과 ~.
-껏 다른 낱말에 붙어 「있는 대로 다하여」의 뜻을 나타내는 말. 예정성~.
껑충 긴 다리로 힘있게 솟구어 뛰는 모양. 잭깡충.
껑충껑충 신이 나서 긴 다리로 힘차게 솟구어 뛰는 모양.
께¹ 「에게」의 높임말.
-께² 때나 곳을 중심 잡아 그 가까운 범위. 예이 달 말~나 보자. 그믐~. 보름~.
께름하다 꺼림하다.
껴안다 두 팔로 끼어서 안다.
껴입다 옷을 입은 위에 또 입다.
꼬:가신 아기들이 신는 꽃무늬

가 있는 예쁜 신발. 때때신.

꼬르륵 통·그릇 속의 액체나 뱃속이 끓어오를 때 나는 소리.

꼬리 동물의 꽁무니나 몽둥이의 끝에 가늘고 길게 내민 부분. 비꽁지. 반머리.

꼬리 곰:탕 소의 꼬리를 진하게 고은 국에 밥을 만 음식.

꼬리지느러미 물고기의 꼬리 끝에 있는 지느러미.

꼬마 어린아이. 「꼬마둥이」의 준말. 예~ 친구.

꼬마둥이 키나 몸집이 남달리 작은 사람. 준꼬마.

꼬박¹ 어떤 일을 계속하는 모양. 밤을 새우는 모양.

꼬박² 절할 때에 머리나 몸을 앞으로 숙였다가 드는 모습.

꼬박꼬박 ①꼬박거리는 모양. ②어기지 않고 그대로 계속하는 모양. 큰꾸벅꾸벅.

꼬이다 일이 제대로 되지 않다.

꼬장꼬장 ①가늘고 긴 물건이 빳빳하거나 곧은 모양. ②사람의 성질이나 마음이 꼿꼿한 모양.

꼬치 ①꼬챙이에 꿴 음식. ②「꼬챙이」의 준말.

꼬치꼬치 ①몸이 여위어 꼬챙이 같이 마른 모양. ②샅샅이 따지고 캐어묻는 모양.

꼭 ①지긋이 힘주어 조이는 모양. 눈을 ~ 감다. ②어기지 아니하고. ③틀림없이.

꼭꼭 ①잇달아 힘을 주거나 죄는 모양. 예빨래를 ~ 밟다. ②매우 단단히 숨거나 들어박힌 모양. 예~ 숨어라.

꼭대기 ①여럿 중의 우두머리. ②맨 위쪽.

꼭두각시 무대 위에 놓고 놀리는 이상 야릇한 탈을 씌운 인형. 예~ 놀음. 비괴뢰.

꼭지[-찌] ①잎이나 열매를 붙어 있게 하는 줄기. 예사과 ~. ②그릇 뚜껑의 손잡이.

꼭지점[-쩜] 각을 이루고 있는 두 변이 만나는 점이나 다면체의 셋 이상의 면이 만나는 점.

꼴¹ 사물의 생김새나 됨됨이. 예~같잖다.

꼴² 말·소 등의 짐승에게 먹이는 풀. 예~을 베다.

꼴깍 ①적은 양의 액체 따위가 목구멍이나 좁은 구멍으로 넘어갈 때 나는 소리. ②분함을 간신히 참는 모양.

꼴뚜기[동물] 화살오징어과의 하나. 8개의 다리가 있는데, 그 길이는 몸통의 2배 가량임. 각 다리에 빨판이 있음. 꼴뚜기 젓을 담가 먹음.

[꼴뚜기]

꼴불견 겉 모양이나 하는 짓이 비위에 거슬리고 우스워서 차마 볼 수 없다는 말.

꼴찌 맨 끝 차례.

꼼꼼하다 찬찬하여 빈 틈이 없다.

꼼짝 약하고 느리게 움직이는 모양. 「곰작」의 센말.

꼽다 ①수를 세려고 손가락을

하나씩 꼬부리다. ⑩손을 ~아 헤아리다. ②쳐주다. 지목하다.

꼿꼿하다 ①마음이나 뜻이 곧고 굳세다. ②매우 곧다.

꽁꽁 어떤 물질이 매우 단단하게 언 모양. ⑩강물이 ~ 얼다.

꽁무니 ①짐승이나 새의 등마루 뼈의 끝이 되는 부분. ②엉덩이를 중심으로 한 몸의 뒷부분. ③사물의 맨 뒤나 맨 끝.

꽁보리밥 보리쌀로만 지은 밥.

꽁지 새의 꼬리.

꽁지깃 새의 꽁지의 깃.

꽁초 피우다 남은 담배 꼬투리.

꽁:치[동물] 꽁치과의 바닷물고기. 몸길이 40cm 정도로 옆으로 납작하며 턱이 부리처럼 나왔음. 몸은 가늘고 긺. 한국·일본 등지에 분포함.

꽂다 박아서 세우다.

꽃 모양과 색이 다양하며, 꽃받침·꽃잎·암술·수술로 이루어짐. 뒤에 열매를 맺고 씨를 만듦. 세는 단위는 포기·송이·다발 등.

꽃가루 수꽃술 속에서 나는 고운 가루. ㉑화분.

꽃구름 여러 가지 빛깔로 아롱진 아름다운 구름.

꽃다발 여러 개의 꽃을 한데 묶어 만든 다발.

꽃말 꽃의 특성에 따라 각각 어떤 뜻을 붙인 말.

꽃망울 아직 피지 않은 어린 봉오리. ㉰망울.

꽃밭 꽃을 많이 심은 밭. ㉑화단.

꽃병 꽃을 꺾어 꽂는 병. 책상 위의 ~. ㉑화병.

꽃봉오리 맺히어 아직 피어나지 않고 있는 꽃.

꽃분 꽃나무를 심어 두는 흙으로 만든 그릇. ㉑화분.

꽃사슴 몸에 흰 점이 드문드문 있는 예쁘고 귀여운 사슴.

꽃샘 이른 봄철 꽃이 필 무렵의 추위. ⑩~ 추위.

꽃샘추위 봄에 꽃이 필 즈음의 추위. ⑩~가 제법 맵다.

꽃송이 꽃꼭지 위로 붙은 전부의 꽃을 말함.

꽈:리[식물] 가지과의 여러해살이풀. 여름에 황백색의 꽃이 핌. 열매의 씨를 빼고 아이들이 입에 넣고 부는 놀이감으로 씀.

꽉 ①무엇이 가득 찬 모양. ②힘을 들여 누르는 모양.

꽉차다 가득히 차다.

꽝 ①무겁고 단단한 물건이 바닥에 떨어지거나 부딪쳤을 때 요란하게 나는 소리. ②대포나 총의 소리.

꽤 생각보다 좀 심한 모양.

꽹과리 모양이 작은 양푼 같은 것에 줄을 매어 늘어뜨리고 치는 놋쇠로 만든 농악기의 하나.

[꽹과리]

꾀 일을 잘 꾸며 내는 묘한 생각. ㉑계책.

꾀꼬리[동물] 날개가 15cm쯤

[꾀꼬리]

찜 어떠한 일을 할 기분이 생기도록 남을 꾀어 속이거나 충동하는 일. 예)친구의 ~에 빠지다.

찜ː수[-쑤] 남을 속여서 자기가 생각하는 대로 행동하게 하려는 수단. 비)속임수.

꾸다¹ 남의 것을 잠시 빌려 쓰다. 예)돈을 ~. 비)빌다.

꾸다² 꿈을 이루다. 예)태몽을 ~.

-꾸러기 일부 낱말에 붙어서 어떤 버릇이 많은 사람의 뜻으로 나타내는 말. 예)잠~.

꾸러미 ①꾸려서 뭉쳐 싸놓은 물건. 예)짐~. ②짚으로 길게 묶어 중간중간 동인 것.

꾸미다 ①겉 모양이 나도록 장식하다. 예)집을 ~. ②거짓인 것을 사실처럼 그럴 듯하게 만들다.

꾸밈 ①겉모양을 보기 좋게 만듦. ②속이기 위하여 만듦.

꾸벅 졸거나 절을 할 때 머리와 몸을 앞으로 숙였다가 드는 모양. 예)~ 인사를 하다.

꾸벅거리다 졸거나 절할 때, 머리와 몸을 자꾸 꾸벅이다.

꾸벅꾸벅 ①머리와 몸을 자꾸 꾸벅이는 모양. 예)~ 졸다. ②시키는 대로 순종하는 모양.

꾸준하다 한결같이 부지런하고 끈기 있다.

꾸짖다 잘못을 나무라다.

꾹 ①힘주어 누르거나 죄는 모양. 예)모자를 ~ 눌러 쓰다. ②굳이 참고 견디는 모양. 예)아픔을 ~ 참다.

-꾼 ①어떤 일을 전문적·습관적으로 하는 사람임을 나타내는 말. 예)나무~. ②어떤 일에 모이는 사람임을 나타내는 말.

꿀 꿀벌이 꽃에서 따다가 저장하여 둔 먹이. 단맛.

꿀단지 꿀을 넣어 두는 단지.

꿀벌[동물] 꿀벌과의 곤충. 동양종으로 몸빛은 어두운 갈색이며, 날개는 희고 투명함. 꿀을 빨아먹기도 하고 나르기도 하는 벌. 몸 길이가 14㎜.
[꿀벌]

꿀컥 목구멍으로 음식물을 한꺼번에 넘기는 소리. 예)~ 삼키다.

꿇다 무릎을 구부려 바닥에 대다.

꿇어앉다 무릎을 꿇고 앉다. 예)복도에 ~.

꿈 ①잠자는 동안 보이는 환각의 상태. ②현실을 떠난 생각. 반)현실. 생시.

꿈결[-결] 꿈꾸는 사이. 예)~에 너와 싸웠다.

꿈꾸다 어떠한 일을 이루려고 꾀하거나 희망을 걸고 생각하다. 예)우승을 ~.

꿈나라 ①꿈속의 세계. ②「잠」을 이르는 말. ③실현될 수 없는 환상적인 세계.

꿈틀꿈틀 몸을 이리저리 꾸부리

어 자꾸 움직이는 모양.
꿋꿋하다 굳세고 곧다.
꿍꿍이 「꿍꿍이셈」의 준말.
꿍꿍이셈 속으로만 우물쭈물하는 속셈.
꿩 [동물] 닭과 비슷하며 날개는 작고 몸빛이 아름다운 새. [꿩 대신 닭이다] 적당한 것이 없을 때 비슷한 것으로 대신한다는 말. [꿩 먹고 알 먹는다] 일석이조다.
꿰:다 가운데를 뚫고 나가게 꽂다. [구슬이 서말이라도 꿰어야 보배] 아무리 좋은 것이라도 쓸모있게 만들어 놓아야 가치 있다.
꿰:뚫다[-뚤타] ①이쪽에서 저쪽까지 꿰어서 뚫다. 예 총알이 담장을 ~. ②겉에서 속까지 바로 통하게 하다.
꿰:매다 해지거나 뚫어진 곳을 깁다. 예 찢어진 바지를 ~.
끄나풀 ①길지 않은 끈의 나부랑이. 예 ~로 동여매다. ②남의 앞잡이 노릇을 하는 사람을 욕으로 이르는 말. 예 그는 경찰의 ~이다.
끄다(끄니, 꺼서) ①불이 못타게 하다. 예 촛불을 ~. ②덩어리로 된 것을 깨어 헤뜨리다. 예 얼음을 ~. ③전깃불·라디오 따위의 스위치를 내리다. 예 라디오를 ~.
끄덕 고개를 아래로 숙였다 드는 모양. 예 고개를 ~였다.
끄덕끄덕 고개를 앞뒤로 꺾어 흔드는 모양.
끄르다 ①맺은 것이나 맨 것을 풀다. 예 보따리를 ~. ②잠긴 것을 열다. 예 자물쇠를 ~.
끄트머리 ①맨 끝 부분. 예 나무 ~를 꼭 잡아라. ②일의 실마리.
끈 물건을 묶기도 하고 붙잡아 매는데 쓰는 가늘고 긴 줄.
끈기 참을성 있어 끝끝내 이어가는 기운.
끈기 있게 ①줄기 차게. ②그침이 없이. 예 ~ 행한다.
끈끈하다 ①끈기가 많다. 예 송진은 ~. ②몸에 땀이 배거나 때가 끼어 갑갑하다.
끈질기다 끈기있게 질기다.
끓나나 끓는 듯하구나.
끊다[끈타] ①자르다. ②손을 떼고 그만두다.
끊음표[끄늠-] 음악 연주에서 한 음표씩 끊어서 연주함을 나타내는 기호. 스타카트.
끊임없다 잇대어 끊이지 않다.
끌 나무에 구멍이나 홈을 파는 연장.
[끌]
끌:다 ①바닥에 댄 채 잡아 당기다. 예 밥상을 ~. ②주의를 한데 모으게 하다. 예 관심을 ~.
끓다 ①물이 높은 열을 받아 부글부글 솟아오르다. ②많이 모여 우글거리다. 반 식다.
끔쩍 갑자기 놀라는 모양. 작 깜짝. -거리다.
끔찍하다 ①매우 참혹하여 놀랍게 여겨지다. 예 몰골이 매우 ~. ②정성과 성의가 대단하다.
끙끙거리다 앓거나 힘드는 일에 부대끼어 자꾸 끙끙거리는 소리를 내다. 㦲깽깽거리다.
끝 ①물건의 꼭대기나 맨 아래. ②어떤 일의 결과.
끼 「끼니」를 셀 때 쓰는 말. ㉠한 ~를 굶었다.
끼니 아침·점심·저녁으로 정한 때에 밥을 먹는 일. 또는 그 밥. ㉠~를 걸렀다. 비식사.
끼니때 끼니를 먹을 때. ㉠~가 다가오다.
끼닛거리 끼니로 할 감.
끼:다¹ 때나 먼지같은 것이 묻다. ㉠먼지가 ~.
끼다² 끌어 안거나 겨드랑이 밑에 넣어 죄다.
끼우다 ①두 가락의 사이에 꼭 박혀 있게 하다. ㉠신문을 대문 틈에 ~. ②여럿 사이에 끼여 들게 하다. 준끼다.
끼치다¹ 살갗에 소름이 돋다.
끼치다² ①남에게 폐나 괴로움을 주다. ㉠걱정을 ~. ②뒷세상에 남기다.
끽소리[-쏘-] 조금이라도 반항하려는 태도를 이르는 말. ㉠~도 못하다. 㦲깩소리.
낌새 일이 되어가는 형편. ㉠회사의 ~가 이상하다.
낑 몹시 아프거나 벅찬 일에 부대끼어 괴롭게 내는 소리. 㦲깽.
낑낑 ①몹시 아프거나 벅찬 일에 부대껴 괴롭게 내는 소리. ②어린이가 자꾸 조르거나 보채는 소리. 㦲깽깽. 거킹킹

ㄴ

ㄴ[니은] 한글 자모의 둘째 글자.

나¹ 자기를 스스로 가리키어 일컫는 말. 저. 반너.

나가다 ①안에서 밖으로 가다. 반들어오다. ②목표를 향하여 가다.

나귀 「당나귀」의 준말.

나그네 ①제 고장을 떠나서 객지에 가 있는 사람. ②먼 길을 여행하는 사람. 비길손.

나긋나긋하다 ①감촉이 몹시 연하고 부드럽다. ②친절하고 부드럽다. ③살결이 보드럽다.

나날이 날마다. 매일.

나누다 ①가르다. ②구별하다. ③여러 몫을 내다.

나다 ①사물이 생겨 이루어지다. 예길이 ~. ②생명체가 태어나다. 예서울에서 ~. ③생산되다. ④어떤 현상이 일어나다. ⑤동안을 지내다.

나돌다 ①「나돌아다니다」의 준말. ②소문이나 어떠한 물건 따위가 여기저기 퍼지거나 나타나다. 예헛소문이 ~.

나뒹굴다(나뒹구니) ①이리저리 마구 뒹굴다. ②여기저기 어지럽게 널려 있다.

나들이 멀지 않은 곳에 잠깐 나가는 일. 예봄 ~.

나라 ①국가. ②어떤 특수한 사물의 세계. 예달~.

나락 「벼」의 사투리.

나래 논밭을 골라서 반반하게 하는 농기구. 써레와 비슷하나 아래에 발 대신 널빤지를 가로 대어 자갈·흙덩이를 밀어냄.

나란히 나란하게.

나루터 나룻배로 건너다니는 곳.

나룻배 나루를 건너 다니는 배.

나르다 물건을 이 곳에서 저 곳으로 옮기다. 예이삿짐을 ~.

나른하다 몸이 피곤하여 힘이 없다. 예몸이 ~한게 잠이 온다.

나름 「됨됨이나 하기에 달림」을 나타내는 말.

나:리 ①아랫사람이 벼슬아치를 높여 부르던 말. ②지체가 높은 사람을 높여 부르는 말.

나리꽃 나리의 꽃. 희고 큰 꽃이 피며 향기가 좋음.

나:리마님 지난날, 나리를 높이어 부르던 말.

-나마 불만스럽지만 아쉬운 대로 양보함을 나타내는 연결 어미. 예누추한 집이 ~ 쉬어라.

나막신 나무를 파서 만든 신. 진 땅이나 비 올때 신기에 좋음.

나머지 ①어느 한도에 차고 남은 부분. ②미치지 못한 부분. ③나누어 뚝 떨어지지 않고 남는 수. 예 ~ 일.

나무 ①줄기와 가지가 단단하게 된 식물. ②집을 짓거나 물건을 만드는데 쓰는 재목.

나무라다 잘못을 꾸짖어 알아듣게 하다. 비 꾸중하다.

나물 사람이 먹을 수 있는 풀이나 나뭇잎 등을 가리키는 말.

나발 옛날 관악기의 하나. 놋쇠로 긴 대롱같이 만드는데, 위는 가늘고 끝이 퍼짐.

나뭇잎[-문닙] 나무의 잎.

나박김치 무를 얄팍하고 네모지게 썰어 절인 다음, 고추·파·마늘·미나리 등을 넣고 국물을 부어 담근 김치.

나불나불 ①가볍게 흔들리는 모양. ②계속해서 입을 함부로 놀리는 모양. 거 나풀나풀.

나붙다 밖으로 눈에 띄는 곳에 붙다. 예 여기저기 벽보가 ~.

나비¹ 옷감이나 종이같은 것의 너비. 폭.

나비²【동물】두 쌍의 날개를 가졌고 꽃으로 날아다니며 꿀을 빨아먹는 곤충의 한 가지. [나비²]

나쁘다 ①좋지 않다. 예 건강이 ~. ②옳지 않다. 예 그 짓은 ~.

나삐 나쁘게. ~ 여기다.

나사¹ 1958년에 설립한 미국의 우주 개발 계획을 추진하는 정부기관.

나사²【螺絲】 ①「나사못」의 준말. ②소라의 껍데기처럼 빙빙 비틀려 고랑이 진 물건.

나사³【羅紗】 양털 따위로 짜서 양복감으로 쓰는 모직물.

나선형 소라 껍데기나 용수철 같은 빙빙 감아 올린 것과 같은 모양. 예 ~ 계단.

나아가다 ①앞으로 가다. ②점점 좋아지다. 예 실력이 점점 ~.

나:약 의지가 굳지 못함. 예 정신력이 ~하다.

나열【羅列】 ①죽 벌여 놓는 것. ②줄줄을 짓는 것.

나오다 ①안에서 밖 또는 앞을 향하여 오다. 예 방에서 ~. ②속에서 밖으로 솟아나다. 예 코피가 ~. ③그 모습이 나타나다. 예 잡지에 사진이 ~.

나이 사람이나 생물이 세상에 나서 지낸 햇수. 비 연령.

나이스 ①좋음. 훌륭함. 예 ~볼. ②멋짐.

나이지리아[국명] 아프리카 서부 기니만에 접한 연방 공화국. 1960년에 영국으로부터 독립함. 카카오·야자유·바나나 등의 농산물과 석유를 산출함. 수도는 라고스.

나이테 나무와 줄기를 가른 면에 보이는 둥근 테. 비 연륜.

[나이테]

나이프 작은 칼. 주머니 칼. 예 ~를 이용해 잘라라.

나:인 고려·조선 시대에 궁궐 안에서 임금이나 왕비를 가까

이 모시던 여자들을 통틀어 이르는 말.

나일 강 아프리카 대륙의 북동부를 남쪽에서부터 북쪽으로 흐르고 있는 세계에서 제일 큰 강. 길이 6,690km.

나일론 석탄·물·공기를 원료로 만든 인공 섬유.

나전【螺鈿】 광채가 나는 자개 조각을 여러가지 무늬대로 잘라 만든 공예 기법.

나전 칠기 광채가 나는 자개 조각을 여러 가지 무늬로 박아 넣거나 붙인 칠기.

나절 ①하루 낮의 절반 정도. 한~. ②낮의 어느 무렵이나 동안. 예아침 ~.

나중 얼마 동안 지난 뒤. 예~에 가자. 비결국. 반처음.

나지막하다 비교적 나직하다.

나직이 나직하게.

나:체 벌거벗은 몸. 누드. 비벌거숭이. 알몸뚱이.

나치스 히틀러가 당수로 한 독일의 파시스트당. 1939년에 제2차 세계대전을 일으켰으나 1945년에 패전하여 몰락함.

나침반 방위판 위에서 자기의 힘으로 자침이 돌아 남북의 방향을 가리키도록 한 기구.  [나침반]

나:태 게으르고 느린 것.

나토 북대서양 조약기구. 예~에 가입된 국가.

나트륨 알칼리 금속 원소의 하나. 기호 Na, 원자번호 11, 원자량 22.98989. 은백색의 연한 금속으로 지구상에 다량으로 존재함.

나팔 금속으로 만든 관악기의 한 종류. 「나발」의 원말.

나팔꽃[식물] 덩굴이 길게 뻗는 한해살이풀. 아침 일찍 나팔 모양의 꽃이 피었다가 낮에 시드는 꽃. [나팔꽃]

나:포 ①죄인을 붙잡는 것. ②전시에 적 또는 중립국의 선박 및 그 화물을 해상에서 잡아 자기의 지배하에 두는 행위.

나풀나풀 바람에 날리어 자주 흔들리는 모양. 큰너풀너풀.

나프탈렌 좀약 등으로 많이 쓰이는 약품. 특별히 냄새가 있으며 공기 중에서 기체 상태의 분자가 튀어나옴.

나흘 4일. 4일 동안.

낙【樂】 재미가 즐거움.

낙관【落款】 글씨나 그림에 작자가 자신의 이름이나 아호를 쓰고 도장을 찍는 일.

낙관【樂觀】 ①세상을 좋게 보는 일. ②일이 잘 될 것으로 봄. 예~ 적으로 보다. -하다.

낙농업【酪農業】 소나 염소 등의 젖을 짜서 이를 원료로 하여 치즈·버터 등을 만드는 농업.

낙담 ①일이 뜻대로 되지 않아 맥이 풀리는 것. ②너무 놀라서 간이 떨어지는 듯하는 것.

낙도 육지에서 멀리 떨어진 섬.

낙동강[525.15km] 태백산에서 흘러 나와 경상 남북도를 지나 남해로 흘러 들어가는 강.

낙동강 전:선 6·25때 국군과 공산군이 낙동강을 중심으로 맞붙어 치열한 전투를 벌인 지역.

낙랑【樂浪】[낭낭] 한사군의 하나. 지금의 청천강 이남 황해도 자비령 이북에 있었던 군현. 고구려에 합병됨.

낙뢰[낭뇌] 벼락이 떨어지는 것.

낙루[낭누] 눈물을 떨어뜨림.

낙마【落馬】 말에서 떨어짐.

낙방 시험에 떨어짐. 반합격.

낙서【落書】 아무데나 함부로 글자를 씀. 예~ 금지. -하다.

낙석【落石】 산위나 벼랑 등에서 돌이 떨어지는 것. 또는 그 돌. 예~에 주의하라.

낙선【落選】 ①선거에서 떨어짐. 반당선. ②응모한 작품 따위가 심사에서 떨어짐. 반입선.

낙성【落成】 집·다리 따위의 공사가 끝남. 예~식. 반기공.

낙승【樂勝】 힘들이지 않고 쉽게 이기는 것. 반신승.

낙심【落心】 바라는 일이 성공되지 못하여 희망이 없어짐. 낙망. 비낙담. 반희망. -하다.

낙엽 떨어진 나뭇잎.

낙엽송【식물】 소나무과의 나무. 높이 30m 가량. 잎은 바늘 모양으로 흩어져 나거나 뭉쳐 남. 건축·선박 등에 쓰임.

낙오【落伍】[나고] 지쳐 뒤떨어짐. 예대열에서 ~되다.

낙원【樂園】 편안하게 걱정없이 즐겁고 살기 좋은 곳.

낙제【落第】 ①시험에 붙지 못함. ②성적이 나빠서 윗 학교나 윗 학년에 진학 또는 진급하지 못함. 예~생.

낙지[동물] 연체동물 낙지과의 한 종. 몸은 길고 둥글며, 머리에는 여덟개의 발이 있고 거기에 빨판이 있음. 몸 길이는 발끝까지 70cm 정도임.

낙차【落差】 높은 곳에서 떨어지거나 흐르는 높낮이의 차. 예~가 큰 커브를 던지다.

낙천적 세상이나 미래를 즐겁고 밝게 보는 것.

낙타[동물] 포유류 낙타과의 하나. 등에 지방을 저장하는 혹 모양의 육봉이 있고, 위에는 물을 많이 넣을 수 있으며, 다리가 길고 발바닥의 살이 두꺼워 사막을 걷기에 적당함.

[낙타]

낙하[나카] 아래로 떨어져 내리는 것. -하다.

낙하산 항공기에서 뛰어내릴 때에 쓰는 큰 양산같이 생긴 물건. 예~을 타고 내려오다.

[낙하산]

낙향【落鄕】[나걍] 사는 곳을 시골로 옮김. -하다.

낙화암【落花岩】[나콰-] 충청

남도 부여의 백마강에 잇닿는 부소산 서쪽의 절벽을 이룬 큰 바위. 백제가 망할 때 삼천 궁녀가 이 바위에서 백마강에 몸을 던져 죽었다고 함.

낙화 유수【落花流水】 떨어지는 꽃과 흐르는 물. 곧 쇠하고 시들며 보잘것없이 된다는 것을 비유.

낚시【낙씨】 미끼를 꿰어 물고기를 낚는 작은 쇠갈고리.

낚싯줄 낚시를 매어 단 가는 줄.

낚아채다 갑자기 힘을 주면서 세게 잡아당기다.

난【欄】 책이나 신문·잡지 등의 지면에 그림·글 따위를 싣기 위하여 둘러놓은 선의 안 부분. 예 빈 ~.

난간【欄干·欄杆】 층계나 다리 등의 가장자리에 세로로 세워 놓은 쇠로 만든 살.

난공 불락 공격하기 어려워 좀처럼 함락되지 않음.

난:국¹【亂國】 어지러운 나라.

난국²【難局】 어려운 시국.

난:대 열대와 온대의 중간으로 기후가 따뜻한 지대. 평균 온도 13℃~20℃ 가량.

난:도질 칼로 마구 베거나 잘게 다지는 짓. -하다.

난:동¹【暖冬】 따뜻한 겨울.

난:동²【亂動】 함부로 날뜀.

난:로 방 안의 공기를 덥게 하는 기구. 비 스토브.

난:무【亂舞】 함부로 나서서 마구 날뛰는 것. 예 ~한 거리.

난민【難民】 전쟁 등으로 인하여 어려움을 겪는 사람.

난:방【煖房】 ①따뜻한 방. ②방을 덥게 함. 반 냉방.

난:방 시:설 방 안을 따뜻하게 하기 위하여 설치한 기구. 난로·스토브 등. 반 냉방 시설.

난:색¹【暖色】 보기에 따뜻한 느낌을 주는 빛깔. 노랑·빨강 등.

난색²【難色】 난처한 기색.

난:생 태어난 후 처음.

난:시 눈의 굴절 이상 증세. 수정체의 구면이 고르지 않아서 들어오는 광선이 한 점에 모이지 않으므로 물체가 똑바로 보이지 않는 상태. 또는 그런 눈.

난이도 쉬움과 어려움의 정도.

난:입【亂入】 어지럽게 함부로 들어감. 예 건물에 ~하다.

난:잡 어지럽고 어수선함.

난제 해결하기 어려운 문제. 예 ~를 하나하나 풀어가다.

난:중 일기[책명] 조선시대 선조때 이순신 장군이 임진왜란에 출전하여 전투 중에 진중에서 적은 일기. 1592년 5월부터 1598년 9월까지를 적은 일기. 충남 아산군 현충사에 보관. 국보 제76호

난처하다 이럴 수도 없고 저럴 수도 없이 딱하다.

난청 ①청각 기관의 장애로 소리를 잘 들을 수 없는 상태. ②라디오 따위의 방송이 잘 들리지 않음.

난초【蘭草】[식물] 주로 6월경에 많이 피는 여러해살이 화초. 줄기가 없고 꽃은 빛이 곱

난치 병이 고치기 어려운 것.

난파선 난파된 배.

난:폭【亂暴】 몹시 거칠고 사나움. 예~한 행동을 하는 아이. 비포악. -하다.

난항【難航】 ①폭풍우나 파도가 거칠어 어려운 항해를 함. ②일을 하는데의 어려움. 예협상이 ~을 거듭하다.

난해 까다로워 풀기 어려움.

낟:가리 낟알이 붙은 채로 있는 곡식을 쌓아 둔 더미.

낟:알[나달] 곡식의 알맹이.

날¹ ①하룻 동안. ②날씨. 예~이 좋다. ③날짜. 예~을 잡다.

날² 물건을 베고 찍고 깎고 하는 날카로운 부분. 예칼~.

날³ 피륙·자리·가마니·짚신 따위의 세로 놓인 실이나 새끼. 예짚신이 닳아 ~이 보인다.

날개 ①새나 벌레의 등에 붙어 있는 날아다니게 하는 기관. ②비행기의 앞뒤 양옆으로 붙은 넓은 조각.

날갯짓 날개를 펴고 아래 위로 세게 움직이는 것.

날것 고기 채소 따위를 말리거나 익히거나 가공하지 않은 것.

날고기 말리거나 익히거나 가공하지 않은 고기. 생고기.

날뛰다 ①날 듯이 껑충껑충 뛰다. 예좋아 ~. ②함부로 덤비거나 거칠게 행동하다.

날라리 우리나라 고유의 관악기. 여덟 구멍이 뚫린 나무 관에 깔대기 모양의 놋쇠를 달았음. 태평소. 대평소.

날래다 움직임이 나는 듯이 힘차고 빠르다. 예동작이 ~. 비날쌔다. 반굼뜨다.

날로¹ 날이 갈수록. 예기술 산업이 ~ 발전하다.

날로² 날것 그대로. 생으로. 예고기를 ~ 먹다.

날름 ①혀가 밖으로 빨리 나왔다가 들어가는 모양. 예혀를 ~ 내밀다. ②손을 빨리 내밀어 날쌔게 놀리는 모양. 예~ 집어먹다.

날마다 매일.

날밤 부질없이 새우는 밤.

날벼락 뜻밖에 당하는 재앙

날쌔다 동작이 날래고 재빠르다.

날씨 맑음·흐림 등의 일기. 예~가 흐리다. 비기후.

날씬하다 몸이 가늘고 키가 커서 맵시가 있다. 예다리가 ~.

날아가다 ①공중으로 날면서 가다. 예기러기가 ~. ②갑자기 날리어 떨어져 나가다. 예팔 하나가 ~.

날인【捺印】 도장을 찍음.

날일[-릴] 날삯을 받고 하는 일.

날조【捏造】[-쪼] 사실이 아닌 것을 사실인 것처럼 거짓으로 꾸미는 것. 예역사의 ~.

날짜 ①어떤 일에 소요되는 날의 수효. ②작정한 날. 예결혼

날치기 남의 물건을 재빨리 채 뜨려 가는 것. 또는 그런 도둑. 예 핸드백을 ~ 당하다.

날카롭다(날카로우니, 날카로워서) ①끝이 뾰족하다. ②성질이 느긋하지 못하다. 반 뭉툭하다.

낡다 ①오래되어 헐어서 못 쓰게 되다. 예 방식이 ~. 비 헐다. 반 새롭다. ②구식이 되다.

남¹ ①나 밖의 다른 사람. 비 타인. 반 자기. ②관계가 돈독하지 않거나 유대감이 없는 사람.

남²【男】 남자. 사내.

남³【南】 남쪽. 반 북.

남극 대:륙[-때-] 남극점을 중심으로 펼쳐져 있는 고원 대륙. 지표의 대부분이 두꺼운 빙설로 뒤덮여 있음.

남극 세종 기지 남극의 자원을 개발하기 위해 1984년에 우리 나라가 킹조지 섬에 세운 기지.

남극 지방 남극을 둘러싼 지역의 일대. 반 북극 지방.

남국 남쪽의 나라. 반 북국.

남극 지구의 남쪽 끝. 반 북극.

남기다 ①처져 있게 하다. 예 고향에 식구를 ~. ②나머지가 있게 하다. 예 많은 이익을 ~.

남김없이 조금이라도 남기거나 여유를 두지 않고 있는 그대로 모두.

남녀【男女】 남자와 여자.

남녀 공:학 남자와 여자가 같은 학교나 학급에서 배움.

남녀 노:소【男女老少】 남자와 여자, 늙은이와 젊은이. 곧 모든 사람. 예 ~를 막론하고 즐길 수 있는 운동.

남녀 평등 남녀 동등.

남녘 남쪽 방면.

남:다[-따] ①다 처분되지 않거나 그 일부가 그대로 있게 되다. ②따로 처져 있다. ③잊혀지지 않거나 뒤에까지 전하다.

남다르다(남다르니, 남달라서) 다른 사람과는 유난히 다르다.

남단【南端】 남쪽 끝.

남달리 남보다 다르게. 예 ~ 수영을 잘 한다.

남대문【南大門】 서울에 있는 옛날 성문의 하나. 원래의 이름은 숭례문. 국보 1호.

남:루[-누] ①누더기. ②옷같은 것이 해져서 너절함.

남매【男妹】 오빠와 누이. 또는 누이와 남동생. 비 오누이.

남바위 옛날 추울 때 머리에 쓰는 모자의 하나.

남방【南方】 ①남쪽 방향. ②「남방 셔츠」의 준말.

남부럽다(남부러우니) 남의 좋은 점이나 잘 되는 것이 부럽다.

남부 지방 ①남쪽 지방. ②우리 나라의 부산·대구·광주 등의 광역시와 경상 남북도·전라 남북도·제주도를 포함한 지역.

남북【南北】 남쪽과 북쪽. 예 ~ 적십자. 반 동서.

남북 대:화 우리 나라가 휴전선을 경계로 대치하고 있는 상태를 해소하고 조국의 평화적 통일을 목적으로 하는 남북한 사이의 정치적 대화. -하다.

남북로 남북으로 나 있는 길.

남북 적십자 회:담 남북 이산 가족의 사정을 알아보고, 이들의 소식을 알려주며, 재회를 알선하는「가족 찾기 운동」을 구체적으로 협의하기 위하여 열린 남북한 적십자사 사이의 회담.

남북 전:쟁[1861~1865] 미국 링컨 대통령 때 남부와 북부 사이에 일어났던 노예 해방전쟁. 1861년 노예제도를 폐지하자는 북부와 이에 반대하는 남부간의 의견 대립으로 전쟁이 일어나 결국 노예제도를 폐지하자는 북부 지방의 승리로 노예를 해방하게 되었음.

남북 통:일【南北統一】 둘로 갈라진 남한과 북한을 하나로 합쳐 한 나라로 만드는 일.

남비 「냄비」의 비표준어.

남사당 무리를 지어 이곳 저곳으로 떠돌아다니면서 노래와 춤을 파는 남자.

남사당패 남사당의 무리.

남산【南山】 ①남쪽에 있는 산. ②서울의 남쪽에 있는 산. 본 이름은 목멱산임.

남산 공원【지명】 서울 남산에, 쉬고 놀 수 있도록 마련해 놓은 놀이터. 예~에서 놀다.

남생이【동물】 냇가나 연못에 살며, 거북과 비슷하나 작음. 등은 진한 갈색의 딱지로 되어 있음. 6~8월에 모래 속에 구멍을 파고 4~6개의 알을 낳음.

[남생이]

남서 남쪽과 서쪽의 가운데.

남서풍【南西風】 남서쪽에서 불어오는 바람. 서남풍.

남성¹【男性】 남자. 빤여성.

남성²【男聲】 남자의 목소리.

남실거리다 ①탐이 나서 목을 쑥 빼어 늘이고 슬그머니 자꾸 넘겨다 보다. ②물결이나 긴 혓바닥이 나올거리다.

남아 ①사내 아이. 빤여아. ②남자다운 남자를 이르는 말.

남아돌다 남는 것이 많이 있게 되다. 남아돌아가다.

남아메리카 아메리카의 남부.

남아프리카 공:화국[국명] 아프리카 남단에 있는 공화국. 1961년까지는 영연방 내의「남아프리카 연방」이었음. 수도는 프리토리아. 준남아공.

남자【男子】 남성으로 태어난 사람. 사나이. 빤여자.

남작【男爵】 옛날, 서양에서 나라에 공이 있는 사람에게 주던 다섯 등급의 벼슬 중의 맨 아래 등급. 예윌리엄 ~.

남장 여자가 남자처럼 차리는 것.

남장 미인【男裝美人】 남장을 한 아름다운 여자. 빤여장 미인.

남존 여비 사회적 지위가 남자는 높고 귀하며, 여자는 낮고 천하다는 말. 🈯여존 남비.
남진【南進】①남으로 진출함.
②남하. 🈯북진. -하다.
남짓 무게·분량·수효 따위가 어떤 한도에서 조금 더 됨을 이르는 말. 예열 살 ~의 소년.
남쪽 해가 돋는 쪽을 향하여 오른쪽. 예~ 나라. 🈯남방. 🈯북쪽.
남측 남쪽. 예~ 대표. 🈯북측.
남침【南侵】남쪽을 침략함.
남파【南派】남쪽으로 보냄.
남편【男便】여자의 짝이 되어 사는 남자를 일컫는 말. 배우자. 예~이 없다. 🈯아내.
남풍【南風】남쪽에서 불어오는 바람. 🈯북풍.
남하 남쪽으로 향하여 내려옴.
남한【南韓】해방 후 휴전선 이남의 한국. 🈯북한.
남한강【南漢江】한강의 한 줄기. 강원도 태백산 북쪽의 오대산에서 시작하여 강원도·충청북도를 거쳐 경기도 남양주시에서 북한강과 합류함.
남한 산성[지명] 경기도 광주군 남한산에 있는 산성. 조선 14대 선조 때 만들었음. 높이 7.2m 둘레 7.2km.
남해 남쪽에 있는 바다. 여수·마산·충무·부산 근방의 바다.
남해 고속 도:로 순천에서 부산간을 잇는 고속 도로. 1973년에 개통. 길이 177km.
남해 대:교 경상남도 하동군과 섬인 남해군 사이를 잇는 다리. 길이 660m, 너비 12m,

탑 높이 60m 이며 한려수도의 명물이다. 우리나라 최초의 현수교임. 1973년 개통됨.
[남해대교]

남해안【南海岸】남쪽의 해안.
남행【南行】남쪽으로 감.
남향【南向】남쪽으로 향함.
남향집 대청이 남쪽을 향하여 있는 집. 🈯북향집.
납 무르고 불에 잘 녹으며 금속 중 가장 무거운 청백색의 금속.
납골 시체를 화장하여 그 유골을 그릇이나 납골당에 모시는 것.
납골당 유골을 모셔 두는 곳.
납기【納期】[-끼] 세금 공과금 등을 내는 시기나 기한.
납득[-뜩] 남의 말·행동 등을 잘 알아 이해하는 것.
납량【남냥】여름철에 더위를 피하여 서늘함을 맛보는 것.
납부 관공서에 물건이나 돈을 냄.
납세 세금을 나라에 바침.
납세 의:무 세금을 내야 하는 국민의 의무.
납입【納入】납부
납치【拉致】아무도 모르게 억지로 끌어감. -하다.
납품 계약한 곳에 물품을 바치는 것. 예관청에 책을 ~하다.

낫 곡식·풀 따위를 베는 자「ㄱ」 [낫]

모양의 연모.
낫:다(나아, 나으니) 다른 것보다 이것이 더 좋다. 반못하다.
낭군 예전에, 젊은 아내가 남편을 사랑스럽게 이르는 말.
낭:독【朗讀】 글·시·산문 등을 소리 내어 읽음.
낭떠러지 깎아지른 듯이 가파른 언덕. 비절벽·벼랑.
낭랑【琅琅】[-낭] 맑게 들리는 소리. 예목소리가 ~하다.
낭:랑【朗朗】[-낭] ①빛이 매우 밝은 모양. ②소리가 매우 흥겹고 명랑한 모양. -하다.
낭:만 이상적으로 사물을 파악하는 심리적 상태. 또는 그런 심리상태로 인한 감미로운 분위기.
낭:비【浪費】 시간이나 재물 따위를 헛되이 씀. -하다.
낭:송 소리 내어 글을 외움.
낭자【娘子】 젊은 여자.
낭자【郎子】 옛날에 남의 집 총각을 점잖게 이르던 말.
낭:패【狼狽】 일이 뜻대로 안 되어 몹시 딱하게 됨. -하다.
낮[낟] 해가 떠 있는 동안. 예한~. 반밤.
낮다[낟따] ①높이가 작다. ②주위보다 얕다. 반높다.
낮은음자리표 낮은 음정을 나타내는 기호. 반높은음자리표.
[낮은음자리표]
낮잠[낟짬] 낮에 자는 잠.
낮추다 ①낮게 하다. ②자리를 낮게 만들고 사양하다. 예말을 ~. 반높이다.
낮춤말 자신을 낮추어 쓰는 말.
낯[낟] ①얼굴. ②남을 대할만한 면목.
낯가림[낟까-] 어린아이가 낯선 사람 대하기를 싫어하는 것. 예아이가 ~하네. -하다.
낯설다 처음으로 대하여 눈에 서투르다. 비생소하다. 반낯익다.
낯익다[난닉따] 여러 번 접하여, 친숙하거나 알아볼 만하다.
낱:[낟] 셀 수 있는 물건의 하나하나. 예~ 개.
낱개 따로따로인 한 개 한 개.
낱권 따로따로의 한 권 한 권.
낱말[난-] 어떤 뜻을 나타내거나 어떤 구실을 하고 있는 하나하나의 말.
낱:셈 개수를 하나씩 세는 셈.
낱:자 하나하나의 글자. ㄱ·ㄴ·ㄷ…ㅏ·ㅑ… 등.
낳다[나타] 아이나 새끼·알 등을 뱃속에서 내어 놓다.
내: 시내보다 크고 강보다는 작은 물줄기.
내:각【內閣】 국가의 행정권을 맡아 보는 최고기관. 국무총리 및 여러 국무위원과 또는 장관으로 조직됨.
내각 책임제 민주국가의 주요정부 형태의 하나. 정부의 성립과 존립이 국회의 신임을 조건으로 하는 제도. 의원 내각제.
내객【來客】 찾아온 손님.
내:걸다 ①밖에 내어 걸다. 예

간판을 ~. ②앞세우거나 내세우다. 예조건을 ~. ③목숨·명예 따위를 내어 놓다.

내:과【內科】 내장의 기관에 생긴 병을 외과적 수술에 의하지 않고 고치는 의술의 한 부분.

내:국세 국세 가운데서 관세 등을 제외한 모든 세금의 총칭.

내:규 어떠한 기관이나 단체가 그 실정에 따라서 따로 정하여 그 내부에서만 시행하는 규정. 내칙. 예회사 ~.

내:근【內勤】 회사 안에서 근무함. 예~ 기자. 반외근.

내기 돈 따위를 내어 놓고 이기는 사람이 따기를 다투는 일.

내:내 처음부터 끝까지.

내년【來年】 올해의 다음 해. 비명년. 반작년.

내:놓다 ①물건을 밖으로 꺼내 놓다. ②신체 부위를 바깥으로 노출하다. ③팔려고 하는 물건임을 알도록 드러내다. ④의견이나 문제를 제시하다.

내:다 ①돈이나 물건을 주거나 바치다. ②서류나 문서를 제출하다. 예사표를 ~. ③편지나 통지 등을 보내다. ④출판물을 발행하다. 예책을 ~.

내:달리다 힘차게 달리다.

내:던지다 아무렇게나 던지다.

내:두르다 이리저리 흔들다.

내:디디다 ①앞이나 바깥 쪽으로 디디다. ②걸음을 내걷다.

내:란【內亂】 나라 안에서 일어나는 난리. 비내전. 반외란.

내려가다 ①높은 곳에서 낮은 곳으로 향하여 가다. ②값이 떨어지다. 반올라가다.

내려서다 높은 데서 낮은 곳으로 내려와 서다. 예아래로 ~.

내려쓰다 모자 따위를 이마보다 아래로 내려서 쓰다.

내력【來歷】 겪어 온 자취.

내:륙【內陸】 바다에서 멀리 떨어진 육지. 예~ 지방. 반해안.

내리긋다 줄(금)을 아래로 향하여 긋다. 예아래로 ~.

내리다 ①높은 데서 낮은 데로 옮기다. ②탈 것에서 내리다. ③윗사람이 아랫사람에게 주다. 예명령을 ~.

내리닫다 아래로 향해 뛰다.

내리막 내려 가는 길, 또는 바닥. 반오르막.

내리쬐다 볕이 세차게 내리비치다.

내:막【內幕】 겉으로 드러나지 않는 속의 일. 셈속.

내:몰다(내모니) ①밖으로 몰아내어 쫓다. 예소를 우리 밖으로 ~. ②앞으로 급히 달리도록 몰다. 예차를 ~.

내:무부 내무행정의 중앙기관. 지방행정·선거·지방자치단체의 감독·치안·소방 등의 사무를 총괄함. 예~ 장관.

내:뱉다 ①입 밖으로 뱉어 내보내다. ②마음에 내키지 않거나 못마땅한 어조로 짧게 말하다.

내:버려 두다 건드리지 않고 그대로 두다.

내:부【內部】 안쪽 부분. 반외

부.

내:분【內紛】 내부에서 저희끼리 일으키는 분쟁. 내홍.

내:비치다 ①빛이 앞이나 밖으로 향하여 비치다. ②속의 것이 겉으로 드러나 보이다.

내빈 모임에 초대받고 온 손님. 예여러 ~을 모시고.

내:빼다 「달아나다」를 속되게 이르는 말. 준빼다.

내:사【內査】 은밀히 조사하는 것. 뒷조사. 예~에 착수하다.

내:설악【지명】 강원도 양양군과 인제군 사이에 있으며, 설악산의 주봉인 대청봉을 중심으로 서쪽 일대를 말함. 반외설악.

내세【來世】 죽은 뒤에 다시 태어나 산다는 미래의 세상.

내:세우다 ①나와 서게 되다. 예맨 앞에 ~. ②나서게 하거나 나서서 행동하게 하다. 예대표로 ~. ③눈에 잘 뜨이게 내놓다. 예간판을 ~.

내:심【內心】 속마음.

내왕【來往】 오고감. 비왕래.

내:외【內外】 ①안과 밖. 안팎. ②남편과 아내. 부부.

내:용【內容】 속에 담긴 자세한 사실. 예~이 좋다. 반형식.

내:의【內衣】 속옷.

내일【來日】 오늘의 바로 다음 날. 비명일. 반어제.

내:전 국내에서의 전쟁. 특히 내란 등을 이르는 말. 반외전.

내:젓다(내저으니, 내저어) 앞뒤로 마구 흔들다.

내:정【內政】 ①집안 살림살이. ②나라 안의 정치.

내:정【內定】 드러내지 않고 남모르게 작정하는 것.

내:조 아내가 남편을 도와주는 것.

내:지【乃至】 ①얼마에서 얼마까지. 예한 달 ~ 석 달 동안. ②또는, 혹은. 예서울 ~ 부산에서나 볼 수 있다.

내:통【內通】 ①남 몰래 적과 통하는 것. ②몰래 알리는 것. ③남녀가 몰래 정을 통하는 것.

내:팽개치다 ①냅다 동댕이치다. ②보살피거나 돌보지 않다.

내:포【內包】 어떠한 뜻을 속에 포함하는 것. -하다.

내:화【耐火】 불에 타지 않고 잘 견디는 것. 예~ 벽돌.

냇:가 흘러가는 물의 옆 가장자리.

냇:둑[내뚝] 냇가의 둑.

냇:물[낸-] 내에 흐르는 물.

냉:담 태도가 차갑고 무관심함.

냉:대¹【冷待】 쌀쌀하게 대접함. 비푸대접. -하다.

냉:대²【冷帶】 온대와 한대의 중간에 있는 지역. 대체로 남·북위 40°~67°의 지역. 반온대.

냉:랭하다 ①온도가 싸늘하다. 예방바닥이 ~. ②태도가 쌀쌀하다.

냉:면 차게 해서 먹는 국수의 한 가지. 물냉면·비빔냉면·회냉면 등이 있음. 예평양 ~.

냉:방【冷房】 ①찬 방. ②방 안을 차게 하는 일. -하다.

냉:소 차가운 태도로 비웃음.

냉:수【冷水】 찬물. 반온수.

냉:수 마찰 찬물에 담근 수건으로 살갗을 문지르는 건강법.

냉이[식물] 겨자과의 일년초. 봄에 들이나 산에 돋아나는 풀. 어린 잎으로 국을 끓여 먹음. [냉이]

냉:장고【冷藏庫】 음식물을 얼리거나 저온 보존하기 위한 상자 모양의 장치. 저장실과 냉각 장치로 구성되며, 냉각하는 방법에는 얼음·전기·가스 따위를 쓰는 방법이 있음.

냉:전【冷戰】 무기를 쓰지는 않으나 전쟁을 하는 듯한 국제간의 심한 대립. 예~ 시대가 막을 내리다. 반열전.

냉:정¹【冷情】 마음이 아주 매정함. 반온정. 다정.

냉:정²【冷靜】 마음이 가라앉고 고요하여 움직이지 않음. 예~해라. 반흥분. -하다.

-나 받침없는 말끝에 붙어 묻는 뜻을 나타낼 때 쓰는 말. 예배가 고프~?

냥【兩】 돈이나 중량의 단위를 나타내는 말. 한 냥은 한 돈의 열 곱임. 예두 ~ 닷·돈.

너구리[동물] ①여우보다 작고 살이 찌고 주둥이가 뾰족한 산짐승. ②능청스러운 사람을 비유.

너그럽다(너그러우니) 마음이 넓고 관대하다. 반옹졸하다.

너무 정도에 지나치게.

너무나 「너무」의 힘줌말.

너비 가로 퍼진 길이.

너:와 지붕을 이는데 쓰는, 소나무 토막을 쪼갠 널빤지.

너:와집 너와로 지붕을 인 집.

너울 ①옛날 여자가 나들이 할 적에 쓰던 얇은 검정 헝겊. ②바다의 사나운 큰 물결.

너트 볼트에 끼어 돌려서 물건을 움직이지 않도록 죄는, 쇠붙이로 만든 공구.

너희[-히] 「너」의 여럿을 말함. 예~ 집.

넉: 넷(4). 예~ 냥. ~ 달.

넉가래 곡식·눈 따위를 한 곳에 밀어 모으는데 쓰는 기구. [넉가래]

넉넉하다 계산한 것보다 남음이 있다. 예집안 살림이 ~. 비충분하다. 반부족하다. -히.

넋 사람의 몸에 붙어 있으면서 정신 작용을 한다고 생각되는 것. 비정신. 얼. 영혼. 반육체.

넌지시 드러나지 않게 가만히.

널: ①널뛰기를 하는 얇고 넓게 만든 널빤지. ②관.

널:다 볕에 쬐거나 바람을 쐬기 위하여 펼쳐 놓다.

널따랗다 생각보다 퍽 넓다.

널:뛰기 긴 널빤지 의 중간을 괴어 놓고 양 [널뛰기]

널름거리다 끝에 한 사람씩 올라가서 번갈아 공중으로 올라 갔다 내려 왔다 하는 여자들의 놀이. 고려 때부터 있었으며 정월에 많이 뜀. -하다.

널름거리다 ①혀나 손 또는 불길이 자꾸 빨리 나왔다 들어갔다 하다. ②탐을 내어 자꾸 고개를 내밀어 보이다.

넓다[널따] ①넓이가 크다. 반 좁다. ②마음이 너그럽다.

넓디넓다 매우 넓다.

넓이[널비] 한정된 평면이나 곡면이 차지하는 크기. 면적.

넓이뛰기[널비-] 폭이 넓게 멀리 뛰기를 겨루는 경기. 비 멀리뛰기. -하다.

넓적다리[넙쩍따-] 다리의 무릎 관절 위의 부분. 대퇴부.

넘기다 ①물체를 장애물 위로 넘어가게 하다. 예 공을 네트 위로 ~. ②서 있는 것을 넘어지게 하다. 예 다리를 걸어 ~. ③음식물을 목으로 넘어가게 하다. ④권리나 책임 따위를 내주다. 예 재산을 자식에게 ~.

넘:다 ①기준을 벗어나 지나다. 예 천 살이 ~. ②칼날 따위를 지나치게 갈아 날이 한쪽으로 쏠리게 되다. ③어려운 고비를 지나다. ④경계를 지나다.

넘버 수. 번호.

넘버 원 첫째.

넘:보다 업신여겨 낮춰 보거나 깔보다. 예 상대를 ~. 비 얕보다.

넘:치다 가득 차서 밖으로 밀려 나가다. 예 강물이 ~.

넙죽[-쭉] ①입을 넓게 벌렸다가 다무는 모양. ②몸을 바닥에 대며 엎드리는 모양.

넙치[동물] 넙치과의 바닷물고기. 몸길이 60㎝ 정도. 몸은 위아래로 넓적한 긴 타원형이며, 두 눈은 몸 왼쪽에 있고 입이 크다. 광어.

넝마 해어져서 입지 못하게 된 헌옷 따위. 예 ~주이.

네¹ 너의. 예 ~ 이름이 뭐냐?

-네² ①사람의 한 무리를 나타내는 말. 예 우리~. 아낙~. ②집안이나 가족 전체를 들어서 나타내는 말. 예 영희~ 집.

-네³ 감탄의 뜻을 나타내는 종결어미. 예 산에는 꽃 피~ 꽃이 피~.

네덜란드[국명] 유럽 북서쪽에 있는 나라. 국토의 5분의 3이 바다보다 낮으며 낙농과 튤립 등 원예 농업이 발달됨. 화란. 홀란드. 수도는 암스테르담.

네온 사인 공기를 뺀 유리관에 네온 따위를 넣고 전류를 통하여 여러 가지 빛을 내도록 한 것. 광고 간판에 많이 쓰임.

네트 ①그물. ②배구·테니스·탁구 등에서 코트 중앙에 수직으로 설치한 그물.

네트워:크 ①방송망. ②복수의 컴퓨터를 유선·무선의 통신 매체로 연결하여 데이터를 주고 받는 통신망.

네팔[국명] 히말라야 산맥 중에 있는 작은 왕국. 산지가 많고 농업과 목축이 성행함. 수도는 카트만두.

녀석 ①남자를 욕으로 이르는 말. 예 나쁜 ~. ②사내아이를 귀엽게 이르는 말. 예 신통한 ~.

년[1] ①여자를 욕으로 이르는 말. 예 망할 ~. ②여자아이를 귀엽게 이르는 말. 반 놈.

년[2]【年】①해를 세는 단위. 1년은 365.25일임. ②일정하게 순서가 정해진 해를 세는 말. 예 서기 2000 ~.

노[1]【櫓】손으로 저어, 물을 헤치는 힘으로 배를 앞으로 나가게 하는 기구.

노:[2]【老】일부 낱말에 붙어「늙은·나이 많은」의 뜻을 나타냄. 예 ~처녀. ~총각.

노고【勞苦】수고스럽게 힘들이고 애쓰는 것. 예 ~가 많다.

노고지리[동물] 종달새의 옛 이름. 몸은 참새보다 조금 크고, 긴 날개를 가졌음.

[노고지리]

노곤 힘이 빠져 피곤함. 고단함. 예 몸이 몹시 ~하다.

노:골적[-쩍] 숨김없이 드러내는 것. 예 ~으로 말한다.

노:구 나이를 먹어 마음대로 움직일 수 없게 된 늙은 몸.

노끈 종이 등으로 꼬아서 만든 가늘고 긴 끈.

노:년【晩年】늙은 나이. 비 만년.

노다지 금·은 등 광물이 막 쏟아져 나오는 줄기.

노동 마음과 힘을 써서 일함. ~의 대가.

노동당【勞動黨】①노동자 계급의 이해를 대표하는 정당. ② 영국 정당의 하나.

노동부 근로자들에 대한 문제를 처리하고 그들을 보호하는 사무를 맡아 보는 행정 기관.

노동자 일을 해서 받은 품삯으로 살아가는 사람. 반 자본가.

노동 조합 노동자가 스스로 근로조건을 유지·개선하고, 경제적·사회적 지위를 향상시킬 목적으로 조직하는 단체.

노래 ①곡조를 붙이어 부르는 소리나 말, 또는 글. 예 ~ 부르다. ②시·시조 같은 운문. -하다.

노량 해:전【露梁海戰】조선 선조 31년(1598) 정유재란 때 노량 앞바다에서 왜군을 격파한 이순신 장군의 마지막 해전. 장군은 이 해전에서 전사함.

노려보다 눈에 매서운 기를 띠고 쏘아보다. 겨누어 보다.

노력[1]【努力】힘을 들여 애를 씀. 반 태만. -하다.

노력[2]【勞力】①힘을 들이어 일함. ②물건을 생산하기 위한 육체적·정신적 활동

노:련【老鍊】경험을 쌓아 익숙하고 능란함. 예 ~한 솜씨.

노루[동물] 사슴과 비슷하나 조금 작은 산짐승. 뿔은 작

[노루]

노루목 노루가 지나다니는 길목.

노르스름하다 산뜻하지 않고 아주 엷게 누르다. 큰누르스름하다.

노르웨이[국명] 스칸디나비아 반도의 서부를 차지하는 입헌 군주국. 1905년 스웨덴으로부터 독립함. 임업·공업·어업이 성하며 사회 보장 제도가 발달됨. 수도는 오슬로.

노른자위 ①어떤 사물의 중요한 부분. ②알의 흰자위에 둘러싸인 둥글고 노란 액체.

노릇 어떠한 구실이 되는 일. 비역할.

노릇노릇하다[노른노르타] 군데군데 노르스름하다.

노리개 ①여성의 몸치장으로 한복 저고리 고름이나 치마 허리 등에 다는 물건. 패물. ②취미로 가지고 노는 물건.

노:모【老母】 늙은 어머니.

노무【勞務】 급료를 받으려고 육체적·정신적 노력을 들여 하는 노동근무. 예~자.

노무자 노동에 종사하는 사람.

노:발 대:발 몹시 노하거나 성냄.

노:벨상 노벨의 유언에 의하여, 인류의 행복을 위하여 노력한 사람에게 주는 상. 1896년 12월 10일 그가 세상을 떠날 때 남긴 900만 달러로 기금을 만들어 1901년부터 물리·화학·의학·문학·평화·경제상을 그가 세상을 떠난 날인 양력 12월 10일에 매년 시상하고 있음.

노:변【路邊】 길가.

노:병【老兵】 ①늙은 병사. ②군대에 오래 있어서 경험이 많고 노숙한 병사. 예~은 죽지 않는다. 다만 사라질 뿐이다.

노:비¹【勞費】 여행하는데 쓰이는 돈. 비여비. 노자.

노비²【奴婢】 사내종과 계집종을 통틀어 이르는 말.

노사【勞使】 일을 하는 사람과 일을 시키는 사람. 예~ 관계.

노:송【老松】 늙은 소나무.

노:선【路線】 ①버스·항공기 따위가 출발지와 도착지가 일정하게 정해진 교통선. 예시내 버스 운행~. ②일정한 목표를 향하여 나아가는 길. 예정치~.

노:성【怒聲】 성난 목소리.

노심 초사【勞心焦思】 마음으로 애를 쓰며 속을 태움.

노:약자【老弱者】 늙은이와 약한 사람. 예~ 보호석.

노:여움 노여운 마음.

노역【勞役】 ①몹시 힘드는 노동. ②노무에 종사하는 것.

노예 짐승처럼 자유가 없고 남의 부림만 받는 사람. 예~ 해방운동. 비종. 반상전. 자유인.

노예 제:도 노예에 대한 집단적·계급적 지배로써 성립된 사회 조직. 예~의 폐지.

노예 해:방 노예 제도를 철폐하고 자유인으로서의 권리와 능

력을 주는 일. 1863년에 링컨 대통령이 노예 해방을 선언하였고, 1926년에는 국제 연맹에서 노예 매매를 금지하였음.

노:인 늙은이. 반청년. 젊은이.
노:인장 「노인」의 높임말.
노:인정 마을 노인들이 모여서 놀 수 있도록 지어 놓은 정자.
노:인회 한 지역의 노인들이 중심이 되어 만든 모임.
노임【勞賃】일해 준 품삯.
노:자【路資】먼 길을 여행하는 데 드는 돈. 비여비.
노:적봉[지명] ①서울 북쪽의 삼각산에 있는 봉우리의 하나. ②전라남도 목포시에 있는 유달산의 산봉우리 이름.
노조 「노동 조합」의 준말.
노즐 끝이 작은 구멍에서 액체나 기체를 분출시키는 통 모양으로 된 장치의 총칭.
노:출【露出】밖으로 보이는 것.
노:친【老親】늙은 부모.
노크 방 등에 들어갈 때 문을 가볍게 두드림. -하다.
노:터치 ①손을 대지 않음. ②어떤 일에 관계하지 않음.
노:트 공책. 필기장.
노트르담 성:당 성모 마리아를 축복하기 위하여 프랑스 파리·아미앵·랭스·마르세유에 세워진 대성당. 파리의 노트르담 성당이 가장 유명하다.
노:파 늙은 여자.
노:화【老化】생물 또는 물질의 기능이나 성질이 시간이 경과함에 따라 쇠약해지는 현상.
노:환 늙어서 생기는 병.
노획【鹵獲】싸워서 적의 군용품을 빼앗는 것. -하다.
노:후¹【老朽】낡아 쓸모가 없음.
노:후²【老後】늙은 뒤. 예~ 대책.
녹¹【祿】벼슬아치에게 봉급으로 주던 쌀·보리·돈 등을 통틀어 이르는 말. ~을 받다.
녹²【綠】쇠붙이가 산소의 작용으로 변한 물질.
녹각[-깍] 사슴의 뿔.
녹나다 녹이 생기다.
녹말【綠末】[농-] 쌀·밀·감자 등의 주성분. 흰색의 가루이며, 우리 몸에 흡수되어 열과 힘의 바탕이 되는 영양소. 비전분.
녹색 혁명[-쌔켱-] 품종 개량으로 많은 수확을 올리는 농업상의 혁명. 1960년대에 개발 도상국에서 일어난 비약적 농업 증산을 일컫는 말임.
녹용 사슴의 뿔·피를 보충하고 심장을 강하게 하는 힘이 있어 보약으로 귀하게 쓰임.
녹음¹【錄音】소리를 넣어 나중에 다시 들을 수 있도록 테이프나 레코드에 옮겨 놓은 일.
녹음²【綠陰】푸른 잎이 우거진 나무의 그늘. 예~이 우거진 숲.
녹음기【錄音器】소리를 다시 들을 수 있도록 테이프 등에 음성을 녹음하는 기계.
녹지 풀과 나무가 많아 푸른 땅.

녹지대【綠地帶】녹지 지역.
녹초 아주 힘이 풀어져 맥을 못 쓰는 상태. 예~가 되다.
논 물이 괴게 하여 벼를 심기 위하여 만든 땅. 답. 예~을 갈다. ~에 물을 대다.
논갈이 논을 가는 일. 마른갈이와 물갈이가 있음.
논고【論告】법정에서 검사가 피고의 범죄 사실을 밝히고 형벌을 요구하는 것.
논공【論功】공이 있고 없음이나 크고 작음을 논하여 정하는 것.
논공 행상 공을 따져서 상을 줌.
논농사 논에 짓는 농사. 벼농사 따위. 반 밭농사.
논란[논-] 잘못을 따져 비난하는 것. 예~의 여지가 없다.
논리【論理】[놀-] 이치에 맞도록 올바르게 생각하는 것.
논문 어떤 문제에 대한 학술적인 연구를 체계적으로 적은 글.
논바닥 [-빠-] 논의 바닥.
논박【論駁】어떤 주장이나 견해를 논하여 잘못을 말하는 것.
논밭 논과 밭. 비 전답.
논술【論述】의견을 논하여 진술하는 것. 또는 그 서술.
논스톱 멈추지 않고 바로 감.
논어【論語】[책명] 사서의 하나. 공자와 그의 제자들의 언행을 적은 유교의 경전. 7권 20편.
논의 서로 의논하여 토의함.
논쟁【論爭】서로 다른 의견을 가진 사람이 자기의 주장을 내세워서 말이나 글로 다툼.
논제【論題】토론·논의·논문 등의 제목이나 주제.
논평【論評】논술하여 비평하는 것. 잘 되고 못됨을 따져서 비판하여 말함. -하다.
놀:다(노니) ①일이 없어 한가히 세월을 보내다. ②물자나 시설 따위가 쓰이지 않고 있다.
놀:라다 ①뜻밖의 일을 당하여 가슴이 두근거리다. ②갑자기 무서움을 느끼다. ③훌륭함에 감탄하다.
놀:라움 뜻밖의 일에 갑자기 일어나는 느낌.
놀:랍다(놀라우니) ①장하고 갸륵하다. ②놀랄 만하다.
놀부 ①흥부전에 나오는 주인공의 한 사람. 마음씨가 나쁘고 심술궂음. ②욕심꾸러기를 비유하는 말.
놀이[1] 여럿이 함께 모여 재미있게 노는 일. 예공기 ~.
놀이[2] 봄날에 벌들이 떼를 지어 제집 앞에서 날아다니는 일.
놀이터 여러 가지 놀이를 할 수 있도록 꾸며진 곳. 예어린이 ~.
놈 ①동물이나 물건을 가리키는 말. ②사내를 낮추어 일컫는 말.
농:[1]【弄】실없는 장난.
농:[2]【籠】대·싸리·버들로 엮어 만들어 종이로 바른 상자. 옷 따위를 넣어 둠.
농경【農耕】논이나 밭을 갈아 농사를 지음. 예~ 생활.

농경지【農耕地】 농사를 짓는 땅.

농구¹【農具】 농사를 짓는 데 쓰는 기구. 비농기구.

농구²【籠球】 공을 손으로 몰고 가서, 상대편 바스킷에 넣어 득점하는 경기. 한 팀은 5명씩.

농군 농사짓는 일꾼. 비농부.

농기계 농사짓는데 쓰이는 기계. 트랙터·콤바인 등.

농기구【農器具】 농사짓는데 쓰이는 여러가지 기계나 기구. 삽·호미·경운기 등.

농:담【弄談】 실없이 하는 장난의 말. 반진담. -하다.

농:담【濃淡】 색채·명암 등의 짙음과 옅은 정도.

농도【濃度】 용액의 진한 정도. 용액 속에 녹아 있는 각 성분의 양. 예술의 알코올 ~.

농락[-낙] 남을 속여 휘잡아서 제 마음대로 놀리는 것.

농로【農路】 농사에 이용되는 길.

농림부 행정 각부의 하나. 농산·잠업·식량·농지·수리 및 축산에 관한 사무를 맡아 봄.

농민【農民】 농사를 짓고 사는 사람. 비농부. 농군.

농번기【農繁期】 농사일이 바쁜 시기. 반농한기.

농부【農夫】 농사를 지어 생활하는 사람. 비농민. 농군.

농부가【農夫歌】 농부가 농사일을 할 때에 매김소리를 받아 여러 사람이 부르는 노래.

농사【農事】 논밭을 일구어서 곡식·채소 등 농작물을 거두는 일. 예~를 짓다. 비농업.

농산물 농업에 의하여 생산된 물품. 예~을 가공하다.

농성 목적을 이루기 위하여 줄곧 한 자리에 머물러 있음. -하다.

농수산 농업과 수산업.

농수산물 농산물과 수산물을 통틀어 일컫는 말.

농아 귀머거리와 벙어리.

농아 학교【聾啞學校】 농아 교육을 하는 특수 교육 기관.

농악【農樂】 농부들이 하는 우리 나라 특유의 음악. 나팔 불고, 북·장고·징·꽹과리·소고 등의 악기를 씀.

농악대 농악을 연주하는 사람들의 무리.

농어민 농사를 짓는 사람과 고기잡이로 생활을 하는 사람.

농어촌【農漁村】 농촌과 어촌. 농사를 짓거나 고기잡이를 해서 살아가는 사람들의 마을.

농업 협동 조합 농가의 이익과 생산력을 늘리기 위하여 만든 조합.

농요 농부들이 농사일을 하며 부르는, 전해져 불리는 노래.

농자 천하지대본 「농사는 온 세상 사람들이 생활해 나가는 근본이다」라는 말.

농작물【農作物】 논밭에 심어 가꾸는 곡식·채소류의 총칭.

농장【農場】 농사를 짓기 위하여 마련한 땅, 또는 시설이 있는 곳. 예~주. 비농원.

농촌【農村】 농사를 짓고 생활을 하는 사람들이 모여 사는 마을. 반도시. 도회지.

농촌 지도자【農村指導者】 농촌을 개발하여 농민을 잘 살 수 있도록 이끌어 가는 사람.

농촌 진:흥청 농촌의 발전을 위한 일을 맡은 정부 기관. 농림부에 딸림.

농축 즙액 등이 진하게 바짝 졸아드는 것. 예~ 우라늄.

농토【農土】 농사짓는데 쓰이는 땅. 비농지.

농한기【農閑期】 농사 일에 바쁘지 않은 시기. 반농번기.

농협 「농업 협동 조합」의 준말.

농후【濃厚】 ①맛·빛깔·성분 등이 매우 짙음. ②어떤 경향이나 가능성이 강하거나 크다. 예지방색이 ~하다.

높낮이 높고 낮음. 고저.

높다 ①위로 길게 솟아 있다. 예천장이 ~. ②남보다 위에 있다. ③수준이 뛰어나다. 예학력이 ~. ④널리 알려져 있다. 예이름이 ~. ⑤소리나 강도가 높다. 예소리가 ~.

높다랗다 매우 높다. 썩 높다.

높새바람 뱃사람이 「북동풍」을 이르는 말.

높이다 ①「높다」의 사역형. 예목청을 ~. ②존대하다. ③존경하는 마음으로 올려 받들다.

높이뛰기 일정한 거리를 달려 공중으로 가로대를 뛰어넘어 그 높이를 겨루는 육상 경기의 하나.

놓다[노타] ①그대로 두다. ②총포 따위로 쏘다. ③하던 일을 그치다. 예일손을 ~. ④실로 수를 만들거나 무늬를 넣다. 예꽃수를 ~. ⑤시설·가설하다. 예전화를 ~.

놓아 기르다 가축을 보살피거나 가두지 아니하고 제멋대로 자라게 하다. 예닭을 ~.

놓치다 잡거나 얻거나 닥쳐온 것을 도로 잃어버리다.

뇌【腦】 머리뼈로 싸여 있으며, 중추신경계의 대부분을 차지하고, 특정한 다수의 신경 세포가 집합하여 온몸의 신경을 지배하고 있는 부분. 기억·분별력이 있음.

뇌관 포탄·탄환 등 폭발물의 화약을 점화하기 위하여 사용하는 금속으로 만든 관.

뇌물【賂物】 자신의 목적을 이루기 위하여 몰래 주는 정당하지 못한 돈이나 물건.

뇌빈혈【腦貧血】 뇌의 피가 적어서 생기는 병. 예~이 생기다.

뇌사 뇌가 회복 불능의 기능 상실 상태에 빠지는 일.

뇌성 벽력 천둥 소리와 벼락.

뇌성 소:아마비 태어날 때부터 뇌에 이상이 있어 팔다리가 마비 및 지능 장애를 일으키는 병.

뇌염【腦炎】 뇌에 염증이 생기는 병. 모기가 옮김.

뇌우 천둥과 함께 내리는 비.

뇌일혈 뇌 속의 혈관이 터져 피가 뇌 속에 흘러나오는 병.

뇌졸중 뇌의 혈관 장애에 의해

갑자기 의식을 잃고 쓰러지는 병.
뇌진탕 머리에 강한 충격이 있은 후에 일시적으로 의식을 잃는 가벼운 뇌 장애 병. 대개는 단시간 내에 의식을 회복하고 후유증도 없으나, 드물게는 의식을 잃은 채 죽는 예도 있음.
누:【累】 남의 잘못으로 인하는 받는 정신적인 괴로움이나 물질적인 손해. 예~를 끼치다.
누구 이름 대신에 쓰는 대명사. 예~세요. 준뉘.
누:나 사내 아이가 손위의 누이를 부를 때 쓰는 말. 비누이. 누님. 반동생. 오빠.
누:누이 여러 번. 자꾸. 예그렇게 하지 말라고 ~ 타이르다.
누:님 누나를 높여 부르는 말.
누:렇다 매우 누르다.
누리다¹ 다복스럽게 지내다.
누리다² ①냄새가 약간 노리다. ②기름기가 많아 메스꺼운 냄새가 있다. 작노리다.
누:명 사실이 아닌 일로 하여 더럽혀진 이름. 예~을 쓰다.
누비다 ①두 겹의 피륙으로 안팎을 만들고 그 사이에 솜을 넣어 죽죽 줄이 지게 박다. ②이리저리로 거리낌없이 다니다.
누:설【漏泄】 ①액체 따위가 밖으로 세는 것. ②비밀이 새어 나가는 것. 예비밀을 ~하지 말라.
누:수【漏水】 새어 나오는 물.
누에[동물] 나방의 어린 벌레.

다 자라면 실을 토해 고치를 지음.

누에고치 누에가 [누에] 번데기로 될 때에 그 바깥 둘레에 만드는 일종의 집. 명주실의 원료로 쓰임.
누이 누나나 누이동생.
누이다 사람의 몸이나 물체를 가로 되게 놓다. 예어린애를 ~.
누이동생 자기보다 나이가 아래인 누이. 여동생.
누:적¹【累積】 포개어 쌓음.
누:적²【漏籍】 호적·병적·학적 등에서 빠짐. -하다.
누:전【漏電】 전류가 새어 흐름.
누:진【累進】 ①지위·등급 등이 차차 올라가는 것. ②가격이나 수량 따위가 더하여 감에 따라 그에 대한 비율이 점점 높아지는 것. 예~세를 내다.
눈¹ ①빛의 자극을 받아 물체를 볼 수 있는 감각 기관. ②물체의 형상을 분간하는 눈의 능력. 시력. 예~이 나쁘다.
눈² 풀이나 나무의 싹이 막 터져 돋아나는 자리. 또는 그 싹.
눈:³ 대기 중의 수증기가 찬 기운을 만나 얼어서 땅 위로 떨어지는 얼음의 결정.
눈꺼풀 눈알을 덮는 꺼풀
눈꼴사납다 태도나 행동이 보기에 아니꼬워 비위에 거슬리게 밉다. 예태도가 ~.
눈망울 눈알의 앞쪽에 두두룩한 곳. 또는, 눈동자가 있는 곳.

눈 맞추다 ①서로 눈을 마주보다. ②남녀가 서로 좋아하는 눈치를 보이다.
눈부시다 ①빛이 새어 바로 보기가 어렵다. ②빛이 매우 황홀하다. 비 휘황하다.
눈빛 ①눈에 비치는 빛나는 기운. 예 성난 ~. ②눈의 빛깔. 흰빛.
눈시울[-씨-] 눈 언저리의 속눈썹이 난 곳. 예 ~을 적시다.
눈싸움¹ 눈겨룸.
눈:싸움² 눈을 뭉쳐 서로 상대방을 때리는 싸움.
눈썹 두 눈두덩 위에 가로로 난 짧은 털. 겉눈썹. 예 반달같은 ~.
눈앞 눈에 보이는 바로 앞. 예 ~이 캄캄하다.
눈짐작[-쩜-] 눈어림. 눈대중. 예 ~으로 알았다.
눈짓 눈을 움직여 어떤 뜻을 나타내는 짓.
눈초리 ①눈의 꼬리. ②눈이 가는 길. 예 사나운 ~.
눈총 눈에 독기를 올려 쏘아보는 기운. 예 ~이 무섭다.
눈치채다 남의 속마음을 알아채다. 예 비밀을 ~.
눌:러앉다 그 자리에 그대로 계속 머물러 있다.
눕다(누우니, 누워) ①등이나 옆구리를 바닥에 대고 몸을 가로 놓다. ②병으로 앓아 자리에서 일어나지 못하다.
뉘 「누구의」의 준말.
뉘:다 ①눕게 하다. 일으키다. ②대소변을 누게 하다.
뉘우치다 제 잘못을 스스로 깨닫다. 비 후회하다.
뉴: 새로운 것. 신기한 것. 신식. 예 ~ 패션.
뉴:스 새 소식. 보도.
뉴:욕[지명] 미국에 있는 세계 제2의 도시이며 세계 상공업의 중심지. 이곳에 유엔 본부가 있음.
뉴:질:랜드[국명] 오스트레일리아 남동쪽에 있는 입헌 군주국. 1907년에 영국의 자치령이 되었다가 1947년에 독립함. 수도는 웰링턴.
느긋이 느긋하게.
느긋하다[-그타-] 마음이 부족함이 없이 흡족하다.
느끼다¹ ①마음에 깨달음이 일어나다. 예 잘못을 ~. ②마음이 움직이다. 예 고마움을 ~.
느끼다² 설움이 북받쳐 흑흑 소리를 내며 울다.
느낌 느끼는 일. 예 ~이 좋다.
느낌표 마침표의 하나. 감탄이나 놀람·명령 등 강한 느낌을 나타낼 때 사용하는 「!」의 이름. 감탄 부호.
느리다 동작이 재빠르지 못하다. 예 거북이는 토끼보다 ~. 비 더디다. 둔하다. 반 빠르다.
느슨하다 늘어나서 헐겁다. 예 허리띠가 ~.
느즈막하다 좀 늦다.
느타리[식물] 느타리과의 버섯. 모양은 조가비 비슷하며, 빛깔은 갈색이나 백색임. 가을에 산림속 활엽수 나무에 남.
느티나무[식물] 느릅나무와 비

늑골【肋骨】[-꼴] 등뼈와 가슴뼈에 붙어 흉곽을 형성하는 활 모양의 긴 뼈. 좌우 12쌍임. 갈빗대.

[느티나무]

숫하고 수명이 길며 어린 잎은 먹기도 함.

늑대[동물] 개와 비슷하고 성질이 사나우며 산에 사는 짐승.

늑막 흉곽의 내면과 폐의 표면 및 횡경막의 윗면을 덮고 있는 얇은 막. 예~염.

늑목 체조에 쓰이는 기구의 하나. 기둥이 되는 나무 사이에 많은 가로대를 고정시킨 것으로 몸을 바르게 하는 운동에 씀.

늑장 당장 할 일이 있는데도 다른 일을 하거나 느릿느릿 꾸물거리는 것. 늦장.

늘 언제나. 끊임없이. 항상. 예그는 ~ 그러하다. 반이따금.

늘리다 본래보다 더 크고 많게 하다. 반줄이다.

늘비하다 ①죽 늘어놓여 있다. 예가게에 상품이 ~. ②죽 늘어서 있다. 예가게가 ~.

늘씬하다 몸이 가늘고 키가 커서 맵시가 있다. 예허리가 ~.

늘어나다 본디보다 커지거나 길어지거나 많아지다. 예주름살이 ~. 비증가하다.

늘어뜨리다 물건의 한쪽 끝을 아래로 처지게 하다.

늘어서다 길게 줄지어 나란히 서다. 예한 줄로 ~.

늘어지다 ①기운이 없어 몸을 가누지 못하다. ②물체가 길어지다. ③물건의 끝이 아래로 처지다.

늘이다 ①길이를 본디보다 길게 하다. 예고무줄을 ~. ②아래로 길게 처지게 하다.

늙다[늑따] ①나이가 많아지다. 반젊다. ②오래되다.

늙은이 나이가 많은 사람. 늙은 사람을 얕잡아 이르는 말.

늠:름하다 위풍이 있어 의젓하다.

능【陵】 임금이나 왕후의 무덤. 예무령왕 ~.

능구렁이[동물] ①뱀과의 큰 뱀. ②음흉한 사람의 비유.

능글맞다 하는 짓이 능청스럽고 능글능글하다. 예생긴 것이 ~.

능금 능금 나무의 열매

능동적【能動的】 힘이나 작용을 스스로 일으키는 것. 예모든 일에 ~으로 대처하다.

능라 두꺼운 비단과 얇은 비단.

능란하다 능숙하다. 반서투르다. 미숙하다.

능력【能力】 ①일을 감당할 수 있는 힘. ②지혜와 힘. ③완전히 자기의 권리를 사용할 수 있는 자격. 비실력. 반무능력.

능숙【能熟】 일을 익숙하게 잘 함. 비익숙. 반미숙. -하다.

능지기 능을 지키는 사람.

능지 처:참 나라에 대역죄를 범한 사람에게 머리·몸·팔·다리를 토막쳐서 죽이던 극형.

늦가을 늦은 가을. 예~ 추위. 비만추. 반초가을.
늦겨울 겨울의 마지막 무렵.
늦다 정한 때에 도달하지 못하다. 반빠르다.
늦더위 가을철이 되어도 가시지 아니하는 더위.
늦잠 제때에 일어나지 않고 늦도록 자는 잠.
늦장마 철 늦게 오는 장마.
늦추다 ①느슨하게 하다. ②기한을 멀리 잡다. 반당기다.
늦추위[느-] 제철보다 늦게 찾아드는 추위.
늪지대 늪이 많은 지역.
님¹ ①「임금」의 옛말. ②「사랑하는 사람」의 옛말.
-님² 남의 이름이나 어떠한 명사 아래에 붙여 존경의 뜻을 나타내는 말. 예선생~. 부모~.

ㄷ

ㄷ[디귿] 한글 자모의 셋째 글자.

다: ①남김없이 모두. 있는대로. ②거의. 완전히. 비모두.

다가가다 가까이 옮기어 가다. 접근해 가다.

다가오다 ①어떤 데에 가까이 옮기어 오다. ②시간이 닥쳐 오다.

다각도【多角度】 셋 이상의 직선으로 둘러싸인 평면 도형.

다각형【多角形】 여러모. 다변형.

다갈색【茶褐色】[-쌕] 조금 검은 빛깔을 띤 적황색.

다감【多感】 느낌이 많고 감동하기 쉬운 모양. 다정다감.

다과【茶菓】 차와 과자.

다국적기업 여러 나라에 걸쳐 현지 국적을 얻은 제조공장과 판매회사를 거느리는 대기업.

다그치다 얼른 마치려고 몰아대다. 예다그쳐 묻다.

다급하다 바싹 닥쳐서 몹시 급하다. -히.

다난【多難】 ①많은 재난이나 곤란. ②재난이 많음. 예다사~.

다녀가다 어느 곳에 들렀다 가다. 왔다가 가다.

다년간【多年間】 여러 해동안.

다능【多能】 여러 가지에 능함. 재주가 많음.

다다르다(다다르니, 다다라) 목적한 곳에 이르러 닿다.

다닥다닥 곳곳에 조그만 물건이 많이 달라붙은 모양. 큰더덕더덕.

다달이 달마다. 매월.

다도해【多島海】 많은 섬들이 흩어져 있는 바다. 특히, 우리 나라의 남해를 일컬음.

다독【多讀】 책을 많이 읽음.

다독거리다 흩어지는 물건을 그러모아 자근자근 누르거나, 가볍게 두드려 잠을 자게 하다. 다독-다독

다:되다 ①완성되다. ②다하여지다.

다듬다[-따] ①매만져서 맵시를 내다. ②푸성귀의 못쓸 것을 가려내다. ③거친 땅바닥을 고르게 만들다.

다다르다 ①목적지까지 이르러 닿다. ②어떤 기준에 이르러 미치다. 예절정에 ~.

다라니경 세계에서 가장 오래된 목판 인쇄물의 하나로, 1966년 불국사 석가탑에서 나온 불경의 하나.

다락 안방의 아랫목 벽을 트고, 부엌 천장 위에 이층처럼 만들어서 물건을 넣어두게 된 곳.

다람쥐 쥐와 비슷하게 생긴 산짐승의 하나. 솔씨·과실·곤충 등을 먹으며 나무를 잘 탐. 성질이 온순하여 가정에서 애완용으로 기르기도 함. [다람쥐]

다랑어 고등어 모양으로 생긴 바닷물고기. 몸의 길이 약 3m 정도. 등은 청홍색. 배는 회색임.  [다랑어]

다래 ①다래나무의 열매. ②목화의 덜 익은 열매.

다래끼 세균의 침입으로 눈에 나는 부스럼.

다량【多量】 많은 분량. 반소량.

다루다 ①일을 처리하다. ②물건을 맡아 처리하다. ③잘 매만져서 부드럽게 만들다. ④사람을 대우하다. 조종하다.

다르다(다르니, 달라) 같지 않다. 반같다.

다리¹ ①사람이나 동물의 몸뚱이 아래에 붙어서 딛고 서거나 걸어다니거나 하는 일을 맡은 부분. ②물건 아래에 붙어서 그 물건을 받치거나 버티고 있는 부분.

다리² ①강이나 개천·계곡 등의 위에 사람이나 차가 다닐 수 있도록 만들어 놓은 시설. ②중개. 매개.

다리미 다림질을 하는데 쓰이는 기구.

다목적 댐【多目的-】 수력 발전·농업 용수·수도·홍수 조절 등 많은 목적을 위해 만들어진 댐.

다물다(다무니, 다무오) 위 아래 입술을 마주 대다.

다발 꽃이나 푸성귀 따위의 묶음. 또는 그것을 세는 말.

다방면【多方面】 여러 방면.

다보탑【多寶塔】 경주 불국사에 있는 화강암으로 만든 높이 10m 가량의 탑. 신라 시대에 세워진 세계적으로 유명한 탑임. 국보 20호.  [다보탑]

다복【多福】 복이 많음.

다부지다 벅찬 일을 능히 이겨낼 힘이 있다. 끈기가 있고 옹골차다.

다사롭다 조금 따뜻한 듯하다.

다세:대 주택 여러 집이 한 건물에 모여 살도록 지은 집. 공동주택의 하나.

다소【多少】 많음과 적음.「조금」이나「어느 정도」의 뜻을 말함.

다소곳하다 고개를 조금 숙이고 말이 없다. 예고개를 다소곳이 숙이다.

다수【多數】 수효가 많음. 많은 수효. 반소수.

다수결【多數決】 많은 사람의 의견을 좇아서 가부를 결정하는 일.

다스 물품 12개를 한 묶음으로 하여 세는 말. 타.

다스리다 ①나라 사회·집안 일 같은 것을 보살피고 처리하다. ②죄지은 사람을 법으로 처리하다.
다슬기[동물] 연체 동물. 하천·연못에 살며, 삶아서 먹을 수 있음.
다시 ①한번 더. 또. ②하던 것을 되풀이로. ③전과 같이.
다시금 「다시」를 힘주어서 하는 말. 또 한 번.
다시없:다 그보다 더 나을 것이 없을 만큼 완전하다.
다액【多額】 많은 액수. 반소액.
다양【多樣】 모양·형식이 여러 가지임. 예~한 색상.
다음 어떠한 차례의 바로 뒤. 예~ 타자는 누구냐?
다이너마이트 폭발약의 한 가지. 바위 따위를 깨는데 많이 쓰임. 1886년에 스웨덴의 과학자 노벨이 발명함.
다이빙 높은데서 물 속으로 뛰어 내리는 헤엄법.
다이아몬드 금강석, 보석 중에서 제일 단단한 것으로 아름다운 빛을 냄.
다이얼 ①라디오의 사이클 수의 눈금이 그려져 있는 숫자판. ②자동 전화기의 숫자판. ③시계·나침반 등의 지침면.
다정【多情】 ①인정이 많음. ②매우 정다움. 비친절. 반냉정.
다지다 ①무른 것을 눌러서 단단하게 하다. ②마음이나 태도 같은 것을 굳게 가다듬다. ③고기나 야채같은 것을 칼질을 하여 잘게 만들다.
다짐 확실한 대답을 받음.

다짜고짜 옳고 그름을 가리지 않고 덮어 놓고 다짜고짜로.
다채롭다【多彩-】(다채로우니, 다채로워) 갖가지 종류가 조화롭게 어울려 빛나고 다양하다.
다치다 부딪치거나 맞거나하여 상하다.
다큐멘타리 주로 역사에 남을 만한 사회적 사건을 허구적 요소없이 그린 영화나 라디오, 텔레비젼의 드라마.
다투다 ①서로 옳고 그름을 주장하여 싸우다. ②이기고 짐을 서로 겨루다.
다:하다 ①다 소모되어 없어지다. ②모든 것을 있는 대로 다 들이다. ③마치다. 완수하다.
다행【多幸】 일이 좋게 됨. 운수가 좋음. 반불행.
닥쳐오다 가까이 바싹 다다라 오다. 예겨울이 ~.
닥치다 어떤 일이나 물건이 가까이 바싹 다다르다.
닦다 ①문지르거나 훔치거나 씻어서 깨끗하게 하다. ②땅을 평평하게 고루어 다지다. ③힘써 배우다. 예갈고 닦은 기술.
단:【但】 다만. 오직. 단지의 뜻.
단:검【短劍】 짧은 칼. 비단도.
단결【團結】 많은 사람이 한데 뭉침. 비단합. 반분열.
단계【段階】 일이 차례를 따라 나아가는 과정 또는 그 차례. 비순서.
단골 늘 정하여 놓고 거래하는 관계.

단:교【斷交】 ①교제를 끊음. 〖비〗절교. ②나라와 나라 사이의 외교 관계를 끊음.

단군【檀君】 [인명] 우리 민족이 시조로 받드는 태초의 임금.

단군 신화【檀君神話】 단군 임금이 고조선을 세웠다는 내용의 우리 민족의 건국 신화.

단:기간【短期間】 짧은 기간. 〖반〗장기간.

단:념【斷念】 생각을 아주 끊어버림. 생각하지 아니함. 〖반〗미련.

단단하다 무르지 아니하고 굳다. 〖센〗딴딴하다. 〖큰〗든든하다. 〖비〗야무지다. 〖반〗무르다.

단:도【短刀】 짧은 칼.

단독【單獨】 ①단 하나. ②혼자. 단 한 사람. 〖비〗독단.

단:두대【斷頭臺】 죄인의 목을 자르는 대.

단락【段落】[달-] ①일이 다 된 끝. ②긴 문장 중에 크게 끊은 부분.

단란【團欒】[달-] 화목하게 즐김.

단련【鍛鍊】[달-] ①쇠붙이를 불에 달구어 두드림. ②몸과 마음을 닦고 기름. ③배운 것을 익숙하게 익힘. 〖비〗훈련.

단말기 중앙에 있는 컴퓨터와 통신망으로 연결되어 데이터를 입력하거나 처리결과를 출력하는 장치. 단말장치.

단리법【單利法】 원금에만 이자를 계산하는 방법. 〖반〗복리법.

단막극【單幕劇】 한 막으로써 극적인 사건을 꾸며 나가는 연극. 일막극.

단:면【斷面】 베어 낸 면. 끊은 자국이 있는 면.

단:명【短命】 목숨이 짧음.

단박 그 자리에서 이내. 예 ~에 끝내버리다.

단:백질【蛋白質】 3대 영양소의 하나로 동식물의 주요 성분을 이루는 유기 화합물. 흰자질.

단벌【單-】 오직 하나 뿐인 물건이나 옷.

단색【單色】 한 가지 빛.

단서【端緖】 일의 처음. 일의 실마리.

단속【團束】 타일러서 주의를 시키고 단단히 경계를 함. 〖반〗방임.

단수【單數】 단 하나의 수. 〖반〗복수.

단순【單純】 ①간단하고 복잡하지 아니함. 〖반〗복잡. ②제한이나 조건이 없음.

단숨에【單-】 단번에 내쳐서. 〖비〗한달음에.

단:시간 짧은 시간. 장시간.

단:식【斷食】 먹는 일을 끊음. 식사를 중단함. 〖비〗금식. 절식.

단신【單身】 단 하나의 몸. 홀몸.

단:안【斷案】 옳고 그름을 딱 잘라서 판단함. 또는 그 판단. 예 ~을 내리다.

단:애【斷崖】 깎아 세운 듯한 낭떠러지. 아주 가파른 낭떠러지.

단양【丹陽】 [지명] 충청북도에 있는 한 군. 명승 고적으로 단양 팔경 등이 있음.

단:언【斷言】 주저하지 않고 딱

잘라서 말함.
단역【端役】 연극이나 영화의 대수롭지 아니한 말단의 역. 그 역을 맡은 사람.
단:연【斷然】 굳게 마음을 먹어 움직이지 아니하는 모양.
단:연코【斷然-】「단연」을 힘주어 일컫는 말.
단오【端午】 민속 명절의 하나. 음력 5월 5일. 여자는 창포물에 머리를 감고 그네를 뛰며, 남자는 씨름을 하고 즐김.
단원【單元】 학습 경험이나 학습 활동을 하나로 뭉뚱그린 것.
단음【短音】 짧게 나는 소리. 짧은 소리. 반장음.
단일【單一】 ①단 하나. ②복잡하지 아니함. ③다른 것이 섞여 있지 아니함. 예~ 민족.
단장【丹粧】 ①얼굴을 곱게 하고 머리나 몸맵시를 매만지어 꾸밈. ②산뜻하게 모양을 내어 꾸밈. 비화장. 치장.
단적으로【端的-】[-쩍-] 여러 말 할 것 없이 다잡아.
단:절【斷絶】 관계를 끊음.
단:점【短點】[-쩜] 낮고 모자라는 점. 비결점. 반장점.
단정¹【端正】 얌전하고 올바름. 비단아.
단:정²【斷定】 딱 잘라서 결정함.
단조【單調】 ①소리의 가락이 변함없이 단일함. ②사물이 단순하고 변화가 없어 싱거움.
단지¹【團地】 일정한 구역에 주택이나 공장·농장 따위가 집단적으로 들어서 있는 곳. 예아파트 ~.
단지²【但只】 다만. 오직.
단짝 매우 친하여 노상 함께 어울리게 되는 짝.
단체【團體】 두 사람 이상이 모여서 같은 목적을 이루기 위하여 맺은 모임. 반개인.
단:축【短縮】 시간·거리 등을 짧게 줄임. 짧게 주어짐. 반연장.
단판【單-】 단번에 승부를 결정하는 판.
단:편【短篇】 ①짤막하게 끝을 낸 글. ②「단편 소설」의 준말. 반장편.
단풍【丹楓】 ①단풍나무. ②늦은 가을에 빛깔이 붉고 누르게 변한 나뭇잎.
단합【團合】 많은 사람이나 여러 파벌이 한데 뭉치어 힘을 합함. 비단결.
단:행【斷行】 딱 결단하여 실행함.
단행본【單行本】 그것만 단독으로 출판되는 책. 반전집.
단:호하다【斷乎-】 한 번 결심한 대로 꽉 지켜 변동됨이 없이 엄격하다.
닫다¹ 빨리 가다. 달리다.
닫다² ①열리어 있는 것을 도로 제 자리로 가게 하여 막다. 비가리다. ②장사 시간이 지나서 가게를 들이다. 반열다.
달 ①지구의 위성. 반면에 햇빛을 받아 밤에 밝은 빛을 냄. ②1년을 12로 나눈 것의 하나.

달가닥 단단하고 작은 물건이 맞닿아서 나는 소리.

달갑다(달가우니, 달가워) 마음에 만족하다. 불만이 없이 달게 받을 만하다.

달걀 닭이 낳은 알. 계란.

달구지 마소가 끄는 짐수레의 한 가지.

달:다(다니, 다오) ①열을 받아 몹시 뜨거워지다. ②음식 같은 것이 너무 끓어 거의 졸고 지나치게 익다. ③마음이 몹시 조급해져 타다.

달다[2](다니, 다오) ①물건을 걸어서 아래로 늘어뜨리다. ②물건이 일정한 곳에 붙어 있게 하다. ③장부에 셈을 적어 넣다.

달다[3](다니, 다오) 저울로 무게를 헤아리다.

달다[4](다니, 다오) ①설탕의 맛과 같다. ②입맛이 당기어 아주 맛있다. ③마음에 흡족한 느낌이 있다.

달라붙다 ①끈기있게 바짝 붙다. ②맺어진 관계가 깊게 되다.

달라지다 변하여 이전과는 다르게 되다.

달래다 좋고 부드러운 말로 타이르다.

달러 미국의 화폐 단위. 1달러는 100센트. 불.

달려가다 달려서 가다. 뛰어가다.

달려들다(달려드니, 달려드오) ①별안간 덤비다. 와락 대들다. ②어떠한 일에 끼어들다.

달력【-曆】 한 해 동안의 날짜와 요일 등을 나타낸 것. 비 월력. 일력.

달리 다르게. 틀리게.

달리다 빨리 가게 하다. 빨리 가다. 비 뛰다.

달무리 달 언저리에 둥그렇게 둘린 구름같은 허연 테.

달변【達辯】 막히는데 없이 술술 잘 하는 말.

달성【達成】[-씽] 목적한 바를 이룸. 뜻한 바를 성취함. 비 성취. 반 미달.

달싹이다 ①가벼운 물건이 들렸다 가라앉았다 하다. ②마음이 흔들리어 움직이다. ③어깨나 궁둥이가 가벼이 아래위로 움직이다.

달아나다 ①빨리 가다. ②도망하다.

달이다 액체를 끓여서 진하게 만들다. 예 한약을 ~.

달콤하다 ①맛이 알맞게 달다. ②감칠맛이 있게 유쾌하다. 알맞게 기분이 좋다.

달팽이 연체동물의 하나. 나선형의 껍데기가 납작하게 눌린 것같고 두껍지 아니함. 머리 부분에는 두쌍의 촉각이 있고 그 긴 쪽 선 단에 명암을 판별하는 눈이 있음. [달팽이]

닭[닥] 가축으로 기르는 새의 하나. 머리에 붉은 볏이 있고, 날개는 짧아 잘 날지 못함. 수컷은 때를 맞추어 울고, 암컷은 알을 잘 낳음. 품종이 많음.
닮다[담따] ①저절로 어떤 것과 비슷하게 생기다. ②어떠한 것을 본떠서 그와 같아지다.
닳다 물건이 갈리어 부피가 줄어들다.
닮은 꼴 크기가 틀리는 두 개의 도형에서 대응변의 비가 다 같고 대응각이 서로 같은 두 도형.
담¹ 흙이나 돌·벽돌·블록 등으로 높이 쌓아 올려서, 집같은 것의 둘레를 둘러막은 것. 담장.
담:²【膽】 ①담낭. 쓸개. ②담력 ⑩ ~이 크다.
담그다(담그니, 담가) ①액체 속에 넣어 두다. ②김치·술·장·젓갈 같은 것을, 재료를 섞어서 만들다. ⑩ 어머니께서 김장 김치를 담그고 계신다.
담:다[-따] ①물건을 그릇에 넣다. ②어떤 내용을 말이나 글·그림 같은 데에 나타내다.
담:당하다 마음이 고요하고 맑다. 「덤덤하다」의 작은 말.
담당【擔當】 어떤 일을 맡음.
담:대【膽大】 겁이 없고 용기가 많음. 담력이 큼. 凾담소.
담:력【膽力】[-녁] 겁이 없고 용감한 기운.
담:배 ①한해살이 재배 식물의 하나. 줄기에 40안팎의 길고 둥근 잎이 촘촘히 나며, 가을에 이 잎을 따서 「담배」의 원료로 함. ②담배 잎으로 만든 기호품.
담보【擔保】 돈을 꾸는 사람이 꾸어 주는 사람에게 틀림없이 갚겠다는 보증으로 물품을 잡히는 일. 또는 그 물품.
담비[동물] 포유류 족제비과의 동물. 족제비와 비슷한데, 몸길이 40~50㎝. 몸빛은 황갈색이다.
담소【談笑】 이야기와 웃음. 웃으면서 이야기함.
담쌓:다 ①담을 만들다. ②교제를 끊다. 또는 인연이나 관계를 끊다.
담:요[-뇨] 털 같은 것으로 굵게 짜거나 두껍게 눌러서 만든 요.
담임【擔任】 어떤 일을 책임지고 맡아 봄. 또는 그 사람. ⑩ ~ 교사.
담쟁이덩굴[식물] 벽·바위·담 또는 바위에 붙어 뻗어 나가는 덩굴 나무. 쥰담쟁이

[담쟁이덩굴]

담:징【曇徵】[인명](579~631) 고구려의 중이며 화가. 일본에 건너가 호류사의 벽화를 그렸음.
담판【談判】 쌍방이 서로 의논하여 옳고 그른 것을 판단함.
담화【談話】 ①서로 주고받는 이야기. ②한 단체나 개인이 어떠한 문제에 대하여 그의 태도나 견해를 분명히 하기 위하여 공식적으로 발표하는 말.

답답하다【畓畓-】 ①숨이 막힐 듯하여 괴롭다. ②애가 타고 가슴 속이 갑갑하다. 凡후련하다.

답례【答禮】 말이나 동작 또는 물품으로 남에게서 받은 예를 갚는 일. 또는 그 예.

답변【答辯】 어떠한 물음에 대하여 밝히어 대답함. 또는 그 대답. 凡질문. 질의.

답사【答辭】 식장에서 식사나 축사 따위에 대답으로 하는 말.

답사【踏査】 실지로 현장에 가서 보고 조사함.

답안【答案】 시험 문제의 해답. 또는 해답을 쓴 종이.

답장【答狀】 회답하여 보내는 편지. 凡답서. 회신.

닷새 ①다섯 날. 5일. ②다섯째 날. 초닷샛날.

당【국명】(618~907) 「당나라」의 준말. 중국의 이연이 수나라 공제의 자리 무림을 받아 세운 통일 왕조.

당국【當局】 사무나 행정상의 임무·책임을 맡은 관계 기관.

당근【식물】 미나리과의 한해살이풀 또는 두해살이풀. 높이 1m. 빛깔은 붉고 맛이 달콤하며 독특한 향기가 있음.
[당근]

당기다 ①끌어서 가까이 오게 하다. ②줄을 팽팽하게 하다. 凡늦추다. ③정한 시일을 줄여 미리 하다. 凡미루다. ④마음이 끌리어 움직이다.

당나귀【唐-】 집짐승의 하나. 말과 비슷하게 생겼으나 몸집이 작고 귀가 토끼 귀처럼 쫑긋함. 성질이 온순하고 힘이 세어 부리기에 알맞음. 준나귀.

[당나귀]

당뇨【糖尿】 포도당이 많이 섞인 병적인 오줌.

당당하다【堂堂-】 매우 의젓하고 떳떳하다. 어엿하고 번듯하다.

당대【當代】 ①그 시대. ②사람의 한평생. 일대.

당돌하다【唐突-】 ①조금도 꺼리거나 어렴성이 없이 올차고 다부지다. ②윗사람에게 대하는 짓이 아니꼽고 건방지다.

당면【當面】 눈앞에 당함.

당번【當番】 본인의 차례가 됨. 또는 그 사람. 凡비번.

당분간【當分間】 앞으로 얼마 동안. 잠시 동안.

당사자【當事者】 그 일에 당한 사람. 그 일에 직접 관계가 있는 사람.

당선【當選】 선거나 심사에서 뽑힘. 凡피선. 凡낙선.

당수【黨首】 한 당의 우두머리.

당시【當時】 일이 생긴 그 때. 凡당대.

당연【當然】 이치로 보아 마땅히 그러할 것임. 凡부당.

당장【當場】 무슨 일이 있은 바로 그 자리. 바로 그 자리에서 곧. 凡금방. 즉시.

당쟁【黨爭】 당파를 이루어 서로 싸움.

당차다 나이·외양·처지 등에 비하여 마음이나 행동이 야무지다.

당첨【當籤】 제비뽑기에서 뽑힘.

당초【當初】 일의 맨 처음. 애초.

당치않다【當-】 전혀 이치에 합당하지 아니하다. 준당찮다.

당파【黨派】 주의·주장과 이해를 같이하는 사람들끼리 뭉쳐진 단체.

당하다【當-】 ①이르러 맞닿다. 만나다. ②넉넉히 이겨 내다.

당황하다【唐慌-】 놀랍거나 다급하여 어리둥절한 태도를 보이다.

닻 배를 머물러 있게 하기 위하여 물 속에 내리는 쇠나 나무로 만든 기구. [닻]

닿:다 ①두 물체가 서로 붙어 사이에 빈틈이 없게 되다. ②목적한 곳에 가서 이르다. 반떠나다.

닿소리 자음. 반홀소리.

대¹ ①식물의 줄기. ②가늘고 긴 막대기 같은 것.

대² 여러해살이 늘푸른나무의 하나. 줄기의 속이 텅 비었으며, 꽃은 오랜 간격을 두고 주기적으로 피는데 꽃이 핀 다음에는 대개 말라 죽음. 건축·가구재로 많이 쓰임.

대:가【大家】 학문이나 예술 등의 부문에서 훌륭하고 높은 경지에 다다른 사람.

대:가다 시간을 어기지 않고 목적한 곳에 이르다. 반대오다.

대:가족【大家族】 많은 가족. 반소가족.

대:각 국사【大覺國師】[인명] (1055~1101) 고려때의 중. 자는 의천. 문종의 넷째 아들. 11세의 중이 되어, 송나라에 유학하고 돌아와서 천태종이라는 새로운 종파를 열었음.

대:강【大綱】 일의 가장 중요한 부분. 중요한 부분만 따낸 줄거리. 비대략.

대:개【大槪】 대부분의 사연. 대체의 줄거리. 그저 웬만한 정도로. 대체로.

대견하다 ①모자람이 없다. ②마음에 흡족하다.

대:결【對決】 맞서서 겨룸.

대:관절【大關節】 여러 말할 것 없이 요점만 말하건대. 비도대체.

대:궐【大闕】 임금이 살며 나라의 일을 보던 큰 집. 비궁궐. 궁전.

대구【大邱】[지명] 경상북도 도청 소재지로 광역시의 하나. 섬유 공업이 크게 발달함.

대:규모【大規模】 일의 범위가 넓고 큰 규모. 반소규모.

대:금¹【大金】 많은 액수의 돈. 큰돈.

대:금²【代金】 물건의 값으로 치르는 돈. 비값.

대:기¹【大氣】 지구를 둘러싸고 있는 기체를 통틀어 일컫는 말.

대기²【待機】 어떤 때나 기회가 오기를 기다림.

대:꾸 「말대꾸」의 준말.

대:다수【大多數】 ①대단히 많은 수. ②거의 다. 〖반〗극소수.

대:단찮다 「대단하지 아니하다」의 준말.

대:단하다 ①매우 심하다. ②아주 중하다. -히. 〖비〗굉장하다.

대:담¹【大膽】 담력이 큼. 〖반〗소심.

대:담²【對談】 마주 대하여 말함. 또는 그 말. 〖반〗독백.

대:답【對答】 ①묻는 말에 답함. ②부름에 응함. 〖준〗답. 〖비〗응답. 〖반〗질문.

대:대로 여러 대를 잇달아서. 〖예〗~ 전해 내려오는 가보.

대:덕 연:구 단지 대전광역시 대덕지구에 있는 과학을 연구하는 곳이 많이 모여 있는 곳.

대:동여지도【大東輿地圖】 [책명] 김정호가 만든 우리 나라 최초의 지도. 압록강·두만강을 한계로 반도와 섬을 약 1만6천2백분의 1로 그렸음.

대동맥 ①심장으로부터 온몸에 혈액을 보내는 핏줄의 본 줄기. ②한 나라 교통의 가장 중요한 도로나 철도를 이르는 말.

대두【擡頭】 어떤 현상이 머리를 쳐들고 나타남.

대:들다(대드니, 대드오) 요구하거나 반항하느라고 세차게 달려들다.

대:등【對等】 서로 견주어 낮고 못함이나 높고 낮음이 없음. 양쪽이 같음.

대:뜸 이것 저것 생각할 겨를 없이 그 자리에서 바로.

대:량【大量】 많은 분량. 〖반〗소량.

대:로【大路】 넓고 큰 길. 〖반〗소로.

대:륙【大陸】 지구 위의 크고 넓은 육지. 〖비〗대지. 〖반〗대양.

대:륙붕【大陸棚】 해안에서, 깊이 200m쯤 되는 곳까지 편편하게 벋어 나간 바다 밑의 부분.

대:리【代理】 어떤 사람을 대신하거나 사무를 대신 처리함. 또는 그 사람.

대:리석【大理石】 석회암이 높은 온도와 강한 압력 밑에서 변하여 된 돌. 부드럽고 아름다워 장식·조각 등에 널리 쓰임.

대:립【對立】 ①아주 대하여 섬. ②서로 마주 대하여 버팀. 대치.

대:망¹【大望】 큰 희망. 큰 야망.

대:망²【待望】 바라고 기다림. 〖예〗~이 이루어지다.

대:면【對面】 서로 얼굴을 마주 보고 대함.

대:범하다【大泛-】 사물에 대하여 까다롭지 않고 너그럽다.

대:법원【大法院】 우리 나라의 최고 법원. 〖준〗대법.

대:변¹【大便】 사람의 똥. 〖반〗소변.

대:변²【代辯】 어떤 개인이나 단체를 대신하여 그의 의견이나 태도를 책임지고 말함.

대:보다 서로 견주어 보다.

대:보름날 「음력 정월 보름」을 특별히 일컫는 말.

대본【臺本】 ①연극이나 영화 제작에 있어 기본이 되는 각본. 예연극 ~. ②어떠한 토대가 되는 책.

대:부분【大部分】 반이 훨씬 넘는 수효나 분량. 땐일부분.

대:비【對備】 앞으로 어떤 일이 일어날 것을 미리 생각하고 이에 대한 준비를 함. 또는 그러한 준비. 비준비.

대:사¹【大使】 외교관 가운데 가장 높은 계급. 자기 나라를 대표하여 다른 나라에 나가서 외교에 관한 일을 맡아 봄.

대사²【大事】 큰 일. 중대한 일. 예중~를 논하다.

대:상【對象】 활동이나 행동의 목표로 되는 것.

대:서【代序】 대신하여 글을 씀.

대:서 특필【大書特筆】 특히 드러내 보이려고 큰 글자로 씀.

대:성【大成】 ①크게 이룸. 크게 이루어짐. ②큰 인물이 됨.

대:세【大勢】 세상 일이나 하는 일의 되어 가는 형편. 일이 돌아가는 큰 형세.

대:수롭다(대수로우니, 대수로워) 중요하게 여길 만하다. 의문문에서나 부정문에서 쓰임.

대:양【大洋】 큰 바다.

대:여【貸與】 빌려 줌. 비대부. 땐차용.

대:왕【大王】 훌륭하고 뛰어난 왕의 높임말.

대:외【對外】 집이나 어떤 기관의 바깥, 또는 외국에 대함. 땐대내.

대:용【代用】 다른 것 대신으로 씀. 예~식품.

대:우【待遇】 예의를 갖추어 대함. 땐대접.

대:웅전【大雄殿】 절에서 가장 으뜸이 되는 불상을 모신 법당.

대:응【對應】 ①마주 대함. ②서로 같음. ③상대에 응하여 서로 주고받음.

대:의¹【大意】 대강의 뜻.

대:의²【大義】 바르고 큰 의리. 예~명분을 지키다.

대:자연【大自然】 넓고 큰 자연.

대:작【大作】 ①남의 잘된 작품을 높이어 부르는 말. ②크게 이루어진 건축·조각·그림 등의 미술 작품. ③아주 잘된 작품.

대:장【大將】 ①옛날, 서울을 지키던 각 부대의 장수. ②군인 계급 중 가장 높은 계급임. 비장군. 땐졸병.

대장간【-間】[-깐] 풀무를 놓고 시우쇠를 다루어 연장을 만드는 곳.

대:전¹【大戰】 큰 싸움. 예세계~.

대:전²【對戰】 서로 마주 대하여 싸움.

대:접【待接】 ①손님을 맞음. ②음식을 차려서 손님을 대우함. 비접대. 땐괄시. 천대.

대:조【對照】 둘을 마주 대서 비추어 봄. 비비교.

대:중【大衆】 수가 많은 여러 사람. 일반인. 예~문학.

대중없:다 ①미리 헤아릴 수가 없다. ②어떠한 표준을 잡을 수가 없다.

대:지¹【大地】 넓고 큰 땅.

대지²【垈地】 집터로서의 땅.

대:진【對陣】 ①양쪽의 군사가 서로 마주 대하여 진을 침. ②시합이나 경기에서 두 편이 싸우기 위하여 서로 마주 대하여 섬.

대:책【對策】 어떤 사건 또는 바로 눈앞에 닥친 나라 안팎의 정세에 대한 방책.

대:처【對處】 어떤 정세나 사건에 대하여 적당한 조치를 취함.

대:첩【大捷】 큰 승리. 크게 이김. 예한산~.

대:체¹【代替】 다른 것으로 바꿈.

대:체² 대관절. 도대체.

대:추 대추나무의 열매. [대추]

대:출【貸出】 돈이나 물건을 빚으로 꾸어 줌.

대:패¹ 나무를 곱게 밀어 깎는 연장.

대:패²【大敗】 ①일의 큰 실패. ②싸움에 크게 짐.

대:포【大砲】 화약의 힘으로 포탄을 멀리 쏘아 보내는 큰 화기.

대:표【代表】 여러 사람이나 단체, 또는 한 개인을 대신하여 책임을 지고 나섬. 또는 대표하는 사람.

대:피【待避】 위험이나 피해를 당하지 않도록 일시적으로 피하는 일.

대:필【代筆】 남을 대신하여 글씨를 씀. 또는 그 글씨.

대:하다【對-】 ①앞에 두고 마주 보다. ②상대하다. 응하다.

대:항【對抗】 ①서로 맞서서 버티어 겨룸. ②서로 상대하여 이기고 짐을 다툼.

대:행【代行】 남을 대신하여 행함.

대:화【對話】 서로 마주 대하여 이야기함. 또는 그 이야기. 대담.

대:회【大會】 많은 사람의 모임.

댄스 무용. 춤.

댐 수력 발전·수도·관개 따위를 목적으로 강이나 바닷물을 막아 돌·콘크리트로 쌓아올린 둑.

댕기 여자들이 길게 땋은 머리 끝에 드리는 헝겊이나 끈. [댕기]

더 그 위에 보태어. 더욱.

더듬다[-따] ①손으로 이리저리 만져 보며 찾다. ②말이 순하게 나오지 않고 자꾸 막히다.

더디다 움직이는 시간이 오래 걸리다. 반빠르다.

더러¹ ①얼마쯤. ②이따금.

더러²「~에게 대하여」의 뜻의 부사격 조사.

더:럽다(더러우니, 더러워) ①

때가 묻어 지저분하다. ②천하다. 비겁하고 야비하다.
더미 물건이 모여 쌓인 큰 덩어리.
더부룩하다 풀·나무같은 것이 우거져 위가 수북하다.
더부살이 남의 집에서 먹고 자면서 일을 하여 주고 삯을 받는 일. 또는 그러한 사람.
더불어 함께. 상대로 하여.
더위 여름철의 더운 기운. 반추위.
더하다 견주어 보아 한쪽이 더 많다. 반덜하다.
덕【德】 ①밝고 올바르며 아름다운 품행. ②덕택. ③이익.
덕망【德望】[덕-] 많은 사람들이 우러러 보고 따르는 높은 덕과 인격.
덕분【德分】 남에게 어질고 고마운 짓을 베푸는 일. 비덕택.
덕택【德澤】 남에게 미치는 은덕의 혜택. 비덕분.
덕행【德行】 어질고 착한 행실.
던지다 물건을 들어 공중을 향하여 힘껏 내어보내다.
덜: 어떤 표준이나 한도에 미처 다 차지 못함을 뜻하는 말.
덜:다(더니, 더오) 적게 하다. 줄게 하다. 감하다.
덜:되다 ①다 되지 아니하다. ②사람의 됨됨이가 온전하지 못하다. 못나다.
덜미 목과 어깨죽지 사이.
덜컥 갑작스레 놀라거나 겁에 질리어 가슴이 내려앉는 모양.
덜:하다 견주어 보아 한 쪽이 심하지 않거나 적다. 반더하다.
덤: 제 값어치의 물건보다 조금 더 얹어 주거나 받는 물건.
덤덤하다 ①마땅히 말할 만한 자리에서 아무 말도 없이 있다. ②별 느낌이 없이 그저 평범하다.
덤벙거리다 함부로 까불다.
덤불 어수선하게 엉클어진 수풀.
덤비다 ①함부로 달려들다. ②조급하게 서두르다.
덥:다(더우니, 더워) 온도가 높거나 표준 이상의 열이 있다. 반춥다.

덥석 왈칵 달려들어서 급히 움켜 쥐거나 입에 무는 모양.
덧붙이다[-부치-] ①있는 위에 더 붙이다. ②말을 한 위에 더 보태어 말하다. ③더 넉넉하게 넣다.
덧셈: 어떤 수에 얼마를 더하는 셈법. 더하기. 반뺄셈.
덧없:다[덛-] ①세월이 속절없이 빠르다. ②무상하다. ③자취도 없다.
덩굴 다른 물건에 감기어 오르거나 땅바닥에 퍼지며 벋어 나가는 식물의 줄기.
덩달아 실속도 모르고 남이 하는 대로 따라서.
덫 짐승을 꾀어 잡는 기구. 예 ~에 걸린 쥐.
덮다 ①위로부터 얹어서 씌우다. ②뚜껑을 씌우다. ③어떤 사실을 내버려 두거나 숨기다.

덮치다 ①겹쳐 누르다. ②들이닥쳐 휩싸서 치다. ③여러 가지 일이 한꺼번에 닥치다.

데 ①「곳」의 뜻. ②「경우」의 뜻.

데:다 ①뜨거운 것에 닿아 살이 상하다. ②몹시 놀라거나 고통을 겪어 진저리가 나다.

데모 ①시위 운동. ②「데먼스트레이션」의 준말.

데모크라시 ①민주주의. ②민주정체. ③민주정치.

데뷔 ①사교계에 정식으로 처음 나가는 일. ②음악가·배우들의 첫 무대. 첫 출연.

데생 형태와 명암을 주로 하여 한 가지 색으로 그리는 그림. 특히 목탄으로 그리는 것을 말함.

데이트 ①연월일. 날짜. 연대. ②이성의 친구와의 만남. 또는 그 약속.

덴마:크[국명] 도이칠란트 북쪽에 있는 유틀란트 반도와 그 부근의 섬으로 된 왕국. 모범적인 낙농업국. 수도는 코펜하겐.

도:【道】 ①마땅히 지켜야 할 도리. ②깊이 깨달은 지경. ③우리 나라의 지방 행정 구역의 하나.

도:구【道具】 일에 쓰이는 여러 가지 연장. 제구.

도굴【盜掘】 허가를 맡지 않았거나 주인의 승낙없이 광산이나 옛 무덤 따위를 몰래 파는 일.

도:금【鍍金】 금·은·니켈 따위의 얇은 막을 다른 쇠붙이의 겉면에 입히는 일.

도난【盜難】 도둑 맞는 재난.

도달【到達】 어떤 수준이나 목적한 데에 이름. 비도착. 달성. 반미달.

도대체【都大體】 「대체」의 뜻을 강조하여 쓰는 말. 대관절.

도:덕【道德】 사람으로서 마땅히 지켜야 할 바른 도리와 행위. 예공중~.

도둑 남의 물건을 훔치거나 빼앗거나 하는 나쁜 짓. 또는 그러한 사람. 비도적.

도라지 초롱꽃과의 여러해살이풀. 산이나 들에 절로 나며 심기도 하는데, 뿌리는 살지고 길쭉하며 식용 또는 약재로 쓰임.

도랑 물이 흐르게 된 작은 개울.

도:량【度量】 ①너그러운 마음과 깊은 생각. 예~이 넓은 사람. ②일을 알고 잘 다루는 품성. ③길이와 무게. ④길이를 재는 자와 양을 재는 되.

도련님 ①「도령」의 높임말. ②형수가 결혼하지 아니한 시동생을 높이어 일컫는 말.

도:로¹【道路】 사람이나 차가 다닐 수 있도록 만든 길.

도로² ①향했던 쪽에서 돌아서 반대쪽으로 향하여. ②먼저와 다름이 없이. 본디대로 다시.

도르래 줄을 걸어서 물건을 끌어올리거나, 힘의 방향을 바꾸거나 하는 데 쓰는 바퀴.  [도르래]

도:리【道理】 ①사람이 마땅히 행하여야 할 바른 길. ②일이나 물건의 정당한 이치. ③방도와 사리. 예 자식의 ~를 지키다.

도막 작고 짤막한 동강.

도망【逃亡】 쫓기어 달아남. 피하여 달아남. 비도주. 도피.

도매【都賣】 물건을 모개로 넘겨 파는 일. 반소매.

도모【圖謀】 어떤 일을 이루기 위하여 수단과 방법을 꾀함.

도무지 ①아무리 해도. ②전혀.

도박【賭博】 돈이나 재물을 걸고 화투·카드 등을 써서 이기고 짐을 겨루는 것. 비노름.

도발【挑發】 집적거리어 일이 일어나도록 함.

도보【徒步】 타지 않고 걸어서 감. 예 ~ 여행.

도:사【道士】 도를 닦는 사람.

도산매【都散賣】 도매와 산매. 곧 물건을 한꺼번에 많이 파는 일과 낱개로 파는 일.

도시【都市】 인구가 많으며 상업과 공업이 발달하고 여러 가지 문화적 시설을 갖춘 번화한 곳. 비도회지. 반농촌. 시골.

도야【陶冶】 몸과 마음을 닦아 기름.

도약【跳躍】 뛰어오름.

도:외시【度外視】 문제로 삼지 아니하고 보아 넘김. 반문제시.

도움 남을 돕는 일. 반방해.

도이칠란트[국명] 중부 유럽에 있는 나라. 제2차 세계대전 후 동서로 국토가 갈리었다 다시 통일됨.

도:의【道義】 사람이 마땅히 행하여야 할 도덕상의 의리. 예 ~적인 책임.

도:의심【道義心】 도의를 중하게 여기는 마음.

도:입【導入】 끌어들임. 인도하여 들임.

도자기【陶磁器】 질그릇·오지그릇·사기그릇을 통틀어 일컫는 말.

도:저히【到底-】 아무리 하여도. 비절대로.

도적【盜賊】 도둑.

도전【挑戰】 ①싸움을 걸거나 돋움. ②비유적으로, 어려운 사업이나 기록 경신에 맞섬.

도주【逃走】 달아남. 비도망.

도중【途中】 ①길을 가고 있는 동안. ②일의 중간. 비중도.

도:지다 한 번 났던 병이 덧나다.

도:착【到着】 목적한 곳에 다다름. 비도달. 반출발.

도:처【到處】 이르는 곳마다. 여기저기.

도청【盜聽】 몰래 엿듣는 일.

도취【陶醉】 무엇에 마음이 쏠려 취하다시피 됨. 예 아름다운 그림에 ~되다.

도:쿄【東京】[지명] 일본의 수도. 일본의 정치·문화·경제의 중심지.

도탄【塗炭】 말할 수 없이 어려움. 예 ~에 빠진 국민.

도태【淘汰·陶汰】 여럿 있는 것 중에서 쓸데없는 것이나 알맞지 아니한 것이 없어짐. 또는 없애 버림. 예 자연 ~되다.

도토리 떡갈나무의 열매.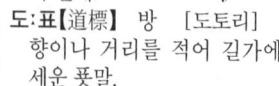

도:표【道標】 방향이나 거리를 적어 길가에 세운 푯말.

도피【逃避】 도망하여 몸을 피함. 예 ~책을 마련하다.

도형【圖形】 ①그림의 모양. ②입체·면·선·점 따위가 모여서 이루어진 것.

도:화선【導火線】 ①화약이 터지도록 불을 댕기는 심지. ②사건을 일으키게 하는 원인이나 계기.

도회지【都會地】 도시. 반 농촌.

독 간장이나 술·김치 따위를 담가 두는 데에 쓰는 큰 오지그릇이나 질그릇.

독립【獨立】[동닙] 남의 도움이나 지배를 받지 않고 자기 힘으로 해 나감. 비 자립. 반 예속. 예 ~ 선언문.

독백【獨白】 ①혼자서 중얼거림. ②연극에서 배우가 상대자 없이 혼자 하는 말. 모놀로그.

독불 장군【獨不將軍】 ①여러 사람과 사이가 틀어져 외롭게 된 사람. ②모든 일을 자기 멋대로 하는 사람.

독사【毒蛇】 독이 있는 뱀. 대개 머리가 세모꼴로 몸이 굵고 꼬리가 짧음.

독서【讀書】 책을 읽음.

독수리【禿-】 몸집이 큰 사나운 새. 매·수리와 비슷하며 온몸이 어두운 갈색임. 날카로운 부리와 발톱으로 작은 동물을 잡아먹음.
[독수리]

독신【獨身】 ①형제 자매가 없는 사람. ②아내나 남편이 없이 혼자 사는 사람. 홀몸. 예 ~주의.

독약【毒藥】 독이 들어 있는 약. 극약보다 더 강함. 비 극약.

독자【獨子】 외아들.

독자【讀者】 책이나 신문·잡지 따위를 읽는 사람.

독재【獨裁】 ①독단으로 사물을 결정하거나 처리해 나감. ②통치의 권력을 가진 사람이 자기 마음대로 나라를 다스리는 일.

독점【獨占】 혼자서 모두 차지함.

독차지【獨-】 혼자서 다 차지함. 비 독점.

독창【獨唱】 청중 앞에서 혼자 노래를 함. 솔로. 반 합창.

독창【獨創】 제 혼자서 힘으로 생각하여 창조함. 반 모방.

독촉【督促】 몹시 재촉함. 서둘러 빨리 하도록 다그쳐 조름.

독특하다【獨特-】 특별하게 다르다. 견줄만한 것이 없이 뛰어나 있다. 반 평범하다.

독학【獨學】 스승이 없이 혼자서 공부를 함.

독해력【讀解力】 글을 읽고서 이해하고 소화할 수 있는 능력.

독후감:【讀後感】 책이나 글을 읽고 난 뒤의 소감.

돋구다 더 높게 하다.
돋다 ①해나 달같은 것이 솟아 오르다. ②속에서 겉으로 생겨 나오다. ③어떤 기색이 표정에 나타나다.
돋보기 작은 물건이 크게 보이는 안경. 알의 배가 불룩하며, 흔히 노인들이 씀. 비확대경.
돋보이다 실제보다 더 좋게 보이다.
돌 어느 한 때로부터 꼭 하루가 되는 때 또는 1년이 되는 날. 첫돌.
돌격【突擊】 돌진하여 공격함.
돌:다(도니, 도오) ①한 중심에서 둥글게 움직이다. ②소문 등이 널리 퍼지다.
돌리다 ①돌게 하다. ②방향을 다른 쪽으로 바꾸다. ③여기 저기로 보내다. ④남에게 책임이나 공을 넘기다.
돌:보다 관심을 두고 뒤를 보살펴 주다. 보호하다.
돌아보다 ①고개를 뒤로 돌려 보다. ②지난 일을 살피다. 예어린 시절을 ~. ③돌보다.
돌연【突然】 갑작스러움. 뜻밖. 갑자기. 뜻밖에.
돌진【突進】 곧장 나아감. 거침 없이 나아감.
돌파【突破】 ①무찌르거나 뚫어 깨뜨림. ②어떤 정하여 놓은 기준을 깨뜨려 넘음.
돕:다(도우니, 도와) ①남을 위해 거들다. 힘을 보태다. ②어떤 기능이나 상태가 좋아지게 하다.
돗자리 왕골이나 골풀의 줄기를 잘게 쪼개어 친 자리.
동【東】 동쪽. 반서.
동갑【同甲】 같은 나이. 나이가 같은 사람.
동강 짤막하게 자른 도막.
동거【同居】 ①가족이 한집에 같이 삶. 반별거. ②가족이 아닌 사람이 한집에서 함께 삶.
동:경【憧憬】 몹시 그리워함. 예~의 대상이 되다.
동:구【洞口】 마을로 들어오는 길목의 첫머리.
동:굴【洞窟】 자연적으로 된 깊고 넓은 굴. 반동혈.
동그라미 둥글게 그린 그림의 모양. 비원.
동급생【同級生】 같은 학급에서 같이 공부하는 학생.
동기¹【同期】 같은 시기.
동:기²【動機】 일이 일어나게 된 원인. 일의 실마리.
동기생【同期生】 같은 기에 강습·졸업 수료 등을 한 사람. 준동기.
동나다 ①늘 쓰던 물건이 다 떨어져 없어지다. ②물건이 다 팔리다.
동남【東南】 ①동쪽과 남쪽. ②동쪽과 남쪽의 사이가 되는 방위.
동:냥 ①중이 쌀 같은 것을 얻으려고 이 집 저 집으로 돌아다니는 일. ②거지나 동냥아치가 돌아다니며 구걸하는 일.
동:네【洞-】 여러 집이 한 동아리를 이루어 모여 사는 곳. 비마을.

동댕이치다 ①힘차게 내던지다. ②하던 일을 그만두다.

동등【同等】 ①등급이 같음. ②자격·수완·입장 등이 같음.

동떨어지다 서로 관계가 없이 따로 떨어지다.

동:란【動亂】[-난] 난리가 일어나서 세상이 소란해지는 일. 또는 그러한 상태. 예6.25 ~.

동:력【動力】[-녁] ①열·물·바람·전기 따위의 힘을 이용하여 기계를 움직이는 힘. ②어떠한 일이나 물건을 움직이어 나가는 활동의 능력.

동료【同僚】[-뇨] 같은 곳에서 같은 일을 보는 사람.

동:맥【動脈】 ①심장에서 나오는 피를 온 몸에 나르는 혈관. 반정맥. ②주요한 도로나 철도를 일컫는 말.

동맹【同盟】 같은 목적이나 이익을 위해 서로 같은 행동을 할 것을 맹세하여 맺은 약속.

동면【冬眠】 뱀·개구리·곰 따위의 동물이 겨울동안 잠자는 상태에서 봄을 기다리는 일. 겨울잠.

동무 벗. 친구. 반원수.

동문【同門】 같은 학교 또는 같은 선생에게서 배우는 일. 또는 그러한 친구. 비동창.

동문 서답【東問西答】 묻는 말에 아주 엉뚱하게 대답함.

동:물【動物】 생물을 식물과 함께 크게 나눈 한 부문. 스스로 움직이며 살아가는 모든 생물을 통틀어 일컫는 말. 곧 모든 짐승·조류·곤충·물고기 따위.

동:민【洞民】 그 동네에 사는 사람. 동네의 주민.

동방【東方】 동쪽. 동쪽의 지방.

동봉【同封】 같이 넣어 함께 봉함.

동:사【凍死】 얼어 죽음.

동산¹ 집 뒤에 있는 언덕이나 작은 산.

동산²【動産】 그 성질이나 형상 따위를 바꾸지 않고 옮길 수 있는 재산. 현금·물품 따위. 반부동산.

동:상¹【凍傷】 얼어서 살갗이 상함.

동상²【銅像】 어떤 큰 인물을 오래 기리기 위하여 그 형상을 구리로 만들어 세운 것.

동:시【童詩】 어린이의 생활이나 마음의 움직임을 나타낸 시.

동:심【童心】 ①어린이의 마음. ②어린이처럼 순진한 마음. ③어릴적 마음. 예~의 세계.

동안 어느 때로부터 어느 때까지의 사이. 시간적인 사이.

동양【東洋】 아시아 일대를 통틀어 이르는 말. 반서양.

동업【同業】 두 사람 이상이 같이 하는 영업.

동:요【童謠】 어린이의 생활감정을 나타낸 노래. 비동시.

동:원【動員】 어떤 목적을 이루기 위하여 사람이나 물건을 모으는 일.

동:의¹【同意】 같은 뜻. 같은 의견. 반반대.

동:의²【動議】 회의 도중에, 이

미 정하여진 안건 외의 사항을 내는 일. 또는 그 사항. 예 긴급 ~.
동일【同一】①꼭 같음. ②평등함.
돛 바람을 받아 배가 나아가도록 하기 위해 돛대에 다는 넓은 천.
돛단배 돛을 달아 바람의 힘을 이용하여 나아가는 배. 돛배. 범선.

[돛단배]
돛대 돛을 달기 위하여 뱃바닥에 세운 기둥.
되 곡식이나 액체 같은 것의 분량을 되는 데에 쓰는 그릇. 척관법에 따른 분량의 단위의 하나. 한 말의 10분의 1임. 승.

[되]
되뇌:다 같은 말을 여러 번 되풀이하여 말하다.
되다¹ ①일이나 물건이 만들어지다. 이루어지다. ②어떠한 정도나 수량에 이르다. ③어떠한 때가 돌아오다.
되다² 말이나 되 따위로 곡식이나 액체·가루 같은 것의 분량을 헤아리다.
되:다³ ①물기가 적어서 빡빡하다. 묽다. ②몹시 켕겨서 팽팽하다. ③고되거나 호되다. 예 일이 ~.
되도록 될 수 있는 대로.
되돌아보다 ①이제까지 지나온 곳을 돌아보다. ②지난 일을 되돌아보고 반성하다.
되묻:다 ①다시 묻다. ②묻는 말에는 대답하지 않고 도리어 묻다.
되새기다 ①소같은 동물이 먹은 것을 다시 내어 씹다. ②지난 일을 다시 생각해 보다.
되씹다 ①한 소리를 자꾸 되풀이하다. ②되새기다.
되풀이 같은 말이나 몸짓을 자꾸함. 비 반복.
된:서리 ①늦가을에 아주 되게 많이 내린 서리. ②모진 재앙이나 타격의 비유. 반 무서리.
된:소리 되게 나는 소리. 곧 ㄲ·ㄸ·ㅃ·ㅆ·ㅉ 따위의 소리. 경음.
두건【頭巾】머리에 두르는 헝겊. 머릿수건. 예 ~을 두르고 뛰다.
두:그루갈이 한 해 동안에 같은 땅에, 자라는 시기가 다른 작물을 두 번 가꾸는 일. 비 이모작.
두근거리다 몹시 놀라거나 겁이 나서 가슴 속이 뛰놀다.
두껍다(두꺼우니, 두꺼워) 두께가 크다. 반 얇다.
두께 물건의 두꺼운 정도.
두뇌【頭腦】사물을 판단하는 슬기. 머리. 준 뇌.
두다 ①일정한 곳에 있게 놓다. ②바둑이나 장기를 놓다.
두둑하다 ①매우 두껍다. ②넉넉하다. 풍부하다.
두둔 편들어 감싸줌.
두드러지다 드러나서 뚜렷하다. 뚜렷하게 드러나다. 예 성적이 두드러지다.
두드리다 가볍게 때리다. 톡톡 치다.
두렁 논·밭 사이의 작은 둑. ⑩ 논~. 밭~.
두레 바쁜 농사철에 공동으로 협력하기도 하고, 모자라는 일손을 덜어 주기도 하는 마을 단위의 모임.
두레박 줄을 길게 매어 우물물을 긷는 기구. 바가지·양철·판자 따위로 만듦.
두려워하다 ①두려운 마음을 느끼다. 겁을 내다. ②공경하고 어려워하다.
두렵다(두려우니, 두려워) ①마음에 꺼리어 무섭다. 겁이 나다. ②상대방이 어려워 눌리는 느낌이 있다. 삐겁나다. 무섭다.
두루 빠짐없이 골고루.
두루마기 한복 위에 입는 외투처럼 길게 생긴 옷.

두르다 싸서 가리다. ⑩머리띠를 ~.
두리번거리다 어리둥절하여 여기저기를 휘둘러보다.
두만강【豆滿江】 백두산에서 시작하여 동해로 흘러드는 강. 길이 520km.
두메 도회에서 멀리 떨어져 있는 깊은 산골 지방. 삐산골.
두목【頭目】 여러 사람 중 그 우두머리가 되는 사람. 딴졸개.
두서【頭緖】 일의 순서. 삐순서. ⑩~ 없는 글.

두엄 외양간에서 나온 짚이나 산에서 밴 풀·쓰레기 따위를 구덩이를 파고 쟁여 썩인 거름. 삐퇴비.
두텁다(두터우니, 두터워) 인정이나 사랑 따위가 많고 깊다. 짝도탑다. ⑩두터운 우정.
두통【頭痛】 머리가 아픈 증세.
두툼하다 꽤 두껍다.
둔:재【鈍才】 재주가 둔한 사람.
둔:하다【鈍-】 ①말과 행동이 느리고 미련하다. ②감정이 무디고 이해가 늦다. 삐굼뜨다.
둘러대:다 ①그럴 듯한 말로 꾸미어 대다. ②돈이나 물건같은 것을 변통하여 대다.
둘레 물건의 가로 둘리어진 테두리. 삐주위. 근방. 뺀중앙. 복판.
둥실둥실 물건이 떠서 움직이는 모양. 짝동실동실.
둥치 큰 나무의 밑둥.
뒤:꼍 집채의 뒤에 있는 뜰이나 마당. 삐뒤뜰. 뒷마당. 뺀앞뜰.
뒤끓다 ①뒤섞이어서 마구 끓다. ②많은 사람이나 동물이 한데 섞이어서 움직이다.
뒤:늦다 제 때가 지나서 늦다.
뒤덮다 온통 가려서 덮다. 죄다 덮다.
뒤:따르다(뒤따르니, 뒤따라) ①뒤를 따르다. ②뜻이나 사업같은 것을 이어받아 계속하다.
뒤뚱거리다 물건이 잇달아 느리게 기울어지면서 흔들리다.

뒤섞다 물건을 한데 그러모아 함부로 섞다.

뒤숭숭하다 정신이 어수선하다.

뒤엎다 뒤집어 엎다.

뒤:잇:다(뒤이으니, 뒤이어서) 끊어지지 않도록 뒤를 잇다. 계속하다.

뒤적이다 물건을 찾느라고 이리저리 뒤지다.

뒤지다¹ 샅샅이 들추어 찾다. 비 들추다.

뒤:지다² 남보다 떨어지다. 뒤에 처지다.

뒤집다 ①안과 겉을 뒤바꾸다. 위와 밑을 뒤바꾸다. ②차례를 바꾸다.

뒤집히다 ①일이나 물건이 뒤집어지다. ②야단이 나다. 낭패를 당하여 온통 시끄러워지다.

뒤:치다꺼리 뒤에서 일을 보살펴서 돌보아 주는 것.

뒤:통수 머리의 뒤쪽.

뒤프르[인명](1780~1865) 프랑스의 의사이며 곤충의 생활 습관에 대하여 깊은 연구를 하였는데, 특히 비단벌레를 잡아먹는 사냥꾼벌에 대하여 연구한 결과를 엮은 「벌 이야기」는 유명함.

뒤흔들다(뒤흔드니, 뒤흔드오) 마구 흔들다. 큰 파문을 일으키다.

뒷:거:래【-去來】 뒷구멍으로 하는 거래.

뒷:날[뒨-] ①닥쳐올 날. ②다음 날.

뒷:면【-面】[뒨-] 뒤쪽의 면.

반 앞면.

뒷:바라지 뒤에서 보살피며 도와 주는 일.

드나들다(드나드니, 드나드오) 들어갔다 나왔다 하다.

드높다 시원스럽게 매우 높다.

드디어 무엇으로 말미암아. 마침내. 그 결과로.

드라마 ①희곡. 각본. 연극. ②극적인 사건.

드러나다 ①겉으로 보이게 나타나다. ②정체가 폭로되다. 널리 알려지다.

드러눕다(드러누우니, 드러누워) ①편한 자세로 눕다. ②앓아서 자리에 눕다.

드리다 ①윗사람에게 물건을 주다. ②여러 가닥의 끈을 고아, 한 가닥으로 만들다. 예 댕기를 ~.

드리우다 아래로 처지게 하다.

드문드문 ①이따금. ②띄엄띄엄. 센뜨문뜨문. 작다문다문.

드물다(드무니, 드무오) 잦지 아니하다.

드보르작[인명](1841~1904) 체코슬로바키아의 음악가. 작품으로는 교향곡 제9번 신세계·위모레스크·슬라브 춤곡 등이 유명함.

드세다 ①몹시 세거나 사납다. ②어떠한 일이 견디기 힘들게 세차다.

득세【得勢】 ①세력을 얻음. ②형편이 좋게 됨.

득실【得失】 ①얻음과 잃음. ②이익과 손해. ③성공과 실패.

득실득실 많은 사람이나 동물들

득점【得點】 시험이나 경기에서 점수를 얻음. 또는 그 점수.

득표【得票】 투표에서 표를 얻음. 또는 그 표수.

든든하다 ①굳세고 여무지다. ②실속이 있어 미덥다. 예든든한 후원자.

듣다¹ 물이 방울방울 떨어지다. 눈물이 떨어지다.

듣다² ①귀로 소리를 느끼다. 말하다. ②칭찬이나 꾸지람을 받다. ③이르는 말대로 따라하다. ④효험을 나타내다. ⑤허락하다.

들: 평평하고 넓게 트인 땅. 비 벌판, 평야. 반산.

들것[-껏] 사람·물건을 나르는 기구로, 두 사람이 들게 되어 있음. 예위급환자를 ~에 뉘어 옮기다.

들녘 평야가 많이 있는 곳.

들다¹(드니, 드오) 거처를 잡고 살다.

들다²(드니, 드오) 연장의 날이 잘 베어지다.

들다³(드니, 드오) ①손에 잡고 위로 올리다. ②어떤 사실이나 예를 내걸다. ③음식을 먹다.

들뜨다 ①단단한데 붙은 얄팍한 물건이 떨어져 틈이 생기다. ②마음이 가라앉지 아니하다.

들락날락 자꾸 드나드는 모양.

들쭉날쭉 조금 들어가기도 하고 조금 나오기도 하여 고르지 아니한 모양.

등:급【等級】 신분·값·품질 등의 높고 낮음이나 위아래를 여러 층으로 나누어 놓은 차례.

등대【燈臺】 해안·섬에 탑을 쌓고 밤에 높은 꼭대기에서 등불을 밝혀 밤중에 뱃길의 목표를 삼거나 위험한 곳을 비추는 대.

등반【登攀】 산이나 높은 곳에 기어오름.

등:온선【等溫線】 지도 위에 온도가 같은 지점을 이어서 그린 선.

등용【登用】 어떤 자리에 인재를 골라 뽑아서 씀.

등잔불【燈盞-】[-뿔] 등잔에 켠 등. 비등불.

등장【登場】 ①무대같은 데에 나옴. 비입장. 반퇴장. ②무슨 일에 어떠한 사람이 나타남.

등:한시【等閑視】 마음에 두지 아니하고 예사로 보아 넘김.

등:호【等號】 두 식 또는 두수가 같음을 표시하는 부호「=」.

등화 관:제【燈火管制】 적의 야간 공습을 막기 위하여 일정한 구역의 등불을 끄게 하는 제도.

디딜방아[-빵-] 발로 디디어 곡식을 찧게 된 방아. [디딜방아]

디자인 ①도안. ②설계, 의장.

딛다 「디디다」의 준말.

딩굴다 ①누워서 이리저리 구르다. ②늘 한 곳에서만 팔다리를 아무렇게나 뻗고 편히 앉아 놀다.

ㄸ

ㄸ[쌍디귿] 「ㄷ」의 된소리.
따갑다(따가우니, 따가워) ①살갗을 찌르는 것처럼 덥다. ②뾰족한 끝으로 찌르는 듯이 아픈 느낌이 있다.
따:귀 「뺨따귀」의 준말.
따끈하다 조금 따뜻한 느낌이 있다.
따님 남의 딸을 대접하여 일컫는 말.
따다 ①붙어 있거나 매달려 있는 것을 잡아 떼다. ②어떤 데서 필요한 부분을 골라 취하다. ③노름 등에서 이겨 돈이나 물품을 손에 넣다. ④점수를 얻다.
따돌리다 밉거나 싫은 사람을 한 패거리에서 떼어 내다.
따뜻하다 ①기운이 포근하게 높다. ②정답고 포근하다. 비따스하다. 반서늘하다.
따라서 그러므로. 그렇기 때문에.
따로 섞이지 않고 각각 떨어져서.
따르다¹(따라, 따라서) ①남의 뒤를 쫓다. ②복종하다. 예아버지의 뒤를 따라서 의사가 되다.
따르다²(따라, 따라서) 기울여서 쏟거나 붓다.
따분하다 활기가 없이 지리하고 답답하다.
따스하다 조금 따뜻하다.
따오기 해오라기 비슷한 새. 산간의 물논이나 연못에 살며, 물고기·개구리·우렁이·곤충을 잡아 먹음. 천연기념물. [따오기]

따위 ①사람이나 사물을 얕잡아 일컫는 말. ②어떤 명사 다음에 쓰여 「그것과 같은 종류」라는 뜻을 나타내는 말.
따지다 ①수를 계산하다. ②일의 잘잘못을 밝히어 가르다.
딱딱거리다 딱딱한 말씨로 소리를 크게 내어 울려대다.
딱따구리 숲 속에 살며, 나무 껍질 속에 있는 벌레를 잡아먹고 사는 새.
딱딱하다 ①매우 곧고 단단하다. ②말씨나 태도·성격·분위기 등이 부드럽지 않다. 거칠고 꺽꺽하다.
딱하다 ①애처롭고 가엾다. ②처리하기가 어렵다. -히
딴 관계없이 다른.
딴판 전혀 다른 모양.
딸리다 어떤 것에 매이거나 붙어 있다.
땀 사람이나 동물의 피부에 분비되는 진액.
땅 ①바다를 제외한 지구의 겉면. 육지. ②영토.
땅거미[-꺼-] 해가 진뒤로 컴컴하기 전까지의 어스레한 어둠.
땅딸막하다 키가 짤막하고 옆으

땅딸보 키가 작은 사람을 빗대어 하는 말.

때우다 ①깨어졌거나 뚫어진 물건에 다른 조각을 대어 깁다. ②주식 이외의 다른 것으로 끼니를 넘기다. 예아침을 빵으로 때우다.

땔:감[-깜] 불을 때는 데 쓰이는 거리. 비땔나무. 연료.

떠나다 ①다른 곳을 향하여 옮기어 가다. ②어떤 일에서 벗어나다. ③사라지다. 없어지다.

떠들다(떠드니, 떠드오) ①시끄럽게 지껄이다. ②소문이 크게 나다.

떠듬거리다 말이나 글이 자꾸 막히어 술술 나오지 아니하다.

떠름하다 ①조금 떫다. ②마음이 썩 내키지 아니하다.

떠맡다 남의 할 일을 자기가 맡아서 처리하다.

떠받들다 ①쳐들고 위로 받치다. ②공경하여 섬기다. ③소중히 다루다.

떠벌:리다 ①지나치게 과장하여 떠들어 대다. ②굉장한 규모로 차리다.

떠보다 남의 속마음을 넌지시 알아보다.

떠오르다(떠오르니, 떠올라) ①뜨거나 솟아서 위로 오르다. ②생각이나 기억이 나다.

떡 쌀가루로 만든 음식.

떡잎[-닢] 씨앗에서 처음으로 싹이 터서 나오는 잎.

떨기 ①풀·꽃·나무 따위의 무더기. ②무더기진 식물을 셀 때 쓰이는 말. 예한~ 국화꽃.

떨떠름하다 ①매우 떠름하다. ②마음이 내키지 아니하다.

떨치다¹ 위세나 이름 같은 것이 널리 알리어져 있다.

떨치다² 세게 흔들어서 떨어지게 하다.

떫다[떨따] 맛이 거세어서 입 안이 부덕부덕하다. 곧, 날감 맛과 같다.

떳떳하다 말과 행동이 바르고 어그러짐이 없어서 굽힐 것이 없다.

떼¹ ①흙까지 아울러 뿌리째 떠낸 잔디. ②사람·동물 따위가 한데 많이 몰린 것. 비무리.

떼² 이치에 맞지 아니하는 일을 억지로 요구하거나 고집하는 것.

떼:어먹다 ①한 덩이가 된 것에서 한 부분을 잘라 먹다. ②갚을 것을 갚지 아니하다.

또래 나이가 어느 정도 같거나 엇비슷한 무리.

또렷하다 매우 똑똑하고 분명하다. 반희미하다.

또박또박 ①뚜렷한 모양. ②차례를 거르지 아니하고 일일이. 예매달 생활비를 또박또박 부쳐오다.

또아리 짐을 일 때 머리에 받치는 고리 모양의 물건. 짚이나 천으로 틀어서 만듦.

또한 마찬가지로. 역시.

똑똑하다 ①사리에 밝고 야물다. 분명하고 정확하다. ②분

똑바로 ①곧 바르게. ②아주 바른 대로.

뙤약볕 되게 내리쬐는 여름의 뜨거운 볕.

뚜렷하다 매우 똑똑하고 분명하다. 〈작〉또렷하다.

뚝배기 찌개 따위를 끓이거나 담을 때 쓰는 오지 그릇. [뚝배기]

뚝심 ①굳세게 버티는 힘. 〈예〉뚝심이 소 같은 녀석. ②미련하게 내는 힘.

뚫다 ①구멍을 내다. ②길을 통하게 하다. ③이치를 깨닫게 되다. ④틈이 벌어지게 하다.

뛰어나다 여럿 가운데서 훨씬 낫다.

뜀박질 뜀뛰는 짓. 〈비〉달음박질.

뜨개질 털실 같은 것으로 떠서 짜는 일.

뜨끈하다 매우 뜨뜻한 느낌이 있다. 〈작〉따끈하다.

뜨내기 일정한 거처가 없이 이리저리 떠돌아 다니는 사람.

뜨다¹(뜨니, 떠) ①물 위에 드러나 있다. ②공중에 올라 있거나 솟아오르다. ③공간적으로 사이가 벌어지다.

뜨다²(뜨니, 떠) 감았던 눈을 열다.

뜨다³(뜨니, 떠) 병이나 굶주림 또는 볕을 오래 못 보아서 얼굴 빛이 누르고 살갗이 부은 것같이 되다.

뜨물 쌀을 씻어 내어, 부옇게 된 물.

뜨이다 ①감았던 눈이 열리다. ②없던 것이 눈에 드러나 보이다. 〈준〉띄다.

뜬구름 ①하늘에 떠다니는 구름. ②덧없는 세상 일을 비유하는 말. 〈비〉부운.

뜬눈 밤에 잠을 자지 못한 눈. 〈예〉~으로 밤을 새우다.

뜬소:문【-所聞】 근거 없이 떠돌아다니는 소문.

뜯기다 ①물것에게 물리다. ②남에게 재물 따위를 먹히다.

뜯다 붙어 있는 것을 잡아 떼다.

뜰 집 안에 있는 마당 〈예〉뒤 ~.

뜸:하다 도수가 잦거나 심하던 것이 한동안 멈칫하다.

뜻 ①글이나 말이 나타내고 있는 것. ②마음에 품은 생각. 〈비〉의미.

뜻밖 생각 밖. 〈비〉이외.

띄:다 ①「뜨이다」의 준말. ②「띄우다」의 준말.

띄우다 ①사이가 벌어지게 하다. 〈준〉띄다. ②편지 같은 것을 보내다.

ㄹ

ㄹ[리을] 한글 자모의 넷째 글자.

-ㄹ거나 모음으로 끝나는 동사의 어간에 붙어, 영탄조로 자문하거나 남의 의견을 물어 볼 때에 쓰이는 종결 어미. 예 어디로 가~.

-ㄹ게[-ㄹ께] 받침없는 말끝에 붙어, 「하게」할 상대에게 무엇을 약속할 때 쓰이는 종결 어미. 예 다시 오~.

-ㄹ까 말:까 받침없는 동사의 어간에 붙어서 하는 짓을 망설이는 뜻을 나타내는 말. 예 일을 하~.

-ㄹ수록[-ㄹ쑤-] 받침없는 말에 붙어 어떤 일이 더하여 감을 나타내는 연결어미. 예 날이 가~ 태산이다.

라고 받침 없는 체언에 붙어서 그 내용을 가리키는 조사.

라는 「라고 하는」의 준말.

라도 받침 없는 말에 붙어서 같지 않은 것을 구태여 가리지 않음을 나타내는 특수 조사.

라듐 방사성 원소의 한 가지. 알파·베타·감마의 방사선을 내는 은백색의 금속. 1898년 퀴리 부처가 발견함.

라디오 방송국에서 보도·강연·음악·방송극 등을 보내는 전파. 또는 그 방송을 듣는 장치.

라오스[국명] 아시아의 동남부 인도차이나 반도에 있는 나라. 수도는 비엔티안.

라이터 담뱃불을 붙이는 도구.

라이트 형제[인명] 미국의 발명가 형제(형:월버, 아우:오빌). 1903년 처음으로 하늘을 나는 실험에 성공함.

라켓 정구나 배드민턴 등에서 공을 치는 채. [라켓]

램프 ① 남포등. ② 알코올·램프 같은 열을 내는 장치.

러닝 셔츠 메리야스로 만든 소매없는 셔츠.

러시아[국명] 공산국가로 되기 전의 소련의 이름.

러시 아워 통학·통근 등으로 교통이 몹시 붐비는 시간.

럭비 운동 경기의 하나. 한 팀 15명씩의 선수들이 길고 둥근 공을 손으로 넘기고 발로 차면서 상대방 전지에 공을 갖다 대면 득점함.

럭스 밝기의 단위. 촉광의 빛으로부터 1m 거리에 있는 1㎡의 표면의 밝기를 1럭스라 함. 기호는 Lx.

런던[지명] 영국의 수도. 정치·경제·문화의 중심지. 질은 안개로 유명함.
레바논[국명] 서남 아시아 지중해에 인접한 공화국. 수도는 베이루트.
레슬링 유도와 비슷한 서양식 씨름.
레이더 마이크로파를 발사하여 비행기나 배 따위의 위치를 알아내는 장치. 전파 탐지기.
레이스 경주. 경조.
레일 기차·전차 등을 달리게 하기 위하여, 땅 위에 까는 긴 쇠로 된 길. 철길. 비 궤도.
레저 여가. 여가를 이용한 휴식이나 행락.
레코드 축음기에 걸고 트는 녹음된 소리판. 축음기판.
레크리에이션 공부나 일로 인한 피로를 풀어 새로운 힘을 북돋우기 위한 오락이나 운동.
렌즈 유리나 플라스틱으로 만든, 빛을 굴절시키는 투명체. 볼록 렌즈와 오목 렌즈가 있음.
로댕[인명](1840~1917) 프랑스의 조각가. 「생각하는 사람」, 「청동시대」 등 뛰어난 작품을 많이 남겼음.

[로댕]

로마[지명] 이탈리아의 수도. 옛 로마 시대로부터의 유적이 많아 관광지로 유명함. 바티칸 시국이 있음.
로마교 가톨릭교.
로맨스 젊은 남녀간의 사랑. 또는 그 이야기.
로봇 ①전기·자기의 힘으로 행동을 자동적으로 하는, 사람이 만든 기계 인간, 인조 인간. ②제 뜻이 없이 남의 조종에 움직이는 인간. 꼭두각시.
로서 받침이 없거나 ㄹ받침으로 끝나는 체언에 붙어서 어떤 「지위나 신분 또는 자격을 가지고」의 뜻을 나타내는 말.
로스앤젤레스[지명] 미국 캘리포니아주의 공업 도시.
로써 받침이 없거나 ㄹ받침으로 끝나는 체언에 붙어서 「~를 가지고서」의 뜻을 나타내는 말.
로켓 화약이나 액체 연료를 폭발시켜서 많은 양의 가스를 생겨나게 하여 그 반동으로 추진시키는 기관.
로키산맥【-山脈】 북아메리카 대륙의 태평양 쪽으로 남북으로 뻗은 긴 산맥.
로:프 굵은 밧줄.
롤:러스케이트 바닥에 네 개의 작은 바퀴가 달린 스케이트. 흔히 땅 위나 콘크리트 바닥에서 탐.
롯시니[인명](1792~1868) 이탈리아 낭만파 가극의 대가. 40여 곡의 가극을 작곡하였음. 「세빌랴의 이발사」, 「윌리엄텔」등이 특히 유명함.
루비 붉은 색깔을 띤 단단한 보석. 홍옥.
루소[인명](1712~1778) 프랑스의 문학가이며 사상가. 자유, 평등 사상을 널리 퍼뜨리어 프랑스 혁명에 큰 영향을 주었음.

루스벨트[인명] (1182~1945) 제2차 세계대전을 승리로 이끌고, 유엔의 기초를 세운 미국 제32대 대통령.

[루스벨트]

룩셈부르크[국명] 서부 유럽에 있는 작은 나라. 베네룩스 3국 중 하나. 수도는 룩셈부르크.

룰: ①규칙. 법칙. 흔히 운동 경기의 규칙에 쓰임. ②지배. 통치.

-류【流】 어떤 사람이나 그 파의 특유한 방식·풍류를 나타내는 접미어.

르느와르[인명](1841~1919) 프랑스의 화가. 주로 풍경·나체·인물 등을 그렸음.

르네상:스 14세기 말부터 16세기 초에 걸쳐 이탈리아에서 일어난 예술 및 문화의 혁신 운동. 중세기의 크리스트교적인 속박에서 벗어나 개인과 개성의 해방 운동, 고전 문화의 부흥을 목표로 하였음. 또한 근대 문명의 기초를 이루었음. 문예 부흥.

리 어미「-ㄹ」밑에 붙어서「까닭·이치」의 뜻을 나타내는 말.

리【里】 숫자 밑에서「이」의 뜻으로 쓰이는 말.

리:그전:【-戰】 운동경기에서, 전체 참가 팀이 적어도 한 번씩은 다른 모든 팀과 시합을 하게 되는 경기 방식.

리: ①지도자, 지휘자. ②신문의 사설이나 논설.

리드미컬 율동적임. 규칙적이고 장단이 잘맞음. 음율적임.

리듬 ①율동. ②음의 3요소 중의 하나. 음의 센박과 여린박을 규칙적으로 배치하여 시간적인 흐름을 나타냄.

리바이벌 재생. 부활. 소생.

리본 무엇을 묶거나 꾸미는데 쓰이는 좁은 헝겊. 또는 머리를 묶는데 쓰는 좁다란 헝겊.

리비아[국명] 아프리카 북부에 있는 나라. 수도는 트리폴리.

리사이틀 독주. 독주회. 독창. 독창회.

리스본[지명] 포르투갈의 수도. 대서양에 인접한 항구 도시.

리스트 목록. 명부. 일람표. 가격표.

리스트[인명](1811~1886) 헝가리의 낭만파 음악가.「피아노의 왕」이라고 불림. 작품에는「헝가리 광시곡」,「단테」,「피아노 협주곡 제1번」 등이 있음.

[리스트]

리아스식 해:안【-海岸】 해안선의 드나듦이 복잡한 해안. 우리 나라의 서해안과 남해안이 대표적인 리아스식 해안임.

리터 액체 또는 가루 등의 양을 재는 단위. 기호는 ℓ. 1ℓ는 10㎗.

리얼리즘 ①현실주의. ②사실주

의.

리트머스 시험지【-試驗紙】 리트머스 용액에 적시어 물들인 종이. 산성·알칼리성을 구별하기 위한 푸른 색과 붉은 색의 두 가지가 있음.

리허:설 연극이나 음악을 공개하기 직전에 무대에서 행하는 연습.

릴레이 서로 번갈아 바뀌거나 이어져 계속됨. 교대. 중계.

링 ①반지. 고리 또는 고리 모양의 물건. ②둥근 모양 경기장. ③권투 경기장.

링컨[인명](1809~1865) 미국의 정치가. 제16대 대통령. 남북 전쟁을 북의 승리로 이끌어 흑인 노예들을 해방시켰음.

[링컨]

ㅁ[미음] 한글 닿소리의 다섯째 글자.

마:[식물] 마과의 여러해살이 덩굴풀. 여름에 자색 꽃이 핌. 산과 들에 나는데, 밭에 재배도 함. 살눈은 식용하고, 뿌리는 산약이라 하여 강장제로 씀.

마감 일의 끝. 정한 기간의 끝. 예세금 납부 ~ 일. -하다.

마개 그릇 따위의 아가리에 끼워서 속의 것을 못 나오게 하는 물건. 예병마개.

마고자 한복 저고리 위에 덧입는 옷. 비마괘자.

[마고자]

마구 함부로. 되는 대로. 아무렇게나. 예글씨를 ~ 쓰다. 비함부로. 준막.

마:구간[마구깐] 말을 기르는 곳. 비외양간. 준마구.

마구리 긴 물건의 양쪽 머리의 면. 예베개 ~.

마구리판 나무 토막의 양쪽 머리의 면을 직각이 되도록 깎는 틀.

마귀 요사스런 귀신을 통틀어 일컫는 말.

마귀 할멈 옛날 이야기에 나오는 못되고 요사스러운 귀신 할머니.

마그네슘 은백색에 가까운 금속 원소. 공기 중에서 가열하면 강한 빛을 내면서 타므로 불꽃놀이 등에 씀.

마그마 땅 속 깊은 곳에 있는 바위가 녹은 것과 같은 액체 상태의 물질. 온도가 매우 높고 이것이 식어서 굳으면 화성암이 됨.

마:나님 나이 많은 부인을 높여서 부르는 말.

마냥 ①여느 때와 다름없이 언제나. 예~ 그립다. ②욕심껏 충분히. 예~ 먹어대다.

마네킹 백화점 같은 곳에서 진열장에 세워 놓고 옷이나 장신구 등을 입히거나 거는 사람 모양의 인형.

마녀 괴상한 힘을 가지고 요술을 부린다는 전설 속의 여자. 작선녀.

마:누라 「아내」의 낮춤말.

마늘[식물] 백합과의 여러해살이풀. 밭에 재배하는데, 잎은 가늘고 길며 땅 속에 굵은 비늘줄기가 있음. 특유한 냄새와 매운 맛이 있어 양념으로 쓰임.

마니산[지명] 경기도 강화군 강화도에 있는 산. 높이 467m.

마:님 옛날에 지체가 높은 집의

부인을 높여 부르던 말.
마다 「낱낱이 모두」·「늘」의 뜻을 나타내는 말. 예날 ~ 일기를 쓴다.
마당 ①집 앞이나 뒤에 닦아 놓은 평평한 땅. 비뜰. ②어떤 일이 일어나거나 일을 하는 경우. 예놀이 ~. 이왕 이렇게 된 ~에.
마당비 마당을 쓰는 비.
마당질 곡식의 이삭을 떨어 낟알을 거두는 일. 타작. -하다.
마도 갈방아 노래 경상 남도 삼천포시 마도 지방에서 어부들이 전어를 잡으면서 불렀던 노래.
마디 ①나무 줄기에 가지가 붙은 곳. 예~에 맺힌 꽃봉오리. ②뼈와 뼈가 맞닿은 곳. 예뼈-가 매우 아프다. 비관절. ③말이나 노래 곡조 등의 한 뜻이 끝나는 동아리. 예한 ~로 거절하다.
마디다 쓰기에 오래 가다. 예비누가 ~. 반헤프다.
마땅하다 ①알맞게 잘 어울리다. 예내게 마땅한 일자리 하나 없을까? ②당연하다. 예벌을 받음이 ~.
마라톤 육상 경기의 한 종목. 정식 마라톤의 달리는 거리는 42.195km임.
마력 괴상한 힘. 상상할 수 없는 이상한 힘. 예~의 소유자.
마련¹ 일이나 물건을 이리저리 준비하거나 계획을 세움. 예장소가 ~되다. -하다.
마련² 그렇게 되도록 되어 있음.

인간은 불완전하게 마련이다.
마련 그:림 마름질하기 위해 그리는 그림. 예~ 그리기. 비설계도.
마렵다 (마려우니, 마려워서) 오줌이나 똥이 나오려고 하는 느낌이 있다.
마루 집안에 바닥과 사이를 띄우고 널빤지를 깔아 놓은 곳. 예쪽마루.
마르다 (마르니, 말라서) ①물기가 없어지다. 예빨래가 ~. ②야위어서 뼈만 남다. 예몸이 ~. ③입·목구멍 등에 물기가 적어 갈증이 나다. 예목이 ~.
마르코니[인명] (1874~1937) 이탈리아의 전기 공학자. 무선전화 장치를 발명하여 1909년 노벨 물리학상을 받았음.
[마르코니]
마른 걸레 물에 적시지 않은 걸레. 반물걸레.
마른 번개 비가 오지 않는 하늘에서 치는 번개.
마른 하늘 비가 오지 않고 파랗게 갠 하늘. 마른 하늘에 벼락 맞는다. 속뜻밖에 큰 사고를 당하게 된다는 말.
마름모 네 변의 길이가 모두 같으나, 모든 각이 직각이 아닌 사각형.
마름질 옷감·재목 따위를 치수에 맞추어 자르는 일. 비재단. -하다.
마리 물고기나 새, 또는 짐승을 셀 때 쓰는 말. 예새 한 ~.

마:마 천연두. 예~ 자국.

마멸【磨滅】 갈리어 닳아서 얇아지거나 없어짐. 예부속이 ~되다. -하다.

마무리 어떤 일을 정리하여 끝을 맺음. 예모든 일은 ~가 중요하다. -하다.

마:부【馬夫】 말을 부리는 사람.

마:분지 빛이 누렇고 두꺼운 종이.

마비 ①신체의 일부분 또는 전체의 감각이 없어지는 상태. 예손이 ~되었다. ②사물의 기능이 정지되거나 소멸되는 일. 예큰 눈으로 교통이 ~되다. -하다.

마:산【지명】 경상 남도에 있는 항구 도시. 「마산 수출 자유 지역」이 있는 공업 도시임.

마소 말과 소. 예~를 키우다.

마수¹ 첫번에 팔리는 것으로 미루어 말하는, 그 날의 운수. 예아직 ~도 못했다.

마수² 「악마의 손」이란 뜻으로 음흉하고 흉악한 사람의 손길. 예불량배의 ~에 걸리다.

마:술¹【馬術】 말을 타는 기술. 예~ 대회.

마술²【魔術】 사람의 눈을 속이는 야릇한 재주. 특히, 무대에서 하는 요술. 예~을 부리다. 비요술.

마술사[마술싸] 마술을 잘 부리는 사람.

마스코트 행운을 가져 온다고 믿어 간직하거나 위하는 상징물. 예서울 올림픽 ~는 호돌이다.

마스크 ①가면. 탈. ②병균이나 먼지 따위를 막기 위하여 코와 입을 가리는, 가제로 만든 물건. ③야구의 포수나 펜싱 선수 등이 얼굴을 가리기 위하여 쓰는 기구.

마시다 ①물이나 술 따위의 액체를 목구멍으로 넘기다. 예커피를 ~. ②냄새·공기 등을 빨아 들이다. 예바다 바람을 ~.

마애불 바위벽에 새긴 불상.

마약 ①수술 등을 할 때 아픔을 없애기 위하여 마취시키는 약. 마취약. ②아편·코카인 등. 예~ 중독자.

마요네즈 주로 야채 요리에 쓰이는 샐러드용 소스의 한 가지. 달걀 노른자·샐러드유·식초·소금 등을 섞어 만듦.

마운드 야구에서 투수가 공을 던지기 위하여 서는 곳.

마운령비[마울령비] 신라 때 진흥왕이 영토를 확장하고 친히 영토 안을 순행한 후에 세운 순수비의 하나임. 함경 남도 마운령에 있음.

마을 시골의 여러 집이 모여 사는 곳. 비동리. 촌락.

마을 문고 특히, 농어촌 지역의 마을에 여러 가지 책을 모아 놓고 마을 사람들이 누구나 읽어 볼 수 있도록 꾸며 놓은 곳이나 그 책.

마을 회:관 마을 사람들의 모임을 위하여 지어 놓은 집.

마음 ①사람이 가슴 속에 품고 있는 생각. 예~이 움직이다.

②어떤 자극에 따라 일어나는 기분. 느낌. 예답답한 ~. ③타고난 성격이나 성질. 예~이 곱다. ④인정 또는 인심. 마음이 좋다. 비정신. 준맘.

마음가짐 ①마음을 쓰는 태도. 예~이 훌륭하다. ②결심. 각오. 예~을 굳히다.

마음껏 ①정성을 다하여. 예~ 돌보다. ②모자람이 없도록. 실컷. 예~ 뛰놀다. 준맘껏.

마음놓다 믿고 의심하지 아니하다. 비안심하다.

마음대로 하고 싶은 대로. 준맘대로.

마음먹다 하고 싶은 생각을 가지다. 마음을 한 군데로 딱 작정하다. 준맘먹다.

마음씨 마음을 쓰는 태도. 예착한 ~. 비마음결. 준맘씨.

마이너스 ①뺄셈의 기호 「-」의 이름. ②뺌. 덜. 반플러스.

마:이 동풍【馬耳東風】 남의 말을 귀담아 듣지 않음을 일컫는 말.

마이카: 자기 소유의 자동차.

마이크 ①전화나 라디오의 송화기 등과 같이 음파를 음성 전류로 바꾸는 장치. 특히, 라디오나 확성기에 연결시키는 것을 말함. ②소리를 크게 하여 멀리까지 들리게 하는 장치. 본마이크로폰.

마저 「까지도」·「까지 모두」의 뜻을 나타내는 끝말. 예비가 오는 데다 바람~ 세차게 분다.

마:적【馬賊】 말을 타고 무리를 지어 다니는 도둑.

마젤란[인명] 처음으로 세계 일주에 성공한 포르투갈의 항해가.

마주 서로 똑바로 향하여. 예~대하다.

마주 서다 서로 똑바로 보고 서다. 예~ 서서 이야기하다. 준맞서다.

마주 앉다 서로 똑바로 보고 앉다. 예정답게 ~.

마주치다 서로 정면으로 부딪치다. 예손뼉도 마주쳐야 소리가 난다.

마중 오는 사람을 맞이하러 감. 나가서 맞이함. 반배웅. -하다.

마지기 논이나 밭의 넓이의 하나. 한 말의 씨를 뿌릴 만한 넓이. 대개 논은 150~300평 안팎, 밭은 100평 내외임.

마지막 일의 끝판. 맨 나중. 비최후.

마지막 수업 프랑스의 소설가 알퐁스 도데가 지은 소설의 제목. 전쟁에 져서 프로이센의 영토가 되고 만 알자스 비장의 어느 초등학교에서 이제 프랑스 말로는 마지막 수업이 되는 그 날의 광경을 그린 작품임.

마:지못하다[마지모타다] 마음에 내키지 않으나 아니 할 수 없다. 예마지못해 허락을 하다.

마:지아니하다 진심으로 그렇게 함을 힘주어 말할 때 쓰는 말. 예도와 주기를 바라 ~.

마:차【馬車】 말이 끄는 수레. 예 역마차.

마:차부자리 북쪽 하늘의 오리온자리 북쪽에 있는 오각형의 별자리. 비 마부좌.

마찬가지 서로 같음. 매한가지. 예 새 것이나 ~이다.

마찰 ①두 물건을 서로 비빔. 예 냉수 ~. ②의견이나 뜻이 맞지 않아서 서로 충돌하는 일. 예 국제간의 무역 ~. 비 알력. -하다.

마찰 전:기 마찰에 의하여 생기는 전기. 양전기와 음전기가 있음. 비 정전기.

마취 수술이나 상처를 치료할 대 약물을 사용해서 몸의 감각을 없이하는 일. 비 몽혼. -하다.

마치¹ ①거의 비슷하게. 흡사. 예 얼굴 모습이 ~ 나와 비슷하다. ②틀림없이.

마치² 못을 박거나 무엇을 두드리거나 하는데 쓰는 연장.

마치다 끝내다. 예 숙제를 ~. 비 끝내다.

마침 ①어떠한 기회에 알맞게. 예 ~ 잘 만났다. ②우연히 공교롭게도. 예 일이 ~ 잘 되었다.

마침내 드디어. 기어이. 예 ~ 기다리던 방학이 왔다.

마침법 음악에서, 악곡을 일단 끝맺기 위하여 쓰이는 화음.

마침표 문장의 끝맺음을 나타내는 부호. 비 종지부.

마카오[지명] 중국 광동만 입구에 있는 항구 도시. 기후가 온화하고 경치가 아름다움.

마크 ①기호. ②상표.

마:패 조선시대 관리들의 지방 출장 때 역에서 말을 빌려 쓰는 증명이 되던 구리로 만든 둥근 패. 암행어사의 도장으로 사용되었음.

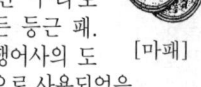
[마패]

마포구[지명] 서울특별시의 한 구.

마:한[국명] 삼한의 하나. 기원전 3~4세기경에 지금의 충청남도와 전라도에 걸쳐 50여 개의 부족 국가로 이루어져 있던 나라. 대개 농업을 주로 하는 부락 공동체였음.

마호메트[인명] 이슬람교의 창시자. 메카에 있는 히라 언덕에서 알라 신의 계시를 받아 새로운 종교를 창시하였음. 그가 지은 코란은 이슬람교의 신앙과 생활 규범을 말한 내용임.

막¹ ①비바람만 가릴 정도로 임시로 지은 집. 예 원두~. ②천을 이어서 넓게 만들어 칸을 막아 가리게 한 물건. 특히, 연극에서 무대 앞을 가리는 것.

막² 이제 곧. 이제 방금. 지금 바로. 예 거기서 ~ 오는 길이다.

막³ 걷잡을 수 없이. 예 ~ 달리다. 비 몹시. 본 마구.

막강【莫强】 더할 수 없이 매우 강함. 예 ~한 우리 나라의 군사력. -하다.

막걸리 맑은 술을 떠내지 아니하고 그대로 걸러 짠 술. 비 탁주.

막내 형제 중 맨 마지막으로 난 아이.

막내둥이 「막내」를 귀엽게 이르는 말.

막내딸 맨 마지막으로 태어난 딸.

막내아들 맨 마지막으로 태어난 아들.

막노동 닥치는 대로 마구잡이로 하는 힘든 일. 비 막일.

막다 두 사이를 가리다. 예 앞을 가로~.

막다르다 가다가 앞이 막혀서 더 나갈 길이 없다. 예 가다 보니 막다른 골목이었다.

막다른 골목 끝이 막히어 더이상 나아가지 못하게 된 골목.

막대 「막대기」의 준말.

막대 그래프 수나 양의 크기를 막대기의 길이로 나타낸 그래프.

막대기 기름하고 가는 나무 막대의 토막. 준 막대.

막대 자석 막대 모양의 자석.

막대하다 말할 수 없이 크다. 매우 크고 많다. 예 막대한 재산.

막돌 쓸모없이 아무렇게나 생긴 돌. 비 잡석.

막둥이 ①「막내 아들」의 다른 말. ②잔심부름을 하는 사내아이.

막론[망논] 말할 것도 없음. 예 남녀 노소를 ~하고 즐길 수 있는 운동.

막막¹[망막] 너르고 멀어서 아득함. 예 ~한 바다. -하다.

막막²[망막] 의지할 데가 없어서 답답하고 외로움. 예 살 길이 ~하다. -하다.

막무가내 한번 정한 대로 고집하여 도무지 융통성이 없음. 예 가지 말라고 아무리 말려도 ~였다.

막바지 더 이상 갈 수 없는 막다른 곳. 일의 마지막 단계. 예 경기가 막바지에 이르다.

막벌이 닥치는 대로 아무 일이나 하여 돈을 버는 일. -하다.

막사 임시로 되는 대로 허술하게 지은 집. 예 야영 ~.

막상 실제로 어떤 일을 당하여. 예 ~ 떠나려고 하니 발이 떨어지지 않는다.

막상 막하[막쌍마카] 더 낫고 더 못함의 차이가 없음. 예 실력이 ~이다. -하다.

막심 대단히 심함. 예 손해가 ~하다.

막아서다 가지 못하게 앞을 막아서 서다.

막연 범위나 내용이 분명하지 않고 어렴풋함. 예 ~한 대답. -하다. -히.

막자 사발 알약 등의 덩어리를 부수어 가루를 만들 때 쓰는, 유리나 사기로 만든 그릇.

막차 마지막으로 떠난 차.

막히다[마키다] 막음을 당하다. 예 구멍이 ~. 반 트이다.

만¹ 바다가 육지로 쑥 들어간 곳. 예 영일~. 반 곶.

만² 제 돌이 꽉 참을 나타내는 말. 예 ~으로 몇 살이냐.

만 동안이 얼마 계속되었음을 뜻하는 말. 예 이틀~에.

만:경강 [지명] 전라 북도 완주군에서 시작하여 서해로 흘러드는 강. 그 유역이 우리 나라의 곡창 지대인 호남 평야의 중심부임.

만:경 창파 한없이 너른 바다.

만:고【萬古】 ①아주 먼 옛날부터 지금에 이르기까지의 오랜 세월. 예 ~에 변함 없는 강산. ②한없는 세월. 예 ~에 빛날 업적.

만:국【萬國】 세계의 여러 나라. 예 ~ 박람회. 비 만방.

만:국 공법 국제 공법의 옛 이름. 나라들 사이의 합의에 의해서 서로 지키기로 정한 법. 비 국제법.

만:국기【萬國旗】 여러 나라의 국기.

만:국 우편 연합 국제 연합의 전문 기구의 하나. 세계 여러 나라가 서로 우편을 교환함으로써 경제·문화의 교류를 이룩하자는 것이 목적임. 본부는 스위스의 베른에 있음.

만:국 평화 회:의 1899년과 1907년에 네덜란드의 헤이그에서 열린 두 차례의 국제 회의. 세계의 평화 유지 문제가 토의되었으며, 2차 회의 때에는 우리 나라 고종 황제의 밀사로 이상설·이준 등이 파견됨.

만기【滿期】 정한 기한이 다 참. 예 보험이 ~가 되다.

만나다 서로 얼굴을 대하고 서다. 반 헤어지다.

만날 여러 날을 통하여 늘. 예 그는 ~ 지각한다.

만:능【萬能】 온갖 사물에 능통함. 예 ~ 박사. -하다.

만담 익살로써 세상과 인생을 풍자하는 이야기. 예 만담가.

만돌린 현악기의 한 가지. 줄이 네쌍 있으며 자라 껍데기나 셀룰로이드 조각으로 튕김. [만돌린]

만두 밀가루를 반죽하여 그 속에 고기나 야채를 넣어 삶거나 찌거나 기름에 튀겨서 만든 음식.

만들다 (만드니, 만들어서) ①기술이나 힘을 들여서 일어나 물건을 이루다. 예 인형을 ~. ②새로 장만하여 내다. 예 회칙을 ~.

만료【滿了】[말료] 한도나 기간이 차서 끝남. 예 임기 ~.

만:루[말루] 야구에서 세 베이스에 모두 주자가 있는 경우.

만류[말류] 붙들고 못 하도록 말림. -하다.

만:리【萬里】[말리] ①천 리의 열 갑절. ②매우 먼 거리임을 나타낼 때 쓰는 말. 예 ~ 타향.

만:리 장성 중국의 북쪽에 있는 긴 성벽. 춘추 시대부터 있었던 것을 진시황이 더 늘려서 쌓음. 길이 약 2,700km.

만:리 타향 멀리 떨어져 있는 다른 지방. 비 객지.

만만하다 ①무르고 보드랍다.

예음식이 ~. ②우습게 보이다. 쉽게 다룰 만하다. 예만만하게 보면 큰 코 다친다. ③어려지 아니하여 마음놓고 대할 만하다. 예오빠보다 언니가 더 ~.
만:무하다 결코 없다. 전혀 없다. 예그런 말을 했을 리가 ~.
만:물【萬物】 세상에 있는 온갖 물건. 예인간은 ~의 영장이다.
만:물상[만물쌍][지명] 금강산 중의 외금강 쪽에 있는 바위로 된 산봉우리의 이름.
만:물 전:시장 세상의 온갖 것을 모아서 벌여 놓고 여러 사람에게 보여 주는 곳.
만:민【萬民】 모든 백성들. 예~을 위한 정치.
만:민 공:동회 조선 시대 말인 1898년에 독립 협회 주최로 서울에서 열린 민중 대회.
만:발【滿發】 많은 꽃이 한꺼번에 활짝 핌. 예코스모스가 ~하다. 비만개. -하다.
만:방【萬邦】 세계의 모든 나라. 비만국.
만:병 통치 여러 가지 병을 고칠 수 있음.
만:복사 저포기 김시습이 지은 한문소설로「금오신화」에 실려 전함.
만:사【萬事】 모든 일. 온갖 일. 예~가 뜻대로 안된다.
만삭 아이 낳을 달이 다 참. 또 그 달. 비만월. -하다.
만:석꾼 벼 만 섬의 수확이 될 만한 큰 땅을 가진 부자.

만:선【滿船】 배에 고기나 물건을 가득 실음. 또 그 배.
만성【慢性】 급히 심해지지도 아니하면서 쉽사리 낫지도 아니하는 병의 성질. 반급성.
만:세 앞 일을 축하할 때나 복을 길이 누리라고 외칠 때 부르는 소리.
만:수 무강 아무 탈없이 길이 길이 오래 삶. -하다.
만:수산[지명] 개성에 있는 산의 이름.
만:약 혹 그러한 경우에는. 예~ 네가 못 오면 혼자 가겠다. 비만일.
만:우절 4월 1일. 서양 풍습에서 거짓말을 하여 남을 속이며 즐기는 날.
만원【滿員】 정해진 인원이 다 참. 예~ 버스.
만:월【滿月】 완전하게 둥근 달. 비보름달.
만월대[지명] 개성 북쪽 송악산 남쪽 기슭에 있는 고려의 왕궁터.
만:유 인:력【萬有引力】 모든 물체 사이에서 일어나는 서로 당기는 힘. 영국의 뉴턴이 최초로 발견함.
만:일 혹시. 어쩌다가. 그러한 경우에는. 예~의 사태. 비만약.
만:장 일치 회의장에 모인 모든 사람의 의견이 완전히 같음. 예~로 선출되다. -하다.
만점[만쩜] ①정해진 점수의 가장 높은 점. 예~을 받다. ②아주 만족할 만한 정도. 예그

만하면 ~이다. 반영점.

만조【滿潮】 밀물로 인해 바닷물의 높이가 가장 높아진 상태. 반간조.

만:조 백관 조정의 모든 벼슬아치. 예~을 거느리다.

만:족【滿足】 마음에 흐뭇하여 모자람이 없음. 예~스러운 미소. 비흡족. 반불만. -하다. -히.

만주[지명] 압록강과 두만강 북쪽에 있는 중국의 땅 이름.

만주족 중국의 만주 일대에 분포하고 있는 남방 퉁구스계의 한 종족으로 숙신·읍루·말갈·여진 등이 같은 계통의 종족임.

만지다 여기저기를 손으로 주무르거나 문지르다. 예얼굴을 ~.

만지작거리다 자꾸 만져 보다. 예손가락을 ~.

만:찬회 여러 사람을 청해서 저녁 식사를 하는 모임.

만:천하【滿天下】 온 천하. 전 세계. 예~에 대한 독립을 선언하다.

만큼 어느 한도나 수량이나 정도. 또는「실컷」의 뜻을 나타내는 말. 예싫증날 ~ 먹다.

만:파식적 신라 때의 전설상의 피리. 이 피리를 불면 소원을 이루게 되므로 소중히 여기어 나라의 보물로 삼았다고 함.

만행 야만스러운 행동. 예일본의 ~을 규탄하다.

만:화 이야기를 그림으로 그려서 나타낸 것. 예시사 ~.

만:화경 장난감의 한 가지. 원통 속에 길쭉한 3개의 거울을 짜 맞추고 한 쪽 끝을 유리로 막았음. 안에다 색종이 따위를 넣고 들여다보면 온갖 현상이 대칭적으로 나타남.

만:화 영:화 만화를 사용하여 각 장면을 촬영한 영화의 하나.

만:화책 내용이 만화로 꾸며져 있는 그림책.

만회【挽回】 바로 잡아 회복함. 예실수를 ~하다. -하다.

많:다[만타] 사물의 수효나 분량이 일정한 기준을 넘다. 예밥이 너무 ~. 반적다.

맏딸 맨 먼저 낳은 딸. 비장녀. 반막내 딸.

맏물 맨 처음 나는 푸성귀나 해산물 또는 곡식이나 과일. 비햇것. 반끝물.

맏아들 맨 먼저 낳은 아들. 비장남. 반막내 아들.

말¹[동물] 성질이 온순하고 몸이 크며 수레를 끌거나 달리기를 잘 할 수 있는 집짐승.

[말¹]

말²【末】「끝」의 뜻을 나타내는 말. 예학년~. 반초.

말³ 곡식이나 액체 따위를 되는 단위. 또는 그 그릇. 예쌀 한 ~.

말:⁴ 사람의 생각을 조직적으로 나타내는 소리. 비언어. 높말씀.

말갈족 오늘날의 만주족. 예부

말갛다 조금도 다른 것의 섞임이 없이 맑다. 예 강물이 ~.

말거머리 [동물] 거머리과의 동물. 몸이 크며 등에는 다섯 개의 검은 줄이 세로로 있음. 논이나 연못에서 조개 종류를 먹고 살며 사람의 피부에 상처를 내기는 하나 피를 빨지는 않음.

말건 「말거나」의 준말. 예 먹건 ~ 무슨 상관이냐.

말고삐 말을 끌어 다루는 줄.

말괄량이 얌전하지 못하고 덜렁거려 여자답지 아니한 여자.

말구유 말의 먹이를 담아 주는 그릇.

말굽 [말꿉] 말의 발톱. 둥글게 하나로 되어 있음.

말굽 자석 [말꿉짜석] 말굽 모양으로 구부러진 자석. 양극이 서로 가까이 있기 때문에 자력이 오래 지속됨. [말굽자석]

말:귀 [말뀌] 남이 하는 말의 뜻을 알아 듣는 슬기. 예 ~가 어둡다.

말기【末期】 어떤 시기의 끝날 무렵. 예 신라 ~. 반 초기.

말꼬리 ① 말의 끝. 예 ~를 흐리다. ② 말꼬투리.

말끔하다 맑고 깨끗하다. 예 말끔한 모습. 큰 멀끔하다.

말:끝 말하는 끝. 말꼬리. 예 ~마다 욕설이다.

말년【末年】[말련] 인생의 마지막 무렵. 예 사람은 ~에 복이 있어야 한다. 비 만년. 반 초년.

말:놀이 [말로리] 말을 잇거나 줄이거나 하여 재미있게 주고 받는 놀이. -하다.

말:다¹ (마니, 말아서) 밥이나 국수 따위를 물이나 국물에 넣어서 풀다. 예 국에 밥을 ~.

말:다² (마니, 말아서) ① 하던 것이나 할 것을 그만 두다. 예 뛰다말고 걷기 시작했다. ②「아니하다」의 뜻을 나타내는 말. 예 비가 오거나 말거나 상관없다.

말:다툼 말로 하는 다툼. 비 입씨름. -하다.

말단【末端】[말딴] ① 맨 끄트머리. ② 어떤 조직의 제일 아랫자리. 예 ~ 공무원.

말:대꾸 남의 말을 되받아 자기 의사를 나타내는 말. 준 대꾸. -하다.

말:대답 윗사람의 말에 이유를 붙여 부정의 뜻으로 하는 대답. -하다.

말:더듬이 말을 더듬는 사람.

말:동무 [말똥무] 서로 이야기를 나눌 벗. 비 말벗. -하다.

말똥구리 [동물] 쇠똥·말똥을 먹이로 하는 풍뎅이와 비슷한 벌레.

말똥말똥 눈만 둥글게 뜨고 정신없이 말끄러미 쳐다보는 모양. 예정신이 ~하다. 큰멀뚱멀뚱.

말뚝 땅에 두드려 박아 세우는 기둥이나 몽둥이 모양의 것. 예~에 소의 고삐를 매다.

말뚝이 우리 나라 대부분의 가면극에 등장하는 중요 인물. 양반의 하인이며, 양반들의 무능력과 부패를 고발하는 역을 맡음.

말라리아 학질 모기가 옮기는 전염병. 일정한 시간을 두고 열이 나고 추워지는 병. 흔히 여름에 걸림. 비학질.

말랑말랑 야들야들하고 부드러운 모양. 송편이 말랑말랑하다. -하다.

말레이 반:도[지명] 인도차이나 반도 남서부에서 남쪽으로 뻗은 긴 반도. 고운 다습한 열대 기후이며 자원이 풍부함.

말리다 하는 일을 못 하게 하다. 예싸움을 ~.

말:맞추기 앞뒤의 말이 자연스럽게 뜻이 이어지도록 말을 맞추는 놀이. -하다.

말머리 말에 나오는 첫머리. 예맨 먼저 ~를 꺼낸 사람은 나였다.

말:문 말을 할 때 여는 입. 예~이 딱 막히다.

말미암다[말미암따] 까닭이나 인연이 되다. 관계되다. 예게으름으로 말미암아 늦었다.

말미잘[동물] 분홍말미잘과의 강장 동물. 간  [말미잘]

조선의 바위나 모래 땅에 묻혀 삶.

말:버릇 늘 써서 버릇이 된 말의 투. 비말투.

말:벗[말뻗] 서로 같이 이야기할 만한 친구. 비말동무.

말복[末伏] 삼복의 마지막 복. 몹시 더운 때. 예~ 더위.

말:본 ①말글의 짜임에 대한 법칙. 예우리말 ~. 비문법. ②말하는 태도나 모양새.

말살[말쌀] 있는 사물을 뭉개어 아주 없앰. 예역사적 사실을 ~하다. -하다.

말:소리[말쏘리] 말하는 소리. 예~가 들리다. 비목소리.

말:솜씨 말을 조리있게 잘 하는 재주. 비언변.

말:썽 문젯거리를 일으키는 말이나 행동. 예~이 많은 아이. -스럽다.

말:썽꾸러기 「말썽꾼」의 낮은 말.

말썽꾼 걸핏하면 말썽을 일으키는 사람.

말쑥하다 모양이 말끔하고 깨끗하다. 예말쑥한 옷차림. 큰멀쑥하다.

말:씀 ①웃어른의 말. ②웃어른에게 하는 자기의 말. 예~을 올리다. -하다.

말:씨 말하는 태도. 말투나 버릇. 예공손한 ~. 충청도 ~.

말엽[末葉] 끝 무렵. 예고려 ~. 비말기. 반초엽.

말:익히기 말을 익숙하게 익히는 공부. -하다.

말:조심 말을 잘못되지 않게 조

심해서 함. 예실수 없도록 ~하여라.

말:주변[말쭈변] 말을 잘 둘러대는 재주. 예~이 좋은 사람. 비말솜씨.

말짱하다 ①흠이나 탈이 없이 온전하다. 예말짱한 물건. ②깨끗하다. 예책상을 말짱하게 치우다. 큰멀쩡하다.

말:참견 남들이 이야기할 때 옆에서 끼여들어 말하는 짓. -하다.

말초 신경 뇌 또는 척추에서 나와 전신에 퍼져 중추 신경계와 피부·근육·감각 기관 등을 연락하는 신경의 총칭.

말투 말버릇. 예~가 거칠다.

말티 고개[지명] 충청북도 속리산에 있는 고개 이름.

말판 윷놀이 등의 말이 가는 길을 그린 판.

말판쓰기 윷놀이 등에서 말판에 말을 놓는 일. 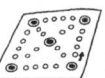[말판]

말:하다 ①생각이나 감정을 말로 나타내다. ②어린이가 처음으로 말을 시작하다.

말:하자면 알기 쉽게 다른 말로 바꾼다면. 이를테면. 예쉽게 ~ 우리 모임에 참석하라는 거다.

맑다[막따] ①깨끗하다. 예물이 매우 ~. ②날씨가 흐리지 않다. 예맑은 하늘. 반흐리다.

맛 ①음식 따위를 혀에 댈 때에 느끼는 감각. 예매운 ~. ②어떠한 체험이나 느낌 또는 기분. 예분위기가 새로운 ~이 있다.

맛들다(맛드니, 맛들어서) 익어서 맛이 좋게 되다. 예김장 김치가 ~.

맛들이다 재미나 취미를 붙이다. 예바둑에 ~.

맛보다 ①음식의 맛을 알기 위하여 조금 먹어 보다. 예국을 ~. ②몸소 겪어 보다. 또는 마음으로 느끼다. 예고향의 훈훈함을 ~.

맛있다[마딛따, 마싣따] 맛이 썩 좋다. 예과자가 ~.

맛조개[동물] 긴맛과의 바다조개. 몸 길이 13㎝ 가량. 껍데기 모양은 둘로 쪼갠 대통 같음.

망¹ 그물같이 만들어서 가려 두거나 치거나 하는 물건. 예~을 치다.

망:² 몰래 숨어서 남의 동정을 살핌. 예~을 보다.

망가뜨리다 물건을 다시 못 쓰게 하다. 예장난감을 ~.

망각【忘却】 잊어버림. 예자기의 책임을 ~하다. 반기억. -하다.

망간 붉은 빛을 띤 회색의 금속 원소. 유리·도기의 색칠에 쓰임.

망건 상투를 튼 사람이 머리에 두르는 그물 모양의 물건.
[망건]

망국【亡國】 망하여 없어진 나라. 또는 나라가

망그러지다 물건이 찌그러져 못 쓰게 되다.
망극 임금이나 부모의 은혜가 그지없음.
망나니 ①옛날 죄인의 목을 베던 사람. ②성질이 못된 사람의 비유.
망년회【忘年會】 지난 한 해 동안의 온갖 시름을 잊고자 연말에 베푸는 잔치.
망대 적의 동태나 형편을 살펴보기 위해 높이 세운 대. 비망루.
망둥이[동물] 망둥이과의 바닷물고기의 총칭.
망:령[망녕] 죽은 사람의 영혼.
망령² 늙어서 정신이 흐려져 이상한 말과 행동을 하는 일. 예~이 난 노인. 비노망.
망:루[망누] → 망대.
망막 눈알의 가장 안쪽에 위치하여, 시신경이 분포되어 있는 막.
망망하다 아주 넓고 멀어 아득하다. 예망망한 바다.
망명【亡命】 정치·혁명 따위를 하다가 제 나라에 살지 못하고 남의 나라로 피하여 감. 예~ 정권. -하다.
망:발 ①잘못하는 말이나 행동. ②자기 또는 조상에게 욕이 되게 말을 함. -하다.
망:보다 먼 빛으로 바라보아 남의 동정을 살피다.
망:부석【望夫石】 아내가 멀리 떠난 남편을 기다리다가 그대로 죽어서 되었다는 전설적인 돌. 또는 그 위에 서서 기다렸다는 돌.
망:상【妄想】 이치에 맞지 않는 그릇된 생각. 예~ 속에서 헤매다. 비망념.
망설이다 머뭇거리고 뜻을 정하지 못하다. 비주저하다.
망신【亡身】 말이나 행동을 잘못하여 자기의 지위·명예·체면 따위를 깎음. 예톡톡히 ~을 당하다. -하다.
망아지 말의 새끼. 예굴레 벗은 ~.
망울 ①작고 둥글게 엉켜 굳어진 덩이. 큰멍울. ②「꽃망울」의 준말.
망:원경 두 개 이상의 볼록 렌즈를 맞추어서 멀리 있는 물체를 크게 보이도록 만든 장치. 비만리경.
망:원 렌즈 먼 거리의 물건을 촬영하기 위하여 초점 거리를 길게 만든 렌즈.
망:월【望月】 보름달.
망정 「-니」·「-기에」 등에 붙어, 다행히 그러함의 뜻을 나타내는 말. 예마침 네가 도와주었기에 ~이지.
망:주석【望柱石】 무덤 앞에 세우는 한 쌍의 돌기둥.
망측 보통의 상태에서 많이 벗어나 어처구니가 없음. 예~한 행동. -하다. -히.
망치 마치와 비슷하나 훨씬 크

고 무거운 연장. 단단한 물건이나 불에 단 쇠를 두드리는 데 씀. 망치가 가벼우면 못이 솟는다 屬웃어른이 너무 무르면 아랫사람이 순종을 하지 않고 도리어 반항한다는 뜻.

망치다 일을 아주 잘못되게 하다. 예장사를 ~.

망태 가는 새끼 따위로 엮어 만든 그릇. 물건을 담아 들고 다니는 데 씀. 본망태기.
[망태]

망토 소매가 없이 어깨로부터 내리 걸치는 외투의 한 가지.

망하다 ①개인·조직 따위가 없어지거나 흩어지다. 예나라가 ~. ②「못된」·「고약한」의 뜻으로 쓰임. 예망할 놈의 자식. 반흥하다.

망:향【望鄕】 고향을 그리워하며 생각함.

맞그네 두 사람이 마주 보고 서서 뛰는 그네.

맞다¹ ①찾아오는 사람을 기다려 맞이하다. 예손님을 ~. ②자연히 돌아오는 철이나 날을 당하다. 예여름 방학을 ~. ③눈·비 등을 몸으로 맞다. 비를 맞다. ④침 따위의 찌름을 당하다. 예주사를 ~.

맞다² ①틀리지 않고 옳게 되다. 예네 말이 ~. ②서로 통하다. 예마음에 맞는 친구.

맞닿다[맏따타] 마주 닿다. 예바다와 하늘이 맞닿은 곳.

맞대다 마주 대다. 예이마를 맞대고 의논하다.

맞들다(맞드니, 맞들어서) ①양쪽에서 마주 들다. ②힘을 합하다. 예백지장도 맞들면 낫다.

맞먹다 두 사람의 힘이 서로 비슷하다.

맞물리다 마주 물리다. 예맞물려 도는 톱니바퀴.

맞바꾸다 물건을 서로 바꾸다.

맞바람 양쪽에서 마주 불어오는 바람.

맞벌이 부부가 모두 직업을 가지고 돈을 버는 일.

맞부딪치다 서로 마주 부딪치다.

맞붙다 마주 붙어 겨루다. 예맞붙어 싸우다.

맞붙잡다 서로 마주 붙잡다.

맞서다 ①마주 서다. ②서로 굽히지 아니하고 버티다. 예팽팽히 맞서 싸우다.

맞선 결혼한 남녀가 직접 만나서 보는 선.

맞이하다[마지하다] ①오는 사람을 맞아들이다. 예손님을 ~. ②어떠한 날이나 때를 맞다. 예입학날을 ~.

맞잡다 마주 잡다. 예손을 ~.

맞장구 남의 말에 덩달아 그렇다고 같이 말하는 모습.

맞추다 ①서로 꼭 맞도록 하다. 예박자를 ~. ②어떤 것을 무엇에 꼭 맞도록 하다. 예시계를 ~. ③미리 일을 약속하여 부탁하다. 예옷을 ~. ④정도에 알맞게 하다. 예능력에 ~.

맞춤법 글자를 일정한 규칙에

따라 쓰는 법. 비철자법. 본한글 맞춤법.
맞춤옷 몸의 치수에 맞게 특별히 재단하여 만든 옷.
맞히다 물음에 옳은 답을 하다. 예정답을 알아 ~.
맡기다 자기가 할 일이나 물건의 보관을 남에게 의뢰하다.
맡다 ①책임을 넘기어 받다. 예회장을 ~. ②냄새를 들이마시다. ③차지하다. 예자리를 ~. ④주문 따위를 받다. 예주문을 ~.
매¹ 사람이나 짐승을 때리는 막대기·회초리 등의 총칭.
매²[동물] 매과의 사나운 새. 독수리보다 작고 부리와 발톱은 갈고리 모양이며 날쌔게 낢. 마을 부근에 날아 돌다가 작은 새나 병아리를 잡아 먹음. 사냥용으로 집에서 기르기도 함. 비송골매. [매²]
매개체 둘 사이에 서서 양편의 관계를 맺어 주는 구실을 하는 것.
매:국【賣國】 자기의 이익을 위하여 나라의 명예나 이익을 남의 나라에 팔아 먹음. 또는 자기 나라에 해를 끼침. 예~행위. 반애국. -하다.
매:국노[매궁노] 자기 이익을 위해 제 나라를 팔아먹는 사람. 반애국자.
매기다 값이나 등급을 따져서 정하다. 예순서를 ~.
매끄럽다(매끄러우니, 매끄러워서) 거칠지 아니하고 반들반들하다. 예마루 바닥이 ~. 큰미끄럽다.
매끈매끈 흠이나 거친 데가 없이 부드럽고 반들한 모양. 예~한 얼음판. -하다.
매끈하다 흠이나 거친 데가 없이 부드럽고 반들하다. 큰미끈하다.
매년【每年】 해마다
매니저 연예인·운동 선수 등의 섭외 교섭이나 시중을 드는 사람.
매:다¹ ①떨어지지 아니하게 동이어 묶다. 예넥타이를 ~. ②어떤 물건을 꾸미어 만들다. 예붓을 ~. ③달아나거나 풀어지지 아니하게 묶어 두다. 예개를 매어 놓다.
매:다² 식물이 잘 자랄 수 있도록 잡초 따위를 뽑다. 예김을 ~.
매:달 날마다. 다달이. 비매월.
매:달다(매다니, 매달아서) 묶어서 걸다. 예고양이 목에 방울을 ~.
매:달리다 ①붙들고 늘어지다. 예철봉에 ~. ②줄기에 덧붙다. 예나뭇가지에 매달린 감. ③무엇에 몸과 마음을 쏟다. 예시험 공부에 ~.
매듭 ①물건을 잡아 맨 자리. ②일의 끝. 예일을 ~ 짓다.
매듭 짓다 일을 순서대로 하나씩 결말을 짓다.
매력 사람의 마음을 움직여 끄는 힘. 예~있는 가수.

매:료 남의 마을을 홀리어 사로잡음. 예 청중을 ~하다. -하다.

매만지다 잘 가다듬어 손질하다.

매매【賣買】 물건을 팔고 사는 일. 예 ~ 계약. 비 흥정. -하다.

매몰차다 인정이 없이 독하고 쌀쌀하다. 예 매몰찬 성미.

매무새 옷을 입은 맵시. 예 옷가 곱다.

매:미【동물】 매미과의 곤충. 길이 3~4cm 가량. 빛은 암록색이며 날개는 투명함. 수컷은 배에 발성기가 있어 맴맴하고 욺.

매:번【每番】 번번이. 예 ~ 꼴찌만 한다.

매:부【妹夫】 손윗 누이나 손아랫 누이의 남편.

매:부리코 매부리같이 끝이 뾰족하게 내리 숙은 코. 또는 그러한 사람.

매:사【每事】 하나하나의 모든 일. 예 ~가 그런 식이다.

매산들[지명] 고구려에 있던 땅이름. 이 곳에서 온달이 주나라 무제를 무찔렀다고 함.

매:상【賣上】 물건을 판 수량이나 팔린 물건값의 총계. 예 ~이 많다. 본 매상고.

매서운 바람 모질고 찬 겨울 바람.

매섭다(매서우니, 매서워서) 겁을 낼 정도로 성질이나 됨됨이가 모질고 사납다. 예 매서운 눈초리. 큰 무섭다.

매:수【買收】 금품이나 어떠한 수단으로 남을 꾀어 제 편을 만듦. 돈으로 ~하다. -하다.

매스 게임 많은 사람이 함께 하는 집단 체조나 무용.

매스껍다(매스꺼우니, 매스꺼워서) 속이 아니꼬워서 토할 것 같다.

매스 미디어 많은 정보나 지식 등을 넓은 지역의 여러 사람에게 전달하는 신문·잡지·텔레비전 따위를 말함.

매스컴 신문·방송·텔레비전 등에 의하여 지식이나 정보를 전달하는 일. 본 매스 커뮤니케이션.

매:씨【妹氏】 남의 누이를 높이어 부르는 말.

매:양 늘. 번번이. 예 ~ 감사합니다.

매:연 그을음이 섞인 연기. 예 자동차 ~.

매우 보통 정도보다 훨씬 넘게. 대단히. 예 ~ 많다. 본 대단히. 무척.

매운 바람 몹시 차고 센 바람.

매:월【每月】 다달이. 달마다. 비 매달.

매월당 김시습의 호.

매월당 시 사유록[책명] 조선 단종 때 김시습이 전국을 떠돌며 지은 시를 수록한 책.

매이다 남에게 딸려 부림을 받게 되다. 예 남의 집에 매인 몸.

매:일【每日】 날마다.

매:일 신문 우리 나라 최초의 순한글로 된 일간 신문. 1898년

1월 26일 창간.
매:입【買入】 물건 등을 사들임. 비구입. 반매출. -하다.
매장 땅 속에 묻음. 또는 땅 속에 묻히어 있음. 예땅 속에 ~된 지하 자원. -하다.
매장량[매장냥] 광물 같은 것이 땅 속에 묻힌 분량. 예석유 ~.
매점【賣店】 어떤 기관이나 학교 안에서 물건을 파는 작은 가게. 예구매 ~.
매정스럽다(매정스러우니, 매정스러워서) 인정머리가 없는 듯하다. 예매정스럽게 말하다. 큰무정스럽다.
매정하다 쌀쌀하여 인정머리가 없다. 예매정한 사람. 큰무정하다.
매:제【妹弟】 손아랫 누이의 남편.
매:주【每週】 주일마다.
매:진¹ 하나도 남김없이 모두 팔림.
매:진² 힘써서 빨리 나아감. 예연구에 ~하다. -하다.
매질 매로 때리는 일. -하다.
매차다 인정없이 쌀쌀하다.
매콤하다 조금 매운 맛이 있다. 예매콤하게 양념을 하다.
매트 ①체조·유도·레슬링 등을 할 때 바닥에 가는 폭신한 깔개. ②신의 흙이나 물기 등을 닦아 내기 위하여 방 입구나 현관에 놓아 두는 깔개.
매트 운:동 구르기와 돌기를 기본 동작으로 하여 매트 위에서 이루어지는 운동.
매:표구[賣票口] 표를 파는 창구.

매한가지 마찬가지. 매일반. 예두 사람이 다 어리석기는 ~다.
매:형【妹兄】 손윗 누이의 남편. 비매부. 반매제.
매혹 남을 호리어 정신을 어지럽게 함. -하다.
매혹적 남을 매혹할 만한 데가 있는 것. 예~인 모습.
매화【梅花】[식물] 이른 봄에 백색·연분홍 등의 꽃이 피는 큰키나무. 열매는 매실이라 하여 맛이 신데 약용하며, 정원수로 심음.
매회【每回】 한 회 한 회마다.
맥【脈】 ①기운이나 힘. ②피가 돌아다니는 줄기. 비맥박.
맥박 심장의 운동에 의하여 일어나는 동맥의 율동적인 움직임. 예~이 뛰다. 준맥.
맥빠지다 ①기운이 빠지다. ②긴장이 풀리다.
맥아더[인명](1880~1964) 미국의 군인. 육군 원수. 제2차 세계 대전 때 태평양 지구 미군 총사령관으로 전쟁을 승리로 이끄는 데 큰 역할을 함. 6·25사변 때에는 유엔군 총사령관으로 인천 상륙 작전을 성공시켰음. [맥아더]
맥없다 기운이 없다.
맨: 「더할 수 없이」·「가장」의 뜻을 나타내는 말. 예~ 앞 줄. ~ 처음.

맨드라미[식물] 비름과의 한해살이풀. 줄기는 곧고 붉은 색을 띤, 높이 90cm가량의 관상용으로, 7~8월에 꽃이 핌.

[맨드라미]

맨땅 아무 것도 깔지 않은 땅. 예~에 주저앉았다.

맨몸 옷을 입지 않은 몸. 아무것도 지니지 않은 몸.

맨몸뚱이 「맨몸」의 낮춤말.

맨발 아무 것도 신지 않은 발.

맨밥 반찬이 없는 밥.

맨션 대형 고급 아파트. 예호화~.

맨손 아무 것도 갖지 않은 빈손. 예~으로 오다.

맨손 체조 도구나 기구없이 하는 체조. 비도구 체조. 반기계 체조. -하다.

맨입[맨닙] 아무 것도 먹지 않은 입.

맨주먹 아무 것도 가지지 않은 빈주먹. 예~으로 서울에 왔다.

맴: 제자리에서 뱅뱅도는 장난.

맴:돌다(맴도니, 맴돌아서) 한 군데를 계속 돌다. 예잠자리가 머리 위를 ~.

맴:맴 ①매미의 울음 소리. ②아이들이 맴을 돌 때에 부르는 소리.

맵다(매우니, 매워서) ①혀가 얼얼한 맛을 느끼다. 예작은 고추가 ~. ②인정이 없고 독하다. 예매운 눈매. ③몹시 춥다. 예겨울 날씨가 몹시 ~.

맵시[맵씨] 곱게 매만진 모양. 예옷 ~가 아름답다.

맷돌 곡식을 갈아서 가루를 만드는데 쓰는 돌로 만든 기구. 예~에 통을 갈다.

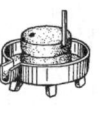
[맷돌]

맹:견【猛犬】 몹시 사나운 개. 예~ 주의.

맹:공격 맹렬히 공격함. 예~을 가하다. 준맹격. 맹공. -하다.

맹꽁이[동물] 맹꽁이과의 개구리. 몸집이 뚱뚱하고 머리는 짧음. 황색 바탕에 청색 또는 흑색의 무늬가 있음. 비가 오거나 흐린 날에는 맹꽁맹꽁 하고 요란스레 욺.

[맹꽁이]

맹:랑하다[맹낭하다] ①아주 거짓이 많아 믿을 수 없다. 예맹랑한 소문이 돌다. ②함부로 만만하게 대할 수 없는 만큼 똘똘하고 깜찍하다. 예어린 녀석이 아주 ~.

맹:렬하다 기세가 몹시 사납고 세차다. 예맹렬한 공격.

맹목적【盲目的】 분간없이 행동하는 모양. 예~으로 일을 벌여놓다.

맹문이 일의 옳고 그름이나 일에 대한 분간을 못하는 사람.

맹사성[인명](1359~1431) 조선 세종 때의 유명한 학자이며 정치가. 글도 잘 짓고, 음악에도 매우 밝았음.

맹세 굳게 마음을 다짐함. 예충성을 ~하다. 비맹약. 서약. -하다.

맹:수 사나운 짐승. 예~ 사냥. 비야수.

맹아【盲兒】 눈이 먼 아이.

맹아【盲啞】 소경과 벙어리. 예~ 학교.

맹아 학교 소경이나 벙어리에게 특수 교육을 하는 학교.

맹:연습[맹년습] 맹렬하게 연습함. 예금메달을 목표로 ~을 하다. -하다.

맹인【盲人】 눈먼 사람. 비소경. 봉사. 장님.

맹:자¹【孟子】[인명] (기원전 372~289) 중국 전국 시대의 유명한 학자이며 사상가. 공자의 사상을 발전시켜, 성선설을 주장하였음.

맹:자²【책명】 맹자의 제자들이 맹자의 언행을 기록한 책. 논어·중용·대학과 함께 사서의 하나.

맹장¹【盲腸】 대장의 한 부분으로 소장에 이어진 곳에 자그맣게 내민 부분.

맹:장²【猛將】 용맹한 장수.

맹추¹ 똑똑하지 못하고 흐리멍덩한 사람을 얕잡아 이르는 말. 큰멍추.

맹추²【孟秋】 초가을. 음력으로 7월.

맹춘【孟春】 초봄. 음력으로 정월.

맹:활약 눈부신 활약. -하다.

맺다 ①매듭짓거나 끝내다. 예말끝을 ~. ②서로 인연을 가지다. 예형제의 인연을 ~. ③열매를 이루다. 예열매를 ~. ④약속을 하다. 예계약을 ~.

맺히다[매치다] ①꽃망울이나 열매가 생기다. 예꽃망울이 ~. ②눈물·이슬 따위가 방울이 지다. 예풀잎에 이슬 방울이 ~. ③마음 속에 잊혀지지 아니하고 뭉쳐 있다. 예가슴에 원한이 ~.

머금다[머금따] ①입안에 넣다. 예물을 머금고 있다. ②생각·감정 따위를 품다. 예원한을 ~. ③눈물을 글썽하다. 예눈물을 ~. ④웃음 빛을 띠다. 예입가를 미소를 ~.

머:나멀다(머나머니, 머나멀어서) 아주 멀다. 멀고도 멀다. 예머나먼 고향.

머루[식물] 포도의 한 가지로 산에 저절로 자람. 열매의 빛이 검고 포도보다 맛이 심.

머리 ①동물의 목 위가 되는 부분. ②물건의 앞부분. 예비행기의 ~ 부분. ③두뇌. 사고력. 예~가 좋다.

머리말 책 첫머리에 그 책에 대하여 적은 글. 비권두언. 서문.

머리맡 누웠을 때 머리쪽이 되는 곳. 예~을 더듬다.

머리카락 머리털의 낱개. 준머리칼.

머무르다(머무르니, 머물러서) ①도중에서 잠시 그치어 있다. 예잠시 ~. ②그대로 남아 있다. 예미국에 ~.

머무적거리다 일을 딱 잘라서

머뭇거리다 하지 못하고 머뭇거리다.

머뭇거리다 무슨 일에 있어 자신이 없어 주춤거리다.

머슴 남의 집에 고용되어 농사 짓는 사내.

머슴살이 머슴 노릇을 하는 생활. -하다.

머슴애 ①머슴살이하는 사내 아이. ②「사내 아이」의 낮춤말.

머쓱하다[머쓰카다] ①멋없이 키만 커서 어울리지 않다. ②무안을 당하거나 흥이 꺾이어 기가 죽어 있다.

머플러 ①목도리. ②소음기.

먹 벼루에 물을 붓고 갈아 먹물을 만드는 재료.

먹구름 먹빛과 같이 몹시 검은 구름. 예 ~이 하늘을 덮다.

먹다 ①음식을 뱃속으로 들여보내다. 예 과일을 ~. ②꾸람이나 욕을 듣다. 예 호되게 욕을 ~. ③생각을 품다. 예 마음을 굳게 ~. ④나이를 더하다. 예 나이를 ~. ⑤점수를 잃다. 예 한 골 ~. 먹는 개도 아니 때린다 속 음식을 먹는 사람을 때리거나 꾸짖지 말라는 뜻.

먹보 밥을 한꺼번에 많이 먹는 사람을 놀리는 말.

먹어치우다 모두 먹어 없애다. 예 남은 과일을 모두 ~.

먹음직하다[머금지카다] 음식이 보기에 맛이 있을 듯하다. 예 사과가 ~.

먹이 ①먹을 거리. 식량. 양식. ②가축에게 먹이는 풀이나 곡식. 예 염소~.

먹이 그물 둘 이상의 먹이 사슬이 복잡하게 얽혀 있는 상태

먹이다 ①먹게 하다. 마시게 하다. 예 아이에게 우유를 ~. ②가축 등을 기르다. 예 돼지를 ~.

먹이 다툼 생물들이 서로 제가 먹겠다고 다투는 것.

먹이 사슬 초식 동물을 육식 동물이, 그 육식 동물을 다른 육식 동물이 잡아 먹음으로써 이루어지는 관계. 비 먹이 연쇄.

먹이 연쇄 → 먹이 사슬.

먹이 피라미드 생산자·1차 소비자·2차 소비자·3차 소비자의 양적 관계를 나타낸 그림.[먹이피라미드]

먹중 ①산대놀음에 쓰이는 탈의 한 가지. ②먹장삼을 입은 중.

먹히다 먹음을 당하다.

먼: 시간·공간 또는 친분 관계에 있어 사이가 떨어져 있는. 예 ~ 훗날. ~ 친척. 반 가까운.

먼:동 날이 샐 무렵의 동족. 예 ~이 트다.

먼:발치 조금 멀리 떨어진 곳. ~에서 배웅하다.

먼저 시간이나 자리로 보아 앞서서. 예 돈을 ~ 치르다. 반 나중.

먼지 가늘고 보드라운 티끌. 예 ~가 나다.

먼지떨이 먼지를 떠는 기구. 비

총채.

멀:다¹(머니, 멀어서) 눈이 보이지 않게 되다. 예눈이 ~.

멀:다²(머니, 멀어서) ①거리가 많이 떨어져 있다. 예멀고 먼 하늘. ②시간적으로 사이가 크다. 예먼 훗날. ③사이가 친하지 아니하다. 예먼 친척. 반가깝다.

멀:리 많이 떨어져서 사이가 가깝지 않게. 반가까이.

멀:리뛰기 체육에서 뜀뛰기 경기의 한 가지. 일정한 거리를 도움닫기하여 발구름판에서 한 발로 멀리 뛰어 그 뛴 거리로 승패를 겨루는 경기. 비넓이뛰기.

멀:리하다 ①멀리 떨어져 있게 하다. 예표적을 좀더 멀리하고 맞혀 보아라. ②접촉이나 교섭 따위를 피하다. 예나쁜 친구를 ~.

멀미 배·비행기·차 따위를 탔을 때 일어나는 메스껍고 어지러운 증세. 예차멀미. -하다.

멀쩡하다 ①흠이 없이 깨끗하고 온전하다. 예정신이 ~. ②터무니가 없다. 예멀쩡한 거짓말.

멀찍이 약간 멀리. 약간 멀게. 예~ 물러서라.

멈추다 하던 일이나 움직임을 그치다. 예일손을 ~.

멈칫 하던 일이나 움직임을 갑자기 멈추는 모양. 예~ 섰다가 다시 뛰어가다.

멋 옷차림·행동·됨됨이 따위가 세련되고 아름다움. 한복의 우아한 ~.

멋대로 하고 싶은 대로. 마음대로. 예~ 생각하다.

멋없다[머덥따] 격에 맞지 아니하여 싱겁다. 예멋없이 키만 크다.

멋있다 말쑥하고 아름답다. 예멋있는 차림새.

멋쟁이 멋있거나 멋을 잘 부리는 사람.

멋지다 아주 멋있다. 예말솜씨가 ~.

멋쩍다 하는 짓이나 모양이 격에 어울리지 아니하다. 예멋쩍게 웃다.

멍 맞거나 부딪혀서 피부 속에 퍼렇게 맺힌 피. 예~이 들다.

멍게[동물] 우렁쉥이과의 동물. 크기는 대개 주먹만하며, 속살을 먹음. 몸에 해초 뿌리같은 것이 있어 바위에 붙어 삶.

멍석 짚으로 엮어서 만든 큰 자리.

멍석말이 지난날, 세도 있는 집에서 하인이나 상민에게 가하던 형벌의 하나. 사람을 멍석에 둘둘 말아 몽둥이로 치던 일.

멍에 마소의 목에 얹어 수레나 쟁기를 끌게 하는 둥그렇게 구부러진 막대.

멍울 우유나 풀 등에 생기는 작고 둥글게 엉켜 굳은 덩이.

멍청이 어리석고 정신이 흐릿한 사람. 「멍청한 사람」을 얕잡아 부르는 말. 비바보. 멍텅구리.

멍:하다 정신이 빠져 나간 것처럼 멍청하다. 멍하니 바다만 바라보고 서 있다.

멎다 멈추다. 그치다. 예비가 ~. 비멈추다.

메 산의 옛말. 예태산이 높다 하되 하늘 아래 ~이로다.

메가폰 음성이 멀리까지 들리도록 입에 대고 말하는 도구. [메가폰]

메:기[동물] 시내나 민물에 사는 민물고기. 입이 크고 몸에 비늘이 없어 미끈미끈함.

메기다 ①화살을 시위에 물리다. ②노래나 소리 따위에서, 다른 사람이 받아 부르게 먼저 부르다.

메꽃[식물] 메꽃과의 여러해살이 덩굴풀. 여름에 나팔 모양의 담홍색 꽃이 피며, 뿌리와 줄기는 식용함.

메뉴 음식점 등에서 음식의 종목과 값을 적은 표. 비차림표.

메:다¹ 구멍따위가 가득 차거나 막히다. 예목이 ~.

메:다² 어깨에 걸치거나 올려 놓다. 예짐을 ~.

메달 표창하거나 무슨 일을 기념하기 위하여, 금·은·동 따위에 여러 가지 모양을 새겨서 개인이나 단체에 주는 패.  [메달]

메들리 둘 이상의 곡을 이어서 연주하는 일이나 그런 곡. 비접속곡.

메뚜기[동물] 여름에 논이나 풀밭에 많은 곤충. 메뚜기도 오뉴월이 한철이라 속제 때를 만난 듯이 날뛰는 사람을 빗대어 이르는 말.  [메뚜기]

메리야스 무명실이나 털실 따위로 신축성 있고 촘촘하게 짠 직물. 내의·장갑·양말 등을 만듦.

메리 크리스마스 「즐거운 성탄절」·「성탄을 축하합니다」등의 뜻으로, 크리스마스날에 서로 주고 받는 인사말.

메마르다(메마르니, 메말라서) 땅이 기름지지 않고 바싹 마르다. 반기름지다.

메모 잊지 아니하기 위하여 글로 적음. 또는 그 적은 글이나 쪽지. 예항상 ~하는 습관을 기르자. -하다.

메밀[식물] 밭에 재배하는 한해살이 농작물. 가을철에 흰 꽃이 핌. 열매는 뾰족하고 세모진 것이 여는데, 가루를 내어 국수·묵 등을 만들어 먹음.

메스껍다 속이 언짢아 헛구역질이 나고 자꾸 토할 듯하다. 예차멀미로 속이 ~. 작매스껍다.

메스 실린더 액체의 부피를 재는 기구. 메이저 실린더.

메시지 알림. 여러 사람에게 알리는 성명이나 통고. 예~를 전달하다.

메아리 소리가 무엇에 부딪쳐 되울려 나는 소리. 산울림.

메어치다 어깨 위로 휘둘러서 아래로 내리치다. 준메치다.

메우다 구멍이나 빈 곳을 채워서 메게 하다. 예웅덩이를 흙으로 ~.

메이드 인 코리아 한국에서 만든 물건. 한국 제품.

메인 이벤트 프로그램 중 제일 중요한 순서. 특히, 권투·레슬링 등에서 최종적인 제일 중요한 경기를 말함.

메조 음악에서. 「거의」·「약간」의 뜻.

메조 포르테 음악의 악보에서, 셈여림을 나타내는 말. 「조금 세게」의 뜻. 약호는 mf.

메조 피아노 음악의 악보에서, 셈여림을 나타내는 말. 「조금 여리게」의 뜻. 약호는 mp.

메주 콩을 삶아 찧어서 뭉친 덩이. 간장과 된장을 담금.

메추라기[동물] 꿩과의 새. 날개 길이 10cm 가량이고, 몸 빛은 황갈색에 흑색의 무늬가 있음. 몸은 병아리 비슷한데 꽁지가 짧음. 살과 알은 식용함. 준메추리.

메카[지명] 사우디아라비아의 도시. 이슬람교의 교조 마호메트가 태어난 곳으로, 이슬람 교도의 최고 성지임.

메트로놈 흔들리는 추의 원리를 응용하여 1분 동안의 박자 수를 헤아리는 기계.

멕시코[국명] 미국의 남쪽 중앙 아메리카에 있는 나라. 농업이 주요 산업이나 수산 자원과 광산 자원도 풍부함. 수도는 멕시코시티.

멕시코패 멕시코에서 많이 나는 속껍질이 아름답게 빛나는 조개. 자개농이 곁면에 장식 재료로 많이 쓰임.

멘델[인명](1822~1884) 오스트리아 출신의 생물학자. 1865년에 유명한 유전 법칙인 「멘델의 법칙」을 발표함.

멘탈 테스트 → 지능 검사.

멜로디 음악의 자락.

멜로디언 피아노와 오르간과 같은 건반 악기로, 입으로 불어 소리를 냄.

멜론[식물] 서양종의 참외로 향기와 단맛이 있는 고급 과일.

멜빵 짐을 걸어 어깨에 둘러 매는 끈. 예~을 조이다.

멤버 단체를 이루는 한 사람. 예그 모임의 ~는 모두 일곱 명이다.

멥쌀 메벼에서 나온 차지지 않는 쌀. 반찹쌀.

멧돼지[동물] 멧돼지과의 산짐승. 몸빛은 흑색 또는 흑갈색이며 주둥이가 매우 길고 목은 짧으며, 날카로운 송곳니가 있음. 고기는 맛이 좋으며 쓸개는 약재로 씀. 비산돼지.

[멧돼지]

멧부리 산의 가장 높은 꼭대기. 비산봉우리.

멧비둘기[동물] → 산비둘기.

멧새[동물] 참새와 비슷한 새. 등 부분이 밤빛이며 흑색의 세로 무늬가 있고 우는 소리가 매우 고움.

며느리 아들의 아내. 반사위.

며칠 그 달의 몇 째 되는 날. 몇 날. 예오늘이 ~이지.

먁:감다[먁깜따] 냇물이나 강물 같은 데서 몸을 담그고 씻다. 본미역감다.

먁살 가슴 위와 턱 아래 쪽의 살이나 그 부분의 옷자락.

면:¹【面】 ①얼굴. 낯. 예~이 많은 사람. ②넓이는 있으나 두께가 없는 것. 예평면. ③겉으로 드러난 쪽의 바닥. 예책상의 ~이 고르지 않다.

면:²【面】 군에 속한 지방 행정 구역 단위의 하나.

면³【綿】 솜 또는 무명.

-면 받침 없는 말에 붙어서 가정하는 뜻을 나타내는 말. 예그분이 우리 형이~ 얼마나 좋을까.

면:담【面談】 서로 만나서 이야기함. 예~을 요청하다. -하다.

면:도【面刀】 ①수염을 깎는 일. ②「면도칼」의 준말. -하다.

면:도칼 얼굴의 잔털이나 수염을 깎는 데에 쓰는 칼.

면:모【面貌】 ①얼굴의 생김새. ②사물의 모습이나 상태. 예새시대의 ~를 갖추다. 비겉모습.

면:목【面目】 ①얼굴의 생김새. ②남을 대하는 낯. 예~이 서지 않는다.

면:목없다 부끄러워서 남을 대할 낯이 없다. 예날짜를 어겨 정말 ~없습니다.

면밀【綿密】 자상하고 빈틈이 없음. 예~하게 조사하다. -하다. -히.

면:박【面駁】 면전에서 꾸짖어 나무람. 예많은 사람 앞에서 ~을 당하다.

면:사무소 면의 행정 사무를 맡아 보는 기관.

면:사포 결혼식 때에 신부가 머리에 써서 뒤로 늘이는 흰 빛의 엷은 천. 예~를 쓰다.

면:섬유 목화에서 얻은 실로 만든 섬유.

면세【免稅】 세금을 면제함. 예~ 상품.

면:식【面識】 서로 얼굴을 기억할 정도로 아는 사이.

면양[동물] 소과의 가축. 몸은 회백색의 잔 털로 싸여있어, 털은 옷감으로 쓰임. 보통 「양」이라 일컬음.

면:역【免疫】 몸 안에 병균 따위가 들어와도 병이 나지 않을 만한 저항력을 갖는 일. 예~이 생기다.

면:장【面長】 지방 행정 단위인 면의 우두머리.

면:재 구성 판지·베니어판·함석·플라스틱 등 면을 재료로 사용하여 꾸민 구성.

면:적【面積】 넓이.

면:전【面前】 눈앞. 예~에서 나무라다.

면:접【面接】 ①서로 대면하여 만나봄. ②「면접 시험」의 준

면:제【免除】 책임·의무 따위를 면함. ⑩병역 ~. -하다.
면직 목화의 섬유로 짠 옷감. 본면직물.
면:책【免責】 책임으로부터 벗어남. -하다.
면포【綿布】 목화의 솜에서 뽑은 실로 짠 천. 비무명.
면:하다 ①책임이나 의무에서 벗어나다. ⑩책임을 ~. ②어떤 일을 당하지 아니하게 되다. ⑩화를 ~. ③재앙을 피하다. ⑩죽음을 ~. ④어떠한 한계에서 벗어나다. ⑩셋방살이를 ~.
면:허【免許】 ①영업 등을 허락하는 일. ⑩사업 ~. ②어떠한 기술에 대한 자격을 인정하는 일. ⑩운전 ~.
면:회【面會】 직접 얼굴을 대하여 만나 봄. ⑩~ 신청. 비대면. -하다.
멸공【滅共】 공산주의 또는 공산주의자를 없애 버림. -하다.
멸구[동물] 멸구과의 곤충으로 벼를 해침.
멸균【滅菌】 약품으로나 또는 햇볕에 쏘이거나 하여 세균을 죽이는 일. 비살균. -하다.
멸망【滅亡】 망하여 아주 없어짐. ⑩로마 제국의 ~. -하다.
멸시[멸씨] 남을 업신여기거나 몹시 낮추어 깔봄. 비무시. -하다.
멸악 산맥[지명] 황해도 남북을 가로지르는 구릉성 산맥. 낭림 산맥에서 장산곶에 이르며, 구월산·멸악산 등의 명산이 있음.
멸종【滅種】 생물의 한 종류가 없어짐. 또는 모두 없애 버림. 멸종 위기에 놓여 있는 한국산 호랑이. -하다.
멸치[동물] 멸치과의 바다 물고기. 우리 나라 근해에서 많이 나는데, 말리거나 젓을 담가서 먹음. [멸치]
명¹【名】 사람의 수효를 나타내는 말. ⑩학생 3~.
명²【命】 ①목숨. ⑩~이 길다. ②윗사람이 아랫사람에게 내리는 분부. ⑩상사의 ~을 받다.
명견【名犬】 이름난 개. 훌륭한 개.
명곡【名曲】 이름난 악곡. ⑩~ 감상.
명궁【名弓】 ①활을 잘 쏘는 사람. ②이름난 활. 유서 깊은 활.
명나라[국명] 중국 원나라의 뒤를 이어 세워진 왕조. 도읍은 처음에는 금릉이었으나 후에 북경으로 옮김.
명년【明年】 내년. 이듬해.
명단【名單】 어떤 일에 관계된 사람들의 이름을 적은 것. ⑩입학생 ~.
명답【名答】 아주 알맞고 뛰어난 대답.
명당【明堂】 아주 좋은 묏자리나 집터. 본명당 자리.

명도【明渡】 색의 3요소의 하나. 색의 밝고 어두운 정도.

명도 대:비 명도의 차이가 있는 두 색을 함께 나란히 놓았을 때에 일어나는 효과.

명란[명난] 명태의 알.

명랑【明朗】[명낭] 밝고 맑아 걱정스러운 마음이 없음. ⑩항상 ~한 소년. 비쾌활. 반우울. -하다. -히.

명량 대:첩[명냥대첩] 조선 선조 때 임진왜란 당시 이순신 장군이 겨우 12척의 배로 명량에서 왜의 수군을 격파하여 크게 이긴 싸움.

명량해:협[지명] 전남 남도 진도와 해남의 화원반도 사이에 있는 바다의 좁은 부분.

명:령【命令】[명녕] 윗 사람이 아랫 사람에게 무엇을 하라고 시키는 말. 비지시. 본부. 반복종. 순종. -하다.

명:령문【命令文】 남에게 시킴이나 알림의 뜻을 나타내는 문장.

명료[명뇨] 분명하여 또렷함. ⑩간단 ~한 글. 비명백. -하다. -히.

명륜당 성균관에 딸려 유학을 가르치는 곳.

명마【名馬】 이름이 널리 알려진 훌륭한 말. 비준마.

명망【名望】 널리 알려진 이름과 덕. ⑩~이 높은 선생님.

명:명【命名】 어떤 사물에 이름을 지어 붙임. -하다.

명목【名目】 ①표면상으로 내세우는 이름. ⑩~뿐인 사장. ② 표면상의 이유. 핑계. ⑩그 일은 ~이 서지 않는다.

명문¹【名文】 아주 잘 지은 훌륭한 글.

명문²【名門】 뼈대 있는 가문. 훌륭한 가문. ⑩그는 ~ 출신이다.

명백【明白】 아주 뚜렷함. ⑩~한 증거. -하다. -히.

명복【冥福】 죽은 뒤의 행복. ⑩고인의 ~을 빌다.

명분【名分】 사람이 반드시 지켜야 할 분수. ⑩대의 ~. 비명목.

명사【名士】 이름이 널리 알려진 사람.

명사십리[명사심니][지명] 함경 남도 원산에 있는 모래톱. 고운 모래와 해당화로 아름다운 경치를 이루며 해수욕장으로 유명함.

명산【名山】 이름난 산.

명산물【名産物】 이름난 산물. ⑩한국의 ~은 고려 인삼이다.

명산지【名産地】 이름난 산물이 나는 지방. ⑩전남 완도는 김의 ~이다.

명상【瞑想】 눈을 감고 깊이 생각함. ⑩~의 시간. -하다.

명석【明晳】 분명하고 똑똑함. ⑩~한 두뇌. -하다.

명성【名聲】 세상에 널리 떨친 이름. ⑩야구 선수로 ~이 높다.

명성 황후[인명](1851~1895) 조선 시대 고종황제의 정비. 성은 민씨. 일본인에 의해 시

해됨.
명수【名手】 어떤 일에 뛰어난 소질과 솜씨가 있는 사람. 예바둑의 ~. 비명인.
명승【名勝】 이름난 경치. 예~고적.
명승 고적 이름난 경치와 지난날의 유적. 예경주는 ~이 많은 곳이다.
명승지 경치 좋기로 이름난 곳.
명시【明示】 분명하게 보이거나 지시함. 예조건을 ~하다. -하다.
명시도 멀리 두고 구별할 수 있는 배색으로, 떨어진 거리의 정도를 가지고 말함.
명심【銘心】 마음 속에 새겨 둠. 예내 말을 깊이 ~해라. -하다.
명심보:감[책명] 어린이들의 인격 수양을 위해, 중국의 여러 고전에서 보배로운 말이나 글을 모아 엮은 책. 조선 시대 때, 글방에서 교과서로 널리 쓰였음.
명아주[식물] 명아주과의 한해살이풀. 들이나 길가에 절로 나며, 어린 잎과 종자는 식용함.
명암【明暗】 ①밝음과 어두움. 예~이 뚜렷하다. ②기쁨과 슬픔. 예승자와 패자의 ~이 교차하다.
명언【名言】 이치에 맞는 훌륭한 말. 예듣고 보니 ~이다.
명예 ①세상 사람들의 좋은 평판을 얻는 일. 예우리 고장의 ~. ②사회의 사회적인 평가나 가치. 예~를 소중히 여기는 사람.
명예 훼:손 남의 이름을 더럽히고 떨어뜨림.
명왕성 태양계의 가장 바깥쪽을 도는 행성. 직경은 지구의 반정도. 공전 주기는 약 250년임.
명월【明月】 ①밝은 달. ②음력 8월 보름날 밤의 달.
명인【名人】 어떤 기술이나 예술에 매우 뛰어나 유명한 사람을 이르는 말. 비명수.
명일【明日】 내일.
명작【名作】 이름난 훌륭한 작품. 예소년 소녀 세계 ~. 비걸작. 반졸작.
명작 동:화 어린이들을 위하여 지은 이야기. 보통 시간·장소를 초월하여 공상적·서정적·교양적인 것이 많음.
명장【名將】 세상에 널리 이름난 뛰어난 장군. 예이순신 장군은 훌륭한 ~이시다.
명절【名節】 전통적으로 내려오는 온겨레가 함께 지키어 즐기는 날. 설·단오·추석 따위.
명주【明紬】 명주실로 짠 피륙. 비면주. 실크.
명주실 누에고치에서 뽑은 실.
명주실꾸리 명주실을 둥글게 감아 놓은 뭉치.
명:중【命中】 겨냥한 목표물에 바로 맞음. 또는 바로 맞힘. 비적중. -하다.
명찰【名札】 이름을 써서 다는 표.

명찰²【明札】 유명한 절. 이름난 사찰. 예~ 순례.

명창【名唱】 ①잘 부르는 노래. ②노래를 잘 부르는 사람.

명칭【名稱】 사물을 부르는 이름. 예~을 붙이다.

명쾌 명랑하고 쾌활함. 예~하게 답변하다. -하다. -히.

명태【동물】 대구과에 속하는 바다 물고기. 대구와 비슷하며 동해에서 많이 잡히는 중요한 수산물의 하나.

명필【名筆】 썩 잘 쓴 글씨. 또는 글씨를 잘 쓰는 사람. 비 달필. 반 졸필.

명함 자기의 주소·성명·연락처 등을 적은 종이쪽.

명화【名畵】 ①아주 잘 그린 유명한 그림. ②유명한 영화. 예 ~ 감상.

명확【明確】 명백하고 확실함. 틀림이 없음. 예~한 발음. -하다. -히.

몇 똑똑히 알 수 없는 수를 말할 때 쓰는 말. 예 모두 ~개냐.

몇몇 적은 수효를 막연하게 이르는 말. 예~ 사람이 오지 않았다.

모 옮겨 심으려고 가꾸어 기른 벼의 싹. 비 모종.

모:교【母校】 자기가 졸업한 학교.

모:국【母國】 외국에서 자기 나라를 이르는 말. 예~ 방문단.

모:국어 자기 나라의 말.

모금¹【募金】 여러 사람으로부터 돈을 거두어 들임. 예~ 운동. -하다.

모금² 물 따위가 입 속에 차는 분량. 예 물 한 ~.

모금원 돈을 모아들이는 사람.

모:기[동물] 모기과의 곤충. 여름철에 동물의 피를 빨아먹고 삶. 갖가지 병균을 옮김.

모:기향 제충국 가루를 송진이나 물에 개어 가느다란 막대 모양으로 만들어 불에 태워 모기를 쫓는 물건.

모:깃불 연기로서 모기를 쫓기 위해 피우는 불.

모나다 ①물건의 거죽에 각이 생기다. 예 모난 바위. ②말이나 행동이 남달리 두드러지다. 예 너무 모나게 굴지 마라.

모나리자 이탈리아의 화가 레오나르도 다 빈치가 그린 여인상.

모나무 옮겨 심기 위하여 가꾸어 기른 어린 나무. 비 묘목.

모내기 모내는 일. -하다.

모내다 모를 못자리에서 논으로 옮겨 심는 일. 비 모심다.

모:녀【母女】 어머니와 딸.

모노드라마 한 사람의 배우가 하는 연극.

모노레일 하나의 레일로 된 철도. 비 단궤 철도.

모눈종이 일정한 간격을 두고 서로 직각으로 교차시켜 여러 개의 가로줄과 세로줄을 그린 종이. 비 방한지.

모니터 방송국·신문사 등의 의뢰를 받아, 프로그램이나 기사에 대한 의견을 제출하는 사람. 예 방송국 ~.

모닥불 잎 나무 따위를 태운 불

이나 그 불더미.
모델 ①모형. 본보기. 예)아파트~ 하우스. ②조각·사진 등의 대상이 되는 사람. 예)패션 ~. ③문학 작품의 소재가 되는 실제의 인물. 예)출가한 스님을 ~로 한 소설.
모:독 무례하게 굴어 욕되게 함. 예)신을 ~하는 행동. -하다.
모두 여럿이 다 함께. 비)전부.
모둔곡[지명] 훈 강 유역에 있는 골짜기에 옛 이름. 주몽이 이 부근에서 고구려를 세웠다고 함.
모둠발 두 발을 가지런히 같은 자리에 모은 발.
모:든 여러 가지의. 전부의. 예)세계의 ~ 나라.
모듬살이 여럿이 집단을 이루고 살아가는 형태.
모락모락 연기·김·냄새 따위가 조금씩 피어오르는 모양.
모란[식물] 작약과에 속하는 꽃나무. 5월에 꽃이 피며, 꽃송이가 크고 향기가 좋아 정원에 널리 재배됨. 뿌리의 껍질은 약재로 씀.

[모란]

모래 자연적으로 잘게 부스러진 돌.
모래 가마니 모래를 넣은 가마니.
모래 모판 꺾꽂이 순의 뿌리가 쉬이 내리게 하기 위해서 모래로 만든 모판.
모래무지[동물] 잉어과에 속하는 민물고기, 머리가 크며, 입가에 한 쌍의 수염이 있음. 맛이 좋음.
모래밭 모래가 넓게 깔려 있는 곳. 비)백사장.
모래장난 모래를 가지고 하는 놀이. -하다.
모래주머니 ①모래를 넣은 자루. 특히 겨울철 화재나 빙판에 대비하여 준비함. ②날짐승의 위의 일부분으로 먹이를 잘게 부수는 일을 함. 곡류를 먹는 날짐승에게만 있음.
모래찜 여름에 뜨거운 모래에 몸을 묻고 땀을 내어 병을 고치는 일.
모래톱 강가의 모래 벌판. 비)모래밭. 모래 사장.
모래판 모래가 많이 깔려 있는 곳. 흔히 씨름 경기장을 일컬음.
모략【謀略】 남을 해치려고 쓰는 속임수. 예)중상 ~. -하다.
모:레 내일의 다음 날.
모르다(모르니, 몰라서) ①알지 못하다. 반)알다. ②이해하지 못하다. 예)진리를 ~. ③기억하지 못하다. 예)전혀 모르는 사실이다.
모르타르 시멘트와 모래를 섞어서 물게 갠 것. 시간이 지나면 물기가 없어지고 단단하게 됨.
모른체 알면서도 모르는 듯이 하는 태도. 반)아는체. -하다.
모름지기 마땅히. 차라리. 예)~ 우리의 소원은 통일이다.

모면【謀免】 꾀를 써서 면함. 어려운 고비에서 벗어남. 예위기를 ~하다. -하다.

모발 사람의 머리털.

모발 습도계 습도에 따라 신축하는 모발의 성질을 이용하여 만든 습도계.

모방【模倣】 본떠서 흉내냄. 예~ 작품.

모범【模範】 본받을 만함. 예~학생. 비본보기.

모범생 다른 학생의 본보기가 될만한 학생.

모빌 가느다란 철사·실 등에 알루미늄·셀룰로이드판의 조각을 여러 개 매달아 움직이는 아름다움을 나타낸 것.

모사【謀士】 꾀를 써서 일을 꾸미는 사람.

모서리 물건의 각이 생긴 가장자리. 면과 면이 서로 맞닿은 선. 예책상 ~.

모섬유 동물의 털을 깎아 얻은 섬유. 반인조.

모:성애【母性愛】 자식에 대한 어머니의 본능적인 사랑.

모세[인명] 이스라엘의 예언자이며 지도자.

모세관 ①「모세 혈관」의 준말. ②모세관 현상을 볼 수 있는 정도의 가는 관.

모세 혈관 동맥과 정맥과의 사이를 잇는 가느다란 혈관. 비실핏줄.

모셔가다 손윗사람을 안내하여 목적지를 가다.

모셔들이다 조심히 받들어 들여오게 하다.

모:션 ①몸놀림이나 행동. 예~이 빠르다. ②어떠한 행동을 하기 위하여 그에 앞서 취하는 몸짓. 예번트 ~.

모순【矛盾】 일의 앞뒤가 서로 맞지 아니함. 예~된 생각.

모:스[인명] (1791~1872) 미국의 발명가. 모스 부호를 사용한 전신기를 발명함.
[모스]

모:스 부:호 모스가 만든 전신용 부호. 점(짧은 소리)가 선(긴 소리)을 여러 가지로 섞어 글자를 대신함.

모스크바[지명] 러시아 연방의 수도이며, 전 소련의 수도.

모스크바 삼상 회:의 1945년 12월 모스크바에서 개최된 미국·영국·소련의 외상 회의. 이 회의에서 한국의 신탁통치 문제가 논의되었음.

모습 사람의 생긴 모양이나 됨됨이. 예어릴 때의 ~.

모시 모시풀의 껍질에서 뽑은 실로 짠 피륙.

모:시다 ①윗어른을 옆에서 돕고 보살피다. 예어머니를 ~. ②윗어른의 제사·장사·환갑 등을 지내다. 예제사를 ~.

모시랫들[지명] 충청 북도 충주시 북서쪽에 있는 들판의 이름.

모시조개[동물] 바다 조개로 해안의 얕은 진흙 속에 사는데, 식용함.

모심기[모심끼] 벼의 모를 못자

리에서 논으로 옮겨 심는 일. 비모내기. -하다.
모양 ①사람이나 물건의 겉으로 나타난 형태. ②어떠한 일의 형편이나 상태. 예사는 ~이 말이 아니다.
모양새 모양의 됨됨이. 예~가 좋다.
모여들다(모여드니, 모여들어서) 약속한 장소나 목적지로 향하여 오다. 예군중이 모여들기 시작했다.
모:욕 업신여기고 욕되게 함. 예심한 ~을 당하다. 비치욕. -하다.
모으다(모으니, 모아서) ①여럿을 한 곳으로 오게 하다. 예거리의 낙엽을 쓸어 ~. ②돈이나 물건을 저축하다. 예돈을 ~.
모:음【母音】 목소리가 입술·코·목구멍의 장애를 받지 않고 나오는 소리. 비홀소리. 반자음.
모의【謀議】 어떤 일을 꾀하고 의논함. 예친구들과 무전 여행을 ~하다.
모이 닭이나 날짐승들의 먹이. 예비둘기에게 ~를 주다.
모이주머니 날짐승의 목에 있는 주머니 모양의 것으로 먹은 모이를 저장하는 곳.
모임 여러 사람이 어떤 목적을 위하여 한 곳에 모이는 일.
모:자【母子】 어머니와 아들.
모자【帽子】 머리에 쓰는 물건.
모자라다 기준에 미치지 못하다. 부족하다. 예학용품을 살 돈이 조금 ~. 반남다.
모자이크 나무·돌·타일·유리 등을 붙여서 나타낸 그림이나 무늬.
모조【模造】 ①모방하여 만들거나, 또는 모방하여 만든 물건. 예~ 보석. ②「모조지」의 준말.
모조리 하나도 남기지 않고 모두. 비전부. 죄다. 반대강.
모조지 결이 매끄럽고 품질이 질긴 종이. 준모조.
모조품 다른 것을 본떠서 만든 물건.
모종 뒤에 옮겨 심기 위해 기른 식물의 싹. 또는 옮겨 심는 일. 예고추 ~. -하다.
모지다 ①둥글지 아니하고 모가 나다. ② → 모질다.
모직【毛織】 털실로 짠 피륙.
모:질다(모지니, 모질어서) ①마음씨가 몹시 독하다. 예모진 사람. ②견디기 힘든 어려운 일을 잘 배겨 내다. 예온갖 고생을 모질게 이겨 내다. ③기세가 매섭고 사납다.
모집【募集】 널리 뽑아 모음. 예신입 사원 ~. 반응모. -하다.
모찌기 모판에서 모를 뽑아 한 다발씩 묶어 놓는 일.
모차르트[인명](1756~1791) 오스트리아의 고전파 음악가. 음악의 천재라고 불림. 5세 때 미뉴에트를 작곡했고 13세 때는 가곡을 작곡했다고

[모차르트]

모처럼 ①벼르고 별러서. 예~계획한 여행. ②오래간만에. 예~ 왔다가 헛걸음만 하다. 반자주.

모:체【母體】 ①어머니의 몸. ②근본이 되는 물체. 예재벌 기업을 ~로 한 회사.

모:친【母親】 어머니를 정중히 이르는 말. 반부친.

모:터 전기 에너지를 기계 에너지로 변환하는 기계. 예~사이클. ~를 돌리다.

모:터 보:트 모터를 사용하여 나아가는 보트. 똑딱선. 발동기선.

모퉁이 구부리거나 꺾이어 돌아간 자리. 예길 ~에 우체통이 있다. 비귀퉁이. 반가운데.

모티브 계기. 동기. 예사랑이 이 소설의 ~가 되었다.

모판 못자리 사이사이를 떼어 직사각형으로 다듬어 놓은 조각조각의 구역.

모판흙[모판흑] 채소·화초·수목 등의 모종을 키우는 자리에 있는 흙. 기름진 흙이나 퇴비가루 따위를 사용함.

모피【毛皮】 털이 붙은 짐승의 가죽. 예~ 목도리.

모함 여러 가지 나쁜 꾀를 써서 남을 어려움에 빠뜨림. 예친구를 ~하다.

모:험 위험을 무릅쓰고 하는 일. 예~을 즐기다. -하다.

모형【模型】 ①같은 형상의 물건을 만들어 내기 위한 틀. ②실물의 모양을 일정하게 줄여서 만든 것. 예~ 비행기.

모호하다 분명하지 않다. 예~한 태도.

목 ①동물의 머리와 몸통을 이어주는 부분. ②어떤 물체의 목처럼 생긴 부분. 예~이 짧은 유리병.

목거리 목이 붓고 몹시 아픈 병.

목걸이 목에 걸어서 꾸미는 물건의 총칭.

목격 일이 벌어진 광경을 실제로 봄. 예사고의 현장을 ~했다. -하다.

목공【木工】 나무를 재료로 하여 물건을 만드는 사람. 비목수.

목공소 목재를 가공하여 가구·창문 등을 만드는 곳.

목공일 나무로 물건을 만드는 일.

목관【木棺】 나무로 만든 관.

목관 악기 몸통이 나무로 되고 그 악기 자체에 발음체가 달려 있는 관악기. 하모니카·퉁소·피리 등

목구멍 입 속의 깊숙한 안쪽. 곧 기관이나 식도로 통하는 곳.

목기【木器】 나무로 만든 그릇. 비나무 그릇.

목덜미 목의 뒷부분. 예~를 잡다. 준덜미.

목도리 추위를 막거나 모양으로 목에 두르는 물건. 예털 [목도리]

목돈 푼돈이 아닌 한목의 돈. 뭉칫돈. 예푼돈을 모아 ~을 만들다.

목동【牧童】 들에서 말·소·염소 등에게 풀을 뜯기는 아이.

목련[식물] 목련과의 낙엽 활엽 교목. 이른 봄에 크고 향기 있는, 흰빛 또는 자줏빛 꽃이 잎보다 먼저 피는 나무.

목례[목례][몽녜] 눈으로 하는 인사. 비눈인사.

목록【目錄】 ①책 속의 제목을 적어 놓은 차례. ②물건의 이름을 일정한 순서로 적은 것. 예도서 ~.

목마【木馬】 어린 아이들이 타고 놀 수 있도록 나무로 만든 말.

목마르다(목마르니, 목말라서) ①물이 먹고 싶은 상태. ②무엇을 몹시 바라다. 예목마르게 기다리던 편지가 왔다.

목말 남의 어깨 위에 두 다리를 벌리고 올라 타는 일. 예~ 태우다.

목메다 ①목구멍에 물건이 막히다. ②설움이 북받치어 목구멍이 막히는 듯하다. 예목메어 울부짖다.

목면산[지명] 서울에 있는 남산의 본래의 이름.

목민심서[책명] 조선 시대 순조 때 정약용이 쓴 책. 지방 관리들이 백성을 다스리는 데에 관한 도리를 적은 것으로 근세 사회 연구에 중요한 자료로 쓰임.

목사【牧師】 교회에서, 예배를 인도하며 설교를 하는 성직자. 신자를 가르치며 교회를 관리함. 비목자.

목사관 목사가 사는 집.

목석【木石】 ①나무와 돌. ②나무 돌과 같이 감정이나 인정이 무딘 사람. 예~같은 사람.

목선【木船】 나무로 만든 배.

목성【木星】 태양계의 다섯째의 떠돌이별. 아홉 개의 행성 중 가장 큰 별이며 금성과 함께 밝게 빛남.

목소리 목구멍으로 내는 소리. 비말소리. 음성.

목수【木手】 나무를 다루어 집을 짓거나 나무로 여러 가지 물건을 만드는 사람. 목수가 많으면 집을 무너뜨린다 속의견이 너무 많으면 도리어 일을 망친다.

목숨 ①살아가는데 밑바탕이 되는 힘. 생명. 예~을 건지다. ②수명.

목욕【沐浴】 몸을 씻는 일. -하다.

목일신[인명] 시인. 동시「누가 누가 잠자나」등을 지은 사람.

목자【牧者】 ①양을 치는 사람. ②그리스도교에서, 목사나 신부 등의 성직자를 이르는 말.

목잠기다 목이 쉬어서 목소리가 제대로 나오지 아니하다.

목장【牧場】 소·말 따위를 많이 놓아 기르는 넓은 산이나 들판.

목재【木材】 건축·가구 따위에

쓰이는 재료로서의 나무. 비재목.

목적【目的】 이루거나 이루려고 마음 먹는 일. 비목표. -하다.

목적지【目的地】 가고자 하는 곳. 목표로 삼은 곳. 예~에 도착하다.

목전【目前】 눈앞. 시험날이 ~에 다가왔다.

목조【木造】 나무로 만듦. 또 그 물건. 예~가구.

목조 건:물 나무를 주된 재료로 하여 만든 건물.

목차【目次】 차례. 순서.

목청 ①소리를 내는 기관. ②목에서 울려 나오는 소리. 예~이 맑고 아름답다.

목초【牧草】 소·말·양 등을 먹이는 풀. 비꼴.

목축【牧畜】 소·말·양 등을 많이 기름. -하다.

목침【木枕】 나무 토막으로 만든 베개.

목탁 절에서 염불할 때 쓰는 속이 비고 둥글게 나무로 만든 방울. 비목어. [목탁]

목탄 ①숯. ②그림그리기의 도구로 쓰려고 버드나무·오동나무 따위로 만든 숯.

목판【木版】 나무에 글씨 따위를 새긴 판.

목판화 목판으로 찍은 그림.

목포[지명] 전라 남도 남서쪽에 있는 항구 도시. 호남선의 종착지임.

목표【目標】 목적으로 삼는 것.

일을 할 때의 대상. 비목적. -하다.

목화【木花】[식물] 무궁화과의 한해살이풀. 밭에 재배하는데 씨에 붙은 면화는 피륙이나 실의 원료가 됨. 1363년 고려 공민왕 때 문익점이 처음 들여옴. [목화]

몫[목] ①여럿으로 갈라서 가지는 각 부분. 예내 ~. ②나눠떨어지는 나눗셈의 수. 예~과 나머지를 구하라.

몰- 낱말의 앞에 붙어서「없음」의 뜻을 강조하는 말. 예~지각. ~상식.

몰골 보기에 흉한 모양새. 예~이 사납다.

몰:다(모니, 몰아서) ①바라는 방향으로 가게 하다. 예양떼를 ~. ②자전거나 자동차를 운전하다. 예자가용을 ~. ③남을 나쁘게 인정하여 다루다. 예도둑으로 ~.

몰두【沒頭】 어떤 한 가지 일에 열중함. 예음악 감상에 ~하다. -하다.

몰:라보다 알 만한 사람이나 사물을 보고도 모르다. 예할아버지를 ~니. 반알아보다.

몰락【沒落】 재물이나 세력 따위가 쇠하여 보잘것없이 됨. 예~한 집안. -하다.

몰:래 남이 모르도록 살짝. 슬그머니.

몰려가다 ①떼를 지어 한쪽으로 밀려가다. 예구경꾼들이 ~.

몰려다니다 ②억지로 쫓기어 가다. 예개에게 몰려가는 양떼.
몰려다니다 ①여럿이 떼를 지어 돌아다니다. ②억지로 쫓기어 다니다.
몰려들다(몰려드니, 몰려들어서) ①여럿이 떼를 이루어 들어오다. 예관중들이 구름같이 ~. ②억지로 쫓기어 들어오다.
몰려오다 ①여럿이 뭉쳐 한쪽으로 밀려오다. ②억지로 쫓겨오다.
몰리다 ①여럿이 한꺼번에 모이다. 예전시회에 사람들이 ~. ②몰아냄을 당하다. 예궁지에 ~. ③일이 한꺼번에 많이 밀리다. 예회사일이 몰리어 휴일도 없다.
몰살[몰쌀] 모조리 죽임. 예포로들을 ~하다. -하다.
몰상식[몰쌍식] 상식이 전혀 없음. 예~한 행동을 하다. -하다.
몰수[沒收][몰쑤] 강제로 빼앗아 들임. 예재산을 ~ 당하다. -하다.
몰아내다 밖으로 쫓아 버리다. 예침략자를 ~.
몰아치다 ①한 곳에 몰리게 하다. 예심한 바람이 ~. ②한꺼번에 몹시 서두르다. 예밤을 세워 가며 일을 ~.
몰염치 염치가 도무지 없음.
몰이꾼 짐승이나 물고기를 잡기 위하여 한 곳으로 몰아놓는 일을 하는 사람.
몰인정 인정이 도무지 없음. 예몰인정한 사람. -하다.
몰지각 알아서 깨달음이 없음. 예~한 행동. -하다.
몸 머리에서 발끝까지, 또는 거기에 딸린 모든 것을 통틀어 이르는 말. 비신체.
몸가짐 몸의 동작이나 몸을 가지는 품. 예~이 단정한 학생. 비태도.
몸담다[몸담따] 생활 수단을 마련하는 자리로서 어떤 조직이나 판에 몸을 두다. 예은행에 몸담고 있다.
몸뚱이 사람이나 짐승의 몸의 덩치.
몸매 몸의 생김새. 예~가 뚱뚱하다.
몸무게 몸의 무게. 비체중.
몸부림 ①울거나 떼쓰거나 할 때에 온 몸을 흔들고 부딪는 짓. ②잠잘 때에 이러저리 몸을 뒤치는 짓. -하다.
몸살 몸이 몹시 피로하여 일어나는 병.
몸서리 ①지긋지긋하게 싫증이 나는 마음. ②무서워 몸을 떠는 짓.
몸소 제 몸으로써 스스로. 예~실천하다. 비친히.
몸져눕다(몸져누우니, 몸져누워서) 병이 심하여 자리에 누워 있다.
몸조리 몸을 잘 보살피고 힘을 돋우는 일. -하다.
몸조심 ①건강을 유지하기 위한 조심. ②말이나 행동을 삼감. -하다.
몸집[몸찝] 몸의 부피.

몸짓 몸을 놀리는 태도. -하다.
몸차림 옷이나 신·모자 따위로 몸을 꾸밈. 또는 그 모양. 예~이 가볍다.
몸체 물체의 몸통이 되는 부분.
몸통 몸의 둘레.
몹:시 그 이상 더할 수 없이 심하게. 예~ 덥다. 비매우.
못¹ 물건을 박는데 쓰는 쇠나 대를 뾰족하게 만든 물건.
못² 넓고 깊게 팬 땅에 늘 물이 괴어 있는 곳. 비연못.
못가 못의 가장자리.
못:갖춘마디 악보의 첫머리에 있는 박자표대로 되어 있지 않은 마디. 반갖춘마디.
못난이 못나고 어리석은 사람. 비바보.
못:내 잊지 못하고 언제나. 예~ 아쉬워하다.
못:되다 성질이나 하는 짓이 악하거나 고약하다. 예~ 성미. 못된 송아지 엉덩이에서 뿔이 난다 속사람답지 못한 사람이 교만하게 행동한다는 말.
못:마땅하다 마음에 들지 아니하다.
못박다 ①물건에 못을 박다. ②남의 마음에 상처를 입히다.
못박히다 못으로 단단히 박아 놓아 꼼짝못하게 되다.
못:생기다 잘나지 못하다. 비못나다. 반잘생기다.
못자리 볍씨를 뿌리어 모를 기르는 논. 또는 그 논바닥. 비모판.
못줄 모를 심을 때 줄을 맞추기 위하여 대고 심는 줄.

못:지않다 못하지 아니하다. 예 야구 실력이 선수 ~.
못:하다¹[모타다] 서로 비교하여 그 정도나 수준에 못 따르다. 예어제 것보다 ~.
못:하다² 할 수가 없다. 예밥을 먹지 ~.
몽고[국명] 중국 본토의 북쪽에 있는 나라. 칭기즈칸이 몽고족을 통일하여 세움.
몽고족 중국 북부와 동북부, 시베리아 남부에 걸쳐 사는 여러 민족을 통틀어 이르는 말. 피부색은 황색이며 머리털은 암갈색임.
몽:금포[지명] 황해도 장연군 상잔곶 서쪽에 있는 항구. 어업이 성하고 일대의 모래 언덕과 더불어 해수욕장으로 유명함.
몽당 연필 짧게 닳아서 거의 못 쓰게 된 연필.
몽둥이 조금 굵고 긴 막대기.
몽땅 ①전부. 예사업의 실패로 재산을 ~ 날리다. ②많은 부분을 대번에 자르는 모양. 예 긴 머리를 ~ 자르다. 큰뭉떵.
몽롱[몽농] ①사물이 어른어른하여 희미함. 예~한 그림자. ②의식이 흐리멍덩하여 아득함. 예~한 의식. -하다.
몽:상【夢想】 꿈속 같은 헛된 생각. 예~에 젖다. -하다.
몽실몽실 통통하게 살져서 야들야들하고 보드라운 느낌을 주는 모양. 예아이의 살결이 ~ 하다. 큰뭉실뭉실. -하다.
몽은사 심청전에 나오는 절의

이름.
몽:유병 잠을 자다가 자신도 모르게 일어나서 어떤 행동을 하다가 다시 잠에 드는 병적인 증세. 나중에 정신이 나도 자기로서는 전혀 기억을 못함.
뫼: ①사람의 시체를 묻은 곳. 묘. ②「산」의 옛말.
묘【墓】 사람의 무덤.
묘:기【妙技】 교묘한 기술이나 재주. 예~ 대회.
묘:목 옮겨 심기 위하여 가꾼 어린 나무. 예~을 기르다.
묘:미【妙味】 썩 좋은 재미. 또는 맛. 예일의 ~를 느끼다.
묘:비【墓碑】 무덤 앞에 세우는 빗돌. 예~를 세우다. 비묘석.
묘:사 사물이나 마음의 상태를 있는 그대로 그려냄. 예아침 풍경을 ~한 작품. -하다.
묘:소 「산소」의 높임말.
묘:수【妙手】 ①바둑·장기 등에서, 매우 뛰어난. ②기술이 교묘한 사람.
묘:안【妙案】 아주 뛰어난 생각. 예좋은 ~이 떠오르지 않는다.
묘:역【墓域】 묘소로서 정한 구역.
묘:연【杳然】 소식·행방 등이 알 길이 없음. 예실종된 대원의 행방이 ~하다. -하다.
묘:지【墓地】 무덤이 있는 땅. 예공원 ~.
묘:책【妙策】 매우 좋은 꾀. 예~을 짜내다.
묘:청[인명] (?~1135) 고려 인종 때의 중. 서경으로 도읍을 옮길 것을 주장하다가 난을 일으켰음.
묘청의 난 고려 인종 13년(1135)에 묘청 등이 서경, 곧 지금의 평양에서 일으킨 난. 김부식을 중심으로 한 반대 세력에 눌러 실패하였음.
묘:포 묘목을 심어서 기르는 말.
묘:표【墓表】 무덤에 묻혀 있는 사람의 이름 따위를 적은 푯말이나 푯돌. 비묘비.
묘:품【妙品】 섬세하고 훌륭한 작품.
묘:하다 ①내용이나 생김에서 색다르고 신기하다. 예묘하게 생긴 수석. ②매우 공교롭거나 신기하다. 예묘하게도 같은 옷을 샀다.
묘:향산【妙香山】[지명] 평안 북도 영변군에 있는 산. 서산 대사와 사명대사가 도를 닦던 곳인 보현사가 있음. 단군이 하늘에서 내려왔다는 전설이 유명함. 높이 1,909m.
무:[식물] 채소의 한 가지. 잎과 뿌리는 모두 중요한 채소이며 씨는 한방에서 약재로 씀.
무²【無】 없음. 현존하지 아니함.
무-³ 어떤 말 앞에 붙어서 그것이 없음을 나타내는 말. 예~소식.
무가당 설탕 따위의 단것을 넣지 않음. 예~ 음료수.
무가치 아무 값어치가 없음. 예~한 생각. -하다.

무감각 아무 느낌이 없음. -하다.

무겁다(무거우니, 무거워서) ①무게가 있다. 가볍지 않다. 예가방이 ~. ②언행이 매우 신중하다. 예입이 ~. ③비중이나 책임 따위가 많거나 무겁다. 예책임이 ~.

무게 ①물건이 무거운 정도. 예몸~. ②침착하고 의젓한 정도. 예~있는 사람. ③가치나 중요성의 정도. 예~ 있는 작품.

무게 중심 물체를 바늘이나 송곳같은 것으로 받쳐 기울지 않게 되는 점.

무고¹【無故】 ①아무런 탈이 없이 평안함. ②아무런 연고가 없음. 비무사. 반유고. -하다. -히.

무고²【無辜】 잘못이나 허물이 없음. 예~한 백성. -하다.

무골[인명] 주몽을 도와 고구려를 세운 장군.

무·공【武功】 나라를 위해 전쟁에서 세운 공적.

무:관¹【武官】 ①옛날 과거 시험의 하나인 무과 출신의 벼슬아치. ②군대에서 군의 일을 맡아보는 관리. 반문관.

무관² 아무 관계가 없음. 예나와는 ~하다. -하다.

무관심 관심이나 흥미가 없음. 예세상 일에 ~하다. -하다.

무궁【無窮】 끝이 없음. 예~ 발전. -하다.

무궁 무진 다함이 없고 끝이 없음. 예~한 바다의 자원. -하다.

무궁화[식물] 우리 나라의 나라꽃. 잎은 뽕나무와 비슷하고, 꽃은 여름부터 가을까지 핌.

[무궁화]

무근【無根】 ①뿌리가 없음. ②근거가 없음. 예그 소문은 사실 ~하다. -하다.

무:기¹【武器】 전쟁에 사용되는 기구의 총칭.

무기²【無期】 「무기한」의 준말. 예~ 징역. 반유기.

무기력 기운이 없음. 반~한 경기를 펼치다. -하다.

무기명【無記名】 이름을 쓰지 않음. 예~ 투표. 반기명.

무기 염류 무기산과 염기가 반응하여 생긴 물질. 염화 나트륨·황산 아연·질산 칼슘 등.

무기질 ①생활 기능을 가지지 않은 물질. 물·공기 따위. ②뼈·체액·피 등에 포함되어 있는 영양소의 하나. 칼슘·인·철분 따위.

무기한【無期限】 일정한 기한이 없음. 예비로 인하여 소풍이 ~ 연기되다.

무:기화 전쟁에 쓰이는 기구로 만듦. 예석유의 ~. -하다.

무난【無難】 ①어려울 것이 없음. 예~하게 문제를 풀다. ②말썽이 나거나 탈 잡힐 것이 없이 무던함. 예~한 태도. -하다.

무남 독녀 아들이 없는 집안의 외딸.

무너지다 ①쌓인 물건이 허물어지다. 예벽이 ~. ②세웠던 계획 따위가 이루어지지 못하다. 예기대가 ~.

무능【無能】 재주나 힘이 없음. 능력이 없음. 예~한 사람. 반유능. -하다.

무능력[무능녁] 일을 처리할 만한 힘이 없음. -하다.

무늬[무니] 물건의 표면에 아름답게 나타난 얼룩진 점이나 줄 따위.

무단 출입 승낙없이 출입함. 예~ 금지.

무:당 귀신을 섬기어 길흉을 점치고 굿을 하는 여자. 비무녀.

무:당벌레[동물] 무당벌레과의 곤충. 몸길이 7~8mm 가량으로 몸은 둥근 바가지 모양이며, 진딧물을 잡아먹는 이로운 곤충임.

무:대【舞臺】 ①노래·춤·연극 등을 하기 위하여 높게 만들어 놓은 단. 예~에 서다. ②마음껏 활동할 수 있는 범위. 예정치 ~에서 활약하다.

무더기 물건이 한데 쌓여 수북한 것. 예쓰레기 ~.

무더위 찌는 듯이 무더운 더위.

무던하다 ①정도가 어지간하다. 예그만하면 무던하게 생겼다. ②마음씨가 너그럽다. 예무던한 사람.

무덤 시체를 땅에 묻은 곳. 비뫼, 산소.

무덥다(무더우니, 무더워서) 찌는 것처럼 덥다. 반서늘하다.

무:도 춤을 춤. 예무도회. 비무용. 댄스.

무:도회 여러 사람이 춤을 추면서 사교를 하는 모임.

무:동 ①지난 날, 나라 잔치 때 춤을 추고 노래를 부르는 아이. ②농악에서 춤을 추는 아이.

무등산【無等山】[지명] 광주광역시와 전남 화순군에 걸쳐 있는 산. 무등산 수박이 유명함. 높이 1,187m.

무디다 ①끝이나 날이 날카롭지 않다. 예칼날이 ~. ②느끼어 깨닫는 힘이 모자라다. 예눈치가 ~. 반날카롭다.

무뚝뚝하다[무뚝뚜카다] 성질이 쾌활하지 않고 인정미가 없다. 아기자기한 맛이 없다.

무량사 충청 남도 부여군 만수산에 있는 절. 신라 때 창건한 것으로 여러 차례 중수하였음. 극락전·석등·5층 석탑 등이 있음.

무량수전 무량수불인 아미타여래를 모신 법당. 특히, 법주사와 부석사의 무량수전이 유명.

무럭무럭 ①힘차게 잘 자라는 모양. 예새싹이 ~ 자라다. ②계속하여 많이 일어나는 모양. 예연기가 ~ 난다. 작모락모락.

무:력¹【武力】 군사상의 힘. 예~을 행사하다.

무력²【無力】 ①힘이 없음. 예~한 군대. ②능력이나 활동할 힘이 없음. 예생활에 ~한 사람. 반유력. -하다.

무렵 일이 있은 그 때쯤. 예해 질 ~.

무:령왕릉[무령왕능] 충청 남도 공주에 있는 백제 25대 무령왕과 그 왕비의 무덤. 1971년 7월에 발견하였는데, 백제 금관을 비롯하여 우리 나라 최고의 지석과 수천점의 유물이 발굴됨.

무례【無禮】 아주 예의가 없음. 예~한 행동. -하다.

무뢰한 일정한 직업이 없이 돌아다니며 불량한 짓을 하는 사람.

무료【無料】 요금을 받지 않음. 예~ 주차장. 비공짜. 반유료.

무르녹다 ①익을 대로 익어 흐무러지다. 예사과가 ~. ②일이 한창 이루어지려는 고비에 이르다. 예기회가 ~. ③그늘이 짙다. 예신록이 무르녹는 계절.

무르다¹(무르니, 물러서) 바탕이 단단하지 않다. 예땅이 ~.

무르다²(무르니, 물러서) 굳은 물건이 푹 익어서 물렁물렁하게 되다. 예감이 ~.

무르다³(무르니, 물러서) ①샀던 것을 돌려 주고 돈을 찾다. 예새로 산 옷에 흠집이 있어 도로 ~. ②바둑 따위에서, 한 번 둔 것을 안 둔 것으로 하고 다시 두다.

무르익다 ①흐무러지도록 푹 익다. 예무르익은 복숭아. ②사물이 적당한 시기에 이름. 예계획이 ~.

무릅쓰다(무릅쓰니, 무릅써서) 어려운 일을 견디어 내다. 예위험을 ~.

무릇 대체로 보아. 헤아려 생각하건데. 예~ 노력없이 성공한 사람은 없다.

무릎 다리의 굽혀지는 마디의 앞쪽.

무릎장단 손으로 무릎을 치며 장단을 맞추는 일.

무리¹ 한패로 모인 여러 사람. 또는 짐승의 떼. 예무리를 짓다.

무리²【無理】 ①이치·정도에 맞지 않음. 예이 책을 초등학생이 읽는 건 ~다. ②무턱대고 우겨댐. 예~한 부탁을 하다. ③힘에 부치는 일을 억지로 함. 예내 힘으로는 ~. -하다.

무마 어루만지듯이 위로함.

무:말랭이 반찬거리로 쓰기 위하여 잘게 썰어서 말린 무.

무명¹ 무명실로 짠 피륙. 비면포.

무명²【無名】 이름이 알려져 있지 않음. 예~ 가수. 반유명. -하다.

무명실 목화의 솜을 뽑아서 만든 실.

무명 용:사탑 세상에 그 이름이 알려지지 아니한 용사들을 기리는 뜻으로 세운 탑.

무모【無謀】 앞뒤를 헤아려 생각하는 신중성이나 분별력이 없음. 예~모한 도전. -하다.

무미【無味】 ①맛이 없음. ②재미가 없고 싱거움. 예~ 건조. -하다.

무방【無妨】 해로울 것이 없음. 괜찮음. 예먹어도 ~한 음식. -하다.

무방비 방비가 없음. 예~한 상태.

무보수 보수가 없음. 예~로 일하다.

무분별 사물을 옳고 그름을 분간할 힘이 없음. 예~한 행동을 삼가다. -하다.

무사【無事】 아무 탈이 없음. 안전함. 비무고. 반유사. -하다. -히.

무사【武士】 무예에 능한 사람. 반문사.

무사 태평 아무 탈 없이 편안함. 예~한 세상.

무:산[지명] 함경 남도 무산군의 군청 소재지. 국경의 요충지임.

무상【無常】 ①덧없음. 헛됨. 예인생 ~. ②일정하지 아니함. 예~ 출입. -하다.

무색【無色】 ①부끄러워서 볼 낯이 없음. 예그가 화내는 바람에 그만 ~해졌다. ②아무 빛깔이 없음. 예~ 유리. -하다.

무생물 생활 기능이나 생명이 없는 물건. 곧 광물 같은 것. 반생물.

무서움 두려움을 당하여 무서워하는 느낌. 예~을 타다.

무서워지다 ①마음이 불안해지다. ②두려운 느낌이 들다.

무선【無線】 ①전선이 없음. ②「무선 전신」의 준말. ③「무선 전화」의 준말. 반유선.

무선부호 전파로 통신하기 위해 특별히 정해 놓은 기호.

무:선사 조선 시대 때 병조의 사무를 처리하던 곳으로 무과에 관한 일을 맡아 보던 곳.

무선 전신 전선을 통하지 않고 전파로 통신할 수 있는 장치.

무선 전화 전선 없이 전파로 통신할 수 있는 장치. 준무선.

무섬증[무섬쯩] 무서워하는 버릇. 또는 그런 현상.

무섭다(무서우니, 무서워서) ①겁이 나다. 두려운 느낌이 나다. 예오해할까 ~. ②놀랄 만하다. 예무서운 경제 성장. 작매섭다.

무:성¹【茂盛】 나무나 풀이 우거짐. 예잡초가 ~하다. -하다.

무성²【無聲】 소리가 없음. 예~ 영화.

무소속 특별히 소속된 곳이 없음.

무소식 소식이 없음. 예~이 희소식.

무쇠 ①솥 같은 것을 만드는 재료가 되는 쇠. ②강하고 굳센 것을 비유하여 이르는 말. 예~처럼 힘이 세다. 비선철.

무수하다 수없이 많다. 밤하늘에 별이 무수히 많다.

무:술【武術】 무인으로서 지니는 기술과 재주. 총쏘기·칼쓰기·태권도 따위. 비무예.

무:술 수업 무사가 갖추어야 할 창·칼·활 따위의 모든 무기를 다루는 재주를 닦고 익히는 일. -하다.

무슨 ①의문을 나타내는 말. 예

여기에 ~ 일로 왔느냐? ②사물의 내용이나 특성 따위를 모를 때 이르는 말. 예이곳에 ~ 보물이 있을까.

무승부 운동 경기 따위에서, 승부가 없음. 비비김.

무시【無視】 업신여기고 상대하지 않음. 깔봄. 예남의 의견을 ~하다. 비멸시. 반존중. -하다.

무시무시하다 몹시 무섭다.

무시험 시험을 치르지 않음. 예~ 합격.

무식【無識】 아는 것이 없음. 배운 것이 아무 것도 없음. 비무지. 반유식. -하다.

무식쟁이 아는 것이 없는 사람이나 글을 모르는 사람을 낮추어 이르는 말. 반유식쟁이.

무신경 ①감각이 둔함. ②아무 부끄러움도 느끼지 못함. 예~한 사람.

무심【無心】 아무런 생각이나 감정이 없음. 예~한 표정. -하다. -히.

무심코 아무 생각도 없이. 예~ 말을 하다.

무안【無顔】 부끄러워 볼 낯이 없음. 예~해서 고개도 못 들었다. -하다.

무언【無言】 말이 없음. 말을 하지 않음. 예~의 시위.

무엇 이름을 모르거나 잘 모르는 일에 대해서 의심을 가질 때 쓰는 말. 예그게 ~이냐. 준무어. 뭣.

무역【貿易】 나라와 나라 사이에 서로 물건을 팔고 삼. 비교역. 통상. -하다.

무역항 외국과의 무역의 중심지가 되는 항구.

무연탄 태워도 연기가 나지 않는 석탄.

무열왕[인명] → 김춘추.

무:예【武藝】 칼·창·활·총 따위를 다루는 재주. 비무술.

무:왕¹[인명] 백제의 제30대 왕(재위 600~641). 수·당과 화친하고 일본에 문화를 전하는 등 국력을 길렀으나, 뒤에 사치와 유흥에 빠져 국력을 약화시켰음. 향가 작품인「서동요」를 지었다고 함.

무:왕²[인명] 발해의 제2대 왕(재위 719~737). 일본과 국교를 열고 무력을 양성하여 크게 세력을 떨쳤음.

무:용¹【武勇】 날래고 용감함.

무용²【無用】 ①쓸모가 없음. ②볼 일이 없음. 예~자 출입 금지. 반유용. -하다.

무용³ 음악에 맞추어 춤을 추는 동작. 예민속 ~. 비무도. -하다.

무:용담 싸움에서 용감하게 싸워 공을 세운 이야기.

무용지물 쓸모가 없는 사람이나 물건.

무위도식 아무 하는 일도 없이 먹고 놀기만 함. 예~으로 세월을 보내다. -하다.

무의미【無意味】 아무 뜻이 없음. -하다.

무의식【無意識】 의식이 없음. 예~중에 한 행동.

무의촌【無醫村】 의사나 의료 시

설이 없는 촌락. 예~을 순회 진료하다.
무익【無益】 이로운 것이 없음. 반유익. -하다.
무:인¹【武人】 무예를 닦는 사람. 비무사. 반문인.
무인²【無人】 사람이 살고 있지 않거나 없음. 예무인도.
무인도 사람이 살고 있지 않는 섬.
무일푼 돈이 한 푼도 없음.
무임【無賃】 임금이 없음. 삯을 치르지 아니함. 예~ 승차.
무자격 일정한 자격이 없음. 예~ 선수. -하다.
무자비 자비로운 마음이 없음. 예벌레를 ~하게 밟아 죽이다. 반자비. -하다.
무작정 얼마라든지 혹은 어떻게 하겠다고 정한 것이 없음. 예~ 상경하다.
무:장【武裝】 전쟁을 하기 위하여 필요한 무기나 장비를 갖춤. 또는 그 무기나 장비. 예~ 군인. -하다.
무:장 간:첩 무장을 하고 간첩 활동을 하는 사람.
무적【無敵】 겨룰 만한 적이 없음. 천하 ~.
무전기 무선 전신. 또는 무선 전화를 하도록 장치가 되어 있는 기계.
무전 여행 돈을 가지지 않고 하는 여행.
무절제[무절제] 알맞게 조절함이 없음. 예~한 생활. -하다.
무정【無情】 인정이나 동정심이 없음. 예~한 말. -하다. -히.

무제【無題】 ①제목이 없음. ②제목을 붙이지 아니한 예술 작품 등에 제목 대신 쓰는 말.
무제한【無制限】 제한이나 그 한정되는 양이 없음. 예~ 생산.
무조건[무조건] 아무 조건이 없음. 예~ 찬성하다.
무좀 피부병의 하나. 발가락 사이에나 발바닥에 잘게 물이 잡히어 솟아나는 부스럼.
무죄【無罪】 죄나 허물이 없음. 예~ 판결로 석방되다. 반유죄. -하다.
무:주[지명] 전라 북도 무주군의 군청 소재지. 부근에는 구천동·덕유산 등의 명승지가 있음.
무지【無知】 ①아는 것이 없음. ②미련하고 어리석음. ③하는 짓이 우악스러움. 예~한 행동. -하다. -스럽다.
무지개 공중에 떠 있는 물방울이 햇빛을 받아 나타나는 반원형의 일곱 가지 빛의 줄기. 흔히 비가 멎은 뒤 태양의 반대 방향에 나타남. 빛깔은 빨강·주황·노랑·초록·파랑·남색·보라임.
무지막지 매우 무지하고 우악스러움. -하다.
무직【無職】 일정한 직업이 없음.
무진장 한없이 많이 있음. -하다. -히.
무질서[무질서] 질서가 없음. 예~한 생활. -하다.
무찌르다(무찌르니, 무찔러서) ①닥치는 대로 함부로 죽이

메 모, 약 도

11670@kyobobook.co.kr

서울 종로 종로1
재무팀 2076-04
54-6번

도서출판 : **지능, 신기교육**

도서총판 : **보 람 도 서**

인터넷 : www.borambook.co.kr
이메일 : boram@borambook.co.kr
주　소 : 서울·금천구 남부순환로 1432
　　　　(독산동 901-9번지 남부빌딩 3층 301호)
전　화 : (02)856-4983, (02)844-7130
　　　　010-5250-7130
팩　스 : (02)856-4984

다. ②가리지 아니하고 마구 쳐들어가다. 예침략군을 ~.
무참【無慘】 몹시 참혹함. 예~하게 파괴되다. -하다. -히.
무채색【無彩色】 밝기의 차이는 있으나 색상과 순도가 없는 색. 흰색·검정색·회색 등. 반유채색.
무책임【無責任】 책임이 없음. 예~한 행동.
무척 다른 것보다 훨씬. 썩 많이. 대단히. 예이 문제는 ~ 어렵다.
무:청 무의 잎과 잎줄기.
무치다 나물에 갖은 양념을 섞어 버무리다. 예산나물을 ~.
무턱대고 아무 요량도 없이. 덮어놓고. 예~ 반대하다.
무표정하다 아무런 감정의 표시가 없다. 예무표정한 얼굴.
무한【無限】 시간·크기·넓이·정도 따위가 한이 없음. ~한 사랑. 반유한. -하다. -히.
무한대【無限大】 한없이 큼.
무한 소:수 소수점 이하가 한없이 계속되는 소수.
무한정 한정이 없음. 한정 없이. 예~ 기다릴 수는 없다.
무허가 허가가 없음. ~ 음식점.
무형 문화재 연극·무용·음악·공예 기술 등 무형의 문화적 소산으로 역사적으로나 예술적으로 가치가 큰 것. 반유형 문화재.
무화과 나무[식물] 뽕나무과의 낙엽 활엽 관목. 정원에 심는데 높이 3m. 과실은 가을에 암자색으로 익으며 먹음.
무효【無效】 효력이 없음. 예~로 간주하다. 반유효. -하다.
묵거[인명] 고구려의 장수. 주몽을 도와 고구려를 세웠음.
묵과 모르는 체하고 넘겨 버림. 말없이 그냥 지나침. 예도저히 ~할 수 없는 일.
묵념 눈을 감고 고개를 숙이고 마음속으로 빎.
묵다 ①오래 되다. 예묵은 고추장. ②나그네로서 머무르다. 예시골집에 ~.
묵독 소리를 내지 아니하고 읽음. 예책을 ~하다. 반음독. -하다.
묵묵히[뭉무키] 잠자코 말없이. 예~ 자기 책임을 다하다.
묵사발 얻어맞거나 하여 얼굴 따위가 흉하게 일그러짐.
묵상 말없이 생각에 잠김. -하다.
묵인 모르는 체하고 슬며시 인정함. 예불법 행위를 ~할 수 없다. -하다.
묵직하다[묵찌카다] 조금 무겁다.
묵화[무콰] 먹물로 그린 동양화.
묶다[묵따] ①새끼나 끈으로 잡아매다. 예짐을 ~. ②움직이지 못하게 몸을 얽어매다. 예손과 발을 ~.
묶음표 숫자·문자나 문장·수식의 앞뒤를 막아 딴 것과 구별하는 기호. 비괄호.

묶이다 묶음을 당하다. 예손발이 ~.

문【門】 드나들거나 물건을 넣었다 꺼냈다 하기 위하여 열고 닫을 수 있도록 만들어 놓은 시설.

문간【門間】 대문이 있는 곳.

문간방 대문간 바로 곁에 있는 방.

문갑【文匣】 문서나 문구를 넣어 두는 궤.

문경 새:재[지명] 경상 북도 문경군과 충청 북도 괴산군 사이에 있는 고개. 조령이라고도 함.

문경지교【刎頸之交】 생사를 같이하는 사귐. 또는 그런 벗.

문고【文庫】 ①여러 사람이 읽을 수 있도록 책을 모아서 놓아 둔 곳. 비서고. ②출판물의 한 형식으로 널리 책을 보급할 목적에서, 값이 싸고 가지고 다니기 알맞게 만든 책에 붙이는 이름.

문공[인명] 중국 춘추 시대의 진나라 제7대 공. 양공의 아들.

문관【文官】 옛날 과거의 하나인 문과 출신의 벼슬아치.

문구¹【文句】[문꾸] 글의 구절. 비글귀.

문구²【文具】 붓·종이·먹·벼루·연필 따위의 기구.

문구점 학용품과 사무용품 등을 파는 기게. 예~에서 공책을 사다.

문단¹【文段】 문장을 크게 끊어 나눈 단락. 예~을 나누다.

문단²【文壇】 시·소설 따위 문학에 종사하는 사람들의 사회.

문단속 사고가 없도록 문을 단단히 닫아 잠그는 일.

문:답【問答】 물음과 대답. -하다.

문둥병[문둥뼝] 나균에 의하여 생기는 만성 전염병. 털이 빠지고 살이 문드러짐. 비나병.

문득 생각이 갑자기 떠오르는 모양. 예~ 고향이 그리워지다. 센문뜩.

문:란[물란] 도덕이나 질서·규칙 따위가 뒤죽박죽이 되어 어지러움. 예풍기가 ~하다. -하다.

문루[물루] 성문 따위에 높이 세운 다락집.

문맹【文盲】 무식하여 글을 읽거나 쓸 것을 모름. 또는 그런 사람. 예~ 퇴치.

문맹 퇴:치 글 모르는 사람을 가르쳐서 글을 볼 수 있게 하는 일.

문명【文明】 사람의 지혜가 열리고 정신적·물질적 생활이 풍부하고 편리하게 된 상태. 비문화. 반미개. 야만.

문명 국가 문명이 발달하여 국민의 생활 수준이 높고 의식 수준이 발달한 나라. 준문명국. 반미개국.

문무【文武】 학문과 무예. 곧 글을 읽고 지식을 넓히는 일과 말타고 활 쏘는 일을 통틀어 가리키는 말. 예~를 두루 갖춘 인물.

문무 대왕[인명] 신라 제30대 왕. 김유신과 함께 삼국을 통일함.

문물【文物】 문화의 발달로 이루어진 것. 곧 학문·예술·법률·종교 등 문화에 관한 것을 통틀어 이르는 말. 예서양의 ~.

문바람[문빠람] 문이나 문틈으로 들어오는 바람.

문방구【文房具】 종이·먹·연필·잉크 등 글을 쓰는데 필요한 도구.

문방사:우 종이·붓·먹·벼루의 네 가지를 아울러 일컬음.

문벌【門閥】 대대로 내려오는 그 집안의 신분과 지위. 예훌륭한 ~ 출신이다. 비가문.

문법【文法】 ①말과 말을 이어서 글을 만들 때의 규칙. 예우리 나라 국어의 ~. 비말본. ②문장 구성의 법칙.

문:병【問病】 앓는 이를 찾아보고 위로함. 예환자를 ~하다. 비병문안. -하다.

문살[문쌀] 문짝의 뼈가 되는 나무로 길게 오린 나무나 대나무의 조각.

문서【文書】 글로써 필요한 사항을 적어 나타낸 것. 예비밀 ~를 만들다.

문선【文選】 ①좋은 글을 가려서 뽑음. 또는 그러한 책. ②인쇄소에서 원고대로 필요한 활자를 뽑는 일. -하다.

문신【文身】 살갗을 바늘로 찔러서 먹물 등으로 글씨·그림 따위를 새김. 또는 그렇게 한 몸. -하다.

문:안【問安】 웃어른에게 안부를 물음. 예~ 전화. 비안부. -하다.

문어[동물] 낙지과의 연체 동물. 길이 3m 정도로, 낙지류 중 최대 형임. 8개의 발이 있음. 살은 연하고 맛이 좋으며, 말려서도 먹음. [문어]

문예【文藝】 ①문학과 예술. ②시·소설·희곡·수필 등 말과 글로써 표현한 예술 작품의 총칭.

문예 부:흥 14~16세기에 이탈리아를 중심으로 유럽 여러 나라에 일어난 예술 운동. 사람이 타고난 성품을 억누르지 말고 자유롭게 발전하도록 하자는 운동임. 르네상스.

문외한 어떤 일에 전문가가 아닌 사람. 또는 직접적인 관계가 없는 사람.

문:의【問議】 모르는 것을 물어 의논함. 예전화로 ~하다. -하다.

문익점[인명](1329~1398) 고려 공민 왕 때의 학식이 뛰어난 선비. 원나라에 사신으로 갔다가 목화씨를 얻어 붓두껍 속에 넣어 가지고 와 퍼뜨렸음.

문인【文人】 문학에 종사하는 사람. 빤무인.

문자【文字】 말이나 소리를 눈으로 볼 수 있도록 적어 나타낸 일종의 기호. 비글자.

문자【文字】 예부터 전하여 내려오는 한자 숙어나 속담·격언 따위. 예~를 섞어 말하다.

문장【文章】 ①생각이나 느낌을 글로 나타낸 것. ②글을 뛰어나게 잘 짓는 사람.

문장대[지명] 충청 북도 소리산에 있는 산봉우리의 하나. 높이 1,000m.

문장 부호 문장의 뜻을 돕거나 문자를 구별하여 읽고 알아보기 쉽게 하기 위하여 쓰이는 여러 가지 부호. 물음표(?)·느낌표(!)·반점(,) 따위.

문전 성시【門前成市】 어떤 집 문앞이 방문객이 많아 시장을 이루다시피 함.

문제【問題】 ①해답을 요구하는 물음. 예시험 ~. 반해답. ②연구·토의하여 해결해야 할 사랑. 예주택 ~·공해 ~. ③성가신 일. 귀찮은 사건. 예~가 생기다.

문조[동물] 참새과의 새. 참새와 비슷하며, 부리가 크고 발과 함께 담홍색임. 머리와 꽁지는 검고, 벼나 농작물을 크게 해침. 애완용으로 기름. [문조]

문종[인명](1019~1083) 고려 제11대왕. 공음 전시법·사형수 삼복제 등을 제정하였고 양전 보수법을 마련함.

문지기 문을 지키는 사람.

문지르다(문지르니, 문질러서) 물건을 서로 대고 맞비비다.

문진¹【文鎭】 책장이나 종이가 바람에 날리지 않도록 누르는 물건.

문진²【問診】 의사와 환자 사이의 문답으로 진찰하는 방법.

문집【文集】 시나 글을 한데 모아 엮은 책. 예학급 ~.

문체【文體】 글의 체제. 글의 특징.

문틈 닫힌 문의 틈바구니.

문패 성명·주소 따위를 적어 문에 다는 패.

문풍지 문틈으로 새어드는 바람을 막기 위해 바르는 종이.

문필【文筆】 글과 글씨.

문하【門下】 ①스승의 집. ②스승 밑에서 가르침을 받는 사람.

문하생【門下生】 스승의 집에 드나들며 가르침을 받는 제자.

문학【文學】 ①글에 대한 학문. ②자연 과학·정치학·법률학·경제학 따위를 제외한 모든 학문. ②시·소설·희곡·수필 등의 글로써 나타낸 예술 작품.

문헌 학문 연구에 참고가 될 만한 기록이나 책. 예참고 ~.

문호【門戶】 ①집으로 드나드는 곳. ②출입구가 되는 긴요한 곳.

문호 개방 ①문을 열어 누구나 드나들게 함. ②자기 나라의 영토를 다른 나라의 경제 활동을 위하여 터놓음.

문화【文化】 사람의 지혜가 깨어 세상이 밝게 됨. 반미개.

야만.

문화 민족【文化民族】 문화가 발달한 겨레.

문화비 ①교육·예술 등 일반 문화 발전을 위해 필요로 하는 비용. ②가계비 중에서 사교·교양·오락 등에 충당되는 비용.

문화 생활【文化生活】 과학적이고 합리적인 생활.

문화 수준 문화가 발달하여 생활이 편리하게 된 정도.

문화시설 문화를 향상시키는데 필요한 설비. 도서관·체육관·미술관·박물관 등.

문화 영화 교육이나 과학 등 학술 연구를 위하여 만든 영화.

문화 유산 다음 세대에 물려줄 만한 가치를 지닌 문화적 소산.

문화인【文化人】 ①높은 지식과 교양을 지닌 사람. 땐야만인. ②학문이나 예술에 종사하는 사람.

문화재 문화적 가치를 가지고 있는 역사적인 유물. 유형 문화재와 무형 문화재, 기념물 및 민속 자료를 통틀어 이르는 말.

문화재 보:호법 문화재의 보존·활용으로 국민의 문화 향상을 도모하고자 하는 법률.

문화적 문화의 모든 것을 갖춘 모양.

문화 관광부 문화·예술·어문·관광 및 체육에 관한 일을 맡아보는 행정 기관의 하나.

묻다¹ 가루·풀 등이 다른 물건에 들러 붙다. ⑩옷에 때가 ~.

묻다² 흙 또는 물건 속에 넣어 안보이게 하다. ⑩단지를 땅 속에 ~.

묻:다³(물으니, 물어서) 남에게 대답을 구하다. ⑩모르는 문제를 ~.

묻히다[무치다] ①묻음을 당하다. ⑩죽어서 땅 속에 ~. ②다른 물건에 달라붙게 하다. ⑩인절미에 콩고물을 ~.

물 순수한 상태에서 아무 빛깔도 냄새도 맛도 없는 액체. 생물이 살아가는데 없어서는 안 될 물질임. ⑩맑고 깨끗한 ~.

물가¹[물까] 바다·못·강 등 물이 있는 곳의 가장자리.

물가²【物價】 ①물건의 값. ②상품의 시장 가격. ⑩~가 인상되다.

물갈퀴 오리·개구리·기러기 등의 발가락 사이에 있는 막. 헤엄을 치는데 편리함.

물감[물깜] ①물들이는데 쓰이는 재료. 비염료. ②그림을 색칠하는데 쓰는 재료. 비그림물감.

물개[물깨][동물] 북태평양 특산의 바다 짐승. 길이가 수컷은 2m, 암컷은 1m 정도임. 몸에는 지느러미 같은 것이 있어 헤엄도 치고 걷기도 함. 비해구.

[물개]

물건【物件】 자연적 또는 인공적으로 되어 존재하는 일정한 모양·형체를 가진 모든 것. 비물체.
물걸레 물에 빨아서 쓰는 걸레. 반마른걸레.
물결[물껼] 물이 움직이어 오르락내리락 하는 모양. 예~이 일다. 비파도.
물고기[물꼬기] 물에 사는 아가미와 지느러미가 있는 척추 동물의 총칭. 예바다 ~.
물관 식물의 뿌리로 빨아들인 물기와 양분을 줄기와 잎으로 보내는 관 모양의 조직. 비도관.
물구나무서기 두 손을 짚고 거꾸로 서는 운동.
물굽이[물꾸비] 강물 따위의 꾸부러져 흐르게 된 곳.
물귀신[물뀌신] 물 속에 잇다고 하는 잡귀.
물기[물끼] 축축한 물의 기운. 예~가 많다. 비수분.
물기둥[물끼둥] 기둥처럼 공중에 솟구쳐 오른 물줄기. 예~이 솟다.
물긷다(물길으니, 물길어서) 우물 따위에서 물을 퍼올려 그릇에 담다. 또는 그 물을 운반하다.
물길[물낄] ①배가 다니는 길. 비수로. ②물이 흐르거나 물을 보내는 통로.
물꼬 논에 물이 넘어 들어가거나 흘러 나가게 만들어 놓은 어귀. 예~를 트다.
물끄러미 우두커니 한곳만 바라보는 모양. 예~ 바라보다. 작말끄러미.

물끓듯하다 몹시 와글거리다. 예시장에 사람들이 ~.
물난리 ①많은 물이 흘러서 일어나는 끔찍한 사고. 예장마로 ~가 나다. 비수해. ②먹을 물이 딸리어 우물이나 수돗물을 다투어 받으려고 하는 소동. 예가뭄으로 ~가 나다.
물다(무니, 물어서) ①책임·의무·도의적인 뜻 따위로 주어야 할 재물을 갚다. 예세금을 ~. ②이빨이나 집게 따위가무엇을 사이에 넣고 누르다. 예톱니바퀴가 ~. ③곤충·벌레 따위가 살을 찌르다. 예모기가 ~.
물대기 물을 흘려서 논이나 밭에 들어가게 하는 일.
물동이 물을 긷는데 쓰는 동이.
물들다(물드니, 물들어서) ①빛깔이 옮아 묻다. 예파랗게 ~. ②행실·버릇·생각 따위가 그와 같이 닮아 가다. 예공산주의 사상에 ~.
물들이다 빛이 물들게 하다.
물량【物量】 물건의 분량. 예~공세.
물러가다 ①뒷걸음쳐 가다. ②윗사람 앞에 왔다가 도로 가다. ③지위나 하던 일을 내어 놓고 떠나다. 예직장에서 ~. ④있던 현상이 사라지다. 예추위가 ~.
물러나다 ①뒤로 가다. 예한 발자국씩만 뒤로 물러나라. ②하던 일이나 지위를 내놓고 나오다. 예현직에서 ~. 비후퇴하다.

물러서다 ①뒤로 서다. ②맞서서 버티던 일을 그만두다. 예회사측이 물러서서 협상이 타결되다.

물렁물렁하다 물기가 많고 부드러워 보이며 매우 무르다. 예감이 ~. 좌말랑말랑하다.

물렁뼈 물렁한 여린 뼈. 뼈와 뼈가 이어지는 곳이나 귀·코 등에 있음. 비연골.

물렁하다 ①물기가 있고 부드러워 보이다. ②사람의 성질이나 몸이 야무지지 못하고 약하다. 좌말랑하다. 몰랑하다.

물레 솜이나 털을 자아 실을 만드는 기계.

물레방아 내려쏟는 물의 힘으로 큰 바퀴를 돌려 찧는 방아. 비물방아.

[물레]

물려받다 재물이나 지위를 이어받다. 예사업을 ~. 반물려주다.

물려주다 재물이나 지위 따위를 전하여 주다. 예아들에게 재산을 ~. 반물려받다.

물론【勿論】 말할 것도 없음. 예우리 팀도 참가했음은 ~이다.

물리【物理】 ①모든 물건의 이치. ②「물리학」의 준말.

물리다¹ 다시 대하거나 먹기 싫게 싫증이 나다. 예라면에 ~.

물리다² 시기를 늦추어 뒤로 미루다. 예마감 날짜를 하루 ~.

물리다³ 물건을 내놓거나 다른 데로 옮겨 가게 하다. 예밥상을 ~.

물리다⁴ 묾을 당하다. 또 물게 하다. 예개한테 다리를 ~. 아기에게 젖꼭지를 ~.

물리치다 ①적을 쳐서 물러가게 하다. ②주는 것을 받지 아니하다. 예뇌물을 ~.

물리 치료사 열·전기·공기·광선 따위의 물리적 작용을 이용해서 병을 치료하는 사람.

물리학【物理學】 자연 과학의 한 부분. 물질의 성질이나 구조·운동·현상 등을 연구하여, 그 관계나 법칙을 밝히는 학문. 준물리.

물리학과 대학에서 물리학을 전공하는 학과.

물망초【식물】 지치과의 여러해살이풀. 봄·여름에 남색의 작은 꽃이 아름답게 핌. 관상용으로 널리 재배함.

물매 한꺼번에 많이 때리는 매. 예~를 맞다. 비뭇매.

물매암이【동물】 물매암이과의 곤충. 민물에 살며 물방개와 비슷한데, 길이 7㎜의 달걀형이고 빛은 검음.

물물 교환 직접 물품과 물품을 교환하는 일. -하다.

물물 교환 시대 생산한 물건을 서로 바꾸어 쓰던 시대.

물밀듯이 물결이 연달아 많이 밀려오는 것처럼, 연달아 많이 몰려오는 모양. 예~ 구경꾼이 몰려온다.

물바다 홍수로 말미암아 상당한 지역이 침수된 상태를 일컫는 말.

물방개【동물】 물방개과의 곤충.

연못·무논에 사는데, 길이 4cm, 등은 검은 빛이며 다리는 황갈색임. 겉날개는 딱딱함.

[물방개]

물방아 → 물레방아.

물방울[물빵울] 조금씩 떨어지는 물의 작은 덩이.

물벼락 갑자기 세차게 쏟아지는 물.

물벼룩[동물] 물벼룩과에 속하는 아주 작은 동물. 민물에 살며, 배에 있는 다섯 쌍의 다리로 뛰듯이 헤엄쳐 다님. 물고기의 먹이가 됨.

물보라 물결이 바위 등에 부딪쳐 안개 모양으로 흩어지는 잔 물방울.

물뿌리개 화초나 채소 등에 물을 뿌려 주는 도구.

물산 장:려 운동[물싼장녀운동] 일제 때인 1920년대에 전개되었던 경제 자립 운동. 국산품 애용과 우리 나라 기업의 육성을 목적으로 함.

물살[물쌀] 물이 흐르는 줄기. 예 물살이 세다.

물새[물쌔] 물에서 사는 새의 총칭.

물색【物色】[물쌕] ①물건의 빛깔. ②쓸만한 사람 또는 물건을 찾거나 고름. 예 적임자를 ~하다. ③까닭이나 형편. 예 ~도 모르고 웃는다. -하다.

물샐틈없다 빈틈이 없다.

물수레 ①길에서 먼지가 나지 않게 물을 뿌리는 차. 비 살수차. ②물을 싣고 다니는 수레.

물시계[물씨계] 물을 이용하여 시간을 재던 옛날 시계. 좁은 구멍을 통해서 물이 일정한 속도로 떨어지게 하여, 그 분량을 헤아려 시간을 계산함.

물씬 냄새가 갑자기 코를 찌르는 모양. 예 향기가 ~ 풍기다.

물약[물략] 액체로 된 약. 반 가루약.

물어뜯다 이로 물어서 뜯다. 예 개가 고기를 ~.

물오리[동물] 오리과의 겨울새. 시베리아 등지에서 번식하여, 남쪽에서 겨울을 지내는 철새. 집오리의 원종으로 조금 작으며 연못 등지에 삶.

물옥잠[식물] 늪·못·물가에 나는 한해살이풀. 여름에 자줏빛 또는 흰빛의 꽃이 핌.

물욕【物慾】 물건에 대한 욕심. 예 ~에 사로잡히다.

물음 묻는 일. 또는 묻는 말.

물음표 묻는 말이나 의심을 나타낼 때에 그 말의 끝에 쓰는 부호. 「?」표. 비 의문표.

물자[물짜] ①물건을 만드는데 필요한 자료. ②물품.

물장구 손이나 발 등으로 물 위를 연거푸 치면서 헤엄치는 일.

물장군[동물] 물에 사는 곤충 중 가장 큼. 몸은 납작하고 짙은 회색으로 개구리·물고기 등의 피를 빨아먹음.

[물장군]

물장난 물에서 놀거나 물을 가지고 노는 장난.

물정【物情】[물쩡] ①이러하고 저러한 사정이나 형편. ②세상 사람들의 인심이나 심정. 예세상 ~을 모른다.

물줄기[물쭐기] ①물이 한데 모여 개천이나 강으로 흘러 나가는 줄기. ②힘있게 내뻗치는 물의 줄.

물지게[물찌게] 물을 져 나르는 지게. 등태에 긴 막대기를 가로 대고, 그 양끝에 물통을 달게 되어 있음.

물질【物質】[물찔] 물체를 이루는 내용이나 성질. 물건의 본바탕. 예화학 ~. 유기 ~. 반정신.

물질 문명[물찔문명] 자연을 개척하고 물질을 기초로 하여 이루어진 문명. 흔히 기계의 발달이 고도에 이른 현대 문명을 가리킴. 반정신 문명.

물집 살가죽이 부르터 그 안에 물이 괸 것. 예~이 생기다.

물체【物體】 공간을 차지하며, 일정한 모양이 있는 것. 물건의 형체.

물컹하다 너무 익거나 곪아서 물크러질 듯이 무르다.

물탱크 물을 담을 수 있도록 쇠나 콘크리트로 만든 큰 통.

물통 물을 담거나 긷는데 쓰는 통.

물풀 물 속이나 근처에서 자라는 풀. 비수초.

물품【物品】 쓸만하고 값어치가 있는 물건.

묽다[묵따] 물이 많고 건더기가 적다. 예죽이 ~. 반되다.

뭇 수효가 많음을 나타내는 말. 예~ 사내. ~ 짐승.

뭇 사람 여러 사람. 많은 사람.

뭉개다 ①물건을 문질러 으깨거나 짓이기다. 예벌레를 잡아 발로 밟아 ~. ②일을 빨리 하지 못하고 머무적거리다. 예빨리 처리하지 뭘 그리 뭉개느냐.

뭉게구름 아래는 평평하고 위는 봉우리처럼 둥글게 치솟은 구름. 비솜구름.

뭉게뭉게 구름이나 솜·연기 같은 것이 계속 피어 오르는 모양. 예연기가 뭉게뭉게 피어 오르다.

뭉치 한 곳으로 뚤뚤 뭉치거나 뭉뚱그린 덩이. 예신문 ~.

뭉치다 여럿이 합치어 한 덩어리가 되다. 예온 국민이 한마음으로 ~.

뭉클하다 깊은 느낌이 가슴에 맺혀 풀리지 않다. 소식을 듣고 가슴이 ~.

뭉텅이 한데 뭉치어서 이루어진 큰 덩이. 예솜 ~.

뭉툭하다 끝이 짧고 무디다. 예뭉툭한 연필. 작몽톡하다.

뭍 ①육지. ②섬사람들이 본토 땅을 일컫는 말. 예~에 있는 중학교에 진학하다.

미【美】 아름다움. 예~남 ~녀.

미각【味覺】 혓바닥을 자극하는 맛의 감각. 단맛·쓴맛·신맛·짠맛의 기본 종류가 있음. 예~이 발달하다.

미감【美感】 아름다움에 대한 느낌. 미의 감각.

미:개【未開】 ①꽃 따위가 아직 피지 않음. ②문명이 발달하지 못한 상태. 비야만. 원시. 반문명. -하다.

미:개인【未開人】 아직 문화가 발달되지 못한 인종. 비야만인. 반문명인.

미:결【未決】 아직 결정되거나 해결되지 아니함. 예~ 사항. 반기결. -하다.

미곡【米穀】 쌀 또는 온갖 다른 곡식.

미관【美觀】 아름다운 구경거리. 훌륭한 경치. 예지저분한 벽보는 도시 ~상 좋지 않다.

미국【美國】【국명】 북아메리카에 있는 연방 공화국. 정식 이름은 「아메리카 합중국」임. 수도는 워싱턴.

미군【美軍】 미국의 군대. 미국의 군인.

미꾸라지【동물】 논이나 늪의 진흙 속에 사는 민물고기. 길이 10~20cm로 가늘고 길며, 미끄러움. 등은 어두운 녹색. 배는 힘.

미끄러지다 ①미끄러운 곳에서 넘어지다. ②어떠한 시험이나 직장에서 불합격하거나 밀려나다.

미끄럼틀 아이들이 앉아서 미끄러져 내려올 수 있도록 널빤지 따위로 경사지게 만든 놀이 시설. 비미끄럼대.

미끄럽다(미끄러우니, 미끄러워서) 저절로 미끄러져 나갈 만큼 반드럽다. 작매끄럽다.

미끈액 뼈마디의 뼈와 뼈 사이에 들어 있는 미끈미끈한 액체. 마디와 운동을 부드럽게 함. 비활액.

미끈하다 겉모양이 흠이 없이 곧고 깨끗하다. 예미끈하게 잘 생겼다. 작매끈하다.

미끼 ①낚시 끝에 꿰는 물고기의 낚싯밥. ②사람이나 동물을 꾀어서 이끄는 물건이나 수단. 예취직을 ~로 금품을 뺏앗다.

미나리[식물] 습기가 많은 땅이나 무논에 자라는 여러해살이풀. 향기가 나고 연하여 잎과 줄기로 반찬을 해 먹음.

미나리아재비[식물] 산과 들에 나는 여러해살이풀. 미나리와 비슷하며 높이 30~60cm. 다섯개의 꽃잎이 핌. [미나리아재비]

미남【美男】 얼굴이 잘 생긴 남자. 반추남. 본미남자.

미납【未納】 아직 납부하지 못함. 예미납금. 반완납. -하다.

미녀【美女】 얼굴이 잘 생긴 여자. 반추녀.

미농지 닥나무 껍질로 만든 질기고 얇은 종이의 한 가지. 얇고 질기며 깨끗하고 힘.

미뉴에트 3박자로 된 프랑스의 옛 춤곡.

미늘 물고기가 물면 빠지지 아니하도록, 낚시 끝의 안쪽에 거스러미 모양으로 만든 작은 갈고리.

미:닫이[미다지] 옆으로 밀어 여닫게 된 문. 예미닫이 창.

미:달【未達】 어떤 한도에 아직 이르지 못함. 예정원 ~. -하다.

미담【美談】 칭찬할 만한 이야기.

미덕【美德】 아름답고 갸륵한 덕행. 예불우한 이웃에게 ~을 베풀다. 반악덕.

미덥다(미더우니, 미더워서) 믿음성이 있다. 예그의 말은 항상 ~.

미:드호[지명] 미국 애리조나 주와 네바다 주와의 경계에 있는, 사람이 만든 호수.

미라 사람이나 동물의 시체가 바짝 말라 원래와 비슷한 상태로 남아 있는 것. 예피라미드에서 발견된 ~.

미:래【未來】 아직 오지 아니한 앞날. 예~의 세계. 비장래. 반과거.

미:래상 미래의 모습. 예나의 ~은 훌륭한 건축가이다.

미려【美麗】 아름답고 고움. 문장이 ~하다. -하다.

미련[1] 슬기롭지 못하고 우둔함. 예~한 녀석. -하다. -스럽다.

미련[2] 어떤 일이나 사람을 깨끗이 잊어 버리지 못하고 끌리는 데가 남아 있는 마음. 예자꾸 ~이 남는다.

미련퉁이 꾀가 없이 매우 어리석고 둔한 사람. 비미련쟁이.

미루나무[식물] 버들과에 속하는 낙엽지는 나무. 줄기가 곧고 높이 30m 가량으로 냇가에나 가로수로 심음. 목재는 성냥개비·건축재로 쓰임. 비포플러.

미루다 ①이미 아는 것으로 다른 것을 비추어서 생각하다. 예지난 일로 미루어 짐작할 수 있다. ②일을 나중으로 넘기다. 예숙제를 뒤로 ~.

미륵 ①「미륵 보살」의 준말. ②돌부처를 이르는 말.

미륵 보살 석가 모니가 죽은 후 56억 7천만 년 뒤에 이승에 나타나 중생을 구한다는 보살. 비미륵불.

미륵 보살 반:가사유상 구리에 금을 도금한 삼국 시대의 불상. 크기나 양식에 있어서 삼국 시대의 불상을 대표할 만한 작품임.

미륵 불상 미륵 보살의 모습을 나타낸 그림이나 조각.

미륵사지 석탑 백제 시대의 대표적인 탑. 전라 북도 익산군 미륵사 터에 있음. 원래는 7~9층인 듯한데, 지금은 6층만이 남아 있음. 국보 제11호.

미리 일이 일어나기 전에. 앞서서. 예~ 준비하다. 비먼저. 반나중.

미리미리 「미리」를 강조한 말.

미:만【未滿】 정한 수효나 정도에 차지 못함. 예20세 ~은 출입할 수 없다. 반초과.

미:망인【未亡人】 아직 죽지 못한 사람이란 뜻으로, 남편이

미:모【美貌】 아름다운 용모. 예쁜 얼굴. 예~의 아가씨.

미묘【微妙】 ①자세하고 깊이 있게 잘 설명되고 있어 묘함. 아동 심리를 ~하게 표현하다. ②이상 야릇하여 잘 알 수 없음. 예~한 웃음. ~한 사이. -하다.

미미하다 아주 보잘 것없다. 예미미한 존재.

미:비【未備】 완전하지 못함. 예아직 준비가 ~하다. -하다.

미사 천주교에서 행하는 성찬 의식. 천주를 찬미하고 속죄를 원하며 다시 은총을 기도하는 것으로서 예수의 최후의 만찬을 본떠서 행함.

미사일 로켓이나 제트 엔진으로 날아가는 장거리 포탄. 대륙간 탄도 미사일 등이 있음. 비유도탄.

미:상【未詳】 상세하게 밝혀지지 않음. 예작자 ~의 작품. -하다.

미생물 세균·짚신벌레·원충 등과 같이 현미경으로만 볼 수 있는 작은 생물을 통틀어 이르는 말.

미세【微細】 몹시 작음. 예~한 입자. -하다.

미:세기 두 짝을 한편으로 밀어 겹쳐서 여닫는 문.

미소【微笑】 소리를 내지 않고 빙긋이 웃음. 예입가에 ~를 짓다. -하다.

미·소 공:동 위원회 1946년과 1947년에 걸쳐 미국과 소련의 대표가 서울에서 모여, 한국의 통일 문제를 의논한 회의.

미:수【未遂】 목적을 이루지 못함. 예자살 ~.

미:수금 아직 거두어 들이지 못한 돈.

미:숙【未熟】 ①학문 등에 익숙하지 못함. 예~한 연기. ②과실 등이 아직 다 익지 아니함. -하다.

미술【美術】 아름다움을 나타내는 예술의 한 부분. 곧 그림·건축·조각 등을 통틀어 이르는 말. 예~ 전시회.

미술계【美術界】 미술을 하는 사람들의 사회.

미술 도:구 미술에 필요한 여러 가지 도구.

미술 시간 학교에서 그림·조각·공예·서예 등을 배우는 시간.

미숫가루 찹쌀·맵쌀·보리쌀 등을 볶거나 쪄서 말리어 잘 게 갈아 체에 친 가루.

미스 결혼하지 않은 여자. 또는 그런 사람의 성이나 이름 앞에 붙이는 호칭. 예미스 정.

미스터 남자의 성 앞에 붙이는 호칭. 예미스터 박.

미스트 장치 병충해 방지용 농기구의 하나. 강력한 역풍 구조로, 수성 약제와 분말이 섞인 것을 원거리까지 안개처럼 퍼지게 뿜는 장치.

미시시피 강[지명] 미국의 중앙부를 북에서 남쪽으로 흐르는 세계에서 세 번째로 긴 강. 길이 6,420km.

미:신【迷信】 마음이 무엇에 끌리어 잘못 믿거나 아무런 과학적 근거도 없는 것을 무조건 믿는 일. 예~을 타파하다.

미아【迷兒】 자기 집을 못 찾아 헤매는 어린아이. 예~ 보호소.

미아리 고개[지명] 서울 성북구 돈암동에서 미아동으로 넘어가는 고개.

미안【未安】 ①마음이 편하지 못하고 거북함. ②남에게 대하여 부끄럽고 겸연쩍은 마음이 있음. 예약속을 어겨 ~하다. 비죄송. -하다. -스럽다.

미약【微弱】 아무런 힘도 없이 약함. 예활동이 너무 ~하다. -하다.

미얀마[국명] 버마 연방 공화국의 새 이름. 인도차이나 반도의 서부에 있는 연방 공화국. 주민의 거의 전부가 불교를 믿음. 수도는 양곤.

미얄할미 산대놀이에서 신할아비의 본처 역의 가면.

미어지다 ①팽팽하게 된 가죽이나 종이 등에 구멍이 생긴다. ②심한 고통이나 슬픔을 느끼다. 예슬픔으로 가슴이 ~. 준미이다.

미역[식물] 바다 속에서 나는 갈색의 바다풀. 다시마보다 얇고 부드러우며 날개 모양으로 갈라졌음. 칼슘 [미역]

의 함유량이 많아, 특히 산모와 발육기의 어린이에게 좋은 국거리임.

미역감다[미역깜따] 냇물이나 강물 따위에 들어가서 놀거나 몸을 씻다. 준멱감다.

미역국 미역으로 끓인 국.

미역취[식물] 산과 들에 나는 여러해살이풀. 가을에 꽃이 피고, 약으로 쓰임.

미열【微熱】 그다지 높지 아니한 신열. 예머리에 ~이 있다.

미:완성 끝을 다 맺지 못함. 예~ 작품. 반완성.

미용【美容】 용모를 아름답게 매만지는 일. 예~ 체조. -하다.

미용 체조 몸매를 아름답게 가꾸기 위한 운동.

미운 아기오리[책명] 안데르센이 지은 동화집의 하나.

미움 밉게 여기는 마음. 예~을 받다.

미워지다 미운 생각을 가지게 되다.

미음 쌀이나 좁쌀을 푹 끓이어 체에 걸러 낸 걸쭉한 음식. 흔히 환자나 어린아이들이 먹음. 예~을 쑤다.

미인【美人】 아름다운 용모를 지닌 여자. 예~ 선발 대회. 비미녀. 미희. 반미남.

미장공 집을 짓거나 고칠 때 흙이나 회·시멘트 등을 바르는 일을 직업으로 하는 사람.

미장원 머리나 얼굴 모습을 아름답게 매만져 주는 일을 영업으로 하는 집.

미장이 → 미장공.

미:정【未定】 아직 결정하지 못함. 예출발 시간은 아직 ~이다. 반결정. -하다.

미주【美洲】 아메리카 주.

미:지【未知】 아직 알지 못함. 예~의 세계.

미지근하다 따스한 기운이 조금 있는 듯하다. 예수돗물이 ~.

미:지수 ①알 수 없는 앞 일의 셈속. 예누가 이길지 아직은 ~이다. ②방정식에서 아직 알려져 있지 않은 수.

미지항 식에서 그 값을 알 수 없는 항.

미처 아직. 거기까지. 거기까지는 ~ 생각하지 못했다.

미치광이 ①정신이 이상한 사람. ②비정상적인 행동을 하는 사람을 욕으로 이르는 말.

미치다¹ 정신에 탈이 생겨 하는 짓이 이상하다.

미치다² 어떤 정해진 곳에 이르다. 예다른 사람에게 화가 미치다.

미:터 ①길이를 재는 기본 단위. 1m는 100cm임. ②가스·전기·택시 따위의 자동 계기.

미:터법 미터를 길이, 리터를 부피, 킬로그램을 무게의 기본 단위로 하는 십진법적 도량형법.

미투리 삼·노 따위로 삼은 신. 흔히 날이 여섯 개로 되어 있음.

[미투리]

미풍¹【微風】 솔솔 부는 바람. 비세풍.

미:풍²【美風】 아름다운 풍속. 예예로부터 전해 내려오는 ~. 반악풍.

미:필【未畢】 아직 끝내지 못함. 예병역 ~. -하다.

미행【尾行】 남의 뒤를 몰래 따라가서 그의 행동을 살핌. -하다.

미:혼【未婚】 아직 결혼하지 아니함. 또 그러한 사람. 예~ 남성. 반기혼.

미:화【美化】 아름답게 또는 보기 좋게 꾸밈. 예환경 ~. -하다.

미:화부 교실이나 학교의 안팎을 깨끗하게 하고 아름답게 꾸미는 일을 맡은 어린이회의 한 부.

미:흡【未洽】 넉넉하거나 흐뭇하지 못함. 예아직은 ~한 점이 많다. -하다.

민가【民家】 일반 백성들이 사는 집.

민간【民間】 관이나 군대에 속하지 않은 일반 백성들로 이루어진 사회. 예~ 기업.

민간 단체 일반 국민들에 의하여 이루어진 모임. 반국영 단체.

민간 무역 정부가 관계하지 않고 민간 업자에 의하여 외국과 직접 행하는 무역. 반정부 무역.

민간 신앙 예로부터 민간에 전하여 내려오는 신앙.

민간 외:교 정부가 관여하지 않고 민간인에 의해서 이루어지

민간인 관리나 군인이 아닌 보통 사람.

민감【敏感】 감각이 예민함. 예 유행에 ~하다. 반 둔감. -하다.

민권주의 중국의 쑨원이 제창한 삼민주의의 하나. 곧 참정권을 국민에게 평등하게 주자는 주의.

민단【民團】 외국에 살고 있는 같은 나라 사람끼리 조직한 자치 단체.

민담【民譚】 예로부터 민간에 사람들의 입을 통하여 전해 내려오는 이야기. 비 민간 설화.

민둥산 나무가 없이 흙이 드러난 산.

민들레【식물】 길가나 들판에 자라는 여러해살이풀. 봄에 긴 줄기 끝에 노란 꽃이 피고, 씨앗이 흰 털에 붙어서 바람에 날려 번식함. 뿌리는 약에 씀. [민들레]

민망 답답하고 딱하여 걱정스러움. 예 초라한 모습이 보기에 ~하다. -하다. -스럽다.

민:며느리 장차 며느리를 삼으려고 데려다가 기르는 계집아이.

민물 짜지 않은 물. 반 바닷물.

민물고기[민물꼬기] 민물에 사는 물고기. 붕어·메기·뱀장어·잉어 등. 비 담수어. 반 바다 물고기.

민방위 국민들이 스스로 적의 공격이나 재난을 막아 내는 일.

민방위대 민방위를 수행하기 위하여 20세 이상 50세까지의 남자로 편성된 조직.

민방위 훈련 적의 공격에 의한 여러 가지 사태에 대비하기 위하여 실시되는 훈련.

민법【民法】 국민의 재산에 대한 권리나 의무, 가족 관계, 상속법 등을 정한 법률.

민비【閔妃】[인명] → 명성왕후.

민사 재판 국민들 사이에서 사사로운 재산 문제 등으로 권리 다툼이 생겼을 때 하는 재판. 반 형사 재판.

민생【民生】 국민의 생활. 예 ~치안에 힘쓰다.

민생주의 중국의 쑨원이 주장한 삼민주의의 하나. 모든 계급적 압박을 배제하고 국민의 생활면을 풍족하게 하려는 주의.

민선【民選】 일반 국민이 직접 선출함. 예 ~ 회의 의원. 반 관선. -하다.

민속【民俗】 일반 백성들의 풍속과 습관. 예 ~ 무용. ~ 놀이.

민속【敏速】 민첩하고 빠름. 재빠름. 예 ~한 대처. -하다. -히.

민속 놀이 각 지방의 생활과 풍습이 나타나 있는 놀이. 단오날의 그네뛰기, 추석의 씨름, 설날의 윷놀이 따위가 있음.

민속 농악 → 농악.

민속 신:앙 오랫동안 전해 내려 오는 동안 백성들이 자연히 믿고 받드는 일.

민속 자료 백성들이 생활해 온 모습을 알 수 있는 자료.

민속촌 옛 민속을 모아 보존하고, 고유한 생활 풍속과 전통미를 간직하고 있는 마을. 경기도 용인군에 있음.

민속춤 민간에서 발생하여 전해 내려오는 춤. 비민속 무용.

민심【民心】 국민들의 마음. 예 ~이 소란하다.

민영【民營】 민간인이 하는 경영. 예 ~주택. 반국영. 관영.

민영환[인명](1861~1905) 조선 말기의 충신. 시호는 충정공. 을사조약이 체결되자 그 효력을 없앨 것을 상소 하였다가, 뜻을 이루지 못하자 자결하였음.

[민영환]

민요【民謠】 일반 국민 사이에서 자연히 생겨나 널리 불리어지는 노래. 아리랑·도라지타령·양산도 따위.

민원【民願】 국민이 원함. 국민의 소원이나 청원. 예민원실.

민원실 민원 사무를 접수·처리하는 관청의 한 부서.

민의【民意】 국민의 뜻.

민의원 지난날 참의원과 함께 국회를 조직하던 한 원. 외국의 하원에 해당.

민정【民政】 ①민간인에 의한 정치. 반군정. ②국민의 안녕과 행복을 꾀하는 정치.

민족【民族】 같은 지역에서 살고, 말·풍속 등이 같은 사람의 사회 집단. 비겨레.

민족 기업 외국의 자본에 의지하지 않고 그 민족의 자본으로 경영하는 기업.

민족성【民族性】 그 민족만이 가지고 있는 독특한 성질. 비국민성.

민족애【民族愛】 같은 민족끼리의 믿음과 사랑.

민족 운:동 타민족의 국가로부터 압박을 받는 약소 민족이 독립하려고 하는 운동.

민족 자결주의 미국의 윌슨 대통령이 제창한 주의.「어느 한 민족이 스스로 한 나라를 세우느냐, 또는 다른 나라에 속하느냐 하는 문제는 그 민족 자체가 결정짓는 주의」를 말함. 이 주의는 우리 민족에게 자극을 주어 3·1운동을 일으키게 되었음.

민족적【民族的】 온 국민에게 관계되거나 포함되는 모양. 예 ~자랑.

민족 정기 그 겨레가 지니고 있는 바르고 큰 기운. 예~를 이어받다.

민족 정신 한 민족은 하나로 뭉쳐서 독립해 나가야 한다는 생각.

민족 종교 어떠한 특정의 민족만이 믿는 종교.

민족주의 민족 의식을 바탕으로 하여, 민족의 통일과 독립·

발전을 정치적·문화적 최고 목표로 삼는 주의.

민족 중흥 쇠퇴하였던 민족의 힘을 다시 불러 일으켜 성하고 기운차게 하여 번영을 이루는 일.

민주【民主】 주권이 국민에게 있음. 예~ 제도.

민주 공:화국【民主共和國】 주권이 국민에게 있는 나라로 주권의 행사는 국민의 의사에 따름.

민주 국가 주권이 국민에게 있는 나라. 민주주의 정치를 하는 나라. 반독재 국가.

민주 정치【民主政治】 주권이 국민에게 있고, 국민의 의사에 따라 행해지는 정치.

민주주의【民主主義】 국가의 권력을 국민이 가지고 국민의 힘으로 국민 전체의 이익을 위하여 정치하는 주의. 반공산주의. 독재주의.

민중【民衆】 국가나 사회를 구성하고 있는 많은 사람들.

민첩 재빠르고 능란함. 예~한 동작. -하다. -히.

민폐 민간에게 폐가 되는 일.

민화【民話】 민간에 전하여 내려오는 옛날 이야기나 전설. 비민간 설화.

민활【敏活】 날쌔고 활발함. 예~한 행동.

믿다 ①꼭 그렇게 여기어, 의심하지 아니하다. 예남의 말을 ~. 확신하다. ②마음으로 의지하다. 예실력을 ~. ③받들고 따르다.

믿음 믿는 마음. 예주위 사람들의 ~을 저버리다. 반의심.

밀【식물】 벼과에 속하는 1년생 (봄밀), 또는 2년생 (가을밀) 재배 식물. 보리와 비슷하나 그보다 키가 더 크고 줄기가 가늘며 이삭이 길쭉함. 녹말과 단백질이 많음. 비참밀. [밀]

밀가루[밀까루] 참밀의 가루. 여러 가지 음식의 재료로 씀. 비맥분.

밀감【식물】 과일의 일종. 겨울에 많이 나고 껍질이 황적색임. 제주도에서 많이 재배함.

밀고【密告】 남몰래 일러바침. 예동지를 밀고하다.

밀기울[밀기울] 밀을 빻아 채로 쳐서 남은 찌꺼기.

밀:다(미니, 밀어서) ①힘을 주어서 앞으로 나가게 하다. 예대문을 ~. ②면도날·대패 등으로 깎다. 예수염을 ~. ③추대하거나 추천하다. 예반장으로 ~.

밀담【密談】[밀땀] 남몰래 비밀히 이야기함. 또는 그 이야기.

밀도【密度】 빽빽이 들어선 정도. 예인구 ~.

밀레【인명】(1814~1875) 프랑스의 유명한 화가. 「이삭 줍기」·「만종」 등의 그림이 유명함.

밀려나다 어떤 힘이나 세력 따위에 못 견디어 물러나다. 예의원직에서 ~.

밀려오다 ①밀림을 당하여 오다. 예파도가 ~. ②여럿이 떼를 지어 몰려서 오다.
밀렵 사냥이 금지된 장소에서 몰래 사냥함. 또는 그런 사냥.
밀리다 ①미처 일을 처리 못하다. 예세금이 ~. ②떼밂을 당하다. 예인파에 ~.
밀리미터 길이의 단위로 센티미터(cm)를 열로 나눈 하나. 기호는 ㎜. 준밀리.
밀림【密林】 큰 나무들이 빽빽이 들어찬 수풀. 비정글.
밀:물 들어오는 바닷물. 반썰물.
밀반죽 밀가루 반죽. -하다.
밀범벅 밀가루로 만든 범벅.
밀봉【密封】 단단히 붙여 봉함. 예~한 가스 용기. -하다.
밀봉 교육 일정한 기간, 일정한 곳에 수용하여 비밀로 행하는 교육. 간첩 등 특수한 목적을 수행할 사람을 교육함.
밀사【密使】 비밀히 보내는 사람. 예~를 파견하다.
밀서【密書】 ①몰래 보내는 편지. 예국왕의 ~. ②비밀 문서.
밀수【密輸】 몰래 하는 수출과 수입. -하다.
밀실【密室】 남의 함부로 출입 못하게 한 비밀스런 방.
밀잠자리[동물] 잠자리의 하나. 가을 하늘에 떼지어 날아다님. 주로 농촌에서 많이 볼 수 있음. [밀잠자리]
밀접【密接】 사이가 아주 가까움. 서로 떨어질 수 없는 관계가 있음. 농사는 기후와 ~한 관계가 있다. -하다. -히.
밀정【密偵】 비밀히 상대측의 사정을 살핌. 또는 그 사람. 비첩자. -하다.
밀집【密集】[밀찝] 한데 빽빽이 모임. 예인가가 ~된 지역. -하다.
밀착【密着】 빈틈없이 단단히 붙음. -하다.
밀:치다 힘껏 밀어 버리다.
밀크 우유.
밀폐【密閉】 꼭 닫음. 꼭 막음. 예~된 공간. -하다.
밀항【密航】 허락없이 몰래 배를 타고 다른 나라로 감. -하다.
밀회【密會】 몰래 모이거나 만남. 특히, 남녀가 몰래 만나는 것. -하다.
밉다(미우니, 미워서) 마음에 들지 않고 비위에 거슬려 싫다. 반곱다.
밋밋하다[민미타다] 생김새가 미끈하게 곧고 길다. 예밋밋하게 자란 나무. 작맷맷하다.
및 그 밖에 또. 그리고. 예대한민국의 영토는 한반도 ~ 부속 도서로 이루어진다.
밑[1] ①물체의 아랫부분이나 아래쪽. 예책상 ~. ②나이·지위 등이 적거나 낮음. 예성적이 너보다 ~이다. ③「밑바닥」의 준말.
밑[2] $4^2 \cdot 5^2$ 따위에서 「4·5」와 같이 거듭 곱해질 수.
밑거름 농작물의 씨를 뿌리거

나 모를 내기 전에 내는 거름.

밑그림 ①모양의 대충만을 그린 그림. ②수본으로 종이나 헝겊에 그린 그림.

밑깎기 나무의 밑 부분에 돋아 있는 잔가지를 자르는 일.

밑넓이 원기둥·원뿔 따위에서 밑면을 이룬 넓이. ㈖밑면적. ㈘윗넓이.

밑동 ①긴 물건의 맨 아랫동아리. ②나무나 채소 등의 아랫부분.

밑둥치 나무의 뿌리에 가까운 밑부분.

밑들다(밑드니, 밑들어서) 무·감자 등의 뿌리가 굵게 자라다.

밑면 밑바닥을 이루는 평면.

밑바닥 ①그릇 따위의 바닥이 되는 밑 부분. ②사회의 맨 하층.

밑바탕 ①물질의 근본을 이루는 바탕. ㈎어떤 일이든지 ~이 든든해야 한다. ②사람이 타고난 근본 바탕. ㈖본바탕.

밑반찬 만들어서 오랫동안 두고, 손쉽게 먹을 수 있는 반찬. 장아찌·젓갈 등.

밑변 삼각형·사다리꼴 따위의 밑바탕을 이루는 변.

밑줄 주의를 끌기 위하여, 가로쓰기의 글귀 아래에 긋는 줄. ㈎중요한 곳에 ~을 긋다.

밑지다 밑천보다 판 값이 적게 되다. 손해를 보다. ㈎밑지고 팔다.

밑창 ①신의 바닥에 붙이는 창. ②맨 밑바닥. ㈎배의 ~에 구멍이 뚫리다.

밑천 ①어떤 일을 해 나가는데에 바탕이 되는 재물이나 기술 따위. ㈎~이 있어야 장사를 할 수 있다. ㈖자본. ②본전. ㈎~을 까먹다.

밑판 밑에 대는 판. 또 밑이 되는 판.

ㅂ[비읍] 한글 자모의 여섯 째 글자. 이름은 비읍.

-ㅂ니다 상대에게 현재 계속되는 동작이나 상태를 나타내는 말. 예참 시원하~.

-ㅂ디까 상대에게 상대방이 겪은 바를 묻는데 쓰는 말. 예뭐라고 하~?

-ㅂ시다 상대에게 같이 행동하기를 원할 때 쓰이는 말. 예일을 시작하~.

바¹ 윗말의 내용 자체나「방법」또는「일」등을 뜻하는 말. 예들은 ~를 이야기하다.

바:² 카운터가 있으며 주로 양주를 파는 서양식 술집.

바가지 ①물을 푸거나 물건을 담는 그릇. ②박을 둘로 쪼개어 만든 그릇.

바:겐 세일 보통 때에 파는 가격에서 훨씬 싸게 하여 파는 일.

바구니 대나 싸리 등으로 둥글고 속이 깊게 엮어서 만든 그릇.

바그너[인명](1813~1883) 독일의 낭만파 가극 작곡가.「가극의 왕」이라고도 불림. 작품에는「탄호이저」·「로엔그린」등이 있음. [바그너]

바글바글 ①적은 물이나 거품 따위가 자꾸 일어나거나 끓어오르는 모양. ②살아 움직이는 것이 한군데 많이 모여 오글거리는 모양. 예개미가 ~하다.

바깥 문 밖. 반안.

바꾸다 ①어떠한 물건을 주고 그 대신 딴 물건을 받다. 비교환하다. ②변화시키다. 예모양을 ~. ③변경하다. 예계획을 ~.

바뀌다 바꾸어지다.

바나나[식물] 파초과의 여러해살이풀. 잎은 긴 타원형이며 초여름에 엷은 황색의 잔꽃이 이삭모양으로 핌. 열매가 송이를 이루며 냄새와 맛이 좋음.

바느질 바늘로 옷을 뜨거나, 짓거나, 꿰매는 일.

바늘 ①바느질할 때 쓰이는 가늘고 긴 쇠붙이. 돗바늘·뜨개바늘 등. ②시계나 저울 따위에서 눈금을 가리키는 뾰족한 물건.

바닐라[식물] 난초과의 여러해살이 덩굴풀. 열대 지방에 분포. 잎은 줄기 끝에 타원형으로 남. [바닐라]

바다 ①지구 표면에 짠물로 괴어 있는 부분. ②매우 크고 넓음을 비유. 예~ 같은 부모님의 은혜.

바다표범[동물] 포유류 바다표범과에 속하는 바다 짐승의 총칭. 물개와 비슷한데, 귓바퀴가 없으며 회색 바탕에 작은 흑색점이 있는 온 몸에 억센 털이 났음.  [바다표범]

바닥 ①물건의 밑 부분. ②넓이 있게 이룬 부분. 예방~. ③넓고 번잡한 곳. 예시장~. ④일이나 물건이 다 된 끝.

바닷가 육지와 바다가 맞닿은 곳. 예~를 거닐다.

바둑 두 사람이 바둑판을 사이에 두고 흰 돌과 검은 돌로 집을 많이 차지함을 다투는 오락.

바둑판 바둑을 두는 판.

바드득 단단하거나 질긴 물건을 되게 비빌 때 나는 소리.

바디 베틀에 딸린 기구의 하나. 배의 날실을 고르며 북의 통로를 만들어 주고 씨실을 쳐서 베를 짬.  [바디]

바라다 생각한 대로 되기를 기다리다. 비원하다.

바라보다 ①떨어져 있는 곳을 건너다보다. ②무슨 일에 간섭을 않고 남만 쳐다보다.

바람¹ ①기압의 높고 낮음 때문에 일어나는 공기의 움직임. 예차가운 ~. ②들뜬 행동. 예~나다.

바람² ①어떤 일의 결과에 따라 일어나는 기운. 예항상 근심하는 ~에 속병이 생겼다. ②차릴 것을 차리지 않고 나서는 차림. 예파자마 ~.

바람개비 ①바람의 힘으로 돌아가게 만든 장난감. 비팔랑개비. ②바람의 방향을 알기 위하여 만든 장치. 비풍향계.

바람직하다[-지카-] 생각하는 대로 또는 소원하는 대로 되었으면 한다. 예~한 교사상.

바:랑 중들이 길 갈 때 등에 짊어지는 자루.

바:래다¹ 빛·습기 등을 받아 빛이 변하다. 오래 되어 변색되다.

바래다² 가는 사람을 중도까지 배웅하다. 예손님을 ~ 주다.

바레인[국명] 중동 페르시아만 서쪽에 있는, 여러 섬으로 이루어진 나라. 석유가 매우 많이 남. 수도는 마나마.

바로 ①바르게. 곧게. 예마음을 ~ 가져라. ②정확히. 틀림없이. 예질문을 ~ 맞히다. ③지금. 곧. 예지금 ~ 가다. ④곧장. 예집에 ~ 가시오. ⑤똑바로. 위로 곧게. 예~ 굿다.

바로잡다 ①굽은 것을 곧게 하다. ②잘못된 것을 고치다.

바른말 ①이치에 합당한 말. ②어법에 맞는 말.

바른손 오른손.

바른쪽 오른쪽.

바리케이트 건물 출입구나 도로

에 사람·차량 등의 통행을 막으려고 임시로 설치한 방어벽.

바:보 어리석고 못난 사람. 비천치. 반천재.

바:비큐 고기를 통째로 직접 불에 구운 요리.

바빠하다 마음을 바쁘게 먹다.

바쁘게 쉴 겨를이 없이.

바삐 ①속히. ②빨리.

바삭 ①가랑잎을 밟거나 잘 마른 것이 서로 닿아서 나는 소리. ②단단하고 부스러지기 쉬운 물건을 깨물 때 나는 소리.

바스락 마른 검불 따위를 뒤적일 때 나는 소리.

바싹 ①물기가 마르거나 타 버린 모양. ②가까이 붙는 모양. ③단단한 물건을 깨물거나 가랑잎 같은 것을 밟을 때에 나는 소리. ④갑자기 늘거나 주는 모양. 예~ 줄어들다.

바야흐로 지금 막. 이제 한창.

바위 부피가 매우 큰 돌.

바이러스 보통의 현미경으로는 볼 수 없는 극히 미세한 크기의 미생물. 천연두·유행성 감기 등의 병원체. 비루스.

바이스 기계공작에서 작은 공작물을 아가리에 물려 꽉 죄어서 고정시키는 기계. [바이스]

바이어 ①물건을 사는 사람. ②물건을 사기 위하여 외국에서 온 상인.

바이올린 현악기의 한 가지. 4줄이며, 왼손으로 줄을 누르고 오른손으로 활을 가지고 연주함.

[바이올린]

바인더 ①신문·잡지·서류를 철하여 꽂는 장치. ②곡물을 베어 단으로 묶는 기계.

바자: 공공 사업·사회 사업 등의 자금을 모으기 위하여 벌이는 시장. 예~회.

바지 아랫도리에 입는 옷. 예~를 입는다. 반저고리.

바지락조개[동물] 참조개과의 바다 조개. 민물이 섞이는 바다의 모래벌 속에 삶. 껍데기는 매끄럽고 복잡한 무늬가 있음. 살은 식용함.

바짝 ①물기가 아주 말라붙은 모양. 예젖은 빨래의 물기가 ~ 마르다. ②가까이 달라 붙거나 우기는 모양. ③몹시 힘을 주거나 긴장하는 모양. 예정신을 ~ 차리다.

바치다 ①웃어른께 드리다. ②세금 따위를 갖다 내다. ③몸과 마음을 고스란히 쏟다. 예조국을 위해 목숨을 ~.

바캉스 주로 피서지·휴양지 등에서 보내는 휴가.

바:코:드 상품에 표시된 흑백의 줄무늬 기호. 컴퓨터 처리할 수 있음.

바퀴 ①굴리거나 돌게 하려고 둥글게 만든 물건. 예기차 ~. 수레 ~. ②빙 돌아서 제자리까지 돌아오는 한 번 차례.

바탕¹ ①타고난 성질·재질·체질 따위. ②근본을 이루는 부분.

바탕² 무슨 일을 한차례 끝내는 동안. 예한~ 소동이 나다.

바통 ①릴레이 경우에서, 주자가 다음 주자에게 넘겨 주는 막대기. ②후계자에게 인계하는 지위나 일 따위를 비유하는 말.

바티칸 [국명] 이탈리아의 수도인 로마 북서쪽에 있는, 세계 최소의 독립국. 교황을 원수로 하며, 독자적인 화폐와 우표를 발행함.

바하마 [국명] 서인도 제도 북부에 있는, 700여 개의 섬과 2,000여 개의 암초·산호초로 이루어진 나라. 관광지로 유명. 수도는 나소.

바흐 [인명] (1685~1750) 독일의 고전파 음악가.「음악의 아버지」라고 불리는데, 대표작에는「마태수난곡」등이 있음.  [바흐]

박 [식물] 박과에 속하는 일년생 풀. 덩굴진 줄기에 달리는 둥근 열매. 바가지로 씀.

박격포 【迫擊砲】 가까운 거리의 공격에 쓰이는, 구조가 간단한 대포의 한가지.

박다¹ ①물건을 다른 물건의 속으로 들어가게 하다. 예못을 ~. ②인쇄하다. ③사진 찍다.

박다² 바느질에서, 실을 두 번 겹치어 얽어서 꿰매다.

박달나무 [식물] 자작나무과의 낙엽 활엽 교목. 깊은 산에서 자라며, 봄엔 갈색 꽃이 핌. 나무의 질이 매우 단단하여 건축 및 가구재로 쓰임. 준박달.

박덕 【薄德】 덕이 적음.

박동 【拍動】 ①장기의 율동적인 수축 운동. 예심장이 ~을 멈추다. ②맥박이 뜀.

박두 【迫頭】 가까이 닥쳐 옴. 예시험날이 ~하다. -하다.

박람회 【博覽會】 온갖 생산품을 모아 벌여 놓고 사람들에게 구경을 시키는 모임. 판매·선전·심사를 하여 상품의 개량과 발전을 꾀하는 모임. 예무역 ~.

박력 【迫力】 일을 밀고 나가는 힘. 예~ 있는 연기.

박리 【薄利】 적은 이익.

박리 다매 【薄利多賣】 이익을 적게 보고 물건을 많이 팔아, 전체의 이익을 올리는 일. -하다.

박멸 【撲滅】 짓두드려서 없애버림. 예파리를 ~하다.

박물관 옛날의 유물이나 자연물·역사자료·예술품 등을 널리 모아 진열하여 많은 사람들에게 보이는 곳.

박박 ①세게 문지르거나 닦는 모양. ②머리를 아주 짧게 자른 모양. ③몹시 우기거나 기를 쓰는 모양. 센빡빡.

박사 【博士】 일정한 학술을 연구하여 쓴 논문을 심사한 후 수여하는 가장 높은 학위.

박살 깨어져서 조각조각 부서지는 일. 예책상을 ~내다.

박수¹【拍手】 기쁜 일에 두 손뼉을 두드려서 소리를 냄.

박수² 남자 무당.

박수 갈채 손뼉을 치며 칭찬하거나 환영함. 예~를 보내다.

박스 ①상자. ②수위·보초·순경의 초소로 쓰이거나 공중전화기 등을 설치한 간단한 건축물. ③극장이나 경기장의 특별석. 예로얄 ~.

박애 자비·동정 등을 베풀어 모든 사람을 다같이 사랑함.

박약【薄弱】 ①의지 체력 따위가 굳세지 못함. 예~한 남자. ②확실하지 않음.

박음질 바느질의 하나. 실을 두 번 겹쳐 얽어서 꿰매는 일. 온박음질과 반박음질이 있음.

박이다 ①꽂히듯이 한 곳에 들어가 있다. ②버릇이나 생각이 깊이 배다. 예담배의 인이 ~.

박자【拍子】 곡조의 진행을 헤아리는 시간의 단위.

박장 대:소【拍掌大笑】 손뼉을 치며 한바탕 크게 웃음.

박절【迫切】 야박하고 매몰스러움. 예~하게 거절하다.

박:쥐【동물】 박쥐과의 짐승. 몸은 쥐와 비슷하나 앞다리가 날개처럼 변형되어 날아다님. 낮에는 어두운 곳에 있다가 밤에 활동함. 벌레·나비 등을 잡아먹고 삶.

[박쥐]

박진 표현 등이 실제와 가까움.

박차【拍車】 ①어떠한 일의 진행을 촉진하기 위하여 더하는 힘. 예~를 가하다. ②말을 탈 때 신는 신의 구두 뒤축에 대는 쇠로 만든 물건.

[박차]

박차다 ①발길로 힘껏 차다. 예발로 ~. ②어려움이나 장애물을 내치어 물리치다.

박테리아 살아 있는 것 중에서 가장 작은 생물로, 현미경을 통해서만 볼 수 있으며, 썩거나 병이 나는 원인도 됨. 세균.

박하[바카]【식물】 꿀풀과의 여러해살이풀. 여름에 담자색 또는 백색의 꽃이 핌. 한방에서는 잎을 박하라고 하여 약재로도 쓰고, 향기가 좋아 향료·음료·사탕 제조에 쓰임.

박해【迫害】 못 견디게 굴어서 해롭게 함. -하다.

밖 ①무슨 테나 금을 넘어선 쪽. 예대문 ~. 비겉. 반안. ②겉으로 드러나 보이는 부분.

반¹【半】 ①둘로 똑같이 나눈 것의 한 부분. ②사물의 중간이 되는 부분.

반²【班】 ①한 학년을 한 교실의 수용인원 단위로 나눈 이름. 예6학년 4~. 비학급. ②어떤 공통점을 가지고 모인 집단. 예우리 학교 미술~.

반:감【反感】 ①반대의 뜻을 품은 감정. ②노여워하는 감정. 예친구의 ~을 사다.

반:격 공격하여 오는 적군을 되받아 침. -하다.
반:경【半徑】 반지름.
반:공【反共】 공산주의에 반대함. 공산주의와 투쟁함. 凰용공.
반:구【半球】 ①둥글게 생긴 물체의 절반 또는 그 모양. ②지구면을 두 쪽으로 나눈 때의 그 한 부분. 예남~.
반:구형 반구처럼 생긴 모양.
반:군【叛軍】 반란을 일으킨 군대.
반:기¹【反旗】 반대의 뜻을 나타내는 행동이나 표시.
반:기²【半旗】 죽은 이를 슬퍼하는 뜻을 표하기 위하여 조금 내려서 다는 국기.
반:기³【叛起】 배반하여 일어남.
반기다 반가워하다.
반:나절 하루의 낮을 넷으로 나눈 그 하나가 되는 동안.
반:납【返納】 물건을 돌려 줌. 예빌려온 물건을 ~하다.
반:대 ①사물이 맞서서 서로 다름. ②남의 의견에 찬성하지 않고 뒤집어 거스름. 凰찬성.
반:도 삼면이 바다에 둘러싸이고, 한 면은 육지에 닿은 땅.
반:도국 영토가 반도로 길게 나와 삼면이 바다로 둘러싸인 나라.
반:도체【半導體】 고온이 되면 전기 전도도가 높아지는 물질. 낮은 온도에서는 전류가 잘 흐르지 않음. 규소·게르마늄이 있으며 전자기기에 이용됨.
반:동 어떤 방향의 움직임에 대하여 반대로 일어나는 동작.
반동력【反動力】 [-녁] 반동으로 인하여 일어나는 힘.
반두 양쪽 끝에 손잡이의 대가 있는 물고기를 잡는 그물.
반드럽다(반드러우니, 반드러워서) [반두] 윤기가 나고 매끄럽다.
반드시 틀림없이. 꼭.
반듯하다[-드타-] ①물건이 삐뚤어지거나 굽지 않고 바르다. ②생김새가 말끔하다. 큰번듯하다. 쎈반뜻하다.
반딧불 밤에 개똥벌레의 꽁무늬에서 반짝이는 불빛.
반:란【叛亂】 나라를 뒤집으려고 일어나는 난리.
반:려¹【伴侶】 짝이 되는 벗.
반:려²【返戾】 되돌려 줌.
반:말 손아랫사람에게 하듯 낮추어 하는 말. -하다.
반:면¹【半面】 ①반쪽 면. 예달의 ~. ②얼굴의 좌우 어느 한 쪽. 예~마비.
반:면²【反面】 다른 쪽의 면. 예장점이 있는 ~에 단점도 있다.
반:문【反問】 상대방의 말을 되받아 물음. -하다.
반:박【反駁】 남의 의견에 반대하여 논란함. 예~하고 나서다.
반:발 ①되받아 퉁김. ②상대방에 대하여 언짢게 여겨 그에 반항하는 태도를 나타내는

일.
반:비례 어떤 양이 다른 양의 역수에 비례되는 관계. 한쪽이 3,4배 …가 되면, 다른 쪽의 양은 1/3, 1/4배 …가 되는 관계. 땐정비례. -하다.
반:사【反射**】** 빛이나 소리가 다른 물체의 표면에 부딪쳐서 되돌아옴. 예소리의 ~. 땐직사.
반:사 운:동【反射運動**】** 반사에 의한 무의식적인 운동. 호흡 운동이나 위장운동 따위.
반색 몹시 반가워함.
반:생【半生**】** 한 평생의 절반.
반석【盤石·磐石**】** ①넓고 편편한 큰 돌. 너럭바위. ②아주 견고하고 든든한 것의 비유.
반:성【反省**】** 자기가 한 일을 스스로 돌이켜 잘한 것과 잘못한 것을 살핌. -하다.
반:신 반:의 반은 믿고 반은 의심함. 땐확신. -하다.
반:신 불수[-쑤] 뇌의 장애 따위로 몸의 어느 한쪽이 마비되는 일. 또는 그런 사람.
반:역【反逆**】** 나라와 겨레를 배반함. 비모반. 땐순종.
반:영【反映**】** ①반사하여 비침. ②다른 일에 영향을 미치어 어떤 현상이 나타남. -하다.
반:원【半圓**】** 원을 이등분한 한 부분. 예~으로 둘러앉다.
반:음【半音**】** 온음의 절반.
반:응【反應**】** ①어떠한 작용에 의하여 일어나는 현상. ②물질 사이에 일어나는 화학적 변화.

반입 운반하여 들여옴. 땐반출.
반장【班長**】** ①선생님을 도와 그 반의 일을 맡아 보는 사람. ②반을 대표하거나 책임져 지휘를 통솔하는 사람. 비급장.
반:전【反轉**】** ①반대쪽으로 구름. ②일의 형세가 뒤바뀜.
반:절 반으로 가르거나 꺾음.
반창고 연고나 붕대를 고정시키기위해 살에 잘 달라붙는 물질을 발라서 만든 헝겊이나 테이프.
반:항【反抗**】** 순종하지 않고 반대하여 대듦. 땐복종.
반:환【返還**】** 꾸거나 빌렸던 것을 도로 돌려줌. -하다.
반회【班會**】** 같은 반의 모임.
받다 ①주는 것을 가지다. 땐주다. ②우산을 펴 들다. ③남에게서 어떤 행동 등을 당하거나 입다. ④응하여 들이다. 예전화로 주문을 ~.
받들다 ①높이어 모시다. 예조상을 ~. ②물건을 받쳐 들다.
받침대[-때] 무거운 물건 등을 받치는 데 쓰는 물건.
받히다[바치-] 떠받음을 당하다. 예기둥에 ~.
발:¹ 가늘게 쪼갠 대오리나 갈대 같은 것으로 엮어 만든 물건. 가리는 데 쓰임.

[발¹]

발² ①동물·사람의 다리 맨 끝부분. ②어떤 물건의 밑에 달리어 그것을 받치는 짧은 부분. ③걸음. 발걸음.

발가벗다 ①알몸이 되도록 옷을 모두 벗다. ②산에 나무가 없이 흙이 드러나 보일 정도가 되다. 큰벌거벗다.

발각【發覺】숨긴 일이 드러남.

발간【發刊】신문·잡지 등을 박아냄. 예 잡지를 ~하다.

발견【發見】처음으로 알아 내거나 찾아냄. 비발명.

발광【發光】빛을 냄.

발광【發狂】①병으로 미친 증세가 일어남. ②미친 듯이 날뜀.

발굴【發掘】①땅 속에 묻히어 있는 것을 파냄. ②알려지지 않았거나 뛰어난 것을 찾아 냄.

발그스름하다 조금 발갛다.

발급【發給】발행하여 줌.

발기【發起】앞장서서 새로운 일을 꾸며 일으킴. 예~인.

발끈하다 소견이 좁아 걸핏하면 성을 내다.

발단【發端】[-딴] 일의 첫머리가 처음으로 일어남.

발달【發達】[-딸] ①차츰 잘 되어 나감. ②몸과 마음이 자라서 완전한 형태에 가까워짐.

발돋음 키를 돋우기 위하여 딛고 서는 짓. 예~하고 본다.

발동[-똥] ①움직이기 시작함. ②동력을 일으킴. 비시동. ③국가 기관이 법적 권한을 행사함. 예수사권을 ~하다.

발딱 갑자기 급하게 일어나거나 뒤로 자빠지는 모양.

발랄【潑剌】표정이나 행동이 활발하다.

발레 음악·의상·무대 장치 등을 갖추어서 주제를 종합적으로 나타내는 무용.

발레리:나 발레하는 여자 무용가.

발령【發令】①명령을 내림. ②법령·사령을 냄. -하다.

발명【發明】아직까지 없던 어떠한 물건이나 방법을 새로 만들어 냄. 예~왕.

발목 다리와 발이 이어진 부분. [발목(을) 잡히다] ①어떤 일에 꼭 잡혀서 벗어나지 못하다. ②남에게 어떤 약점을 잡히다.

발바닥 발이 땅에 닿는 부분.

발바리 ①개의 한 종류. 몸은 작고 다리가 짧으며 몸에 긴 털이 남. ②침착하지 못하고 여기저기 돌아다니는 사람을 비유한 말.

발버둥치다 ①불평이 많아 다리를 뻗었다 오므렸다 하여 몸부림 치다. ②무슨 일을 피하려고 애쓰다.

발병【發明】병이 남.

발사【發射】[-싸] 총·대포·활 등을 쏨. 예~ 명령. -하다.

발산【發散】[-싼] ①밖으로 퍼지어 흩어지거나 흩어지게 함. 예열을~하다. ②울분 따위를 밖으로 나타내어 없앰. -하다.

발상【發想】[-쌍] 어떤 생각이 떠오름. 또는 그 생각.

발송【發送】[-쏭] 물건이나 편지 따위를 보냄. -하다.

발신 전보·우편·전파 등을 보

발악【發惡】 앞뒤를 가리지 않고 모진 말이나 행동을 함.

발언【發言】 말을 함. 말을 꺼냄. 예회의에서 ~하다.

발원 ①강물이 비롯하여 흐르는 근원. 예강의 ~은 이곳이다. ②사물이 비롯하여 발생함.

발육【發育】 발달하여 크게 자람.

발전¹【發電】[-쩐] 전기를 일으킴. 예수력 ~. -하다.

발전²【發展】 보다 나은 단계로 뻗어 나감. 예경제 ~.

발전기【發電機】[-쩐-] 기계의 힘에 의해서 전기를 일으키는 장치를 통틀어 말함.

발족【發足】 새로 설립된 어떠한 조직체가 그 활동을 시작함.

발주 물건 따위를 주문함.

발진【發進】 엔진의 힘으로 항공기·함선등이 출발함. -하다.

발진티푸스[-찐-] 법정 전염병의 하나. 높은 열과 두통이 계속되며 온몸에 좁쌀만한 종기가 생김.

발췌【拔萃】 책·글 등에서 필요한 부분만을 뽑아서 씀.

발칵 ①갑자기 기운이 솟아나는 모양. ②무엇이 갑자기 세차게 뒤집히는 모양.

발칸 반:도 유럽 대륙의 동남부 지중해에 튀어나온 큰 반도.

발탁【拔擢】 여러 사람 중에서 특별한 사람을 뽑아 씀.

발판 ①높은 곳에 올라가기 위하여 설치해 놓은 널. ②차를 오르내릴 때 발을 디디게 한 장치. ③출세 등을 위한 수단 또는 기반.

발포【發砲】 총·대포를 쏨.

발표【發表】 드러내어 널리 알림. 비공표. -하다.

발표회 학술이나 예술 등의 창작 또는 연구 결과를 발표하는 모임. 예내일은 학예 ~ 날이다.

발해【渤海】 [국명] (698~926) 고구려의 장군인 대조영이 만주 지방에 세운 나라.

발행【發行】 도서·신문·잡지 등을 박아 세상에 펴냄. -하다.

발화【發火】 불이 남.

발효【醱酵】 효모. 박테리아 등 미생물에 의해 유기물로 변하여 알코올이나 탄산 가스 등으로 바뀌는 작용.

발휘【發揮】 지니고 있는 재능이나 힘따위를 떨치어서 나냄.

밝다[박따] ①흐리지 않고 환하다. 예불빛이 ~. 비환하다. 반어둡다. ②청력·시력이 똑똑하다. 예눈이 ~.

밤¹ 어두운 저녁부터 새벽 밝기 전까지. 반낮.

밤:² 밤나무의 열매.

[밤²]

밤길[-낄] 밤이 되어 어두운 길. 예~을 조심해라.

밤:송이 밤나무 열매인 밤을 싸

고 있는 껍데기. 가시가 많이 있고 여물면 벌어진다.
밤중[-쭝] 깊은 밤.
밥 ①쌀에 물을 붓고 열을 가하여 끓인 음식. ②끼니로 먹는 음식. 예아침~.
밥상 음식을 차려 놓는 데 쓰는 상. 예~을 차리다.
밥통 ①밥을 담는 통. ②제 밥값도 못하는 어리석은 사람.
밧줄 볏짚이나 삼 등으로 굵고 길게 꼬은 줄.
방【房】 사람이 거처하기 위하여 집안에 마련한 곳. 비구들.
방갈로 산이나 바닷가에 캠프용의 간단한 집.
방공【防空】 적의 항공기 및 미사일 공격에 대한 방어.
방공호 적의 비행기 폭격 때 몸을 피할 목적으로 땅을 파서 만든 굴이나 구덩이. 대피호.
방관 같이 어울리지 않고 곁에서 가만히 보고만 있음.
방광 콩팥으로부터 흘러내리는 오줌을 한동안 저장하였다가 몸밖으로 내보내는 엷은 막으로 된 주머니 모양의 기관.
방글방글 입만 벌리고 귀엽게 자꾸 웃는 모양.
방금 바로 이 때. 금방. 비지금.
방긋 소리 없이 입만 약간 벌리어 웃는 모양. 큰벙긋.
방:뇨【放尿】 오줌을 눔. 예담벼락에 ~하지 마시오.
방독면 독가스나 연기로부터 호흡기 등을 보호하기 위해 얼굴에 쓰는 마스크.
방:랑 정처 없이 떠돌아다님.

방:류【放流】 가두어 놓은 물을 터서 흘려 보냄. 예물을 ~하다.
방면【方面】 ①어떤 방향의 지방. 예서울 ~. ②전문적으로 뜻을 두거나 생각을 가진 부분.
방명록【芳名錄】 남의 성명을 적어 놓은 기록. 인명록.
방:목【放牧】 가축을 놓아 기름.
방:문¹【訪問】 남을 찾아봄.
방문²【房門】 방으로 드나드는 문.
방범 범죄를 미리 예방함.
방법【方法】 어떤 일을 할 솜씨. 예좋은 ~. 비방도. 방식.
방:사능 물질을 구성하는 원자가 자연적·인공적으로 방사선을 내뿜는 성질 또는 그 현상.
방:생 사람에게 잡혀 죽게 된 생물을 놓아 살려 주는 일.
방:송국【放送局】 방송하기 위하여 시설하여 놓은 무선국. 관영과 민영이 있음.
방수 물이 스며드는 것을 막음.
방수복【防水服】 물이 새어 들지 않도록, 방수제를 발라 가공한 피륙으로 만든 옷.
방습【防濕】 습기를 방지함.
방식【方式】 일정한 방법으로서의 형식. 예추첨 ~. 비방법.
방실거리다 소리없이 입만 약간 벌리고 보드랍게 자꾸 웃다.
방:심【放心】 마음을 놓음. 정신을 차리지 않음.
방아 곡식을 찧는 틀. 디딜방아와 물레방아의 구별이 있음.

방아쇠 소총·권총 등에 붙어 있는 집게 손가락으로 잡아당겨서 쏘게 되어 있는 굽은 쇠.

방앗간 방아로 곡식을 찧거나 빻는 곳. 비정미소.

방역【防疫】 전염병의 발생, 침입을 소독·예방 주사 등의 방법으로 미리 막음. -하다

방:영【放映】 텔레비전의 방송.

방울 ①둥글게 맺힌 액체 덩어리. ②쇠붙이로 둥글게 만들고 그 속에 단단한 물건을 넣어 흔들면 소리가 나게 된 물건.

방울새[-쌔]【동물】 참새과의 새. 울음 소리가 매우 고우며, 여러 가지 새의 우는 흉내를 냄. 잡식을 함.

방위【防衛】 막아서 지킴.

방위²【方位】 어떠한 쪽의 위치. 동서남북을 기준으로 16이나 32 방위 등으로 나눔.

방위 산:업 국가 방위를 위한 군수품을 생산하는 모든 산업.

방위선¹【方位線】 방향과 위치를 정하기 위하여 그어 놓은 금.

방위선²【防衛線】 방위하기 위하여 진을 쳐 놓은 선.

방위표 방위를 나타내는 표. [방위표]

방음【防音】 바깥의 소음을 막거나 방안의 소음이나 바깥의 소음의 반사를 막음. -하다

방적【紡績】 동식물의 섬유를 가공하여 실을 만드는 일.

방전【放電】 전기가 흘러 나가는 현상. 예건전지가 ~되다.

방정맞다 ①말이나 하는 행동이 가벼워서 요망스럽다. 예선이는 너무 ~. ②몹시 요망하게 굴어서 상서롭지 못하다.

방정식【方程式】 실 가운데 모르는 수가 있는 등식.

방정환[인명](1899~1931) 호는 소파. 색동회를 만들어 우리나라에서 처음으로 어린이 운동을 하였고,「어린이」란 말을 만들어 쓰고,「어린이날」을 정하였음.

[방정환]

방제【防除】 ①재앙이나 재해를 미리 막아 예방함. ②농작물을 병충해로부터 예방하고 없앰. 예병충해를 ~하다.

방조제【防潮堤】 바닷물이 육지로 밀려들어 입는 피해를 막기 위해 쌓은 둑. 예시화 ~.

방지 막아 그치게 함. 예사고~.

방직【紡織】 옷감을 짜는 일.

방책【方策】 방법과 꾀.

방청 회의나 방송·재판 등을 옆에서 들음. -하다

방청객【傍聽客】 방청하는 사람.

방충【防蟲】 해충의 침해를 막음.

방침【方針】 어떤 일을 처리해 나갈 방향과 계획. 비방향.

방탄【防彈】 탄알을 막음.

방파제【防波堤】 밀려드는 파도를 막기 위해 바닷가 둘레에 쌓아 놓은 둑. 예부산항 ~.

방패 전쟁시 적군이 쏜 창이나

화살을 막는 데 쓰던 병기.
방:학【放學】 학교에서 더위나 추위를 피하여 얼마 동안 수업을 쉬는 일. 예여름 ~.
방한【防寒】 추위를 막음.
방해【妨害】 남의 일을 못하도록 훼방을 놓음. 예공부에 ~된다. 비훼방. 장애. 반협력. 협조.
방향【方向】 ①향하는 쪽. 예한 ~으로 가라. 비방위. ②뜻이 향하는 곳. 예장래의 ~.
방화【防火】 불이 나지 않도록 미리 단속함. 예~ 훈련.
방:화²【放火】 일부러 불을 지름. 예~범. 반실화.
방화사【防火砂】 불이 났을 때에 쓰도록 마련한 모래.
방화수【防火水】 불이 났을 때에 쓰도록 마련한 물.
방황 정한 방향이나 목적이 없이 떠돌아다님. 비부랑. 방랑.
밭 물을 대지 아니하고 식물을 심어서 가꾸는 땅. 반논.
밭갈이 밭을 가는 일. -하다.
밭농사 밭에서 가꾸는 농사. 반논농사. -하다.
배¹ 가슴과 골반 사이의 내장이 있는 부분. 예~가 아프다.
배² 사람이나 물건을 싣고 물 위로 떠다니는 구조물. 비선박.
배:³【倍】 같은 수량을 두 번 합침. 또는 그 수량. 예~로 변상.
배⁴ 배나무의 열매.
배격【排擊】 ①밀어 내침. ②남의 의견을 쳐서 말함. 비배척.

배:경 ①무대 위에 꾸며 놓은 그림이나 장치. 반전경. ②뒷경치.③뒤에서 도와 주는 힘.
배:관【配管】 액체나 기체를 보내거나 빼기 위하여 관을 설치함. 또는 설치물. 예~ 공사.
배:급【配給】 나누어 주는 것.
배기【排氣】 공기를 밖으로 뽑아 냄.
배기 가스 열기관이나 엔진 등에서 내부 연소가 끝나고 빠져 나가는 불필요한 가스.
배꼽 ①배의 가운데에 있는 탯줄을 끊은 자리. ②모든 열매의 꼭지.
배나무[식물] 능금나무과의 활엽 교목. 봄에 흰 꽃이 피며, 가을에 열매가 [배나무] 익는데 맛이 달고 물이 많음.
배:낭 물건을 담아 등에 지도록 만든 사각으로 된 주머니.
배:다¹ ①물기가 스미어 젖다. ②익숙해지다. 예버릇이 몸에 ~.
배:다² ①아이나 새끼 또는 알을 가지다. 비잉태하다. ②식물이 줄기 속에 이삭을 가지다. 예벼 이삭이 ~.
배:달【配達】 우편물이나 물건 등을 돌아다니면서 전하여 줌. 예우편~. 반수집.
배:달 민족【倍達民族】 역사상으로 또는 예스럽게 우리 겨레를 일컫는 말. 배달 겨레.
배:당【配當】 ①나누어 줌. ②나누어 주는 몫. -하다.

배드민턴 네트를 사이에 두고 라켓으로 셔틀콕을 서로 치고 받는 경기.

배:려 걱정하고 근심함. -하다.

배상¹【賠償】 남에게 입힌 손해를 갚아줌. 예손해 ~.

배:상²【拜上】 편지 끝에 쓰는 말로 삼가 절하고 올린다는 뜻.

배:석【陪席】 어른을 모시고 자리를 같이 함. -하다.

배:선【配線】 전기의 이용이 편리하도록 전선을 배치하는 일.

배설【排泄】 ①안에서 밖으로 새어 나가게 함. ②물질대사의 결과 생기는 쓸데없는 물질을 몸 밖으로 내보내는 일. -하다.

배:수¹【配水】 물을 보내 줌.

배:수²【倍數】 어떤 수의 갑절이 되는 수. 반약수.

배:수관【配水管】 상수도의 물을 보내는 관. 수도관.

배:수진【背水陣】 ①적과 싸울 때 강·호수·바다 같은 것을 등지고 치는 진. ②목숨을 걸고 싸우는 경우를 비유함.

배:신 신의를 지키지 않고 돌아섬. 비배반.

배:양【培養】 ①식물을 북돋아 기름. ②사람을 가르쳐 기름.

배:역【配役】 연극이나 영화 따위에서 배우에게 출연할 역을 나누어 맡기는 것. 또는 그 역.

배열【配列】 죽 벌여서 열을 지음. 예가나순으로 ~하다.

배우【俳優】 영화나 연극 따위에서 연기를 하는 사람.

배우다 ①가르침을 받다. ②학문을 하다. 공부를 하다. ③경험하여 알다. 반가르치다.

배:은 망덕 다른 사람에게 입은 은덕을 잊고 저버림. -하다.

배:자 마고자 모양으로 되고 소매가 없는 덧저고리.

[배자]

배:정 나누어서 몫을 정함.

배:차¹【配車】 자동차·기차 따위를 갈라 보냄. 알맞은 간격으로 차를 보내는 것.

배차²【排次】 차례를 정함.

배척【排斥】 반대하여 물리쳐 몰아냄. 비배격. 반환영.

배:추 잎을 먹는 채소. 양념을 하여 김치를 담금.

배출¹【排出】 밀어서 밖으로 내보냄. 예땀이 ~되다.

배:출²【輩出】 인재가 계속하여 나옴. 예인재를 ~한 명문 대학.

배:치【配置】 갈라 나누어 저마다의 자리에 둠. 예자리 ~를 하다.

배타【排他】 남이나 다른 생각 따위를 배척함. 예~주의.

배탈 배가 아프거나 설사를 하는 뱃속 병. 예~이 생기다.

배터리 야구에서 투수와 포수를 이르는 말.

배트 야구에서 공을 치는 방망이. 예~로 공을 던진다.

배:포【配布】 남에게 널리 알리어 줌. 예광고지를 ~하다.

배:필【配匹】 부부로서의 짝.
배:합【配合】 알맞게 합하여 섞음. 예색깔을 ~. -하다.
배회 이리 저리 거닐어 다님.
배:후【背後】 ①등 뒤. 뒤편. 예~ 인물. ②일의 다른 면.
백¹【白】 흰 빛깔.
백² 물건을 넣어 가지고 다니는 조그마한 가방.
백골【白骨】 죽은 사람의 살이 썩고 남은 흰 뼈.
백과 사:전 학술·기예·가정·사회 등 모든 분야에 걸친 지식을 부분별 또는 자모순으로 배열하여 항목마다 풀이한 사전.
백금【白金】 은백색의 단단한 금속 원소. 장식용 귀금속이나 도량형기 따위에 쓰임.
백기 ①바탕이 흰 기. ②항복의 표시로 쓰이는 흰 기.
백두산【白頭山】 함경 남북도와 중국과의 국경 사이에 있는 우리 나라에서 제일 높은 산. 산 꼭대기에는 천지가 있음. 높이는 2,744m이다.
백로【동물】 백로과의 물새. 온몸이 흰 새. 물고기나 개구리를 잡아 먹고 삶.

[백로]
백록담【白鹿潭】 제주도 한라산 꼭대기에 있는 못. 넓이는 동서 600m 남북 500m가량의 타원형임.
백마【白馬】 털이 흰 말.
백만 대:군【百萬大軍】 백만 명이나 되는 많은 군대.
백만 장:자【百萬長者】 재산이 매우 많은 사람. 예~가 되다.
백모【伯母】 큰어머니.
백문【百聞】 여러 번 들음. [백문이 불여일견] 백 번 말로만 듣는 것보다 실제로 한 번 보는 것이 더 나음.
백반¹ 명반을 구워 만든 덩이. 물감 들이는 데나 지혈제로 쓰임.
백반²【白飯】 흰밥. 쌀밥.
백발【白髮】 하얗게 센 머리털. 예~ 노인. 반흑발.
백발 백중 총이나 활 따위를 쏠 때마다 번번이 겨눈 곳에 맞음.
백방【百方】 ①여러 가지 방법. ②여러 방면이나 방향.
백부【伯父】 큰아버지.
백사장【白沙場】 강가·바닷가의 흰 모래가 깔린 곳.
백삼 수삼의 잔뿌리를 따고 껍질을 벗기어 볕에 말린 인삼.
백색 흰 빛깔. 반흑색.
백설【白雪】 흰 눈.
백설 공주[책명] 독일의 「그림 동화집」에 나오는 옛이야기.
백성【百姓】 일반 국민. 비국민.
백송【白松】[식물] 소나무과의 상록 침엽 고목. 나무 껍질이 큰 비늘처럼 벗겨져서 밋밋하고 흰 빛이 남. 큰 나무는 천연 기념물로 지정되어 있음.
백수【百獸】 온갖 짐승. 예~의 왕자는 사자다.
백야 위도가 높은 지방에서 밤이 되어도 어두워지지 않는

백약 무효【白藥無效】 온갖 약을 다 써도 병이 진전이 없음.
백옥 흰 빛깔의 옥. 흰 구슬.
백운【白雲】 흰 구름.
백의【白衣】 흰 옷.
백의 민족【白衣民族】 우리 민족을 가리키는 말. 예)동방의 ~.
백의 종군【白衣從軍】 벼슬이 없이 군대를 따라 전쟁터로 감.
백인종 피부 색깔이 흰 인종.
백일몽 대낮에 꿈을 꾼다는 뜻. 실현될 수 없는 헛된 공상.
백일장【白日場】[백길짱] 글의 제목을 주어 시나 글을 즉석에서 짓는 시험. 예)~ 대회.
백일홍[식물] 부처꽃과의 낙엽 활엽 교목. 여름부터 가을에 걸쳐 붉은빛 오판화가 핌.
[백일홍]
백자 흰 빛깔로 된 도자기. 조선 시대에 유행했는데, 서민적이고 소박한 점이 그 특징임.
백전 노:장【百戰老將】 수많은 싸움을 치른 노련한 장수.
백전 백승 싸우는 대로 다 이김.
백절 불굴【百折不掘】 어떠한 난관에도 꺾이지 않고 이겨 나감.
백제【국명】 삼국 시대의 한 나라. 기원전 18년에 온조왕이 한강 부근에 세웠던 나라. 678년 동안 계속되다가 서기 660년 의자왕 때 나당 연합군에 의해 멸망하였음.
백조[동물] 오리과 물새의 하나. 몸 빛깔은 전체가 흰색이고 부리는 노란색, 다리는 검은색임.

[백조]

백주【白晝】 대낮. 예)~에 강도질.
백지【白紙】 ①흰 빛깔의 종이. 반)먹지. ②아무것도 쓰지 않은 종이. 비)공지.
백팔 번뇌【百八煩惱】 불교에서 이르는 108가지의 괴로움.
백합[1][동물] 참조개과의 조개. 모시조개와 비슷하며 식용함.

[백합[1]]

백합[2]【百合】[식물] 백합과의 여러해살이풀. 7~8월에 나팔 모양의 흰 꽃이 피며 매우 아름답고 향기가 좋음. 뿌리는 약용.
백혈구【白血球】 피를 이루는 세포로 모양이 일정하지 않음. 아메바 모양. 모세 혈관 밖에까지 나와서 병균을 잡기도 함.
백혈병 백혈구가 정상보다 증가하여 피 속에 생기는 병.
백화점【百貨店】 한 건물 안에서 일상 생활에 필요한 여러 가지 상품을 부문별로 나누어 진열・판매하는 대규모의 종합 소매점. 반)단위상점.
밴드[1] 끈. 띠.
밴드[2] 악단. 악대.
밸브 실린더에서 액체나 기체의 양이나 압력을 조절하는

뱀: [동물] 파충류 뱀목에 속하는 동물의 총칭. 몸이 비늘로 덮였으며 혀끝은 갈라지고 긺. 겨울잠을 잠.

뱀:장어 [동물] 참장어의 민물고기. 몸길이 약 60cm로 가늘고 길다. 배지느러미가 없고 잔비늘이 피부에 묻히어 있음.

뱃고동 [배꼬-] 배가 출발할 때 소리를 내는 것.

뱃길 [배낄] 배가 항시 다니는 길.

뱃멀미 배를 타면 어지럽고 구역질이 나는 일. -하다.

뱃사공 배를 저어 부리는 사람.

뱃사람 배를 부리거나 배에서 일하는 사람. 비 선원.

뱃삯 [배싹] 배를 타거나 짐을 싣는데 치르는 돈.

뱉:다 ①입 속에 든 물건을 입 밖으로 내보내다. ②차지했던 것을 도로 내놓다. ③말을 함부로 하다.

버겁다 (~거워, 거우니) 물건이나 세력 따위를 다루기가 힘에겁다. 예 내가 들기에 ~.

버금 다음이 되는 차례.

버드나무 [식물] 버들과의 낙엽 활엽 교목. 높이는 8~10m로 가늘고 긴 가지가 축축 늘어짐.

버릇 ①마음이나 몸에 굳어진 성질이나 짓. ②어른에 대한 예의. 예 ~이 없다. [세살 버릇 여든까지 간다]

버리다 ①쓰지 못할 것을 다 내던지다. 예 휴지를 아무 데나 ~. ②돌보지 않다. ③망가뜨리다. 쓰지 못하게 만들다.

버림받다 버림을 당하다. 쓰지 못할 것으로 버려지다.

버마 [지명] 「미얀마」의 옛지명.

버무리 여러 가지를 한데 뒤섞어서 만든 음식.

버무리다 여러 가지를 골고루 섞다.

버선 천으로 지어 발에 꿰어 신는 물건.

버섯 [식물] 주로 [버선] 그늘진 땅이나 썩은 나무에서 자라며, 대부분이 우산모양으로 생겼는데, 그 안쪽의 홀씨에 의해 번식함. 식용 버섯과 독버섯이 있음.

버스 많은 사람이 같이 탈수 있는 커다란 자동차.

버클 가죽 허리띠 따위를 죄어 고정시키는 장치의 장식물.

버터 우유의 기름기를 따로 뽑아 굳힌 영양 식품.

버튼 ①단추. ②전기 장치에 전류를 끊거나 이어 주는 장치.

버티다 ①맞서서 겨루다. 예 끝까지 ~. ②참고 배기다. ③쓰러지지 않게 가누다.

벅차다 ①감당하기 어려울 정도로 힘에 겹다. 예 힘에 ~. ②밖으로 넘칠듯이 가득 차다.

번【番】 ①차례로 나타내는 말. ②차례로 숙직이나 당직을 하는 일. ③일의 횟수를 나타내는 말. 예 한 ~.

번갈아 차례차례로 돌려가며.

예 ~ 당번이 되다. 비 교대로.
번개 전기를 띤 구름과 구름이 부딪쳐 빛을 내는 현상.
번뇌 마음이 시달려 괴로움.
번데기【동물】①곤충의 애벌레로부터 어미벌레로 되는 과정의 고치 속에 있는 몸. ②누에의 번데기.
번민【煩悶】마음이 번거롭고 답답하여 괴로워함. -하다.
번식【繁殖】동물이나 식물이 자꾸 퍼져서 늘어남. -하다.
번식기 동물이 새끼를 치는 시기.
번역【飜譯】한 나라의 말로 쓴 글을 다른 나라 말로 옮김.
번영【繁榮】일이 성하게 잘 됨. 비 번성. 반 쇠퇴. -하다.
번:지다 ①퍼져서 넓어지다. ②사물이 다른 곳으로 옮아가다. ③작은 일이 크게 벌어져 나가다.
번창【繁昌】한창 잘 되어 성함. 번영. 번화. 반 쇠퇴
번호 차례를 나타내는 수.
번화 매우 번성하고 화려함.
벌¹ 넓고 평평하게 생긴 들. 예 황산~ 싸움. 비 벌판.
벌² 짝을 이루는 물건을 세는 말. 예 양복 한 ~.
벌³【罰】죄를 지은 사람에게 고통을 주어 억누르는 일. 비 형벌. 반 상. 예 소설 죄와 ~.
벌:⁴【동물】가늘고 긴 입으로 꽃에서 꿀을 빨아 저장하며 몸 끝의 독침으로 적을 쏨.
벌거벗다 ①알 몸이 되도록 옷을 모두 벗다. ②산이 나무가 없어 흙이 드러나 보일 정도가 되다. 작 발가벗다.
벌금【罰金】잘못을 저질러서 벌로 내는 돈. 예 많은 ~을 내다. 비 벌과금. 반 상금.
벌:다 ①일을 하여 돈 또는 물건을 얻다. ②이익을 얻다.
벌떡 갑자기 급하게 일어나거나 뒤로 자빠지는 모양.
벌:떼같이[-가치] 벌들이 떼를 지어 날아드는 것 같이.
벌레 벌이나 나비 따위의 작은 동물을 이르는 말. 비 곤충.
벌:리다 ①두 사이를 넓게 하다. ②오므라진 것을 펴다. ③열어서 속에 것을 드러내다.
벌목【伐木】산의 나무를 벰.
벌:이 먹고 살려고 돈을 버는 일.
벌:이다 ①일을 베풀어 놓다. 예 잔치를 ~. ②가게를 차리다.
벌:집[-찝] 벌이 알을 낳고 먹이와 꿀을 저장하며 생활하는 집. 예 ~을 건드리다.
벌채【伐採】산의 나무를 베어 냄. 비 벌목. -하다.
벌칙【罰則】처벌을 정하여 놓은 규칙. 예 ~을 강화하다.
벌:통 꿀벌을 치는 통.
벌판 넓은 들판.
범:【동물】고양이과의 맹수. 황갈색 바탕에 검은 줄무늬가 있음. 성질이 사납고 온갖 짐승을 잡아 먹음. 깊은 산 속에서 생활함. 호랑이.
[범]

범:선 돛을 단 배. 돛단배. 돛배.

범:인【犯人】 죄를 지은 사람.

범절【凡節】 법도에 맞는 질서나 절차. 모든 행사. 예의 ~. [범선]

범:죄【犯罪】 죄를 지음. 또는 지은 죄. 예~자. ~인.

범:하다 ①법률·규칙·도덕에 어긋나는 일을 하다. 예학교 규칙을 ~. ②그릇된 일을 저지르다. 예잘못을 ~.

범:행【犯行】 범죄 행위.

법【法】 ①정해진 규칙. ②예의와 도리. ③방법.

법당【法堂】 불상을 모시어 놓고 설법도 하는 절의 중심이 되는 본채의 큰 방.

법도【法度】 지켜야 할 도리.

법무부 나라의 법률에 관한 일을 맡아 보는 행정 기관.

법원【法院】 법률에 따라 법관이 옳고 그른 것을 가려서 재판하는 기관. 예가정 ~.

법치 국가【法治國家】 국민의 의사에 의해서 제정된 법을 기초로 해서 권력을 행사하는 국가.

법칙【法則】 반드시 지켜야 될 규칙. 예~을 정하다.

법학 법률에 관한 학문.

벗: 마음이 같아 친하게 지내는 사람. 비친구. 동무.

벗겨지다 옷·껍질 등이 몸에서 떨어져 나가다. 예옷이 ~.

벗기다 ①껍질이나 가죽을 떼어내다. 예감자껍질을 ~. ②거죽에 낀 것을 닦거나 하여 없애다.

벗:하다 ①벗으로 삼다. ②서로 터놓고 허물없이 사귀다.

벙거지 옛날 하인이나 병졸들이 주로 쓰던 모자. [벙거지]

벙글벙글 좋아서 입을 벌려 소리 없이 웃는 모양. 작방글방글.

벙긋 소리 없이 입만 벌리고 자연스럽게 웃는 모양. 작방긋.

벙어리 태어날 때부터 말을 못 하는 사람.

벚나무【식물】 앵두과에 속하는 나무. 봄에 담홍색 꽃이 피며, 열매는 7월에 흑자색으로 익는데,「버찌」라 하며 맛이 좋음.

베 삼실 또는 무명실·명주실 등으로 짠 피륙.

베개 누울 때 머리를 괴는 물건.

베:다 ①연장으로 물건을 자르거나 끊다. ②베개나 다른 물건으로 고개를 받치다.

베레모 차양이 없고 동글납작하게 생긴 모자.

베스트 최고로 높음. 최고로 좋음. 예~셀러.

베스트셀러 어떤 기간에 가장 많이 팔린 물건. 특히 출판물을 가리킴.

베이스 볼: ①야구. ②야구공.

베이컨 돼지고기를 소금에 절이어 불에 그슬리거나 말린 식품.

베일 ①면사포. ②씌워서 가리

는 것. 비장막.

베짱이[동물] 여치과의 동물. 인가 부근에 살며, 8~9월쯤 밤이 되면 아름다운 소리로 울며 긴 더듬이를 가지고 있음.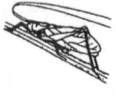
[베짱이]

베테랑 어떤 분야에 기술이나 기능에 뛰어난 사람. 노력한 사람. 예~이다.

베토벤[인명](1770~1827) 독일의 세계적인 작곡가. 만년에 귀머거리가 되었으나 불행을 이겨내고 명곡을 많이 작곡함. 교향곡 「영웅」·「운명」·「전원」등이 특히 유명함.
[베토벤]

베틀 삼베·무명·명주 같은 베를 짜는 기계.

벨[인명](1847~1922) 미국의 발명가. 영국 런던에서 태어났으나, 미국에 건너가 음성에 관한 연구를 하다가 자석식 전화기를 발명하였음.
[벨]

벼[식물] 쌀의 껍질을 벗기지 않은 것. 초가을에 꽃이 피어 열매가 익는데, 이것을 찧은 것이 쌀임. 짚도 여러 가지 용도로 쓰임. 논·밭 등에 심음.

벼논 벼를 심는 논.

벼농사 벼를 가꾸고 거두는 일.

벼랑 낭떠러지의 깎아지른 곳. 예~길. 비절벽.

벼랑길[-낄] 절벽 위의 길.

벼루 먹을 가는 데 쓰는 돌. 문방구.
[벼루]

벼룩[동물] 벼룩과의 기생 곤충. 적갈색을 띠며 뒷다리로 잘 뜀. 사람의 피를 빨아먹음.

벼슬 관청에 나가 사무를 맡아 보는 자리. 비관직. -하다.

벼 이삭 벼가 꽃대의 주위에 달린 것. 예~을 줍다.

벽【壁】 ①방을 돌려 막은 둘레. 예바람~. ②이겨낼 수 없는 장애. 예~에 부딪히다.

벽계수 푸르고 맑은 시냇물.

벽돌 진흙이나 시멘트에 모래를 섞어 틀에 박아내거나 구운 건축재료. 예시멘트 ~.

벽두【劈頭】 ①글의 첫머리. ②일이 시작된 첫부분.

벽보【壁報】 벽에 쓰거나 붙여서 여러 사람에게 알리는 글.

벽촌【僻村】 도시에서 멀리 떨어져 있는 외진 마을.

벽화 ①벽에 그린 그림. 예고분 ~. ②벽에 걸어 붙인 그림.

변:1【變】 갑자기 생기는 이상한 일이나 난리. 사고. 비변고.

변2【邊】 ①물건의 가장자리. ②다각형을 이루는 각 선분.

변경【邊境】 나라의 경계가 되는 변두리의 땅. 변방.

변기 배설물을 받아 내는 그릇.

변:덕 이랬다저랬다 잘 변하는 성질. [변덕이 죽 끓듯 하다] 몹

메모, 약도
logis@yes24.com

서울 영등포구 은
행로11 여의도동
綠탄仟층

도서출판 **지능, 신기교육**
도서총판 **보 람 도 서**
인터넷 : www.borambook.co.kr
이메일 : boram@borambook.co.kr
주 소 : 서울·금천구 남부순환로 1432
　　　(독산동 901-9번지 남부빌딩 3층 301호)
전 화 : (02)856-4983, (02)844-7130
　　　010-5250-7130
팩 스 : (02)856-4984

시 변덕을 부리다.

변:동【變動】 변하여 움직임. 예물가의 ~. -하다.

변두리 ①가운데에서 멀리 떨어진 곳. ②물건의 가장자리.

변:모 모습이 바뀜. 또는 그 모습.

변:상【辨償】 손실을 물어줌.

변:심【變心】 마음이 변함.

변:압기 교류 전압을 올리거나 내리거나 하는 장치. 코일을 감아서 만듦. [변압기]

변:장【變裝】 옷차림이나 모습을 다르게 바꿈. 예거지로 ~하다.

변:전소 발전소에서 보내 오는 높은 전압을 필요한 낮은 전압으로 낮추어 공장이나 가정에 보내는 곳. 변압소.

변:조【變造】 다른 모양이나 물건으로 바꾸어 만듦.

변:칙【變則】 ①원칙에서 벗어난 형태나 형식. ②규칙·규정에 어긋남. 예영업을 ~으로 하다.

변:화【變化】 모양이나 성질 등이 달라짐. 반불변.

별:¹ ①밤 하늘에 반짝이는 많은 천체. ②뛰어난 존재. ③매우 구하기 힘든 일에 비유. 예하늘에 ~따기.

별-²【別】 어떤 말 위에 붙어서 보통과 다른 별난 등의 뜻을 나타내는 말. 예~일.

별개【別個】 서로 다른 것. 예~의 문제이다.

별도리【別道理】 달리 처리할 방법. 별다른 도리.

별:똥 밤에 공중으로 빠르게 지나가는 작은 별. 비유성.

별명 본이름 외 장난으로 남들이 지어 부르는 이름. 반본명.

별미【別味】 특별히 좋은 맛.

별:자리 [-짜-] 별이 늘어서 있는 모양을 동물이나 물체에 비유하여 이름을 붙인 것. 큰곰자리·오리온자리 따위.

별장 살림을 하는 본집 외에 경치 좋은 곳에 따로 지은 집.

별천지【別世界】 별세계.

별칭 달리 부르는 이름.

볍쌀 멥쌀·찹쌀을 잡곡쌀에 대하여 일컫는 말.

볍씨 못자리에 치는 벼의 씨. 종도. 예~를 고르다.

볏¹ 닭이나 꿩 같은 새의 머리 위에 달린 살조각.

볏² 보습 위에 대는 쇳조각. 흙이 한쪽으로 떨어지게 함.

볏짚 벼의 이삭을 떨어낸 줄기.

병:¹【病】 건강을 해쳐 괴로움을 느끼는 증세. [병 주고 약 준다] 해를 입힌 뒤에 어루만진다.

병²【瓶】 액체나 가루 등을 담는 목이 좁은 그릇. 예유리~.

병:간호 아픈 사람을 잘 보살펴 도와 줌. -하다.

병균 병을 일으키는 균.

병기 전쟁에 사용되는 모든 무기. 비무기.

병:나다 ①병이 생기다. ②기계 따위에 고장이 나다.

병법【兵法】 군사를 쓰는 방법.

병사【兵士】 계급이 낮은 군인. 비병정. 군사. 반장교.
병:사【病死】 병으로 죽음.
병:상 병든 사람이 누워 있는 침상. 예~에 누운 지 두달째.
병아리 닭의 새끼. 어린 닭.
병어[동물] 병어과의 바닷물고기. 몸은 납작하고 둥그스름한 마름모이며, 등은 청색을 띤 은백색임. 맛이 좋음.
병역【兵役】 국토 방위를 위해 일정한 나이에 이른 남자가 군대에 입대, 군대에 복무하는 일.
병:원【病院】 병을 치료하고 진찰하는 곳. 예시립~.
병:원체【病原體】 생물체에 기생하여 병을 일으키는 생물.
병정【兵丁】 병역에 근무하는 장정. 비군인. 병사.
병정 개:미【兵丁-】 개미·흰개미 종류에서 적의 침입을 막는 특수한 일개미.
병:충해【病蟲害】 식물이 병균이나 벌레에 의해 입는 해.
병풍 방·마루 따위에 쳐서 바람을 막거나 또는 무엇을 가리기 위하여 치는 물건.

[병풍]

병합【倂合】 둘 이상의 기관을 합쳐 하나로 만듦. 합병. -하다.
보 보자기.
보:강【補強】 빈약한 것을 보태고 채워서 더 튼튼하게 함.
보:건【保健】 건강을 돌보아 지켜 나가는 일. 예~소. -하다.
보:고【報告】 ①알려 바침. 통지함. 비통고. 신고. ②주어진 일의 내용·결과를 말·글 등으로 알림. ③「보고서」의 준말.
보:고【寶庫】 ①재물을 넣어 두는 창고. ②많은 재물이 나는 곳.
보:관【保管】 보호하여 관리함.
보:교【步轎】 가마의 하나. 앞뒤에서 걸어 매고 다니는 옛날의 탈것.

[보교]

보:국【報國】 충성을 다하여 나라의 은혜를 갚음. -하다.
보금자리 ①새가 자는 곳. ②포근하고 아늑한 자리.
보:급【補給】 끊이지 않게 물품을 대어줌. 비공급.
보기 ①증명·설명하기 위해 실체로 들어보이는 사물. ②일의 처리방법을 실지로 들어보이는 일. 본본보기.
보:너스 상여금.
보:도 기관【報道機關】 신문사·방송국·통신사 등과 같이 보도를 목적으로 하는 기관.
보:도 블록 보도에 덮어 까는 시멘트 블록.
보드랍다 (~라우니, ~라워) ①닿는 맛이 거칠지 아니하고 보들보들하다. 예모래가 ~. ②가루 따위가 잘고도 곱다. ③태도나 움직임 등이 순하다.

보들보들하다 살갗에 닿는 느낌이 매우 보드랍다.

보디 사람의 몸. 신체.

보람 ①한 일에 대하여 돌아오는 좋은 결과. 또는 그 일에 대한 만족감. 비효과. ②약간 드러나 보이는 표적.

보람차다 매우 보람 있다. 예사는 것이 ~.

보:류 일이나 안건의 결정을 미루어 둠. -하다.

보름날 음력으로 그 달의 열닷새째 되는 날. 준보름.

보름달 [-딸] 음력으로 매달 15일 밤에 뜨는 매우 둥근 달. 비만월. 반초승달.

보리 [식물] 벼과에 딸린 한해살이 재배 식물. 줄기는 곧고 속은 비었으며 마디가 길다. 파종시기에 따라 가을보리와 봄보리로 나눔.

[보리]

보리수 [식물] ①불교에서 석가가 그 아래에 앉아서 도를 깨달았다는 나무. ②뽕나무 상록 활엽 교목. 인도 원산으로 무화과와 비슷한 열매가 열리며 관상용으로 온실에서 재배할 수 있음. ③슈베르트 작곡의 가곡명.

보리쌀 보리의 열매를 찧어 껍데기를 벗긴 곡식.

보:모【保姆】①유치원의 여자 선생. ②보육원 등에서 아이들을 보살피는 일에 종사하는 여자.

보:무【步武】활발하고 씩씩하게 걷는 걸음. 예~도 당당하다.

보:물【寶物】①금·은·진주·옥과 같은 보배로운 물건. ②지난 날부터 물려 내려오는 값진 문화재. 예동대문은 ~제1호이다. 비보배.

보:물섬 ①보물이 감추어져 있다는 가상의 섬. ②[책명] 영국의 작가 스티븐슨이 지은 장편 모험 소설.

보:배 귀중한 물건.

보:병【步兵】주로 소총을 가지고 도보로 전투하는 군인.

보:복 원수를 갚음. 비앙갚음.

보:석【寶石】아름다운 빛깔과 광택을 지니어 장식품이 될 만한 단단하고 값진 돌. 다이아몬드·루비·사파이어 등.

보:석²【保釋】일정한 보증금을 받고 미결 구류 중인 피고인을 석방하는 일. -하다.

보:수¹【保守】①보전하여 지키는 것. ②새로운 것을 반대하여 재래의 풍습·전통을 중히 여기어 유지하려고 함. 예~세력.

보:수²【報酬】①고맙게 해준 데 대한 갚음. ②일한 대가로 주는 돈이나 물품. 예~를 받다.

보:수³【補修】낡은 것을 보충하여 수리함. 예낡은 집을 ~하다.

보슬비 보슬보슬 오는 비. 반소나기. 큰부슬비.

보:신각 서울 종로에 있는 종각. 조선 태조4년(1395) 때

보:신탕 보신에 효과가 많다는 탕국. 흔히 「개장국」을 말함.

보:안 ①사회의 안녕과 질서를 유지함. ②안전을 유지함.

보:약 몸을 튼튼히 보호하는 약.

보:유【保有】 지니고 있음. 예정부 ~미. 반방출.

보:육【保育】 어린 아이를 잘 보호하여 기름. 예~원.

보:은【報恩】 은혜를 갚음.

보이다¹ 눈에 뜨이다.

보이다² 보게 하다. 예선을 ~.

보이 스카우트 소년 수양 단체의 하나. 소년단이라고 함. 1908년 영국의 베이든 포엘 장군이 처음 조직한 것으로, 현재 세계적으로 퍼져 있음. 예~ 대원. 반걸 스카우트.

보일러 난방 시설이나 목욕탕 따위에 더운 물을 보내기 위해 물을 끓이는 시설.

보자기 네모지게 만들어 물건을 싸게 된 헝겊.

보잘것없:다 형편없다.

보:전【保全】 보호하여 안전하게 함. 비보존. -하다.

보:조【補助】 ①모자라는 것을 보충하여 도와 줌. ②일손을 돕는 사람 또는 일.

보:증【保證】 ①책임지고 거짓이 없음을 증명함. 예신원 ~을 서다. 비담보. ②빚진 사람이 못 갚을때 대신 빚을 갚는 일.

보:청기 잘 들리지 않는 청력을 보강하기 위해 쓰는 기구.

보:초【步哨】 군대에서 경비나 감시의 임무를 맡는 병사.

보:충【補充】 모자라는 것을 보태어 채움. 예~ 수업.

보트 서양식의 작은 배.

보:편【普遍】 넓게 두루 통함. 예~주의. 비일반. 반특수.

보:필【輔弼】 임금을 보좌함.

보:행자 걸어다니는 사람.

보:험 평소에 일정한 보험료를 내고, 병·사망·화재 등의 사고가 날 때 미리 계약한 금액을 찾아 쓸 수 있는 저축 방식.

보:험 회:사 보험 사업에 관한 일을 맡아 하는 회사.

보:호【保護】 잘 지켜 줌. 비보전. 반박해. -하다.

보:호자【保護者】 미성년자를 보호할 의무가 있는 사람.

보:화 보물. 예금은 ~.

복¹【福】 매우 좋은 운수. 반액.

복²【동물】 참복과의 바닷물고기의 총칭. 고기는 맛이 좋으나, 내장에 독이 있음.

복구【復舊】 ①그 전의 상태로 회복함. 예~ 사업. ②손실을 회복함. 복고.

복도 건물 안에 마련한 긴 통로. 예~에서 놀지 마라. 비낭하.

복리【福利】 행복과 이익. 예국민의 ~를 증진시킨다.

복면 남이 알아보지 못하게 헝겊등으로 얼굴을 싸서 가림. 또는 가리는 데 쓰는 물건.

복무【服務】 임무나 직무에 복

종하여 힘쓰는 것. 예군 ~를 마치고 제대하다.
복사【複寫】 그림·사진 등을 되박음. 예~기. -하다.
복수 원수를 갚음. 예원수에게 ~를 하다. 비보복.
복숭아꽃 복숭아나무의 꽃. 늦은 봄에 흰색·연분홍색으로 잎보다 먼저 핌. 빛깔이나 피는 시기가 살구꽃과 비슷함. [복숭아꽃]

복스럽다 복이 있어 보이다.
복습【復習】 한 번 배운 것을 다시 익힘. 반예습. -하다.
복싱 권투.
복용【服用】 약을 먹음. -하다.
복운 행복과 좋은 운.
복원【復元】 원래대로 회복함.
복위【復位】 물러났던 임금이 다시 그자리에 오름.
복음【福音】 ①기쁜 소식. ②그리스도에 의한, 인간을 구원하기 위한 말씀. ③예수의 생애와 교훈을 적은 마태·마가·누가·요한의 네책. 4복음서.
복조리 많은 복을 받는다 해서 음력 정월 초하룻날 새벽에 사서 벽에 걸어두는 조리.
복종【服從】 다른 사람의 명령대로 좇음. 예절대 ~하라. 비순종. 반반항.
복지【福祉】 ①행복과 이익. 예~ 사회. ②만족할 만한 생활 환경. 예~ 국가.
복직【復職】 한때 물러났던 관직이나 자리에 다시 돌아옴.
복판 어떤 물건의 한가운데.
복학【復學】 학교를 떠나 있던 학생이 다시 학교로 돌아옴.
복합【複合】 두 가지 이상의 것을 겹치어 합함. 예~ 물질.
본【本】 ①「본보기」의 준말. ②「본전」의 준말. ③본보기가 될 만한 일이나 방법.
본거지 생활이나 활동의 중심이 되는 곳. 예~를 공격하다.
본관【本館】 별관·분관 등에 대하여 그 주장이 되는 건물.
본교【本校】 분교에 대하여 근본이 되는 학교. 예~ 운동장.
본국 나의 국적이 있는 나라. 반타국. 외국.
본능【本能】 생물이 본디부터 가지고 있는 동작이나 성능.
본당【本堂】 ①절에서 석가모니의 불상을 모셔 두는 주된 건물. ②가톨릭교에서 주임 신부가 머무르고 있는 성당.
본뜻 마음에 품은 애초의 진정한 뜻. 원래의 뜻.
본래【本來】 본디.
본론【本論】 문장이나 말에서 주장이 되는 부분.
본문【本文】 주장이 되는 글.
본바탕 본디부터 가지고 있는 바탕. 예~이 좋다.
본사 ①지사에 대해 주가 되는 회사. 본부가 있는 회사. ②자기가 속하여 일하는 회사.
본심 ①본디의 마음. 예~은 그게 아니었다. 비본맘. ②거짓이 없는 참마음. 비진심.
본안 근본이 되는 안건. 원안.

본인【本人】 ①말하는 사람이 일컫는 자기 자신. ②당사자.

본일【本日】 오늘. 이날.

본적【本籍】 ①그 사람의 호적이 있는 곳. ②「본적지」의 준말. 예~을 옮겨 오다. 비원적.

본토【本土】 ①자기가 사는 그 고장. ②섬이나 속국에 대하여 주가 되는 국토. 예~ 점령.

볼¹ 뺨의 가운데 부분. 비뺨.

볼:² ①공. ②야구에서 스트라이크가 아닌 투구.

볼록 물체가 통통하게 겉으로 쏙 내밀려 있는 모양.

볼록거울 ①돋보기의 알. ②반사면이 볼록한 둥근 모양의 거울. 자동차 백밀러 등에 쓰임. 반오목 거울.

볼록 렌즈 가운데가 볼록하게 도드라진 렌즈. 빛을 두꺼운 쪽으로 꺾어 한 점에 모이게 하는 성질이 있음. 망원경. 현미경 등을 만드는 데 쓰임.

볼:링 실내 경기의 한 가지. 지름 약 22cm 공을 한 손으로 굴려 길이 약 20m 가량 앞에 세워둔 10개의 핀을 쓰러뜨려서 그 수효로 점수를 계산함.

볼모 ①약속을 지키기 위하여 담보로 물건을 저당 잡혀 두는 일. ②나라 사이에 침략을 하지 말자는 약속으로 사람을 상대국에 맡겨 두는 일. 인질.

볼:펜 필기구의 하나로 펜 끝에 작은 강철알이 종이 따위와 닿는 데로 돌면서 잉크를 내어 쓰도록 된 펜.

봄볕 봄날의 따뜻한 햇볕.

봇물 보에 괸 물. 또는 보에서 흘러내리는 물.

봇짐 물건을 보자기에 싸서 꾸린 짐.

봉건적【封建的】 신분이나 지위 등 상하 관계의 질서만을 중히 여기어 개인의 권리나 자유를 존중하지 않는 모양. 예~ 사고 방식.

봉:급【俸給】 공무원이나 회사원들이 일한 대가로 받는 보수.

봉기【蜂起】 많은 사람들이 떼지어 세차게 일어남. -하다.

봉:사【奉仕】 ①남을 위하여 노력함. ②남을 받들어 섬김.

봉:사단 남을 위해 자기를 돌보지 않고 노력하기 위해 모인 단체나 모임.

봉:사자 봉사하는 사람.

봉:산 탈:춤 황해도 봉산 지방에서 전하여 내려오는 가면 무용극. 양반에 대한 모욕, 파계승에 대한 풍자와 증오 등의 내용으로 되어 있음.

봉선화[식물] 여름에 붉은색 또는 흰색 꽃이 피며, 줄기는 높이 60cm 가량, 꽃잎에 백반·소금등을 섞어 손톱에 물을 들임. [봉선화]

봉쇄 굳게 잠가서 드나들지 못하게 막음. 예출입을 ~하다.

봉:양 어버이를 받들어 모심.

봉오리 「꽃봉오리」의 준말. 아직 피지 아니한 꽃.

봉우리 「산봉우리」의 준말. 산꼭대기의 뾰족한 부분. 예 산~. 비 꼭대기. 반 기슭. 골짜기.

봉지【封紙】 종이로 큰 봉투 비슷하게 만든 주머니.

봉착 어떤 처지나 상태에 부닥침.

봉투【封套】 편지나 서류 같은 것을 넣는, 종이로 만든 주머니.

봉하다 ①문·봉투·그릇 등을 열지 못하도록 붙이다. ②입을 다물다. ③무덤 위에 흙을 쌓다.

봉합【封合】 봉하여 붙임.

봉화【烽火】 난리를 알리는 신호불. 신라때부터 있었음. 낮에는 연기, 밤에는 불을 올려 변이 있음을 알림. 비 봉수.

뵈:다¹ 어른을 만나 보다.

뵈:다² ①눈에 뜨이다. ②보게 하다. 본 보이다.

부¹【父】 아버지.

부:²【否】 아니라는 뜻을 나타내는 말. 예 ~거하다. 반 가.

부³【部】 신문·책을 세는 단위.

부⁴ ①사물을 여러 가지로 나누었을 때의 하나. ②업무를 구분하는 말 다음에 붙어 부서를 뜻함. 예 경리~. ③우리 나라의 중앙 행정 관청을 뜻하는 말. 예 국방~.

부:⁵【富】 재산이나 재물이 많음.

부:가 이미 있는 것에 덧붙임. 비 첨가.

부끄럽다 ①남을 대할 낯이 없다. ②수줍다. 예 칭찬을 들으니 ~. 비 창피하다. 반 떳떳하다.

부녀 아버지와 딸. 반 모자.

부닥치다 부딪칠 정도로 닥치다.

부:담【負擔】 ①일을 맡음. 예 ~이 많다. ②책임을 짐.

부대¹【部隊】 ①군대의 조직 단위의 하나. ②공통 목적을 가지고 집단적 행동을 취하는 무리.

부:대²【負袋】 종이·가죽 등으로 만든 큰자루. 예 시멘트 ~.

부도덕 도덕에 어긋나는 일.

부동【不動】 ①움직이지 아니함. ②정신이 흔들리지 아니함.

부동산【不動産】 집처럼 움직일 수 없는 재산. 반 동산.

부두【埠頭】 배를 대기 위하여 뭍에서 바다로 돌을 쌓아 방죽 같이 해 놓은 곳. 비 선창.

부드럽다 (부드러우니, 부드러워) ①뻣뻣하거나 거칠지 아니하고 연하다. ②성질이나 태도 등이 곱고 순하다.

부득이 마지못하여. 어쩔 수 없이. 예 ~ 결석하였다.

부:디 「기어이·꼭·아무쪼록」의 뜻으로 남에게 부탁할 때에 쓰는 말. 예 ~ 행복하기 바란다.

부딪다 물건과 물건이 서로 힘있게 마주 닿다.

부뚜막 아궁이 위의 솥이 걸리는 언저리.

부락【部落】 도시 이외의 지역에서 여러 집이 모여 이룬 마을. 촌락. 동네. 예산간~.

부러 일부러. 실없는 거짓으로.

부러뜨리다 꺾어서 부러지게 하다. 예나무를 ~.

부러워하다 부럽게 생각하다.

부럽다 (부러우니, 부러워서) 남의 좋은 것을 보고 부러워하다.

부레 물고기의 뱃속에 있어 물고기를 뜨고 잠기게 하는 공기 주머니. 어표.

부:록【附錄】 ①본문에 덧붙인 기록. ②서적·잡지 따위에 덧붙이어 발행하는 것.

부르짖다 ①소리를 높여서 자기의 사정을 말하다. ②무엇을 호소하기 위하여 크게 떠들다. 비외치다. 반속삭이다.

부름 어떤 일을 이루기 위하여 불러들임. 예~을 받다.

부릅뜨다 매섭게 눈을 크게 뜨다. 예화가 난 그가 눈을 ~.

부리 ①새나 짐승 등의 주둥이. ②뾰족한 부분. [부리]

부리나케 아주 급히. 빠르게. 예~ 쫓아간다.

부리다 ①남에게 일을 시키다. ②재주나 꾀를 피우다. 예심술을 ~. ③짐을 내려 놓다. 예나뭇짐을 ~.

부모【父母】 아버지와 어머니. 어버이. 예~님을 모신다. 비양친.

부부【夫婦】 남편과 아내. 예~유별. 비내외. 부처.

부분【部分】 전체를 몇 개로 나눈 것의 하나. 반전체.

부분 월식 달의 일부분만 가리워지는 월식. 반개기 월식.

부산【釜山】[지명] 우리 나라 광역시이며, 한반도의 동남쪽에 있는 제1의 항구 도시. 해운대·송도 등의 해수욕장이 유명하다.

부:산물 ①주산물을 만드는데 그 과정에서 생기는 상품에 가치가 있는 물건. ②어떠한 일이나 사물을 대할 때 부수적으로 일어나는 일이나 현상.

부:상¹【負傷】 몸에 상처가 남.

부:상²【負商】 등짐 장수.

부상【浮上】 표면에 떠오름. 예잠수함이 ~하다.

부서【部署】 일정 기관의 조직에서, 여러 갈래로 나누어진 사무의 부분. 예~를 옮기다.

부서지다 잘게 깨어져 여러 조각이 나다. 「부스러지다」의 준말.

부:설¹【附設】 일이나 물건을 어느 것에 딸려서 설치함.

부설²【敷設】 철도·교량·지뢰 등을 깔아서 설치함.

부스러기 잘게 부스러진 찌꺼기.

부스럭 나뭇잎 또는 마른 검불 따위를 밟거나 뒤적일 때 나는 소리. 예~ 소리에 놀라다.

부스럼 몸에 생기는 종기. 예~이 생기다. 비헌데.

부스스 ①느리게 슬그머니 움직이는 모양. ②머리털 같은 것이 어지럽게 흩어지거나 일어선 모양. 예~한 머리.

부슬부슬 ①눈이나 비가 가늘고 성기게 내리는 모양. 예~ 내리는 봄비. ②물기가 적어서 잘 엉기지 못하는 모양. 예밥이 ~하다. 작보슬보슬.

부시다¹ 광선이나 색채가 마주 쏘아 눈이 어리어리하다.

부시다² 그릇 따위를 깨끗이 씻다. 예냄비를 깨끗이 ~.

부시시 천천히 느리게 움직이는 모양. 예잠에서 ~ 일어나다.

부:식¹【腐蝕】 썩어서 형체를 알아볼 수 없게 문드러짐.

부:식²【副食】 주로 먹는 음식에 곁들어 먹는 반찬 따위. 반주식.

부:심【副審】 운동 경기에서 주심을 도와주는 심판.

부아(가)나다 분한 마음이 일어나다.

부:업【副業】 본업 외에 하는 벌이. 예~으로 하는 일. 반본업.

부엉이 [동물] 올빼미과의 새. 날개의 길이는 30cm이고, 회색 바탕에 갈색·담황색의 가로무늬가 있음. 성질이 사나워 가축을 해침. 「부엉부엉」옮. [부엉이]

부엌 밥을 짓고 음식을 만드는 곳. 비취사장.

부:원수【副元帥】 옛 군대를 통솔하는 원수 다음 가는 자리.

부:유 ①재물을 많이 가짐. ②살림이 넉넉함. 예~한 집에서 태어나다. ~층 자녀. 비풍족. 반가난. 빈곤.

부:응【副應】 무엇을 좇아서 응함. 예성원에 ~하다.

부:익부【富益富】 부자일수록 더 부자가 됨. 반빈익빈.

부:인¹ 인정하지 아니함. 예자기 잘못을 ~하다. 비부정. 반시인. -하다.

부인²【夫人】 남의 아내를 높여 이르는 말. 예~께서 안녕하십니까?

부인³【婦人】 결혼한 여자. 예친구의 ~. 비부녀. 부녀자.

부:임 임명을 받아 임지로 감.

부자¹【父子】 아버지와 아들. 예~간이 친구 같다. 반모녀.

부:자² 돈이 많고 살림이 풍족한 사람. 반빈자.

부자연【不自然】 어울리지 않음. 자연스럽지 못함. 비어색. 반자연. -하다. -스럽다.

부:작용【副作用】 ①약이 지닌 본래의 약효 이외에 생기는 작용. 예~을 일으키다. ②부차적으로 미치는 나쁜 작용. 예계획과는 달리 ~이 생겼다.

부장¹【部長】 한 부의 우두머리.

부:장²【副長】 ①장을 돕는 지위. 또는 그 사람. ②군함에서 함장의 다음 가는 지위.

부전승【不戰勝】 추첨이나 상대

의 기권 등으로 경기를 치르지 아니하고 이김. -하다.

부전자전【父傳子傳】 아버지가 아들에게 대대로 전함.

부정¹【不正】 ①바르지 않음. ②옳지 못함. -하다.

부:정²【否定】 그렇다고 인정하지 않음. 凷부인. 랩긍정.

부정 선:거 부정한 수단과 방법에 의한 선거. 랩공명 선거.

부조리 이치에 맞지 않는 일.

부:조정실【副調整室】 방송실에서 나오는 방송을 1차로 받아서 고르게 조정하는 방.

부족¹【不足】 어떤 표준이나 한도에 미치지 못함. 랩만족.

부족²【部族】 일정한 지역에 사는 조상이 같다는 생각으로 뭉치고, 공통된 언어·종교 등을 가진 지역적 생활 공동체.

부지런하다 놀지 않고 일을 꾸준히 하다. 랩게으르다.

부처¹ 불교를 처음으로 세운 사람인 석가모니.

부처² 남편과 아내. ⑩대통령 ~. 凷부부.

부처님 「부처¹」의 높임말.

부:추[식물] 달래과의 여러해살이풀. 봄에 작은 비늘줄기에서 가늘고 긴 잎이 모여 나며, 잎은 먹고, 씨는「구자」라 하여 약재로 씀.

부치다¹ ①편지나 물건을 보내다. ⑩소포를 ~. ②부채 따위를 흔들어 바람을 일으키다.

부치다² 힘이 모자라다.

부치다³ 기름을 두른 프라이팬에 빈대떡·전병·누름적 등을 익혀 만들다.

부친【父親】 아버지. 랩모친.

부:탁 무슨 일을 해 달라고 청함. 凷당부. 청탁. -하다.

부탄 가스 천연 가스 등에 들어 있는 무색의 기체. 연료나 화학공업의 원료가 됨. 부탄.

부피 물건이 차지하고 있는 공간부분의 크기.

부하【部下】 남의 밑에서 그의 명령에 따라 움직이는 사람. 凷수하. 랩상관.

부호【符號】 ①어떤 뜻을 나타내는 기호. 글자 외에 일정한 뜻을 나타내기 위하여 정한 표. ②양수나 음수를 나타내는 기호.「+·-」凷기호.

부:호²【富豪】 재산이 넉넉하고 권세가 있는 사람. 凷부자.

부화 동물의 알이 깨거나 알을 까는 것. 알까기. ⑩인공 ~.

부:활【復活】 ①죽었다가 다시 되살아 남. ⑩예수의 ~. 凷소생. ②쇠하였다가 다시 일어남. ⑩소선거구제 ~. 凷부흥.

부:활절[-쩔] 그리스도의 부활을 기념하는 축일.

북¹ 타악기의 하나. 둥근 나무나 쇠붙이 통의 양쪽에 가죽을 팽팽하게 씌워 두드리면 소리가 남.

북² 베틀에 딸린 부속품의 하나. 씨실의 꾸리를 넣는 나무통.

[북²]

북³【北】 북쪽. 랩남.

북¹ 책.
북극 ①지구의 가장 북쪽에 위치한 아주 추운 곳. ②지남철이 가리키는 북쪽의 끝. 반남극.
북녘 북쪽 방면. 비북방. 반남녘.
북단【北端】 북쪽의 끝. 반남단.
북대서양【北大西洋】 대서양의 중부 이북의 수역. 북쪽은 아이슬란드와 그린란드를 거쳐 북미와 북유럽을 연결함.
북돋우다 ①식물의 뿌리를 흙으로 덮어 주다. ②용기를 일으켜 주다. 준북돋다.
북동 북쪽과 동쪽의 중간 방위. 예~풍.
북두 칠성 북쪽 하늘에 국자 모양으로 늘어선 7개의 별. 둘레의 여러 별들과 함께 큰곰자리를 이룸. 준북두. 북두[북두칠성]성.
북받치다 ①밑에서 솟아오르다. ②어떤 생각이나 느낌이 치밀어 오르다. 예화가 ~.
북방 ①북쪽. ②북쪽에 위치한 나라. 예전엔 공산주의·사회주의를 가리켰음. 반남방.
북벌【北伐】 북쪽에 있는 나라를 토벌하는 일. 예~ 정책.
북상 북쪽을 향하여 올라감.
북새통 여러 사람이 부산하게 떠들어 댐. 예~에 일을 못 한다.
북서풍【北西風】 북서쪽에서 불어오는 바람. 예~이 세다.
북송【北送】 북쪽으로 보냄.
북악산【北岳山】[지명] 서울의 북쪽에 있는 산. 인왕산. 북한산. 낙산. 남산 등과 함께 자연 방벽으로 옛 서울 북방의 성벽은 이 산을 중심으로 축조되었음. 높이 348m. 백악산.
북어【副作用】 말린 명태. 반동태.
북위【北緯】 적도에서 북쪽으로 잰 위도. 반남위.
북풍 북쪽에서 불어오는 바람. 비삭풍. 뒤바람. 반남풍.
북한【北韓】 휴전선 이북의 한국. 예~동포. 반남한.
북한강[지명] [부칸-] 강원도 회양군 사동면에서 발원하여 강원도·경기도를 거쳐 한강으로 들어가는 강. 길이 371km.
북한산[지명] 서울 북쪽 고양시에 있는 산. 백운봉·인수봉·만경봉의 세 봉우리가 있어 「삼각산」이라고도 함. 제일 높은 봉우리는 백운대임. 높이 836m.
북한산성【北漢山城】 북한산에 쌓아 만든 산성. 조선 시대 숙종 40년(1714) 유사시에 대비하여 만듦. 주위 8km.
북한산 신라 진흥왕 순수비 신라 진흥왕이 북한산을 순행한 것을 기념하기 위하여 비봉에 세운 비. 국보 3호.
분¹ ①사람을 가리킬 때 높이는 뜻으로 쓰는 말. ②사람의 수를 셀 때에 쓰는 말. 예한 ~.

분²【粉】 ①자루. ⑩~유. ②화장할 때 얼굴에 바르는 백분.

분:³【忿】 억울한 일을 당했을 때 마음 속에 치미는 노여움.

-분⁴【分】 ①전체를 몇으로 나눈 부분. ⑩2~의 1. ②몫이 되는 분량. ⑩3인~의 식사.

분⁵【分】 ①시간의 단위. 곧, 1시간의 60분의 1. ②남도·씨도의 단위. 곧, 1도의 60분의 1.

분가【分家】 큰 집에서 나와 딴 살림을 차림. 凹본가. -하다.

분간【分揀】 사물의 옳고 그름, 좋고 나쁨, 크고 작음 따위를 알아서 가림. 비별.

분골 쇄:신【粉骨碎身】 목숨을 아끼지 않고 있는 힘을 다함.

분규【紛糾】 말썽이 많고 시끄러움. ⑩노사 ~.

분기¹【分期】 한 해를 3개월씩 넷으로 구분한 기간. ⑩삼사 ~.

분:기²【憤氣】 원통하여 일어나는 분한 기운. ⑩~를 가라앉히다.

분기점 몇 갈래로 갈라지기 시작한 곳. ⑩고속도로의 ~.

분꽃[식물] 분꽃과의 여러해살이풀. 여름에서 가을에 걸쳐 깔때기 모양의 꽃이 핌.

[분꽃]

분납 여러 차례 나누어서 냄.

분:노【忿怒】 분하여 성을 냄.

분단【分斷】 몇 개로 나누어 끊음. ⑩국토 ~의 아픔.

분도기 ①각도를 재는 기구. ②「각도기」의 옛 이름. 비각도기.

분:량 부피·수효·무게 따위가 많고 적은 정도. 준양.

분류【分類】[불-] 종류에 따라 가름. ⑩책을 ~하다.

분리【分離】[불-] 나누어 따로 떼어냄. ⑩장난감을 ~하다.

분만 해산. 아이를 낳음.

분말【粉末】 가루.

분망【奔忙】 매우 바쁨.

분명【分明】 ①흐리지 않고 똑똑함. ⑩모든 일을 ~히 해야한다. 비확실. ②앞 일이 환함. ③그렇게 될 것이 뻔함.

분모【分母】 1/2·1/3 등과 같은 분수에서 3·2와 같이 가로선분의 아래쪽에 있는 수. 凹분자.

분:발 마음을 단단히 먹고 기운을 내어 일을 다시 시작함.

분방【奔放】 규율이나 어떤 틀에서 벗어나 제멋대로 나아감. ⑩자유~하다.

분배 각자의 몫을 똑같이 나눔.

분별 깔대기 실험 기구의 하나. 물과 기름처럼 서로 섞이지 않는 두 액체의 혼합물을 분리하는 데 쓰임.

[분별깔대기]

분별력 분별할 수 있는 힘.

분부【吩咐】 아랫사람에게 내린 명령. 또는 명령을 내림.

분:사【噴射】 세차게 내뿜음.

분산 갈라져 이리저리 흩어짐.

분석【分析】 어떤 일이나 현상

분속 1분간을 단위로 하여 잰 다.

분:수¹【分數】 ①자기 처지에 알맞은 한계. 예~에 맞는 생활을 하다. 비분. ②사물을 분별할 만한 슬기가 있는 사람.

분:수²【噴水】 물을 뿜어내는 설비. 또는 그 물.

분수³【分數】[-쑤] 정수를 0이 아닌 정수로 등분하여 나타낸 수. 1/2·1/3 따위. 반정수.

분실【紛失】 모르는 사이에 잃어버림. 예가방을 ~하다.

분야【分野】 어떤 부분의 범위 나 또는 한 부분. 예예술 ~.

분위기 ①어떤 자리를 둘러싸고 있는 느낌. 예집안 ~. ②지구를 싸고 있는 기체. 대기.

분유【粉乳】 우유에서 습기를 증발시키고 가루 모양으로 만든 것. 가루 우유.

분자【分子】 1/2·2/3·3/4 등에서 1·2·3과 같은 가로선분의 위쪽에 있는 수. 반분모.

분장【扮裝】 몸을 치장하여 꾸밈. 예귀신으로 ~하다.

분쟁【紛爭】 말썽을 일으키어 시끄럽게 다툼. 예~을 일으키다.

분:전【奮戰】 있는 힘을 다하여 싸움. 비분투. -하다.

분점【分店】 본점이나 지점에서 따로 갈라 벌인 점포.

분주【奔走】 아주 바쁨. 예~한 하루였다. 비분망. 반한가.

분침【分針】 시계의 분을 가리키는 긴 바늘. 예~이 15분을 가리키고 있다.

분:통【憤痛】 몹시 분하여 마음이 쓰리고 아픔. 예~이 치밀다.

분:투【奮鬪】 힘을 다하여 맹렬히 싸움. 예고군 ~하다.

분포【分布】 ①여러 곳으로 퍼져 있음. ②널리 퍼뜨림.

분:하다 ①억울한 일을 당하여 원통하다. ②될 듯한 일이 되지 아니하여 섭섭하고 아깝다.

분할【分割】 나누어서 쪼갬.

분해【分解】 ①한 덩어리를 이루고 있는 것을 그 구성 요소로 나눔. ②한 화합물을 두 가지 이상의 물질로 나눔. 반합성.

분향【焚香】 부처 또는 죽은 이를 위하여 향을 피우는 것.

분:홍 엷게 붉은 고운 빛깔.

분:화 ①불을 내뿜음. ②화산이 터져서 불 기운을 내뿜는 현상.

분:황사 석탑 신라 선덕 여왕때 경주시 분황사에 세운 탑으로, 우리 나라에서 가장 오래된 탑이며, 현재는 일부만 남아 있음.

불 ①물질이 높은 온도로 빛과 열을 내면서 타는 현상. ②화재를 이르는 말. ③등·초·전기따위를 이용하여 어둠을 밝히는 물체. 예전깃~.

불가¹【不可】 ①옳지 않은 것. ②할 수 없음. 예흡연 ~.

불가²【佛家】 불교를 믿는 사람.

불가능 ①할 수 없음. ②힘이 못 미침. 비 불능. 반 가능.
불가사의【不可思議】 사람의 생각으로는 미루어 헤아릴 수 없이 이상하고 야릇함. -하다.
불가피【不可避】 피할 수 없음.
불가항력【不可抗力】 사람의 힘으로는 어찌할 수 없는 일.
불경¹【佛經】 부처님의 가르침을 적어 놓은 책. 불교의 경전.
불경²【不敬】 경의를 나타냄이 없이 무례한 것. 예 ~한 행동.
불곰【동물】 곰과의 동물. 몸길이 2m 정도로 곰 중에서 가장 크며, 몸 빛깔은 갈색이나 주둥이와 머리는 암갈색임.
불공 부처님 앞에 공양하는 일. 비 불향. -하다.
불공평 똑같이 대해 주지 않음.
불과 그 수량에 지나지 못함.
불교【佛敎】 기원전 5세기 초에 인도에서 석가모니가 세운 종교. 문화 발달에 많은 영향을 끼침. 세계 3대 종교의 하나.
불구【不具】 몸 어느 부분이 제 기능을 못 하거나 결함이 있음.
불국사【佛國寺】 경주시의 남쪽 토함산 기슭에 자리 잡고 있는 절. 신라 법흥왕 때(540) 처음 지었고, 경덕왕 때(751) 김대성이 다시 지었다고 함.
불굴【不屈】 뻗대고 굽히지 아니함. 예 ~의 정신.
불균형 균형이 잡히지 않음. 반 균형. -하다.

불길¹[-낄] ①활활 타오르는 불꽃. 예 ~을 잡다. ②「세차게 타오르는 감정이나 정열」을 비유하는 말.
불길²【不吉】 재수 따위가 좋지 아니함. 예 ~한 징조.
불꽃놀이 공중에 화포를 쏘아 올려 여러 가지 아름다운 무늬의 불꽃을 일어나게 하여 구경하면서 노는 놀이.
불끈 ①갑자기 솟아오르는 모양. ②주먹을 꽉 쥐는 모양. ③성을 왈칵 내는 모양.
불도[-또] ①불교의 가르침. ②수행을 쌓아서 부처가 되는 길.
불:도저 땅을 깎고 평평하게 고르기 위해 커다란 쇳날과 무한궤도를 장치한 특수 자동차. [불도저]
불독【동물】 개의 한 품종. 영국 원산으로 머리가 크고 넓적하며 양쪽 볼이 처져서 사나워 보이나 성질은 온순함. [불독]
불량【不良】 ①행실이 나쁨. 예 ~ 청소년. 반 선량. ②품질이나 성적이 나쁨. 예 ~ 식품.
불로【不老】 늙지 아니함.
불로 소:득 노동의 대가로 얻은 소득이 아닌 소득.
불로초【不老草】 먹으면 늙지 않는다는 상상의 풀.
불리다 ①배를 부르게 하다. ②

쇠를 불속에 넣어 단련하다.
불만 마음에 차지 않거나 만족하지 않음. 圓불평. 囹만족.
불멸【不滅】사라지지 않음.
불명【不明】①분명하지 않은 것. 예~방 ~. ②어리석은 것. 사리에 어두운 것.
불모지【不毛地】나무나 풀이 나지 않는 거친 땅. 예~ 땅.
불문【不問】①물어 밝히지 아니하는 것. 예잘못은 ~에 부치겠다. ②가리지 않는 것.
불발【不發】총알·폭탄 따위가 발사되지 않거나 터지지 않는 것.
불법 법에 어그러짐. 예~ 영업. 圓위법. 囹합법.
불변 변하지 아니함. 囹가변.
불볕 뜨겁게 내려쬐는 볕.
불복 항복하거나 복종하지 않음.
불복종 복종하지 아니함. 불복.
불사르다(불사르니, 불살라) 불에 태워 없애다. 예문서를 ~.
불사신[-싸-] 어떤 곤란을 당하여도 견디어 내는 사람.
불사조【不死鳥】[-싸-] 이집트 신화에 나오는 새. 500년마다 스스로 향나무를 쌓아 불을 지펴 타 죽고는 그 잿속에서 다시 태어난다는 새. 「피닉스」를 이르는 말. 예~ 같이 되다.
불상【佛像】[-쌍] 부처의 모습을 새긴 형상. 圓부처.
불시착 비행기가 기관 고장이나 기상 관계·연료 부족 등으로 목적지에 이르기 전에 예정되지 아니한 지점에 착륙하는 일.
불신【不信】신용하지 아니함.
불신감 믿지 못하는 마음.
불쌍하다 가엾고 애처롭다.
불쏘시개 장작이나 숯불을 피울 때 불을 옮겨 붙이기 위하여 먼저 쓰는 잎나무나 관솔 따위.
불쑥 ①갑자기 쑥 내밀거나 나타내는 모양. ②생각 없이 말을 함부로 하는 모양. 圓불쏙.
불안【不安】마음이 편안하지 못함. 예~에 싸이다. 囹안심.
불안정 안정되지 못함. 예~한 생활을 하다. 囹안정. -하다.
불야성【不夜城】등불이 많이 켜 있어 밤에도 대낮처럼 밝은 곳. 예~을 이룬 도시의 밤거리.
불온【不穩】사상·태도 등이 통치 권력이나 체제에 맞서거나 어긋나는 성질이 있는 것.
불완전【不完全】완전하지 못함.
불우【不遇】①불쌍하고 딱함. ②운이 나빠서 재능을 갖고도 세상에 쓰여지지 않음.
불운【不運】운수가 나쁨.
불원간 오래지 않아. 머지않아. 예~ 한번 찾아 뵙겠습니다.
불원 천리【不遠千里】천리를 멀다고 여기지 아니함.
불입「납입」의 구용어. 예~금.
불조심 화재가 일어나지 않도록 조심하는 것. 예자나깨나 ~.
불찰【不察】똑똑히 살피지 않아서 생긴 잘못. 예내 ~이다.

불참【不參】 참가하지 않거나 참석하지 않는 것. 불참석.

불철 주야 밤낮을 가리지 않고 힘씀. 예~ 공부만 한다.

불치【不治】 병이 낫지 아니함.

불친절 친절하지 아니함. 예~한 태도. 밴친절. -하다.

불침번 밤에 자지 않고 번을 서는 일. 또 그 사람.

불쾌 기분이 유쾌하지 않음. 밴상쾌. 유쾌. -하다.

불투명 ①맑지 못하고 흐릿한 것. ②빛을 통과시키지 못하는 것.

불패【不敗】 지지 아니함.

불편【不便】 ①편하지 못하고 거북스러움. 밴편리. ②병으로 몸이 자유롭지 못함. -하다.

불평【不平】 마음에 들지 않아서 언짢게 생각함. 비불만.

불합격【不合格】 ①어떤 조건이나 격식에 맞지 않는 것. 예~품. ② 시험에 떨어지는 것.

불행【不幸】 행복하지 못함. 비불운. 밴행복. -하다.

불허【不許】 허락하지 아니함. 예예측을 ~한다.

불현듯이 갑자기 치밀어서 걷잡을 수 없게. 예~ 생각났다.

불효 부모를 잘 섬기지 아니함.

불효 막심 불효가 매우 심함.

불효자【不孝子】 ①불효를 하는 자식. ②부모에게 편지할 때에 자기를 낮추어 쓰는 말.

불후【不朽】 ①썩지 않는 것. ②훌륭하여 그 가치가 변하거나 없어지지 않는 것. 예~의 명작을 남기다.

붐: 대단한 인기를 끌고 갑자기 번성하는 일.

붐비다 ①많은 사람들이 들끓어 복잡하다. ②사물이 한데 엉클어져 복잡하다.

붓 가는 대 끝에 털을 꽂아서 글씨를 쓰거나 그림을 그리는 데 쓰는 물건.

[붓]

붕괴【崩壞】 ①구조물이 허물어져 무너지는 것. ②사회 체제나 질서등이 깨어져 유지되지 못하는 것. 예봉건 제도의 ~.

붕대 몸이 다쳤을 때 약을 바르고 아픈 곳을 묶는 헝겊이나 가제 따위. 예압박 ~.

붕어[1] [동물] 잉어과의 민물고기. 몸길이 20~40cm. 폭이 넓고 머리는 뾰족하며, 주둥이는 둥글고 수염이 없음. 개울이나 못에 삶.

붕어[2]【崩御】 임금이 세상을 떠나는 것. 비승하. -하다.

붕:장어[동물] 먹붕장어과의 바닷물고기. 뱀장어와 비슷하나 입이 크고 이가 날카로움. 몸길이 90cm 가량.

붙다[붇따] ①둘이 닿아서 떨어지지 않다. 예자석에 못이 ~. ②물체와 물체가 맞닿아 있다. ③시험 따위에 뽑히다. ④불이 옮아서 당기다.

붙들다(붇드니, 붙드오) ①꽉 쥐고 놓지 않다. ②달아나지 못하게 붙잡다. 예도둑을 ~. ③

붙이다 가지 못하게 만류하다.

붙이다 [부치-] ①서로 맞닿아서 떨어지지 아니하게 하다. ②닿게 하다. ③소개하다. 예 흥정을 ~. ④마음에 당기게 하다. 예 재미를 ~.

뷔페 여러 가지 음식을 차려 놓고 손님이 스스로 선택하여 먹도록 한 식탁. 예 ~식당.

브라운관 브라운이 연구한 전자관의 하나. 전류의 강약의 변화를 빛의 강약으로 바꾸는 작용을 하며, 텔레비전·레이다 등에 이용됨.

브람:스 [인명] (1833~1897) 독일의 신고전파 음악가. 작품으로는 「헝가리 춤곡」·「자장가」·「진혼곡」 등이 있음.  [브람스]

브레이크 ①자동차·자전거 따위의 바퀴의 회전을 멈추게 하는 장치. ②어떤 일을 멈추게 하거나 못 하게 하는 일.

블랙박스 항공기 사고의 사고원인을 가려내는 중요한 정보가 담긴 상자. 조정실 음성 기록계와 비행자료 기록계의 두 가지로 구성된다.

비¹ ①하늘에서 땅 위로 떨어지는 물방울. 예 ~가 내린다. ②먼지나 쓰레기를 쓸어내는 기구. 예 ~로 방을 쓸다.

비:² 【比】 두 개의 수 또는 양을 서로 비교하여 몇 배인가를 보이는 관계. 예 ~를 견주어 보다.

비³ 【碑】 쇠붙이나 돌에 글을 새겨 세운 물건. 예 ~를 세우다.

비감 【悲感】 슬픈 느낌.

비:겁 인격이 낮고 겁이 많아 더럽게 취하는 태도. 예 ~하게 도망가다. 비 비열. 반 용감.

비:결 숨겨 두고 남에게 알리지 아니하는 좋은 방법. 비 비법.

비:경 ①신비스러운 경지. ②남이 모르는 장소.

비:고 【備考】 ①참고하기 위하여 갖추어 놓음. ②본문의 부족함을 덧붙여서 보충함, 또는 그 기사. 예 ~를 참고하다.

비:교 【比較】 둘을 서로 대어서 견주어 봄. -하다.

비:구니 【比丘尼】 여승.

비:굴 【卑屈】 사람이 용기가 없고 마음이 고상하지 아니함.

비극 【悲劇】 ①세상의 슬픈 일을 나타낸 연극. 반 희극. ②비참한 사건. 예 맞아 죽다니 ~이다.

비금속 【非金屬】 금속의 성질을 갖지 않는 물질.

비기다 ①견주어서 지고 이김을 가려 내지 못하다. 예 3:3으로 ~. ②서로 견주어 보다.

비기어 견주어.

비길 데 ①견줄 데. ②비교할 곳. 예 ~없이 훌륭하다.

비꼬다 ①남의 비위를 상할 만큼 빈정거리다. ②노끈 등을 비틀어서 단단히 꼬다.

비난 【非難】 남의 잘못이나 결점을 나무람. 비 비방.

비:너스 ①로마 신화에서 아름

다음과 사랑의 여신. 그리스 신화의 아프로디테에 해당됨. ②금성을 달리 이르는 말.

비녀 여자의 쪽 진 머리가 풀어지지 않도록 꽂는 물건. 예옥~.
[비녀]

비누 때를 씻어 내는 데 쓰는 세척제. 예~질.

비늘 물고기 따위의 몸 표면을 덮고 있는 단단하고 작은 조각.

비능률적 능률적이 아닌 모양. 예~인 생산 방법. 반능률적.

비닐 석탄산을 원료로 하여 만든 화합물. 유리·천 등의 대용품으로 쓴다. 예~ 우산.

비닐 하우스 작물의 추위를 막기 위해 비닐로 온실처럼 꾸민 집.

비:다 ①속에 아무것도 든 것이 없다. ②그 자리를 차지하고 있는 것이 없다. ③아는 것이 없다. 반차다.

비단¹ 그 뿐 아니라. 「다만」.

비:단【緋緞】 명주실로 짠 보드랍고 고운 옷감.

비동맹국 동서로 양극화된 국제 정치 질서에서 어느 한 진영에도 종속됨을 거부하고 자주 독립의 중립 노선을 표방한 나라.

비둘기[동물] 성질이 순하여 집에서도 많이 기르며, 평화를 상징하는 새. 되돌아오는 성질을 이용하여 통신용으로도 쓰임.

비듬 머리에 생기는 살가죽의 부스러기. 예~이 많다.

비:등【比等】 서로 비슷함.

비디오 ①텔레비전에서, 음성에 대하여 「화면이 나오는 부분」을 말함. 반오디오. ②「비디오 테이프 리코더」의 준말.

비뚤어지다 ①한쪽으로 기울어지거나 쏠리다. ②마음·성격 등이 바르지 않고 비꼬이다.

비렁뱅이 「거지」의 낮춤말.

비:례【比例】 ①예를 들어 견주어 보는 것. ②두 양 또는 두 수에 있어서 한쪽이 2배, 3배, …로 되면 다른 한쪽도 2배, 3배, …로 되는 일.

비로봉 금강산에서 가장 높은 봉우리. 내금강에 속하며 높이는 1,638m.

비로소 처음으로. 반이미.

비록 「가령」「아무리」「암만」의 뜻. 예힘은 ~ 약하나 마음만은 굳세다. 비다만.

비:료【肥料】 식물의 성장에 부족되기 쉬운 성분을 공급해 주는 물질. 비거름.

비리【非理】 도리에 어긋나는 일. 예~를 저지르다.

비리다 ①날콩을 씹을 때와 같은 맛이나 물고기·피 등에서 나는 냄새와 같다. ②너무 적어서 마음에 차지 않다. ③하는 짓이 더럽고 아니꼽다.

비:만【肥滿】 살쪄서 뚱뚱함.

비:망록【備忘錄】 잊어 버리지 아니하려고 적어 두는 책자.

비매품【非賣品】 팔지 아니하는 물품. 돈으로 거래되지 않는

비명【悲鳴】 ①매우 위급하거나 아플때에 지르는 외마디 소리. ②슬피 욺. 반환호.
비몽사:몽【非夢似夢】 꿈속 같기도 하고 실제 있는 일 같기도 한 어렴풋한 상태. 사몽비몽.
비무장 지대 ①무장을 하지 않은 지대. ②싸우고 있는 나라끼리 협정에 의하여 무장이 금지된 지역. 우리 나라에서는 155마일의 휴전선 중심으로 남북 각각 2km 안쪽 지역. 약칭은 디엠제트(DMZ).
비문【碑文】 비석에 새긴 글.
비:밀【秘密】 남에게 숨기고 알리지 아니하는 일. 예 ~ 선거. 비기밀. 반공개.
비방【誹謗】 비웃어 말함.
비:방【秘方】 자기 혼자 알고 있는 방법. 비비법.
비범 평범하지 아니함. 남보다 뛰어남. 예 ~한 인물. 반평범.
비보【悲報】 슬픈 소식. 반희보.
비분 슬프고 분함.
비분 강:개하다 슬프고 분한 느낌이 마음 속에 가득 차 있다.
비빔 밥이나 국수에 고기나 나물따위를 섞고 갖은 양념을 하여 섞은 음식.
비상【非常】 ①정상적인 상태가 아닌 일. 예사로운 일이 아닌 긴급사태. 예 ~ 사태. ②보통이 아님. 정도가 심함. 예그의 솜씨가 ~하다.
비상구【非常口】 화재나 급한 사고가 생겼을 때 급히 피할 수 있도록 만든 출입구.
비:서【秘書】 중요한 자리에 있는 사람 밑에서 기밀 문서나 용무를 맡아 보는 직위.
비석【碑石】 넓적한 큰 돌에 그 사람의 공이나 내력을 적어 세운 것. 예 ~을 세우다. 비석비.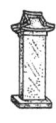
[비석]
비:수【匕首】 잘 드는 짧은 칼.
비수기 수요가 많지 않은 시기. 예 ~에 저렴하게 산 물건.
비스듬하다 조금 기울어져 있다.
비스킷 밀가루에 설탕·버터·우유를 섞어 구운 양과자의 한 가지.
비슷비슷 여러이 모두 닮은 모양. 예키가 ~하다.
비:시 서력 기원 전. 반에이디 (A.D.)
비싸다 상품의 값이 정도에 지나치게 많다. 반싸다.
비아냥거리다 얄밉게 빈정대다.
비애【悲哀】 슬픔과 설움.
비약 ①높이 뛰어오르는 것. ②빠른 속도로 향상하는 것.
비:옥 땅이 걸고 기름짐. -하다.
비올라 현악기의 하나. 바이올린보다 조금 크고, 4줄로 되어 있음. 바이올린과 첼로의 중간 음역을 맡는데, 소리
[비올라]

는 어둡고 둔함.
비:용【費用】 어떤 일에 쓰는 돈. 예~을 줄이다. 비경비.
비:운【悲運】 슬픈 운명.
비:원【秘苑】 ①서울 창덕궁 안에 있는 궁원. ②대궐 안의 동산.
비위¹【非違】 법에 어긋나는 일. 예~를 조사하다.
비:위²【脾胃】 ①음식의 맛이나 사물에 대해 좋고 나쁨을 분간하는 기분. 예음식이 ~에 안 맞는다. ②아니꼽거나 싫은 일을 잘 견디어 내는 힘.
비:유 어떠한 사물의 의미를 다른 사물로 견주어 설명함.
비:율 두 개의 수나 양을 비교할 때 한 쪽이 다른 쪽의 몇 배인가, 또는 몇 분의 몇인가의 관계를 나타내는 수의 비의 값.
비인도적 사람이 지켜야 할 도리에 어긋나는 모양. 예그가 행한 일은 ~ 처사였다.
비장【悲壯】 슬프면서도 장함. 예~한 각오. -하다.
비정 인간다운 감정을 갖지 아니함. 예~한 인간이었다.
비정상 정상이 아닌 것.
비:좁다 자리가 넓지 않다. 예둘이 앉기에는 ~. 반넓다.
비:중 ①어떤 물건의 무게가 그와 같은 부피와 섭씨 4도의 물의 무게에 비교한 비. ②다른 사물과 비교했을 때의 중요성의 정도. 예~이 큰 사건.
비지 두부를 만들고 남은 찌꺼기. 예~ 찌개.

비즈니스 ①사무 또는 사업. ②특히 정열이나 인정 등을 떠나서 오직 돈벌이의 수단으로서의 사업.
비철 옷·음식·물품 따위가 제철이 아님. 예옷은 ~이 싸다.
비철 금속 철 이외에, 공업용으로 가치가 있는 금속의 총칭. 구리·납 따위.
비추다 ①빛을 내쏘아 밝게 하다. 예조명을 ~. ②거울이나 물 따위에 모습을 나타내다. ③넌지시 깨우쳐 주다.
비:축 만일을 대비하여 미리 쌓아 둠. 예식량을 ~하다.
비:치【備置】 갖추어 둠. 예비상 식량을 ~하다.
비치다 ①환하게 되다. 예햇빛이 ~. ②그림자가 나타나다. ③말을 약간 꺼내다.
비:커 액체를 붓는 주둥이가 달린 원통 모양의 화학 실험용 유리 그릇.
[비커]
비키니 브래지어와 팬티의 모양으로 상하가 나뉘어 노출 부분이 많은 여자용 수영복.
비타민 영양소의 하나로서 생물체가 올바르게 성장할 수 있게 하고, 병이 나지 않게 하는 등 중요한 구실을 하는 영양소. 비타민 A·B·C 등 종류가 많다. 예종합 ~.
비통【悲痛】 몹시 슬퍼서 마음이 아픔. 비비장. 침통. -하다.
비트 컴퓨터에서 데이터를 나

타내는 최소 단위. 모든 데이터는 0과 1의 조합으로 구성되는데, 이 0 또는 1이 하나의 비트가 됨. [8비트·16비트·32비트 따위]

비:판【批判】 사물의 옳고 그름에 대하여 검토하여 평가·판정하는 일. 예 정당한 ~. 비비평.

비:품【備品】 학교·관공서·회사 등에서 항시 갖추어 두루 쓰는 물건. 예 학급 ~을 마련하다.

비행¹【非行】 도리나 도덕 또는 법에 어긋나는 못된 행위.

비행²【飛行】 하늘을 날아다님.

비행기【飛行機】 프로펠러를 돌리거나 가스를 내뿜는 힘을 이용하여 하늘을 날 수 있게 만든 기계. 비 항공기.

비호¹【飛虎】 ①나는 듯이 날쌘 범. ②움직임이 용맹하고 날쌘 것의 비유. 예 ~ 같은 몸놀림.

비:호²【庇護】 감싸 보호함. 예 친구를 ~하다.

비:화【秘話】 세상에 알려지지 않은 이야기. 예 궁중 ~.

빈: 속이 차지 아니한. 반 찬.

빈곤【貧困】 ①가난하여 살아가기가 어려움. 예 ~한 살림. 비 빈궁. 반 부유. ②필요한 것이 없거나 부족함.

빈대 [동물] 매미목 빈대과의 곤충. 몸은 둥글 납작하며 몸길이는 5mm 정도. 몸빛깔은 적갈색이며, 사람의 피를 빨아먹는 해충. 세계 공통으로 가옥 내에 삶.

빈대떡 녹두를 맷돌에 갈아 나물이나 고기 같은 것을 섞어서 부쳐 만든 음식. 예 ~을 먹다.

빈둥빈둥 하는 일 없이 놀며 게으름을 부리는 모양. 예 ~ 놀기만 하다.

빈:말 실속이 없는 말. 그저 공으로 하는 말.

빈민【貧民】 가난하여 살기 어려운 구차한 살림을 하는 사람. 예 그는 ~ 출신이었다. 반 부자.

빈발 일이 자주 발생함. -하다.

빈번【頻繁】 자주 일어남. -하다.

빈번히 빈번하게.

빈부【貧富】 ①가난과 부유. ②가난한 사람과 잘 사는 사람.

빈소【殯所】 상여가 나갈 때까지 관을 놓아 두는 방.

빈약 ①가난하고 약함. ②모양이나 내용이 보잘것 없음.

빈익빈 가난한 사람이 더욱 가난하게 되는 것. 반 부익부.

빈자 가난한 사람. 반 부자.

빈정거리다 반대의 뜻을 나타내는 말을 써 가며 비웃다.

빈촌【貧村】 가난한 사람들이 사는 마을. 비 궁촌. 반 부촌.

빈:틈없다 ①허술한 데가 없다. ②비어 있는 부분이 없다.

빈혈【貧血】 혈액 속의 적혈구나 혈액소가 정상값 이하로 줄어든 상태. 예 ~로 얼굴이 하얗다.

빌:다 ①잘못을 용서하여 달라

빌라 별장. 연립 주택.
빌리다 ①도로 받기로 하고 한동안 쓰게 하다. ②남의 물건을 돌려 주기로 하고 쓰다.
빔: 명절이나 잔치 때 새옷을 입는 일. 예설~.
빗¹ 머리털을 빗는 채구.
빗-² 「바로 곧지 않게」 또는 「가로 비스듬하게」 「잘못」의 뜻을 나타내는 말. 예~나가다.

[빗¹]

빗나가다 비뚜로 나가다.
빗다[비따] 엉클어진 머리털을 빗으로 가지런히 하다.
빗대다 ①바로 대지 않고 넌지시 빙 둘러서 말하다. ②사실과 다르게 비뚜름하게 대다.
빗물[빈-] 비가 와서 괸 물.
빗발 비가 올 때 줄같이 보이는 빗줄기. 예~이 거세어졌다.
빗방울 비로 떨어지는 물방울.
빗장 문을 잠글 때에 가로지르는 나무나 쇠장대.
빙과【氷菓】 얼음 과자.
빙구【氷球】 아이스 하키.
빙그레 입을 약간 벌리고 소리 없이 부드럽게 웃는 모양.
빙긋이 입을 약간 벌리고 소리 없이 웃는 모양.
빙산【氷山】 빙하의 얼음이 밀려 와서 바다에 산처럼 떠 있는 얼음 덩어리.
빙상 경:기 얼음 위에서 하는 경기의 총칭. 스케이팅·아이스 하키 따위. 예동계 ~ 대회.
빙수【氷水】 ①얼음 냉수. ②얼음을 눈처럼 잘게 부수어 설탕과 향료등을 섞은 음식. 예팥~.
빙자 남의 힘을 빌어서 의지함. 예병을 ~하다.
빙점【氷點】[-쩜] 물이 얼기 시작할때의 온도. 곧 섭씨 0도. 비결빙점. 반비등점.
빙하【氷河】 육상에 퇴적한 거대한 얼음덩어리가 중력에 의하여 강처럼 흐르는 것. 또는 그 얼음덩이. 예~ 시대.
빙하 시대【氷河時代】 약 70~80만 년 전 육지의 대부분이 빙하로 덮이어 있던 시대.
빚 남에게 갚아야 할 돈. 비부채.
빚다 ①가루를 반죽하여 경단·만두·송편 같은 것을 만들다. 예만두를 ~. ②술을 담그다.
빛 ①어두운 곳을 환하게 하는 것. ②영광.
빛나다[빈-] ①빛이 환하게 비치다. ②영광스럽고 훌륭하다.
빛바래다 본디의 빛깔이 윤기가 없어지다.

ㅃ

ㅃ[쌍비읍] 「ㅂ(비읍)」의 된소리. 이름은 쌍비읍.
빠개다 ①작고 단단한 물건을

빠끔거리다 ①물고기 따위가 입을 연해 벌려 물이나 공기 등을 들이마시다. ②담배를 연해 세게 빨아 피우다.

빠뜨리다 ①물 등에 빠지게 하다. ②어려운 지경에 놓이게 하다.

빠르다(빨라, 빨라서) ①더디지 않고 속하다. ②느리지 않다. 비 속하다. 반 느리다.

빠:지다 ①박혀 있는 것이 제자리에서 밖으로 나오다. 예 나사가 ~. ②액체 등이 밖으로 새어 나가다. ③묻었거나 물든 것이 씻기거나 없어지다.

빤:하다 무슨 일의 내용이 속이 환하게 보이듯이 분명하게.

빨강 빨간 빛깔이나 물감.

빨래 ①때 묻은 옷. ②때 묻은 옷을 빠는 일.

빨리 빠르게. 속히. 예 ~ 다녀오너라. 비 급히. 반 천천히.

빳빳하다 ①물건이 단단하고 꼿꼿하다. ②태도나 성질이 고분고분하지 않고 고집이 세다.

빵 밀가루를 재료로 하여 소금·설탕·버터 등을 섞어 발효시킨 뒤 불에 굽거나 찐 음식.

빻다 가루를 만들다.

빼:내다 ①박 힌 것을 뽑다. ②필요한 것만을 골라내다. ③덜어 내다.

빼:다¹ ①박힌 것을 뽑다. ②골라 내다. ③써서 없애다. 예 어깨에 힘을 ~.

빼:다² 달아나다. 예 꽁무니를 ~.

빼앗다 ①남의 것을 강제로 가져 오다. ②남의 일·지위·시간등을 가로채서 차지하다.

뺨 얼굴 양쪽에 살이 많이 붙은 부분. 예 ~이 통통하다.

뻐근하다 근육이 몹시 피로하여 뻐개지는 듯하고 움직이기가 거북하다. 예 다리가 ~.

뻐기다 잰 체하다.

뻐꾸기[동물] 두견이과의 새. 몸길이 33cm 정도. 때까치·지빠귀 같은 딴 새의 집에 알을 낳아 까게 함. 비둘기보다 조금 작음.

[뻐꾸기]

뻔:하다 ①한 군데만 매우 훤하다. ②무슨 일이 그렇게 될 것이 분명하다.

뻔히 사물이 끊이지 않고 잇대어 있는 모양.

뻗다 ①펴서 길게 내밀다. 예 팔을 쭉 ~. ②길게 자라 나가다. 예 나뭇가지가 ~.

뻥 ①갑자기 무엇이 요란하게 터지는 소리. ②구멍이 뚫어진 모양.

뼈 ①척추 동물의 살 속에 있어, 몸을 지탱하고 보호하는 단단한 물질. ②사물의 기본이 되는 줄거리나 핵심. 뼈대.

뼈대 ①몸을 이루고 있는 뼈의 생김새. ②사물의 얼개. 또는 핵심·중심·골격.

뼘: 엄지손가락과 검지손가락, 또는 중지손가락을 잔뜩 펴서 벌렸을 때의 길이. 예 한 ~.

뽐내다 잘난 체하다. 젠 체하다. 비으스대다. 반겸손하다.

뽑다 ①박힌 것을 뽑아 나오게 하다. 반박다. ②가려 내다.

뽕 「뽕잎」의 준말.

뾰족하다 끝이 아주 날카롭다. 반뭉툭하다.

뿌리뽑다 잘못된 일의 원인을 없애다. 예 범죄를 ~.

뿌리치다 붙잡은 것을 놓치게 하다. 예 더 있으라고 하지만 ~.

뿌리털 식물의 뿌리 끝에 실처럼 길고 부드럽게 나온 가는 털. 근모. 이것으로 양분과 물을 흡수함.

-뿐¹ 더 없다는 뜻을 나타내는 말. 예 이것~이다.

뿐² 「다만 어떠하거나 어찌할 따름」이라는 뜻을 나타내는 말. 예 들었을 ~이다.

뿔 소·사슴 등의 머리에 불쑥 내민 뾰족하게 생긴 부분.

삐걱 딱딱한 물건이 서로 마찰될때 나는 소리. -하다.

삐뚤어지다 ①중심을 잃고 한쪽으로 기울어지다. ②마음이 바르지 못하다.

삐라 사람들에게 돌리거나 눈에 잘 띄는 곳에 붙이거나 하는 종이. 전단. 예 ~을 뿌리다.

삐죽 ①비웃거나 마음에 들지 않을 때 입을 내미는 모양. ②끝이 조금 내밀려 있는 모양. 예 마루에 못이 ~ 나왔다.

삐:치다¹ ①노여움을 타서 마음이 토라지다. 예 그의 말에 ~. ②느른하여 기운이 없어지다.

삐:치다² 붓으로 글씨를 쓸 때 삐침 획을 긋다.

삥: ①일정한 범위의 둘레를 둘러싼 모양. ②정신이 아찔한 모양. 예 정신이 ~ 돌다.

삥긋 소리 없이 입만 살짝 벌리며 웃는 모양. 예 ~ 웃다.

ㅅ

ㅅ[시옷] 한글 자모의 일곱째 글자. 이름은 시옷.
사[死] 죽음. 반생.
사:각¹[四角] ①네 개의 각. ②네 개의 각이 있는 모양.
사:각²[死角] ①어느 각도에서는 보이지 않는 범위. 예~범위. ②눈에 잘 뜨이지 않거나 관심에서 벗어난 것의 비유.
사:각기둥[-끼-] 측면과 밑면이 사각형으로 된 기둥.
사:각형[四角形] 네 개의 꼭지점이 있고 네 개의 선분으로 둘러싸인 평면 도형. 사방형.
사:각형 그래프 사각형의 가로·세로를 10등분하고 전체 모눈의 수를 100으로 하여 모눈의 수로 전체에 대한 부분의 비율을 나타낸 그래프.
사:건[-껀] ①벌어진 일이나 일거리. ②뜻밖에 일어난 일.
사격 총이나 대포를 쏨.
사경[死境] 죽게 된 지경.
사:계[四季] 봄·여름·가을·겨울의 네 계절. ~절이 뚜렷하다.
사:고¹[事故] ①갑자기 일어난 뜻밖의 사건. ②어떤 일의 까닭.
사고²[思考] 생각하고 궁리함.
사고력[思考力] 사고하는 능력.
사공[沙工] 배를 부리는 사람.
사과¹[沙果] 사과나무의 열매.
사:과²[謝過] 잘못에 대하여 용서를 바람. 예~를 하다.
사:교[社交] 사회 생활에서 사귀며 교제함. 예~성이 좋다.
사:군자[四君子] 동양화에서 매화·난초·국화·대나무의 고결한 아름다움이 군자와 같다는 뜻으로 일컫는 말. 또는 그것을 그린 그림.
사귀다 ①서로 사이좋게 지내다. ②교제하다.
사귐성 남과 사귈 만한 품성.
사그라지다 삭아서 없어지다.
사:극[史劇] 역사 속의 사실을 소재로 하여 꾸민 연극.
사근사근하다 ①붙임성이 있어 상냥하고 시원스럽다. ②배나 사과처럼 씹기에 연하다.
사:기¹[士氣] ①군사가 용기를 내는 기운. ②선비의 기계.
사기²[詐欺] 남을 속임.
사기³[沙器] 흰 흙을 구워서 만든 그릇. 예~그릇.
사:기⁴[史記] 역사를 기록한 책. 예삼국~. 비사서.
사기꾼 상습적으로 남을 속여 이득을 꾀하는 사람.
사나이 남자. 반계집. 준사내.
사나흘 사흘이나 나흘.
사:납다(사나우니, 사나워서) 성질이나 생김새가 독하고 험

사내아이 어린 남자 아이. 凹계집아이. 쥰사내.

사냥 들이나 산에서 짐승을 잡는 일. 凹수렵.

사냥개[-깨] 사냥할 때 쓰기 위하여 길들인 개. 포인터·세프터 따위. 예~를 기른다.

사냥꾼 사냥을 업으로 하는 사람. 凹포수.

사늘하다 ①기후나 물체의 온도가 조금 차다. 예새벽 공기가 ~. ②차가운 느낌을 주다.

사다 돈을 주고 제 것으로 만들다. 凹팔다.

사다리꼴 한 쌍의 대변이 평행한 사각형.

사닥다리 높은 [사다리꼴] 곳에 오르내릴 때에 디디도록 만든 물건.

사단 법인[社團法人] 법률상의 권리·의무의 주체로서 인정되는 사단. 민법의 적용을 받는 공익 사단 법인, 상법의 적용을 받는 영리 사단 법인이 있음.

사단-조 「사」음을 으뜸음으로 하는 단조.

사담[私談] 사사로이 하는 이야기. 예~을 나누다.

사·당¹ 떼를 지어 떠돌아다니면서 노래와 춤을 파는 여자.

사당[祠堂] 죽은 이의 신주를 모시는 집. 예충무공 ~.

사당지기 사당을 지키는 사람.

사:대문 조선 시대에 서울의 동서남북에 둔 네 대문. 곧 동의 흥인지문, 서의 돈의문, 남의 숭례문, 북의 숙정문.

사:대 성:인[四大聖人] 동서 고금에 으뜸 가는 네 성인. 보통, 예수·소크라테스·석가모니·공자를 가리키나 소크라테스 대신에 마호메트를 넣기도 함.

사돈[査頓] 혼인 관계로 맺어진 친척 관계. 예~ 관계.

사들이다 사서 들여오다.

사:또 옛날에 백성이나 아전이 고을의 원을 일컫던 말.

사:람 ①생각과 말을 할 줄 아는 지구상에서 가장 발달한 동물. 凹인간. ②권리·의무의 주체인 인격자.

사랑¹ ①아끼고 위하여 정성과 힘을 다하는 마음. ②사모함.

사랑²[舍廊] 집의 안채와 떨어져, 바깥 주인이 거처하며 손님을 접대하는 곳. 凹내실.

사랑방 안채와 따로 떨어져 있는 방. 예~ 손님.

사려[思慮] 여러 가지 일에 대한 생각과 근심.

사:력[死力] 목숨을 아끼지 아니하고 쓰는 힘. 凹전력. 진력.

사령관[司領官] 군대를 지휘하는 사령부의 우두머리.

사:례¹ 고마운 뜻을 나타내는 일. 예당선 ~. -하다.

사:례² 관례·혼례·상례·제례의 네가지 의례. 凹관혼상제.

사:례금 사례의 뜻으로 주는 돈.

사로잡다 ①산 채로 붙잡다. ②

마음을 쏠리게 만들다.
사료¹【思料】 생각하여 헤아림.
사료²【飼料】 짐승들의 먹이.
사:료³【史料】 역사 연구에 필요한 유물 등 여러 자료.
사르르 ①힘없이 눈이 저절로 감기는 모양. ②힘없이 저절로 풀어지는 모양.
사:리¹【事理】 사물의 이치. ⑩~에 닿는 말. ⑪이치.
사리² 국수·실·새끼 등을 사리어 감은 뭉치. ⑩국수 한 ~.
사리³【舍利】 ①불타나 성자의 유골. 후세에는 화장한 뒤 나오는 작은 구슬 모양을 가르킴. ②송장을 화장한 뼈.
사리⁴【私利】 개인의 이익. 사사로운 이익. ⑩~ 사욕. ⑪공리.
사리다 ①조심하고 주의하다. ⑩몸을 ~. ②국수나 새끼 따위를 헝클어지지 않게 빙빙 둘러서 포개어 감다.
사리 사욕 개인의 이익과 욕심.
사립【私立】 공익의 사업 기관을 개인이 그의 비용으로 설립하여 유지함. ⑩~ 학교.
사립문 싸리·대 같은 나뭇가지로 엮어 단 조그만 문.
사:마귀【동물】 사마귀과의 곤충. 몸은 가늘고 길며, 머리는 삼각형임. 몸이 크고 황갈색 또는 녹색이며, 앞다리가 낫처럼 구부러져 [사마귀] 먹이를 잡아먹기에 편리함.
사막 모래만이 깔린 넓은 들판.

사:망 사람의 죽음. ⑪출생.
사:면¹【四面】 동·서·남·북의 네 방향. ⑩~ 체.
사:면²【赦免】 죄를 용서하여 형벌을 면제해 주는 일. 대통령의 권한임. -하다.
사면³【斜面】 한쪽으로 기울어진 면. 비스듬한 면. ⑩경~.
사:명【使命】 ①마땅히 해야 할 일. ②주어진 임무. ⑪임무.
사모¹【思慕】 ①정이 들어 그리워함. ②우러러 받듦. -하다.
사:모²【紗帽】 지난날, 관복을 입을 때 쓰던 명주실로 짠 모자.
사:모 관대 ①관복을 입을 때 쓰던 비단실로 짠 모자와 공복인 의관 속대의 총칭. ②사모와 관대를 갖춘 차림. 곧 정식으로 차린 옷차림을 일컫는 말.  [사모관대]
사모님【師母-】 ①윗사람의 부인을 높이는 말. ②스승의 부인을 높이는 말.
사:무소【事務所】 어떤 단체나 회사 따위의 사무를 보는 곳.
사무치다 속 깊이 스며들다. ⑩병이 골수에 ~.
사물【私物】 개인이 가지고 있는 물건. ⑪관물. 공물.
사:물놀이[-로리] 꽹과리·징·북·장구로 하는 농악놀이. ㉣사물. -하다.
사뭇 ①거리낌없이 마구. ②아주 딴판으로. ⑩~ 다르다.

사:박자【四拍子】 악곡의 한 마디가 네 박자로 된것.

사발 밥이나 국을 담는데 쓰이는 사기로 만든 그릇.

사:방【四方】 ①동·서·남·북의 총칭. 곧 둘레. 町사면. ②여러 곳. 예적군이 ~에 있다.

사:방 팔방 모든 방면.

사범【師範】 ①모범이 될 만한 사람. ②학술 및 권투·바둑·유도 등의 기예를 가르치는 사람.

사법【司法】 법률에 따라 재판을 하는 일. 삼권의 한 가지.

사법부【司法府】 대법원 및 그에 딸린 모든 기관.

사:변【事變】 나라의 큰 사건이나 변고. 예6·25~. 町난리.

사:변형 네 선분으로 둘러싸인 평면도형. 町사각형.

사:별【死別】 죽어 서로 이별함. 예아내와 ~하다. 반생별.

사:병【士兵】 장교가 아닌 병사.

사:본【寫本】 옮겨 베끼는 일. 또는 베낀 책이나 서류.

사부【師父】 ①스승과 아버지. ②스승을 높여 일컫는 말.

사:분음 반음을 이등분한 음.

사분 음표 온음표의 1/4을 나타내는 음표. 「♩」로 나타냄.

사비【私費】 ①개인이 부담하는 비용. 예~로 유학하다. 반공비. ②개인이 사사로이 쓰는 비용.

사:비성 백제의 마지막 서울. 충청 남도 부여의 옛 이름. 부소산성.

사뿐 소리가 안 나게 발을 가볍고 조심스럽게 내디디는 모양.

사사[私事] 개인적인 일. 반공사.

사:사[事事] 이 일 저 일. 모든 일.

사:사건건 모든 일.

사살 활·총 등으로 쏘아 죽임.

사:상[死傷] 죽음과 다침.

사상²[思想] 생각. 뜻. 의견.

사:상자 죽은 사람과 다친 사람.

사색[思索] 사물의 이치를 따지어 깊이 생각함.

사:색²[死色] 죽을 상이 된 창백한 얼굴 빛. 예놀라서 ~이 되다.

사:색³[四色] ①네 가지 빛깔. ②조선 중기 이후의 정치적 대립을 일삼던 네 당파.

사:생 결단 죽고 사는 것을 돌보지 않고 끝장을 냄. -하다.

사:생화 실제의 사물. 자연 그대로의 경치를 그린 그림.

사생활[私生活] 개인의 사사로운 생활. 예~을 간섭하다.

사:서¹[四書][책명] 유교의 경전인 논어·맹자·중용·대학.

사서²[司書] 도서관에서 서적의 정리·보존 및 열람에 관한 일을 맡아보는 직분.

사:선¹[死線] 죽을 고비.

사선²[斜線] ①비스듬하게 그은 줄. ②한 평면 또는 직선에 수직이 아닌 선. 빗금.

사:설¹[社說] 신문·잡지사의 주장을 내세워 싣는 글.

사설²[私設] 개인이 설립함. ~

박물관. 밴공설.
사:성【四聖】 공자·석가·예수·소크라테스의 네 성인.
사:세【事勢】 일이 되어 가는 형편. 예~를 살피다.
사소【些少】 매우 적음.
사:수【死守】 목숨을 걸고 지킴.
사수²【射手】 총이나 활 등을 쏘는 사람. 예명~.
사슬 「쇠사슬」의 준말.
사슴[동물] 사슴과의 짐승. 몸집이 크고 다리는 가늘고 털빛은 밤색에 아름다운 점이 있음. 수컷에 나는 뿔은 「녹용」이라 하여 약제로 씀. 한국·일본 등에 분포함. [사슴]
사:시【四時】 춘·하·추·동 네 철.
사:시 사:철 봄·여름·가을·겨울의 네 계절.
사:신¹【使臣】 옛날 임금이나 나라의 명령으로 외국에 심부름을 가는 사람. 예~을 보내다.
사신²【私信】 사사로이 하는 편지. 개인의 편지. 밴서서.
사:실【事實】 ①실지로 있는 일. 밴실제. 진실. 밴허위. ②진실로. 예정말로. ~ 그렇다.
사:실 무근 근거가 없는 일. 또는 전혀 사실과 다른 일.
사심¹【私心】 ①사사로운 마음. ②제 욕심을 채우려는 마음. 예~이 없는 공무원. 밴공심.
사:심²【死心】 죽음을 각오한 마음.
사악【邪惡】 마음이나 생각이 간사하고 악독함. 예~한 꾀.
사암【砂岩】 모래가 물 속에 가라앉아 굳어서 된 바위.
사양 자기에게 이로운 일을 겸손하여 남을 먼저 하게 함.
사:업【事業】 계획을 가지고 하는 일. 예~자. 밴기업.
사:업가 사업을 하는 사람. 또는 그런 일에 능한 사람. 밴사업자. 신조로 하는 조직임.
사연【辭緣】 하고자 하는 말이나 편지의 내용. 밴내용.
사열 ①조사하기 위하여 죽 살펴 봄. ②군인들을 세워 놓고 장비와 사기 등을 검사함.
사열식 사열을 하는 의식.
사:예【四藝】 거문고·바둑·글씨·그림의 네 가지 기예.
사욕【私慾】 자기 한 몸의 이익을 위한 욕심. 예~을 채우다.
사:용【使用】 물건을 쓰거나 사람을 부림. -하다.
사:용자【使用者】 물건이나 사람을 쓰는 사람. 밴근로자.
사우나 탕 사우나 시설이 되어 있는 목욕탕.
사원¹【寺院】 ①절 또는 암자. ②종교의 교당을 두루 일컫는 말.
사:원²【社員】 회사에 근무하는 사람. 예신입 ~.
사(4):월 초파일 석가모니가 탄생한 기념일인 음력 4월 8일.
사위 딸의 남편.
사:유【事由】 일의 까닭. 밴이유.

사유²【私有】 개인 소유. ⑩~지.
사유 재산 국가가 아닌 개인이 가지고 있는 재산.
사유지【私有地】 개인 또는 사법인이 소유하는 토지.
사육 짐승을 먹이어 기름.
사육비【飼育費】 집짐승을 먹여 기르는데 쓰이는 돈.
사육장【飼育場】 집짐승을 먹여 기르는 장소. ⑩~에 가다.
사:은【謝恩】 스승의 은혜.
사:은회 졸업생이 스승의 은혜에 감사하는 뜻으로 베푸는 모임.
사:의【謝意】 감사하게 여기는 마음. ⑩~를 표하다.
사이 ①어떤 곳에서 다른 곳까지의 거리. 回틈. ②때의 동안.
사이다 탄산수에 당분과 향료를 섞어 만든 달고 시원한 청량 음료. ⑩~를 먹는다.
사이렌 시각이나 경보를 알리기 위하여 소리를 나게 하는 장치.
사이보:그 인조 인간.
사:이비 겉으로는 비슷하나 본질은 완전히 다른 것. ⑩~ 종교는 사회에 악을 끼친다.
사이사이 사이와 사이.
사인¹ ①기호. ②글 따위에 이름을 써 넣음. ③야구에서, 투수와 포수 사이에 주고받는 투구상의 신호.
사:인²【死因】 죽게 된 원인.
사:인교 앞뒤에 각각 두 사람씩 모두 네 사람이 메는 가마.
사인펜 볼펜과 비슷하게 생긴 필기 도구. 잉크에 따라 수성과 유성이 있음.
사임 맡고 있던 직무를 스스로 그만두는 것. ⑩회장직을 ~하다.

사자[동물] 포유류 고양이과의 맹수. 몸길이 약 2m 정도이며, 수컷은 머리와 목 주위에 갈기가 더 부룩하게 나 있음.

[사자]

사자놀이[-노리] 음력 정월 보름날 사자의 탈을 쓰고 하는 민속놀이. 사자놀음.
사자자리 봄·여름철에 하늘에 보이는 별자리. 사자 모양을 하여 그런 이름이 붙음.
사:장¹【社長】 회사의 우두머리.
사장²【沙場】 모래밭. 모래톱.
사 장조「사」음을 으뜸음으로 하는 장조. 지(G)장조.
사재:기「매점」을 통속적으로 이르는 말. -하다.
사:적¹【史蹟】 역사상의 자취.
사적²【私的】[-쩍] 개인에게 관계되는 일. ⑪공적.
사전【辭典】 낱말을 모아 일정한 순서로 배열하여 싣고 각각 그 표기법·발음·의미·어원·용법 등을 해설한 책. ⑩국어 ~.
사:전²【事前】 일이 있기 전. 일을 시작하기 전. ⑪사후.
사:절【謝絶】 요구하는 것을 거절함. 回거절. -하다.
사:절²【使節】 나라를 대표하여

일정한 사명을 띠고 외국에 파견되는 사람. 예민간 ~.
사:절단 사절로 조직된 단체.
사:절지 전지(종이)를 넷으로 접은 크기의 종이.
사제¹【師弟】 스승과 제자.
사제²【司祭】 천주교에서의 신부.
사조【思潮】 한 시대의 일반적인 사상의 흐름. 예문예 ~.
사:족【四足】 ①짐승의 네 발. ②「사지」를 낮추어 이르는 말.
사:죄【謝罪】 지은 죄에 대하여 용서를 비는 것. 예백배 ~.
사:주【四柱】 사람이 태어난 연·월·일·시의 네 가지.
사(4)중주 실내악의 한 가지. 네개의 악기로 하는 연주.
사:지【死地】 죽게 될 만큼 위험한 곳. 예~로 몰아넣다.
사직【辭職】 맡은 직무를 내어놓고 물러남. 예~서. -하다.
사진【寫眞】 사진기로 사람이나 물건 등을 찍은 것.
사진기 사진을 찍는 기계.
사진첩【寫眞帖】 사진을 붙이거나 끼워 두는 책. 앨범.
사:차선 4대의 자동차가 나란히 달릴 수 있는 넓은 길.
사(4)차원 세:계 상대성 이론에서 쓰이는 개념으로, 시간과 공간을 합쳐서 생각한 세계.
사찰【寺刹】 절간. 사원.
사창【私娼】 관청의 허가 없이 비밀히 매음하는 창녀.
사채【社債】 공인된 금융기관이 아닌, 개인이 채주가 되는 빚.
사:철 봄·여름·가을·겨울의 네 철. 비사계. 사시.
사:철나무[-라-]【식물】 노박덩굴과의 상록 관목. 해안의 산기슭에 남. 두꺼운 잎이 마주 나며, 정원수나 울타리 등으로 씀.
사초【飼草】 가축의 먹이로 쓰이는 풀. 예~를 뜯다.
사:촌【四寸】 아버지와 어머니의 친 형제의 자식들.
사춘기【思春期】 나이 13~17세 가량의 시기를 말하는 것으로, 이성에 관심이 예민해지는 시기.
사치품 생활의 필요 정도에 넘치거나 분수에 지나친 물품.
사:칙 덧셈·뺄셈·곱셈·나눗셈의 네 가지 법칙. 예~을 배우다.

사칭【詐稱】 이름·직업 등을 거짓으로 속이어 이르는 것.
사타구니 두 다리의 사이.
사탄 악마.
사탕 엿이나 설탕을 끓여 여러 가지 모양으로 만든 비교적 간단한 과자.
사:태【事態】 일이 되어 가는 형편. 예~가 악화되다. 비형세.
사:택【社宅】 회사에서 사원들을 위해 마련한 집. 예~에 있다.
사퇴 어떤 지위에서 물러남.
사:투 죽을 힘을 다하여 싸움. 목숨을 내걸고 싸움. -하다.
사:투리 표준어가 아닌 말. 비방언. 반표준말.
사:팔눈[-룬] 눈동자가 비뚤어

져 무엇을 볼 때 모로 보는 눈.
사표【辭表】 직책에서 물러설 뜻으로 내는 문서. 예)~를 내다.
사풋 발을 가볍게 내디디는 모양. 예)~한 걸음을 내디디다.
사·필귀정【事必歸正】 모든 일은 반드시 바른 길로 돌아옴.
사·학【史學】 역사를 연구의 대상으로 하는 학문.
사(4)·학【四學】 조선 시대에 서울의 중앙 및 동·서·남의 네 곳에 세운 학교. 곧 중학·동학·남학·서학.
사·항【事項】 일의 낱낱의 조항.
사·해【四海】 ①사방의 바다. ②온 세상. 예)~ 동포.
사행심 우연한 이익을 얻고자 운수나 요행을 노리는 마음.
사·형【死刑】 죄 지은 사람의 생명을 끊는 형벌. 예)~ 선고.
사·형장 사형을 집행하는 장소.
사·화【史話】 역사에 관한 이야기. 예)그 사실은 ~로 전해진다.
사·회 교·육【社會敎育】 학교 교육 이외의 사회인으로서 생활하는데 필요한 사항을 청소년 및 어른들에 대하여 베푸는 교육.
사·회 복지 국민의 생활 안정과 이익 향상을 추구하여 이루어지는 여러 사회적 정책.
사·회 사·업【社會事業】 모든 사람의 이익을 위한 사업.
사·회 생활 모든 사람들이 서로 어울려서 살아가는 일.
사회자【司會者】 모임이나 회 등에서 진행을 맡아 보는 사람.
사·회 제·도【社會制度】 한 사회에 의하여 지지되고 있는 정치 경제상의 여러 제도.
삭감【削減】[-깜] 깎아서 줄다. 예)예산을 ~하다.
삭다 ①물건이 오래되어 썩은 것처럼 되다. 예)옷이 ~. ②먹은 것이 소화되다. ③긴장이나 화가 풀리다.
상막【상-】 황폐하여 쓸쓸함.
삭망 음력 초하루와 보름.
삭발【削髮】 머리털을 깎음.
삭삭[-싹] 사과하거나 애걸할 때에 손으로 비는 모양.
삭신[-씬] 몸의 근육과 뼈마디. 예)~이 아프다.
삭정이 살아 있는 나무에 붙은 채 말라 죽은 작은 가지.
삭제 지워 버림. 반)첨가.

삯 ①일한 대가로 주는 돈이나 물건. 예)~바느질. ②어떤 물건이나 시설을 이용하는 대가로 내는 돈. 예)찻~.
산【山】 평지보다 썩 높이 솟아 있는 땅덩이. 예)한라~.
산간 벽지【山間僻地】 아주 구석지고 후미진 산골.
산간 지역 산과 산 사이에 있는 땅. 골짜기가 많은 산으로 된 지역. 예)~에 산다.
산골 오·지 깊은 산 속의 매우 구석진 곳. 예)~에 산다.
산·개【散開】 흩어져 넓게 퍼짐.
산골[-꼴] 산 속의 으슥한 것. 예)두메 ~에서 산다.
산골짜기[-꼴-] 산과 산 사이

가 깊이 팬 곳. 간곡. 산곡. 반산마루. 준산골짝.
산기슭[-끼슥] 산의 비탈이 끝나는 아랫부분. 비산록.
산길[-낄] 산에 있는 좁고 험한 길. 예험한 ~.
산꼭대기 산의 맨 위.
산나물 산에 나는 나물.
산더미[-떠-] 물건이나 일이 썩 많이 있음을 비유.
산들바람 시원하고 가볍게 부는 바람. 큰선들바람.
산등성마루 산등성이의 가장 높은 곳. 준산마루.
산등성이 산의 등줄기. 준산등. 산등성.
산뜻하다 깨끗하고 시원하다. 예옷차림이 ~. 반구지레하다.
산:란【産卵】[살-] 알을 낳음.
산:란기 알을 낳을 시기.
산림【山林】 ①산과 숲. ②산에 있는 숲. 예~이 울창하다.
산림 녹화【山林綠化】 식목・산림보호・사방공사 등으로 산에 초목이 무성하게 하는 일.
산림청 농림 수산부에 딸린 행정기관. 산림의 보호・육성 등 산림에 관한 사무를 관장함.
산마루 산등성이의 가장 높은 곳.
산:만【散漫】 정돈되지 않고 어수선하게 흩어져 있음.
산:매상 소매상. 반도매상.
산맥【山脈】 여러 산이 일정한 방향으로 한 줄 또는 여러 줄로 길게 뻗은 지대. 예태백~.
산머리 산꼭대기.

산:모【産母】 아이를 낳은지 며칠 안 되는 여자.
산바람[-빠-] 산에서 부는 바람. 반바닷바람.
산:발【散髮】 머리를 풀어 헤침.
산:보[-뽀] 바람 쐬려고 이리저리 걸어 다님. 비산책.
산봉우리[-뽕-] 산꼭대기의 뾰족한 머리.
산:부인과 임신・해산・신생아 및 부인병을 다루는 의술의 한 분과.
산불[-뿔] 산에 난 불.
산비둘기[-삐-]
비둘기의 한 종류. 몸빛은 회갈색이며 뒷목에는 검은 띠 무늬가 있음.

[산비둘기]

산비탈[-삐-] 산기슭의 몹시 비탈진 곳.
산사【山寺】 산 속에 있는 절.
산:이 남김없이 흩어진 모양.
산:산조각 아주 잘게 깨어진 여러 조각.
산삼【山蔘】 깊은 산속에서 저절로 나서 자라난 인삼. 약효가 좋다고 함. 가삼.

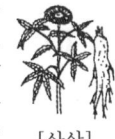
[산삼]

산새[-쌔] 산에서 사는 새. 뻐꾸기・꾀꼬리 등. 반바다새.
산성【山城】 적을 막기 위하여 산에 쌓은 성. 예남한~.
산성비 산성을 강하게 나타내는 비. 보통의 비에 비해 산성이 10배 이상 강함. 동식물에 피해를 줌. 예~가 온다.
산세 산의 형세. 예~가 험하다.
산소【山所】「무덤」의 높임말. 비뫼. 예~에 다녀오다.
산:송장 살아 있으나 죽은 것이나 다름없는 사람을 이름.
산수¹【山水】 산과 물. 풍경.
산:수²【算數】 ①수의 성질과 산술을 가르치는 학과목. ②산술.
산수화【山水畵】 동양화에서 자연의 경치를 그린 그림.
산:술【算術】 더하기·빼기·곱하기·나누기의 계산법.
산:술 기호 산술에 쓰이는 기호. 「+, -, ×, ÷」따위.
산신령 산을 지킨다는 신령.
산:아【産兒】 아이를 낳음. 또는 그 아이. 예~ 제한.
산악【山岳】 크고 작은 모든 산.
산악국【山岳國】 국토의 대부분이 산으로 이루어진 나라.
산악인【山岳人】 등산을 즐기거나 잘하는 사람.
산악 지대【山岳地帶】 크고 작은 산으로 이루어진 지대.
산악회【山岳會】 등산하는 사람들로 이루어진 단체.
산야【山野】 산과 들.
산:업 공해 공장의 활동에서 배출된 가스·매연·폐수·소음 등으로 생기는 공해.
산:업 사:회 전문적인 지식인과 기술자가 우대받고 기술이 분업화·전문화·조직화된 사회.
산:업 폐:수 산업 활동에 쓰이다가 버려진 못쓰게 된 물.
산:업화 산업으로 돌리는 것. 산업의 형태가 되게 하는 것.
산열매 산에서 나는 열매.
산:울림 골짜기나 산에서 소리를 지르면 소리가 잠시 후에 되돌아 오는 현상. 또는 그 소리. 예~이 일어나다. 비메아리.
산:유국【産油國】 원유를 생산하는 나라. 반비산유국.
산자락 산의 기슭진 부분.
산장【山莊】 산에 있는 별장.
산:재【散在】 여기 저기 흩어져 있음. 예작은 섬들이 ~해 있다.
산적【山積】 물건이 산더미처럼 많이 쌓여 있음. -하다.
산줄기[-쭐-] 큰 산에서 길게 뻗어 나간 산의 줄기.
산중【山中】 산 속. 예~ 호걸.
산중턱 산허리쯤 되는 곳.
산지¹【山地】 산이 있는 곳.
산:지²【産地】 물건이 나는 곳.
산지기 산이나 뫼를 지키는 사람.
산짐승[-찜-] 산 속에서 사는 짐승. 비들짐승.
산채【山菜】 산나물.
산:책 가벼운 기분으로 바람을 쐬려고 거니는 일. 비산보.
산천【山川】 산과 내. 비강산.
산천 초목【山川草木】 산과 물과 풀과 나무. 곧 자연.
산촌¹【山村】 산 속에 있는 마을.
산:촌²【散村】 집들이 드문드문 흩어져 있는 마을.
산:출【算出】 계산을 해냄.

산타 클로스 크리스마스 전날 밤에 빨강 옷에 흰 수염을 달고 굴뚝으로 몰래 들어와 잠자는 어린이의 양말이나 구두 속에 선물을 넣고 간다는 할아버지.

산토끼 [동물] 포유류 토끼과의 한 종. 야생하는 토끼로 집토끼와 비슷함.

산:파 아이를 낳을 때 아이를 직업적으로 받는 여자.

산:파역 어떤 일을 잘 주선하여 이루어지게 하는 구실.

산하【山河】 산과 강. 자연의 경치. 예조국의 ~.

산해 진미 산과 바다의 산물을 다 갖추어 잘 차린 진귀한 음식.

산행【山行】 ①산길을 걸어가는 것. ②사냥하러 가는 일.

산화 어떤 물질이 공기 중에서 산소와 화합하는 현상. 반환원.

살 창문·부채 다위의 뼈대가 되는 가늘고 긴 나무. 예부챗~.

살리다 ①목숨을 이어 나가게 하다. 예가족을 먹여 ~. ②활용하다. 예배운 지식을 ~.

살림 한 가정을 꾸려 나가는 일. 또는 그 형편. 비생활.

살벌 ①행동이 거칠고 무시무시함. ②죽이고 들이침. -하다.

살별 꼬리별. 행성.

살수 대:첩【薩水大捷】 고구려의 을지문덕 장군이 수나라 대군을 살수에서 크게 쳐부순 일.

살짝 ①남이 모르게 재빠르게. 예~ 건드리다. ②힘들지 않고 능숙하게. ③심하지 않게 약간.

살찌다 몸에 살이 많아지다. 비살오르다. 반야위다.

살충 벌레를 죽임. 비제충.

살충제 농작물에 해로운 벌레를 죽이기 위하여 쓰는 약제.

살코기 뼈·기름기·심줄 따위가 섞이지 않고 살로만 된 고기.

살쾡이 [동물] 포유류 고양이과의 한 종. 꿩이나 닭 따위를 잡아먹고 삶. 성질이 사나움.
[살쾡이]

살펴보다 주의하여 여기저기 자세히 보다. 예자세히 ~.

살포【撒布】 뿌림.

살피다 ①자세히 알아보다. ②잘 비추어 생각하다.

살해【殺害】 남의 생명을 해침. 사람을 죽임. -하다.

삶:[삼] 사는 일. 반죽음.

삶:다 ①어떤 것에 물을 붓고 끓이어 무르게 만들다. 예빨래를 ~. ②달래거나 을러대어 고분고분하게 만들다.

삼【蔘】 ①「인삼」과 「산삼」의 총칭. ②「인삼」의 준말.

삼【三·參】 「셋」의 뜻. 「3」 「Ⅲ」등으로 표기함.

삼가 삼가하는 마음. 예~ 글월을 올립니다.

삼가다 ①경계하다. 예말을 ~.

②양이나 횟수 등을 지나치지 않도록 하다. 예 군것질을 ~.
삼각【三角】 세모.
삼각기둥 밑변이 삼각형으로 된 각기둥. 삼각주. 세모기둥.
삼각모 명주로 된 검은 모자. 유럽 지방에서 의식 때 씀.
삼각뿔 밑변이 삼각형인 각뿔. 삼각추. 세모꼴.
삼각자 삼각형으로 된 자. 보통 직각 이등변 삼각형인 것과 하나의 예각이 60°인 직각 삼각형인 것의 두가지가 있음. 세모자.
삼각형【三角形】 세 변으로 이루어진 다각형. 비 세모꼴.
삼간 초가【三間草家】「세 칸밖에 안되는 초가라는 뜻으로」매우 작은 집. 비 초가삼간.
삼고 초려 중국 촉한의 임금 유비가 제갈량의 집을 세 번이나 찾아가 마침내 군사로 삼은 데서 나온 말로 인재를 맞아들이기 위해 여러 번 찾아가서 예의를 다하는 일.
삼관왕 운동 경기에서, 세 부분에 걸쳐 우승한 사람.
삼국 시대【三國時代】 우리 나라가 옛날 고구려·백제·신라의 세 나라로 갈라져 있던 시대.
삼국지[책명] ①중국 삼국 시대의 역사를 기록한 책. 진나라의 진수가 수집 기록함. ②촉나라 유비·관우·장비와 제갈량 등의 사적을 소설로 쓴 책 이름.
삼군【三軍】 ①전체의 군대. ②육군·해군·공군을 말함.
삼권【三權】 [-권] 입법권·사법권·행정권의 총칭.
삼남【三男】 ①셋째 아들. ②세 아들. 예 ~이녀를 두다.
삼남 지방 전라 남북도·경상 남북도·충청 남북도를 합쳐서 부르는 말. 비 하삼도.
삼:다¹[-따] ①인연을 맺게 하다. 예 벗을 ~. ②짚신을 만들다. ③무엇을 무엇으로 여기다.
삼다도「여자·돌·바람이 많다는 뜻으로」제주도를 가르키는 말.
삼대¹[-때] 삼의 줄기.
삼대²【三代】 아버지·아들·손자의 세대. 예 ~가 한 집에 살다.
삼(3)대양【三大洋】 태평양·대서양·인도양의 세 바다.
삼등분 셋으로 똑같이 나눔.
삼라 만:상 우주의 모든 것들.
삼루[-누] 야구에서 셋째 베이스. 2루와 본루 사이의 베이스.
삼류【三流】 어떠한 부류에 있어서 가장 못한 층. 예 ~ 소설.
삼림【森林】 [-님] 나무가 많이 우거져 있는 곳.
삼림욕 숲 속에 들어가 거닐면서 맑은 공기를 쐬는 일.
삼림 지대 나무가 많이 우거져 있는 지역.
삼면【三面】 ①세 방면. 예 ~이 바다로 둘러싸인 우리 나라. ②신문의 셋째 지면.
삼무도【三無島】「도둑·거지·

삼박자【三拍子】 음악에서 3박이 한 단위가 되는 박자.

삼밭 삼을 심어 가꾸는 밭.

삼백예순날 「일 년 동안 내내」의 뜻. 예~마음 편한 날이 없다.

삼베 삼 껍질의 실로 짠 피륙. 예시원한 여름~옷. 준베.

삼복【三伏】 초복·중복·말복.

삼복 더위 삼복이 든 철의 몹시 심한 더위. 준복더위.

삼부 요인 행정·사법·입법의 중요한 지위에 있는 사람.

삼부 합창 세 가지 소리에 의한 합창. 예남성~.

삼분법【三分法】 어떤 것을 세 가지로 나누어 생각하는 법.

삼삼 오:오 서너 사람 또는 너더댓 사람이 여기저기 때를 지어 다니거나 무슨 일을 하는 모양.

삼성【三省】 매일 세 번씩 자신을 반성하는 것. -하다.

삼신산【三神山】 신선이 살고 있었다는 세 개의 산. 금강산·지리산·한라산을 이름.

산신 할머니 민속 신앙에서 아기를 점지한다는 세 신령.

삼십팔(38)도선 ①위도가 38도 되는 선. ②우리 나라 중부를 가로지르는 북위 38°선. 1945년 8월 15일 광복 후의 남과 북의 정치적 경계선을 이루었음.

삼엄 질서가 바로 서고 아주 엄숙함. 예~한 경계를 하다.

삼연패【三連敗】 세 번을 연달아 짐. 예~로 탈락함. -하다.

삼원색 바탕이 되는 세 가지색. 색의 삼원색은 빨강·노랑·파랑. 빛의 삼원색은 빨강·녹색·파랑임.

삼일장【三日葬】 죽은 지 사흘 만에 지내는 장사. -하다.

삼일절【三一節】[-쩔] 1919년 3월 1일 일어난 3·1 운동을 기념하는 국경일. 양력 3월 1일.

삼자【三者】 ①이야기하는 이외의 사람이나 사물. ②세 사람.

삼정승【三政丞】 조선 시대, 영의정·좌의정·우의정을 이르는 말.

삼족【三族】 ①부모·형제·처자. ②부계·모계·처계의 족속.

삼종매【三從妹】 팔촌 누이.

삼종손 칠촌 조카의 아들.

삼종숙【三從叔】 아버지의 팔촌 형제. 곧 구촌 아저씨.

삼종지의 삼종지도.

삼중 세 가지가 겹치는 일.

삼중주 실내악의 하나. 세 가지 악기에 의한 합주. 예현악~.

삼중창【三重唱】 소리를 세 부로 나누어 부르는 중창.

삼지창 끝이 세 갈래로 갈라진 창. 「포크」의 속칭.

삼진 야구에서 타자가 스트라이크를 세 번 당하여 아웃이 됨.

삼차원【三次元】 세 방향으로 퍼져 있는 것. 우리 주변의 공간을 보면 상하·좌우·전후의

삼창 세 번 되풀이해서 외침.

삼척 동자[三尺童子] 키가 아직 석 자밖에 자라지 않은 아이. 곧 어린이를 말함.

삼천 궁녀 백제가 망할 때, 왕족과 더불어 낙화암에서 뛰어내려 죽었다는 많은 궁녀들.

삼천리 금수 강산[三千里錦繡江山] 비단에 수를 놓은 것처럼 아름다운 우리 나라의 강과 산.

삼천지교 맹자의 어머니가 아들의 교육을 위하여 집을 세 번이나 옮긴 일. 맹모 삼천.

삼촌[三寸] 아버지의 형제.

삼추[三秋] ①가을의 석 달. 구추. ②세해의 가을이란 뜻으로, 3년의 세월을 이르는 말.

삼층밥 밥을 서툴게 지어, 타고 설고 해서 삼층을 이루는 밥.

삼키다 음식을 씹지 않고 목구멍으로 넘기다.

삼태기 흙·쓰레기 등을 담아 나르는 그릇.

삼포[蔘圃] 인삼을 재배하는 밭. 예~ 밭. 비삼밭.

삼한[三韓] 삼국 시대 이전에 지금의 전라도와 경상도에 있던 세 나라. 즉 마한·진한·변한.

삽 흙을 파거나 떠서 옮기는 농기구의 한 가지.

삽살개 삽사리 종류의 개.

삽시간 아주 짧은 순간. 예~에 사라지다. 비순식간.

삽입[사빕] 꽂아 넣음. 끼움.

삽질 삽으로 땅을 파거나 흙을 떠내는 일. -하다.

삽화[揷話] 인쇄물 속에 그려 넣어 내용을 이해하는 데 도움이 되는 그림.

삿갓 대나 갈대로 엮어 만들어 볕이나 비를 가리는 데에 쓰던 것.

[삿갓]

삿대 물이 얕은 곳에서 배를 밀어 갈 때에 쓰던 장대. 본상앗대.

상¹[喪] 친족의 죽음. 또는 죽음을 추도하는 예. 본초상.

상²[賞] 잘한 일을 칭찬해서 주는 물건이나 돈. 반벌.

상³[床] 음식물을 벌여 놓고 식사를 하는 소반.

상가[商街] 가게가 죽 늘어서 있는 거리. 예지하 ~.

상가[喪家] ①사람이 죽은 집. ②상제의 집.

상:감¹[上監] 임금을 높여 일컫는 말. 비임금.

상감[象嵌] 금속·도자기 등의 겉면에 무늬를 새기고 거기에 금·은·자개 등 다른 재료를 끼워 장식하는 기술. 또는 그 작품.

상감 청자 자개 장식을 박아 넣어 무늬를 지게 한 청자.

상:거지 아주 비참한 정도로 불쌍한 거지. 예거지 중의 ~.

상:경 시골에서 서울에 올라옴.

상:고[上古] 아주 오랜 옛날.

상고머리 뒷머리를 치올려 깎은

남자의 머리. -하다.
상:고 시대【上古時代】 역사 시대로서 가장 오래된 시대.
상:공【上空】 ①높은 하늘. ②어떤 지역 위의 하늘. 예 서울 ~.
상공업 상업과 공업.
상관【相關】 서로가 관계를 가짐. 비 관계. 반 무관.
상:관【上官】 어떤 사람보다 높은 자리에 있는 사람. 반 부하.
상관없다 서로 관계가 없다.
상:권【上卷】 두 권이나 세 권으로 가른 책의 첫째 권. 반 하권.
상권【商圈】 상업이 주로 이루어지는 지역.
상극 둘 사이가 서로 화합하지 못하고 늘 충돌함을 이르는 말.
상금【賞金】 상으로 주는 돈.
상:급【上級】 ①위의 등급. 높은 계급. ②위의 학급. 반 하급.
상:급생 학년이 높은 학생. 예 ~의 지도를 받다. 반 하급생.
상:기【上氣】 부끄러움이나 흥분으로 얼굴이 붉어짐.
상냥하다 마음씨가 싹싹하고 부드럽다. 반 퉁명스럽다.
상:념【想念】 마음 속에 품은 여러 가지 생각. 예 ~에 잠기다.
상놈 지난날, 신분이 낮은 남자를 낮추어 이르던 말.
상담【相談】 어떤 일을 서로 의논함. 선생님과 ~하다. 비 상의.
상당 ①알맞음. ②서로 비금비금함. ③대단한 정도에 가까움.

상당수 어지간히 많은 수.
상대 ①서로 맞섬. 예 ~ 선수. ②서로 마주 봄.
상대방 상대가 되는 쪽. 맞은편.
상대역 연극·영화 등에서, 어떠한 역에 대하여 상대가 되는 역.
상대자 말이나 일을 할 때 상대가 되는 사람.
상대편 상대가 되는 편. 상대방.
상동【相同】 서로 같음.
상:등병 군대 계급의 하나. 병장의 아래, 일등병의 위.
상례¹【常例】[-네] 보통 있는 예. 항례. 예 그런 일은 ~다.
상례²【常禮】[-네] 보통 예법.
상록수【常綠樹】 사시 사철 잎이 푸른 나무. 반 낙엽수.
상:류【上流】 ①강이 흐르는 위쪽. ②신분·지위·생활 정도가 높은 계층. 반 하류.
상:륙【上陸】 배에서 내려 육지로 올라감. 반 이륙.
상면【相面】 서로 대면함.
상:명【上命】 위에서 내리는 명령.
상민【常民】 옛날의 양반이 아닌 평민. 상업·공업·농업·수공업 등에 종사하는 보통 계층의 사람. 비 상인. 반 양반.
상반【相半】 서로 반대됨. 예 의견들이 서로 ~되다.
상:반²【相反】 서로 반반인 것.
상:반기 한 해 또는 어떤 일정한 기간을 둘로 나눈 그 전반기.
상:반신【上半身】 사람 몸의 허

리부터 위의 부분. 반하반신.
상벌【賞罰】 상과 벌.
상법【商法】 ①상업에 관한 법규의 총칭. ②장사의 이치.
상보【詳報】 자세하게 보고하거나 보도하는 것. 반약보.
상보다 음식상을 차리다.
상복¹【常服】 보통 때에 입는 옷.
상복²【喪服】 상중에 입는 예복. 예~을 입다.
상봉【相逢】 서로 만나는 것. 예이산 가족이 50년 만에 ~하다.
상부 상조【相扶相助】 서로서로 도움. 예~의 미덕.
상비약【常備藥】 병원이나 가정 등에서 언제든지 쓸 수 있도록 항상 마련해 두는 약.
상:사【上司】 자기보다 벼슬이 위인 사람. 윗사람. 예~의 명령.
상:상【想像】 ①미루어 짐작함. ②공상. 비추측. 반확신.
상:상봉【上上峰】 여러 봉우리 가운데 가장 높은 봉우리.
상서롭다[-따] 복되고 좋은 일이 있을 조짐이 있다.
상:석【上席】 모임·계급 등에서의 윗자리. 반말석.
상선【商船】 상업상 목적에 쓰이는 배. 여객선·화물선 등.
상설【常設】 항상 마련하여 둠. 또는, 그 시설이나 설비.
상설 시:장 쉬는 날이 없이 매일 열리는 시장.
상세 자세함. 비세밀. 소상.
상:소【上疏】 임금에게 글을 올리는 것. 또는 그 글.

상소리[-쏘-] ①상스러운 말. ②상스러운 소리.
상속【相續】 재산·권리·의무를 다음 차례에 이어 주거나 이어받음. 예회사를 아들에게 ~하다.
상:수도【上水道】 먹을 물이나 공업 용수를 관을 통하여 급수하는 설비. 반하수도.
상:수리 상수리나무의 열매. 도토리와 비슷함.
상습【常習】 늘 하는 버릇.
상:승【上昇】 위로 올라감. 예인기 ~. 반하강. -하다.
상:승세 위로 올라가는 기세.
상식【常識】 일반 사람이 가지고 있거나 가지고 있어야 할 지식. 예~이 모자라는 사람.
상어[동물] 상어 무리에 속하는 고래상어·별상어·수염상어·철갑상어 등의 총칭. [상어]
상여 시체를 실어 나르는 제구. 예꽃 ~.
상여금 상여로 주는 돈.
상:연【上演】 연극 등을 무대 위에서 나타내 보임. -하다.
상:영【上映】 영화관에서 영화를 보여 줌. 예~ 시간이 지났다.
상용【常用】 늘 쓰는 일. 일상적으로 사용하는 일. 예~한자.
상용어【常用語】 일상 생활에서 늘 쓰거나 쓰이는 말.
상:위【上位】 높은 지위. 반하위.

상:위권 위쪽에 속하는 범위.
상응 서로 맞음. 알맞음. -하다.
상의【相議】서로 의논함.
상:의²【上衣】웃옷.
상이【相異】서로 다름.
상이 군인 전투시나 군사상 공무를 집행하다 상처를 입은 군인.
상:전 종에 대하여 그 주인을 이르는 말. 凹종.
상점 물건을 파는 집. 回점포.
상조 서로 도움. 囫상부 ~.
상주 인구 한 지역에서 죽 살고 있는 인구를 말함.
상징【象徵】모양으로 나타낼 수 없는 것을 모양이 있는 것으로 빗대어 나타내는 일.
상:책【上策】제일 좋은 꾀. 囫 도망치는 것이 ~이다.
상처【傷處】다친 곳.
상층 위층. 凹하층.
상치되다【相値】두 가지 일이 공교롭게 마주치다.
상:쾌 기분 좋고 마음이 밝음. 回유쾌. 凹불쾌. -하다.
상태【狀態】모양이나 되어 있는 형편. 囫~가 안 좋다. 回 처지.
상투 장가든 남자의 머리 털을 끌어올려 틀어감아 맨 것.
상패【賞牌】상으로 주는 패.
상:편【上篇】두 편 또는 세 편으로 된 책의 첫째편.
샅바[삳빠] 씨름을 할 때 허리와 다리에 걸어 상대편의 손잡이로 쓰는, 천이나 무명으로 만든 줄.
샅샅이[-사치] 빈틈없이.

새¹ 새로운. 囫~ 교육.
새:²【동물】①두 개의 날개를 움직여 하늘을 날아다니는 날짐승의 총칭. ②「참새」의 준말.
새겨듣다「새기어 듣다」의 준말. 말하는 뜻을 완전히 이해하고 듣다. 囫훈계를 ~.
새기다¹ ①글씨나 그림을 파다. ②마음에 깊이 간직하다.
새기다² 말이나 글의 뜻을 알기 쉽게 풀이하다. 回해석하다.
새까맣다(새까마니, 새까마오) ①아주 짙게 까맣다. ②매우 까마득하다.
새끼¹ 짚으로 꼰 줄.
새끼² ①짐승의 어린 것. ②「자식」의 낮은 말.
새끼손가락 다섯 손가락 중 가장 작은 손가락.
새:나다 비밀이 밖으로 드러나다.
새날 ①새로 밝아 오는 날. ②새로운 시대. 囫~이 오다.
새:다 ①틈으로 흘러 나오다. 囫물통이 ~. ②날이 밝아 오다. ③새나다. 囫비밀이 ~.
새달 다음 달. 오는 날.
새:둥지 새의 보금자리.
새로「새로이」의 준말.
새로이 ①전에 없던 것이 처음으로. ②새롭게 다시 고쳐서. 囫~ 일을 시작하다.
새록새록 새로운 일이 잇달아 자꾸 생기는 모양.
새벽¹ 밤이 지나고 밝을 무렵.
새벽² 누른 빛의 차진 흙에 고운 모래와 말똥을 섞어서 초벽에 새색시 새로 시집온 여자. 비신부. 반새신랑.
새서방 새로 장가든 사람. 새신랑. 반신랑.
새 소식 여러 사람이 모르는 사이 새로 알려진 일. 뉴스.
새순 새로 나온 어린 순.
새싹 새로 돋은 싹.
새우[동물] 갑각류의 총칭. 민물이나 바다에 사는 작은 동물. 몸은 딱지로 덮이고 머리가슴부와 배부로 나뉨. 10개의 다리가 있음. 대개 식용함.
새우다 조금도 잠을 자지 않고 밤을 밝히다.
새우등 새우의 등처럼 구부러진 사람의 등.
새우잠 새우 같이 옆으로 몸을 꾸부리고 자는 잠.
새:장 새를 넣어 기르는 장. 예~에 갇힌 새. 비조롱.
새집¹ ①새로 지은 집. ②새로 이사하여 든 집.
새:집² 새가 깃들이는 집.
새:치 젊은 사람의 검은 머리에 섞여 난 흰 머리카락.
새:치기 ①순서를 어기고 남의 자리에 끼여드는 짓. ②맡은 일 사이에 가끔 다른 일을 하는 짓.
새침데기[-떼-] 겉으로만 얌전한 체하는 사람.
새학년 1년간의 학습 과정이 끝나고 새롭게 시작되는 학년.
새해 새로 시작되는 해. 비신년.
색¹【色】빛깔.

색² 물건을 넣어 어깨에 메고 다닐 수 있게 만든 자루.
색깔 물체의 바깥면에 나타나는 빛. 예짙은 ~. 비빛깔. 색.
색다르다 흔히 보는 것과는 다르다. 예옷의 디자인이 ~.
색동[-똥] 오색 비단 조각을 잇대어서 만든 어린이의 저고리 소맷감. 예~ 저고리.
색맹【色盲】색의 구별이 되지 않는 상태. 또는 그런 사람.
색상【色相】빛깔의 종류. 색의 3요소의 하나. 빨강·파랑·노랑 등의 색이 구별되는 특성. 유채색에만 있음.
색소폰: 관악기의 하나. 부드럽고 감미로운 음을 냄.
색:시 ①시집을 가지 않은 여자. 예참한 ~. ②「새색시」의 준말. 곧 새로 시집온 여자.
색신 검:사 색신이 정상인지 아닌지를 검사하는 일.
색실 물감을 들인 실. 비색사.
색안경 ①빛깔이 있는 유리를 낀 안경. ②감정이나 주관적인 선입관 등 한쪽으로만 치우친 생각. 예그 일을 ~ 끼고 보다.
색연필[생년-] 심에 광물질의 물감을 섞어 빛깔이 나게 만든 연필. 예~을 가지고 논다.
색유리[생뉴-] 철·코발트·탄소 등의 착색제를 섞어 녹여서 만든, 색이 있는 유리.
색조【色調】①빛깔의 조화. ②색채의 강약. 짙음과 엷음 등의 정도. 예~가 어둡다.
색종이 물을 들인 종이. 비

색지【色紙】색종이.
색채【色彩】색깔과 빛깔.
샐러드 채소와 과일을 주로 하여 햄·달걀 등을 곁들여 소스를 친 서양요리 음식.
샐러리 맨 봉급 생활자. 월급을 받고 일하는 사람.
샘:¹ 물이 땅에서 솟아 나오는 자리. 비우물. 본샘터.
샘:² 자기보다 나은 사람이라 사람을 미워하고 질투하는 마음. 예아이가 ~을 내다. 비시기.
샘:내다 샘을 부리다. 샘하는 마음을 먹다. 예성공을 ~.
샘:물 샘에서 나오는 물.
샘:바리 샘이 많은 사람.
샘:터 샘물이 솟아 나오는 곳. 샘이 있는 곳. 준샘.
샘플 견본. 표본.
샛:길 큰 길로 통하는 작은 길. 또는 큰 길에서 갈린 길.
샛노랗다[샌-라타](샛노라니, 샛노라오) 빛깔이 더할 나위 없이 노랗다. 큰싯누렇다.
샛눈[샌-] 감은 듯하면서 살짝 뜨고 보는 눈. 예~을 뜨다.
샛:별 새벽에 동쪽 하늘에서 반짝이는 금성. 비명성.
생가【生家】그 사람이 태어난 집.
생가슴 공연한 근심·걱정 때문에 상하는 마음.
생가지 살아 있는 나무의 가지.
생각 ①마음에 느끼는 의견. ②머리에 떠오르는 느낌. 깨달음. ③관념. 사상. ④추억.

생겨나다 ①없던 것이 있게 되다. ②출생하다. 발생하다.
생계【生計】살아 나아갈 방도.
생글거리다 소리 없이 부드럽고 정답게 눈으로 웃다.
생기 싱싱하고 활기찬 기운.
생기다 ①없었던 것이 제 손에 들어 오다. ②일이 일어나다. ③어떠하게 보이다.
생기 발랄 생기있고 발랄함.
생김새 생긴 모습.
생난리[-날-] 아무 까닭 없이 몹시 시끄럽게 들볶아 대는 판.
생남 아들을 낳음. 비득남.
생략【省略】간단하게 줄임.
생동감 힘차게 살아 움직이는 것과 같은 느낌. 예~ 넘치다.
생리【生理】①생물체의 생활 활동과 작용에 관련되는 현상. ②생활하는 습성이나 본능.
생면 부지 서로 만나 본 일이 없어 도무지 알지 못하는 사람.
생명【生命】①목숨. 예~력. ②사물의 중요한 점.
생명력【生命力】[-녁] 생명의 힘. 목숨을 이어가려는 힘.
생명 보:험 사람이 죽거나 일정 연령까지의 생존을 조건으로 하여 일정 금액을 지불할 것을 약속하여 정하는 보험.
생모【生母】자기를 낳아 준 어머니. 예~를 만났다. 비양모.
생물【生物】살아 있는 물체. 동물과 식물. 반무생물.
생물 학자 생물의 구조·기능·발달 분포 따위를 연구하는 사람.

생방송【生放送】 미리 녹음·녹화하지 않고 그 시간에 직접 해서 보내는 방송. ⑩서울 올림픽을 ~하다. ⑪녹화 방송.

생부【生父】 자기를 낳은 아버지.

생사【生死】 사는 것과 죽는 것. ⑩~를 알길이 없다. ⑪사생.

생산 ①아이를 낳음. ⑪출산. ②물건을 만들어 냄. ⑩대량 ~.

생산력【生産力】[-녁] 물건을 생산할 수 있는 능력.

생산자 생활에 필요한 물건을 만드는 사람. ⑪소비자.

생산지【生産地】 생산하거나 생산되는 곳. ⑪소비지.

생산품 캐내거나 만들어 낸 물건. ⑪제품. ⑪소비품.

생색【生色】 자기 자랑을 나도록 하는 일. ⑩제것처럼 ~내다.

생선【生鮮】 말리거나 절이지 아니한 물고기. ⑪선어.

생선전 생선을 파는 가게.

생성【生成】 사물이 생겨남. 생기게 함. ⑩물질의 ~ 과정.

생소 ①친하지 못하거나 낯이 섦. ~한 질문. ②익숙하지 못하여 서투름. ~한 길.

생수 끓이거나 소독하지 않은 맑은 물. ⑪수돗물.

생식【生食】 익히지 아니하고 날로 먹음. -하다.

생식 기관 생식을 행하는 기관. ⑪생식기.

생애【生涯】 살아 있는 동안. ⑩교육자로서의 ~. ⑪평생. 생전.

생업【生業】 살아가기 위하여 가지는 직업. ⑪직업.

생육【生育】 낳아서 기름. 또 나서 자람. ⑩벼의 ~ 기간. -하다.

생인손 손가락 끝에 나는 종기.

생일【生日】 세상에 태어난 날. 해마다 한번씩 돌아오는 날.

생장【生長】 자라남.

생존【生存】 생명을 유지하고 있음. ⑩~ 경쟁. -하다.

생존 경:쟁【生存競爭】 삶을 이어 나가기 위하여 서로 다투는 일.

생:쥐[동물] 쥐과의 동물. 쥐 중에서 가장 작음. 주로 인가에 사는데 곡물을 먹고 세간을 쏠아 해를 줌. 몸길이는 6~10cm. 꼬리는 5~10cm이며 들쥐와 비슷.

[생쥐]

생즙 식물을 익히지 않고 날것을 짓찧어서 짜낸 액체.

생체 생물의 몸. 살아 있는 몸. ⑩~ 검사.

생트집 아무 이유도 없이 공연히 잡는 트집.

샤워 찬물이나 더운물을 소나기처럼 물을 뿌리는 물뿌리개.

서¹【西】 서쪽. ⑪동.

서:²【序】 시문이나 책머리에 글을 쓴 취지 등을 적은 문장.

서간문 편지 글.

서:거【逝去】「죽음」을 높이어 이르는 말. -하다.

서:경시【敍景詩】 자연의 경치를 읊는 시. 예이 시는 ~이다.

서고【書庫】 책을 넣어 두는 창고. 예~에 있는 책. 비문고.

서관【書館】 서점.

서:광 ①날이 밝으려고 먼동이 트는 빛. ②앞일에 대한 희망의 빛. 예~이 비치다.

서구【西歐】 미국과 유럽 서부의 나라. 비서유럽. 반동구.

서글서글하다 성질이나 생김새가 너그럽고 부드럽다.

서글프다 슬프고 허전하다.

서까래 지붕 위의 도리에서 처마 끝까지 건너지른 나무.

서남 ①서쪽과 남쪽. ②서쪽과 남쪽 사이의 방위.

서낭당 서낭신을 모신 당.

서낭신 마을의 터를 지켜 준다는 신. 수호신. 준서낭. 본성황신.

서너 셋이나 넷 가량.

서녘 서쪽 방면.

서늘하다 ①조금 추운 느낌이 있다. 예가을 날씨가 ~. ②갑자기 놀라서 마음 속에 추운 기운이 도는 것 같다.

서당 고려 시대부터 발달하여 조선 시대에 가장 성하였던 마을 글방.

서대문【西大門】 우리 나라 사대문의 하나. 서울 서쪽의 정문이었던 돈의문을 말함. 지금은 헐리고 없어졌음.

서두【書頭】 글의 첫머리.

서:두²【序頭】 어떤 일이나 차례의 첫머리. 예~부터 잡쳤다.

서두르다(서두르니, 서둘러) 일을 급히 마치려고 바쁘게 움직이다. 예일을 너무 ~.

서둘다 「서두르다」의 준말.

서라벌【徐羅伐】 ①「신라」의 옛이름. ②「경주」의 옛 이름.

서랍 책상·장롱·경대 따위에 빼었다 끼었다 하는 물건을 담아 둘 수 있게 만든 것. 비설합.

서:럽다(서러우니, 서러워) 원통하고 언짢은 생각이 들어 슬프다. 예매를 맞아 ~.

서로 함께. 다같이.

서로서로 많은 사람이 하나하나가 다 함께. 예~ 살자.

서른 열의 세곱절. 삼십.

서리 맑고 바람없는 밤에 기온이 빙점 아래로 내릴 때, 공기 중의 수증기가 땅 표면에 닿아서 얼음의 결정이 된 것.

서리다 길고 잘 감기는 물건을 동그랗게 포개서 감다. 예독사가 몸을 ~. 작사리다.

서:막【序幕】 연극 따위에서, 처음에 인물과 사건 등에서 예비적으로 보여 주는 막.

서머 타임 여름철 일광 절약 시간.

서먹하다 낯익지 아니하여 어색하다. 예처음이라 좀 ~.

서면【書面】 ①글씨를 쓴 지면. ②문서서류. 예~ 질의.

서:명【署名】 자기의 이름을 적음. 예~ 운동을 하다.

서:무실【庶務室】 학교 등에서 일반 사무를 맡아 보는 곳.

서:문【序文】 머리말.
서:민【庶民】 ①벼슬이 없는 일반 사람. ②중류 이하의 넉넉하지 못한 국민. 예~생활.
서:민층 서민의 계층.
서방【西方】 서쪽 방향.
서방님 ①「남편」의 높임말. ②결혼한 시동생을 부르는 말.
서북쪽 서쪽과 북쪽의 사이가 되는 쪽. 서북방.
서:브 탁구. 테니스 등에서 공격 측이 먼저 공을 상대편 코트에 쳐 넣는 일.
서:비스 ①「봉사·접대」의 뜻. ②「애프터 서비스」의 준말.
서:사시 역사적 사실·전설이나 영웅의 일생 등을 장시로 꾸미어 읊은 시. 오디세이 등.
서산【西山】 서쪽에 있는 산. 해지는 쪽의 산.
서산머리 서쪽에 있는 산꼭대기.
서서히 천천히.
서성이다 마음이 가라앉지 못하고 그저 서서 왔다갔다 하다.
서:술문【敍述文】 사실이나 자기의 생각을 나타내는 글.
서슬 ①언행의 날카로운 기세. 예~이 퍼렇다. ②칼날이나 연장 등의 날카로운 부분.
서신【書信】 편지로 전하는 소식. 예~을 보내다.
서안【西岸】 서쪽 해안.
서:약【誓約】 맹세하고 약속함.
서양【西洋】 유럽과 아메리카의 여러 나라. 비서구. 반동양.
서양사 서양 여러 나라의 역사.
서양 음악【西洋音樂】 서양에서 발생하여 발달한 음악.
서양화【西洋畵】 서양에서 발달된 그림. 물감·크레용·파스텔 등으로 그린 그림.
서예【書藝】 붓글씨를 맵시있게 쓰는 기술. 예~연습을 하다.
서운하다 마음에 부족하여 섭섭하다. 비섭섭하다.
서울 ①한 나라의 정부가 있는 곳. 예~의 거리. 비수도. ②우리 나라의 수도 이름.
서울 올림픽 1988년 서울에서 열린 제24회 올림픽 경기.
서유기【西遊記】[책명] 중국 명나라 때 오승은이 지은 소설. 당나라의 삼장법사가 손오공·저팔계·사오정의 세 부하를 거느리고 갖은 어려움을 극복하고 인도에서 불경을 구해 온다는 줄거리.
서유:럽 유럽 서부에 있는 프랑스·영국 등의 국가가 있는 지역.
서:자녀 첩이 낳은 아들과 딸.
서:장【署長】 경찰서·세무서·소방서 등의 우두머리.
서재【書齋】 책을 갖추어 둔 방.
서재필[인명](1863~1951) 우리 나라의 독립 운동가. 일찍부터 개화 사상에 눈을 떠 독립 협회 고문으로 있으면서, 독립문을 세우고, 독립신문을 발간하는 등 많은 활약을 했음.

[서재필]

서적【書籍】 책. 서책. 도서.

서:전 전쟁의 발단이 되는 싸움.

서점 책을 파는 상점. 비책방.

서정【抒情】 자기의 감정을 나타내는 일. 반서경.

서:정시【抒情詩】 기쁨과 슬픔 등 자기의 마음을 운율에 맞게 읊은 시. 반서사시.

서쪽 해가 지는 쪽. 비서면. 반동쪽.

서:커스 마술·여러 가지 곡예·동물의 묘기 등을 보여주는 것을 업으로 하는 단체.

서:투르다 익숙하지 못하다. 비생소하다. 반익숙하다.

서:툴다 「서투르다」의 준말.

서편 서쪽 편. 반동편.

서평 책 내용에 대한 평.

서:푼 아주 보잘 것없는 것.

서풍【西風】 서쪽에서 불어오는 바람. 하늬바람. 예~이 분다.

서학 ①서양의 학문. ②조선 시대에「천주교」를 이르던 말.

서한【書翰】 편지.

서해【西海】 우리 나라 서쪽에 있는 바다. 예~안 고속도로.

서해안【西海岸】 서쪽에 있는 바닷가. 반동해안.

서행【徐行】 천천히 감.

석가 탄신일 석가모니가 탄생한 날. 음력 4월 8일. 비불탄일.

석가탑 불국사 대웅전 앞뜰에 다보탑과 서로 마주 보고 있는 삼층 석탑. 통일 신라(8세기경)에 세워졌는데,「무영  [석가탑] 탑」이라고도 함. 국보 제21호.

석간【夕刊】「석간신문」의 준말.

석간 신문【夕刊新聞】 저녁 때에 발간되는 신문. 반조간.

석고【石膏】 흰 색의 석회질 광물. 미술공예나 물감·시멘트 따위의 혼합제로 씀.

석공【石工】 석수¹.

석굴암 경주 토함산 동쪽에 있는 돌로 된 건축물. 신라 제35대 경덕왕 때 김대성이 세웠음. 국보 제24호.

석기 시대【石器時代】 인류 문화의 원시 시대에 쇠붙이를 쓸 줄 모르고 중요한 기구를 돌로 만들어 쓰던 시대.

석다 ①쌓인 눈이 안에서부터 녹다. ②식혜 등이 익을 때 생기는 거품이 속으로 사라지다.

석둑거리다 연이어 석둑 소리가 나다. 쎈썩둑거리다.

석류[성뉴] 석류나무의 열매. 익으면 껍질이 저절로 터지고 속에는 맛이 신 분홍빛의 씨가 들어 있음. 식용함.  [석류]

석방【釋放】 법에 의하여 구속된 사람을 풀어 자유롭게 함. 비방면. 반체포. -하다.

석상¹【席上】 여러 사람이 모인 자리. 예공식 ~.

석상【石像】 돌로 만든 사람이나 동물의 형상.

석수¹【石手】 돌이 두루어 물건

석수을 만드는 사람. 비석공.

석수²【石獸】 무덤 앞에 세우는 돌로 만든 짐승.

석수장이 「석수」를 낮추어 일컫는 말. 예~질.

석유【石油】 천연으로, 땅 속에서 나오는 물보다 가볍고 불에 잘 타는 기름.

석인 무덤 앞에 세우는 돌로 만든 사람의 형상. 반석수.

석조【石造】 돌로 물건을 만드는 일. 예~ 건물.

석조 건축 돌로 담고 매만져서 건물을 짓는 일.

석차【席次】 ①자리의 차례. ②성적의 차례. 예~가 나쁘다.

석탄【石炭】 땔감의 하나. 옛날 식물이 땅 속 깊이 묻혀 숯으로 변한 것. 예~를 캐는 광부.

석탄 가스 석탄을 공기가 통하지 않게 하고 가열할 때에 나오는 기체.

석탑 돌로 쌓은 탑. 비돌탑.

석패【惜敗】 경기에서 약간의 차이로 아깝게 지는 일. 비분패.

석회【石灰】 석회석을 불에 구워 만든 흰가루.

석회암 탄산 석회가 주성분으로 되어 바다나 호수 등의 물 속에 가라앉아 쌓여서 된 암석.

섞다 여러 가지 물건을 넣어 합치다. 모래와 시멘트를 ~.

섞이다 섞음을 당하다.

선¹: 사람의 됨됨이와, 마땅하고 마땅하지 않음을 가려 보는 일. 예맞~. ~을 보다.

선²【善】 착하고 올바름. 어질고 좋음. 반악.

선각 ①남보다 앞서 도나 사물을 깨달음. ②「선각자」의 준말.

선각자 남달리 앞서 깨달은 사람. 준선각.

선:거¹【選擧】 여러 사람 가운데서 적합한 사람을 뽑아 냄. 예~ 운동. 비선출.

선거²【船渠】 독³.

선:거권 선거에 참여하여 투표할 수 있는 권리.

선견지명【先見之明】 닥쳐올 일을 미리 짐작하는 밝은 지혜.

선결【先決】 다른 문제보다 앞서 해결함. 예~ 과제.

선고 ①공포하여 널리 알림. ②재판장이 판결을 내리는 일.

선공【先攻】 운동 경기 등에서 먼저 공격하는 일.

선교사 종교를 전도하는 사람.

선구자【先驅者】 어떤 사상이나 일이 그 시대의 다른 사람보다 앞서 일찍 그 필요를 깨닫고 실행하는 사람. 준선구.

선글라스 강렬한 햇빛으로부터 눈을 보호하기 위하여 쓰는 색안경.

선:남 선:녀【善男善女】 착한 남자와 착한 여자.

선녀 하늘 나라에서 살고 있다고 하는 아름다운 여자. 반악녀.

선동【煽動】 남을 추기어 어떤 일을 일으키게 함.

선두【先頭】 첫머리. 반후미.

선두 주자 선두를 달리는 사람.

선들바람 시원하게 부는 바람.
선뜩거리다 갑자기 놀라거나 찬 느낌이 들다. 困산뜩거리다.
선뜻 가볍고 빠르고 시원스러운 모양. 回얼른. 困산뜻.
선:머슴 차분하지 못하고 몹시 덜렁거리는 사나이.
선명【鮮明】 산뜻하고 깨끗함.
선:무당 익숙하지 못한 무당.
선:물【膳物】 남에게 선사하는 물품. 예~을 받다. 回선사.
선:발팀 여러 팀의 선수 중 우수 선수만을 뽑아 구성한 팀.
선배 ①덕망과 학식이 자기보다 나은 사람. ②자기 출신 학교를 먼저 거친 사람. 回후배.
선:별【選別】 가려서 따로 나눔.
선봉【先鋒】 앞장 서는 사람.
선분【線分】 두 점 사이를 잇는 직선. 예이~을 2등분하다.
선비 ①학문을 닦은 사람. 예~집안. 回학자. ②옛날에 학식이 있으되 벼슬하지 아니한 사람. ③어질고 순한 사람을 비유하는 말.
선사 시대【先史時代】 역사 이전의 시대. 기록이나 문자가 없던 시대. 예~의 유물.
선산【先山】 조상의 무덤. 조상의 무덤이 있는 산.
선상【線上】 ①선의 위. 예~의 두 점. ②두 갈래로 갈라지는 일정한 상태.
선상【船上】 ①배의 위. ②항해중인 배를 타고 있음의 뜻.
선:수【選手】 경기나 기술 따위가 뛰어나 특별히 선발된 사람.

선수[2]【先手】 ①남보다 먼저 착수함. ②바둑·장기 등의 오락에서 먼저 두는 일.
선:악【善惡】 착함과 악함.
선약【先約】 먼저 약속함.
선양【宣揚】 드러내어 널리 알림. 예국위를 ~하다.
선언【宣言】 생각이나 주장을 널리 말함. 예인권 ~. 回선포.
선언문 선언하는 내용을 적은 글.
선열【先烈】 나라를 위하여 싸우다 죽은 열사. 예~에 대한 묵념.
선왕【先王】 돌아간 임금.
선원【船員】 배에서 일을 맡아 보는 사람. 回뱃사람. 反선장.
선육【鮮肉】 신선한 고기.
선율 소리의 길이와 높낮이가 규칙적으로 이어지는 소리. 예감미로운 ~. 回가락.
선:의【善意】 ①착한 마음. ②남을 위해서 생각하는 마음. 예~로 한 말. 回호의. 反악의.
선인장[식물] 사막에 많이 나는 상록 식물. 둥글 넓적하며 전면에 가시가 돋아남. 아름다운 꽃이 핌. 백년초. 사보텐.

[선인장]

선:임【選任】 사람을 가려 뽑아서 임명함. 예반장을 ~하다.
선입감【先入感】 일을 맞이하기 앞서 미리 가지는 느낌.
선:잠 깊이 들지 못하거나 흡족

하게 이루지 못한 잠. 예~이 들다.
선장【船長】 선원의 우두머리.
선적【船積】 배에 짐을 실음.
선전【宣傳】 생각·주장 등을 많은 사람에게 퍼뜨림. 비 광고.
선:전【善戰】 실력 이상으로 잘 싸움. 예~하다.
선전 포:고【宣戰布告】 상대국과 전쟁 상태에 들어감을 나라 안팎에 널리 선언·공포함. -하다.
선제 공:격 상대방을 제압하기 위해 먼저 공격하는 일.
선조【先祖】 핏줄을 이어받은 먼 대의 조상. 반 후손.
선:죽교【善竹橋】 경기도 개성에 있는 돌다리. 고려 말의 충신 정몽주가 이성계 일파에게 죽음을 당한 곳임.
선진 앞서 나아감. 반 후진.
선진국【先進國】 정치·경제·사회·문화면에서 모두 잘사는 나라. 비 선발. 반 후진국.
선착【先着】 먼저 도착함. -하다.
선착순 먼저 와 닿는 차례.
선착장 배가 와 닿는 곳.
선:처 좋도록 처리함.
선천적 태어날 때부터 지니고 있는 모양. 반 후천적.
선체【船體】 선박의 몸뚱이.
선:출【選出】 여럿 중에서 고르거나 뽑아 냄. 비 선발.
선취【先取】 남보다 먼저 가짐. 예 우리 팀이 한 점을 ~했다.
선포 세상에 널리 펴서 알림.

선풍기【扇風機】 작은 전동기에 날개를 달아 회전시킴으로써 바람을 일으키는 장치.
선:하다 잊혀지지 않아 눈 앞에 보이는 듯하다. 예 눈에 ~.
선:행【善行】 착한 행실.
선:행상 착한 일을 많이 한 사람에게 주는 상.
섣:달 그믐 음력으로 한 해의 마지막 날. 음력 12월 30일.
섣부르다(섣부르니, 섣불러서) 솜씨가 설고 어설프다.
섣:불리 어설프게. 서투르게.
설:「설날」의 준말. 새해.
설거지 먹고 난 뒤 음식 그릇 등을 씻어 치우는 일. -하다.
설경【雪景】 눈이 내리는 경치.
설계【設計】 건축 공사나 기계 제작 등의 계획. -하다.
설교 ①종교의 가르침을 설명함. ②단단히 타일러서 가르침.
설:날 정월 초하루. 새해가 되는 날. 원일. 준 설.
설:다(서니) ①익숙하지 못하다. ②덜 익다. 예 밥이 ~.
설득【說得】[-뜩] 설명하여 알아듣게 함. 비 설복. -하다.
설득력 설득하는 힘.
설렁탕 소의 머리·내장·뼈다귀·족 등을 푹 삶아서 밥을 말 국.
설레다 ①마음이 가라앉지 않아 두근거리다. ②가만히 있지 못하고 자꾸 이러저리 움직이다.
설립【設立】 만들어 세움.
선생【先生】 ①학문이나 기술

등을 가르치는 사람. 반학생. 제자. ②남을 공경하여 부르는 말.
선서【宣誓】 맡은 일에 대하여 성실할 것을 맹세함.
설명서 어떤 것의 내용이나 이유·사용법 등을 설명한 글.
설문 물음을 냄. 또는 그 문제.
설문 조사 몇 가지 질문을 통하여 관심있는 연구 사항을 조사하는 일. -하다.
설설 기다 남 앞에서 두려워 행동을 자유로이 못하다.
설:쇠다 새해를 맞이하다.
설악산 강원도 양양군과 인제군 사이에 있는 산. 주봉은 대청봉. 비선대·울산바위·비룡폭포 등이 있음. 1970년 3월에 국립 공원으로 지정됨. 높이 1,708m.
설욕【雪辱】 부끄러움을 씻음.
설욕전 경기나 오락 등에서 앞서 진 것을 복수하려고 싸우는 싸움. 비복수전.
설:움 서럽게 느낌.
설원【雪原】 고산 지방 및 극지방에서, 눈이 녹지 아니한 채로 늘 쌓여 있는 지역. 설전.
설익다[-릭따] 덜 익다.
설치【設置】 ①베풀어 놓음. ②기관을 새로이 만들어 일을 시킴.
설치다 ①행동을 대강대강하다. ②돌아다니다. ③몹시 날뛰다.
설탕【雪糖】 사탕수수·사탕무 등을 원료로 하여 만들어 낸 식품. 단맛이 남.

설형 문자 예전부터 페르시아·바빌로니아·아시리아에서 쓰던 쐐기 모양의 글자. 세상에서 가장 오래된 문자임. 비쐐기 문자.
설화【說話】 ①이야기. ②신화·전설·민담 등을 줄거리로 한 사실과는 먼 옛이야기.
섬: 사방이 바다로 둘러싸인 작은 땅. 비도서.
섬기다 섬기어 우러러 받들다.
섬:기슭[-끼슥] 섬의 끝 머리.
섬:나라 사방이 바다에 둘러싸인 바다. 일본·뉴질랜드·필리핀과 같은 나라.
섬세【纖細】 ①가느다람. 자세함. ②감정이나 행동이 찬찬하고 세밀하다. 예성격이 ~.
섬진강 전라 북도 진안군에서 시작하여 전라 남도와 경상 남도를 지나 남해로 흘러 들어가는 강. 길이 21km.
섭렵【涉獵】 여러 가지 책을 널리 읽음. 문학 작품을 ~하다.
섭리【攝理】 전우주를 지배하고 있는 원리와 법칙. 예자연의 ~.
섭섭하다 ①마음이 끌리어 서로 떨어지기 어렵다. 예헤어지기 ~. ②없어지는 것이 아깝다. ③기대에 어그러져 마음에 불만스럽다. 비서운하다.
섭섭히[-써피] 섭섭하게.
섭씨 온도계 1기압에서 물이 어는 점 0℃, 끓는 점을 100℃로 정하고 그 사이를 100등분한 온도계. 섭씨 한란계.
섭취【攝取】 영양분을 빨아들임.

예 영양을 ~하다.

성:¹ 노여워하여 왈칵 치미는 감정. 예 ~이 나다. 비 화.

성:²【姓】 한 혈통을 잇는 겨레붙이의 칭호. 곧 이·김·최·안·정·박씨 따위. 비 성씨.

성가시다 자꾸 귀찮게 굴어서 마음에 싫다. 예 동생이 옆에 있어 ~. 비 귀찮다. 반 편하다.

성:격【性格】 개인이 가지고 있는 특유한 성질. 비 성품.

성:경【聖經】 종교상 신앙의 최고 법전이 되는 책. 기독교의 성서·불교의 팔만대장경·유교의 사서오경·회교의 코란 등.

성공【成功】 ①하고자 하는 목적을 이룸. ②사회적인 지위나 부유함을 얻음. 반 실패.

성과【成果】[-꽈] 일이 이루어진 결과. 비 효과.

성곽【城郭】 성 둘레의 벽.

성금【誠金】 정성으로 내는 돈. 예 수재민 ~. 비 헌금.

성:급하다 성질이 매우 급하다.

성기다 사이가 뜨다. 예 머리카락이 ~. 반 배다. 작 상기다.

성:깔 성질을 부리는 버릇이나 태도. 예 ~이 사납다.

성:내다 화를 내다. 노여움을 드러내다. 골내다.

성냥 작은 나무 끝에 유황을 발라서 마찰에 의해서 불을 붙게 하는 물건. 예 ~을 켜다.

성냥팔이 소:녀[책명] 덴마크 출신의 소설가 안데르센이 지은 동화. 눈 내리는 밤에 추위에 얼어서 목숨을 잃는 성냥팔이 소녀의 가엾은 이야기.

성:능【性能】 어떠한 물건이 가지고 있는 성품과 기능. 예 비행기의 ~을 실험하다. 비 기능.

성:당【聖堂】 ①천주교의 교회당. ②공자를 모신 사당. 문묘.

성:대¹【盛大】 크고 훌륭함. 예 ~한 결혼식. 반 간소.

성대²【聲帶】 목소리를 내는 기관. 예 ~ 보호. 비 목청.

성:명【姓名】 성과 이름. 비 성함.

성:모【聖母】 ①거룩한 어머니. ②예수의 어머니 마리아.

성묘 조상의 산소를 찾아가서 살펴 돌봄. 예 ~하러 가다.

성문 성의 출입구에 만든 문. 서울의 동대문·남대문·창의문 등.

성:미 마음결. 성품과 취미. 예 ~가 급하다. 비 성격.

성벽 성의 담벼락.

성:별【性別】 남성·여성의 구별. 암수의 구별. 예 ~ 검사.

성분【成分】 무엇을 이룬 바탕이 되는 것. 예 ~이 좋다.

성사【成事】 일을 이룸. 일이 이루어짐. 예 일이 ~되다.

성:사²【聖事】 성스러운 일.

성:수기【盛需期】 어떤 물건을 한창 쓰는 시기. 예 선풍기 ~.

성심껏 정성을 다하여.

성:씨【姓氏】 「성」을 높여서 이르는 말. 예 ~가 어떻게 됩니까?

성악【聲樂】 사람의 목소리로 아름답게 나타내는 음악. 반

기악.

성악가【聲樂家】 성악을 전공하는 사람. 반기악가.

성우【聲優】 주로 라디오 방송국의 프로에 출연하는 배우.

성:웅 거룩하리만큼 뛰어난 영웅. 예~ 이순신. 비영웅.

성원【聲援】 힘을 북돋아 주는 응원이나 원조. 예~을 보내다.

성:은【聖恩】 ①임금님의 은혜. ②하나님의 은혜.

성의 정성스러운 마음. 성심.

성:인【聖人】 슬기와 덕이 뛰어나서 영구히 모범이 될 만한 사람. 세계 4대 성인은 석가·예수·공자·소크라테스임. 비성자.

성인【成人】 만 20세 이상 된 사람. 비어른. 반미성인.

성장 과:정 자라서 점점 커지는 순서. 예~이 어렵다.

성장기【成長期】 성장하는 시기.

성적【成績】 ①일을 다 마친 결과. ②시험의 점수.

성적표 학습이나 훈련의 결과를 적은 표. 비통지표.

성:전【聖殿】 신성하고 성스러운 곳. ~에서 의식을 치르다.

성조기 미국의 국기.

성주【城主】 성의 우두머리.

성:직자【聖職者】 종교적 직분을 맡은 교역자. 목사. 승려 따위.

성:질【性質】 처음부터 가지고 있는 본 바탕이나 기질. 비성미.

성:찬【盛饌】 풍성하게 차린 음식. 예아버님 생신의 진수~.

성취【成就】 생각했던 대로 이루어 냄. 비성공. -하다.

성큼 발을 높이 들고 걷는 모양.

성큼성큼 다리가 긴 사람이 걸어가는 모양. 예~ 걷는다.

성:탄절 예수가 탄생한 날. 양력 12월 25일. 비크리스마스.

성터 성이 있던 자리. 비성지.

성패【成敗】 성공과 실패.

성:품【性品】 사람의 됨됨이. 예~이 좋다. 비품성. 성격.

성하다 ①흠이 없다. ②몸에 병이 없다. 예사지가 ~.

성:함【姓銜】「성명」의 높임말.

성:행【盛行】 매우 성하게 유행됨.

성:행【性行】 성질과 행실.

성:향【性向】 성질상의 경향. 예소비 ~이 많다. 비기질.

성:현【聖賢】 덕망이 높고 어진 사람. 예옛 ~들의 가르침.

성형【成形】 ①흙을 빚어 그릇의 형체를 만듦. ②외과적 수단으로 형체를 고치거나 만듦.

성:화¹【聖火】 ①신에게 바치는 성스러운 불. ②올림픽 대회 때 대회장에 켜 놓은 불.

성화²【成火】 ①몹시 마음을 태워 답답함. ②심하게 굶.

성화같다 몹시 다급하다.

세:¹【貰】 남의 집이나 물건을 빌어 쓰고 내는 돈.

세:² 「셋·삼」의 뜻. ~ 사람.

세:가【勢家】 ①권세가 있는 집안. ②「세력가」의 준말.

세:간 집안 살림에 쓰는 여러 가지 기구. 비 살림살이.

세:계【世界】 ①지구 위의 모든 나라. 비 세상. ②무한한 공간. ③같은 종류끼리의 모임.

세:계 만:방 세계의 모든 나라.

세:계 명작 동:화집 각국의 대표적인 동화를 한데 모아 전세계 어린이들이 쉽게 읽을 수 있도록 재미있고 유익한 내용으로 만든 책. 예 ~을 읽다.

세:계사 세계 전체를 체계적으로 연관시킨 인류의 역사.

세:계 지도 세계를 그린 지도.

세:계 평화 온 지구 전체가 전쟁 없이 평온한 상태.

세:공【細工】 잔손질이 많이 가는 작은 물건을 만드는 수공.

세:공품 세공한 물건. 비 세공물.

세:관원【稅關員】 세관 업무를 맡아 보는 사람. 예 지방 ~.

세:균 가장 미세한 생물로 육안으로는 볼 수 없음. 병을 일으키는 것도 있음. 비 박테리아.

세:금【稅金】 나라 살림의 경비를 쓰기 위해서 국민에게 받아들이는 돈. 비 조세.

세:기【世紀】 ①시대 또는 연대. ②서력에서 100년을 한 세기로 정한 연대.

세:끼 하루에 세 번 먹는 밥.

세:다¹ 머리가 희어지다.

세:다² 수량을 헤아리다.

세:다³ ①힘이 많다. ②세력이 크다.

세:대 ①한 시대 사람들. 예 기성 ~. ②한 시대 사람들. 약 30년. 예 젊은 ~. ③세상.

세:대 교체【世代交替】 신세대와 구세대를 바꿈. -하다.

세:력【勢力】 ①권세의 힘. ②복종시키는 힘. 비 권력.

세:력가 세력이 있는 사람.

세:력권 어떤 세력이 미치는 범위. 예 태풍의 ~에 들다.

세:련 서투르거나 어색함이 없이 능숙하거나 깔끔하다.

세:례명【洗禮名】 천주교 신자에게 세례 때에 붙여지는 이름.

세:로 위에서 아래로 곧게 그은 모양. 반 가로.

세:로글씨 위에서 아래로 내리어 쓰는 글씨. 반 가로 글씨.

세르반테스[인명] (1547~1616) 「돈키호테」를 지은 에스파냐의 소설가. 전쟁과 노예 생활·감옥생활 등 기구한 생활을 하다가 「돈키호테」를 발표하여 이름이 났는데, 폭넓은 공상을 바탕으로 뛰어난 작품을 썼음.

[세르반테스]

세:면【洗面】 얼굴을 씻음. 세수.

세:면대 세면 시설을 해 놓은 대.

세:면 도:구 얼굴을 씻는데 쓰이는 여러 가지 도구.

세:모 세 개의 모. 삼각.

세:모꼴 세 개의 변으로 둘러싸인 꼴. 비 삼각형.

세:모나다 세모 모양으로 생기다. 모가 세 개 있다.

세:무【稅務】 세금을 매기고 거두어들이는 일.

세:무서 국세청에 속한 지방관청. 각 지방의 세금에 관한 일을 맡아 보는 관서.

세:밀 가늘고 조밀함. 비상세.

세:밑 한 해의 마지막 때. 연말. 예~의 온정. 비세모.

세:배【歲拜】 새해에 웃어른에게 드리는 인사. 예~돈.

세:뱃돈[-뱉똔] 세배한 아이들에게 주는 돈.

세:분【細分】 잘게 나누거나 자세히 분류함. -하다.

세:분화 여럿으로 잘게 나누고 세밀히 분류함. -하다.

세:상【世上】 ①한 사람이 살고 있는 동안. 예역경 속에 한 ~을 보내다. ②모든 사람이 사는 곳. 비세계.

세:상 만:사【世上萬事】 세상에서 일어나는 온갖 일.

세:상에 뜻밖의 일이 생기었을 때에 놀라는 뜻으로 쓰는 말.

세:세하다 ①매우 적어 보잘 것 없다. ②아주 자세하다.

세:속【世俗】 이 세상. 속세.

세:습【世襲】 세상의 풍습.

세:습² 재산·지위·업무 등을 물려받는 일. -하다.

세:시 새해. 설. 예~풍속.

세:심【細心】 ①자그마한 일에도 꼼꼼히 주의함. 예~한 배려. ②소심함.

세:액【稅額】 세금의 액수.

세어 헤아려.

세:월【歲月】 ①흘러가는 시간. 비시일. 광음. ②장사의 거래.

세일 판매, 매출.

세일즈맨 외판원.

세:입【稅入】 조세에 의한 수입.

세:자【世子】 임금님의 자리를 이어받을 아들. 비태자. 반공주. 본왕세자.

세:자빈 왕세자의 아내.

세:제【洗劑】 물에 타서 옷·과일 따위에 묻은 물질을 씻어내는데 쓰이는 약품. 예합성~.

세:종로[-노] 세종 대왕을 추모하기 위해 이름을 붙인 도로.

세:종 문화 회:관 우리 나라 문화예술의 대전당. 서울 종로구 세종로에 있음.

세:주다 셋돈을 받고 물건이나 집 등을 빌려 주다. 예집을 ~.

세:차【洗車】 자동차에 묻은 먼지 따위를 씻어 내는 일.

세:차다 몹시 강하고 세다. 예바람이 ~. 비힘차다. 반약하다.

세:탁【洗濯】 빨래. 예~소.

세:탁기【洗濯機】 전기를 이용하여 빨래하는 기계.

세:탁소 돈을 받고 남의 빨래를 하여 주는 곳.

세:태 세상의 형편이나 상태.

세:파 모질고 거센 세상의 풍파.

세:평 세상 사람들의 평판.

세:포【細胞】 생물체를 이루고 있는 기본적인 단위.

세:피리 조금 가늘고 작은 피리.

센 ①수를 헤아린. ②머리털이

센말 희어진. ③힘이 많은.
센:말 뜻은 같지만, 어감이 강한 말.「싱긋」에 대한「씽긋」같은 말. 반여린말.
센:머리 털이 희게 된 머리.
센세이션 일시적인 굉장한 평판. 예~을 일으킨 일.
센스 일에 대한 감각이나 미묘한 의미를 잘 찾아내는 능력. 예~가 있다.
셀로판 종이 셀로판을 종이처럼 얇게 한 것. 비셀로판지.
셈: ①수효를 세는 일. ②주고 받을 액수를 서로 따지어 밝히는 일.
셈:여림 세기와 약하기.
셈:여림표[-녀-] 악보에서, 그 곡을 강하게 또는 약하게 하라고 지시하는 부호. 비강약 부호. -하다.
셋:방 세를 내고 빌려 쓰는 방.
셔:츠 윗도리에 받쳐 입거나 겉 옷으로 입는 서양식 윗옷.
소[동물] 일을 시키고, 고기와 우유를 얻기 위하여 농가에서 많이 기르는 짐승. 성질이 온순하고 힘이 세다. [소]
소:가족 제:도 소가족으로 이루어진 오늘날의 가족 제도. 비핵가족 제도. 반대가족 제도.
소각 불에 태워서 없애 버림.
소:감【所感】느낀 바의 생각.
소개 두 사람 사이에 들어서 관계를 주선해 줌.
소개업【紹介業】소개비를 받고 집·직업·토지 등의 매매나 임대·전세 등을 소개하는 직업.
소개장[-짱] 소개하는 편지나 문서. 예회사에 ~을 보내다.
소:견 사람이나 사물의 현상을 보고 헤아리는 생각이나 의견.
소:경 ①앞을 못 보는 사람. 비봉사. 장님. ②사물에 어둡거나 글을 모르는 사람.
소:계【小計】한 부분만의 합계.
소고기 소의 고기. 쇠고기.
소곤소곤 연해 소곤거리다. 큰수군수군. 센쏘곤쏘곤. -하다.
소곳하다 약간 숙인 듯하다.
소:구 민요 악기. 소고.
소:국【小國】작은 나라. 반대국.
소굴 나쁜 짓을 하는 무리들의 근거지. 비굴.
소:규모【小規模】범위가 좁고 작은 규모. 반대규모.
소극 자진하여 나서려는 기백이 부족하며 비활동적임. 반적극.
소금 음식물에 짠맛을 내는데 쓰이는 나트륨과 염소의 화합물. 바닷물을 증발시켜 만듦.
소금절이 고기·채소 등을 소금에 절이는 일. -하다.
소:기업 규모가 작은 기업.
소꿉놀이 소꿉질하며 즐기는 놀이.
소나기 여름철 갑자기 쏟아지다가 그치는 비. 비소낙비.
소나무[식물] 소나무과의 상록

침엽 교목. 껍질은 검붉고 비늘 모양임. 건축재료·도구재료·땔감 등으로 많이 쓰임.

소나타 보통 네 개의 악장으로 되어 있는 기악곡의 한 형식. 주명곡.

소:녀【少女】 나이가 어린 여자 아이. 반소년.

소:녀단 걸 스카우트. 반소년단.

소:년【少年】 나이가 어린 사내 아이. 반소녀.

소:년단 보이 스카우트.

소:다수 소량의 무기염류를 용해한 물에 탄산가스를 포화시켜 만든 청량음료의 하나. 탄산수.

소달구지 소가 끄는 수레. 예~타고 왔다. 비우차.

소:담【笑談】 우스운 이야기.

소:대원 소대를 이루는 구성원.

소:대장 소대를 지휘하는 장교. 보통 소위나 중위가 됨.

소독【消毒】 약이나 열로써 병균을 없애 버림. 예그릇을 ~하다.

소동【騷動】 ①시끄럽게 떠듦. ②소란을 피움. 비소란.

소:득【所得】 일의 결과로 얻은 바의 이익. 비이득. 반손실.

소등【消燈】 등불을 끔. 예가로등이 모두 ~되다. 반점등.

소란【騷亂】 어수선하고 시끄러움. 반안온. 정숙. -하다.

소:량【少量】 적은 분량. 반다량.

소:로【小路】 작은 길. 반대로.

소록소록 ①아기가 곱게 자는 모양. 예착한 아이 ~ 잠들다. ②비가 보슬보슬 내리는 모양.

소:름 춥거나 무서울 때 피부에 도톨도톨하게 돋는 것.

소리 ①귀에 들리는 것. ②말. 비음성. ③노래. ④사람이나 동물이 내는 소리. 예새 ~. ⑤여론이나 호소.

소리꾼 판소리나 잡가 등 온갖 노래를 아주 잘하는 사람.

소리치다 소리를 지르다.

소:만【小滿】 24절기의 하나. 양력 5월 21일경.

소:망【所望】 바라는 바. 예~이 있다. 비소원. 희망.

소:매상【小賣商】 소매하는 장사. 비산매상. 반도매상.

소매치기 남의 소지품을 눈치채지 못하게 훔치는 일. 또는 그런 짓을 하는 사람.

소맷자락 옷소매의 드리운 부분.

소멸【消滅】 사라져 없어지거나, 자취도 남지 않도록 없애 버림. 예기록을 ~하다.

소모【消耗】 써서 없앰. 비소비.

소모량 소모한 양.

소:문【所聞】 여러 사람이 전하여 들리는 말. 비풍문. [소문난 잔치에 먹을 것 없다] 소문에 비하여 내용이 보잘것없다.

소:문자[-짜] 영어 등 서양 문자의 작은 체의 문자. 반대문자.

소:박【素朴】 꾸밈이 없이 수수한. 비순박. 반화려.

소방【消防】 화재를 미리 경계하고 불난 것을 끄는 일. -하다.

소방관 불이 나지 않게 미리 막거나 불을 끄는 일을 맡은 사람. 소방 공무원.

소방서【消防署】 불이 나지 않도록 단속하고, 난 불을 끄는 일을 맡은 일선 소방 기관.

소방차 불을 끄는 장치 및 인명 구조에 필요한 장비를 갖추고 쓰이는 차. 본소방 자동차.

소:변【小便】 오줌. 반대변.

소:복【素服】 ①하얗게 차려 입은 옷. 비흰옷. ②상중에 입는 예복. 비상복. -하다.

소복하다 물건이 높게 많이 담기어 있거나 쌓여 있다.

소비 물건이나 돈·시간 등을 써서 없앰. 반생산.

소비자 소비하는 사람.

소비재 개인의 욕망을 충족시키기 위하여 소비되는 계획.

소비지【消費地】 어떤 물품이 소비되는 지역. 반생산지.

소상 분명하고 자세함. 비상세.

소생¹【蘇生】 다시 살아남. 비희생. 부활. -하다.

소:생²【小生】「자기」의 낮춤말.

소:설【小說】 작가의 생각대로 사실처럼 꾸미어 이 세상 일을 그린 문학작품. 예문학 ~.

소:설가 소설을 짓는 사람.

소:속【所屬】 어떤 기관이나 단체에 딸림. 예너는 ~이 어디냐.

소송 재판을 법원에 요구함.

소:수¹【小數】 ①작은 수. ②1이 못되는 수를 십진법으로 나타낸 수. 곧, 0.25 따위.

소:수² 적은 수효. 예~ 의견을 존중하다.

소:수점[-쩜] 소수의 부분과 정수의 부분을 구분짓는 점.

소슬바람[-빠-] 으스스하고 쓸쓸하게 부는 가을 바람.

소:시지 동물에 창자에 양념을 하여 다진 고기를 넣어서 삶은 서양식 순대.

소식【消息】 ①편지. ②안부를 물음. 기별. 안부.

소식통【消息通】 어떤 일의 사정을 잘 아는 사람.

소:신【所信】 자기가 굳게 믿거나 생각하는 바.

소:심【小心】 마음 씀씀이가 작음.

소:아【小兒】 어린 아이.

소:아과 어린아이의 병을 전문으로 보는 의학의 한 분과.

소:액【少額】 적은 액수. 반거액.

소:야곡【小夜曲】 밤에 사랑하는 사람의 집 창밑 등에서 부르거나 연주하던 사랑의 노래. 세레나데.

소양호 소양강 댐으로 생긴 호수. 물의 양은 29억톤.

소외감【疎外感】 주위로부터 따돌림을 받는 것 같은 느낌.

소:요¹【所要】 요구되거나 필요한 바. 예~ 시간.

소요²【逍遙】 정한 곳이 없이 슬슬 거닐어 돌아다님. 비산책.

소:용【所用】 ①쓸 데. ②쓰임. 비필요. 반무용.

소:원 원하고 바람. 圓소망.
소:위【所謂】이른바.
소:위【少尉】장교의 제일 낮은 계급. 중위 아래 계급.
소:유【所有】가지고 있음. 또는 그 물건. 예물건은 내 ~다.
소:유물 소유하는 물건.
소:유자【所有者】물건을 가진 임자. 圓소유주. 소유인.
소음 시끄럽게 들리는 소리.
소:작농【小作農】남의 땅을 빌어 짓는 농사. 凡자작농.
소:작료【-장뇨】남의 땅을 빌려 농사를 짓는 값으로 땅 임자에게 치르는 곡식이나 돈.
소:장【少將】군인 계급의 하나. 중장의 아래. 준장의 위.
소:재¹【所在】있는 곳.
소:재²【素材】①어떤 것을 만드는데 바탕이 되는 재료. ②예술 작품의 바탕이 되는 모든 재료.
소:재지【所在地】건물 등이 자리 잡고 있는 곳. 예도청 ~.
소:중하다 매우 귀중하다. 圓귀중하다. 凡소홀하다.
소:지【所持】가지고 있음.
소:지품 가지고 있는 물건.
소:질【素質】본디부터 가지고 있는 성질. 圓재질.
소집【召集】불러서 모음.
소쩍새【동물】올빼미과에 달린 새. 「소쩍소쩍」또는 「소쩍다소쩍다」하고 우는데 소리가 매우 처절함. 성질이 사나워 가축을 해침. 두견새. 두견이.
소:청【所請】남에게 무슨 일을 청하는 바. 예네 ~이 무어냐.

소:총【小銃】개인이 휴대하는 전투용 총의 하나.
소:탕【掃蕩】휩쓸어 모두 없애버림. 예~ 작전. 圓전멸.
소파 등을 기댈 수 있고 양쪽 가에는 팔걸이가 있는 긴 안락의자. 예~를 놓다.
소:포 우편으로 보내는 물건.
소:폭【小幅】①폭이 좁음. ②시세 등의 차가 적음. 凡대폭.
소:품【小品】①자그마한 제작품. ②「소품물」의 준말.
소풍【消風】①답답한 마음을 풀기 위하여 바람을 쐬는 일. ②운동이나 자연의 관찰을 겸하여 먼 길을 걸음. 예봄 ~. 圓원족. ③산책.
소프라노 가장 높은 여자의 목소리. 凡알토.
소프트웨어 컴퓨터를 작동시키기 위하여 작성된 프로그램. 또는 움직이는 기술.
소화¹【消化】①먹은 음식을 삭이는 일. ②보고 들은 지식을 자기 것으로 만듦.
소화²【消火】불을 끔. 예~ 전. 圓진화. 凡방화.
소화기 불을 끄는 기구.
소화 기관 섭취한 음식물의 소화·흡수에 관계되는 입·식도·위·창자·간 등을 통틀어 이르는 말.
속: ①거죽 혹은 밖과 반대되는 곳. 예~과 겉이 다른 사람. ②「뱃속」의 준말. 예~이 거북하다. ③마음자리. 심보. 예~ 넓다. ④속사정. 내막.
속결 빨리 결정하거나 처리함.

속공 재빠른 동작으로 공격함.
속구【速球】 야구에서, 투수가 던지는 빠른 공. 예~를 때리다.
속국【屬國】 정치적으로 다른 나라에 매여 있는 나라. 종속국. 비식민지. 반독립국.
속기【速記】 ①빨리 적음. ②말을 속기부호로 적음. 예~사.
속:끓다 걱정이 되어 애가 타다.
속다 거짓을 곧이 듣다.
속닥거리다 동아리끼리 계속하여 가만가만 이야기하다.
속단【速斷】 빨리 판단함. 신중하지 않고 서둘러 내리는 판단.
속달 ①속히 배달함. ②썩 빨리 다다름. ③「속달 우편」의 준말. 예편지를 ~로 부치다.
속담【俗談】 옛날부터 일반 사람들 사이에 널리 전해 내려온 어떤 가르침을 주는 말.
속도【速度】 사물이 움직이는 빠른 정도. 비속력.
속독【速讀】 책 따위를 빨리 읽음.
속되다 ①고상하지 못하고 천하다. 예행동이 ~. ②세속적·통속적이다. 예인간이 ~.
속삭임 속삭이는 짓. 예아름다운 ~. 반부르짖음. 외침.
속:상하다 ①마음 속이 상하다. ②화나다.
속성【速成】 빨리 이룸. 반만성.
속:셈 ①마음 속으로 하는 셈. 예엉큼한 ~을 품다. ②연필이나 주판을 쓰지 않고 마음 속으로 하는 계산. 비암산.
속:속들이 깊은 속까지 샅샅이.
속수 무책【束手無策】 다른 방법이 없어 꼼짝할 수 없음.
속어 통속적인 저속한 말.
속:옷 겉옷이 살에 닿지 않도록 속에 받쳐 입는 옷. 비내의. 내복. 속내의. 반겉옷.
속이다 거짓을 진실처럼 말하다.
속히 빠르게. 반천천히.
솎다 배게 나 있는 채소·풀 따위를 군데군데 뽑아 성기게 하다.
손¹ 손님. 찾아 온 사람. 나그네. 비객. 반주인. 큰손님.
손² 사람의 팔목에 달린, 손가락과 손바닥이 잇는 부분.
손:³【孫】 자손. 후예. 예장~.
손가늠 손으로 대충 길이를 잼.
손가락 손끝에 달려 있는 다섯 개의 짧은 가락.
손거울[-꺼-] 몸에 지니고 다니면서 보는 작은 거울.
손금[-끔] 손바닥 살거죽에 줄무늬를 이룬 금. 예~을 보다.
손꼽다 ①손가락을 꼽아 수를 세다. ②많은 사람 중에 두드러지게 뛰어나다.
손끝 손가락의 끝.
손녀【孫女】 자녀의 딸. 비여손.
손님 주인을 찾아온 사람. 또는 물건을 사러 온 사람. 반주인.
손님마마 「천연두」를 달리 이르는 말.
손목 손과 팔이 서로 잇닿은 부분. 예~이 부러지다.

손목시계 손목에 차는 작은 시계.
손바느질 손으로 하는 바느질.
손바닥 손의 안쪽.
손버릇[-뻐-] 손에 익은 버릇. 예~이 나쁘다.
손보다 흠 또는 결점이 없도록 잘 손질하여 보살피다.
손:상【損傷】 떨어지고 상함. 예체면을 ~시키다.
손:색【遜色】 서로 비교해 보아서 못한 점. 예제품이 ~없다.
손수 직접 자기 손으로. 예~ 밥을 해 먹다. 비몸소. 친히.
손수건[-쑤-] 땀 따위를 닦는 작은 헝겊.
손수레 직접 손으로 밀거나 끄는 수레. 예~를 밀다.
손:실【損失】 ①축나서 없어짐. 예~이 많다. ②밑짐. 반이익.
손씻다 관계를 청산하다. 손떼다. 예이 일에서 ~.
손아래 자기보다 나이가 적음. 비수하. 반손위.
손아랫사람 손아래가 되는 사람. 반손윗사람.
손윗사람 손위가 되는 사람.
손자【孫子】 아들의 아들.
손잡이 물건에 덧붙여서 손으로 잡게 된 부분.
손재주[-쩨-] 손으로 물건을 만드는 재주. 예~가 좋다.
손질 손으로 물건을 잘 매만지는 일. 손보기. 예공구를 ~하다.
손짐작[-찜-] 손어림.
손짓 손을 눌려 의사를 나타내는 짓.

솔선【率先】[-썬] 다른 사람보다 앞서서 함. 예~ 수범.
솔선 수범【率先垂範】 남보다 앞장서서 하여 모범을 보임.
솜:사탕 설탕을 기계로 돌려 솜처럼 부풀려서 만든 과자.
솜씨 손으로 물건을 만드는 재주. 일을 하는 수단.
솜:이불[-니-] 솜을 넣어 만든 이불. ~을 덮다.
솜:털 썩 잘고 부드러운 털.
솟구치다 세차게 솟다.
솟다 ①아래에서 위로, 또는 속에서 겉으로 세차게 나오다. ②느낌이 들다. 예기운이 ~.
솟:대 ①과거에 급제한 사람을 위하여 마을 입구에 높이 세우던 붉은 칠을 한 장대. ②큰 농가에서 볍씨를 주머니에 담아 높이 달아매는 장대. ③솟대쟁이가 올라가 재주를 부리는 장대.
솟아나다 솟아서 밖으로 나오다.
솟아오르다 솟아서 위로 오르다.
송 노래.
송:가 기리는 노래. 비찬가.
송골송골 땀·소름 따위가 자디잘게 많이 돋아나는 모양.
송:곳니[-곤-] 앞니와 어금니 사이에 있는 뾰족한 이.
송:구【送舊】 묵은 해를 보냄. 예~ 영신. 반영신. -하다.
송글송글 땀이 맺힌 모양.
송:금【送金】 돈을 부쳐 보냄.
송:년【送年】 한해를 보냄.
송:년사【送年辭】 묵은 해를 보

내면서 하는 인사말이나 이야기.

송:년호 신문·잡지 등의 이 해를 보내면서 발행하는 호.

송:달【送達】 편지나 서류·물건 따위를 보내어 줌. 예편지를 ~.

송:덕【頌德】 공덕을 기림.

송도【松都】 개성의 옛 이름.

송두리째 있는 그대로 온통 다.

송림【松林】 소나무 숲. 비솔숲.

송:별【送別】 떠나는 사람을 보내는 일. 비배웅. 반유별.

송:사【送辭】 「송별사」의 준말.

송:사²【頌辭】 공덕을 기리는 말.

송:수【送水】 물을 보냄.

송:신 전보·전화 따위로 다른 곳에 통신을 보냄. 반수신.

송:신기【送信機】 다른 곳으로 통신을 보내는 장치. 반수신기.

송:신소【送信所】 전파를 내보내는 일을 맡은 곳.

송:신탑 통신을 보내는 탑.

송아지 어린 소.

송알송알 땀·물이 방울방울 많이 맺힌 모양.

송어【동물】 연어과의 바닷물고기. 연어와 비슷함. 바다에서 살다가 산란기에 강의 상류로 거슬러 올라가 알을 낳음. 맛이 좋음. 한국·일본 등지에 분포함.

송:영【送迎】 ①떠나는 사람을 보내고, 오는 사람을 맞음. ② 「송구 영신」의 준말.

송:유관 석유나 휘발유를 다른 곳으로 보내기 위해 시설한 관.

송이¹ 꽃이나 눈 같은 것의 따로 된 한 덩이.

송이²【식물】 송이과의 버섯. 솔밭의 축축한 땅에 남. 독특한 향기와 맛이 좋은 대표적인 식용 버섯임. 비송이버섯.

송이송이 「송이마다」의 뜻을 힘 있고 재미있게 나타낸 말.

송:장 죽은 사람의 몸. 비시체. 시신.

송:전【送電】 발전소에서 발생된 전력을 사용지부근의 변전소로 보내는 일. -하다.

송진【松津】 소나무에서 나오는 끈끈한 액체. 비송지.

송충이【동물】 송충나방의 유충. 누에 비슷함. 솔잎을 갉아먹어 해를 끼침. 비송충. [송충이]
[송충이는 갈잎을 먹으면 떨어진다] 분수에 넘치는 짓을 하면 낭패를 본다.

송판【松板】 소나무를 켠 널빤지.

송편 멥쌀 가루를 반죽하여 속을 넣어 반달 모양으로 빚어 솔잎을 깔고 찐 떡. 예~을 빚다.

송:화【送話】 전화 등으로 상대자에게 말을 보냄. 반수화. -하다.

송:환【送還】 도로 돌려보냄.

쇄:국【鎖國】 다른 나라와의 통상을 금지함. 예~ 정책. 반

쇄:국주의 쇄국을 주장하는 주의.

쇄:도 한꺼번에 세차게 몰려 들어 옴. 예주문 ~. -하다.

쇄:신【刷新】 나쁜 폐단을 없애고 새롭게 함. 예정책을 ~하다.

쇠 ①철. ②쇠붙이를 통틀어 일컬음. ③「열쇠·자물쇠」의 준말.

쇠:가죽 소의 가죽. 비우피.

쇠:고기 소의 고기. 소고기

쇠고랑 「수갑」의 속된 말.

쇠:귀 소의 귀.

쇠:똥구리[동물] 풍뎅이과의 갑충. 빛은 검고 광택이 있음. 소똥·말똥 따위를 굴 속에 날라 저장해서 먹고 삶.

쇠망 쇠퇴하여 망함. -하다.

쇠사슬 ①쇠로 만든 고리를 여러 개 이어서 만든 줄. ②자유의 구속을 비유.

쇠약 약해져서 튼튼하지 못함.

쇠퇴 약해져 전보다 못하여짐. 예회사가 ~해 간다. 반발전.

쇳물 ①쇠의 녹이 우러난 물. ②높은 열에 녹아서 물같이 된 쇠. 예~이 쏟아져 나오다.

쇼: ①구경거리. ②보임. 전시. 예패션 ~.

쇼크 갑자기 느끼는 충격. 타격.

쇼팽[인물](1810~1849) 폴란드의 낭만파 음악가. 작품에는 「강아지 왈츠」·「군대 폴
[쇼팽]
로네즈」·「이별의 노래」·「즉흥환상곡」등이 있음.

쇼핑 물건을 사러 백화점이나 상점에 가는 일.

수:【繡】 헝겊에다 여러 가지 색실로 그림이나 글씨를 떠서 놓는 일. 예~를 놓다.

수감【收監】 사람을 감옥에 가두어 두는 것. 반석방.

수거 거두어 감. 예쓰레기 ~.

수갑 죄인의 두 손을 채우는 기구. 예~을 채우다.
[수갑]

수군거리다 남이 못 알아듣게 낮은 소리로 가만히 말하다.

수금【收金】 받아야 할 돈을 거두어들임. 예외상값을 ~하다.

수긍【首肯】 그러하다고 인정함.

수기【手記】 직접 자기가 체험한 것을 몸소 적음. -하다.

수뇌 어떤 조직·단체·기관 등에서 가장 중요한 자리의 인물.

수:다쟁이 수다스러운 사람을 얕잡아 이르는 말.

수단【手段】 ①일을 처리 나가는 꾀와 솜씨. ②목적을 달성하기 위한 방법이나 도구. 비방법.

수당【手當】 일정한 급료 외에 주는 보수. 예특별 ~.

수도¹【首都】 한 나라의 중앙 정부가 있는 도시. 비서울.

수도² ①물을 소독하여 가정이나 공장 등에 보내 주는 시설.

②뱃길. 물길.
수도³【修道】 도를 닦음. -하다.
수도자 도를 닦는 사람.
수동 손으로 움직임. 예~식.
수락【受諾】 요구를 받아들이어 승낙함. 예건의를 ~하다.
수:량【數量】 수효와 분량.
수레 바퀴를 달아 굴러가게 만든 물건. 비마차.
수력발전소[-쩐-] 높은 곳에서 흘러 떨어지는 물의 힘으로써 발전기를 돌려서 전기를 일으키는 곳. 반화력 발전소.
수련 수양하고 단련함. 비연수.
수렴【垂簾】 ①발을 드리움, 또는 그 발. ②「수렴 청정」의 준말.
수렵【狩獵】 사냥. -하다.
수렵도 옛날에 사냥하는 모습의 그림. 예~를 그리다.
수령【首領】 한 당파나 무리의 우두머리. 비두목. 두령.
수록【收錄】 모아서 기록함. 또는 그 기록. 예특별 기사가 ~됨.
수료【修了】 학업을 다 배워 마침. 예대학과정을 ~하다.
수류탄 손으로 던지어 가까운 곳에 있는 적을 살상하는 폭탄의 하나.

[수류탄]
수륙【水陸】 물과 뭍. 바다와 육지.
수리 시:설 논밭에 물을 대어 주기 위해 마련해 놓은 것.
수면¹【水面】 물 위의 면.
수면²【睡眠】 잠 자는 일. -하다.
수명【壽命】 ①목숨. 비명. ②사용할 수 있는 시간의 길이.
수모【受侮】 남에게 창피당함.
수:박[식물] 열매는 둥글고 크며 맛이 달고 물이 많음.
수반¹【首班】 행정부의 우두머리.
수반² ①거느리고 따름. 예~자. ②어떤 일과 함께 생김.
수배【手配】 범인을 잡기 위하여 지시나 조치를 함. 예지명~.
수분【水分】 물기.
수비【守備】 준비하여 지키어 막음. 예~병. 비방비. 반공격.
수산【水産】 바다·강 등에서 나는 산물. 어패·해조류 등. 비해산.
수산물 강이나 바다·호수 따위의 물속에서 나는 산물.
수산업 수산물을 얻는 산업.
수산 자:원 바다나 물 속에서 얻어지는 어류·조개류·소금 따위.
수삼 캐내어서 아직 말리지 않은 인삼. 비생삼. 반건삼.
수상¹【受賞】 상을 받음.
수상²【首相】 행정부를 이루고 있는 내각의 우두머리. 국무총리. 비총리. 재상.
수상³【殊常】 보통과 달라서 매우 이상함. 예~한 사람.
수상⁴【水上】 물의 위.
수색 살펴서 찾음. -하다.
수석¹【首席】 맨 윗자리. 반말석.
수석²【水石】 ①물과 돌. ②물 속

에 있는 돌. 천석.
수선¹ 정신을 어지럽게 함.
수선²【修繕】 낡거나 허름한 물건을 고침. 비수리.
수선³【修線】 어떤 직선 또는 평면과 직각을 이루는 직선.
수선공 수선하는 일을 하는 사람.
수성¹【水星】 행성 가운데 제일 작고 태양에서 가장 가까운 별.
수성²【水性】 ①물의 성질. ②물에 녹는 성질. 비수용성.
수세식【水洗式】 변소에 급수 장치를 하여 오물이 물에 씻겨 내려가도록 처리하는 방식.
수소¹ 소의 수컷. 반암소.
수소²【水素】 색과 냄새와 맛이 전혀 없는 기체 원소.
수소문 떠도는 소문을 두루 찾아 살핌. 예사람을 ~하여 찾다.
수수깡 수수의 줄기. 비수숫대.
수수께끼 ①사물을 빗대어서 그 말의 뜻이나 이름을 알아 맞추는 놀이. ②괴이하여 알 수 없는 일. 예~의 사건.
수술【手術】 피부를 째어 병을 치료하는 일. 예맹장 ~. -하다.
수:식【數式】 숫자를 계산할 수 있도록 하기 위한 식.
수신【受信】 우편·전보·라디오 방송 등의 통신을 받음. 예~장치. 반발신. 송신.
수심¹【水深】 물의 깊이.
수심²【愁心】 근심하는 마음. 예~이 가득한 얼굴. 비근심.

수업【授業】 학문이나 기술 등을 가르침을 받음. 예~ 시간.
수염 입 근처에 나는 긴 털.
수영 몸이 물 위로 뜨게 손발을 놀려 나아가는 것. 비헤엄.
수예【手藝】 손으로 하는 기예.
수온【水溫】 물의 온도.
수완【手腕】 일을 꾸미거나 치러 나가는 솜씨. 비수단.
수요일【水曜日】 칠요일의 하나. 일요일로부터 넷째 되는 날.
수용소 많은 사람을 한 곳에 가두거나 넣어 두고 맡는 곳.
수용액【水溶液】 어떤 물질을 물에 녹인 액체. 설탕물·소금물 등.
수원【水原】[지명] 경기도의 도청 소재지.
수원지【水源池】 상수도에 보낼 물을 모아 두는 곳.
수위【首位】 첫째 자리. 비일위.
수은【水銀】 평상 온도에서 액체로 되어 있는 은백색의 금속 원소. 온도계 등에 쓰임.
수익【收益】 이익을 거두어들임. 또는 그 이익.
수입【輸入】 외국에서 물건을 사들임. 반수출. -하다.
수장¹【首長】 우두머리.
수장²【收藏】 물건 따위를 조심히 간직함. 예보물을 ~하다.
수재¹【秀才】 ①재주가 빼어난 사람. ②전에, 미혼 남자의 존칭.
수재²【水災】 큰물로 인한 재해. 예홍수에 ~를 입다. 비수해.
수재민【水災民】 큰물로 인한 피해를 당한 사람. 예~ 돕기 운

수정¹【水晶】 빛이 없고 투명한 석영의 하나. 보통은 무색 투명임. 도장이나 장식품·광학 기기 등에 쓰임.

수정²【修正】 바로잡아 고침.

수제자【首弟子】 제자 중에서 배움이 가장 뛰어난 제자.

수족【手足】 손과 발. 예~같이 부리는 사람.

수족관【水族館】 물 속에 사는 생물이나 동물을 모아 기르고 사람들에게 구경시키는 시설.

수줍다 부끄러운 기가 있다. 반괄괄하다.

수중¹【水中】 물 한가운데. 물속.

수중²【手中】 ①손의 안. ②능력이 미칠 수 있는 범위.

수증기【水蒸氣】 물이 증발한 기체 상태가 된 것. 준증기.

수지【收支】 수입과 지출.

수직【垂直】 ①반듯하게 드리움. ②직선과 직선, 직선과 평면, 평면과 평면 등이 서로 만나 직각을 이룬 상태.

수집¹【收集】 거두어 모음.

수집²【蒐集】 이것 저것 자료를 찾아 모음. 비채집. -하다.

수채화 서양화의 한 가지로, 물감을 물에 풀어서 그린 그림.

수척 몸이 몹시 야위고 약해져서 얼굴이 안 되어 보임. -하다.

수출품【輸出品】 외국에 수출하는 물품. 반수입품.

수치【羞恥】 부끄러움. 반영예.

수컷 짐승의 수놈. 반암컷.

수탉 닭의 수컷. 반암탉.

수통 물을 담는 통.

수:판【數板】 셈을 놓는데 쓰는 계산 기구. 비주판.

수평【水平】 잔잔한 수면처럼 평평한 상태. 예~선.

수포【水泡】 ①물거품. ②헛된 것. 예일이 ~로 돌아가다.

수표【手票】 은행의 당좌예금을 가진 자가 은행에 지불해 줄 것을 위탁해 발행하는 금액의 쪽지.

수필【隨筆】 본 대로, 들은 대로, 느낀 대로를 형식에 의하지 않고 적은 글. 예~집.

수학【受學】 학문을 배움.

수학 여행 학생들이 실지로 가서, 보고 들어서 지식을 넓히도록 학교에서 데리고 가는 여행.

수해【水害】 홍수로 인한 해. 예~를 입다. 비수재. 반한해.

수행【隨行】 업무로 따라 가다. 예대통령을 ~하다.

수행원 높은 자리에 있는 사람을 따라다니며 그 사람을 돕거나 보호하는 사람. 예대통령 ~.

수험【受驗】 시험을 치름.

수호 지키고 보호함.

수호신 수호하는 신.

수화【手話】 벙어리가 몸짓과 손으로 하는 말. 반구화. -하다.

수:효【數爻】 물건의 수. 비수량.

수훈【殊勳】 공훈을 세우는 것.

숙고 많이 잘 생각함. 예심사 ~.

숙녀【淑女】 교양·예의·품격을 갖춘 여자. 반신사.
숙달 익숙하고 통달함. 반미숙.
숙덕이다 비밀히 수군거리다.
숙명【宿命】 타고난 운명.
숙모【叔母】 숙부의 아내. 비작은 어머니. 반숙부.
숙박【宿泊】 여관이나 어떤 곳에 머물러 묵음. 예~ 시설.
숙부【叔父】 아버지의 동생.
숙소【宿所】 머물러 묵는 곳.
숙식【宿食】 자고 먹음. -하다.
숙연【肅然】 ①고요하고 엄숙함. 예~한 분위기. ②삼가고 두려워하는 모양. -하다. -히.
숙원【宿怨】 오래도록 품은 원한. 예~을 풀다.
숙원【宿願】 오래 전부터 갖고 있던 소원. 예~을 이루다.
숙제 ①학교에서 배운 것의 복습과 예습을 목적으로 내주는 과제. ②두고 생각할 문제. 비과제.
숙직【宿直】 관청이나 일터에서 잠을 자면서 지키는 일.
숙청 엄하게 다스리어 잘못된 일이나 그런 사람을 없앰.
순【筍】 식물의 싹. 예~이 돋다.
순간【瞬間】 잠깐 동안. 아주 짧은 시간. 비찰나. 반영원.
순경 경찰관의 최하 계급.
순교【殉敎】 자기가 믿는 종교를 위하여 목숨을 바침. -하다.
순국【殉國】 나라를 위하여 목숨을 바침. 예~ 선열.
순국 선열 나라를 위하여 목숨을 바친 열사.
순금【純金】 다른 것이 섞이지 않은 순수한 황금. 예~ 반지.
순두부 눌러 굳히지 않은 두부.
순례[술-] 종교적으로 성스러운 곳을 방문하여 참배함.
순박【淳朴】 성질이 순하고 꾸밈이 없음. 비소박.
순발력 어떠한 바깥의 자극에 대하여 순간적으로 몸을 움직이어서 힘을 낼 수 있는 근육의 능력. 힘. 예~이 뛰어난 선수.
순수【純粹】 다른 것이 조금도 섞임이 없음. 반불순.
순:위【順位】 차례를 나타내는 위치나 지위. 예~를 매기다.
순:응【順應】 환경이나 경우의 변화에 익숙해지는 것.

순:이익【純利益】 순전히 남은 이익. 반순손해. 준순익.
순정 마음이나 성질이 순수하고 꾸밈이 없음. 깨끗한 마음.
순:조롭다(순조로우니, 순조로워) 아무 탈 없이 잘 되어 가다.
순:종¹【順從】 순순히 복종함. 예말씀에 ~하다. 반거역.
순종²【純種】 딴 계통과 섞이지 아니한 순수한 종. 반잡종.
순직【殉職】 직무를 다하다 목숨을 잃음. 예과로로 ~하다.
순환 쉬지 아니하고 이어서 돎.
순회 여러 곳을 차례로 돌아다님.
숟가락 밥이나 국 따위를 떠먹는 기구. 준숟갈. 높수저.
술 알코올 성분이 있어서 마시면 취하는 음료를 통틀어 이르는 말. 곡차.
술래 술래잡기 놀이에서 숨은 아이들을 찾아내는 아이.
숨: ①사람이나 동물이 코나 입으로 공기를 들이마시고 내쉬는 기운. 비호흡. ②채소 같은 것의 생생하고 빳빳한 기운.
숨:결[-껼] 숨쉬는 속도. 숨을 쉴 때의 높낮이.
숨:다[-따] 남에게 보이지 않게 몸을 감추다.
숨바꼭질 술래가 숨은 사람을 찾아 내는 놀이. 준순박질. -하다.
숨:표 음악에서 노래 도중에 숨을 쉬라는 표시. 기호는 「,」 또는 「V」.
숫되다 순진하고 어리숙하다.
숫:자【數字】[-짜] 수를 나타내는 글자. 1·2·3·5…. 준수.
숭고 매우 엄숙하고 고결함. 예~한 정신. 비고결. 반저속.
숭례문 남대문의 본래 이름. 서울의 4대문의 하나. 서울 남쪽에 있는 성문으로 국보 제1호.
숭배【崇拜】 마음 속으로 우러러 공경함. 비숭상. 반경멸.
숯가마 숯을 구워 내는 가마.
숲 나무나 풀이 무성하게 우거진 곳. 비삼림. 수풀.
쉬엄쉬엄 ①쉬어가면서 천천히 일하는 모양. 예숙제를 ~하다. ②그쳤다 계속되었다 하는 모양. 예눈이 ~ 온다.
쉰: 열의 다섯 곱절. 50
쉰:내 음식 등이 쉬어서 나는 시큼한 냄새. 예~가 난다.

쉼:표 ①악보에서 음의 쉼을 나타내는 기호. 휴지부. ②문장 안에서 짧은 쉼을 나타내는 문장 부호의 하나.
슈베르트[인명](1797~1828) 「가곡의 왕」이라고 불리는 오스트리아의 음악가. 작품에는 「마왕」· 「들장미」·「겨울나그네」등이 있음.

[슈베르트]

슈:퍼마:켓 판매원을 두지 않고 고객이 매장에서 물건을 고르고 대금을 계산대에서 지불하는 가게. 준슈퍼.
스낵 식품 간식용의 가벼운 식품.
스낵 코:너 스낵 식품을 먹을 수 있는 간이 식당.
스냅 ①단추의 한 가지. 똑딱단추. 본스냅 파스너. ②스냅사진의 준말.
스노:모빌 앞바퀴 대신 썰매를 단 눈자동차.
스님 중의 높임말.
스로:인 농구나 축구에서 선 밖으로 나간 공을 두 손으로 높이 들어 경기장 안으로 던지는 일.
스릴 간담을 서늘하게 하거나 아슬아슬한 느낌. 전율.
스마일 웃음. 미소.
스마:트 모양이 단정하고 말쑥함. 예~한 용모.
스모그 공장이나 자동차 배기 가스가 내뿜는 연기가 하늘에 안개처럼 끼어 있는 것.

스무고개 스무 번의 질문으로 어떤 문제나 사물을 알아맞히는 놀이.

스승 자기를 가르쳐 주는 사람. ⑩~의 은혜. ⑪제자.

스승의 날 매년 양력 5월 15일. 선생님의 은혜에 감사하기 위해 정한 날.

스웨터 털실로 두툼하게 짠 겉옷.

스위치 전기의 흐름을 이었다 끊었다 하는 장치.

스윙 ①권투에서 옆으로 강타하는 타격. ②야구에서 배트를 휘두르는 일.

스카:프 여성이 추위를 막거나 장식용으로 목에 감거나 머리에 쓰는 보자기 만한 얇은 천.

스커:트 여성의 양장 치마.

스케이트장 스케이트를 타는데 필요한 설비를 갖춘 곳.

스케치 그릴 대상을 직접 보고 그 특징을 잡아 간단히 그림을 그리는 일. ⑩풍경을 ~하다.

스케치북 스케치를 할 수 있도록 여러 장의 도화지를 한데 메어 놓은 책.

스코어 경기할 때 얻은 점수나 그것을 표시한 판.

스크랩북 스크랩한 것을 붙여 놓은 책.

스크린: 영화 따위를 비추기 위한 은막. 영사막.

스키: 눈 위를 지치는데 쓰는 가늘고 길게 만든 기구. 또는 그 기구를 써서 하는 운동.

스타:트 출발. 특히 달리기의 시작. -하다.

스턴트 맨 영화나 텔레비전에서 위험하고 어려운 장면에서 주인공 대신 연기하는 전문 배우.

스테레오 방송이나 레코드 등의 입체 음향.

스토:리 소설이나 연극·영화 등의 이야기 줄거리.

스토: 부인[인물](1811~1896) 미국의 여류 소설가. 노예 해방을 부르짖은 사람. 흑인 노예들의 비참한 생활을 보고, 소설 '톰 아저씨의 오두막'을 썼음.

[스토부인]

스톱 하던 일이나 동작을 정지함. -하다.

스튜디오 ①방송을 하는 방. ②촬영하는 방. ⑩~를 견학하다. ③사진사나 화가 등의 작업하는 방.

스튜어디스 비행기 안에서 손님에게 안내·서비스 등을 하는 여자 승무원.

스트레스 몸이나 마음에 여러 자극이 주어졌을 때 일어나는 갖가지 반응. ⑩~를 받다.

스티커 상표나 선전 광고 또는 어떤 표시를 나타내기 위해 붙이는, 풀칠되어 있는 작은 종이.

스펙트럼 빛을 프리즘 등에 통과시켰을 때 생기는 무지개 같은 빛깔의 띠.

스포:츠 몸과 정신을 튼튼히 하

기 위한 모든 운동.
스푼: 주로 양식에 쓰이는 숟가락. 예)은~.
스프링 ①봄. ②용수철.
스피:드 속력. 속도.
스피:커 소리를 크게 하여 멀리 들리게 하는 장치. 비)확성기. 라우드스피커.
슬그머니 남이 모르게 넌지시. 예)~ 나와 버렸다. 비)슬쩍. 슬며시. 작)살그머니.
슬기 사물의 이치를 빨리 깨닫고 사물을 정확하게 처리할 방도를 생각해 내는 재능.
슬라이드 필림 원판을 옆에서 밀어 넣게 된 환등기. 또는 그 필름 원판.
슬럼프 일시적으로 몸이 좋지 않거나 사업이 부진한 상태. 예)~에 빠지다.
슬로:건 표어. 강령.
슬로:모:션 영화 등의 화면에서 물체의 움직임이 실제 속도보다 느리게 보이도록 비추는 일.
슬며시 드러나지 않게 힘을 적게 들여서. 예)~ 일어나다.
슬쩍 ①남이 모르게 재빨리. ②힘들이지 않고 익숙하게.
슬픔 아프고 괴로운 느낌. 비)서러움. 반)기쁨.
슬하 「무릎 아래」라는 뜻으로 부모님의 곁. 부모님의 ~.
습격 갑자기 덮치어 공격함. 비)기습. 반)방어.
습관 오랫동안 되풀이하여 생긴 버릇. 비)관습. 습성.
습도계【濕度計】대기 중의 습도를 재는 기구. 검습기.
습득[拾得] 남이 잃은 물건을 주워서 얻음. 반)분실.
습득[習得] 익혀서 얻음. 배워서 앎. 예)기술 ~.
습성[習性] 버릇이 되어 버린 성질. 예)아주 나쁜 ~. 비)습관.
습작[習作] 시나 소설·그림 등을 연습삼아 만든 작품. 또는 작품을 만드는 일. -하다.
습진 살갗에 생기는 염증.
승강[昇降] 오르고 내림.
승객[乘客] 배·차·비행기 등을 타는 사람. 예)비행기 ~.
승낙[承諾] 청하는 바를 들어 줌. 허락. 비)거절. 반)거부.
승려[僧侶][-녀] 「중」을 높여 부르는 말. 비)스님.
승리[勝利] 다투거나 싸워서 이김. 반)패배. -하다.
승:부 이김과 짐. 비)승패.
승:산[勝算] 되거나 이길 가망. 예)~이 있는 경기.
승상[丞相] 오늘날의 장관과 비슷한 벼슬 자리. 비)정승.
승승장구 싸움에서 이긴 여세를 몰아 계속 몰아침.
승용차 사람이 타고 다니는 차.
승인 옳다고 인정되어 승낙함. 비)승낙. 허락. 반)거부. -하다.
승:점 경기나 내기 따위에서 이긴 점수. 예)~이 높다.
시:[1] 특별시와 광역시의 명칭.
시[2] 마음에 깊이 느낀 것이나 실지로 경험한 것을 리듬에 맞춰 쓴 글. 형식에 따라 정형

시·자유시·산문시로 구분됨.

시:가【市街】 ①도시의 큰 길거리. ②인가가 많고 번화한 곳.

시:각【視角】 무엇을 보거나 생각하는 각도. 예보는 ~이 다르다.

시:각 장애 시각에 이상이 생기거나 눈에 이상이 생김.

시간【時間】 ①어떤 시각에서 어떤 시각까지의 사이. 예공부 ~. ②과거·현재·미래가 끊임없이 연속하는 것. ③일정하게 정해진 때. 예~에 늦다.

시간표 일정한 시간을 계획대로 나누어 정해 놓은 표.

시계【時計】 시각을 나타내는 기계. 예손목 ~.

시골 ①서울에서 떨어져 있는 마을이나 지방. 반도시. ②고향. 예~ 인심이 좋다.

시:공【施工】 공사를 시작함.

시구【詩句】 시의 구절.

시금치[식물] 채소의 하나. 명아주과에 속함. 뿌리는 붉으며 잎에 비타민이나 철분이 많다.

시급 몹시 절박하고 급함.

시기¹【時期】 ①정한 때. 예졸업 ~. ②어떤 일을 바라고 기다리던 때. 예놓아줄 ~이다.

시기²【猜忌】 남이 잘 되는 것을 미워함. 비샘. 반사모.

시끄럽다 몹시 떠들썩하다.

시나리오 영화 각본. 장면의 순서, 배우의 대사나 동작 등 영화를 만들기 위해 쓴 글이나 책.

시:내¹ 골짜기나 평지에 물이 흐르는 작은 내. 비하천.

시:내²【市內】 도시의 안.

시:내 전:화【市內電話】 한 도시 안의 전화 교환국에 수용되었거나 도시 안에서만 통화되는 전화. 반시외전화.

시늉 어떠한 움직임이나 모양을 흉내내는 짓. 비흉내.

시다 ①초맛과 같다. 예포도가 ~. ②뼈를 삐어서 시근시근하다. 예발목이 ~. ③하는 일이 눈에 벗어나 비위에 거슬리다.

시대【時代】 ①일정한 표준에 의해 구분된 기간. ②그 당시.

시대 착오 시대의 생활 방식이나 풍조에 뒤떨어지는 일.

시:도【試圖】 어떤 것을 이루어 보려고 계획하거나 행동함. - 하다.

시:동 ①처음으로 움직임. ②발전기나 전동기 등의 발동을 걸거나 돌림. 예차의 ~을 걸다.

시들하다 ①마음에 차지 않다. ②대수롭지 않다. 예기분이 ~.

시:력【視力】 물체를 보는 눈의 능력. 예~ 검사.

시:력 장애 눈알 등에 장애가 생겨 시력이 나빠짐.

시:련 시험하고 단련함.

시루 떡을 찌는데 쓰는 질그릇.

시름 마음에 걸리는 근심과 걱정. 예~을 잊다.

시리다 몸에 몹시 차게 느끼는

시리즈 같은 종류의 연속 기획물. 연속 출판물 등.
시:립 시의 경비로 설립하여 관리·유지하는 것. 예~병원.
시멘트 석회암에 찰흙을 섞은 것을 태워서 만든 가루. 토목·건축 재료로 쓰는 접합제.
시:민【市民】①도시에 사는 사람. 예서울 ~. ②국민.
시:범【示範】모범을 보임.
시:비【是非】①옳음과 그름. 예~를 가리다. ②다투는 일.
시사【時事】그 당시나 요즈음에 생긴 사실. 예~토론회.
시:상¹【施賞】상금이나 상품을 줌. 예우수자에게 ~. 반처벌.
시상²【詩想】시를 짓는데 필요한 시인의 착상이나 구상.
시:상대 상품이나 상금을 주는 단.
시:선¹【視線】눈이 가는 길. 눈의 방향. 쳐다보는 곳.
시선²【詩選】시를 뽑아 모은 책. 예한국 ~.
시:설 해 놓은 설비. 비설비.
시세【時勢】①그 때의 형세. 또는, 세상의 형편. ②시가.
시:소 긴 널빤지의 중심을 받쳐 양쪽 끝이 교대로 올라갔다 내려갔다 하는 어린 아이들의 놀이 기구. [시소]
시:소: 게임 형세가 서로 번갈아 졌다 이겼다 하여 어느 편이 이길지 모르는 게임.
시속【時速】한 시간을 단위로 하는 속력. 예~150km.
시시부지 흐지부지.
시:시비비 ①여러 가지의 잘잘못. 예~을 가리다. ②옳은 것은 옳고 그른 것은 그르다고 공정하게 판단함.
시아버지 남편의 아버지.
시아주머니 남편의 형.
시:안【試案】시험적으로 미리 만든 의견. 예~서.
시:야 ①눈으로 볼 수 있는 범위. 예~가 좁다. ②식견이나 생각이 미치는 범위.
시어머니 남편의 어머니.
시:외【市外】도시의 밖. 반시내.
시원시원하다 말이나 행동에 거리낌없이 매우 시원스럽다.
시원찮다[-찬타] 마음에 흡족하지 않다. 예대답이 ~.
시:위【示威】힘이나 기세를 드러내어 보임. 예~군중. -하다.
시:인¹【是認】옳다고 인정함. 예잘못을 ~하다. 반부인.
시인²【詩人】시를 전문으로 짓는 사람. 비시객.
시일 때와 날. 비날짜. 일시.
시:작 ①하기를 비롯함. ②처음으로 함. 비개시.
시장 배가 고픔. 예~기.
시:장【市場】사람들이 많이 모여 여러 가지 물건을 팔고 사고 하는 곳. 예~에 가다.
시절 ①철. ②때. 예여고 ~. 비시대. 시기.
시점【時點】[-쩜] 시간의 흐름 위의 어느 한 순간.

시:정[市政] 시의 행정.
시:정² 잘못된 것을 바로 잡음.
시제【試製】 시험 삼아 만들어 보는 것. 예~품.
시:조 한 겨레의 맨 처음 조상.
시:종【侍從】 임금을 가까이 모시고 따라 다니는 신하.
시:종 일관【始終一貫】 처음부터 끝까지 한결같이 함.
시:주【施主】 중이나 절에 돈이나 물건을 베푸는 일. 비화주.
시중 옆에 있으면서 심부름도 하고 보살펴 섬김. 예환자 ~.
시집¹ 시부모가 있는 집.
시집²【詩集】 시를 모아 엮은 책.
시차【時差】 시각상이나 방향의 차이. 예~ 출근제.
시:찰 실지 사정을 돌아다니며 살펴봄. 비순찰. -하다.
시:청¹ 시의 행정 사무를 맡아 보는 곳.
시:청²【視聽】 눈으로 보고 귀로 들음. 예텔레비전을 ~하다.
시:청각 시각과 청각.
시:체 동물들의 죽은 몸. 예강에서 ~을 건지다. 비송장.
시치미 알고도 모르는 체하는 말이나 짓. 준시침.
시:판 시중에서 물건을 파는 것. 예~ 가격. 비시중 판매. -하다.
시한【時限】 한정된 기간이나 시간. 예~부 생명.
시한부 일정한 시간의 한계가 붙은 것. 예~ 인생.
시한 폭탄 시한 장치에 의해 일정한 시간이 되면 저절로 폭발하게 되어 있는 폭탄.

시:합【試合】 서로 승패를 다투는 일. 예축구 ~. 비경기.
시:행【試行】 시험적으로 행함. 예~ 착오. -하다.
시:행²【施行】 실지로 베풀어 행함. 예법령을 ~하다. 비폐지.
시:험 문제를 내어 해답을 구하거나 능력 따위를 실지로 알아봄. 예~을 치르다. 비고사.
시:험관¹【試驗管】 화학·의학 등의 실험에 쓰이는 유리관.
시:험관²【試驗官】 시험하는 일을 맡아 보고 감독하는 사람.
시:험대 ①능력이나 기량 등을 시험하는 자리. ②물리·화학 등의 학문의 실험 연구를 할 수 있도록 만든 대. 예~에 오르다.
식곤증 음식을 먹은 뒤 몸이 나른하고 졸음이 오는 증세.
식구【食口】[-꾸] 같은 집에서 함께 사는 사람. 비가족.
식기 음식을 담는 그릇.
식당 ①식사를 하도록 설비되어 있는 방. ②음식을 파는 집.
식도【食道】 먹은 음식을 넘기는 몸속의 가느다란 관. 비밥줄.
식량【食糧】 양식. 먹을거리.
식료품 음식의 재료가 되는 물품. 예~ 가게. 비식품.
식목일 산을 푸르게 하기 위하여 나무를 많이 심고 가꾸도록 권장하려고 국가에서 정한 나무심는 날. 양력 4월 5일.
식물원 보거나 연구를 하기 위하여 여러 가지 풀과 나무를 모아 기르는 곳. 반동물원.

식민지【植民地】 정치적·경제적으로 다른 나라의 지배를 받아 국가로서의 주권을 갖고 있지 아니한 나라. 비속국.

식별【識別】 잘 알아서 구별함. 예~능력. 비판별. -하다.

식사【式辭】[-싸] 식장에서 그 식에 대하여 인사로 하는 말.

식사【食事】 음식을 먹는 일. 또는 그 음식. -하다.

식수【植樹】 나무를 심음.

식수【食水】 먹을 수 있는 물.

식수난[-쑤-] 식수의 부족으로 겪는 어려움.

식순【式順】 의식의 순서.

식염【食鹽】 소금. 예~수.

식염수【食鹽水】 소금물.

식욕【食慾】 음식을 먹고 싶어 하는 욕망. 예~이 왕성하다.

식용【食用】 먹을 것으로 쓰이는 일. 예~ 기름.

식은땀 ①몸이 쇠약하여 저절로 흘리는 땀. ②정신이 몹시 긴장되어 나는 땀.

식은 죽 식어서 먹기 쉽게 된 죽.

식장【式場】 식을 올리는 장소.

식전【食前】[-쩐] ①밥을 먹기 전. 예~에 약을 먹다. 반식후. ②아침밥을 먹기 전.

식중독 음식물을 잘못 먹어 일어나는 병. 복통. 설사 등이 남.

식품【食品】 사람이 날마다 섭취하는 음식물. 예가공 ~.

식품점 식품을 파는 가게.

식혜 쌀밥에 엿기름 가루를 우린 물을 부어 삭힌 뒤에 설탕을 넣은 음식.

신¹【神】 사람의 운명을 마음대로 움직이고 우주를 다스린다고 믿는 초인간적 위력을 가지고 있다는 존재.

신² 발에 신고 걷는데 쓰는 물건. 예고무~.

신간 새로 펴낸 책. 반구간.

신경전 적극적으로 공격하지 않고, 모략·선전 등으로 서서히 상대방의 신경을 피로하게 하여 사기를 잃게 하는 전술.

신고¹【申告】 국민이 법률상의 의무로서 관청에 일정한 사실을 보고하는 일. 예출생 ~.

신고²【辛苦】 어려운 일을 당하여 몹시 애쓰는 것. 예~를 겪다.

신기록【新記錄】 지금까지의 기록보다 뛰어난 기록. 예한국 ~.

신년【新年】 새해. 설.

신:념【信念】 굳게 믿어 의심하지 않는 마음. 예~이 강하다.

신당 신령을 모셔 놓은 집.

신데렐라 ①유럽 옛 동화에 나오는 여주인공. ②하루 아침에 고귀한 신분이 되거나 유명하게 된 여자를 비유적으로 이르는 말.

신:도 종교를 믿는 사람들.

신동【神童】 재주와 지혜가 남달리 뛰어난 아이.

신랑 갓 결혼한 남자. 반신부.

신령【실-】 신통하고 묘한 힘을 가지고 있다는 모든 신.

신령님 이 세상에 있다고 상상하는 성스러운 혼령. 비귀신.

신록 늦은 봄이나 초여름의 초목.

신맛 식초와 같은 시큼한 맛.

신:망【信望】 믿음과 덕망.

신명¹【神明】 하늘과 땅의 신령.

신명² 흥겨운 신과 멋.

신문 세상에서 일어나는 새로운 소식이나 지식을 알려 주려고 정기적으로 박아 내는 인쇄물. 예 조간 ~.

신문고 조선 태종 때부터 억울한 일을 당한 백성들이 왕에게 직접 하소연할 때 치게 한 북. 대궐 문루에 달아 두었음.

신병¹【身病】 몸에 생긴 병.

신병²【新兵】 새로 입대한 병사. 예 ~ 훈련. 반 고참병.

신:봉【信奉】 교리나 사상 등을 옳다고 믿고 받드는 것.

신부¹【神父】 천주교에서, 한 구역을 맡아 성사를 집행하고 신자를 지도하는 사람.

신부²【新婦】 갓 결혼한 여자. 비 새색씨. 반 신랑.

신분증[-쯩] 신분을 밝히는 증명서. 신분증명서.

신:사도【紳士道】 신사로서 마땅히 지켜야 할 도리.

신상【身上】 한 사람의 신변에 관계된 형편. 예 ~ 명세서.

신생【新生】 새로 생기는 일.

신생아 갓난 아이.

신선【新鮮】 새롭고 산뜻함. 예 공기가 ~하다.

신설【新設】 새로 설치하거나 설비하는 것. 예 ~ 학원. -하다.

신성【神聖】 ①높고 거룩하여 더럽힐 수 없음. 예 ~한 교회. ②신과 같이 성스러움. -하다.

신세계【新世界】 ①새로운 세계. ②신대륙. 반 구대륙.

신세대 새로운 세대. 젊은 세대. 예 ~의 의식. 반 구세대.

신:속【迅速】 몹시 빠름.

신수【身手】 사람의 얼굴에 나타나는 건강한 기운.

신시대【新時代】 새로운 시대.

신식 새로운 격식이나 형식.

신신 당부【申申當付】 여러 번 간곡히 하는 부탁. -하다.

신:앙【信仰】 신을 믿고 받드는 일. 예 ~심. 비 믿음.

신:용 카:드 신용 판매 제도에 가입한, 소비자의 증표로 쓰이는 카드. 크레디트 카드.

신음 괴로워서 앓는 소리를 냄.

신:의【信義】 믿음과 의리.

신인【新人】 ①새사람. 새댁. ②새로 나타난 사람. 예 ~ 가수.

신:임【信任】 믿고 일을 맡기는 것. 예 ~을 받다.

신입생 새로 입학한 학생.

신:자【信者】 종교를 믿는 사람.

신작로[-장노] 새로 낸 큰 길. 비 한길. 반 오솔길.

신장 사람의 키.

신정【新正】 ①새해의 정월. 예 ~ 연휴. ②양력 설. 반 구정.

신조¹【新造】 새로 만드는 일.

신:조²【信條】 굳게 믿는 일.

신주머니 신을 넣어 들고 다니는 주머니.

신:중【愼重】 매우 조심스럽고 경솔하지 아니함. -하다.

신지식 새로운 지식.
신진 대:사 ①묵은 것이 없어지고 새것이 대신 생기는 일. ②물질 대사. -하다.
신참【新參】 ①새로 들어오는 것. 예~ 사원. 반고참. ②새로 벼슬한 사람이 처음으로 관청에 들어가는 것.
신천지【新天地】 새로운 세상.
신청【申請】 어떤 일을 청함.
신체【身體】 사람의 몸. 예~ 단련. 비육체. 몸. 반영혼.
신체 검:사 건강 상태를 알기 위하여 몸의 각 부분을 검사함.
신체 장애자 태어날 때부터나 또는 불의의 사고로 인해 신체에 장애가 있는 사람.
신:탁【信託】 다른 사람에게 재산의 관리·운용·처분 등을 맡기는 일. 예~ 통치.
신품【新品】 새로운 물품.
신하【臣下】 임금을 섬기며 나라 일을 보는 사람.
신학 크리스트교의 진리에 대하여 이론적으로 연구하는 학문.
신화【神話】 역사가 있기 전에 전하여 오는 이야기로 신을 중심으로 한 이야기.
실: ①고치·털·솜 따위에서 길게 꼬아 만든 것. ②실같이 생긴 물건을 통틀어 이르는 말.
실:개천 작은 개천.
실격 기준에 못미쳐 자격을 잃음. 예~을 당하다.
실권【實權】 실제로 행사할 수 있는 권리나 권세.

실내【室內】 건물의 안. 반실외.
실내 장식 건축물의 내부를 분위기있게 가꾸기 위하여 아름답게 꾸미는 일. 실내 디자인.
실:눈[-룬] ①가늘고 작은 눈. ②가늘게 뜬 눈.
실랑이 공연히 남을 못살게 구는 것. 예서로 ~를 하다.
실력 실지로 가지고 있는 힘.
실록 ①사실을 그대로 적은 기록. 예제2차 세계 대전 ~. ②한 임금의 재위 동안의 사실을 적은 기록. 예세종 ~.
실리 실지로 얻은 이익.
실:마리 ①감겼다가 헝클어진 실의 첫머리. ②해결의 열쇠.
실망【失望】 희망을 잃어버림. 예~하지 마라. 비낙망. 반희망.
실명¹【失明】 앞을 볼 수 없게 됨. 눈이 멂. 예~하다.
실명² 실제의 이름.
실속[-쏙] ①실제의 속내용. ②드러나지 않은 이익.
실수¹【失手】[-쑤] ①잘못하여 일을 그르침. ②실례.
실수²【實數】 실제의 수. 유리수와 무리수의 총칭.
실습[-씁] 어떤 일을 실제로 해 보고 익힘.
실신 병이나 충격 따위로 정신을 잃은 상태. 예~ 상태.
실업【失業】 일자리를 잃음.
실업가 상공업과 같은 기업을 경영하는 사람.
실업자 직업을 잃은 사람.
실용 실제로 필요하여 씀.
실용성 실생활에 알맞는 성질

이나 특성. 예~이 있다.
실용화 실제로 널리 쓰이게 되는 것. 예~가 되다.
실의【失意】 뜻이나 의욕을 잃는 것. 예~에 빠지다.
실전[-쩐] 실제로 싸움. 또는 그 전쟁. 예~에 능하다.
실점[-쩜] 경기·승부 등에서 점수를 잃음. 또는 그 점수. 예~을 만회하다. 반득점.
실족【失足】 ①발을 잘못 디디는 것. 실각. 예~사. ②행동을 잘못하는 것. -하다.
실존 실제로 존재하는 것. 예~하는 인물.
실종【失踪】[-쫑] 종적을 잃어서 행방을 알 수 없음.
실지로[-찌-] 있는 그대로. 예~로 보았다. 비실제로.
실직 직업을 잃는 것. 예~자.
실책【失策】 잘못된 계책.
실천 실제로 계획한 것을 이행함. 비실행. 반이론. -하다.
실체 ①사물의 본체. 예~를 파악하다. ②사물의 성질이나 작용의 본체.
실태 있는 그대로의 모양.
실토 숨기고 있던 일을 사실대로 말하는 것. 예비밀을 ~하다.
실패 목적을 이루지 못하고 헛일이 됨. 비실수. 반성공.
실향민 전란 등으로 인하여 고향을 잃고 타향살이를 하는 백성.
실험 ①실제로 시험함. 시험. ②실지의 경험. 예약의 효능을 ~하다.

실화 실제로 있었던 사실의 이야기. 예~ 소설.
실황 실제의 상황.
싫증[-쯩] 오래되어 반갑지 않게 여기는 마음. 비염증.
심 죽에 곡식 가루를 잘게 뭉쳐 넣은 덩이.
심각【深刻】 정도가 아주 깊고 중대함. 예사태가 ~하다.
심경【心境】 마음의 상태. 예~을 바른대로 밝히다.
심기【心氣】 마음으로 느끼는 기분. 예~가 언짢다.
심기 일전[-쩐] 어떠한 계기로 인해 마음의 자세를 완전히 바꿈. 예~하여 공부한다.
심:난【甚難】 매우 어려움.
심마니 깊은 산에 들어가 산삼 캐는 것을 업으로 삼는 사람.
심:문【審問】 자세히 따져 물음.
심방【尋訪】 방문해 찾아봄.
심벌 ①상징. 예비둘기는 평화의 ~이다. ②기호.
심:사【審査】 자세히 살피어 조사함. 예~ 위원.
심사 숙고 깊이 잘 생각함.
심사 위원 심사를 맡아 보는 사람. 예~으로 뽑히다.
심산 유곡【深山幽谷】 깊은 산의 으슥한 골짜기. 예~에 산다.
심상 대수롭지 않고 예사스러움. 예분위기가 ~치 않다. 비범상.
심술궂다 심술이 몹시 많다.
심술꾸러기 심술이 많은 사람. 심술쟁이.
심신[1]【心身】 마음과 몸. 정신과 신체. 예~이 모두 편치 않다.

심신²【心神】 마음과 정신.
심심풀이 할 일이 없이 시간을 보내려고 하는 짓.
심심하다¹ 맛이 조금 싱겁다.
심심하다² 할 일이 없어 시간 보내기가 지루하다.
심장 순환 기관의 한 부분으로 피를 받아 몸의 각 부분으로 보내는 주머니. 예~마비. 비염통. 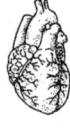 [심장]
심장병 심장에 생기는 병을 통틀어 이르는 말.
심정【心情】 마음에 품은 생각과 감정. 예울고 싶은 ~.
심중【心中】 마음 속.
심지¹【心地】 마음의 본바탕.
심지²【心志】 무엇을 하려고 하는 의지. 예~가 굳다.
심:지어 더 심하게는.
심통 나쁜 마음자리.
심:판【審判】 ①운동 경기 등의 잘하고 못함 또는 어기고 짐을 가림. 예야구 경기 ~. ②법원에서 사건을 심리하여 판결함.
심포니 교향곡. 교향악.
심해【深海】 깊은 바다.
십대【十代】 ①열 번째의 대. ②십의 세대. 곧 20세 안쪽의 소년·소녀의 시대.
십년 지기 오래 전부터 사귀어 온 친구. 예그는 나의 ~이다.
십육분 쉼:표 온 쉼표의 1/16 길이를 가지는 쉼표.
십육분 음표 온 음표의 1/16 길이을 가지는 음표.
십장생 죽지 않고 오래 산다는 「해·산·물·돌·구름·솔·불로초·거북·학·사슴」의 열 가지.

ㅆ

ㅆ[쌍시옷]「ㅅ」의 된소리.
싸구려 값이 싸다는 뜻으로 외치는 말. 예반값에 파는 ~.
싸늘하다 날씨같은 것이 매우 산산하고 좀 추운 기운이 있다.
싸늘히 싸늘하게.
싸다 물건값이 시가보다 적다. 예값이 매우 ~. 반비싸다.
싸라기눈 빗방울이 갑자기 찬바람을 만나 얼어 떨어지는 눈. 준싸라기.
싸락눈 「싸라기눈」의 준말.
싸리문 싸리로 엮어 만든 문.
싸움 싸우는 짓. 다투는 짓. 비전쟁. 준쌈.
싸전 쌀과 그 밖의 모든 곡식을 파는 가게. 쌀가게.
싹¹ 조금도 남김없이 죄다. 예핏기가 ~ 가시다.
싹² 식물의 씨앗에서 돋아나는 처음 잎이나 줄기. 본싹수.
싹둑 연한 물건을 토막쳐 자르는 모양. 예무를 ~ 자르다.
싹싹하다 상냥하다.
싹트다(싹트니, 싹터서) ①식물의 싹이 생겨나다. ②일이 생겨나기 시작하다. 예새로운 기운이 ~.

쌀 벼의 껍질을 벗긴 알맹이.

쌀겨[-껴] 쌀을 쓿을 때 나오는 가장 고운 속겨. 미강. 예~죽. 반왕겨.

쌀독 쌀을 담아 두는 독.

쌀뜨물 쌀을 씻은 뜨물.

쌈:[1] 싸우는 일.「싸움」의 준말.

쌈[2] 바늘 24개를 단위로 세는 말. 예바늘 한 ~.

쌈[3] 상추·쑥갓·배추 등으로 밥과 반찬을 싼 음식. 예상추 ~.

쌍 ①둘씩 짝을 이룬 것. ②둘씩 짝을 이룬 것을 세는 말.

쌍꺼풀 겹으로 된 눈꺼풀. 또는 그러한 눈. -하다.

쌍동밤 한 껍질 안에 두 쪽이 들어 있는 밤.

쌍두 마:차 말 두 마리가 끄는 마차. 양두 마차.

쌍둥이 한 배에서 나온 두 아이.

쌍방【雙方】 대립하고 서로 관계하는 양방. 양쪽.

쌍벽【雙璧】 ①두 개의 구슬. ②여럿 가운데에서 우열을 가릴 수 없이 뛰어난 둘을 비유적으로 이르는 말.

썰매 ①눈 위나 얼음 위에서 사람이나 짐을 싣고 다니는 기구. ②얼음 위에서 미끄럼 타는 놀이 기구. 예~를 타다.

썰물 바닷물이 밀려 나가서 해면이 낮아지는 현상. 또는, 그 바닷물. 반밀물.

쏘다니다 여기저기를 바쁘게 돌아 다니다. 준쏘대다.

쏘아보다 꿰뚫을 듯이 따갑게 노려보다. 예무섭게 ~.

쏜살같다 쏜 화살과 같이 대단히 빠르다. 예달리는 자동차가 ~.

쏟다[-따] ①그릇에 담긴 물건을 거꾸로 붓다. ②마음을 기울이다. 예정성을 ~.

쐬:다 ①바람·연기·가스 등을 직접 받다. 쏘이다. 예찬바람을 ~. ②자기의 물건을 평가받기 위하여 보이다.

쑤군대다 목소리를 낮추어 비밀히 말하다.

쑤다 곡식의 알맹이나 가루를 물에 끓여 익게 하다.

쑤시다 찌르는 것같이 아프다.

쑥스럽다(쑥스러우니) 하는 짓이나 모양이 어울리지 아니하여 어색하고 싱겁다.

쑥쑥 ①여러 군데를 쑥 내밀거나 들어간 모양. ②연해 쑥 밀어 넣거나 뽑아 내는 모양.

씌우개 덮어 씌우는 물건.

씌우다 ①머리에 쓰게 하다. ②허물을 남의 탓으로 돌리다.

씨름판 씨름을 하는 곳.

씨방 암술대 밑에 붙은 통통한 주머니 모양의 부분. 그 속에 밑씨가 들어 있음.

씨암탉[-탁] 씨를 받으려고 기르는 암탉. 예~을 기른다.

씨앗 곡식이나 채소의 씨.

씨족【氏族】 원시 사회에서 공동의 조상을 가진 혈족 단체.

씩씩하다 힘차고 용감하다. 예국군 아저씨는 ~. 비용감하다.

씹다 ①입에 넣어 여러 번 자꾸 깨물다. 예껌을 ~. ②남을 나쁘게 말하다.

씹히다 씹힘을 당하다.
씽 바람이 세차게 스쳐 지나거나 또는 물체가 세차게 바람을 일으키며 나아갈 때에 나는 소리.
씽긋 소리 없이 눈만 움직여 가볍게 얼른 웃는 모양. [작]쌩긋.
씽씽하다 생기가 매우 왕성하다.
쓰라리다 마음이 찌르는 것같이 몹시 아프다.
쓰레기 쓸어 모은 먼지나 내 버린 물건. 예~를 버리다.

쓰레받기 먼지·쓰레기 따위를 담아 내는 기구.
쓰임새 쓰임의 수량이나 정도.
쓱싹 톱으로 켜거나 줄질을 할 때 나는 소리.
쓱쓱 ①여러 번 문지르는 모양이나 소리. ②일을 손쉽게 하는 모양. 예~ 닦아 내다.
쓸모 ①쓰일 만한 가치. 예~ 있게 만들다. ②쓰일 자리.
쓸쓸하다 ①날씨가 차고 음산하다. ②외롭고 적적하다.

ㅇ

ㅇ[이응] 한글 자모의 여덟번째 글자. 이름은 이응.
아: 감탄할 때에 내뱉는 소리. 예~ 슬프다. 비오.
아가 어린 아기.
아가리 ①「입」을 속되게 이르는 말. ②그릇 따위의 물건을 넣고 내고 하는 어귀. 예병~.
아가미 물고기나 조개 등의 숨쉬는 기관.
아가씨 결혼하지 않은 젊은 여자를 일컫는 말.
아가페 신의 인간에 대한 사랑. 또는, 자기를 희생함으로써 실현되는, 인간의 신과 이웃에 대한 사랑. 반에로스.
아교【阿膠】 짐승의 가죽·뼈·창자 등을 고아 굳힌 풀.
아구맞다[-맏따] 기준을 잡은 숫자에 들어맞다.
아:국 자기 나라. 비아방.
아:군 우리 편의 군대. 반적군.
아궁이 방에 불을 때기 위하여 만든 구멍.
아귀 ①물건의 갈라진 곳. 예손~. ②두루마기나 여자 속곳의 옆을 터놓은 구멍. ③씨의 싹이 트고 나오는 곳. [아궁이]
아기 ①어린 아이를 부르는 말. ②며느리를 일컫는 말.
아낌없다 주거나 쓰는데 아끼는 마음이 없다.
아나운서 방송국에서 보도의 일을 맡아 보는 방송원.
아낙네 남의 집 부인을 일컫는 말. 예이웃 ~.
아내 결혼하여 남자의 짝이 된 여자를 그 남자에 대하여 이르는 말. 비처. 반남편.
아녀자 ①어린이와 여자. ②여자를 낮추어 이르는 말.
아늑하다 되바라지지 아니하고 속이 깊어서 좌우가 푹 싸이다.
아늑히 아늑하게.
아니꼽다 ①비위에 거슬리어 구역질이 날 듯하다. ②행동이나 말이 건방져서 볼 수 없다.
아니다 어떤 사실을 부정하는 뜻을 나타내는 말.
아닌 밤중[-쯩] 느닷없이. 갑자기 불쑥. [아닌 밤중에 홍두깨] 별안간 나타나거나 뜻하지 않은 일이 불쑥 생겨남을 비유한 말.
아:담【雅淡】 말쑥하고 보기 좋음. 반투박. -하다.
아동【兒童】 어린 아이.
아동극 어린아이를 관객으로 하여, 어린이 스스로 또는 어른이 하는 연극. 준동극.

아동복 어린아이들이 입도록 만든 옷. 어린이옷.

아둔하다 영리하지 못하고 어리석다. 예~한 녀석.

아드님 남의 아들을 높이어 부르는 말. 반따님.

아득하다 ①까마득하게 오래다. ②한없이 멀다.

아들 사내 자식. 반딸.

아둥바둥 몹시 악착스럽게 자주

아라비아 숫:자 0, 1, 2, 3, 4, 5, 6, 7, 8, 9의 10개의 숫자. 이 10개의 숫자를 십진법으로 맞추면 어떤 수라도 나타낼 수 있음. 인도에서 시작됨.

아라비안 나이트[책명] 아라비아 지방의 민화를 중심으로 이야기를 모은 책. 이 중에서 특히 「알라딘의 요술램프」 「신밧드의 모험」「알리바바와 40인의 도적」등은 널리 알려짐.

아람 밤·상수리 등이 나무에 달린 채 저절로 충분히 익은 상태. 또는 그 열매.

아랍[국명] 이슬람교를 믿고 아라비아어를 사용하는 나라를 통틀어 일컫는 말.

아래 ①물건의 땅 쪽으로 향한 부분. 예다리 ~. ②조직·지위 따위에서 낮은 자리나 부분.

아랫도리 허리 아래의 부분. 하체. 반윗도리.

아랫목 구들을 놓은 방에서 아궁이에 가까운 방바닥. 반윗목.

아랫변 다각형에서 아래의 변.

비하변. 반윗변.

아랫사람 ①나이나 지위가 낮은 사람. ②손아랫사람.

아:량 너그럽고 깊은 도량.

아:령【啞鈴】 양쪽 끝이 작은 공 모양으로 되어 있고 중간은 손으로 잡게 되어 있는 쇠로 만든 운동기구. 두 개가 한 쌍임.

아로새기다 ①재주 있게 파서 새겨 넣다. ②마음 속에 또렷이 기억해 두다. 예마음에 ~.

아롱거리다 점이나 줄이 고르지 아니하게 무늬를 이룬 모양.

아름답다(아름다워서) 예쁘고 말쑥하며 곱다. 반추하다.

아름드리 한 아름이 넘는 나무나 물건. 예~ 소나무.

아리다 ①음식이 혀 끝을 찌르는 듯한 느낌이 있다. ②상처가 찌르는 듯이 아프다.

아리랑 우리 나라 대표적인 민요의 하나. 본아리랑 타령.

아리송하다 비슷비슷한 것이 뒤섞여서 또렷하게 분간하기 어렵다. 예무슨 뜻인지 ~.

아리아 오페라에서 나오는 아름다운 선율의 독창곡.

아마존 강 남아메리카 북부 브라질에 있는 세계 제2의 강. 수량이 세계 최대임. 길이 6,200km.

아마추어 ①예술이나 스포츠, 기술 등을 본업이 아닌 취미로 애호하는 사람. ②그 방면에 전문가가 아닌 사람. 반프로페셔널.

아메리카 합중국 미국.

아:멘 기도나 찬송 또는 설교 끝에, 「진실로 그와 같이 이루어 지기를 바란다」는 뜻으로 하는 말. -하다.

아:무개 「아무」를 낮추어 일컫는 말. 예 김~ 집니다.

아:무 데 아무 곳.

아:무 때 어떠한 때.

아:무래도 어떻든.

아:무렇거나 ①아무러하거나. ②되는 대로. 비 마구. 반 신중히.

아:무렴 「아무려면」의 준말.

아:무리 ①암만. 예 ~ 말해도 알아듣지 못한다. ②「제아무리」의 준말.

아:무짝 아무 방면. ~에도 못쓸 사람이다.

아무튼 사정은 아무러하든. 하여튼. 여하튼. 어떻든.

아물거리다 눈이나 정신이 희미하여 똑똑하게 보이지 않다.

아물다(아무니, 아무오) 부스럼이나 상처가 나아서 맞붙다. 예 상처가 ~. 반 덧나다.

아물아물 ①연해 아물거리는 모양. 예 눈이 ~하다. ②말이나 행동을 분명하지 않게 하는 모양. 반 또렷또렷. -하다.

아미【蛾眉】 가늘고 길게 굽어진 아름다운 눈썹. 곧, 미인의 눈썹.

아미치스 [인명] (1886~1908) 이탈리아의 소설가. 여행을 몹시 즐겨 세계 각지를 돌  [아미치스] 아다니며, 풍속을 조사하기도 하였고 여행기도 썼는데. 1886년 소설 「쿠오레」를 써서 유명해짐.

아바마마 임금이나 임금의 아들 딸이 그의 아버지를 일컫는 말.

아방궁【阿房宮】 ①중국 진시황이 세운 호화로운 궁전. ②매우 크고 화려한 집의 비유.

아버지 자기를 낳은 남자 어버이. 반 어머니.

아범 ①집안의 윗사람이 손자에게 그 아버지를 가리켜 이르는 말. 예 ~은 어디를 갔느냐? ②자식있는 여자가 웃어른에게 자기 남편을 낮추어 이르는 말.

아부【阿附】 남의 비위를 맞추고 알랑거림. 비 아첨.

아비 ①「아버지」를 낮추어 부르는 말. ②아내가 남편을 시부모에게 말할 때 쓰는 말. 반 어미.

아비 규환【阿鼻叫喚】 참혹한 고통 속에서 살려달라고 울부짖는 상태를 이르는 말.

아빠 어린 아이들이 아버지를 부르는 말. 반 엄마.

아뿔사 일을 잘못하였음을 깨닫고 뉘우칠 때 내는 소리.

아:사【餓死】 굶어 죽음.

아삭 연하고 성싱한 과일 따위를 깨물 때 나는 소리.

아서라 그렇게 하지 말라고 막는 말. 예 ~, 다칠라.

아성【牙城】 ①우두머리가 있는 성. ②가장 중요한 근거지.

아쉽다 (아쉬우니, 아쉬워서) 없거나 모자라서 마음에 만족하지 못하다. 예~운 소리.

아스라하다 ①아슬아슬하게 높거나 까마득하게 멀다. ②기억이 어렴풋하다.

아스팔트 도로·포장·방수에 이용되는 색이 검은 물질.

아슬아슬 ①잘못 될까봐 두려워 조마조마하는 모양. ②질지 이길지 위태로운 모양.

아시아 【지명】 중국·인도·시베리아·한국 등이 있는 세계에서 제일 큰 대륙. 세계 6대주의 하나. 예~ 인종.

아:씨 젊은 여자를 높이어 부르는 말.

아:악 【雅樂】 옛날 고려 시대부터 내려오던 궁중 음악.

아양 ①귀염을 받으려고 알랑거리는 짓. 예~을 떨다. ②간사를 부리는 짓.

아역 【兒役】 연극이나 영화에서, 어린이의 역. 또는 그 역을 맡은 배우. 예그는 ~ 출신 배우.

아연 【啞然】 놀라서 말이 안 나와 입을 벌리고 있는 모양.

아:열대 [-때] 열대와 온대의 중간이 되는 지대.

아:열대림 아열대 지방에 분포하는 상록 활엽수의 삼림.

아예 ①처음부터. ②절대로. 예~ 믿지 말게. 비애당초.

아옹다옹 조그마한 시빗거리로 서로 자꾸 다투는 모양.

아우 형제 중에서 자기보다 나이가 적은 사람. 비동생.

아우러지다 여럿이 한동아리나 한 덩어리를 이루게 되다.

아우성 여러 사람이 기세를 올리며 악써 지르는 소리. 예~치다.

아우트라인 ①대강의 줄거리. ②윤곽.

아울러 함께. 반따로.

아울리다 ①몸에 맞다. ②일이 순조롭게 되다.

아웃 ①축구·테니스 등 구기 운동에서 공이 규정선 밖으로 나가는 것. ②야구에서, 타자나 주자가 공격할 자격을 잃는 일. 반세이프.

아이 나이가 어린 사람. 비아동. 반어른.

아이디어 생각. 구상. 예그것은 좋은 ~이다.

아이러니 ①풍자. 반어. ②예상 밖의 결과가 빚은 모순이나 부조화. 예~한 일이다.

아이스 링크 스케이트장.

아이스박스 얼음을 넣어 쓰는 냉장고.

아이스 백 얼음 주머니.

아이스 쇼: 얼음판에서 스케이트를 타고 하는 곡예·댄스·가벼운 연극 따위의 구경거리.

아이스 캔디 얼음 과자.

아이스 케이크 꼬쟁이를 끼워 만든 얼음 과자.

아이스 크림: 우유·달걀·향료·설탕 등을 녹인 물을 크림 모양으로 얼린 과자.

아이아:르시: 국제 적십자.

아이에이이:에이 국제 원자력 기구. 1957년에 창설됨.

아이엘오: 국제 노동 기구.
아이엠에프 국제 통화 기금.
아이참 실망할 때, 초조할 때 내는 소리. 예~ 속상해.
아이쿠 매우 놀라거나 아플 때 내는 소리. 큰어이쿠.
아이큐: 지능 검사에 나타난 지능의 발달 정도를 수치로 나타내는 것. 지능 지수.
아쟁 거문고와 비슷하며, 전면은 오동나무, 후면은 밤나무로 만들었음. 7개의 줄로 된 우리 나라 고유의 현악기. [아쟁]
아파:트 여러 세대가 한 채의 집안에서 따로 따로 살게 된 큰 건물. 원어는 아파트먼트.
아폴로 눈병 유행성 눈병의 하나. 1969년 아폴로 11호 우주선이 지구로 돌아올 무렵에 한창 유행한데서 붙여진 이름.
아프리카 육대주의 하나. 세계 제2의 대륙. 열대·아열대 기후를 나타냄.
아:호【雅號】문인·예술가 등의 호나 별호를 높여 이르는 말.
아홉 여덟에 하나를 더한 수.
아황산가스 황을 태울 때 생기는 유독한 무색의 액체. 직물의 표백제에 쓰임. 비이산화황.
아흐렛날 ①아홉째 날. ②「초아흐렛날」의 준말.
아흔 여든에 열을 더한 수.
아장걸음 아장아장 걷는 걸음.
아장아장 어린아이나 키 작은 사람이 얌전하게 천천히 걷는 모양.
아저씨 ①아버지·어머니와 같은 항렬의 남자. ②부모와 같은 또래의 남자를 부르는 말.
아:전 인:수【我田引水】무슨 일을 자기에게 이로운 쪽으로만 생각하거나 행동함을 이르는 말.
아주 ①더 생각할 여지없이. ②온통. 비몹시.
아주머니 ①부모와 같은 항렬의 여자. ②아저씨의 아내.
아주버니 남편과 같은 항렬이 되는 남자. 시숙.
아직 ①때가 미처 이르지 못하였음을 나타내는 말. 예~ 끝내지 못했다. ②어떤 상태가 그대로 지속됨을 나타내는 말.
아차 후회할 때에 나오는 소리.
아첨【阿諂】남에게 잘 보이기 위하여 비위를 맞추어 알랑거림. 비아부. -하다.
아:치 ①건축 기법의 한 가지. 창이나 문의 위쪽을 둥글게 쌓아 올린 것. ②축하·환영 등의 뜻으로 둥글게 만든 광고물.
아침 ①날이 새어 아침밥을 먹을 때까지의 동안. ②「아침밥」의 준말. 반저녁.
아침 나절 아침밥을 먹은 뒤 한 나절. 예~에 마쳐야 한다.
아침 노을 아침 하늘이 햇살로 벌겋게 보이는 현상.
악감정 남에게 대하여 품는 나쁜 감정. 예~을 가지다.

악곡【樂曲】①음악의 곡조. ②곡조를 나타낸 부호.
악기【樂器】 음악을 연주할 때 쓰는 기구. 현악기·관악기·타악기·건반악기 등의 총칭.
악녀【惡女】 성질이 악독한 여자.
악다구니 ①기를 써서 서로 욕하며 싸우는 것. ②버티고 겨룸.
악단 음악을 연주하는 단체.
악담【惡談】 남을 비방하거나 못 되도록 저주하는 말.
악당 ①악한 무리. ②악한.
악대【樂隊】 음악을 연주하기 위하여 조직된 단체. 주로 취주악의 단체. 예 어린이 ~.
악덕【惡德】 ①못된 마음씨. ②도덕에 어그러지는 나쁜 짓.
악동【惡童】 ①행실이 나쁜 아이. ②장난꾸러기.
악마 ①착한 일을 방해하는 나쁜 귀신. ②아주 흉악한 사람.
악바리 ①성질이 사납고 매우 모진 사람. ②지나치게 똑똑하고 영악한 사람.
악법 사회에 해를 끼치는 법률.
악보 음악의 곡조를 일정한 기호를 써서 나타낸 것. 곡보. 음보.
악사【樂士】 악기로 음악을 연주하는 사람. 예 거리의 ~.
악수【惡手】 장기나 바둑에서, 나쁘게 놓은 수.
악순환 순환이 좋지 아니하고 자꾸 나쁘게 되풀이됨.
악습 나쁜 습관. 못된 버릇.
악어[동물] 파충류 악어목에 속하는 동물의 총칭. 모양은 도마뱀 비슷하나 몹시 크며, 몸길이 10m에 이르는 것도 있음.

[악어]

악연 불행한 인연. 나쁜 인연.
악역 무도 비길 데 없이 악독하고 도리에 어긋남.
악영향 나쁜 영향.
악운【惡運】 사나운 운수.
악의【惡意】 ①남을 해치려는 나쁜 마음. ②나쁜 뜻. 반 선의.
악인 나쁜 사람. 악한 사람.
악전【惡戰】 매우 어려운 조건을 무릅쓰고 죽을 힘을 다하여 싸우는 싸움. 예 ~ 고투.
악전 고투 어려운 상황에서 죽을 힘을 다하여 싸우는 싸움.
악정【惡政】 국민을 몹시 괴롭히고 나라를 그르치는 정치.
악조건 나쁜 조건.
악착같다 끈기가 있고 모질다.
악착스럽다 작은 일에도 힘을 다하여 쉬지 아니하고 애를 쓰는 것.
악처【惡妻】 마음이 바르지 못하고 사나운 아내. 반 양처.
악천후 매우 나쁜 날씨.
악취【惡臭】 불쾌한 냄새.
악취미【惡趣味】 좋지 못한 취미. 괴벽스러운 취미.
악한 몹시 나쁜 짓을 하는 사람.
악행【惡行】 나쁜 짓. 반 선행.
안간힘[-깐-] 불평이나 괴로움이 있을 때 속으로 참으려고 애쓰는 힘.

안감[-깜] 옷 안에 받치는 감. 물건의 안에 대는 감.

안:갚음 ①까마귀 새끼가 자라서 늙은 어미에게 먹이를 물어다 주는 것. ②자식이 커서 부모를 봉양하는 것.

안개 수증기가 찬 공기를 만나 땅 가까운 공중에 물방울이 부옇게 떠 있는 현상.

안:건【案件】[-껀] 토의하거나 연구할 사항. 예~이 없다.

안:경【眼鏡】 눈을 보호하거나 시력을 조정하기 위하여 눈에 쓰는 물건. 예색~.

안:경점 안경을 만들어서 팔거나 고쳐주는 가게.

안:과[-꽈] 눈의 병을 치료하고 연구하는 의학의 한 분과.

안:내【案內】 ①데리고 가서 알려 줌. 인도하여 일러 줌. ②통지함. 예~장. -하다.

안:내장 어떤 행사가 있음을 적어 보내는 서면.

안:내판 안내의 내용을 써 놓은 게시판. 예~을 세우다.

안녕【安寧】 편안히 잘 있음. 비편안. 반불안.

안데르센[인명](1805~1875) 덴마크 출신의 유명한 동화작가·시인. 아름다운 마음씨를 지닌 약하고 가난한 사람을 그린 동화를 많이 썼음. 작품에는 「인어아가씨」·「미운 오리새끼」·「성냥팔이 소녀」 등이 있음.
[안데르센]

안도【安島】 마음을 놓음.

안도감 불안함이 없어지고 마음이 푹 놓이는 편안한 느낌.

안되다 ①섭섭하거나 가엾어 마음이 언짢다. ②「아니 되다」의 준말. 예정말 ~있어.

안락【安樂】[알-] 마음이 편안하고 걱정이 없어 즐거움. 예~한 생활. -하다.

안락사 도저히 살아날 가망이 없는 환자의 고통을 덜어 주기 위하여 죽음에 이르게 하는 일.

안락 의자 팔걸이가 있고 편히 기대 앉아 쉴 수 있도록 만든 의자. 예~에 앉다.

안마당 집의 안채에 있는 마당.

안:면【顔面】 집의 안채에 있는 마당.

안:목【眼目】 사물을 보아서 분별할 수 있는 힘. 예~이 넓다.

안민【安民】 민심을 어루만져 진정시키는 것. -하다.

안방[-빵] 안주인이 쓰는 방.

안보 위험이 없도록 지킴.

안부【安否】 편안히 잘 있는지를 묻는 인사. 비소식.

안색 얼굴에 나타나는 기색.

안성맞춤 생각한 대로 잘 된 물건이나 때맞추어 잘 된 일.

안식【安息】 편안하게 쉼.

안식처【安息處】 편히 쉬는 곳.

안심【安心】 근심 걱정이 없어 마음이 편안함. 반근심.

안:약【眼藥】 눈병을 치료하는 약.

안울림소리 성대를 진동시키지 않고 내는 소리. 곧, 자음의

ㄱ·ㄷ·ㅅ·ㅈ·ㅊ·ㅋ·ㅌ·ㅍ·ㅎ 따위. 맑은 소리.
안위【安危】안전함과 위태함.
안이【安易】①손쉬움. ②근심없고 편안함. -하다.
안일【安逸】썩 편하고 한가로움. 예~한 생각. -하다.
안장 ①사람이 올라앉을 수 있도록 말의 등에 얹는 물건. 예말 ~. ②자전거 등에 앉아서 타게 된 자리.
안전¹【安全】편안하고 아무 탈이 없음. 예교통 ~. 반불안전.
안:전²【眼前】눈앞.
안전띠 자동차나 비행기 따위에서 충격으로부터 사람의 몸을 보호하기 위하여 몸을 좌석에 고정시키는 띠. 안전 벨트.
안전모 공사장이나 공장에서 작업중 머리를 보호하기 위하여 쇠나 플라스틱으로 만든 모자.
안전 벨트 자동차·항공기 따위에서 충격으로부터 보호하려고 사람을 좌석에 고정시키는 혁대.
안전 보:장 이:사회 「유엔 안전 보장 이사회」의 준말.
안전 속도 교통 사고를 막기 위하여 미리 정해 놓은 일정한 속도. 예~를 지키자.
안전 지대 사람의 안전을 위해 교통이 복잡한 도로나 정류장 등에 마련한 지역.
안정¹【安靜】정신과 마음이 편안하고 고요한 것. -하다.

안정²【安定】편안하게 자리 잡음. 예~된 생활. 반불안정.
안정감【安定感】안정된 느낌.
안주¹【按酒】술을 마실 때에 곁들여 먹는 음식. 술안주.
안주²【安住】자리 잡고 편안하게 사는 것. 예이제야 ~하다.
안:중 ①눈 속. ②생각하거나 관심을 가지는 범위.
안중근[인명](1879~1910) 조선 고종 때의 의사. 1909년 하얼빈에서 침략자의 우두머리였던 이토 히로부미를 사살하고, 1910년 뤼순 감옥에서 순국했음.

[안중근]

안:질 눈병.
안짱다리 두 발끝을 안쪽으로 우긋하게 하고 걷는 다리.
안착【安着】①무사히 도착함. ②한 곳에 착실히 자리잡음.
안채 안팎 각 채로 된 집에서 안에 있는 채. 안집. 반바깥채.
안치다 어떤 물건을 찌거나 끓이거나 삶기 위하여 솥에 놓다.
안타 야구에서, 타자가 베이스에 나아갈 수 있도록 공을 치는 일.
안테나 무선 전신·라디오·텔레비전 등의 전파를 보내거나 받아들이기 위하여 공중에 세우는 도선 장치. 예텔레비전 ~.
안향[인물](1243~1306) 고려 충렬왕 때의 학자. 우리 살림에서 여러 가지 나쁜 점을 고치고, 최초로 주자학을 연구하였음.

알갱이 열매 같은 것의 낱개. 낱알. 예 ~가 굵다.

[안향]

알거지 가진 것이 아무것도 없어 거지꼴인 사람.

알곡 ①쭉정이나 잡것이 섞이지 않은 곡식. 알곡식. ②낟알로 된 곡식. ③깍지를 벗긴 콩이나 팥 따위의 총칭.

알레그로 악보에서 「빠르게 연주하라」는 뜻.

알레르기 ①특수 체질을 가진 사람이 꽃가루, 동물의 털, 음식 등의 특정한 물질에 대해 비정상적으로 나타내는 과민 반응. 콧물·재채기·두드러기·호흡 곤란 등의 증상이 있음. ②어떤 사물을 머리에서 거부하는 심리적 반응.

알렉산더 대:왕[인물](기원전 356~323) 고대 그리스 문화를 널리 퍼뜨린 마케도니아의 왕. 20세때 왕위에 올라 그리스를 손아귀에
[알렉산더대왕]
넣고 페르시아·시리아·이집트를 점령하고 인도까지 쳐들어 갔음.

알루미늄 은빛색의 연하고 가벼운 고체 금속. 건축·화학·가정용 제품 등에 널리 쓰임.

알리바이 사건이 발생한 시간에 용의자가 그 범죄 현장에 있지 않았다는 증명. 예 ~가 입증.

알맹이 ①물건의 속에 있는 씨. ②사물의 실속.

알몸 ①아무것도 입지 않은 몸. 나체. ②재산이라고는 전혀 없는 사람의 비유.

알사탕 알 모양의 잘고 동그란 사탕. 눈깔사탕.

알선[-썬] 남의 일을 잘 되도록 주선하여 주는 것. -하다.

알쏭달쏭 생각이 자꾸 헛갈려 분간할 수 있을 듯하면서도 얼른 분간이 안 되는 모양.

알젓 생선의 알로 담근 젓갈.

알짜 ①여럿 가운데 가장 중요한 물건. ②조금도 모자람이 없이 표본이 되는 것.

알짱거리다 아무 일도 없으면서 자꾸 돌아다니다.

알차다 ①속이 꽉 여물다. ②좋은 내용이 담기다. 예 내용이 ~.

알칼리 붉은 리트머스 종이를 파란색으로 변화시키는 성질의 물질로 물에 잘 녹음. 비 염기. 반산. 예 ~성 식품.

알코올 무색의 휘발하기 쉬운 액체로 타기 쉽고, 유기물을 잘 녹임. 예 ~ 램프.

알파 ①그리스 글자의 첫자. ②어떤 일의 시작의 뜻. ③어떤 미지수를 나타내는 기호.

알퐁스 도데[인[알퐁스 도데]

명](1840~1897) 「마지막 수업」을 지은 소설가. 근대 프랑스 작가 중 많은 사람들로부터 존경을 받았으며, 많은 작품을 썼음.

앎: 아는 일. 지식.

앓다 ①병에 걸려 괴롭게 지내다. ②고통을 못이겨 끙끙거리는 소리를 내다.

암: ①몸 속이나 피부·점막 등에 생기는 병. 사망률이 매우 높음.

암:거래 법을 어기면서 몰래 무엇을 사고 파는 것. ⑩~ 시장.

암:기【暗記】 ①머리 속에 잊지 아니함. ②외움. ⑩~력. -하다.

암꿩 꿩의 암컷. 까투리.

암놈 짐승의 암컷을 귀엽게 이르는 말. ⑪수놈.

암:매【暗買】 물건을 몰래 사는 것. ⑩몰래 ~하다.

암:매장 남몰래 장사를 지내는 것. 암장. -하다.

암모니아 자극적인 악취가 나는 무색의 기체. 수소와 질소가 합성하여 생긴 물질.

암:산 기구를 쓰지 않고 머리 속으로 계산함. -하다.

암:살【暗殺】 몰래 사람을 죽임.

암:송【暗誦】 책을 보지 않고 글을 욈. ⑩~ 대회를 하다.

암수 암컷과 수컷. ⑩~ 한 쌍. ⑪자웅. 웅자.

암술 머리에 붙은 꽃가루를 씨방으로 보내는 일을 함. ⑪수술.

암:시【暗示】 넌지시 깨우쳐 줌. ⑪미리 ~를 주다. -하다.

암:시장 암거래가 이루어지는 시장. ⑩~에서 사다.

암:실 빛이 들어오지 못하도록 꾸민 방. ⑩~에서 작업을 하다.

암:초【暗礁】 물 속에 감추어져 있는 바위. ⑩~에 걸리다.

암컷 동물의 암놈. ⑪수컷. 수놈.

암:투 서로 의의를 품고 서로 다툼. ⑩~가 벌어지다. -하다.

암팡지다 몸은 작아도 힘차고 다부지다. ⑩~진 고양이.

암:표【暗票】 암거래되는 차표나 극장표 따위. ~를 샀다.

암:행【暗行】 비밀히 다님.

암:행 어:사 조선 시대에, 임금의 명을 받아 지방 정치의 잘 잘못과 백성의 사정을 비밀리에 살피던 임시 관직. ⑩~ 출두야!

암:호 비밀을 유지하기 위하여 당사자끼리만 알 수 있도록 꾸민 약속 기호. ⑩~를 대다.

압도【壓倒】 ①눌러서 넘어뜨림. ②뛰어나서 남을 앞섬.

압력【壓力】[암-] ①누르거나 미는 힘. ②권세로 누르는 힘.

압박【壓迫】 ①내리 누름. ②기운을 펴지 못하게 억누름. ⑩~에서 해방. ⑪속박. ⑪해방.

압사 무거운 것에 눌려 죽음.

압정【押釘】 눌러 박는 대가리가 크고 촉이 짧은 쇠못.

앙갚음 자기에게 해를 끼친 사람에게 자기도 그에게 해를

앙금 물에 가라앉은 녹말 따위. 비침전물.

앙금앙금 어린아이나 다리가 짧은 동물이 느리게 기거나 걷는 모양. 예~ 걷다.

앙등 물건값이 뛰어오름. 등귀.

앙증하다 ①모양이 제격에 어울리지 않게 작다. ②작으면서도 깜찍하고 귀엽다.

앙:천 대:소 하늘을 쳐다보고 크게 웃음. -하다.

앙칼지다 ①제 힘에 겨운 일에 악을 쓰고 덤비다. ②모질고 날카롭다. 예성질이 ~.

앙코:르 「다시 한번」의 뜻으로 연주자·가수 등에게 다시 해 줄것을 청하는 말. 또는 그 연주.

앙탈 ①시키는 말을 듣지 않고 꾀를 부림. ②마땅히 해야 할 것을 핑계를 대어 피함.

앞당기다 이미 정해진 시간을 앞으로 당기다. 예계획을 ~.

앞뜰 집의 앞에 있는 뜰.

앞산 집이나 마을 앞쪽에 있는 산. 반뒷산.

앞서다 다른 사람들보다 먼저 나아가다. 반뒤서다.

앞이마 이마의 한가운데 부분.

앞일 앞으로 닥쳐올 일.

앞잡이 ①앞에서 인도하는 사람. 예길 ~. ②남의 시킴을 받고 끄나풀 노릇을 하는 사람.

앞장 여럿이 나아갈 때에 맨 앞의 자리. 예~을 서다.

앞지르기 뒤에 가는 차가 앞서 주행하는 차의 앞으로 나아가는 일. -하다.

앞치마 여자들이 일할 때 입는 겉치마. 비행주치마.

[앞치마]

애:교【愛嬌】 남에게 귀엽게 보이는 태도. 예~ 있는 웃음.

애:국【愛國】 자기 나라를 사랑함. 예~ 정신. 반매국.

애:국가 나라를 사랑하는 뜻으로 된, 그 나라를 대표하는 노래.

애:국심 나라를 사랑하는 마음.

애:달다(애다니, 애달아서) 마음이 쓰여 속이 달아오르는 듯하다. 예~아 한다.

애달프다 마음이 슬프다. 예곡조가 ~. 비안타깝다.

애당초 「애초」의 힘줌말.

애드벌룬: 광고하는 글·그림 등을 매달아 공중에 띄우는 풍선. 광고 기구·광고 풍선.

애락【哀樂】 슬픔과 기쁨.

애련 애처롭고 가엾이 여김.

애로【隘路】 ①일을 진행함에 있어서 방해가 되는 점. 예~사항이 많다. ②좁고 험난한 길.

애:매 모호 분명하지 아니하고 희미함. 예내용이 ~하다.

애모【哀慕】 죽은 사람을 슬프게 사모하는 것. -하다.

애:물 ①애를 태우는 물건 또는 사람. 예~ 단지. ②나이 어려서 부모보다 먼저 죽은 자식.

애:벌레 알에서 깨어 번데기로

되기까지의 벌레. 비유충.
애:완용[-농] 사랑하여 가까이 두고 즐기기 위한 것.
애:용【愛用】 즐겨서 씀. -하다.
애원 슬픈 소리로 간절히 원함. 비애소. 간청. -하다.
애:인【愛人】 ①남을 사랑하는 것. ②사랑하는 사람. 연인.
애절【哀切】 몹시 슬픔.
애:창곡 즐겨 부르는 곡.
애:처【愛妻】 아내를 사랑함. 또는 사랑하는 아내. 예~가.
애초 맨 처음. 비당초.
애:칭【愛稱】 본 이름 외에 귀엽게 불리는 이름.
애:향심【愛鄕心】 고향을 아끼고 사랑하는 마음. 예~이 강하다.
애:호【愛護】 사랑하고 보호함.
애호박 어린 호박.
애환【哀歡】 슬픔과 기쁨.
액때움 앞으로 올 액을 다른 가벼운 고난으로 때우는 일. 준액땜. 예~하는 셈치다.
액수【額數】 돈 따위의 머리수.
액운 액을 당할 운수. 반길운.
액자【額子】 그림이나 사진 따위를 끼우는 틀. 예~속 사진.
액즙【液汁】 즙.
야:간【夜間】 밤 사이. 반주간.
야:간 학교 야간에 배우는 학교.
야:경【夜景】 밤의 경치.
야:구【野球】 상대방의 피처가 던지는 공을 베트로 치고 각 베이스를 돌아 홈 베이스에 돌아와 득점하는 경기. 한 팀이 9명.
야:근【夜勤】 밤에 일함.

야금야금 ①연해 조금씩 먹어 들어가는 모양. 예과자를 ~먹다. ②야금거리는 모양.
야굿야굿 톱날같이 높고 낮은 차이가 적고 어슷비슷한 모양.
야:기 일·사건을 끌어 일으키는 것. 예분쟁을 ~시키다.
야누스 로마 신화에 나오는 성문·집의 문을 지키며 앞뒤 두 얼굴을 가진 신. 전쟁과 평화를 나타냄.
야:단 법석 몹시 소란스럽게 굴며 떠드는 일.
야:담【野談】 민간에서 만든 역사의 이야기. 예~책.
야:당 현재 정권을 잡지 못한 정당. 반여당.
야:만인 깨이지 못한 사람. 비미개인. 반문화인.
야:망【野望】 바래서는 안될 일을 바라는 지나친 욕망.
야:맹증[-쯩] 밤에는 사물이 잘 보이지 않는 증상. 비타민 A의 결핍으로 일어남.
야무지다 빈틈이 없고 알차다.
야:바위 ①교묘한 속임수로 돈을 따 먹는 노름의 한 가지. ②속임수로 그럴듯하게 꾸미는 일의 총칭.
야:박 매정하고 인정이 없음. 예인심이 ~하다.
야:밤중[-쭝] 한밤중.
야:비 성질이나 행동이 교양이 없고 천하고 무지막지함.
야:사【野史】 민간에서 사사로이 기록한 역사. 비외사. 반정사.

야:생 동·식물이 산이나 들에서 저절로 자람. 또는 그 동·식물.

야:성【野性】 자연 도는 본능 그대로의 성질. 예~미.

야:심【野心】 ①남 몰래 품은 소망. ②남을 해치려는 나쁜 계획. 또는 야비한 마음.

야:영 천막 따위를 치고 야외에서 잠. 또는 그렇게 하는 생활.

야:외【野外】 ①시가지에서 멀리 떨어진 들. 비교외. ②집 밖.

야:유 남을 빈정거리며 놀리는 것. 또는 그런 말이나 짓.

야:유회 들놀이를 하는 모임.

야:인【野人】 ①벼슬을 하지 않은 사람. ②만주족.

야:자 야자나무의 열매.

야:전【野戰】 산이나 들판에서 하는 싸움. 예~군.

[야자]

야:전【夜戰】 밤에 하는 전투.

야:채 들에서 나는 나물. 채소.

야:합【野合】 ①좋지 못한 목적 아래 서로 어울리는 것. 예불순 세력과 ~. ②부부 아닌 남녀가 서로 정을 통하는 것.

약【約】 어느 수량을 어림잡아 나타내는 말. 비대강. 대략.

약【藥】 병이나 상처를 치료하는 물질. 예~국.

약 몹시 기분이 나쁠 때 끓어오르는 감정. 화. 예~이 오른다.

약간 얼마 안 됨. 얼마쯤.

약골 ①몸이 약한 사람. ②약한 골격. 예그는 몸이 ~이다.

약도 간단하게 줄여서 대충 그린 그림. 예우리 집 ~를 그리다.

약력【略歷】[양녁] 학력·경력 등을 간략하게 줄인 것. 비이력.

약물¹【約物】 기호·구두점·괄호 등을 통틀어 이르는 말.

약물²【藥物】 약재가 되는 물질.

약방 ①약국. ②한약방.

약분 분수의 분모와 분자를 공약수로 나누어 간단하게 하는 일.

약세 ①약한 세력. ②물가나 주식의 값이 내려가는 시세.

약소¹【弱少】 힘이 약하고 작음. 예~ 민족. 반강대.

약소²【略少】 간략하고 적음.

약소국【弱小國】 국토가 적고 힘이 약한 나라. 반강대국.

약속【約束】 앞으로 할 일에 대하여 상대방과 서로 말로 정하여 놓음. 예~을 꼭 지키자. 비언약.

약수【約數】 어떤 수나 식을 나누어 나머지가 없이 떨어지는 수나 식을 일컫는 말.

약식¹【藥食】 약밥.

약식²【略式】 정식 절차를 생략한 의식 또는 그 양식. 반정식.

약육 강식 약한 자는 강한 자에게 먹힘. 예~의 논리.

약자¹【弱者】 아무 힘 없는 약한 사람. 예~의 편이다. 반강자.

약자²【略字】 글자의 획수를 줄

약재료 약을 짓는데 쓰는 재료.
약점【弱點】 모자라서 남만 못하거나 빠지는 점. 〖반〗강점.
약조【約條】 조건을 붙여 약속함. 〖예〗~를 어기다.
약주 ①약술. ②「술」의 높임말.
약진【躍進】 ①뛰어 나아감. ②빠르게 진보함. 〖예〗~ 한국.
약체【弱體】 ①허약한 몸. ②약한 조직체. 〖예〗그 팀은 ~이다.
약초 약의 재료로 사용되는 풀.
약탈 폭력을 써서 남의 것을 강제로 빼앗는 것.
약혼【約婚】 남녀가 장차 서로 결혼하기로 약속함. 〖예〗~식.
약화 세력이나 힘이 약해지거나 약하게 하는 것. 〖반〗강화.
약효【藥效】 약의 효험.
얄:밉다 (얄미우니, 얄미워서) 하는 짓이나 말이 간사하여 밉다.
얄팍하다 매우 얇다.
얇다[얄따] 두껍지 않다. 〖비〗엷다. 〖반〗두껍다.
얌전하다 성질이 순하고 말과 행동이 차분하다. 〖비〗점잖다.
얌체 염치가 없는 사람을 낮추어 이르는 말.
양:【量】 수량·분량 등을 통틀어 일컫는 말. 〖반〗질.
양:계 닭을 기름. 또는 그 닭.
양곡【糧穀】 양식으로 쓰는 곡식. 쌀·보리·밀 등.
양과자 서양식으로 만든 과자.
양:국【兩國】 두 나라.
양궁【洋弓】 서양식의 활.
양:극【兩極】 ①남극과 북극. ②양극(+)과 음극(-).
양기 ①만물이 소생·활동하려는 기운. ②햇볕의 기운. 〖반〗음기.
양:날톱 양쪽에 날이 있는 톱.
양:녀 낳지 않고 데려다 기른 딸. 〖비〗양딸. 수양딸.
양념 음식의 맛과 향기를 돕기 위해서 사용하는 재료의 총칭.
양:도 재산이나 물건을 남에게 넘겨 주는 것. 〖예〗집을 ~하다.
양:돈 돼지를 먹여 기르는 것.
양동이 함석 따위로 만들어 물을 담아 들고 다닐 수 있게 만든 그릇. 〖예〗~를 들고 간다.
양:로원【養老院】 의지할 곳 없는 늙은이를 수용하여 돌보아 주는 것. 〖반〗고아원.
양말 서양식 버선. 맨발로 신도록 실이나 섬유로 짠 물건.
양:면【兩面】 양쪽의 면.
양모【羊毛】 털실의 원료.
양:미 양쪽 눈썹.
양:미간 양쪽 눈썹 사이.
양민【良民】 ①선량한 백성. ②양반과 천민과의 중간 계층.
양:반【兩班】 조선 시대 문벌·신분이 높은 사람을 가리킴. 〖예〗~ 계급. 〖비〗귀족. 〖반〗상인.
양:보【讓步】 ①남에게 제 자리를 내어 줌. ②제 주장을 굽혀 남의 의견을 좇음.
양복【洋服】 서양식의 의복. 〖예〗~점. 〖반〗한복.
양:봉【養蜂】 꿀을 얻을 목적으로 꿀벌을 기름. 또는 그 벌.
양:분【養分】 몸에 양양이 되는

성분. 비영양분. 자양분.
양:분²【兩分】둘로 나눔.
양산【陽傘】볕을 가리기 위하여 가는 쇠살에 헝겊을 씌워 만든 물건. 파라솔. 반우산.
양상 사물 현상의 모양이나 상태. 예새로운 ~으로 바뀌다.
양서【良書】좋은 책.
양:서류 어류와 파충류의 중간으로, 땅 위 또는 물 어디에서도 살 수 있음. 개구리·도룡뇽 등.
양:성¹【養成】길러서 이루게 함. 예인재 ~. 비육성.
양성²【陽性】적극적으로 나아가는 성질. 예~ 반응. 반음성.
양속 아름다운 풍속.
양송이 [식물] 서양종의 송이.
양수【陽數】영(0)보다 큰 수.「1·2·3」등. 반음수.
양:수²【兩手】두 손. 양손.
양수기 모터 등을 이용하여 물을 퍼 올리는 기계.
양순 어질고 온순함. -하다.
양식¹【糧食】사람이 먹고 사는 곡식. 예~ 부족. 비식량.
양식²【樣式】일정한 형식이나 방식. 예생활 ~.
양식³【洋食】서양 음식.
양식⁴【良識】건전한 태도 건전한 판단력. 예~있는 행동.
양:식⁵【養殖】물고기·굴·김 등을 기르고 번식하는 일.
양심【良心】본디 타고난 착한 마음. 예~적인 일. 반비양심.
양:어장 물고기를 인공적으로 알을 까게 하여 새끼를 길러 서 큰 물고기로 기르는 곳.
양:여 자기 소유를 남에게 넘겨줌. 예권리를 ~하다.
양옥【洋屋】서양식으로 지은 집. 반한옥. 예그 집은 ~이다.
양:위【讓位】임금의 자리를 물려주는 것. 예임금의 자리를 ~하다.
양:육 길러 자라게 함. 예~권.
양인¹【洋人】서양 사람.
양:인²【兩人】두 사람.
양자¹【陽子】양성자.
양:자²【養子】아들없는 집에서 대를 잇기 위하여 동성 동본 중에서 데려다 기르는 아들.
양:자 택일 둘 중 하나를 택함.
양:잠 누에를 침. -하다.
양:잠업 누에를 치는 직업.
양장【洋裝】여자의 옷을 서양식으로 차려 입는 것. 또는 그 옷.
양장점【洋裝店】여자의 양장 옷을 짓고 파는 상점.
양:조장 술이나 간장·초 등을 담그는 공장.
양주 서양에서 들어온 술. 서양 술. 위스키·브랜디 등.
양주 별산대놀이 경기도 양주 지방에 전해 내려오는 가면극.
양지【陽地】볕이 잘 드는 곳. 비양달. 반음지. 음달.
양질【良質】좋은 품질. 좋은 바탕. 예~의 종이.
양:쪽 왼쪽과 오른쪽. 비양편.
양처 착한 아내. 예현모 ~.
양철 안과 밖에 주석을 입힌 얇

양초 서양식의 초. 동물의 지방이나 석유의 찌꺼기를 정제하여, 심지를 속에 넣고 만듦.

양:팔 저울 가로 막대의 중심을 받치고 양쪽에 똑같은 접시가 달린 저울. 비천정.

양피 양의 가죽.

양해 사정을 잘 알아서 이해함. 예상대방의 ~를 구하다.

양호【良好】매우 좋음.

양:호실【養護室】양호 교사 등이 학생의 보건 관리에 관한 일을 취급하는 곳.

양화【洋畵】서양 영화.

양화점【洋靴店】구둣방. 구두를 만들어 파는 가게.

얕보다 업신 여겨 깔보다.

얕은꾀 속이 들여다보이는 꾀.

얕은맛 산뜻하고 부드러운 맛.

얕잡다 남을 업신여겨 하찮게 대접하다. 예~아 본다.

어:가【御駕】임금이 타는 수레.

어금니 송곳니의 안쪽으로 있는 모든 큰 이.

어깨 ①팔이 붙은 관절의 윗부분. ②옷의 소매와 깃의 사이.

어깨동무 서로 어깨로 팔을 얹고 노는 아이들의 놀이. -하다.

어느덧 모르는 동안에. 어느 사이에. 어언간에. 어느 새.

어느 때 언제.

어느 새 어느 틈에. 벌써.

어:두【語頭】말의 처음.

어두 육미 물고기는 대가리, 짐승은 꼬리 쪽이 맛이 있다는 말.

어리광 짐짓 어린 체하며 버릇없이 구는 짓. 예아이가 ~을 부리다. -하다.

어리다¹ ①나이가 적다. ②경험이 적거나 수준이 낮다.

어리다² ①눈물이 고이다. ②눈앞에 자꾸 떠오르다.

어린이 어린 아이를 대접해서 일컫는 말. 예~ 날.

어린이날 5월 5일. 어린이들을 사랑하고 착하게 기르자는 것이 주요 정신인 어린이 명절.

어마마마 임금이나 왕자가 그 어머니를 부르는 말.

어망 물고기를 잡는 그물.

어머니 ①자기를 낳은 여자. 비모친. 반아버지. ②무엇이 생겨난 근본. 예실패는 성공의 ~이다. ③자녀를 둔 여성을 두루 일컫는 말. 반남성.

어:명【御命】임금의 명령.

어묵 생선의 살을 으깨어 소금·갈분·미림 등을 섞고 나무판에 올려 쪄서 익힌 일본식 음식.

어미닭[-닥] 병아리를 품어 깐 암탉. 비엄마닭.

어미젖 모유.

어민【漁民】고기잡이를 생업으로 삼는 사람. 예~ 생활.

어버이 어머니와 아버지. 비부모.

어버이날 어머니와 아버지의 고마움을 되새기기 위하여 정해진 날. 약칭 5월 8일.

어서어서 어떤 일이나 행동을 빨리 하기를 매우 재촉하는 말.

어선【漁船】 고기잡이를 하는 배.

어:설프다(어설프니, 어설퍼서) ①꼭 짜이지 못하여 조밀하지 않다. ②탐탁하지 않다.

어수선하다 ①가지런하지 않고 마구 헝클어져 있다. ②걱정이 많아서 마음이 뒤숭숭하다.

어스름 저녁이나 새벽의 약간 어둑한 빛. 또는, 그 때.

어슬렁거리다 몸집이 큰 사람이나 짐승이 몸을 흔들며 천천히 걸어나가다.

어여쁘다(어여쁘니, 어여뻐서) 「예쁘다」의 예스러운 말.

어엿하다 거리낌이 없이 당당하고 떳떳하다. 비당당하다.

어영부영 적극성이 없이 되는 대로 행동하는 모양.

어우러지다 여럿이 조화되어 한 덩어리나 한 판을 이루게 되다.

어육【魚肉】 ①생선과 짐승의 고기. 예~ 시장. ②생선의 살.

어저께 어제.

어:전 임금의 앞.

어제 오늘 ①어제와 오늘. ②가까운 요 며칠.

어젯밤 어제의 밤.

어쨌든 「어찌하였든」의 준말.

어쩌나 어떻게 하나.

어쩌다 ①뜻밖에 우연히. ②이따금. 가끔.

억만년 무궁한 세월.

억만 장:자 헤아리기 어려울 정도로 많은 재산을 가지고 있는 사람. 예~로 태어났다.

억보 억지가 센 사람.

억척 끈덕지고 억센 태도.

억측【臆測】 이유와 근거가 없는 추측. 예~이 난무하다.

억하심정 대체 무슨 마음으로 그러하는지 알기 어렵다는 뜻.

언감생심【焉敢生心】 감히 그런 마음을 품을 수도 없음.

언급 ①어떤 문제에 대하여 말하는 것. 예~을 회피하다. ②하는 말이 그 곳까지 미침.

언니 여자 사이에 손위를 정답게 부르는 말. 예친구 ~.

언덕 땅이 산보다 낮고 둔덕보다 높은 곳. 비비탈. 반골짜기.

언동 ①「언어 행동」의 준말. ②말과 하는 짓. 예~이 거칠다.

언뜻 잠깐 나타나거나 문득 생각나는 모양. 예~ 눈에 띄다.

언론【言論】 말이나 글로써 자기의 생각을 나타내는 일.

언론의 자유 개인이 그 사상 또는 의견을 말로 발표하는 자유. 기본적 인권의 하나임.

언론인【言論人】 언론으로써 그 업을 삼는 사람.

언어장애 말을 바르게 발음할 수 없거나 이행할 수 없게 되는 상태. 실어증, 말더듬 따위.

얼: 혼. 정신.

얼굴 눈·코·잎 등이 있는 머리의 앞쪽. 예~이 예쁘다.

얼굴값 얼굴에 잘 생긴 만큼의 값어치의 일. 예~ 한다.

얼룩 본 바탕에 다른 빛이 묻어서 굵은 점이 박힌 것.

얼씬 무엇이 눈앞에 얼른 나타나는 모양. 좍알씬.

얼음 물의 온도가 0도 이하로 내려가 얼어 고체가 된 것.

얼음판 얼음이 마당처럼 넓게 언곳. 빙판.

얼쩡거리다 하는 일도 없이 자꾸 돌아다니다.

얼쩡얼쩡 자꾸 얼쩡거리는 모양. 좍알짱알짱. -하다.

얼추 ①어지간한 정도로 대충. ②어떤 기준에 거의 가깝게.

얼큰하다 ①매워서 입안이 얼얼하다. ②술이 거나하여 정신이 어렴풋하다.

얼토당토 아니하다 아무런 관계가 없다. 준얼토당토않다.

엄:니 식육 동물의 아래위 턱에 난 굳세고 날카로운 송곳니.

엄동【嚴冬】 매우 추운 겨울.

엄동 설한 눈이 오고 몹시 추운 겨울. 예~에 핀 꽃.

엄마 「어머니」를 어린 아이가 정답게 부르는 말.

엄마닭[-닥] 병아리를 깐 암탉. 비어미닭.

엄살 거짓으로 아픈 체하는 것. 예~을 부리다.

엄선 엄하고 철저하게 가려 뽑는 것. 예대표 선수를 ~하다.

엄수【嚴守】 어기지 않고 꼭 지킴. 예약속을 ~하다.

엄숙【嚴肅】 정중하며 의젓하여 위엄이 있음. 비근엄. 반경박.

엄:습 갑작스레 습격함.

엄지손가락[-까-] 손가락 중 가장 굵고 짧은 첫째 손가락.

엄:포 실속없는 말로 남을 위협하거나 호령하는 짓.

엄하다 ①규율이나 예절을 따지는 데에 매우 딱딱하고 바르다. ②잘못되지 않도록 주의가 심하다. 비엄중하다.

엄히 엄하게.

업무【業務】 직업으로 하는 일.

업보【業報】 불교에서 전 세상의 악한 짓에 대한 죄값.

업:신여기다[-녀-] 잘난 체하여 사람을 만만히 여기다. 비깔보다. 반존경하다.

업적【業績】 일을 해 놓은 성적. 예~을 남기다. 비공적.

엉거주춤하다 ①앉지도 서지도 않고 몸을 굽히고 있다. ②일을 딱 잘라 하지 못하고 망설이다.

엉겁결 자기도 뜻하지 못한 사이에 갑자기. 예~에 소리치다.

엉금엉금 느리게 기어가는 모양.

엉기다 ①액체가 한데 뭉쳐 굳어지다. 예기름이 ~. ②무엇이 한데 얽히고 엇갈리다.

엉:덩춤 신이 나서 엉덩이를 으쓱거리는 짓. 예~을 춘다.

엉뚱하다 ①분수에 지나치는 행동이나 말을 하다. ②생각지도 못한 행동을 하다.

엉망 뒤섞여 갈피를 잡을 수 없는 상태. 예파티가 ~이 되다.

엉망진창 「엉망」의 힘줌말.

엉성하다 ①짜이지 않다. ②빽빽하지 못하고 성기다.

엉키다 「엉클어지다」의 준말.

엉터리 ①터무니없는 일이나 물건. 예 ~ 수작. ②허울만 있고 내용이 없는 사람이나 물건.

엊그저께 두어 날 전. 며칠 전. 예 ~ 만났다. 준 엊그제.

엊저녁 어제 저녁.

엎다[업다] ①뒤집어놓다. ②물 따위를 흘리다.

엎드리다 몸의 앞 부분을 바닥에 대다. 예 바닥에 ~.

엎어지다 ①앞으로 넘어지다. ②위아래가 뒤집히다.

에너지 일을 할 수 있는 원기. 예 전력 ~.

에너지원 에너지의 근원. 곧 석탄·석유·태양열·수력 따위.

에너지 자:원 에너지 공급의 원료가 되는 기초 물질. 석탄·석유·가스 등.

에누리 물건 값을 더 부르거나 깎거나 하는 일.

에:다 ①날카로운 연장으로 도려 내다. ②사람의 마음을 깎아 내듯이 슬픈 감정이 들다.

에도 「또한」의 뜻을 나타내는 토씨. 예 겨울~ 꽃이 핀다.

에디슨[인명](1847~1931) 미국의 발명가. 확성기·축음기·전등·촬영기 등 1,000여 종을 발명하였음.「발명왕」이라 불리기도 함.

[에디슨]

에러 ①과실·실수·실책의 뜻. ②야구에서 잡을 수 있는 타구나 송구를 잡지 못해 주자를 살게 하는 것.

에메랄드 녹주석의 하나. 녹색 광택이 있는 보석.

에스극 자석의 남극. 지구의 남극. S극.

에스에프 공상 과학 소설.

에어로빅 댄스 미용 체조의 하나. 심장이나 폐를 자극하여 혈액 순환 작용을 촉진시키는 운동을 춤으로 구성했음. 준 에어로빅.

에어 백 자동차가 충돌하는 순간, 탑승자가 다치지 않도록 부풀어서 완충시키는 공기 주머니.

에어 쇼: 공중에서 비행기가 펼쳐 보이는 성능 시험 비행·전시 비행·곡예 비행 따위를 통틀어 이르는 말.

에워싸다 사방을 빙 둘러서 싸다. 비 둘러싸다.

에이 실망하여 단념할 때 내는 소리. 예 ~ 깨끗이 잊어버리자.

에이디: 서력 기원. 서기.

에이스 ①제일인자 또는, 최우수 선수. ②야구에서, 팀의 주전 투수.

에티켓 예의. 예절.

엑스선 1895년 독일의 물리학자 뢴트겐이 발견함. 눈에는 보이지 않으나 물질을 꿰뚫는 힘이 강한 광선. 의학상·학술상 용도로 쓰임.

엑스선 사진 X선을 이용하여 촬영하는 사진. 비 엑스 레이.

엑스트라 연극이나 영화 촬영 때에 단역을 하는 임시 고용

배우. 예~로 나간다.
엑스포 만국 박람회.
엔극 지남철이 가리키는 북쪽 끝. 비북극. 반에스극.
엔드 끝. 종말.
엘리베이터 높은 건물을 오르내리는데 쓰이는 기계 장치. 승강기.
엘리트 우수한 능력이 있다고 인정된 사람. 선량.
여가 남는 시간.
여간 보통으로. 어지간하게.
여간내기 보통내기.
여객 여행하는 손님. 비길손.
여객기 여행하는 손님을 태워 나르는 비행기.
여객선 여행하는 사람을 태워 나르는 배.
여:건[-껀] 주어진 조건.
여걸 여장부
여관【旅館】 일정한 돈을 받고 여행하는 사람을 묵게 하는 집.
여군【女軍】 여자 군인. 여자로 조직된 군대. 예~ 중대.
여권【旅券】 해외 여행자의 신분·국적을 증명하고 그 나라의 보호를 의뢰하는 문서.
여기저기 이곳 저곳에.
여남은 열 남짓한 수.
여념【餘念】 다른 생각.
여느 보통. 특별한 경우가 아니고 예사로운. 예~ 때보다 늦다.
여:닫이[-다지] ①열고 닫는 일. ②밀거나 당겨서 여는 문.
여담【餘談】 용건이나 본 줄거리와 관계없이 하는 이야기.

여:당 정권을 잡고 있는 정당. 비정부당. 반야당.
여대생「여자 대학생」의 준말.
여독【旅毒】 여행으로 말미암아 생긴 피로. 예~을 풀다.
여동생【女同生】 여자 동생. 누이 동생. 반남동생.
여드레 여덟 날. 팔일.
여드렛날 초하루날로부터 여덟째의 날. 예~에 온다.
여드름 주로 사춘기에 이른 남녀의 얼굴 등에 나는 작은 종기의 한 가지.
여든 열의 여덟 갑절. 80.
여러 수효가 많음.
여럿 ①많은 사람. 예~이 같이. ②많은 수.
여력【餘力】 어떤 일을 하고 남은 힘. 곧, 다른 일을 할 수 있는 힘. 예~이 있다.
여로 여행 길. 예~에 오르다.
여:론【輿論】 여러 사람의 공통된 의견. 예~ 조사.
여류【女流】 그 방면에 능숙한 여성임을 나타내는 말.
여반장【如反掌】「손바닥을 뒤집는 것 같다는 뜻」으로 일이 매우 쉬움을 이르는 말.
여백 글씨를 쓰고 남은 빈 자리.
여보 ①자기 아내가 남편을 부르는 말. ②「여보시오」의 낮춤말.
여름내 이른 여름부터 늦은 여름까지의 사이. 예~ 비가 온다.
여름 방학[-빵-] 여름의 한창 더울 때에 하는 방학. 비하기 방학. 반겨울 방학.

여분【餘分】 쓰고 남은 나머지. 예~이 있다. 비나머지.
여비【旅費】 여행하는 데 드는 비용. 예왕복 ~. 비노자.
여사 ①결혼한 여자를 높이어 이르는 말. ②사회적으로 저명한 여자를 높이어 이르는 말.
여생 앞으로 남은 일생. 비여명.
여성【女性】 여자. 반남성.
여왕【女王】 여자 임금.
여왕벌[동물] 벌떼에서 산란 능력이 있는 암벌. 몸이 크며 벌 사회의 우두머리임. 비장수벌.
여유 ①넉넉함. ②너그러움.
여의다 ①죽어서 헤어지다. 예일찍 아버지를 ~. ②멀리 떠나 보내다. 시집 보내다.
여의주 불교에서, 모든 소원을 뜻대로 해 준다는 신기한 구슬.
여인【女人】 여자.
여자 여성인 사람. 반남자.
여장【女裝】 남자가 여자처럼 차리는 것. 반남장. -하다.
여장부 남자처럼 굳세고 용기가 있고 강한 의지가 있는 여자.
여지없다 더할 나위 없다.
여진【餘震】 큰 지진 따위가 있는 다음에 잇따라 일어나는 작은 진동. 예~이 계속되다.
여진족【女眞族】 만주와 한반도 동북쪽에 살던 종족.
여집합[-지팝] 전체 집합의 부분 집합 A에 관하여 전체 집합의 요소로서 A에 포함되지 않는 요소 전체가 만드는 집합.
여:쭈다 웃어른께 의견을 묻거나 사연을 아뢰다. 높여쭙다.
여차하면 무슨 일이 일어나기만 하면. 예~ 그냥 갈거다.
여축【餘蓄】 쓰고 남은 물건을 모아 두는 것. -하다.
여편네 결혼한 여자나 자기 아내를 낮추어 이르는 말.
여필종부 아내는 반드시 남편에게 순종하여 좇아야 함.
여하간 어떠하든지간에. 하여간.
여하튼 아무튼. 어떻든.
여학생【女學生】 여학교의 학생.
여행【旅行】 집을 떠나 다른 고장이나 나라 등 먼 길을 감.
여행기【旅行記】 여행 중의 견문이나 감상을 적은 글.
여행사【旅行社】 여행자의 편의를 돌보아 주는 일을 업으로 하는 영업 기관. 예서울 ~.
여행자 여행하는 사람.
역기【力器】 역도를 할 때 들어 올리는 기구. 바벨.
역기능 본디 목적한 것과는 반대로 작용하는 기능.
역대 지내 내려온 여러 대.
역도【力道】 역기 운동을 통하여 몸과 마음을 닦는 운동.
역량[영냥] 어떤 일을 해낼 수 있는 힘. 예~이 있는 사람.
역력하다 자취나 낌새 등이 또렷하다. 예피로한 기색이 ~.
역마차 서양에서, 철도가 다니기 전에 정기적으로 사람이나

역모【逆謀】[영-] 반역을 도모하는 것. 예~를 도모하다.
역사【歷史】지금까지 인간이 살아온 사회의 내력이나 변하여 온 발자취. 비청사.
역사【力士】힘이 센 사람. 장사.
역사책 역사를 기록한 책.
역설【力說】힘 주어 주장함.
역습 공격해 오는 적을 이쪽에서 도리어 급히 공격함.
역시【亦是】예상한 대로.
역적 반역을 꾀하는 사람.
역적 모의 역적들이 모여서 반역을 꾀함. -하다.
역전¹【逆轉】①거꾸로 형세가 뒤바뀌어짐. ②일이 잘못되어 좋지 않게 벌어져 감.
역전²【驛前】정거장 앞.
역점【力點】①지레의 힘이 걸리는 점. ②사물의 중심이 되는 점. 예친목에 ~을 두다.
역정【逆情】[-쩡] 몹시 언짢거나 못마땅하게 여겨 내는 성. 주로, 윗사람에게 쓰는 말임.
역주【力走】힘껏 달리는 것.
역할【役割】각자 맡은 일. 예학생의 ~. 비소임. 구실.
역행【逆行】[여캥] ①순서·방향 등을 바꾸어 행함. ②거슬러서 나아감. 예시대에 ~하다.
역효과 정반대의 효과.
엮은이 책 따위를 엮은 사람. 편자. 편집자.
엮음 엮는 일. 또는, 엮는 것.

연 댓가지에 종이를 붙이고 실을 매어서 공중에 날리는 장난감. [연]
연간【年間】한 해 동안.
연거푸 잇달아 여러 번.
연결 떨어진 물건을 이어 맺음.
연계 이어서 매는 일. 관련하여 관계를 맺는 것. 또는, 그러한 관계.
연고【緣故】①사유. 예~를 대다. ②혈통·정분 또는 법률상으로 맺어진 관계. 예~관계.
연고자 연고가 있는 사람.
연-구【研究】사물에 대하여 깊이 생각하며 조사하여 가면서 공부하는 것. 비탐구.
연-구가 연구하는 사람.
연-구소 연구를 전문으로 하는 기관. 예원자력 ~.
연-극 배우가 극본에 따라 치장을 하고 무대에서 음악·배경·조명 또는 여러 장치로 보여 주는 예술. 예~ 배우.
연-금¹【軟禁】신체의 자유는 속박하지 않고 다만 외부와의 일반적인 접촉을 금하고 제한함. 예가택에 ~을 하다.
연금²【年金】국가 또는 공공 단체가 매년 정기적으로 주는 돈.
연기¹【延期】정한 기한을 물림. 예내일로 ~하자. -하다.
연기²【煙氣】물건이 탈 때 생기는 흐릿한 기체. 비내.
연-기³【演技】배우가 맡은 배역을 그럴 듯하게 해 보이는 말이나 동작. 예~자. -하다.

연꽃 [식물] 못이나 늪 등에서 피는 연분홍의 꽃. 잎은 물 위에 뜨고 둥글넓적하다.

[연꽃]

연대[聯隊] 군대 구성의 하나. 3개 대대로 편성됨.

연대[連帶] 두 사람 이상이 공동하여 책임을 짐. 예~ 책임.

연대[年代] ①햇수와 세대의 수효. ~순으로 조사하다. ②지나온 시대. ③시대. 세상.

연등 행사 부처님 오신 날에 연등을 들고 행하는 불교의 행사.

연락망 연락하려고 벌려 놓은 조직 체계. 학급 ~.

연령[年齡] 나이.

연령별 나이대로 가름. 나이에 따라 나눔. 예~ 인구.

연례회 해마다 한 번씩 정기적으로 모이는 모임. -하다.

연로[年老][열-] 나이가 많아서 늙음. 예~하신 조부모님. 비연고. 반연소.

연료[燃料] 열을 이용하기 위하여 때는 재료. 석탄·석유 등.

연루[連累] 남이 일으킨 일에 관련되어 죄를 덮어 쓰거나 피해를 입게 됨. 예사건에 ~되다.

연:마 학문이나 기술 따위를 익히고 닦음. 예기술을 ~하다.

연명[延命] 목숨을 겨우 이어 살아감. 예목숨을 ~하다.

연민[憐憫] 불쌍하고 가련함.

연발 ①총포 따위를 잇달아 쏨. 예~ 총. ②계속하여 일어남.

연보[年譜] 사람이 한평생 지낸 일을 연월순으로 간략하게 적은 기록. 예작가 ~.

연봉 일 년 단위로 정하여 지급하는 봉급. 예선수들의 ~.

연:사[演士] 연설하는 사람.

연산[年産] 일 년 동안의 생산고 또는 산출고. 예~ 3000만 톤.

연상[聯想] 한 생각으로 말미암아 관계되는 다른 생각이 떠오르는 일. 예불길한 일이 ~됨.

연상[年上] 자기보다 나이가 많음. 예~의 연인. 반연하.

연속 끊이지 않고 계속됨.

연:수[研修] 학업을 연구하고 닦음. 예해외 ~. -하다.

연:습 여러 번 되풀이하여 익힘.

연승[連勝] 연이어 이기는 것.

연:시[붉고 말랑말랑하게 흠뻑 익은 감. 연감. 홍시.

연시[年始] 한 해의 처음. 연초. 예연말 ~.

연싸움 연날리기에서 연줄을 걸고 서로 상대방의 연줄을 끊는 놀이. -하다.

연안[沿岸] 육지와 접한 강·호수·바다 등의 물가. 예동해 ~.

연어[동물] 연어과의 바닷물고기. 몸길이 약 1m로 방추형임. 가을에 강 상류에 올라와 모래 바닥에 알을 낳고 죽음.

연장¹ 물건을 만드는데 쓰는 기구. 비도구. 연모.
연장²【延長】 시간·길이 등을 길게 늘임. 예시간을 ~하다.
연:주【演奏】 여러 관중 앞에서 악기로 음악을 들려 줌.
연:주자 음악을 연주하는 사람.
연지 여자들이 볼에 칠하는 붉은 빛의 화장품. 구지.
연착 예정 시간보다 늦게 도착함. 예열차가 ~하다. 반조착.
연체 ①기한 안에 이행해야 할 채무나 납세를 지체하는 것. 예~금. ②정한 기한에 약속을 지키지 못하고 지체하는 것.
연초¹【年初】 새해의 첫머리.
연초²【煙草】 담배.
연:출【演出】 각본에 따라 배우를 움직여 무대 위에서 상연하는 것을 지도하여 이끎.
연타 ①연이어 침. ②야구에서, 안타가 계속되는 것.
연:탄 주원료인 무연탄에다 코크스·목탄 등의 탄화물을 배합하여 만든 연료. 구공탄·십구공탄 따위.
연합【聯合】 두 가지 이상의 사물이 합하여 하나의 조직체를 만드는 것. 또는, 그 조직체.
연해¹【沿海】 바닷가에 닿아 있는 육지. 비연해변.
연해²【連-】 ①자꾸 계속하여. ②'연하여'의 준말.
연행【連行】 강제로 데리고 감. 예범인을 ~하다.
연혁【沿革】 변천하여 온 내력. 예학교의 ~을 소개하다.

연:회【宴會】 축하·환영·석별·위로 등의 뜻을 표시하기 위하여 여러 사람이 모여 베푸는 일.
열강 세력이 강한 여러 나라.
열거 하나씩 들어 말함. -하다.
열광【熱狂】 ①미친 것처럼 흥분하여 날뜀. ②너무 열심히 함. 예~인인 환영.
열기【熱氣】 뜨거운 기운.
열네댓 열넷 내지 열다섯.
열녀[-려] 절개가 곧은 여자.
열대[-때] 적도를 중심으로 남북 희귀선까지의 더운 지대. 일년 간의 평균 기온이 20℃이상임. 예~ 식물. 반한대.
열등【劣等】 평균적인 수준의 것과 비교해서 뒤떨어져 있는 것. 예품질이 ~하다.
열등감【劣等感】 남과 비교할 때 자기 자신을 너무 낮게 평가하는 감정.
열망【熱望】 열렬하게 바람.
열매 ①과실. ②식물의 꽃이 진 뒤에 맺히는 것.
열무 어린 무. 예~ 김치.
열반【涅槃】 ①불교에서, 불도를 완전하게 이루어 모든 고통과 번뇌를 벗어나는 정신적인 상태. ②덕망있는 스님이 돌아가시는 일. 비입적. -하다.
열심[-씸] 한 가지 일에 깊이 마음을 기울임. 일에 골몰함.
열연【熱演】 연극 따위에서 열렬하게 연기하는 것.
열의【熱意】 목적을 성취하려는 열성스러운 마음.
열정【熱情】[-쩡] 열렬한 정열.

열정적 ~을 쏟다.

열정적 열정이 있는 모양.

열중【熱中】[-쭝] 온 정신을 한 곳으로 쏟음. 반태만.

열창【熱唱】 노래 따위를 열심히 부르는 것. 또는, 그 노래.

열처리 물질을 가열·냉각하여 굳기 등의 성질을 변화시키는 일.

열화【烈火】 맹렬히 타는 불.

열화[2]【熱火】 ①뜨거운 불길. ②매우 급한 화증.

열흘 열 날. 10일.

엷:다[열따] ①두께가 두껍지 않다. ②색깔이 진하지 않다.

염【鹽】 소금.

염:두 ①생각의 기초. ②마음 속.

염라 대:왕【閻羅大王】[-나-] 죽어서 지옥에 떨어진 인간의 생전의 행동을 심판하고 다스린다는 저승의 임금.

염:려【念慮】 마음을 놓지 못함. 비근심. 걱정.

염:료【染料】[-뇨] 섬유 등을 물들이는 색소가 되는 물질.

염:색【染色】 천 따위에 색물을 들임. 예머리를 ~하다. 반탈색.

염소[동물] 집짐승의 하나. 양과 비슷하며 되새김질을 하는 짐승. 뿔이 뒤로 굽고 꼬리가 짧음. 산양. [염소]

염분【鹽分】 소금기.

염:불 부처의 모습과 공덕을 생각하면서 「나무 아미타불」을 외거나 불명을 부르는 일.

염증[1]【炎症】[-쯩] 몸의 한 부분이 빨갛게 붓고 진물이 나며 열이 나는 증세. 준염.

염:증[2]【厭症】 싫증.

염치 부끄러움을 아는 마음.

염화칼슘 염소와 칼슘의 화합물. 백색의 결정 또는 가루. 습기를 잘 빨아들이므로 건조제로 많이 사용함.

엽기【獵奇】 기괴한 일이나 물건에 호기심을 가지고 즐겨 찾아 다니는 것. 예~심.

엽서 ①편지를 적어 보내는 카드. ②「우편 엽서」의 준말.

엽전【葉錢】 가운데에 구멍이 뚫린 동그란 옛날 쇠돈. [엽전]

엽차【葉茶】 차나무의 어린 잎을 달여서 만든 차.

엽총 사냥하는데 쓰는 총.

엿 쌀·수수·고구마 따위를 엿기름으로 삭히고 고아서 만든 달고 끈끈한 식품.

엿기름 보리를 싹트게 한 것. 녹말을 당분으로 바꾸는 물질이 많이 들어 있음. 맥아.

엿:듣다 남의 말을 몰래 듣다.

엿:보다 ①남 몰래 가만히 살피다. ②때를 기다리다.

영감[1]【靈感】 신의 계시를 받은 것 같은 느낌. 예~이 떠오르다.

영:감[2]【슈監】 나이 많은 남편 또는 나이 많은 남자. 비노인.

영:결【永訣】 영원히 헤어짐.

「죽은 사람과 헤어짐」을 뜻함. 예~식. 비영별. -하다.

영:결식【永訣式】 장례 때 가족·친지가 모여 죽은 이와 영원히 이별하는 의식. -하다.

영공【領空】 국가의 영역을 구성하는 부분으로, 영토와 영해 윗부분의 공간. 예~을 지키다.

영광【榮光】 빛나는 영예.

영:구【永久】 길고 오램.

영:구적 영구히 변하지 않는 모양. 비항구적. 반일시적.

영농【營農】 농업을 경영하는 것. 예~ 후계자. -하다.

영국【英國】[나라] 유럽 서부 대서양을 끼고 있는 섬나라. 수도는 런던.

영글다 씨가 익어서 단단해지다. 「여물다」의 사투리.

영농 후계자 농촌 출신 젊은이로 고향에 머물러 농사일을 이어 받기를 결심한 희망자 중에서 뽑힌 사람.

영단【英斷】 ①뛰어난 결단. ②주저하지 않고 내리는 결정.

영락없다 조금도 틀리지 않고 번번이 맞다. 예이번에도 ~.

영령【英靈】 ①죽은 사람의 영혼. ②훌륭한 사람의 영혼.

영롱[-농] ①눈부시게 빛남. 예~한 눈빛. ②금구슬이 울리는 것처럼 맑고 아름다운 소리. 예~한 목소리.

영릉[-능] 경기도 여주시에 있는 조선 시대 제4대 왕인 세종대왕과 비 소헌 왕후의 능.

영리¹【營利】 재산상의 이익을 얻으려고 꾀함. 예~ 사업.

영:리²【怜悧】 약고 똑똑함.

영문【英文】 영어로 된 글.

영문² 까닭. 형편. 비이유.

영부인【令夫人】 남의 부인을 높여서 이르는 말. 비귀부인.

영빈 손님을 맞음. 예~관.

영사【領事】 외국에서 있으면서 자기 나라 무역·이익 등과 국민 보호에 관한 업무를 보는 공무원. 예미국 ~관.

영:사기 영화나 환등 따위의 필름의 상을 확대하여 영사막에 비치는 기계.

영산【靈山】 신령스러운 산.

영:상【映像】 빛에 의해 나타나는 물체의 모양. 이미지.

영:생【永生】 ①영원 무궁한 생명. 영원한 삶. ②예수를 믿고 그 가르침을 행함으로써 천국에서 영원히 사는 것.

영세¹【領洗】 천주교에서 신자가 될 때에 받는 의식. 비세례.

영세²【零細】 ①생활이 어려움. ②작고 가늘어 변변하지 못함.

영세민【零細民】 수입이 적어 겨우 살아가는 주민.

영수¹【領袖】 여럿 중의 우두머리. 예~ 회담.

영수²【領收】 돈이나 물품을 받아들이는 것. 예~증.

영양【營養】 생물이 섭취하여 생활력을 유지하는 양분.

영양분 영양이 되는 물질의 성분. 예~을 고루 섭취한다.

영어【英語】 영국과 미국 등에

영업【營業】 이익을 얻기 위하여 하는 일. 비사업.
영역【領域】 ①차지한 구역 안. ②국가의 주권이 미치는 범위.
영:영【永永】 영원히.
영예【榮譽】 영광스러운 명예.
영웅【英雄】 재주나 용맹이 뛰어나 위대한 일을 해낸 사람.
영웅심 용략과 기개가 뛰어남을 나타내려는 마음.
영:원【永遠】 길고 끝없이 오랜 세월. 비영구. 반순간.
영의정 조선 시대 최고의 관직. 지금의 국무 총리와 비슷함.
영재【英材】 뛰어난 재주. 또는 그러한 사람. 비수재.
영적【靈的】[-쩍] 신령스러운 것. 예~ 세계. 반육적.
영접【迎接】 손님을 맞아 대접함.
영:정【影幀】 사람의 모습을 그려 놓은 족자. 영상.
영주【英主】 뛰어난 임금.
영:주권【永住權】 일정한 자격을 갖춘 외국인에게 주는, 그 나라에서 영주할 수 있는 권리.
영토 통치권이 미칠 수 있는 한 나라의 지역. 비국토.
영하¹【零下】 온도가 섭씨 0도 아래로 내려감. 예~의 날씨.
영해【領海】 영토에 인접한 해역으로서, 그 나라의 통치권이 미치는 범위. 12해리임. 반공해.
영:향 어떤 일로 인하여 다른 일에 미치는 결과.
영혼【靈魂】 죽은 사람의 넋.
영화【映畫】 긴 필름을 잇달아 스크린에 비추어 움직이는 영상으로 보이는 그림.
예:감【豫感】 무슨 일이 있기 전에 암시적으로 미리 느낌.
예:견【豫見】 닥쳐올 일을 미리 내다보는 것. -하다.
예:고【豫告】 일에 앞서 알림.
예:금【豫金】 은행이나 우체국 등에 돈을 맡기는 일.
예:금 통장 은행 등이 예금자에게 교부하여, 예입과 지급의 내용을 기재하는 통장.
예:능【藝能】 음악·무용·연극 따위를 모두 가리키는 말.
예:로부터 오래 전부터. 옛날부터.
예루살렘[지명] 이스라엘의 수도. 유태교·크리스트교·이슬람교의 성지로 역사상의 분쟁이 많은 지역임.
예:리【銳利】 ①연장 따위가 날카로워 잘 듦. 예~한 칼날. ②감각·통찰력 따위가 날카로움.
예:매【豫買】 일정한 시기가 되기 전에 미리 사는 일. -하다.
예:민 신경이 날카롭고 빠름.
예:방¹【豫防】 안 좋은 일이나 탈을 미리 막음. 예화재를 ~ 하다.
예방²【禮訪】 인사차 방문함.
예배 ①신이나 부처 앞에 존경하는 마음으로 경배하는 의식. 예~를 보다. ②기독교에서 성경을 읽고 기도와 찬송

예법 예의로 지켜야 할 규범이나 법칙. 예~에 어긋나다.

예:보【豫報】 ①사정을 미리 알림. ②기상 등에 관한 예상을 발표하는 것. 예일기 ~.

예복 예식 때에 입는 옷.

예:봉 ①날카로운 창·칼의 끝. 예~을 피하다. ②정예한 선봉. 예적의 ~을 분쇄하다.

예불【禮佛】 부처에게 경배함.

예:비【豫備】 미리 준비함.

예:비군 예비역으로 편성된 군대. 예향토 ~.

예:쁜 고운. 아름다운.

예:사【例事】 보통 있는 일. 흔히 있는 일. 비보통. 반특별.

예:사로 보통 있는 일로.

예:산 미리 필요한 돈을 계산함. 예~을 세우다. 반결산.

예:선【豫選】 본선이나 결선 전에 미리 뽑음. 반결선.

예:속【隷屬】 남의 지배 아래 매이는 것. 종속. 예~ 국가.

예:수 그리스도교를 일으킨 사람.

예:술원 예술의 향상·발전 도모와 예술의 연구 발전에 관한 중요 사항을 심의하고, 정부의 자문에 응하기 위하여 설치한 국가적 예술 기관.

예:습【豫習】 미리 학습함. 미리 익힘. 예~을 해 가다. 반복습.

예:약【豫約】 미리 약속함. 예~석. 선약. -하다.

예:약금 예약할 때 주는 돈.

예:언【豫言】 앞으로 올 일을 추측하여 미리 말함. 예~자.

예:언자 ①앞으로의 일을 미리 짐작하여 말하는 사람. ②신으로부터 사명을 받아서 하느님의 말씀을 사람들에게 알리는 사람. 비선지자.

예우 예의를 지켜 정중히 대우하는 것. 예전관 ~. -하다.

예의【禮義】 사람이 지켜야 할 올바른 몸가짐과 행동.

예의 범절 일상 생활의 모든 예의와 절차. 예~에 어긋나다.

예절【禮節】 예의 범절. 예도. 의절. 비예의. 반실례.

예절바르다 말이나 태도가 점잖고 올바르다.

예:정【豫定】 앞서서 미리 계획하고 작정함. 비계획.

예찬【禮讚】 칭찬하여 높임.

예:측【豫測】 미리 헤아림.

예:하【隷下】 그 사람에게 딸림. 그 아래 딸린 자. 예~ 부대.

예:행 연:습 어떠한 행사를 개최하기 전에 그 당일과 같은 순서로 하여 보는 종합적인 연습.

옛: 지나간 때의. 옛날의.

옛:날 지난 지가 오래된 날. 예~ 이야기.

오:곡 다섯 가지 곡식. 쌀·보리·조·콩·기장. 예~밥.

오:곡밥 오곡으로 지은 밥.

오골계[동물] 닭의 한 품종. 살·가죽·뼈가 모두 암자색임. 약재로 많이 씀.

오:관【五官】 다섯 가지 감각 기관. 곧, 눈(시각)·귀(청각)·

코(후각)·혀(미각)·피부(촉각).

오그라들다 점점 오그라져서 작아지다. 큰우그러들다.

오그리다 오그라지게 하다.

오금 무릎·팔의 구부리는 안쪽. [오금아 날 살려라] 급히 도망칠 때에 힘을 다하여 빨리 뛰어감을 이르는 말.

오:너 ①소유자, 특히 기업의 소유자. ②선주.

오:너 드라이버 자기 자동차를 자기가 운전하는 사람.

오누이 오빠와 여동생. 예~ 사이. 비남매. 준오뉘.

오는 앞으로 올.

오늘 ①이 날. 금일. ②오늘날.

오늘날 지금의 시대.

오다 ①가까이 닥치다. ②비·눈 등이 내리다. ③잠·아픔 등이 몸에 닥치다. ④계절 따위가 되다. ⑤지금까지 진행되고 있다. ⑥어떤 일·사태가 닥치다.

오다가다 우연히. 가끔. 어쩌다가.

오:대양【五大洋】 지구 표면에 둘러 있는 다섯 바다. 태평양·대서양·인도양·남빙양·북빙양.

오도독 ①단단한 물건을 야무지게 깨무는 소리. ②작은 물건이 부러지는 소리.

오디 뽕나무의 열매.

오:디오 라디오·텔레비전·전축 등의 음의 부분.

오뚝 물건이 높게 솟아 있는 모양. 반움푹. 큰우뚝.

오뚝이 아무렇게나 굴려도 오뚝 일어나는 어린아이들의 장난감.

오:락【娛樂】 쉬는 시간에 기분 전환으로 즐기는 놀이.

오락가락 잇달아 왔다갔다 하는 모양. 예비가 ~.

오:락실 오락에 필요한 시설이 되어 있는 방. 오락을 하는 방.

오랜 긴. 예~ 시간.

오래 시간상으로 길게.

오래간만 ①오래 지난 뒤. ②오래된 끝. 예~에 만난 사람.

오:륜¹【五倫】 사람으로서 지켜야 할 다섯 가지 도리. 친애·의리·분별·차례·신의.

오:륜²【五輪】 올림픽 마크. 청색·황색·흑색·녹색·적색의 순서로 5대륙을 상징함. 「W」자 형으로 연결된 다섯개의 고리.

오르간 풍금·파이프오르간·리드오르간 등의 총칭.

오르막 올라가는 길. 반내리막.

오른손 오른쪽에 있는 손. 바른손. 우수. 반왼손.

오른쪽 북쪽을 향했을 때의 동쪽과 같은 쪽. 오른편.

오:리¹[동물] 물오리·집오리를 통틀어 일컫는 말. 발가락 사이에 물갈퀴가 있으며 부리는 편평함. 하구·호수 등에 삶.

오:리²【五里】 십리의 절반되는 거리. 예~ 길도 멀다.

오:리걸음 오리처럼 뒤뚱거리며 걷는 걸음. 예~으로 걷는다.

오리지널 복제·각색·모조품

등에 대하여 원작·진품 등을 이르는 말. 예)~로 샀다.
오막살이 작고 보잘것없는 오막집에서 사는 살림살이.
오:만【傲慢】 태도가 거만함.
오목 렌즈 가운데가 가장자리보다 얇게 된 렌즈. 반)볼록 렌즈.

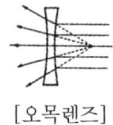
[오목렌즈]

오목오목 쑥쑥 들어간 모양.
오목조목 조금 큰 것과 잔 것이 오목오목하게 섞여 있는 모양.
오물오물 ①입을 다문채 입 안에 든 음식물을 천천히 씹는 모양. 예)~ 씹다. ②말이나 행동을 시원스럽게 하지 못하고 자꾸 꼬물거리는 모양.
오:명【汚名】 ①더러워진 이름이나 명예. ②누명. 예)~을 벗다.
오:미【五味】 신맛·쓴맛·단맛·짠맛·매운 맛의 다섯 가지 맛.
오:미자 오미자나무의 열매. 기침·갈증에 쓰며, 땀과 설사를 멈추는데도 효력이 있음.
오:발【誤發】 ①총탄을 잘못 쏨. ②실수로 말을 잘못함.
오:밤중[-쭝] 한밤중.
오:버 타임 ①약속한 시간 외의 노동 시간. ②운동 경기에서 규정된 횟수나 시간을 넘긴 반칙.
오:보【誤報】 그릇되게 보도함. 또는 그릇된 보도.
오:복【五福】 사람의 다섯 가지 복. 오래 살고, 재산이 넉넉하고, 건강하고, 덕을 닦고, 탈없이 죽는 일을 말함.
오빠 여동생의 손위의 오라버니를 부르는 말.
오:산【誤算】 ①잘못 계산함. ②이해 관계를 잘못 계산함.
오:색【五色】 ①파랑·노랑·검정·빨강·하양의 다섯 빛깔. ②여러 가지 빛깔.
오솔길[-낄] 좁고 호젓한 길.
오:수【午睡】 낮잠.
오순도순 의좋게 지내는 모양.
오:심【誤審】 잘못 심판함. 또는 그 심판. 비)오판. -하다.
오:십보백보【五十步百步】 좀 낮고 못한 차이는 있으나 서로 비슷함. 예)따져 봐야 ~다.
오싹 무섭거나 추워서 몸이 움츠러드는 모양. -하다.
오아시스 ①사막 가운데에서 샘이 솟고 나무가 우거진 곳. ②인생의 위안이 되는 것. 또는 그런 장소.
오이[동물] 박과의 한해살이 덩굴풀. 줄기는 덩굴손으로 뻗으며 여름에 노란 꽃이 핌. 식용함.
오:인【誤認】 잘못 인정함. -하다.
오일 기름.
오:장 폐장·심장·비장·간장·신장의 다섯 내장. 예)~ 육부.
오:장 육부 한방에서, 「내장」을 통틀어 이르는 말.
오:전【午前】 밤 12시부터 낮 12시까지의 사이. 자정부터

오줌까지. 비상오. 반오후. 하오.
오줌 혈액 가운데서 노폐물과 수분이 방광에서 요도를 통하여 몸 밖으로 나오는 액체.
오징어[동물] 바다에 사는 등뼈 없는 동물. 10개의 발이 있음. 적을 만나면 먹물을 뿜음.
오:찬【午餐】 잘 차려 먹는 점심.
오:촌【五寸】 종숙 또는 종질.
오:침【午寢】 낮잠. 오수.
오케스트라 관악과 현악의 합주. 비관현악.
오:판【誤判】 그릇 단정함. 또는 잘못된 판정. -하다.
오:픈 개방. 공개.
오:픈 게임 정식 경기에 앞서 벌이는 비공식 경기.
오:픈 카: 뚜껑이 없는 자동차. 또는 포장으로 뚜껑을 한 자동차. 비무개 자동차.
오피스텔 간단히 생활할 수 있는 시설을 갖춘 사무실.
오:후【午後】 낮 12시부터 밤 12시까지의 동안. 오정부터 자정까지. 비하오. 반오전.
옥¹【玉】 보석의 한 가지. [옥에도 티가 있다] 아무리 훌륭한 사람이나 물건에도 흠은 있다.
옥²【獄】 죄를 지은 사람들을 가두어 두는 곳. 비교도소.
옥고【獄苦】 옥살이 하는 고생.
옥상【屋上】 ①지붕 위. ②현대식 건물에서 마당처럼 평면으로 만든 지붕 위.
옥새【玉璽】 임금 도장. 비국새.

옥쇄【玉碎】 옥처럼 아름답게 깨어져 부서진다는 뜻으로 명예나 충절을 위해 깨끗이 죽음.
옥수수[식물] 키가 2~3m쯤 자라는 한해살이 식물. 전분이 많아 식량이나 사료로 씀.

[옥수수]

옥신각신 옳으니 그르니 서로 다투는 모양. -하다.
옥좌 임금이 앉는 자리. 비왕좌.
옥체【玉體】 ①임금의 몸. ②남의 몸을 높이어 이르는 말.
옥타브 어떤 음(도)에서 시작하여 위나 아래로 다음 여덟째 음(도)까지의 음. 또는 그 거리. 비8도 음성.
옥토【沃土】 기름진 땅. 예~에 씨를 뿌리다. 반박토. 황무지.
옥편【玉篇】 한자의 음과 새김을 풀어 엮은 책. 비자전.
옥황 상:제[오쾅-] 중국의 노자·장자의 가르침을 따르는 학파인 도가에서 말하는 하느님.
온: 전부의. 모두의. 예~ 식구.
온:갖 여러 종류의. 비갖은.
온:건【穩健】 생각·말·행동이 온당하고 건전함. 예~한 성질.
온고 지신【溫故知新】 옛 것을 익히고 미루어 새로운 것을 앎.
온기【溫氣】 따뜻한 기운.
온난【溫暖】 날씨가 따뜻함.

온도【溫度】덥고 찬 정도. 또는 그것을 나타내는 수치.

온도계【溫度計】차고 더운 정도를 재는 기구. 凹한란계.

온돌【溫突】구들.

온라인 컴퓨터의 중앙 처리 장치와 단말기가 통신 회선으로 결합되어 보내주고 받는 방식. 은행의 예금.기상 정보 등에 이용됨.

온:몸 전체의 몸. 예~이 춥다.

온방 실내를 따뜻하게 하는 일.

온상 인공적으로 따뜻하게 일정한 온도를 유지하여 식물을 재배하는 장치. 예~ 지배. 凹냉상.

온수【溫水】따뜻한 물. 凹냉수.

온수기 찬물을 덥게 하는 장치.

온순【溫順】성격이나 마음씨가 부드럽고 순함. 예그 애는 ~하다. 凹유순. 凹낙폭. -하다.

온실 ①바람을 막고 난방 장치를 하여 식물이 잘 자라게 하는 방. ②난방 장치를 한 방.

온정【溫情】따뜻한 인정. 예~을 베풀다. 凹냉정.

온:종일 아침부터 저녁 늦게까지. 예~ 잠만 잔다. 凹진종일.

온천【溫泉】보통의 물과는 성질이 다른 지하수가 땅 속 깊은 곳에서 지열로 말미암아 평균 기온 이상으로 데워져 솟아나는 지하수. 여러 가지 병을 치료하는데 효과가 있음. 凹냉천.

온화【溫和】①기후가 따뜻하고 화창함. ②성질이나 태도가 온순하고 인자함. -하다.

올¹ 「올해」의 준말. ~ 가을.

올² 실이나 줄의 가닥. 예이 부드럽고 가늘다.

올가미 ①새끼·철사 따위로 옭아서 짐승을 잡는 장치. ②사람이 걸려들게 만든 꾀.

올라가다 ①낮은 데서 높은 데로 향하여 가다. 예옥상에 ~. ②지위가 높아지다. ③값이 비싸지다.

올림피아[지명] 그리스의 북서부에 있는 들판으로 제우스 신전이 있던 곳. 이 곳에서 고대 올림픽 대회가 개최되었던 곳.

올림픽 경:기 ①고대 그리스에서 제우스 신의 제사를 지낼 때 제우스 신전 앞에서 5일간 시행한 경기 대회. ②1896년부터 4년 마다 세계 각국이 참가한 가운데 열리는 운동 경기.

올빼미[동물] 모양이 부엉이와 비슷한 새. 굴 속이나 숲속에서 삶. 낮에는 쉬고 밤에만 활동함.

올챙이[동물] 개구리의 어린 새끼. 몸은 검고 달걀 모양의 몸에는 사지가 없고 고리만으로 헤엄침.

올케 「오빠나 남동생의 아내」를 이르는 말.

올통불통 물체의 거죽이나 면이 고르지 아니하고 험상궂게 들쑥날쑥한 모양. 큰울퉁불퉁.
올해 금년. 이 해.
옭아매다[올가-] ①올가미를 씌어 잡아매다. ②없는 죄를 이리저리 꾸미어 씌우다.
옴짝달싹 극히 조금 움직이는 모양. 큰움쭉달싹.
옷깃 저고리나 웃옷의 목에 둘러 대어 앞으로 여미는 부분. 예~을 세우다. 준깃.
옷깃을 여미다 경건한 마음으로 자세를 바로잡다.
옷자락 옷의 앞뒤의 늘어진 부분. 예~이 길다.
옷장【-欌】 옷 넣어 두는 장.
옹기종기 크기가 같지 않은 사람이나 물건 따위가 여럿 귀엽게 모여 있는 모양.
옹달샘 땅에서 물이 솟아나오는 작고 오목한 샘.
옹이 나무의 몸에 박힌 가지의 그루터기. 예관솔 ~.
옹:졸 성질이 너그럽지 못하고 생각이 좁음. 예~한 마음.
옹크리다 몸을 움츠러들이다.
옹:호 ①부축하여 보호함. ②편역을 듦. -하다.
옻 옻나무에서 나는 진. 살갗에 닿으면 몹시 가려움.
와글와글 많은 사람들이 모여 붐비는 모양.
와들와들 몹시 무섭거나 추워서 떠는 모양. 예추워서 ~ 떨다.
와이셔:츠 양복 저고리 밑에 입는 소매달린 셔츠.
와이엠시:에이 기독교 청년회. 예그는 ~의 회원이다.
와인 포도주. 또는 과실주.

와일드 난폭함. 거칠고 사나움.
와전【訛傳】 말이나 소문이 잘못 전하여 짐. 예소문이 ~되다.
왁자지껄하다 여러 사람이 모여 정신이 어지럽도록 떠들다.
완공【完工】 공사를 끝냄. 공사를 마침. 비준공. -하다.
완:구 어린이가 가지고 노는 물건. 장난감. 예~점. 비노리개.
완료【完了】 완전하게 마침.
완:만【緩慢】 ①모양이나 행동이 느릿느릿함. ②경사가 급하지 아니함. 예~한 경사.
완벽 결점이 없이 완전함.
완주 목표한 마지막까지 전부 다달림. 예전 구간을 ~하다.
완치【完治】 병을 완전히 고침.
완쾌 병이 완전히 나음. 비쾌유.
완투【完投】 야구에서, 한 투수가 교대하지 아니하고 한 경기를 끝까지 던짐. 예~승.
완패 여지없이 패함. 반완승.
완:행【緩行】 느리게 다님.
완:화 급박하고 긴장된 것을 느슨하게 함. 예경계를 ~하다.
왈가닥 덜렁거리며 수선스럽게 구는 사람을 속되게 이르는 말.
왕관 임금이 머리에 쓰는 관.
왕국【王國】 왕이 다스리는 나라.
왕궁【王宮】 임금이 사는 궁전.
왕:년【往年】 지나간 해. 옛날.
왕:도【王道】 임금이 마땅히 지켜야 할 길. 예~ 정치.

왕:래【往來】 오고 감. 비내왕.
왕릉【王陵】 왕의 무덤.
왕:복【往復】 갔다가 돌아옴.
왕비 임금의 아내.
왕자 임금의 아들. 반공주.
왕조【王朝】 임금이 직접 다스리는 조정. 예조선 ~.
왕족【王族】 임금의 일가.
왕좌【王座】 ①임금이 앉는 자리. ②으뜸가는 자리.
왕:진【往診】 의사가 환자의 집에 가서 진찰함. 예~을 가다.
왜곡【歪曲】 비꼬아 구부러지게 함. 예~된 보도.
왜소【矮小】 몸이 약하고 키가 작음. 예신체가 ~하다.
왜적【倭賊】 적국인 일본.
외:가 어머니의 친정.
외:갓집 어머니의 친정집.
외겹 겹으로 되지 아니한 단 한 켜. 예~실.
외:계【外界】 ①바깥 세계. 자신의 몸 밖의 범위. ②감각·사유의 작용에서 벗어나 독립된 모든 사물. 반내계.
외:계인【外界人】 지구의 바깥 세계에 살고 있다고 상상되는 사람. 비우주인.
외:국【外國】 다른 나라. 예~제품. 비타국. 반본국.
외:국 공관【外國公館】 자기 나라의 대표로 사명을 띠고 온 사람들이 거주하는 곳. 예~에 있다.
외길 한 군데로만 난 길.
외동딸 하나뿐인 딸을 귀엽게 지칭하는 말. 반외동아들.
외동아들 하나뿐인 아들을 귀엽게 지칭하는 말. 반외동딸.
외:모 겉모습. 겉으로 나타난 모습. 예~가 단정하다.
외:무【外務】 외교에 관한 사무. 예~를 맡아 본다.
외:무부 외국과의 교제에 관한 일을 맡아 보는 정부 기관.
외:사촌 외삼촌의 아들이나 딸.
외:삼촌 어머니의 남자 형제. 외숙을 친근히 이르는 말.
외:손자 딸이 낳은 아들.
외:숙모 외삼촌의 아내.
외:식 자기 집 아닌 밖에서 음식을 사먹는 것. 또는 그 식사.
외아들 형제가 없이 하나인 아들. 비독자.
외:야【外野】 바깥쪽 지역.
외양간【-간】 말이나 소 따위가 자고 먹는 곳. 준외양.
외:출【外出】 집 밖으로 잠시 나감. 출타. 비나들이.
외:출복 외출시 입는 옷.
외:치다 소리 질러 알려 주다. 비부르짖다.
외톨이 ①「외돌토리」의 준말. ②홀로 있는 물건.
외:투 겨울에 추위를 막기 위하여 양복 위에 덧입는 겉옷.
외:할머니 어머니의 친정 어머니.
외:할아버지 어머니의 친정 아버지. 비외조부.
외:항선【外航船】 많은 물품을 싣고 외국으로 드나드는 배.
왼:손 왼쪽에 있는 손.
왼:쪽 북쪽을 향했을 때의 서쪽. 좌방. 좌측. 외편.
요[1] 방바닥에 까는 솜을 두어

만든 이부자리의 하나. 반이불.

요² ①받침없는 말에 붙어 무엇을 단정하는 말. 예이것이 지우개~. ②받침없는 말에 붙어 물음을 나타내는 말. 예저것이 사자~? ③존대나 주의를 끌게 하는 말. 예첫눈이 와~.

요괴【妖怪】 ①요사스럽고 괴이함. 예~스러운 일. ②요망스러운 마귀.

요구 달라고 청함. 요청.

요:금【料金】 대가로 지불하는 돈. 예~이 인상되다.

요령【搖鈴】 ①사물의 요긴하고 으뜸되는 줄거리. ②경험에서 얻은 묘한 이치.

요리【料理】 ①음식을 만듦. 또는 음식. ②일을 다룸.

요리사 전문으로 요리 만드는 일을 업으로 하는 사람.

요리조리 방향이 일정하지 않고 이리저리. 큰이리저리.

요모조모 요런 면 저런 면. 요쪽 조쪽의 여러 방면.

요새¹ ①이제까지의 아주 가까운 동안. ②「요사이」의 준말. 비요즘. 요즈음. 큰이새.

요새²【要塞】 적의 침입을 막기 위하여 중요한 지점에 구축해 놓은 군사적 방어 시설.

요술【妖術】 사람의 눈을 어리게 하는 이상한 술법. 비마술.

요약【要約】 요점을 추려 냄.

요양 휴식을 취하면서 치료함.

요양소 요양원. 요양에 필요한 시설이 갖추어진 곳.

요원¹【遙遠】 멀고도 멂.

요원²【要員】 일에 필요한 인원.

요원하다 아득히 멀다.

요인¹【要人】 중요한 자리에 있는 사람. 예삼부 ~.

요인²【要因】 사물이나 사건의 성립에 주요한 원인.

요일 월·화·수·목·금·토·일 1주일의 각 날을 나타내는 말.

요전 며칠 전. 큰이전.

요:절【夭折】 나이가 젊어서 죽음.

요점【要點】[-쩜] 중요한 점.

요정 요사스러운 정기가 엉기어 이루어진 형태. 예숲의 ~.

요주의【要注意】 주의를 필요함.

요즈음 요사이. 비작금. 준요즘.

요지¹【要旨】 중요한 뜻.

요지²【要地】 정치·문화·교통·군사 등의 핵심이 되는 곳.

요청【要請】 요긴하게 청함.

요충지【要衝地】 지세가 군사적으로 중요한 곳. 준요충.

요트 경기나 놀이에 쓰는 서양식의 돛단배.

요한슈트라우스[인명](1825~1899) 오스트리아의 낭만파 음악가. 「왈츠의 왕」이라고도 불림. 작품에는 「예술가의 생애」·「아름답고 푸른 다뉴브 강」·「봄의 소리 왈츠」등이 있음.

[요한스트라우스]

요행【僥倖】 거의 될 수 없는 일이 뜻밖에 이루어지는 일.

욕 ①남을 미워하는 말. ②나무라거나 꾸짖는 것. 욕설.

욕구 얻거나 하고자 바라는 것.

욕심【慾心】①자기만을 이롭게 하려는 마음. ②무엇을 탐내는 마음. 예~이 없다. 비욕망.

욕심꾸러기 욕심이 많은 사람.

-용¹【用】쓰임의 뜻. 예개인 ~.

용²【龍】[동물] 몸은 큰 구렁이와 같고, 발톱과 뿔이 있다는 상상의 동물. 예~의 얼굴.

용:감 씩씩하고 겁이 없으며 기운참. 비용맹. 반비겁.

용광로【鎔鑛爐】광석을 불로 녹여 금속을 뽑는 가마.

용:구【用具】무엇을 하거나 만드는데 쓰이는 기구.

용궁【龍宮】바다 속에 있다고 상상하는 용왕의 궁전.

용:기¹【勇氣】씩씩한 기운.

용기²【容器】물건을 담는 그릇.

용납 너그러운 마음으로 받아들이거나 내버려두는 것.

용:단 용기있게 어떤 일을 결단함. 예~을 내리다.

용:달【用達】물건이나 짐을 배달함. 또는 그 일. 예~차.

용:도¹【用途】쓰이는 길.

용:도²【用度】①씀씀이. 예~가 크다. ②관청이나 회사에서 물품을 공급하는 일. 예~계.

용:돈[-똔] 개인의 자질구레한 일에 쓰는 돈.

용맹【勇猛】날쌔고 사나움. 비용감. 반비겁. -하다.

용모 사람의 얼굴 모양.

용:무 볼일. ~를 마치다.

용:법 무엇을 쓰는 방법.

용:변 똥이나 오줌을 눔.

용:병【用兵】군사를 부림. 용군.

용서 나쁜 점을 꾸짖거나 벌하지 아니함. 예~받지 못할 일.

용수철 나사 모양으로 된, 탄력이 강한 쇠줄. 스프링.

용:쓰다 ①기운을 몰아 쓰다. ②힘들여 괴로움을 억지로 참음.

용안 임금의 얼굴. 옥안.

용암【鎔岩】화산이 폭발할 때 화구에서 흘러 나오는 마그마.

용액【溶液】물질이 녹은 액체.

용:어 쓰이는 말. 예~사전.

용왕【龍王】바다 속에 있다고 상상하는 용궁의 임금.

용용 엄지손가락 끝을 볼에 대고 나머지 네 손가락을 놀려 남의 약을 올리는 짓. 또는 내는 소리.

용:의 ①어떤 일을 하려고 마음을 먹음. 널 도와 줄 ~가 있다. ②미리 마음을 가다듬음.

용의자 범행의 의심을 받고 있는 사람. 비피의자. 반피해자.

용틀임 용의 모양을 틀어 새긴 장식. 교룡. -하다.

용:품【用品】일용에 쓰이는 온갖 필요한 물품. 예학~.

용:하다 ①재주가 뛰어나 묘하게 잘해 나간다. 예솜씨가 ~. ②갸륵하고 장하다.

우국【憂國】나라 일을 근심하고 염려함. 예~ 충정.

우국지사 나라 일을 근심하고

염려하는 사람.
우:군【友軍】 우리 군대. ⓔ~의 지원. ⓑ아군. ⓐ적군.
우대【優待】 특별히 잘 대우함. ⓔ경험자를 ~하다.
우두【牛痘】 천연두를 예방하기 위하여 피부에 접종하는 약.
우두둑 ①단단한 물건을 깨무는 소리. ②단단한 것이 부러지는 소리. ⓢ오도독.
우두머리 어느 집단의 가장 윗사람. ⓑ대장.
우둔 어리석고 둔함.
우등 ①어떤 일에 있어서 훌륭하게 빼어난 등급. ②성적이 뛰어남. ⓔ~생. 늘 ~이다.
우등생 성적이 우수하고 품행이 단정하여 다른 학생에게 모범이 되는 학생. ⓐ열등생.
우뚝 높이 솟은 모양.
우뚝우뚝 여러 군데 우뚝하게 솟은 모양. ⓔ~ 빌딩이 솟다.
우라늄 원자 폭탄에 쓰이는 방사성 원소의 하나.
우람하다 매우 크고 웅장하다.
우량【優良】 뛰어나게 좋음.
우:량【雨量】 비가 온 분량.
우:량계【雨量計】 비가 내린 분량을 재는 기구.
우렁이[동물] 진흙·논·못 등의 바닥에 사는 조개의 일종. 고동처럼 김.

[우렁이]

우렁차다 소리가 크고 힘차다.
우레 공중에서 전기의 작용으로 일어나는 소리. ⓑ천둥.

우뢰 우레.
우리¹ 짐승을 가두는 곳.
우리² 자기나 자기 동아리. ⓔ~한국인. ⓐ너희.
우리네 자기와 관계가 있는 사람 모두. ⓔ~ 살림 형편.
우리말 우리 민족이 옛날부터 써내려 오는 말.
우마차 소나 말이 끄는 마차.
우매 사리에 어둡고 어리석음. ⓔ~한 백성을 깨우치다.
우물 땅을 파고 맑은 지하수를 괴게 하여 물을 얻는 설비.
우물쭈물 말이나 행동을 우물거리며 흐리멍텅하게 하는 모양.
우:박【雨雹】 큰 물방울이 공중에서 갑자기 찬 기운을 만나 얼어 떨어지는 것. 백우.
우:발【偶發】 우연히 일어남.
우:방【友邦】 가까이 관계를 맺고 있는 나라. 우방국.
우:비【雨備】 비를 가리는 물건. 우산·비옷·삿갓 따위.
우:산【雨傘】 비를 피하려고 손에 들고 가리는 물건.
우산국 「울릉도」의 옛 이름.
우:상【偶像】 나무·돌·금속으로 만든 신이나 사람의 형상.
우선【于先】 다른 것보다 앞서. ⓑ먼저. ⓐ나중.
우수¹【優秀】 여럿 가운데 가장 뛰어나고 빼어남. ⓔ~상.
우수²【憂愁】 근심 걱정.
우:수³【偶數】 짝수. 2로 나눌 수 있는 수. ⓔ~ 번호.
우수수 ①물건이 수북하게 쏟아지는 모양. ⓔ선물들을 ~

쏟아놓다. ②많은 가랑잎이 떨어지는 모양. 예~ 낙엽이 지다.

우스개 남을 웃기려고 하는 농이나 짓. -하다.

우:습다 ①웃음이 날 만하다. 예네 말이 ~. ②가소롭다. 예뽐내는 꼴이 ~. ③보잘것 없다.

우승【優勝】 경기나 경쟁에서 가장 좋은 첫째 성적으로 이김. 예~자. 비승리. 반참패.

우아하다 점잖고 아담하다.

우:애【友愛】 형제 사이나 또는 친구 사이의 깊은 사랑.

우여 곡절 뒤얽힌 복잡한 사정.

우:연히 뜻밖에. 예~ 만난 사람.

우울 답답하고 슬픔.

우월 월등하게 나음. 예~한 실력이다. 비우세. 반열등.

우유【牛乳】 암소에서 짜 낸 젖.

우:의¹【友誼】 친구 사이의 정의. 예~가 두텁다. 비우정.

우:의²【雨衣】 비에 젖지 않게 덧입는 옷. 비비옷.

우:정【友情】 친구 사이에 오가는 정. 예~에 산다. 비우의¹.

우:주【宇宙】 지구·태양·별 등이 있는 끝없는 세계.

우:주선 로켓을 동력으로 하여 사람이 타고 우주 여행을 하는데 쓰이는 비행기의 하나.

우:주 여행 지구 이외의 다른 천체로 가는 여행.

우:주 왕복선 우주 여행을 갔다가 돌아오는데 쓰는 비행선.

우지【牛脂】 소의 살과 뼈에서 녹인 지방. 쇠기름.

우:짖다 울며 부르짖다.

우쭐거리다 율동적으로 온몸을 멋있게 움직이다. 작오쫄거리다.

우체국【郵遞局】 우편·우편 저금·전신 등의 사무를 맡아 보는 체신부에 딸린 관청.

우체통 편지 등의 우편물을 넣는 통. 반우편함.

우:측【右側】 오른쪽.

우:측 통행 길을 갈 때 오른쪽으로 감. 반좌측 통행.

우편【郵便】 일반 사람들의 부탁을 받아, 편지나 그 밖의 물건을 받을 국내·전세계의 사람이나 장소에 전달하는 사업.

우편 번호 우편물의 행선지를 숫자로 표시한 것.

우편 집배원 편지·소포·전보 따위를 배달하는 사람.

우표【郵票】 우편 요금을 낸 표시로 우편물에 붙이는 조그마한 종이 딱지.

우:호【友好】 개인끼리나 나라끼리 사이가 친함.

우회【迂廻】 곧바로 가지 아니하고 멀리 돌아서 감. 예~ 도로.

운:【運】 「운수」의 준말. 예~이 없어 다쳤다.

운:동【運動】 ①몸을 놀려 움직임. ②어떤 목적을 이루기 위하여 힘씀. ③여러 가지 경기.

운:동장 운동 경기를 하기 위하여 만들어 놓은 넓은 마당.

운:동 종:목 운동 종류의 이름.
운:동화 운동을 할 때 신는 신.
운:동회(運動會) 여러 가지의 운동 경기를 하는 모임.
운:명(運命) 사람에게 닥치는, 잘 살게 되는 것과 못살게 되는 것에 관한 일.
운:반(運搬) 물건이나 사람을 옮겨 나름. 예군수 물자 ~. 비수송. 운송. -하다.
운:석(隕石) 별똥.
운:수¹(運數) 사람의 몸에 돌아오는 좋은 일과 나쁜 일.
운:수²(運輸) 운반이나 운송보다는 규모가 크게 화물이나 여객을 나르는 일. 수운.
운:영(運營) 일을 맡아서 해 나아감. 비경영. -하다.
운:임(運賃) 물건을 운반하는 삯으로 받는 돈. 운송비.
운:전(運轉) 기계나 수레 따위를 부림. 예~사. 비부림.
운:전사(運轉士) 전동차·열차·자동차·선박·기계 등을 직업적으로 운전하는 사람.
운집(雲集) 구름처럼 많이 모임. 예사람들이 ~한 거리.
운:하 육지를 파 배가 다닐 수 있게 만든 물길. 예파나마 ~.
운:행(運行) 운전하여 나감.
울¹ 담 대신에 풀이나 나무를 얽어서 집 주위를 둘러 막은 것.
울:² ①털실. ②짧은 양털로 짠 모직물의 한 가지.
울긋불긋 여러 가지 빛이 뒤섞인 모양. 비알록달록.
울:다 ①아프거나 슬퍼서, 또는

너무 좋아서 소리를 내면서 눈물을 흘리다. ②새·짐승·벌레 따위가 소리를 내다.
울렁울렁 ①마음이 설레거나 가슴이 두근거리는 모양. ②물결이 자꾸 흔들리는 모양.
울릉도[지명] 우리 나라 동해상에 있는 화산으로 이루어진 섬. 경상 북도에 속해 있음. 오징어, 고등어 등이 많이 잡힘.
울림 소리가 무엇에 부딪혀 되울려 나오는 소리.
울먹이다 금방이라도 울음이 터질 듯하다.
울밑 울타리의 밑.
울부짖다 큰 소리를 치고 울다.
울분 가슴에 답답하게 쌓인 분한 마음. 예~을 참다.
울음 우는 일. 또는 그 소리.
울적[-쩍] 마음이 답답하고 쓸쓸함. 예~한 나날을 보내다.
울타리 풀이나 나무 등을 얽어서 집을 둘러 막은 것. 비담장.
움직 도르래 축이 고정되지 아니하고 이동하는 도르래. 반고정 도르래.

[움직도르래]

움직이다 ①자리를 옮기다. ②고정되어 있지 않고 흔들리다. 예손발을 ~. ③바뀌다. 변동하다. ④마음이 끌리거나 흔들리다. 예마음이 ~.
움찔 갑자기 놀라 몸을 움츠리는 모양. 작음질.
움츠리다 몸을 구부리어 오므라

움큼 손으로 한 줌 움켜쥔 만큼의 분량을 나타내는 말. 예땅콩을 한~ 집다. 작움큼.

움:트다 싹이 나오기 시작하다.

움푹 속으로 푹 꺼져 들어가 우묵한 모양. 예~ 팬 땅.

웃기다 웃게 하다.

웃다 기뻐서 입을 벌리고 소리를 내다. 예아이들의 웃는 소리.

웃어른 나이나 지위가 자기보다 높은 사람.

웃옷 겉에 걸쳐 입는 옷.

웃음[우슴] 웃는 모양이나 소리. 예~을 띠다.

웃음꽃 즐거운 웃음이나 웃음판을 꽃에 비유하여 이르는 말.

웅담 곰의 쓸개. 안질·열병·심통·등창 따위에 약으로 씀.

웅대【雄大】 굉장히 큼. 예~한 계획. 비웅장. 반빈약.

웅덩이 움푹하게 패어 물이 늘 괴어 있는 곳. ~에 빠지다.

웅변【雄辯】 힘차고 거침없이 잘 하는 말. 반눌변.

웅비 기운차고 크게 활동함.

웅성거리다 여러 사람이 수군수군하며 소란을 피우다.

웅장【雄壯】 크고 굉장함. 예건물이 ~하다. 비웅대. 반빈약.

워낙 ①본디부터. 예~ 몸이 약하다. ②아주.

워:드 프로세서 컴퓨터에 의한 문서작성용의 기계.

워:밍업 경기 전에 하는 준비운동. -하다.

워:키토:키 휴대용의 소형 무선송수신기.

원:¹ 마음에 바라는 일. 예갖기를 ~한다. 비소원.

원²【院】 고려·조선 시대에, 역과 역 사이에 두어 출장 관원을 유숙하게 하였던 여관.

원³【圓】 동그라미.

원⁴【圓】 한국의 돈의 단위.

원가【原價】[-까] 본래의 값.

원:거리 장거리.

원고¹【原告】 법원에 재판을 걸어 온 사람. 반피고.

원고²【原稿】 인쇄물의 본보기를 삼기 위해 쓴 글이나 그림.

원고지 글을 쓰기에 알맞게 가로 세로로 줄을 쳐서 칸을 만든 종이. 본원고 용지.

원:군【援軍】 도와 주는 군대. 예~을 보내다. 비원병.

원:근【遠近】 멀고 가까움.

원금【元金】 본전. 밑천.

원기 본디 타고난 기운.

원년【元年】 ①나라를 세운 해. 예대한 민국 ~. ②임금이 즉위한 해. 예세종 ~.

원님 고을을 맡아 다스리던 벼슬아치를 높이어 일컫는 말.

원단【原緞】 아직 가공하지 않은 짠 그대로의 옷감.

원:대【遠大】 생각이나 계획이 깊고 큼. 예~한 꿈.

원동력 운동을 일으키는 근원이 되는 힘. 예노력이 ~.

원두 밭에 심은 오이·참외·수박·호박 따위의 총칭.

원두막 참외·수박 따위의 밭을 지키기 위하여 지어 놓은 집.

원래【元來】전부터. 본디.
원로 ①덕망·관위·연령이 높은 공신. 예조정 ~. ②어떤 분야에 오래 종사하여 공로가 많고 덕망이 높은 사람. 예학계의 ~.
원료【原料】[월-] 물건을 만드는 바탕이 되는 재료.
원리【原理】[월-] 모든 일에 으뜸이 되는 이치. 비원칙.
원:망【怨望】①불평을 품고 미워함. 비저주. 반감사. ②남이 한 일을 못마땅히 여겨 탓함. 예~을 듣다. ③지난 일을 언짢게 여기고 부르짖음.
원본 등사·개정·번역 등을 하기 전의 본디의 서책. 원서.
원불교 1916년 박중빈이 개창한 종교. 불교의 현대화·생활화를 주장함. 법신불의 일원상을 신앙의 대상으로 하며 동그라미를 그 상징으로 나타냄.
원사【原絲】직물의 원료가 되는 실. 예나일론 ~.
원산지 물건의 원래의 산지.
원상 ①본디의 상태. ~대로 해놓아라. ②근본이 되는 상태.
원색【原色】모든 색의 바탕이 되는 기본적인 빛깔.
원:서 청원하는 뜻을 기록한 글.
원:성【怨聲】원망하는 소리.
원소【元素】①산소나 수소 등과 같이 성질이 바뀌지 않고 더 이상 나눌 수 없는 물질. ②집합을 이루는 낱낱의 것.
원:수¹【怨讐】자기에게 해를 끼친 사람. 비적. 반은인.
원수【元首】한 나라를 대표하는 사람. 예국가의 ~.
원수【元帥】①군인의 가장 높은 계급. 오성 장군. ②대한 제국 때의 원수부의 으뜸 벼슬.
원:숭이【동물】더운 지방 산 속에서 살며 열매·벌레 등을 먹고 나무에서 자유로이 활동하는 짐승.
원:시【遠視】가까운 곳이 잘 보이지 않는 시력. 반근시.
원시 생활 문화가 발달되지 못한 원시 시대에, 일정한 생업이 없이 나무 열매를 따먹고 물고기를 잡아먹던 생활.
원시인 ①원시 시대나 미개 사회의 사람. ②미개인.
원:심력【遠心力】[-녁] 운동하는 물체가 중심으로부터 떨어져 나가려는 힘. 반구심력.
원아 유치원에 다니는 아이.
원앙【동물】①오리과의 물새. 수컷은 아름다우며, 머리를 금록색으로 뒤통수에 긴 관모가 있음. ②화목하고 금실이 좋은 부부 [원앙] 를 비유하여 이르는 말.
원:양 어업 먼 대양에 나가 장기간에 걸쳐서 하는 고기잡이. 잡은 고기를 저장·가공하는 설비를 갖춤. 반연안 어업.
원예【園藝】화초·채소·과수 등을 심어 가꾸는 일. -하다.
원유 땅 속에서 뽑아 올린 그대로의 석유. 잡것이 섞인 기름.

원이름 본디의 이름.

원인【原因】 무슨 일이 일어난 까닭. ⑩~은 무엇일까? ⑪결과.

원자¹【原子】 물질의 성질이 있으면서 더 이상 갈라지지 않는 가장 작은 알갱이. ⑩~폭탄.

원자²【元子】 임금의 맏아들. 보통, 세자가 됨. ⑩~아기.

원자력 원자핵의 붕괴나 핵반응의 경우에 방출되는 에너지.

원자력 발전소 원자로 안에서, 원자핵 분열로 생긴 열로써, 수증기를 만들고 이것으로 터빈 발전기를 돌려 전기를 일으키는 곳.

원자로 우라늄·플루토늄 등의 원자핵 분열, 연쇄 반응의 진행속도를 인위적으로 제어하여 원자력을 서서히 도출해 내는 장치.

원자 에너지 원자력.

원자재 공업의 원료가 되는 재료.

원자탄 원자의 중심 부분이 터질 때에 나오는 무서운 힘을 이용하여 만든 폭탄. 원자 탄.

원작【原作】 ①본디의 저작이나 제작. ②각색된 각본에 대해 그 소재가 된 소설이나 희곡.

원점[-쩜] ①점의 위치를 좌표로 나타낼 때 기준점. 좌표는 (0,0). ②근원이 되는 점.

원:정 ①먼 곳에 가서 운동 경기 따위를 함. ②먼 곳으로 감.

원:조¹【援助】 도와 줌. ⑪비호.

원조²【元祖】 ①첫대의 조상. ②어떤 일을 시작한 사람.

원주【圓周】 원의 둘레.

원주민【原住民】 본디부터 살고 있던 사람들. ⑪이주민.

원천【源泉】 ①물이 솟아 나오는 근원. ②사물의 바탕.

원체 ①워낙. ②본디부터.

원초 사물 현상이 비롯되는 처음.

원추【圓錐】 원뿔.

원칙【原則】 여러 가지 경우에 공통되는 법칙. ⑪원리.

원통¹【寃痛】 분하고 억울함. ⑩~하게 죽다. ⑪통탄.

원통²【圓筒】 둥근 통.

원판【原板】 사진에서, 밀착 또는 확대할 때에 쓰는 음화. 필름.

원:하다 바라다.

원:한【怨恨】 원망스럽고 한이 되는 생각. ⑪은혜.

원형【原型】 본디의 모양.

원:호【援護】 도와 주며 보살핌. ⑩~대상자. -하다.

원흉 악한 무리의 우두머리. ⑩침략의 ~.

월계관 옛날 그리스에서 우승한 사람에게 씌우던, 월계수의 가지와 잎으로 만든 관.

[월계관]

월권【越權】 권한 밖의 일을 함. 또는, 그런 행위.

월급【月給】 일한 값으로 매달 받는 돈. ⑪월봉. 봉급.

월남【越南】 남쪽으로 넘어옴.
월동【越冬】[-똥] 겨울을 넘김. 예~ 준비를 하다.
월부 물건값이나 빚을 다달이 나누어 얼마씩 갚아가는 일.
월세【月貰】[-쎄] 사글세.
월식【月蝕·月食】[-씩] 지구가 태양과 달 사이에 끼어 달의 한 쪽 또는 전체가 지구의 그림자에 가려지는 현상.
월척 낚시에서, 낚은 물고기가 한자가 넘음. 예~을 올리다.
월초【月初】 그 달의 초승.
월출【月出】 달이 떠오름.
웨딩 드레스 신부가 입는 서양식 혼례복.
위【胃】 식도와 장 사이에 있는 주머니 모양의 소화 기관.
위기【危機】 위험한 순간.
위기 일발 눈앞에 닥친 위기의 순간을 이르는 말.
위대【偉大】 업적 따위가 뛰어나고 훌륭함. 반미미.
위도【緯度】 적도를 0°로 하여 남북으로 각각 평행하게 90°로 나누어 지구 표면을 재는 선(좌표). 반경도.
위독【危篤】 병세가 아주 위태로움. 비위태. 위급.
위력¹【威力】 남을 복종시키는 강한 힘. 예~이 세다.
위력²【偉力】 위대한 힘.
위로 괴롭고 고달픈 것을 풀도록 따뜻하게 보살펴 줌. 비위안.
위문 재난·병 따위로 고통을 당한 사람을 찾아가서 위로함.
위문 편지 위로하는 뜻으로 보내는 편지. 예~를 보낸다.
위문품 위문하기 위하여 군인이나 이재민 등에게 보내는 물품. 예설날 ~을 보내다.
위반【違反】 정한 것을 어김.
위법【違法】 법을 어김.
위생【衛生】 건강을 지키고 병의 예방과 치료에 힘쓰는 일.
위선¹【緯線】 지도 위에 가로로 그어져 있는 선. 위도. 반경선.
위선²【僞善】 겉으로는 착한 체험.
위성【衛星】 행성 둘레를 도는 별. 예달은 지구의 ~이다.
위성 중계 방:송 통신 위성이 증폭한 전파를 지상의 방송국에 이어 주는 방법에 의해 방송되는 것. -하다.
위성 통신 인공 위성이 중계소 구실을 하는 장거리 통신 방법.
위세【威勢】 사람을 두렵게 여기게 하는 힘. 예~가 당당하다.
위안【慰安】 위로하여 마음을 안정시키고 편안하게 하는 것.
위암 위에 발생하는 암.
위압 위험이나 위력 따위로 압박하거나 정신적으로 억누름.
위엄【威嚴】 무게가 있고 존경을 받을 만함. -스럽다.
위업 위대한 사업이나 업적. 예 3연패의 ~을 달성하다.
위용¹【威容】 위엄찬 모습.
위용²【偉容】 훌륭하고 뛰어난

용모나 모양. 예~을 자랑하다.

위인【偉人】 훌륭하고 뛰어난 사람. 예~ 전기. 반범인.

위임【委任】 ①맡김. ②사무의 처리를 남에게 위탁하는 일.

위임장 어떤 사람에게 어떤 일을 위임한다는 뜻을 적은 문서.

위장【僞裝】 거짓으로 꾸미는 일. 예아군 복장으로 ~하다.

위조【僞造】 거짓을 진짜처럼 만듦. 예~ 지폐. 비위작.

위주 주되는 것으로 삼음. 예실력 ~로 사람을 뽑다.

위중 병세가 무겁고 위태로움.

위증【僞證】 거짓의 증명.

위치 ①자리. 지위. ②장소. 곳.

위탁【委託】 남에게 맡김.

위태【危殆】 마음을 놓을 수 없음.

위트 재치. 기지.

위품【位品】 벼슬의 품계.

위풍【威風】 위엄이 있는 풍채나 기세. 예늠름한 ~.

위풍 당당 남을 압도할 정도로 위풍이 대단함. -하다.

위:하다 ①잘 되도록 도우려고 생각하다. ②일정한 목적 등을 이루려고 하다.

위해 주다 생각해 주다.

위험【危險】 안전하지 못함. 비위태. 반안전. -하다.

위험성[-썽] 위험해질 가능성. 예실패할 ~이 큰 사업.

위험 수위 하천이나 호수 등에 물의 범람으로 홍수가 일어날 우려가 있을 정도의 수위.

위험 표지 공사장 따위에서 위험을 알리기 위한 주의 표시.

위협【威脅】 힘으로 으르고 협박함. 예칼로 ~. 비협박.

위화감 서로 잘 어울리지 못하고 어설프게 느껴짐.

윈도:쇼핑 상점·백화점의 쇼윈도안의 상품을 구경만 하고 사지않는 일.

윌슨[인명](1856~1924) 미국 제28대 대통령. 제1차 세계 대전 당시 민족자결주의를 부르짖었으며, 국제 연맹 창설과 세계 평화에 기여한 공으로 노벨 평화상을 받았음.

[윌슨]

윗도리 몸의 윗부분. 반아랫도리.

윗도리옷 윗도리에 입는 옷.

윗동네 윗마을. 반아랫동네.

윗사람 자기보다 나이나 항렬이 위인 사람. 반아랫사람.

윙크 한쪽 눈을 깜짝여서 보내는 눈짓. -하다.

유가족【遺家族】 죽은 사람의 남아 있는 가족. 비유족.

유감【遺憾】 ①마음에 섭섭함. ②언짢게 여기는 마음.

유격대 유격의 임무를 띠고, 주로 적의 배후나 측면에서 활동하는 특수 부대 또는 함대.

유ː고【有故】 사고가 있음.

유골【遺骨】 죽은 사람의 뼈.

유ː공 공로가 있음. 예~자.

유ː공자 공로가 있는 사람.

유관순[인명](1904~1920) 3·1운동 때 독립 만세를 부르다 옥에 갇혀 숨진 소녀. 충청 남도 천안에서 출생. 이화 학당 1학년 때 고향에 내려가 독립 운동에 참가했음. [유관순]

유괴【誘拐】 사람을 아무도 모르게 꾀어냄. -하다.

유교【儒教】 공자가 주장한 정치·도덕을 가르치는 교.

유구【悠久】 연대가 길고 오래됨. 예~한 생활.

유권자 ①권리를 가진 사람. ②선거권을 가진 사람.

유네스코 유엔 전문 기관의 하나. 교육·과학·문화를 통하여 각 나라 사이의 이해를 깊게 하며 세계 평화에 이바지함을 그 목적으로 함.

유념 기억하여 두고 생각함.

유:능 재주나 능력이 뛰어남.

유니세프 국제 연합 전문 기관의 하나. 개발 도상국 아동의 구제·복지·위생의 증진을 목적으로 함. 국제 연합 아동 기금.

유니폼: ①교복. 제복. ②운동 선수들의 운동복.

유대【紐帶】 둘 이상의 관계를 연결 또는 결합시키는 관계.

유대인 팔레스타인을 원주지로 하는 셈족의 일파로 1948년 이스라엘 공화국을 세움.

유도 맨손으로 상대를 넘어 뜨리는 무술. 운동 경기의 하나.

유도탄【誘導彈】 제트 엔진이나 로켓을 추진력으로 하여 유도 장치에 따라 목표까지 비행하여 폭파하는 무기.

유람【遊覽】 여러 곳을 두루 돌아다니며 구경함. -하다.

유람객 유람하는 손님.

유:력【有力】 ①세력이 있음. ②희망이나 전망이 있음.

유령 ①죽은 사람의 혼령. ②죽은 사람의 혼령이 생전의 모습으로 나타난 형상.

유:례【類例】 ①같거나 비슷한 예. ②전례. ~없는 일이다.

유:료【有料】 요금이 필요함. 예~ 주차장. 반무료.

유:리[1] 이익이 있음. 반불리.

유리[2] 석영·탄산소다·석회암을 섞어 높은 온도에서 녹인 다음 급히 냉각시켜 만든 물질.

유리창 유리를 낀 창.

유리컵 유리로 만든 컵.

유린 함부로 남의 권리를 짓밟음. 예인권 ~.

유:망【有望】 앞으로 희망이 있음. 반절망. -하다.

유:머 익살스럽고 재치있는 말이나 짓.

유:명【有名】 이름이 널리 알려짐. 비저명. 반무명.

유모 남의 아이를 그 어머니 대신 젖을 먹여 길러 주는 여자.

유모차 어린 아이를 태워 밀고 다니는 수레. 유아차.

유목 풀밭을 따라 옮겨 다니며 가축을 기름. 예~ 생활.

유물【遺物】 옛 사람이 남긴 물건. 예 옛 시대의 ~.

유배 죄인을 귀양 보냄.

유복【裕福】 살림이 넉넉함. 예 ~하게 살다. -하다.

유복자【遺腹子】 아버지가 죽을 때 어머니의 뱃속에 있던 자식.

유:사 서로 비슷함. 예 ~ 상표.

유:사시【有事時】 급한 상황이 생겼을 때. 예 ~를 대비하다.

유산【遺産】 죽은 사람이 남겨 놓은 재산. 예 ~을 물려주다.

유생【儒生】 유학을 공부하는 선비. 예 ~들의 모임.

유:생물【有生物】 생명이 있는 것. 곧, 동식물. 반 무생물.

유서【遺書】 죽을 때 남긴 유언을 적은 글. 예 ~를 남기다.

유:선【有線】 통신에 전깃줄을 사용하는 것. 반 무선.

유:선 방:송 전선을 통하여 하는 방송. 반 무선 방송.

유성【流星】 우주 공간을 떠돌던 별 부스러기가 지구로 떨어질 때 공기와의 마찰로 타서 밝은 빛을 내는 것. 별똥별.

유세¹【遊說】 각처로 돌아다니면서 자기 또는 자기가 소속한 당의 주장을 설명 또는 선전함.

유:세²【有勢】 ①세력이 있음. ②자랑삼아 세도를 부림. 예 네가 대체 뭘 믿고 ~를 하느냐?

유:수【有數】 ①손꼽힐 만큼 두드러짐. ②운수가 있음.

유순 성질이 부드럽고 온순함.

유:스 호스텔 청소년의 건전한 여행 활동을 적극 장려하기 위한 비영리적인 숙박 시설.

유:식 아는 것이 많음. 반 무식.

유신¹【維新】 낡은 제도를 고쳐 새롭게 함. 예 ~ 헌법.

유:신²【有信】 믿음성이 있음.

유실¹【遺失】 가졌던 물건을 잃어버림. 예 ~물. -하다.

유실²【流失】 물에 떠내려가 없어짐. 예 홍수로 논밭이 ~되다.

유:심하다 주의를 기울이다.

유아【幼兒】 어린 아이.

유아기 ①나이가 아주 어린 때. ②생후 1년부터 만 6세에 이르기까지의 어린 시기.

유아 독존 세상에서 자기 혼자 잘났다고 뽐내는 태도.

유언【遺言】 사람이 죽을 때 마지막으로 남겨 놓는 말.

유:에프오 미확인 비행 물체.

유:엔 국제 연합.

유:엔군 국제 연합에 가입한 여러 나라의 군인들로 이루어진 군대. 국제 연합군.

유:엔 안전 보:장 이:사회 국제 연합의 중요 기관의 하나. 국제 분쟁의 평화적 해결·평화에 대한 위협·파괴·침략 행위의 방지 등을 목적으로 함.

유:엔 총:회 국제 연합 총회. 가입한 전 회원국으로 구성되며, 유엔 헌장에 있는 모든 문제를 의결하는 기구.

유역【流域】 강이나 내가 흘러가는 언저리의 지역.

유연【柔軟】 부드럽고 연함.

유:용【有用】 이용할 데가 있음.

유원지【遊園地】 사람들이 쉬거나 오락을 즐길 수 있는 시설을 해 놓은 곳. 비관광지. 유람지.

유유히 유유하게.

유의【留意】 마음에 두어 조심함.

유:익 이익이 있음. -하다.

유인【誘引】 꾀어냄.

유일 오직 그것 하나뿐임.

유임 개편이나 임기 만료 때에 그 자리나 직위에 그대로 머물러 있음. 예~을 원하다.

유적【遺蹟】 남은 자취. 예고대 문화 ~. 비고적.

유적지 지난날 건물 따위가 있었던 장소. 예고대 문명의 ~.

유전【遺傳】 조상의 몸의 모양이나 성질이 자손에게 전해짐.

유전²【油田】 석유가 나는 곳.

유전자 유전을 일으키는 근본이라고 생각되고 있는 물질.

유조선 유조 시설을 갖추고 석유를 운반하는 배. 유송선.

유족【遺族】 죽은 사람의 뒤에 남은 가족. 예~을 만나다.

유:종【有終】 끝맺음이 있음.

유:죄【有罪】 죄가 있음. 반무죄.

유지【維持】 그대로 지탱하여 나감. 예관계를 ~하다. 비지탱.

유창 말을 하거나 글을 읽는 것이 물 흐르듯이 거침이 없음.

유채¹【油彩】 물감·기름·붓 등 유화구로 그림을 그리는 법.

유채²【油菜】 [식물] 겨자과에 속하며 봄에 노란 꽃이 피고, 씨는 기름을 짜서 먹음. 예~꽃.

유:추 유사한 점에 의하여 다른 사물을 미루어 추측함.

유충 앞에서 나온 후 아직 다 자라지 아니한 벌레. 반성충.

유치¹【留置】 사람이나 물건을 일정한 곳에 잡아둠. 예~장.

유치²【誘致】 ①꾀어냄. ②이끌어 들임. 예행사를 ~하다.

유치원 초등학교에 들어가기 전의 아이들을 보육하여 그 성장 발달을 꾀하는 교육 기관.

유치장 피의자나 경범죄 행위자 등을 잠시 가두어 두는 곳.

유쾌 즐겁고 상쾌함. -하다.

유통【流通】 ①막힘이 없이 흘러 통함. 예공기의 ~. ②세상에 널리 쓰임. -하다.

유품【遺品】 고인이 생전에 사용하다 남긴 물건. 비유물.

유:하다¹【留-】 머물러 묵다.

유하다²【柔-】 ①부드럽다. 예성격이 ~. ②걱정이 없다.

유학【留學】 다른 나라에 일시 머물러 있으면서 공부함.

유학생【留學生】 외국에 가서 공부하는 학생. 예국비 ~.

유:한【有限】 일정한 한도가 있음. 예생명은 ~하다. 반무한.

유해【遺骸】 ①죽은 사람의 뼈. ②죽은 사람의 몸.

유행 말·옷·생각 따위가 세상에 널리 퍼져 많이 쓰임. 예~어.

유:형¹【有形】 모양이나 형체가

있음. 반무형. -하다.

유:형【類型】 어떤 사물이나 현상들 사이에 공통이 된다고 간주되는 형식. 예~별.

유:효【有效】 ①효과가 있음. ②보람이 있음. 반무효.

육각기둥 밑면이 육각형이고 옆면이 여섯 개인 각기둥.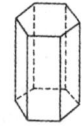

육각형 [-까경] 여섯개의 직선으로 싸인 평면형. [육각기둥]

육교【陸橋】 번잡한 도로나 철로 위에 건너질러 놓은 다리.

육군【陸軍】 땅에서 전투 및 방어를 맡은 군대. 반해군.

육로 육지에 난 길. 반수로.

육류【肉類】[융뉴] 먹을 수 있는 짐승의 고기 종류.

육면체 여섯 개의 면을 가진 입체. 예직~.

육박 몸으로써 돌진함.

육박전 손이나 주먹으로 마주 덤비어 싸우는 전투.

육상【陸上】 ①물 위. ~ 식물. ②「육상 경기」의 준말.

육상 경:기 육상에서 하는 각종 경기. 트랙 경기와 필드 경기의 총칭. 준육상.

육식【肉食】 짐승의 고기를 먹음. 반채식. 초식.

육아【育兒】 어린아이를 기름.

육아 수첩 아기를 키우면서 아기의 성장 과정을 기록해 놓은 것.

육안【肉眼】[유간] ①맨눈. ②눈으로 보는 표면적인 안식.

육영【유경】 영재를 가르쳐 기름.

육이오 사:변 1950년 6월 25일 북한 공산군이 불법으로 남한에 쳐들어와 일어난 전쟁.

육지【陸地】 물에 덮이지 않은 지구 표면. 비뭍. 반바다.

육체 사람의 몸뚱이. 비육신.

육체 노동 육체를 움직이어 그 힘으로써 하는 노동.

육체미 사람의 몸매의 아름다움.

육친 조부모·부모·형제 따위와 같이 혈족 관계가 있는 사람.

육탄 육체를 탄환삼아 적진에 돌진 육박하는 일. 예~전.

육하 원칙【유카-】 기사 등의 문장을 쓸 때에 지켜야 하는 기본적인 원칙. 「누가」「언제」「어디서」「무엇을」「어떻게」「왜」의 여섯 가지.

육해공군 육군과 해군과 공군.

윤:【潤】 윤택한 기운.

윤곽【輪廓】 ①사물의 모양이나 테두리. ②얼굴 모양.

윤:기 매끈하고 빛이 나는 기운.

윤:년 윤달이 든 해. 반평년.

윤:달 윤년에 드는 달. 양력에서는 2월이 평년보다 하루 많고, 음력에서는 평년보다 한 달을 더하여 윤달을 만듦.

윤전기 인쇄판 사이에 종이를 끼워 짧은 시간에 많은 양을 인쇄할 수 있는 기계.

윤:택【潤澤】 ①아름답게 빛나는 빛. ②넉넉하고 여유가 있음. 예~한 생활. -하다.

율곡 [인명](1536~1584) 조선 시대 선조 때의 대유학자·정치가. 신사임당의 아들로, 본명은 이이, 율곡은 그의 호임. 높은 벼슬에 올라 가난한 백성을 구하기 위해 「사창」·「대동법」 같은 정책을 제의했고, 향약을 만들어 지방 풍속을 바로잡고 백성을 계몽하는데 힘썼음.

[율곡]

율동【律動】[-똥] 규칙적으로 되풀이 되는 리듬. -하다.

융 감의 거죽이 보드랍고 부풋한 피륙의 하나. 예~ 파자마.

융단 양털 따위를 표면에 보풀이인 것같이 짠 두꺼운 직물.

융성【隆盛】 매우 성하고 기운참. 예~한 시기. -하다.

융숭 대우하는 태도가 정중하고 극진함. 예~한 대접.

융자【融資】 돈을 융통함.

융통【融通】 일을 그때 그때의 사정에 알맞게 대처해 나감.

융화 서로 어울리어 화목하게 됨. 예노사간의 ~를 도모하다.

윷:놀이 편을 나누어, 윷으로 승부를 겨루는 놀이. 척사.

으뜸 첫째나 우두머리.

으레 여러 말 할 것 없이.

으르렁 사나운 짐승이 성내어 우리는 소리. 작아르렁.

으름장[-짱] 말과 행동으로 남을 위협하는 것.

으리리하다 압도될 만큼 규모나 모양이 굉장하다.

으스대다 어울리지 아니하게 으쓱거리며 뽐내다.

으스러지다 단단한 물체가 깨어져 부스러지다. 예뼈가 ~.

으쓱¹ 잘났다고 느껴질 때 어깨를 들먹이는 모양.

으쓱² 추위나 무서움 등으로 몸이 별안간 움츠러드는 듯한 모양. 작아쏙.

은【銀】 흰색이나 아름다운 광택을 가진 금속의 하나.

은거【隱居】 세상에 나타나지 않고 숨어서 사는 일. 비은둔.

은공【恩功】 은혜와 공로. 예부모님의 ~은 바다와 같다.

은덕【恩德】 은혜와 덕. 은혜로운 덕. 예당신 ~으로 살아났다.

은밀 숨어서 겉으로 나타나지 않음. 예~히 찾아보다. -하다.

은박【銀箔】 은을 종이와 같이 얇게 만든 물건. 예~지.

은박지 은을 망치로 두드려서 얇은 종이처럼 만들어 놓은 것.

은반【銀盤】 스케이트장. 링크.

은사【恩師】 은혜를 많이 입은 스승. 예~님을 찾아가다.

은신【隱身】 몸을 숨김. 예~처.

은신처 몸을 숨기는 곳.

은연중 남이 모르는 가운데.

은인【恩人】 자기에게 은혜를 베풀어 준 사람. 반원수.

은전【恩典】 나라에서 주는 특전. 예특사의 ~을 베풀다.

은총 ①높은 사람, 특히 임금으

은퇴[隱退] 현직에서 물러나거나 사회 활동에서 손을 떼고 한가히 지냄. 예)정계 ~.

은하수[銀河水] 맑게 갠 날 밤에, 흰 구름 모양으로 남북으로 길게 보이는 별의 무리.

은행 여러 사람의 돈을 맡기도 하고 또 필요한 사람에게도 그것을 빌려 주기도 하는 곳.

은행나무[식물] 은행나무과의 낙엽 교목. 잎은 부채꼴로 한 군데서 여러 개가 남. 암수 딴 그루이며, 5월에 피고 열매는 10월에 노랗게 익는데, 「은행」이라 함. 관상용 또는 가로수로 심음. [은행나무]

은행원[銀行員] 은행에서 일을 맡아 보는 사람. 준)행원.

은혜[恩惠] ①베풀어 주는 혜택. ②고마움. 비)자비.

은혼식 서양 풍속에서, 결혼 25주년을 축하하는 의식.

을:러대다 마구 우격으로 으르다. 비)을러메다.

을사 보:호 조약[-싸-] 구한말, 1905년에 일본이 우리 나라의 외교권을 빼앗기 위하여 조선 정부와 강제로 맺은 조약.

을씨년스럽다(스러우니, ~스러워) ①날씨 따위가 스산하고 썰렁하다. ②살림이 매우 군색하다.

로부터 받는 특별한 사랑. ②하느님의 인류에 대한 사랑.

음[音] ①물체의 진동으로 공기를 통하여 귀에 들리는 소리. 예)~이 높다. ②자음.

음계[音階] 음악에서, 음을 높이의 차례대로 늘어놓은 것. 곧 서양 음악의 도·레·미·파·솔·라·시. 예)장~. 단~.

음극[陰極] 전기가 흘러들어 오는 쪽의 전극. 반)양극.

음덕 숨은 덕행. 예)~가.

음력 달의 차고 이지러짐을 표준으로 하여 만든 달력. 반)양력.

음:료수[飮料水] 먹는 물.

음모[陰謀] 남 모르게 일을 꾸미는 나쁜 꾀. 비)흉계.

음미[吟味] ①시가를 읊조리며 그 맛을 감상함. 예)시를 ~하다. ②사물의 속 내용을 새겨서 맞봄. 예)술맛을 ~하다.

음반 축음기에 걸어 소리를 들을 수 있는 동그란 판. 소리판.

음산 ①날씨가 흐리고 으스스함. ②을씨년스럽고 썰렁함.

음성¹[音聲] ①목청을 거쳐서 나는 말소리. ②목소리.

음성²[陰性] ①밖으로 드러나지 아니하는 숨은 성질. ②소극적인 성질. 반)양성.

음속[音速] 소리의 속도. 공기 중에서의 음파의 전파 속도는 15℃ 때에 매초 약 340m.

음:식[飮食] 먹고 마시는 것.

음:식물[飮食物] 음식으로 만들어진 물질. 예)~ 쓰레기.

음악 소리와 가락으로 나타내는 예술. 성악과 기악이 있음.

음악가[音樂家] 음악을 전문으

로 하는 사람. 예영화 ~.
음악회【音樂會】[으마쾨] 음악을 연주하여 청중들로 하여금 감상하게 하는 모임.
음양【陰陽】 ①역학에서, 우주 만물을 만들어 내는 상반된 성질의 두가지 기운. ②전기나 자기의 음극과 양극.
음자리표 악보의 왼쪽 첫머리에 적는, 음의 높이를 정하는 기호.
음절【音節】 ①음의 한 마디. ②음률의 곡조.
음정【音程】 높이가 다른 두 음 사이의 간격.
음지【陰地】 그늘진 곳. 예~에서 말리다. 비응달. 반양지.
음치【音癡】 음에 대한 감각이 부족하여 노래를 바르게 부르지 못하는 일. 또는 그러한 사람.
음파【音波】 소리결. 소리의 파동. 예~ 탐지기.
음파 탐지기 음파·초음파를 이용하여 바닷속에 있는 물체의 거리나 방향 등을 측정하는 기계.
음표【音標】 음의 높고 낮음과 길고 짧음을 나타내는 기호.
읍【邑】 지방의 조그마한 도시. 인구 2만 이상 5만 이하의 곳.
읍내 읍의 안. 예~에 살다.
읍사무소【邑事務所】 읍의 행정 사무를 맡아 보는 곳.
응:석 윗사람에게 일부러 어리광을 부리는 짓.
응:시¹【應試】 시험을 치름.
응:시²【凝視】 눈길을 한 곳으로 모아 가만히 바라봄.
응:용【應用】 어떠한 원리를 실지에 이용함. 예~ 문제.
응:원【應援】 뒤에서 힘을 내도록 격려하는 일. 비후원.
응:접 ①어떤 사물에 접촉함. ②손님을 맞이하여 접대함.
의:【義】 사람이 마땅히 지켜야 할 바른 도리.
의:거【義擧】 옳은 일을 위하여 일을 일으킴. 비4·19 ~.
의:견【意見】 마음 속에 지니고 있는 생각. 비견해. 의사.
의결【議決】 어떤 일을 여럿이 의논하여 결정함. 비결의.
의관 ①옷과 갓. ②옷차림.
의:기¹【義氣】 옳은 일을 위해 우러나오는 기개. 비패기.
의:기²【意氣】 적극적으로 무엇을 하려는 마음. 예~ 충천.
의:기 양양 뜻을 이루어 우쭐하는 빛이 얼굴에 나타나는 모양.
의논【議論】 어떤 일에 대하여 어떻게 하자고 서로 의견을 말함. 비논의. 상의. -하다.
의당 마땅히. 으레.
의:도【意圖】 하고자 하는 생각이나 계획. 예~대로 되었다.
의례【儀禮】 의식을 차리는 예법.
의:로이 의롭게.
의뢰【依賴】 ①남에게 의지함. ②남에게 부탁함.
의료 기관 의술로 병을 치료하기 위해 설치된 기관.
의료 기구【醫療器具】 진찰이나 치료에 쓰는 기구.

의료 보:험 개인·기업·정부가 매달 낸 얼마간의 보험료를 모아 두었다가, 가입자가 병에 걸렸을 때, 그 보험금으로 치료를 받을 수 있게 만든 제도.

의료 시:설 병을 고치기 위한 병원 설비. 병원·구호소 따위.

의류【衣類】 입는 옷을 통틀어 일컬음. 예~ 판매점.

의:리【義理】 사람으로서 지켜야 할 바른 길. 예~가 있다.

의:무 교:육 국민의 의무로서 일정한 나이가 된 아동은 누구나 교육을 받아야 하는 학교 교육.

의문【疑問】 의심스러운 점이나 문제. 예~을 풀다. 비의심.

의:미【意味】 ①말이나 글이 가지고 있는 뜻. ②어떤 일의 숨겨진 뜻. 비의의. 뜻.

의:병【義兵】 ①나라의 어려움을 구하기 위하여 일어난 국민들이 조직한 군사. ②의를 위하여 싸우는 군사. 비의군. 반관군.

의복 옷. 예사치스러운 ~.

의:사【意思】 ①생각. ②뜻. 예~ 표시. 비의견.

의:사【義士】 옳음을 위하여 뜻을 굽히지 않는 꿋꿋한 사람. 예안중근 ~를 받든다.

의사【醫師】 서양식 의술로 병든 사람의 진찰과 치료를 업으로 삼는 사람. 비의원. 반병자.

의사당 국회 의원들이 모여서 회의하는 장소. 예국회 ~.

의상실【衣裳室】 ①옷을 두거나 갈아입는 방. ②여자의 서양식 옷을 만들어 파는 곳.

의석【議席】 ①회의하는 자리. ②의회 등의 의원의 자리.

의:식¹【意識】 모든 것에 대하여 깨닫는 마음. 반무의식.

의:식²【儀式】 어떤 행사를 치르는 법식. 예~ 절차.

의:식³【衣食】 의복과 음식.

의식주 사람이 살아가는데 필요한 세 가지 요소. 옷·음식·집.

의심【疑心】 ①이상히 여기는 마음. ②믿지 못하는 마음. 예의혹. 비의문. 반확신.

의심쩍다 의심스럽다.

의약품 의료에 쓰이는 약품.

의연【毅然】 의지가 굳세어서 끄떡없음. 예~한 태도.

의:연금【義捐金】 불쌍한 사람을 돕기 위해 기부하는 돈.

의연하다 전과 다름없다.

의:외【意外】 뜻밖. 생각 밖.

의:욕【意慾】 ①하고자 하는 마음. ②의로운 용기. 비욕망.

의원 내:각제 국회의 신임을 정부 존립의 필수 조건으로 하는 제도. 내각 책임제.

의:의【意義】 뜻. 가치. 의미.

의:인【義人】 의로운 사람.

의자 걸터 앉어 몸을 뒤로 기대는 물건. 비걸상.

의장¹【議長】 회의를 진행시켜 나가는 사람. 예국회 ~.

의:장²【意匠】 물품에 외관상의 미감을 주기 위하여, 그 형상·색채·맵시 또는 그 결합

등을 여러 가지 연구를 한 것.
의젓이 의젓하게.
의젓하다 언행이 어엿하고 버이;넘젓하다. 예나이답지 않게 ~.
의제【議題】 의논할 문제.
의:중 마음속. 예~을 떠보다.
의지¹【依支】 ①남에게 도움을 받음. ②몸을 기댐. 回의탁.
의:지²【意志】 ①뜻. ②결심하여 실행하려는 마음.
의:천[인명] (1055~1101) 고려 때의 중. 시호는 대각 국사. 문종의 넷째 아들. 11세에 중이 되어, 송나라에 유학하고 돌아와서 천태종이라는 [의천] 새로운 종파를 열었으며, 속장경을 간행하기도 하였음.

의타심【依他心】 남에게 의지하려는 마음. 예~이 강하다.
의탁【依託】 남에게 맡김.
의:표【意表】 예상 밖. 예~를 찌른 날카로운 비평.
의하다 ①무엇에 의거하거나 말미암다. ②사실에 근거하다.
의학【醫學】 병의 치료나 예방에 관한 것을 연구하는 학문.
의:향【意向】 무엇을 하려는 생각. 예네 ~은 어떠냐?
의:협 정의를 위하여 강자를 억누르고 약자를 돕는 일.
의:형제 의로 맺은 형제.
의혹【疑惑】 의심하여 분별하기가 어려움. 回의심.

의회【議會】 의원들이 모여서 회의를 하는 기관. 예~ 정치.
이¹ 입 속에 있어서 음식을 씹는 구실을 하는 것.
이² 다른 말 뒤에 붙어서 사람이나 사물을 뜻하는 말. 예저~가 유명한 탁구 선수지?
이간【離間】 두 사람 사이를 갈라지게 함. 예~질. -하다.
이거 「이것」의 준말. 짝요거.
이:국【異國】 내 나라가 아닌 다른 나라. 回외국. 타국.
이:권【利權】 이익을 얻을 수 있는 어떤 권리. 예~ 운동.
이글루: 얼음과 눈덩이를 쌓아서 둥글게 만든 에스키모인들의 집. 얼음 [이글루] 집.
이글이글 불꽃이 어른어른하며 잘 타오르는 모양.
이:기【利己】 자기의 이익만을 생각함. 예그는 ~적인 사람이다.
이기다¹ 싸워서 상대편을 누르다. 예투표에서 ~. 빤지다.
이기다² 흙이나 가루 등을 반죽하다. 예밀가루를 ~.
이:기심【利己心】 자기의 이익만을 꾀하는 마음. 예~이 많다.
이:기주의 남이야 어찌되건 자기만의 이익·행복을 추구하는 사고 방식이나 태도.
이끌다 (이끄니) ①앞장 서서 남을 따라 오게 하다. 回거느리다. ②마음이 쏠리게 하다.

이끌리다 이끎을 당하다.
이끼[식물] 고목·바위 등의 습한 곳에 푸르스름하게 나는 식물의 한 가지. 예~가 끼다.
이내¹ ①그 때에 곧. ②그 때의 형편대로. 비금방. 즉시.
이:내²【以內】 어떤 일정한 범위 안. 예한 시간 ~. 반이외.
이:념【理念】 가장 옳다고 생각하는 이상적인 생각. 이성 개념.
이동 움직여 자리를 바꿈. 옮기어 다님. 예~ 통신. 비이전. 반고정. -하다.
이:득【利得】 이익을 얻음. 예~을 보다. 비이익. 반손실.
이:등변 삼각형 두 변의 길이가 같은 삼각형. [이등변삼각형]
이:등분 둘로 똑같게 나눔. 예사과를 ~하다.
이랑 밭의 한 두둑과 고랑을 아울러 가리키는 말.
이:래【以來】 그러한 뒤로. 예유사 ~ 처음이다.
이런 이러한. 예~ 생각.
이:력【履歷】 지금까지의 학업·직업 따위의 경력.
이:래【異例】 상례에 벗어나 특별한 예. 예~적 행사.
이:론¹【異論】 ①줄거리를 세워서 생각을 마무린 것. 반실천. ②다른 의견. 비이의.
이:론²【理論】 사물의 이치. 예상대성 ~. 반실천.
이:롭다 이익이 있다.
이루 여간하여서는 도저히. ~다 말하기 어렵다. 비도저히.
이루다 ①뜻대로 되게 하다. ②일을 마치다.
이륙【離陸】 비행기가 땅에서 떠오름. 반착륙. -하다.
이르다¹(이르니, 일러) ①빠르다. 반늦다. ②앞서다. ③미리 알려 주다. ④통지하다.
이르다²(이르니, 이르러) ①도달하다. 예교문 앞에 ~. ②미치다. 예위험 지경에 ~.
이른 빠른. 예~ 시간에 왔다.
이른바 세상에서 말하는 바와 같이. 비소위.
이름 사물이나 사람에 대하여 다른 종류와 구별하기 위하여 부르는 것을 일컬음.
이름(이)나다 이름이 세상에 널리 알려지다. 유명해지다.
이리¹ ①이곳으로. ②이쪽으로.
이리²[동물] 늑대보다 크고 개와 비슷하며 성질이 흉악한 산짐승. 말승냥이.
이리저리 이쪽 저쪽으로.
이마 얼굴의 눈썹 위로부터 머리 털까지의 부분.
이맘때 이만큼 된 때. 예내년 ~. 작요맘때.
이모【姨母】 어머니의 여자 형제.
이모부 이모의 남편.
이:모작【二毛作】 한 해에 같은 땅에서 두번 곡식을 거두어들이는 것. 반일모작.
이:목【耳目】 ①귀와 눈. ②남들의 눈. 예~을 두려워하다.
이목을 끌다 남의 주의를 끌다.

이:목구비 「귀」「눈」「입」「코」를 아울러 이르는 말.

이:문【利文】 이익이 남은 돈.

이:미 벌써. 앞서. 반미처. 아직.

이민【移民】 외국 땅에 옮아가서 사는 삶. 예미국으로 ~다.

이:방【吏房】 옛날에, 지방 수령 밑에서 비서 등의 일을 맡아 보던 아전. 예~ 나리.

이번 이제 돌아온 바로 이 차례. 금번. 예~ 일요일.

이벤트 「사건」「주요한 시합」등의 뜻. 예빅 ~.

이:변【異變】 예상하지 못한 상태. 예~이 일어나다.

이별【離別】 서로 헤어짐. 비작별. 반상봉. -하다.

이:복【異腹】 아버지는 같고 어머니가 다른 형제. 예~ 형제.

이부자리 이불과 요의 총칭.

이:북【以北】 어떤 한계로부터의 북쪽. 반이남.

이북 오:도 1945년 8월 15일 현재의 행정 구역으로 아직 수복되지 않은 황해도·평안남도·평안북도·함경남도·함경북도의 다섯 도를 말함.

이분[1] 이 사람을 높이어 이르는 말. 예~은 나의 스승이다.

이:분[2]【二分】 ①둘로 나눔. ②양분. 예~된 국토.

이:비인후과【耳鼻咽喉科】[-콰] 귀·코·목구멍·기관·식도의 질환에 대한 치료를 전문적으로 하는, 의술의 한 분과.

이사【移徙】 살던 곳에서 다른 곳으로 살림을 옮김. 예~철.

이삭 ①벼나 풀의 끝에 열매가 더부룩하게 달린 것. ②농작물을 거둔 뒤에 땅에 흩어진 곡식. 예벼 ~.

이산 가족 헤어져 흩어진 식구.

이:상[1]【以上】 ①그보다 더 위. 예~에서 살펴본 바와 같이. 반이하. ②편지·서류의 끝에 적어 「그만」의 뜻을 나타내는 말.

이:상[2]【異常】 보통과 다름. 예행동이 ~하다. 반정상.

이:상[3]【理想】 각자가 가장 좋다고 생각되는 상태.

이:상야릇하다 이상하고도 야릇하다. 예모습이 ~.

이:상적【理想的】 사물의 상태가 이상에 맞는 것. 예~인 국가.

이:상재 [인명] (1850~1927) 조선 말엽의 정치가이며 종교가. 호는 월남. 일찍이 신앙 생활을 통하여 국민의 민족 정신을 일깨워 주었고, 서재필과 함께 독립 협회를 조직하여 민중 계몽에 힘썼음.

[이상재]

이:상향 인간이 생각할 수 있는 최선의 상태를 갖춘 완벽한 사회. 유토피아. 예~를 꿈꾸다.

이:색【異色】 ①다른 빛깔. 예~ 인종. ②색다름. 또는, 그런 곳이나 것. 예~ 지대를 가다.

이:색적 색다른 성질을 지닌 것.

이생 이 세상에 살아 있는 동안.

이:성¹【異性】 ①다른 성질. ②남자와 여자. 반동성.

이:성²【異姓】 성이 다름. 또는, 그 성. 예~ 혈족.

이:세 국민 다음 세대의 국민. 곧, 현재의 어린이들.

이:세대 가정 부모와 그 자녀가 한 집에 모여 사는 가정.

이:솝 우:화 동물을 인간에 빗대어 인간 세계를 풍자한 동물 우화집.

이송 다른 곳으로 옮겨서 보냄.

이:순신[인명](1545~1598) 조선 선조 때의 장군. 시호는 충무. 임진왜란 때 거북선을 만들어 옥포·부산·한산도 등의 싸움에서 큰 승리를 거 [이순신] 두고 노량 해전에서 쫓겨가는 왜선을 공격하다가 유탄에 맞아 전사함.

이:스트 ①효모균. ②효모균을 넣어 가공한 제품. 흔히 빵을 부풀리기 위하여 사용함.

이슥하다 밤이 매우 깊다.

이슬 ①수증기가 풀잎같은 곳에 닿아 식어서 엉기어 작은 물방울로 된 것. ②덧없는 목숨에 비한 말.

이슬비 아주 가늘어 이슬처럼 내리는 비. 반소나기.

이슬 아침 이슬이 채 마르지 아니한 이른 아침. 예~에 들로 나가다.

이승 불교에서 말하는 살아 있는 동안. 반저승.

이:승만[인명](1875~1965) 독립 운동가이며 정치가. 일찍부터 국내와 해외에서 독립 운동에 힘썼으며, 초대 및 2대·3대 대통령을 지냄. 1960 [이승만] 년 4·19로 대통령 자리에서 물러남.

이식【移植】 옮겨 심음.

이:실 직고 사실 그대로 고함. 예~할 때까지 매우 쳐라.

이심¹【移審】 소송 사건을 어떤 법원에서 다른 법원으로 이송하여 심리하는 일.

이:심²【二心】 ①두 가지 마음. ②배반하는 마음. ~을 품다. ③변화여 바뀌기 쉬운 마음.

이:심 전심【以心傳心】 마음과 마음으로 서로 뜻이 통함.

이앙기 모를 내는 기계.

이야기 ①어떤 사실이나 또는 있지도 아니한 일을 사실처럼 꾸미어 재미있게 늘어놓은 말. ②서로가 주고받고 하는 말.

이야기책 ①옛날 이야기를 적은 책. ②「소설책」을 달리 이르는 말. 준애기책.

이양【移讓】 남에게 넘겨 줌. 예 정권을 ~하다.

이어달리기 리레이 경주.

이어받다 물려받다. 계승하다.

이어서 ①대를 물려받아서. ②계속해서. -하다.

이어지다 따로 된 것이 서로 잇

대어지다. 예줄이 ~.
이엉 초가집의 지붕이나 담을 이는데 쓰는, 짚 따위로 엮은 물건. 예~를 엮다.
이에 그래서.
이:역 ①다른 나라의 땅. ②고향에서 멀리 떨어진 곳.
이온 양 또는 음의 전기를 띤 원자 또는 원자단. 예양~.
이완 풀리어 늦추어짐. 예근육이 ~되다. 반수축.
이:왕 지금보다 이전. 예~의 일.
이:용¹【利用】 이롭게 씀. 예자원을 ~하다. 비사용.
이:용²【理容】 이발과 미용.
이:용도 이용하는 도수.
이웃 가까이 사는 집. 예~사촌. 비인근. 근처.
이웃 사:촌 이웃에 사는 사람과는 자연히 가까이 지내게 되므로, 이를 친척에 비유하여 일컫는 말.
이웃집 이웃하여 사는 집.
이:유【理由】 까닭. 비사유.
이유기 젖먹이의 젖을 떼는 시기. 보통 생후 6~7개월에 시작함.
이유식 이유기의 아기에게 먹이는 젖 이외의 음식.
이:윤【利潤】 남은 이익.
이:율【利率】 원금에 대한 이익의 비율. 예~이 높다. 반손율.
이윽고 한참만에.
이:의 다른 사람과 의견이나 주장을 달리함. 예~를 제기한다.

이:익【利益】 이로움과 보탬이 됨. 비이득. 반손해.
이:의 집단 어떤 이익을 바라거나 목적을 같이 하는 사람들로 이루어진 집단.
이:자【利子】 저금으로 맡은 돈이나 꾸어 쓰는 돈에 덧붙여 주는 돈. 비변리. 이식. 반원금.
이:장¹【里長】 행정 구역인 이의 사무를 맡아 보는 사람.
이장²【移葬】 무덤을 옮김.
이:재¹【異才】 남다른 재주.
이:재²【理財】 재물을 유리하게 다룸. 예~에 밝다.
이재민 화재·홍수 등의 재난을 당한 사람. 예~ 구호 사업.
이:적 행위[-저캥-] 적을 이롭게 하는 행위. -하다.
이전【移轉】 장소나 주소·권리 등을 다른 데로 옮김. 비이사.
이:정표 육로의 거리·방향 따위를 표시하여 찾아가기 쉽게 해놓은 표. 예~를 따라가다.
이제 바로 이 때. 지금.
이제야 이제 비로소. 이제 겨우.
이종【移種】 모종을 옮기어 심음. 이식. -하다.
이종 사:촌【姨從四寸】 이모의 아들과 딸을 말함. 준이종.
이주【移住】 집을 옮겨서 삶.
이:준[인명](1859~1907) 조선 말 고종 때의 열사. 1907년 고종 황제의 특명으로 이상설·이위종 등과 함께

[이준]

헤이그 만국 평화 회의에 참석하였으나, 일본의 방해로 뜻을 이루지 못하게 되자 그곳에서 분함을 이기지 못하여 스스로 목숨을 끊었음.

이죽거리다 「이기죽거리다」의 준말. 이죽대다.

이:중【二重】①두 겹. ②거듭함.

이:중 인격 한 사람이 전혀 다른 두 개의 성격을 동시에 지니고서 때로는 다른 사람과 같이 행동하는 일. 예~자.

이:중주 두 개의 악기로 합주하는 일. 듀엣. 이부 합주.

이:중창【二重唱】 음성부가 다른 두 사람이 두 가지의 음성으로 노래를 부르는 일. 이부 합창.

이즈음 ①이 때. 이사이. ②가까운 며칠 전. 준이즘.

이지러지다 한 귀퉁이가 떨어져 없어지다. 예달이 ~.

이:질[痢疾] 법정 전염병의 한 가지. 똥에 피가 섞여 나오면서 뒤가 잦고 당기는 병.

이:질[異質] 성질이 다름. 또는, 그 성질. 예~성.

이쪽 이 곳으로 향한 쪽.

이쯤 이만한 정도.

이착륙[-창뉵] 이륙과 착륙. 예비행기 ~.

이:채[異彩] 특별히 눈에 띄는 별다른 색채. 예~를 띠다.

이처럼 이와 같이.

이:층 ①단층 위에 올려 지은 층. 예~집. ②고층 건물에서, 밑에서부터 두 번째의 층.

이:치[理致] 사물의 정당한 도리. 예~가 분명하다. 비원리.

이토록 이러하도록.

이튿날 ①다음 날. ②이틀째의 날. 준이틀.

이틀 「이튿날」의 준말.

이:하【以下】 이 아래. 예~ 동문. 반이상.

이:학기 9월부터 다음 해 2월까지의 학기. 예~ 시험.

이해¹ 올해. 금년.

이:해²【利害】 이익과 손해. 예~ 관계로 싸우다. 반손익.

이:해³【理解】 ①사리를 깨달아 앎. ②남의 사정을 알아 줌. 비양해. 반오해. ―하다.

이:해 관계 서로 이해가 미치는 관계. 예~가 엇갈리다.

이:후【以後】 ①그 후. 예~ 잘 지낸다. ②이 다음. 반이전.

익다 ①열매나 씨가 여물다. ②음식이 끓어 먹을 수 있게 되다. ③술·김치·장 따위가 맛이 들다. 예김치가 ~.

인¹【仁】 ①애정을 남에게 미치는 일. ②유교의 가장 중심적이 정치·도덕 이념. ③어진 것.

인²【燐】 질소족 원소의 하나. 기호 P, 원자번호 15, 원자량 30. 97. 동물체에서는 뼈·이 등의 주요 성분이며 공기 중에서 인광을 발함. 성냥·살충제·인산질 비료 등의 원료로 쓰임.

인³【印】 도장. 인장.

인⁴【人】 사람. 인간.

인가【人家】 사람이 사는 집. 예~가 드문 산골.

인가 인정하여 허락함. 예공장 설립을 ~하다. ~를 받다.

인간【人間】 ①사람. 예~은 만물의 영장. ②세상. 비인류.

인간 문화재 「중요 무형 문화재 보유자」의 속칭.

인간성[-썽] ①사람으로서 본래 가지고 있는 바탕. ②사람다운 마음의 본바탕.

인간애 인간에 대한 사랑.

인감【印鑑】 도장의 진위를 감정하기 위하여 관청이나 은행 같은 곳에 제출해 두는 특정한 실인의 인영. 예~ 도장.

인격【人格】 사람의 품격. 됨됨이. 비인품.

인격 수양 사람의 품격을 닦고 길러, 지식과 도덕을 중진시킴. -하다.

인격자【人格者】 품위가 있고 인격을 갖춘 사람.

인:계【引繼】 하던 일을 넘겨 줌. 예인수 ~를 하다.

인고 괴로움을 참고 견딤.

인공【人工】 ①사람이 하는 일. ②사람의 손으로 만들어 내는 일. 예~ 호수. 반자연.

인공 수정 인위적으로 수컷의 정액을 채취하여 암컷의 생식기 안에다 기계적인 방법으로 주입시켜 수정시키는 일.

인공 위성【人工衛星】 지구에서 지구 대기 밖으로 쏘아 올려 지구 둘레를 돌게 하는 물체. 관측·통신·기상 및 우주 탐사·우주 여행 등의 목적으로 발사됨. 준위성.

인공적【人工的】 인공에 의한 것.

인공 호흡법 인사 불성에 빠진 사람의 호흡 작용을 유도 촉진하여 소생시키는 방법.

인구【人口】 사람의 수효.

인구 밀도[-또] 일정한 지역 안에 분포되어 있는 인구 수의 정도. 보통 1㎢ 안의 평균 인구.

인권【人權】 인간으로서 당연히 가지는 기본적 권리.

인권 선언 1789년 프랑스 국민 의회가 인권에 관하여 채택·발표한 선언. 인간의 자유·평등의 권리를 분명히 한 것으로, 정식 명칭「인간 및 시민의 권리 선언」.

인근 이웃. 예~ 마을.

인기[-끼] 세상 사람들의 좋은 평판. 예~가 대단하다.

인기척[-끼-] 사람이 있다는 것을 알 수 있게 하는 기색이나 소리. 예~을 내다.

인내【忍耐】 참고 견딤. -하다.

인내력 참고 견디어 내는 힘.

인내심 참고 견디어 내는 굳은 마음. 예~이 강하다.

인대 관절에 있는, 탄력이 강한 근육 조직. 관절의 운동을 일으키거나 억제하는 작용을 함.

인도¹【人道】 ①사람이 지켜야 할 도리. ②사람이 다니는 길. 비보도. 반차도.

인:도²【引導】 ①가르쳐 이끎. ②길을 안내함. -하다.

인:도³【引渡】 사물이나 권리 따위를 넘기어 줌. 반인수.

인분 사람의 똥.
인사【人事】 사람 사이에 지키는 예의. 凹문안. -하다.
인산 비:료 인산이 많이 들어 있는 비료.
인상적[-쩍] 뚜렷한 느낌을 주어 잊혀지지 않는 것. 예퍽 ~인 풍경이었다.
인:색 재물을 몹시 아낌. 예~한 사람. -하다.
인생관【人生觀】 인생의 존재·목적·가치·의의 등에 관한 이론적 사고방식. 예이것이 내 ~.
인:솔【引率】 사람을 이끌어 거느리고 감. 凹인도. -하다.
인쇄【印刷】 그림이나 글자를 기계에 넣어 찍어 내는 일.
인:수【引受】 물건이나 권리를 넘기어 받음. 凹인도.
인스턴트 즉석에서 이루어짐을 나타내는 말. 예~ 커피.
인신 공:격 남의 신상에 관한 일을 들어 비난함. -하다.
인신 매:매 사람을 팔고 삼.
인심【人心】 사람의 마음. 凹인정.
인양 끌어올림. 예침몰선 ~.
인어 상반신은 인체, 하반신은 물고기와 같다는 상상의 동물.
인:용【引用】 다른 글 가운데서 한 부분을 끌어다 씀. -하다.
인위【人爲】 사람의 힘으로 이루어지는 일. 예~적. 凹자연.
인자【仁慈】 어질고 인정이 많음. 凹~하신 선생님. -하다.
인재 학식이나 인품이 뛰어나 큰 일을 할 수 있는 사람.
인적【人跡】 사람의 발자취.
인접 이웃하여 있음. 옆에 닿아 있음. 예~한 마을.
인정【認定】 확실히 그러한 줄로 알고 정함. 凹승낙.
인정머리 「인정」을 소되게 이르는 말.
인조견【人造絹】 인공으로 바단같이 만든 피륙. 凹본견.
인조 반:정 1623년(광해군 15)에 김류·이서 등 서인 일파가, 패균 행위가 잦고 정치를 문란하게 한 광해군 및 집권파인 대북파를 몰아내고, 능양군, 곧 인조를 즉위시킨 일.
인종 지구상의 인간의 종류.
인주【印朱】 도장을 찍는데 쓰는 붉은 빛의 재료.
인지 세금이나 수수료 등을 바친 것을 증명하기 위하여 서류에 붙이는, 정부가 발행한 증표.
인지상정【人之常情】 사람이 보통 가질 수 있는 성질.
인질【人質】 힘이나 무력으로 무고한 사람을 붙들어 놓는 일.
인:책【引責】 스스로 책임을 짐.
인천 상:륙 작전[-뉴-] 6·25 때인 1950년 9월 15일, 인천에서 맥아더 장군이 지휘한 상륙반격 작전.
인체 사람의 몸.
인:출 예금 등을 찾음.
인터뷰 신문이나 잡지사의 기자가 기사를 얻기 위하여 사람을 만나 회견하는 일.

인파 많은 사람의 움직이는 모양이 물결처럼 보이는 상태.

인편【人便】 사람이 오고 가는 편. 예 ~에 편지를 전하다.

인품【人品】 사람의 됨됨이. 사람의 성격. 비 인격.

인허【認許】 인정하여 허락함.

인형【人形】 사람의 모양을 흉내내어 만든 장난감.

인:화【引火】 불이 옮아 붙음. 예 ~ 성물질. -하다.

인화【人和】 여러 사람이 서로 화합함. 예 ~ 단결.

인후【咽喉】 목구멍.

일가 친척 같은 성이나 다른 성의 모든 겨레붙이.

일간 신문 날마다 박아 내는 신문. 일보. 비 일간지.

일:감[-깜] 일거리.

일:거리[-꺼-] 일할 거리. 하여야 할 일. 비 일감.

일거수 일투족 조그만 일에 이르기까지 동작 하나하나. 일거 일동. 예 ~을 살피다.

일거 양:득【一擧兩得】 하나의 일로 두 가지의 득을 얻음.

일곱 여섯에 하나를 더한 수.

일과【日課】 하루 하루 날마다 정해 놓고 하는 일.

일관【一貫】 한 방법이나 태도로써 처음부터 끝까지 한결같이 함.

일괄【一括】 개별적인 것을 한데 묶음. 예 ~ 적.

일광【日光】 햇빛.

일교차 기온·습도·기압 따위가 하루 동안에 변화하는 차이.

일구 이:언【一口二言】 한 입으로 두 가지 말을 함. -하다.

일급【一給】 하루 품삯.

일기¹【日記】 날마다 일어난 일 또는 느끼고 생각한 것을 적은 기록. 예 난중 ~. 비 일지.

일기²【日氣】 날씨. 비 천기.

일:껏 모처럼 애써서. 예 ~해 놓은 것이 허사로 돌아갔다.

일:꾼 ①품삯을 받고 일을 하는 사람. 예 ~을 쓰다. ②일의 계획이나 처리에 능한 사람.

일념【一念】 한결같은 마음.

일:다(이니, 이오) 곡식이나 사금 따위를 물속에 넣어 쓸 것과 못 쓸 것을 가려내다.

일단[-딴] ①우선. ②잠깐.

일당¹【日當】 하루의 품삯.

일당²【一黨】[-땅] 목적과 행동을 같이 하는 한 무리.

일당백【一當百】[-땅-] 혼자서 백 사람을 당한다는 뜻. 매우 용감하거나 능력이 많음을 이르는 말. 예 ~의 기개.

일동[-똥] 단체나 모임 따위에 든 사람의 모두. 예 사원 ~.

일등 첫째 등급. 으뜸.

일러두기 책 첫 머리에 그 내용에 대한 설명이나 쓰는 방법 같은 것을 적은 글. 비 범례.

일러 주다 잘 알아듣도록 이야기해 주다. 예 주의 사항을 ~.

일렁이다 물 위에 떠서 물결에 따라 이리저리 흔들리어 움직이다. 예 돛단배가 ~.

일련【一連】 하나로 이어지는 것. 예 ~의 대응책.

일렬【一列】 ①한 줄. 예 ~로 줄을 서다. ②첫째 줄.

일류【一流】 어떤 방면으로 첫째가는 지위. 예 ~ 대학.

일률적【一律的】 한결같은 것. 예 ~인 행동을 하다.

일망 타:진 한꺼번에 모조리 다 잡음. -하다.

일맥 상통 어떠한 점에서 서로 통함. 예 불교와 유교 사이에도 ~하는 데가 있다. -하다.

일몰【日沒】 해가 짐. 예 ~ 후에 돌아오다. 반 일출.

일미【一味】 가장 좋은 맛.

일박【一泊】 하룻밤을 묵음.

일반 ①보통 사람들. ②보통 있을 수 있는 자. 반 특수.

일반 은행【一般銀行】 은행법에 의하여 주식회사로 설립된 보통 은행. 조흥은행·한빛은행·제일은행·서울은행 등. 반 특수은행.

일발【一發】 ①활·총포 등을 한 번 쏘는 일. 예 ~에 쓰러뜨리다. ②총알·대포알의 하나. 예 ~이 명중하다.

일방【一方】 한쪽. 한편. 일면.

일:벌 집을 짓고 유충을 기르며 꿀을 치는 일을 맡아 하는 벌.

일보¹【一步】 ①어떤 일을 시작하기 위한 걸음. ②한 걸음.

일보²【日報】 ①나날의 보도 또는 보고. ②일간 신문.

일부러 ①일삼아 굳이. ②알면서 굳이.

일사병 여름철에 강한 햇볕에 오랫동안 있을 때 눈이 아찔하고 머리가 어지러운 증세.

일상【日常】[-쌍] 매일 매일.

일생【一生】[-쌩] 태어나서 죽을 때까지. 비 평생.

일석 이:조【一石二鳥】 일거 양득. 예 ~의 효과를 노리다.

일선[-썬] 전쟁에서 가장 적과 가까운 곳. 비 전선. 전방.

일세기[-쎄-] 백년 동안을 이르는 말. 예 ~를 살다.

일소【一掃】[-쏘] 죄다 쓸어 버림. 예 구악을 ~하다.

일:손[-쏜] ①일하는 솜씨. ②일하는 사람. 예 ~이 모자란다.

일순간 지극히 짧은 동안. 예 ~에 벌어진 일.

일시【一時】[-씨] ①한때. 한동아. ②같은 때.

일식[-씩] 태양과 지구와의 사이에 달이 들어와 태양의 일부 또는 전체가 가려지는 현상.

일신【一身】[-씬] 한 몸.

일심 ①한 마음. ②한 쪽에만 마음을 쓰거나 둠.

일어서다 ①앉았다가 서다. ②기운이 생기어 번창하여지다.

일억 1만의 만 배인 수.

일:옷 일할 때에 입는 옷. 비 작업복.

일요일 일 주일 중 첫째 날.

일용품 날마다 쓰는 물건.

일인당 한 사람마다.

일일이[-리리] ①하나하나. 낱낱이 ②사사 건건.

일:자리[-짜-] 일할 만한 곳. 예 ~를 잃다. 비 직장.

일자 무식 글자를 한 자도 모를 정도로 무식함. 일자불식.

일절【一切】 「아주」「도무지」의

일정【日程】[-쩡] ①그 날에 하는 일의 예정. ②나날이 심의할 의사의 예정.

일족[-쪽] 같은 겨레붙이.

일종[-쫑] 한 종류. 한 가지.

일주¹【一週】[-쭈] 「일주일」「일주간」의 준말.

일주²【一周】[-쭈] 한 바퀴를 돎. 예세계 ~.

일주일[-쭈-] 월요일부터 일요일까지의 이레.

일지【日誌】 그날 그날의 일을 적은 기록. 또는 그 책.

일직선[-찍썬] ①하나의 직선. ②한 방향으로 쪽 곧은 줄.

일치감치 조금 더 일찍이.

일찍이 ①늦지 않게. ②이전까지. 이왕에. 준일찍.

일착【一着】 ①맨 먼저 닿음. ②맨 처음 시작함.

일체【一切】 모든. 온갖. 예~의 관계를 끊다.

일출【日出】 해가 돋음. 해돋이. 반일몰. -하다.

일치【一致】 서로 들어 맞음. 예의견이 ~. 비합치. 반상반.

일:터 일을 하는 곳. 비직장.

일편 단심 다른 데 마음을 두지 않고 한 곳에 충성된 마음.

일행【一行】 향동을 같이 하는 사람들의 무리. 비동행.

일화【逸話】 세상에 널리 알려지지 않은 이야기.

일확 천금 힘들지 아니하고 단번에 많은 재물을 얻음.

임 마음 속에 그리며 생각하는 사람. 예~을 그리다.

임:관 ①관직에 임명됨. ②장교로 임명됨. 예소위로 ~되다.

임:금 나라를 다스리는 으뜸가는 사람. 비군주. 왕. 반신하.

임:금²【賃金】 일한 대가로 받는 돈. 예~ 인상. 비노임.

임:기【任期】 맡아 보고 있는 일 정한 기한. 예대통령 ~.

임기 응:변【臨機應變】 그때 그때의 형편에 따라 알맞게 일을 처리함. 기변. 준응변.

임:대【賃貸】 돈을 받고 자기 물건을 빌려 줌. -하다.

임:명【任命】 벼슬이나 어머한 일을 맡게 함. 반파면.

임:무【任務】 맡은 일. 비사명.

임박【臨迫】 어떤 시기가 가까이 닥쳐옴. 예날짜가 ~하다.

임산물 산림에서 산출되는 물건.

임:산부 임신 중의 부인을 이크는 말. 즉, 임신부와 해산부.

임:의 자기 의사대로 하는 일.

임:자 물건을 차지하고 있는 사람. 비주인. 소유자.

임종【臨終】 죽음에 이름.

입금【入金】 ①돈이 들어오거나, 들어온 그 돈. ②은행같은 금융 기관에 예금, 또는 빚을 갚기 위하여 돈을 들여놓음. 또는 그러한 돈. 반출금.

입담[-땀] ①말솜씨. ②말하는 재주. 비언변.

입대 군대에 들어가 군인이 됨.

입동【立冬】 24절기의 열아홉째. 양력 11월 7~8일경. 곧

겨울이 시작되는 때. 반입하.
입력[임녁] 컴퓨터에서, 문자나 숫자를 기억하게 하는 일.
입법【立法】 법률을 제정함.
입사【入社】 회사의 사원이 됨.
입신 양명[-씬냥-] 출세하여 세상에 이름을 날림.
입씨름 말다툼. -하다.
입원【入院】 병을 고치기 위하여 병원에 들어감. 반퇴원.
입원실 환자가 입원하여 치료를 받는 방.
입장¹【入場】 어떠한 장소에 들어감. 반퇴장. -하다.
입장²【立場】 처지.
입증 증거나 증인을 내세움.
입지【立志】 뜻을 작정하여 세움.
입지적 위치·환경에 관계되는 것. 예~ 조건.
입지전 어려운 환경을 이기고 뜻을 세워 이룬 사람의 전기.
입찬말 자기의 배경·지위 따위만 믿고 지나치게 장담함, 또는 그런 말. 비입찬소리.
입체 상자 등과 같이 길이·폭·두께가 있는 물체. 반평면.
입추【立秋】 24절기의 열셋째. 양력 8월 8~9일경. 곧 가을로 들어가는 때. 반입춘.
입춘 24절기의 첫째. 양력 2월 4일경. 곧 봄이 시작되는 때.
입학【入學】[이팍] 학교에 들어감. 비입교. 반졸업.
입항【入港】 배가 항구에 들어옴. 예유조선이 ~하다.
입헌 정치【立憲政治】 헌법에 의하여 하는 정치. 헌정.
잇몸[인-] 이 뿌리를 둘러싸고 있는 연한 근육.
잇:속 이익이 있는 실속. 예~이 되다. 비이익. 반손해.
잉:여 다 쓰고 난 나머지.
잉:용【仍用】 전의 것을 그대로 씀. 예책상을 ~하다. -하다.
잉크 글씨를 쓰거나 인쇄에 사용하는 색이 있는 액체.
잉:태 아이를 뱀. 임신.
잊다 ①기억에서 사라지다. 예약속을 ~. ②느끼지 못하다. 예추위를 ~. ③마음에 새겨 두지 아니하고 저버리다. 예은혜를 ~.
잎눈[임-] 자라서 줄기나 잎이 될, 식물의 눈.
잎담배[입땀-] 썰지 아니한 잎사귀로 된 담배. 엽초.

ㅈ

ㅈ[지읒] 한글 자모의 아홉째 글자. 이름은 지읒.

자 길이의 단위의 하나. 예한 ~길이다.

자가용【自家用】 자기 집에서만 쓰는 물건. 반영업용.

자격【資格】 ①어떠한 임무를 맡기 위해 신분·지위를 갖춘 것. ②신분이나 지위.

자격증【資格證】 일정한 자격을 인정하여 주는 증서.

자결【自決】 ①자기 일을 스스로 해결함. ②스스로 자기 목숨을 끊음. 비자살.

자고 이:래로 예로부터 내려오면서. 자고 이래. 예~ 효도는 가정의 덕목이다. 준자고로.

자구【自救】 스스로 구하는 것.

자국¹ ①닿거나 지나간 자리. 예눈물 ~. 비흔적. ②부스럼이나 상처가 아문 자리. 예수술 ~.

자국²【自國】 자기 나라. 제 나라. 예~ 민. 반타국.

자:극【刺戟】 ①감각을 일으킴. ②정신을 흥분시킴

자급 자족【自給自足】 자기의 생활에 필요한 물건을 자기 손으로 만들어 씀. 예~ 경제. -하다.

자기¹【自己】 제 몸. 저. 스스로. 비자신. 반타인. 남.

자기²【磁器】 사기 그릇.

자기 과:시 자기의 존재를 인정받기 위하여 남에게 자기를 과장하며 나타내려는 경향.

자기 소개【自己紹介】 처음 만난 사람에게 자기의 이름이나 경력·직업 따위를 알리는 일.

자기장【磁氣場】 자기력의 영향이 미치는 장소와 공간.

자꾸자꾸 잇따라서 여러 번.

자녀【子女】 아들과 딸. 반부모.

자다 ①잠이 들다. ②움직이던 것이 멈추다.

자당【慈堂】 남의 어머니를 높이어 이르는 말.

자동【自動】 제 힘으로 움직임. 스스로 활동함. 반타동.

자동식【自動式】 기계 장치가 자동으로 작동하게 된 방식.

자동 제:어 상태 변화를 감지하여, 희망하는 상태대로 변화시키는 일. 예~ 장치.

자동차 발동기의 동력으로써 바퀴를 돌려 달리게 만든 차

자동차 보:험 자동차가 사고로 인하여 사람이나 물건에 손해를 끼쳤을 때나 도난당하였을 때, 그 손해를 메워 주는 보험.

자동 판매기 판매원이 없이 상품을 자동적으로 판매하는 기계.

자두 자두나무의 열매. 복숭아

자랑 자기가 자기를 칭찬하는 일.

자랑거리[-꺼-] 남에게 자랑할 만한 거리.

자력¹【自力】 자기 혼자의 힘. 스스로의 힘. 밴타력.

자력²【磁力】 자석의 서로 끌고 미는 힘. 쇠끌림. 자기력.

자료【資料】 일의 바탕이 되는 재료. 예도서관의 ~. 비재료.

자르다[자르니,잘라서] ①잘라 내다. ②자리를 정하여 머무르게 되다.

자립 남의 힘에 의지하지 아니하고 제 힘으로 섬. 비독립.

자립 정신【自立精神】 스스로의 힘으로 살아나가겠다는 정신.

자릿수 십진법에 의한 자리의 숫자. 예세 ~.

자막【字幕】 영화나 텔레비전에서 화면에 비쳐 보이는 글자.

자만심 스스로 자랑하는 거만한 마음. 예~이 강하다.

자매【姉妹】 ①손위의 누이와 손아래 누이. 예형제 ~. ②여자끼리의 언니와 아우. 밴형제.

자멸【自滅】 ①제 탓으로 멸망함. ②자연히 멸망함.

자명종 때가 되면 저절로 울려서 시간을 알려 주는 시계.

자모¹【字母】 낱낱의 글자.

자모²【子母】 아들과 어머니.

자못 생각보다. 매우.

자문【自問】 스스로 자신에게 물음. 예잘못이 없는지를 ~ 하다.

자물쇠[-쐬] 여닫게 된 물건에 채워서 열쇠가 없으면 열지 못하게 잠그는 쇠. 밴열쇠.

자바라 타악기의 하나. 놋쇠로 만든 둥글넓적하고 배가 불룩한 것으로 두 짝을 마주 쳐서 소리 냄.
[자바라]

자백【自白】 자기의 잘못이나 죄를 스스로 고백함. -하다.

자본주의 생산 수단을 자본으로서 소유하는 자본가가 이윤 획득을 목적으로 하여, 노동력밖에는 팔 것이 없는 노동자로부터 노동력을 상품으로 사들여 상품 생산을 하는 경제 체제.

자부¹【自負】 자기의 재능과 능력을 스스로 믿음. 예~심.

자부²【自負】 며느리.

자부심【自負心】 자기의 능력을 믿는 마음. 예~이 대단하다.

자비【慈悲】 고통받는 이를 크게 사랑하고 가엾게 여김.

자살【自殺】 스스로 자기의 생명을 끊음. 비자해. 밴타살. -하다.

자상 자세하고 친절함. 비상세. 세밀.

자새 새끼나 바같은 것을 꼬는 데 쓰거나, 실을 감는 데 쓰는 얼레.

자서전 자기가 쓴 자신의 전기.

자석【磁石】 철을 끌어당기는 성
[자석]

질의 물체. 비지남철.
자선【慈善】 불쌍히 여겨서 남에게 은혜를 베풀어 착한 일을 함.
자세【姿勢】 몸을 가진 태도나 모양. 예 있는 ~.
자손 ①아들과 손자. ②후손.
자손 만대 아들·손자·증손 등으로 이어지는 후손 대대.
자수【自首】 죄진 사람이 스스로 잘못을 알림. 예 ~ 간첩.
자습 자기 스스로 배워 익힘.
자신【自身】 자기. 제 몸. 반남.
자신감 자신이 있다는 느낌.
자연【自然】 ①사람의 힘을 들이지 않은 천연 그대로의 존재. 비천연. 반인공. ②저절로.
자연 관찰 자연의 법칙이나 움직임 등의 상태를 잘 살펴보는 일.
자연 보:호 운동 1978년 10월 자연 보호 헌장의 선포를 계기로 시작된 운동.
자연 식품 인공 색소·방부제 등을 첨가하여 본래의 성분을 소실 또는 변질하거나 하는 가공 하지 않은 자연 그대로의 식품.
자연 재해 홍수나 가뭄 따위와 같이 자연 현상에서 오는 재난으로 입는 손해. 예 ~를 당하다.
자:외선 파장이 가시 광선보다 짧고 ×선보다 긴 전자파의 총칭. 눈으로 볼 수는 없으나 태양 광선·수은등 등에 들어 있음.
자웅 ①암컷과 수컷. ②「승부·우열」등을 비유하는 말. 예 실력의 ~을 겨루다.
자원【資源】 생산에 이용되는 온갖 물자의 근원. 예 지하~. 수산~. 비밑천.
자원 봉:사 어떤 일을 스스로 하고 싶어서 자신의 이해를 돌보지 않고 성실하게 일함.
자위¹【自慰】 스스로 자기의 괴로운 마음을 위로함. -하다.
자위² 눈알이나 새 따위의 알에 있어 빛깔에 따라 구분된 부분.
자유 국가 ①다른 나라의 지배나 영향을 받지 않는 독립 국가. ②모든 사람이 자유롭게 살 수 있는 권리가 보장된 나라. 반공산 국가.
자유로이 아무 거리낌없이 마음대로. 예 ~ 활동하다.
자유주의 인간 개인의 인격 존엄을 인정하고, 개성을 자발적으로 발전시키고자 하는 주의.
자율【自律】 남으로부터 지배나 구속을 받지 않고, 스스로의 의지로 자기를 억제함. 반타율.
자작¹【自作】 ①스스로 만듦. 또는 그 물건. ②자기 땅에 직접 농사를 지음. 예 ~농. -하다.
자작²【自酌】 술을 손수 따라 마심. 자작 자음.
자장가 어린 아이를 재울 때 부르는 노래.
자주【自主】 자기의 주장대로 행함. 예 ~독립.
자전【自轉】 ①저절로 돌아감.

②지구·달·태양 등이 축을 중심으로 하여 일정한 속도로 회전하는 것. 반공전. -하다.

자정[子正] 밤 12시. 곧 0시. 예~에 왔다. 반정오.

자정[自淨] 바다·강·공기 등이 스스로 오염을 지워 없애는 일.

자제[子弟] 남의 아들의 높임말. 남의 집 자식들을 일컫는 말.

자제[自制] 자기 감정이나 욕망을 스스로 억제하는 힘.

자존[自尊] ①스스로 자기를 높이는 것. ②자기의 품위를 높게 지키는 것. 예~심.

자주 독립 제 힘으로 일을 처리하고 남의 간섭을 받지 않음.

자질 타고난 성품과 바탕.

자책[自責] 스스로 자기를 꾸짖음. 예~을 하다.

자초[自招] 어떤 결과를 제 스스로 끌어들이는 것. 예스스로 불행을 ~하다.

자치권 자치 단체가 그 지역 내에서 법률에 의하여 정해진 자치 행정을 할 수 있는 권리.

자칭[自稱] ①제 스스로를 일컬음. ②남에게 자기를 무엇으로 여기게 하여 일컫거나 뽐냄. 예~ 미남이라고 한다. -하다.

자타 공인 자기나 남이 모두 인정함. 예~의 사실.

자태[姿態] 모양이나 태도. 예우아한 ~. 비자세.

자포 자기 자기를 돌보지 않고 마구 행동을 함. 예그런 일로 ~해서는 아니된다. -하다.

자필[自筆] 자기가 손수 쓴 글씨. 반대필. -하다.

자화상[自畵像] 자신이 자신의 모습을 그린 그림.

작가[作家] 문예 작품을 만드는 사람. 특히 소설가. 예소설~.

작고 ①사람이 죽음. ②「사망」의 높임말.

작곡 악곡을 지음. 예~가.

작:다 ①크지 않다. 키가 ~. 반크다. ②아직 어리다. ③도량이 좁다. 예배포가 ~.

작두 말이나 소 등에게 먹일 풀이나 콩깍지 또는 짚을 써는 연장.

작명[作名] 이름을 지음. [작두]

작문[作文] 글을 지음. 또는 그 글. 예~시간. -하다.

작성[作成] 만들어 이룸. 예공문서를 ~하다. -하다.

작심[作心] 마음을 단단히 먹는 것. 예운동을 하기로 ~하다.

작업장 일을 하는 공장이나 공사장. 예~개선.

작열[灼熱][장녈] ①불에 새빨갛게 닮. ②몹시 뜨겁게 타오름. 예태양이 ~하는 한여름.

작용[作用] ①다른 물건에 미치는 영향. ②동작함.

작위[爵位] ①벼슬과 지위. ②작의 계급. 예~를 하사하다.

작은골 큰골의 뒤쪽에 있는 골. 운동을 바르게 하는 일과 몸의 균형을 잡는 일을 맡아 함.

작은아버지 아버지의 남동생. 비삼촌. 숙부. 반큰아버지.

작은어머니 작은아버지의 아내. 비숙모. 반큰어머니.

작일【作日】어제. 반내일.

작자【作者】①문예 작품을 지은 사람. ②사람을 낮추어 부르는 말. 예그~가 범인이다.

작전 싸움을 하는 데 필요한 방법을 세움. 예인천 상륙~.

작태 ①겉모양을 내는 것. ②하는 짓거리. 예꼴사나운 ~.

작품 소설·시·그림·조각 따위

작황 농사의 잘 되고 못 된 상태.

잔[盞] 물·차 등을 따라 먹는 그릇. 예커피~.

잔-[2] 잘거나 가늘다는 뜻을 나타내는 말. 예~소리.

잔고【殘高】돈이나 물품 등의 나머지 수량. 예~가 많다.

잔금[1] 잘게 그은 선.

잔금【殘金】①쓰고 남은 돈. ②갚다가 못다 갚은 돈.

잔꾀 작은 꾀. 예~를 부리다.

잔당 쳐 없애고 남은 무리.

잔디밭 잔디가 많이 난 곳.

잔뜩 물건이 꽉 찬 모양.

잔류【殘留】[잘-] 남아서 처져 있음. 뒤에 남음. -하다.

잔소리 쓸데없이 늘어놓는 잔말.

잔손 자질구레하게 여러 번 가는 손질. 예~이 너무 가서 더디다.

잔손질 세세한 데까지 손을 여러번 놀리어 매만지는 일. -하다.

잔솔 어린 소나무.

잔인【殘忍】인정이 없고 아주 사나움. 예~한 사람. -하다.

잔치 기쁜 일이 있을 때에 음식을 차려 놓고 손님을 초청하여 즐기는 일. 예회갑~. 비향연.

잔칫날 잔치를 베푸는 날.

잔혹 잔인하고 혹독함.

잘 ①옳고 바르게. ②익숙하고 능란하게. ③탈없이, 편하게. ④적절하게. ⑤만족하게.

잘되다 물건 또는 일이 좋게 되다. 반못되다.

잘못 잘 하지 못한 짓. 잘 되지 않은 일. 비실수.

잘잘못 잘함과 잘못함. 또는, 옳고 그름. 예~을 가리다.

잘하다 ①옳고 착하게 하다. 반잘못하다. ②익숙하고 능란하게 하다. ③버릇으로 자주 하다.

잠 눈을 감고 아무것도 느끼지 않고 쉬는 일. 예~을 자다.

잠그다(잠가,잠가서) 자물쇠 따위로 여닫는 물건을 열지 못하게 채우다. 예서랍을 ~.

잠꼬대 ①잠을 자면서 저도 모르게 중얼거리는 헛소리. ②엉뚱한 말. 예~같은 소리군.

잠들다(잠드니,잠들어서) ①자게 되다. 예보채던 아기가 겨우~. ②죽음의 상태에 들어가다. 영원히~.

잠복【潛伏】겉으로 드러나지 않게 숨어 있음. 예범인을 잡으려고 경찰이 ~근무를 하다.

잠사 누에의 고치에서 뽑은 실.

잠수【潛水】 물속에 들어감.

잠수함【潛水艦】 물 속에 들어가서 몰래 적 가까이 접근하여 적지 포격·경찰, 또는 배를 공격하는 배. 비잠수정.

잠:시[시] 오래지 않는 시간. ~생각해 보라. 비잠깐. 반오래.

잠실 누에를 치는 방.

잠자리¹【동물】 몸이 가늘고 길며, 두 개의 겹눈과 얇은 두 쌍의 날개를 가지고 있으며, 벌레를 잡아먹고 사는 곤충. [잠자리¹]

잠자리²[-짜-] 잠을 자는 곳. 예~가 뒤숭숭하다.

잠자코 아무 말 없이. 예~있어라. 비조용히.

잠재력【潛在力】 겉으로 드러나지 않고 속에 숨겨져 있는 힘.

잡곡 쌀 이외의 온갖 곡물. 콩·팥·보리·밀·조 등. 예~밥.

잡념【雜念】 온갖 쓸데없는 생각.

잡다 ①손가락 따위로 움켜 쥐다. ②권리 따위를 차지하다. 예정권을 ~. ③동물을 죽이다. 예돼지를 ~.

잡무 여러 가지 자질구레한 일.

잡수시다 「먹다」를 높이어 이르는 말. 예밥을 ~.

잡아가다(잡아가거라) ①사람을 체포하여 데려가다. ②짐승등을 붙잡거나 죽여서 가져가다.

잡아뜯다 붙어 있는 것을 잡아 당겨 떨어지게 하다.

잡음【雜音】 잡스러운 소리. 시끄러운 소리. 비소음.

잡종 온갖 것이 뒤섞인 종류.

잡치다 ①일을 그르치다. ②기분을 상하다. 예기분을 ~.

잣:나무【식물】 잣이 열리는 나무. 높이 10m 이상이고 잎은 바늘 모양이며, 씨앗은 고소하여 먹음.  [잣나무]

장:¹【長】 단체나 부서의 우두머리. 예회~. 계~. 과~.

장:²【醬】 음식의 간을 맞추는 맛이 짠 물. 간장·된장을 통틀어 일컫는 말.

장:가 사내가 아내를 맞아들이는 일. 예~를 들다.

장거리【長距離】 멀고 긴 거리. 예~선수. 반단거리.

장:관【長官】 나라 일을 맡은 행정 각부의 우두머리.

장구 가운데가 잘록하고 양쪽을 가죽으로 메워 채로 쳐 소리가 나도록 만든 민속 악기의 하나. 장고.  [장구]

장기¹【長技】 가장 잘 하는 재주. 예~자랑.

장:기²【將棋】 두 사람이 32짝의 말을 판 위에서 움직여 싸우는 놀이의 하나. 예~를 두다.

장기³【長期】 오랜 기간. 반단기.

장난감[-깜] 아이들이 가지고 놀 수 있도록 만든 물건. 완구.

장남 맏아들. 큰아들. 반막내.
장:내【場內】 어떠한 장소의 안. 예~가 조용하다. 반장외.
장:녀【長女】 맏딸. 큰딸.
장:년【壯年】 나이 서른 살 안팎의 기운이 씩씩한 사람.
장:님 눈을 보지 못하는 사람. 예심청의 아버지는 ~이다. 비소경. 봉사.
장:도¹【長途】 중대한 사명을 띠고 떠나는 길. 용감히 떠나는 장한 길. 예~에 오르다.
장도²【長途】 ①먼 길. ②오랜 여행. 예~에 오르다.
장래【將來】 앞으로 닥쳐올 날. 예~희망. 비미래. 반과거.
장:려【獎勵】 좋은 일을 권하여 힘쓰게 북돋아 줌. 예저축을 ~하다. 비권장. 반금지. 엄금.
장:렬【壯烈】 의기가 씩씩하고 열렬함. 예~한 죽음. −하다.
장:례【葬禮】 장사를 치르는 예절. 예~식. 비장의.
장마 여름에 계속해서 많이 오는 비. 반가뭄.
장문【長文】 긴 글. 반단문
장물 강도·절도 등의 범죄 행위로 부당하게 얻은 다른 사람 소유의 물품.
장벽 ①가리어 막은 벽. 예허물어진 베를린 ~. ②무엇을 하는데 방해가 되는 것. 예언어 ~에 부닥치다.
장본인 나쁜 일을 빚어 낸 바로 그 사람. 예물의를 일으킨 ~.
장부¹【帳簿】 돈 등의 수입과 지출을 적어 두는 공책.
장:부²【丈夫】 사내답고 씩씩한 남자. 예사나이 대~.
장비 ①비품·부속품 등을 장치함. ②군대나 함정 등의 무장. 예최신 ~를 갖춘 군함.
장사 이익을 얻기 위하여 물건을 사고 파는 일. 비상업.
장:사¹【壯士】 힘이 센 사람.
장서【藏書】 책을 간직하여 둠. 또는 그 책. 예~가 수백 권이다.
장:성¹【長成】 자라서 어른이 됨. 예훌륭하게 ~하다. −하다.
장:성²【將星】 장군.
장소 자리. 곳. 비처소.
장:손【長孫】 맏손자.
장:손녀 맏손녀.
장승 옛날에 마을 또는 절 입구에 세운, 사람의 얼굴 모양을 새긴 기둥. 이정표 또는 마을의 수호신의 구실을 함.
장식¹【粧飾】 겉 모양을 꾸밈.
장식²【裝飾】 ①그릇·기구 따위에 꾸밈 새로 박는 쇠붙이. ②치장하여 꾸미는 것. −하다.
장신 키가 큰 몸. 반단신.
장애인 몸을 상해 영구적으로 불편한 사람.
장엄【莊嚴】 위엄 있게 보임. 예~한 행사였다. 비엄숙.
장옷 지난날, 여자가 나들이할 때, 얼굴을 가리기 위하여 머리에서부터 길게 내리쓰던 옷.

[장옷]

장외【場外】 어떠한 곳 또는 일정한 구역의 바깥. 예~흠런. 반장내.

장:원【壯元】 과거 시험의 문과·갑과에 일등으로 뽑힘.

장전 ①속에 무엇을 넣어서 채우는 것. ②총포에 탄약을 재우는 것. 예탄알을 ~하다.

장점[-쩜]【長點】 좋은 점. 뛰어난 점. 예~이 많다. 반단점.

장차 앞으로. 예~무엇이 될것이냐? 비장래.

장치【裝置】 ①무엇을 하는 데 필요한 기구들을 차려둠. ②기계를 마련해 둠. 비설비.

장판지 방바닥에 바르는 기름 먹인 두꺼운 종이. 준장판.

장편【長篇】 내용이 길고 복잡한 소설이나 영화 등을 두루 일컫는 말. 예~소설

장:학【獎學】 학문을 장려함. 또는 그일. -하다.

장:학생 장학금을 받는 학생.

장해물 장해가 되는 사물.

재¹ 조금 높은 산의 고개. 예~를 넘어가다. 비영. 고개.

재² 물건이 완전히 탄 뒤에 남는 가루. 예연탄~.

재간【才幹】 재주와 능력. 예~이 많은 사람. 비재능.

재:기¹【再起】 힘이나 능력을 다시 모아서 일어남. ~의 기쁨.

재기²【才氣】 재주가 있는 기질.

재난 뜻밖에 일어난 불행한 일.

재능【才能】 재주와 능력.

재:다 ①길고 짧음을 자로 헤아리다. 예키를 ~. ②총에 탄을 넣다. ③일의 앞뒤를 헤아리다.

재:래식 그 전부터 내려오는 방식. 예~부엌. 반개량식.

재미 아기자기한 즐거운 기분이나 맛. 예~가 좋다. 비흥미.

재배¹【栽培】 나무·곡식·채소·화초 따위를 심어 가꿈.

재배²【再拜】 ①두 번 절함. ②편지 끝에 쓰는 말.

재:보【再報】 두번째 알리는 일.

재봉 옷감으로 옷을 만드는 일. 바느질. -하다.

재빨리 재치 있고 빠르게.

재산【財産】 개인이나 단체가 소유하는 재물. 재물.

재색【才色】 여자의 재주와 용모. 예~을 겸비한 규소.

재:생 ①다시 살아남. 예~의 길을 걷다. ②못 쓰는 물건을 다시 쓸 수 있도록 만들어 냄.

재수【財數】 재물이나 좋은 일이 생길 수 있는 운수.

재앙【災殃】 지진·홍수 등에 의한 몹시 불행한 사고.

재:임¹【在任】 임무를 수행하고 있거나 그 자리에 있음. 또는 그 동안. 예~기간.

재:임²【再任】 본디의 직책에 두번째 다시 임명됨. -하다.

재:적【在籍】 ①호적·학적·병적 등에 올라 있음. 예~생. ②합의체 등의 적에 올라 있는 것. 예~의원. -하다.

재정 국가 또는 공공 단체가 일을 달성하는 데 필요한 경비.

재정경제원 재무와 경제에 관한 일을 맡아 보는 중앙 행정 기

관의 하나. 준재경원.
재주 ①무엇을 잘 해내는 소질. ②교묘한 기술. 예비상한 ~. 비재간. 재능.
재:차 두 번째. 두 차례째. 또다시 예~다짐을 한다.
재창【再唱】 다시 노래 부름.
재:청 ①회의할 때 남의 동의에 찬성한다는 뜻으로 거듭 청함. ②같은 일을 두 번째 청함.
재촉 일을 빨리 하게 함. 예걸음을 ~하다. 비독촉. 독려.
재치 날쌘 재주. 예~가 있다.
재판【裁判】 ①옳고 그름을 살펴서 판단함. ②재판관이 내리는 판단. 민사·형사·행정 재판의 세 가지가 있음.
재해【災害】 재앙으로 말미암아 입은 피해. 예산업 ~.
재:현 다시 나타나는 것. 또는, 다시 나타나게 하는 것.
재:회 ①두 번째의 만남. ②다시 만남. 예이산 가족의 ~.
잼버리 보이 스카우트의 대회. 흔히 캠핑·작업·경기 등을 행함. 예~대회.
잿밥 불공을 드릴 때, 부처 앞에 올리는 밥. 예~을 올리다.
쟁기 논밭을 가는 데 쓰는 연장. 예~질을 한다.

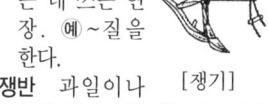
[쟁기]

쟁반 과일이나 음식 등을 담는데 쓰는 납작한 그릇.
쟁취【爭取】 싸워서 얻음.
쟁탈 다투어서 빼앗음. 예~전.
재: 「저 아이」의 준말.

저¹ 「나」「자기」의 낮춤말.
저²【箸】 「젓가락」으로 준말.
저³ 멀리 떨어져 있는 사물을 일컫는 말. 예~고개.
저것 저 곳에 있는 사물을 가리키는 말. 작조것.
저격 어떤 대상을 노려서 총을 쏨. 예유명 인사를 ~하다.
저고리 위에 입는 옷의 총칭. 예~를 입다. 반치마. 바지.
저:금【貯蓄】 돈을 쓰지 않고 모아 둠. 또는 그 돈. 비저축.
저:기압【低氣壓】 ①대기의 압력이 낮은 기압. 반고기압. ②사람의 기분이 언짢은 상태.
저까짓 겨우 저만한 정도의.
저:널리스트 신문이나 잡지의 기자 또는 기고자.
저녁 ①해가 지고 밤이 오지 아니한 때. 아침. ②「저녁밥」의 준말.
저:능아【低能兒】 지능이 보통 사람보다 낮은 어린이.
저다지 저런 정도까지.
저:당【抵當】 부동산이나 동산을 채무의 담보로 삼음.
저:당물 저당 잡히는 물건.
저돌 앞뒤를 생각함이 없이 돌진하는 것. 예~적.
저:력【底力】 겉으로 드러나지 않고, 속에 간직하고 있는 끈기 있는 힘.
저:렴【低廉】 물건 값이 쌈.
저리 저 곳으로. 저 쪽으로.
저:명 인사【著名人士】 세상에 이름이 널리 알려진 사람.
저물다 ①해가 지고 어둡게 되다. 반날 새다. ②한 해가 다

지나가다.
저:서【著書】지은 책.
저:속【低速】「저속도」의 준말.
저:수지【貯水地】상수도・수력 발전 또는 논밭에 물을 대기 위하여 강물이나 냇물을 끌어들여 잡아 두려고 만든 못.
저:술 논문・책 등을 씀.
저승 사람이 죽은 뒤에 혼령이 간다고 하는 세상. 반이승.
저:압 ①낮은 압력. 예~수은등. ②낮은 전압. 반고압.
저:작【著作】책을 지음.
저작권 저작자가 자신이 저작한 저작물을 독점적으로 이용하거나 이를 남에게 허락할 수 있는 인격적・재산적 권리.
저:조 ①낮은 가락. ②능률이 오르지 아니함. 예성적이 ~하다.
저:주【詛呪】미워하는 사람이 못 되기를 빌고 바람.
저지【沮止】막아서 그치게 함.
저:축【貯蓄】물건이나 돈을 아끼어 모아 둠. 비저금. 반낭비.
저:하【低下】①낮아짐. ②수준・물가・능률 따위가 떨어져 낮아짐. 예기능이 ~다. -하다.
저:항 맞서 겨룸. 예완강한~.
저희 「우리」의 낮춤말. 저사람들.
적¹ 때를 나타내는 말. 예어릴 ~에 살던 곳.
적²【敵】①상대자. ②원수.
적극【積極】바싹 다잡아 활동함.

적기【適期】적당한 시기.
적나라하다 있는 그대로 다 드러내어 숨김이 없다.
적다¹ 글씨를 쓰다. 기록하다.
적:다² 분량이나 수효가 모자라다. 예금액이 ~. 반많다.
적당 ①꼭 알맞음. ②요령이 있음. 비적절. 반부적당. -하다.
적도【赤道】위도의 기준이 되는 위선. 남북 양극으로부터 90°.
적반하장 잘못한 사람이 도리어 잘 한 사람을 나무라는 경우를 이르는 말. 예~도 유분수지.
적성 검:사 성질・성격・신체적・지적 능력 등이 일정한 작업 또는 직업에 알맞는가 여부를 측정하기 위한 검사.
적시 알맞은 때.
적십자기 흰 바탕에 붉은「+」자를 그린 적십자사의 기.
적십자사 전시에는 아군・적군의 구별없이 부상병을 구호하고 평시에는 병들고 가난하고 불행한 사람들을 돕기 위하여 세계 각국이 모여 이룬 국제적 기구.

[마크]

적외선 복사선 중 파장이 가시광선보다 길고, 극초단파보다 짧은 전자파의 총칭. 눈에는 보이지 않지만, 열 작용이 강하고, 투과력도 강함.
적응【適應】①어떤 조건・요구 따위에맞음. ②주위의 사정에 맞추어 가는 것. 예환경에 ~.

적자[-짜]【赤字】 수입보다 지출이 많은 상태. 땐흑자.

적자 생존 생존 경쟁의 결과, 환경에 적응하는 생물만이 살아남고, 그렇지 못한 것은 도태되어 멸망하는 현상.

적재 적소[-째-쏘] 알맞은 사람을 알맞은 장소에 씀.

적절 꼭 알맞음. 예~한 조치를 취하다. 적당. -하다.

적중【的中】 꼭 들어맞음. 예예상 문제가 ~했다.

적합【適合】 알맞게 꼭 맞음. 예~한 대답. 비적당. -하다.

전【前】 ①지난 때. 이전. ②앞. 예~에는 부자였다. 땐후.

전:격 ①번개처럼 갑작스럽게 들이치는 것. 예~작전. ②강한 전류에 의하여 급격히 주어지는 자극.

전:구 전깃불이 들어오는 유리로 만든 둥근 기구. 예꼬마~.

전국[1] 간장·술 따위의 물을 타지 아니한 진한 국물.

전국[2]【全國】 한 나라의 전체. ~체전. 비온 나라.

전국 각지 온 나라 구석구석.

전권[1]【全卷】 ①한 권의 책의 전부. ②여러 권으로 한 질을 이룬 책의 전부.

전권[2]【全權】 ①맡겨진 일을 처리할 수 있는 일체의 권한. 예~대사. ②완전한 권리.

전:기【電氣】 빛과 열을 내고 여러 가지 기계를 움직이게 하는 에너지. 예~담요.

전기문【傳記文】 살아 있었던 실제 인물이나, 살고 있는 훌륭한 인물에 대하여, 본받을 만한 일이나 가르침 등을 이야기식으로 지어 놓은 글.

전:기 에너지 전기를 이용하여 얻을 수 있는 에너지.

전념 오로지 한 가지 일에 마음을 쓰는 것. 예공부에 ~하다.

전담【專擔】 전문적으로 담당함. 정보 업무를 ~하다.

전답【田畓】 밭과 논.

전:당【殿堂】 크고 화려한 집. 또, 어떤 분야의 중심이 되는 건물. 예예술의 ~.

전도【前途】 ①앞으로 갈 길. ②장래. 예~가 유망한 청년.

전:등【電燈】 전기를 이용하여 빛을 내는 기구.

전:람회 여러 가지 물품을 많이 늘어놓고 여러 사람에게 구경시키는 모임. 예미술품~.

전래【傳來】 ①외국에서 전하여 들어옴. ②옛날부터 전하여 내려옴. 예~동화. 비전승.

전:략 싸울 때 꾀를 생각함.

전:략가 전략에 능숙한 사람.

전력[1]【全力】 모든 힘. 있는 힘. 예~을 다해 달리다. 비최선.

전:력[2][절-]【電力】 전기의 힘. 단위는 「W」로 씀.

전:류【電流】 전기의 흐름.

전:립 옛 병사가 쓰던 벙거지. ― 붉은 털로 둘레에 끈을 꼬아 두름.
[전립]

전:망【展望】 ①경치 같은 것을 멀리 바라봄. ②앞날에 있어서의 일의 형세. 예~이 좋다.

전:망대【展望臺】 경치 같은 것을 멀리 바라볼 수 있게 쌓은 높은 대. 비관망대.

전매【專賣】 ①어떤 물건을 혼자서만 맡아 놓고 팖. ②국가가 어떤 물품의 생산·판매를 독차지함. 예~권. -하다.

전멸 ①죄다 없어짐. ②모조리 망함. 예~당하다. 비몰살.

전모【全貌】 전체적인 모양.

전문가【專門家】 어떤 특별한 부문을 연구하며 특히 그 부분을 잘 아는 사람.

전반¹【全般】 여러 가지 것의 전부. 또는, 통틀어서 모두. 예사회~의 문제.

전반²【前半】 앞의 절반. 예~전을 치르다. 반후반.

전:보¹【電報】 전신으로 보내거나 받거나 하는 통신. 통보.

전:보²【轉補】 다른 관직에 보임되는 것. 예~발령.

전:복【顚覆】 뒤집혀 엎어짐.

전:봇대 ①전선이나 통신선을 늘여 매기 위하여 세운 기둥. 전주. ②키 큰 사람을 비유하여 놀림조로 이르는 말.

전봉준【人名】(1853~1895) 조선 고종 때 동학 혁명의 지도자. 녹두 장군이라고도 불렸는데, 백성을 구하고자 전라도 지방에서 동학 혁명을 일으켰으나 청·일군의 출동으로 뜻을 이루지 못하고 체포되어 서울에서 처형됨. [전봉준]

전부【全部】 하나도 빠짐없이. 죄다. 예~가 모였다. 반일부.

전:분 쌀·감자 등에 많이 포함되어 있는 흰색 가루. 녹말.

전:사【戰死】 전쟁터에서 싸우다 죽음. 예~자. -하다.

전생 불교에서, 삼생의 하나. 이 세상에 태어나기 이전의 세상.

전설【傳說】 오래 전부터 전해 내려오는 이야기. 사실은 아니지만 사실 처럼 믿어 내려옴.

전성 가장 왕성함. 예~시대.

전세【傳貰】 일정한 금액을 주인에게 지불하고 어느 기간까지 집이나 물건을 빌려 쓰는 일.

전세계【全世界】 온 세계.

전소【全燒】 모조리 타 버리는 것. 예건물이 ~되다.

전수【傳受】 전하여 받음. 예스승의 비법을 ~하다.

전:승【戰勝】 싸움에서 이김. 예싸움에서 ~. 반전패.

전:시【展示】 여러 가지 물건을 늘어놓고 구경을 시킴.

전:시회 우수한 그림·글씨·상품·학술적인 표본 등을 많은 사람들이 보도록 하는 모임. 예붓글씨 ~. 비전람회.

전:신 전화국 전화·전보·통신 등을 맡아 일을 처리하는 기관.

전:압【電壓】 전기장이나 도체 내에 있는 두 점 사이의 전위차. 단위는 볼트(V).

전:열기【傳熱器】 전류에 의해 열을 생기게 하는 기구. 전기

난로·전기 다리미 등.
전:열선 전열을 발생시키는 도선.
전염 ①좋지 않은 풍속이 전하여 물이 듦. ②병균이 남에게 옮음. 예 간염이 ~되다.
전용【專用】①혼자만 씀. ②한 가지만을 씀. 반 공용.
전:우【戰友】같은 부대 또는 전쟁터에서 함께 지내는 벗.
전원¹【田園】①논밭과 동산. ②시골. 교외. 예 ~풍경.
전원²【全員】전체의 사람.
전:원³【電源】전력을 공급하는 근원. 예 ~이 연결되다.
전임【前任】전에 그 임무를 맡은 사람. 예 ~장관.
전:입 ①학교를 옮겨 입학함. ②다른 곳에서 옮기어 들어옴.
전:자【電子】물질의 원자를 구성하고 있는 작은 입자. 음전기(-)를 띠고 원자핵 주위를 회전하고 있음.
전:자 계산기 ①컴퓨터. ②전자 회로를 사용한 소형 디지털 계산기. 준 전산기.
전:자 오:락기 소형 컴퓨터의 모니터나 텔레비전 브라운관 등을 이용하여 이들 본체에 입력된 프로그램에 따라 정해진 규칙에 의해 하는 놀이 기계.
전:쟁 병력에 의한 나라와 나라 사이의 싸움. 비 전투. 반 평화.
전:전 긍긍 매우 두려워하여 벌벌 떨며 조심함. -하다.
전:주 전봇대. 전선을 늘여 매기 위하여 세운 기둥. 비 전신주.
전:지【電池】화학 에너지를 전기 에너지로 바꾸어서 이용할 수 있도록 한 전기 기구.
전직【前職】전에 가졌던 직업 또는 직책. 예 ~교사.
전진 계속 앞으로 향하여 나아감. 예 힘차게 ~하다. 반 후퇴.
전천후 어떠한 기상 조건에도 사용, 또는 활용할 수 있는 것.
전:철 「전기 철도」의 준말.
전체 온통. 전부. 반 부분.
전통【傳統】역사적으로 전하여 내려온 계통. 습관. 예 ~문화.
전:파【電波】전자파 중 전기 통신용으로 알맞은 파장.
전:하 ①옛날에 임금이나 왕비 또는 황태자 등을 높여 부르는 말. 각하. ②천주교에서, 추기경을 높이어 이르는 말.
전:학【轉學】이 학교에서 다른 학교로 옮겨가서 배움. -하다.
전:화【戰禍】전쟁으로 인한 피해와 재난. 예 ~의 상처.
전:화²【電話】①전화기를 이용하여 말을 통함. 예 ~로 전하다. ②「전화기」의 준말.
전:화 위복 화가 바뀌어 도리어 복이 됨. 비 새옹지마.
전:환 이리저리 변하여 바뀜.
전후【前後】①앞과 뒤. ②먼저와 나중. 예 ~사정을 말하다. ③어떤 수량의 안팎.
절¹ 남에게 공경하는 뜻으로 몸을 굽혀 하는 인사. -하다.
절² 부처를 모셔 놓고 중들이 모여 거처하는 집.
절개【節槪】의리를 지키려는

굳은 마음. ⑩춘향의 ~.
절경 더할 수 없이 훌륭한 경치.
절교【絶交】 서로 사귀는 것을 끊음. ⑩친구와 ~하다. -하다.
절구 곡식을 찧거나 빻는 데 또는 떡을 치는 데 쓰는 기구.

[절구]

절규 힘을 다해 몹시 부르짖음.
절기 ①한 해를 24등분하여 계절을 나타낸 그 하나. ②절기 가운데 음력 매월 상순에 드는 절기. 입춘·경칩·청명 따위.
절대로[-때-] 도무지. 아주 조금도. 비도저히.
절망【絶望】 희망이 아주 끊어져 낙심함. 비실망. 반희망. -하다.
절묘【絶妙】 매우 신기함. ⑩~한 솜씨를 가지고 있다. -하다.
절정[-쩡] ①산의 맨 꼭대기. ②사물의 치오른 극도.
절제[-쩨]【節制】 ①알맞게 조절함. ②욕망을 스스로 억누름.
절차【節次】 일을 하는 순서.
절찬【絶讚】 지극히 칭찬함.
절충¹【折衝】 어느 한쪽으로 치우치지 아니하고 이것과 저것을 섞어서 알맞은 것을 얻음. -하다.
절충²【折衷】 이해가 서로 다른 상대와 교섭하거나 담판하는 것.
절친【切親】 아주 친함.
젊음 젊은 상태.
점¹【點】 ①작고 둥글게 찍는 표나 자리. ②문장의 구절을 구별하기 위하여 찍는 표. 구둣점. ③사람의 살갗이나 짐승의 털에 있는 얼룩. ⑩몸에 ~이 많다.
점²【占】 여러 가지 방법으로 앞날의 운수나 길흉을 미리 판단하는 일. ⑩~쟁이.
점:검 자세히 조사하거나 검사함. ⑩안전 ~을 받다.
점액【粘液】 끈끈한 액체.
점:원【店員】 남의 상점에서 일을 보살 피는 사람. 반주인.
점자책[-짜책] 맹인들이 손가락으로 더듬어 읽도록 만든 책.
점:잖다 ①몸가짐이 의젓하고 예절 바르다. ②품격이 야하지 않고 고상하다. [점잖은 개가 부뚜막에 오른다.]점잖은 체하는 사람이 엉뚱한 짓을 한다.
점쟁이 점치는 일을 하는 사람.
점:점 조금씩 덜하거나 더하여 지는 모양. 비차차. 점차.
점:차 차례를 따라 차차. ⑩~로 병이 완쾌되어 간다.
점프 ①뛰어오르는 것. ⑩~력. ②육상 경기나 스키의 도약 종목. -하다.
점:화【點火】 불을 켜는 것. 불을 붙이는 것. 반소화.
접견 직접 대하여 봄. -하다.
접골【接骨】 이그러지거나 부러진 뼈를 이어 맞춤. -하다.

접근【接近】 ①가까이 다가옴. ②바싹더 붙임. -하다.

접대 손님을 대접함. -하다.

접목[접-] 좋은 접지를 접본의 목질부와 껍질 사이에 붙여서 이어 주는 일.

접수 물건이나 돈을 받아들임.

접순 나무에 접을 붙일 때 바탕이 되는 나무에 꽂는 나뭇가지.

접시[-씨] 반찬이나 과실 등을 담는 얇고 납작한 그릇.

접종【接種】 병을 미리 예방하기 위하여 병원균이나 독소를 이식시키는 일. 예)간염 예방~.

접착제【接着劑】 금속·목재·플라스틱 따위를 붙이는 데 쓰이는 약품이나 풀 종류.

젓 새우·멸치 등 생선을 소금에 절인 짠 음식.

젓가락 음식이나 어떤 물건을 집는 한 쌍의 막대기. 준)젓갈.

젓갈 젓으로 담근 음식.

정:¹ 돌을 쪼아서 구멍을 뚫거나 다듬는, 쇠로 만든 연장.

정²【情】 ①느끼어 일어나는 생각이나 마음. ②불쌍하거나 사랑하는 마음. 예)~이 없다.

정:가[-까] ①정하여 놓은 일정한 값. ②값을 매김.

정감【情感】 사람의 마음에 정취를 불러 일으키는 느낌.

정강이 아랫다리에서 앞뼈가 있는 부분.

정거장【停車場】 차가 잠시 머물러 사람이 타고 내리거나 짐을 싣고 내리는 곳.

정:견【定見】 일정한 주장이나 의견. ~발표. -하다.

정결【淨潔】 ①맑고 깨끗함. ②순수하고 깨끗함. -하다.

정교【精巧】 정밀하고도 교묘함. ~한 세공품. -하다.

정구【庭球】 네트의 양쪽에서 라켓으로 고무공을 서로 치고 받는 경기. 테니스.

정:규【定規】 ①일정한 규칙이나 규약. ②선을 긋는 제도 도구.

정근 쉬거나 게으름을 피우거나 하지 않고 일 또는 공부에 아주 부지런한 것. 예)~상.

정:기¹【定期】 ①일정하게 지키는 때. ②정한 기한.

정:기²【正氣】 지극히 크고 지극히 바른 천지의 기상. 예)민족~를 바로잡다.

정:남【正南】 똑바른 남쪽.

정년【停年】 연령 제한에 따라 공무원이나 회사 직원이 퇴직하도록 정해진 나이. 예)~퇴직.

정녕 틀림없이 꼭.

정다운 ①사이 좋은. ②다정하고 따뜻한.

정담 정답게 주고받는 이야기.

정:답【正答】 확실한 답. 맞는 답. 예)시험의 ~. 반)오답.

정:대 바르고 옳아서 사사로움이 없음. 예)그 일은 공명 ~하다.

정도 ①알맞은 한도. 예)~가 지나치다. ②얼마 가량의 분량. 예)그 ~만하고 쉬어라.

정독 자세히 읽음. 새겨 읽음.

정:돈 가지런히 정리하여 바로

잡음. 예책 ~을 해라.
정:동방【正東方】 똑바른 동쪽.
정들다 정이 깊어지다.
정:렬 가지런히 줄지어 늘어서는 것. 예4열로 ~하다.
정류장 버스 같은 탈것을 손님이 오르내리도록 정해 놓은 일정한 장소. 예버스~.
정리¹[-니]【整理】 인정과 도리. ~를 봐서 참아 주세요.
정:리²【整理】 흐트러진 것을 바로잡아 가지런히 치움. 비정돈.
정:말 거짓이 없는 참된 말. 예~ 사실일까? 반거짓말.
정:맥 피가 온 몸을 돌아서 염통으로 들어오는 핏줄. 반동맥.
정:면【正面】 ①바로 보이는 전면. 후면. 측면. ②둘러서 하지 않고 직접 마주함.
정:몽주【인명】 (1337~1392) 고려 말의 충신. 학자. 이방원이 보낸 자객에 의해 선죽교에서 피살되었음.

[정몽주]

정미소【精米所】 동력을 이용하여 곡식을 찧거나 빻는 곳.
정밀【精密】 ①가늘고 세밀함. ②아주 작고 자세함. 예~ 기계. 반조잡. -하다. -히.
정밀도[-또] 측정의 정밀함을 나타내는 정도. 준정도.
정변【政變】 혁명 등에 의한 정치상의 변동. 예~이 일어나다.

정병 우수하고 강한 군사.
정보【情報】 어떤 사건이나 정세에 관한 자세한 소식.
정보통신부 우편·통신에 관한 사무를 맡은 정부 기관.
정복【征服】 ①남의 나라를 쳐서 뺏앗음. 비정벌. ②어려운 일을 겪어 이겨냄.
정:비【整備】 ①흩어지거나 뒤섞인 것을 가다듬고 정리함. 예사업을 ~하다. ②차량·비행기 등의 고장이 있는지 보살피고 수리함. 예자동차 ~.
정:비례【正比例】 한 쪽의 양이 2배, 3배로 되면 다른 쪽의 양도 2배, 3배가 될 때, 두 양의 관계. 반반비례. -하다.
정사【政事】 정치에 관한 일.
정:사각형 제 각이 모두 직각이고 네 변의 길이가 같은 사각형.
정:사면체 네 면이 정삼각형인 4면체.
정:삼각형 세 변의 길이가 같고, 세 각도 모두 같은 삼각형.

[정삼각형]

정:상【頂上】 ①산위의 맨 꼭대기. 예~에 오르다. ②그 위에 다시 없는 것.
정성껏 정성이 미치는 데까지. 반함부로
정세【情勢】 일이 되어 가는 형편. 예~가 불리하다. 비형세.
정수【淨水】 깨끗한 물. 예~기.
정:숙 몸가짐이 바르고 엄숙함.
정:시 정한 시간. 일정한 시각.

정:식 ①정당한 방법. ②일정한 격식이나 의식. 반 약식.

정신【精神】 마음이나 생각. 예 ~ 차려라. 비 영혼. 반 육체.

정신력 정신을 지탱하는 힘.

정신적 정신에 관한 바, 정신 활동을 중하게 여기는 모양. 예 ~ 훈련. 반 물질적. 육체적.

정:양【靜養】 몸과 마음을 편하게 하여 병을 요양함. 예 ~원.

정어리[동물] 청어과의 바닷물고기. 몸 길이는 20~25cm임. [정어리]

정열【情熱】[-녈] 맹렬하게 일어나는 적극적인 감정. 비 열정.

정예 썩 날래고 용맹스러운 것. 예 ~ 부대.

정:오【正午】 12시가 되는 한낮. 비 오정. 반 자정.

정:원¹【定員】 정해진 사람의 수효. 예 ~ 미달.

정원²【庭園】 집 안에 있는 나무·꽃을 심는 마당.

정월 한 해의 첫째달. 1월.

정유【精油】 원유에서 여러 가지 기름을 만드는 일. 예 ~ 시설.

정육점 돼지고기나 쇠고기 등 살코기를 파는 가게. 비 고깃간.

정:의【定義】 어떤 사물의 뜻을 뚜렷이 하여 그 내용을 밝힘.

정:의감【正義感】 올바른 도리를 지키려는 마음. 예 ~에 불타는 청년. 비 정의심.

정:일품 고려·조선 때의 문무관의 벼슬의 첫째 등급.

정자 산수가 좋은 곳에 놀기 위하여 지은 집.

정자나무 집 근처나 길가에 있는 큰 나무.

정절【貞節】 굳은 마음. 여자의 변하지 않은 절개.

정정【訂正】 잘못된 것을 고쳐서 바로잡음. 예 기사를 ~하다.

정:정 당당 바르고 떳떳하여 어엿함. -하다.

정조【貞操】 ①성적 순결을 지키는 일. 특히 여성에게 쓰는 말임. ②정절. 예 ~를 지키다.

정:좌【靜坐】 마음을 가라앉히고 조용히 앉는 것. -하다.

정:중 점잖고 무게가 있음.

정지 ①움직이고 있던 것이 멈추는 것. 예 ~ 신호. ②하고 있던 일을 그만두는 것.

정:직 남을 속이지 않는 곧은 마음. 예 ~은 인격이다. 반 거짓.

정책【政策】 정치적 목적을 실현하려는 목표나 방법. 예 문화~.

정:처【定處】 정한 곳. 일정한 곳. 예 ~ 없이 떠돌다.

정:체¹【正體】 ①거짓없는 바른 모습. ②본디의 모양. 예 ~를 밝혀라. ③바른 모양의 글씨.

정체²【停滯】 사물의 상태가 더 나아가지 못하고 한 곳에 머물러 막힘. 예 차량의 ~.

정탐【偵探】 남의 동작을 몰래 살펴봄. 비 탐정.

정:통¹【正統】 ①바른 계통. ②사물의 요긴한 부분.

정통²【精通】 어떤 사물을 자세히 통하여 앎. -하다.

정표 간곡한 정을 나타내기 위하여 물품을 주는 것.

정화【淨化】 더러운 것을 깨끗하게 함. 예 사회 ~ 운동.

정:확【正確】 바르고 틀림이 없음. 비 확실. 반 부정확.

정회【停會】 회의를 일시 중지하는 것. 예 학급 회의가 ~되다.

정:히 틀림없이 바로.

젖 포유 동물의 암컷 가슴에 불룩하게 쑥 내민 부분.

젖먹이 젖을 먹는 어린아이.

젖먹이 동:물 포유 동물.

제¹ 「나의」의 낮춤말인 「저의」의 뜻. 예 ~가 가겠습니다.

제² 때. 적에. 예 해돋을 ~.

제:³【第】 「째」나 「차례」의 뜻을 나타내는 말. 예 ~2차 시험.

제각각 각각. 예 ~ 다르다.

제:강 시우쇠를 불려 강철을 만드는 것. 예 ~소.

제거【除去】 없애 버림.

제격 그 지닌 바의 정도나 신분에 알맞는 격식. 예 ~에 맞다.

제곱센티미터 넓이의 단위. 한 변의 길이가 1cm인 정사각형의 넓이를 1제곱센티미터라 말하고 1cm²라고 씀.

제:국¹【帝國】 황제가 다스리는 나라. 예 로마 ~의 멸망.

제국²【諸國】 여러 나라.

제기【提起】 ①어떤 의견이나 문제를 내어 놓는 것. ②소송 따위를 일으키는 것.

제:단 제사·의식 때에 재물을 올려놓기 위하여 만들어 놓은 단.

제대【除隊】 현역 군인이 만기 또는 그 밖의 일로 복무를 마침. 반 입대. 입영. -하다.

제대로 ①제 격식대로. 예 ~ 만든 음식. ②마음먹은 대로.

제:도¹【制度】 마련한 법이나 조직. 제정된 법규. 예 정치 ~.

제:도²【製圖】 건축물·기계 등의 도면을 그려 만드는 것. -하다.

제독【提督】 함대의 총사령관.

제:동【制動】 운동을 제지함. 예 ~을 걸다. -하다.

제딴은 자기 생각으로는.

제때 무슨 일이 있을 그 때.

제:련【製鍊】 광석을 용광로에 녹여서 함유 금속을 뽑아 내어 정제하는 것. 예 ~공. -하다.

제:련소 재련을 하는 곳.

제:례【祭禮】 제사의 절차·예절.

제:물【祭物】 제사에 쓰는 음식. 예 ~을 장만하다. 비 제수.

제방【堤防】 홍수를 막기 위하여 흙으로 쌓은 둑. 예 ~을 쌓다.

제법 꽤 무던한 모양.

제보【提報】 정보를 제공하는 것. 예 ~자. -하다.

제:분 곡식 등을 가루로 만듦.

제:분기 곡식 따위를 가루로 만드는 기계.

제:비¹【동물】 봄에 왔다가 가을에 남쪽 나라로 날아가는 새. 작은 벌레를 잡아 먹음.

제:비² 종이에 적은 기호로 길흉·승패를 판단하는 방법.

예~뽑기. 비추첨.
제:빙 물을 얼리어 얼음을 만듦.
제:사【祭祀】 신령에게 음식을 차려 놓고 정성을 표하는 예절. 비차례. 준제. -하다.
제:사【製絲】 고치나 솜 따위로 실을 만듦. 예~ 공업.
제:상【祭床】[-쌍] 제사 때 제물을 차려 벌려 놓는 상.
제설【除雪】 쌓인 눈을 치우는 일. 예~ 작업. -하다.
제소【提訴】 소송을 일으킴. 예법원에 ~하다. -하다.
제:식【制式】 ①정해진 양식. ②군대의 대열 훈련에서 규정된 격식과 방식. 예~ 훈련.
제안【提案】 어떠한 생각이나 문제를 내놓음. -하다.
제:압 누르고 통제함. -하다.
제야【除夜】 섣달 그믐날.
제:약【制約】 ①조건을 붙여 내용을 제한하는 것. ②사물의 성립에 필요한 조건이나 규정.
제:약【製藥】 약을 제조하는 것. 또는 제조한 약. 예~ 회사.
제언 생각이나 의견을 제출함. 또는 그 생각이나 의견.
제:염 소금을 만드는 것.
제:위【帝位】 제왕의 자리.
제육 돼지고기. 예~ 볶음.
제:일【祭日】 제삿날.
제:일【第一】 가장 먼저. 예공부를 ~ 잘 한다.
제:자【弟子】 스승의 가르침을 받은 사람. 비문하. 반스승.
제자리 ①원래 있던 자리. ②마땅히 있어야 할 자리.

제:조【製造】 큰 규모로 물건을 만들어 냄. 비제작. -하다.
제:조 기술 공장·기업 등에서 큰 규모로 만드는 기술.
제:주도【濟州島】[지명] 우리 나라 서남 해상에 있는 제일 큰 섬이며, 우리 나라에서 제일 작은 도. 특히 바람·돌·여자가 많다 하여 삼다도라고 부르며, 옛날에는「탐라」라고 불렀음.
제창【提唱】 어떤 일을 맨 처음 내놓아 주장하는 일. 비주장.
제:철【製鐵】 광석에서 철을 골라 내고 또는 철을 정제하는 일.
제트기 제트 엔진을 장치한 빠른 속도를 내며 날아가는 비행기.
제:헌절【制憲節】 대한 민국 헌법의 공포를 기념하는 국경일. 양력 7월 17일. 예~ 행사.
조[식물] 벼과에 딸린 한해살이풀. 9월경에 작고 누런 열매가 맺음.
조²【兆】 억의 만 곱절.
조³【組】 ①어떤 일을 위하여 조직한 소규모의 집단. 예~ 편성. ②2개 이상의 물건이 한 벌을 이룰 때, 그 한 벌의 물건을 세는 단위. 예공구 한 ~.
조가비 조개의 껍데기.
조각¹ 넓적한 것에서 따로 떨어져 나간 부분.
조각²【彫刻】 글씨·그림 등을 돌이나 나무에 새기는 일.
조감도 건물을 짓기 전에 종이나 합판에다 모형을 그린 그림.
조건[-껀] ①일정한 일이 이루어지는데 필요한 그 기본이 되는 사항. 예~을 내세우다. ②무슨 일을 어떻게 정한 조목.
조급히 조급하게.
조:기¹【早期】 이른 시기.
조:기²【早起】 아침 일찍 일어남. 예~ 운동을 한다.
조기³[동물] 몸길이 30㎝ 정도의 바닷물고기. 우리 나라 서해안에서 많이 잡힘.
조:기⁴【弔旗】 ①반기. ②조의를 표하는 뜻으로 검은 헝겊을 달거나 검은 선을 두른 기.
조:난【遭難】 재난을 당함.
조달【調達】 자금이나 물자·음식 따위를 준비하여 대어 줌.
조련사【調練師】 동물에게 재주를 가르치는 사람.
조례 학교에서 담당 선생님이 수업하기 전에 학생들과 행하는 아침 인사. 예아침 ~. 비조회.
조류¹【潮流】 ①밀물·썰물에 의하여 일어나는 바닷물의 흐름. ②시대의 경향. 예시대의 ~.
조류²【鳥類】 날짐승 종류.
조:리¹ 쌀을 이는 데 쓰며, 가는 대오리 따위로 걸어 만든 것.
조리²【調理】 ① 쇠약해진 몸을 낫게 함. 예몸~. ②음식을 만듦. 예~사.
조립【組立】 여러 부분품을 하나의 구조물로 맞추어 짜는 것. 예자동차 부품 ~ 공장.

조:명【照明】 ①무대 효과를 높이기 위하여 무대를 밝게 또는 어둡게 하거나 여러 색깔의 빛을 비추는 일. 예~ 장치. ②빛으로 밝게 비추는 것.
조모【祖母】 할머니.
조목【條目】 한 개 한 개 벌인 일이나 조건의 가닥.
조:문【弔問】 상주가 된 사람을 위문하는 것. 예~객.
조물주 우주의 만물을 만든 신.
조바위 여자 방한모의 하나.
조반【朝飯】 아침밥.
조부【祖父】 할아버지. 반조모.
조부모 할아버지와 할머니.
조상【祖上】 한 갈래의 핏줄을 이어받아 온 돌아가신 어른들. 비선조. 반자손.
조선¹【朝鮮】[국명](1392~1910) 우리 나라의 상고 때부터 써내려 오던 이름. 단군 조선·기자 조선·이씨 조선·근대 조선이라 함. 예~ 왕조.
조:선²【造船】 배를 건조함.
조선어 우리말을 일제 시대에 이르던 말. 조선말. 한국어.
조선어 학회 한글 학회.
조세【租稅】 나라나 자치 단체가 필요한 경비로 쓰기 위하여 국민에게서 받아들이는 세금.
조수【潮水】 일정한 시간을 두고 밀려 들어왔다가 나가는 바닷물. 밀물과 썰물. 반석수.
조:심조심 매우 조심스럽게 행동하는 모양. -하다.
조약 ①조문으로 맺은 약속. ②

[조리¹]

문서에 의한 국가 사이의 합의.

조:언【助言】 남을 돕는 말.

조:연【助演】 영화·연극에서 주역의 연기를 돕는 일.

조인식 조인을 하는 식.

조:작【造作】 ①일부러 무엇과 비슷하게 만듦. ②지어서 만듦.

조정【調整】 골라서 알맞도록 정돈함. 예 버스 노선을 ~하다.

조직【組織】 ①얽어서 만듦. 짜서 이룸. ②여러 사람이 모여 단체 따위를 만듦. 예 ~을 구성하다. 비 편성. 반 해산.

조카 형제가 낳은 아들·딸을 일컬음. 예 ~ 사위.

조:퇴【早退】 학교·직장 등에서 정한 시간 이전에 물러감.

조:폐 공사 화폐·은행권·국채 및 증권 따위를 만들어 내는 법인 기관. 예 한국 ~.

조합【組合】 ①여럿을 모아 합하여 한덩이가 되게 함. ②같은 목적을 가진 사람들이 노력이나 자금 따위를 모아서 어떤 사업을 할 때에 조직되는 단체.

조:화¹【造花】 종이나 헝겊 등으로 만든 꽃. 반 생화.

조화²【調和】 서로 잘 어울리게 함. 예 옷이 화장과 잘 ~되다.

조:회【照會】 단체 기관 따위에서 어떤 사람의 인적 사항 따위를 관계 기관에 알아 보는 것.

족두리 부녀자가 예복을 입을 때에 머리에 얹던 검은 관의 한 가지.

족발 각을 뜬 돼지의 발.

족보[-뽀] 한 집안의 대대로 내려온 계통을 적은 책.

[족두리]

존경【尊敬】 높이어 공경함. 비 공경. 반 멸시. -하다.

존대【尊待】 받들어 대접함.

존대말 존대하는 뜻을 나타내는 말. 높임말. 비 경어.

존재【存在】 ①현재 있음. 예 ~ 가치. 비 실존. ②세상에 알려질 만한게 이름이 있음.

졸개【卒-】 남의 부하로 따르면서 심부름을 하는 사람을 얕잡아 이르는 말.

졸깃졸깃 씹을 때 차지고 질긴 기운이 있는 모양.

졸도【卒倒】[-또] 갑자기 정신을 잃고 쓰러짐. -하다.

졸렬 서투르고 보잘것 없음. 예 하는 짓이 ~하다. -하다.

졸:리다 졸음이 와서 자고 싶은 느낌이 들다. 예 자꾸 ~.

졸업【卒業】 학교에서 규정한 공부를 다 마침. 반 입학.

졸장부[-짱-] 옹졸하거나 쾌활하지 못한 남자. 반 대장부.

졸전[-쩐] 서투른 싸움이나 시합. 예 ~ 끝에 이겼다.

좀:¹ 그 얼마나. 예 합격했으니 ~ 좋을까.

좀² 옷이나 나무·책 따위를 쏠아 구멍을 내는 아주 작은 해충.

좀:처럼 여간해서. 그것만으로

는. 예~ 만나 보기가 힘들다.
좁다 ①넓지 아니하다. ②도량이나 소견이 작다. 반넓다.
종:¹ 다른 사람 밑에서 천한 일을 하는 사람. 비노비.
종²【鐘】 달아 놓고 나무같은 것으로 쳐서 소리를 내게 하는 쇠로 만든 물건. 예~을 치다.
종:³【種】 ①식물의 씨. 종자. ②같은 부류. 종류.
종가【宗家】 한 문중에서 맏이로만 이어 온 큰집.
종교【宗敎】 숭고하고 위대한 어떠한 대상, 곧 하느님이나 부처님 등을 믿어 이것을 숭배하고 신앙하여 이로 인하여 안심과 행복을 얻고자 하는 일. 예사이비 ~. 준교.
종대【縱隊】 세로로 줄을 지어서 선 모양. 반횡대.
종렬【縱列】 세로로 줄을 짓는 것. 또는 그 열.
종례【終禮】 학교 수업을 마친 뒤에 학생과 담임 선생이 교실에 모여서 하는 인사.
종료【終了】[-뇨] 일을 끝마치는 것. 예게임을 ~하다.
종:류【種類】 물건의 상태나 성질에 따라서 나누어 놓는 갈래. 예~별로 나누다. 비종별.
종말【終末】 나중. 최후. 끝판.
종:목【種目】 종류의 이름. 예~별로 경기를 치르다. 비항목.
종속【從屬】 주되는 사물 아래에 딸려서 붙음. 예~ 국가. -하다.
종손【宗孫】 종가의 대를 이을 맏아들이나 맏손자.
종업【從業】 어떤 일에 종사함. 예~원. -하다.
종이 주로 식물성 섬유를 재료로 하여 뜬 얇은 물건. 비지물.
종:자【種子】 채소나 곡식의 씨앗.
종적【踪迹】 드러난 형상과 자취, 또는 흔적. 비흔적.
종전¹【從前】 전부터 있는 그대로. 예시설이 ~ 그대로이다.
종전²【終戰】 전쟁이 끝남.
종지부 마침표. 한 문장이 끝났음을 나타내거나 연이어 끝맺음을 나타낼 때 찍는 부호.「.」「。」등. 예~를 찍다.
종착 마지막으로 닿는 것.
종착역【終着驛】[-녁] 기차·전차 따위의 마지막으로 도착하는 역. 비종점. 예서울역이 ~이다.
종친 ①한 일가로서 유복친 안에는 들지 않는 일가붙이. 예~회. ②임금의 친족.
종합【綜合】 이것저것 한데 모아서 합함. 반분석. -하다.
종횡 무진 제 마음대로 거침없이 자유 자재로 함.
좇다 ①남의 뒤를 따르다. ②복종하다.
좋:아하다 ①좋은 느낌을 가지다. ②하고 싶어하다. ③귀엽게 여기다. 반싫어하다.
좌:【左】 왼쪽. 반우.
좌:담회 몇 사람이 마주 앉아서 어떤 문제를 가지고 각자의 의견을 이야기하는 모임.
좌:석 ①앉는 자리. ②깔고 앉

는 물건을 통틀어 이르는 말.
좌:우【左右】 ①왼쪽과 오른쪽. 예~에 앉다. ②어떤 힘에 의하여 움직임. ③옆. 측근.
좌:우명 늘 옆에 갖추어 두고 가르침으로 삼는 말이나 문구.
좌:지 우:지 ①제 마음대로 다룸. ②남에게 이래라 저래라 함.
좌:천【左遷】 높은 직위에서 낮은 직위로 떨어짐. 반영전.
좌:충 우:돌【左衝右突】 이리저리 마구 치고 받음. -하다.
좌:측 왼쪽의 옆. 왼쪽.
좌:측 통행 교통 질서를 유지하기 위하여 사람은 좌측 길로 통행하는 일. 반우측 통행.
좌:회전 왼쪽으로 도는 것.
좍 넓게 퍼지는 모양.
죄:【罪】 ①벌을 받을 만한 짓. ②양심을 속이는 일. [죄는 지은 데로 가고 덕은 닦은 데로 간다] 죄를 지으면 벌을 받고 덕을 쌓으면 복을 받는다.
죄:송【罪悚】 미안하고 죄스러움. 비황송. 송구. -하다.
죄:수【罪囚】 교도소에 수감된 죄인. 예~를 석방하다.
죄:악 ①무거운 죄가 될 만한 나쁜 짓. ②도덕이나 종교의 교리나 가르침을 어기는 짓.
죄:인【罪人】 죄를 저지른 사람.
주¹【主】 ①임금. ②「주인」의 준말. ③임자. ④근본. 주장.
주²【週】 일·월·화·수·목·금·토의 7일 동안을 일컬음.
주³ ①지난날, 지방 행정 구역의 하나. ②미국의 지방 행정 구역의 하나. 예워싱턴 ~.
주간【晝間】 낮 동안. 반야간.
주간【週間】 한 주 동안.
주객【主客】 주인과 손.
주:거【住居】 어떤 곳을 정하여 그 곳에 머물며 생활함. -하다.
주:거 침입 사람이 거주하고 있는 집이나 방 따위에 주거자의 허락없이 함부로 드러가는 일.
주검 숨이 끊어진 사람의 몸. 비시체. 송장.
주경 야:독【晝耕夜讀】[-냐-] 낮에는 농사일을 하고 밤에는 글을 읽음. -하다.
주관【主觀】 자기대로의 생각. 예~이 뚜렷하다. 반객관.
주권 ①국가를 이루는 가장 중요하고 중심되는 권리. ②주되는 권리. 예~ 행사.
주기【週期】 한 바퀴 도는 시기. 예~적으로 소독하다.
주:눅 기운을 펴지 못하고 움츠러드는 일. 예~이 들다.
주동 ①어떤 일에 주가 되어 행동함. ②「주동자」의 준말.
주둥이 「입·부리」의 낮은 말.
주렁주렁 열매같은 것이 많이 매달리다.
주례【主禮】 결혼식 등의 예식을 맡아 진행하는 사람. -하다.
주류【主流】 ①강의 원줄기가 되는 큰 흐름. ②사상이나 문예 활동 등에서, 중심이 되는 유파나 경향. 반여류.
주름 ①늙어서 살갗 따위에 잔금이 많이 생긴 것. ②치마폭 따위를 접은 금. ③종이·옷감 따위가 쭈그러져 생긴 구김살.

주:마등 돌리는 대로 그림의 장면이 다르게 보이는 등.

주막【酒幕】 옛날에 시골의 길거리에서 술과 밥을 팔고, 나그네도 재우는 집. 주막집.

주먹구구 ①손가락을 꼽아서 세는 셈. ②짐작으로 하는 속셈.

주먹다짐 ①주먹으로 때리는 짓. ②주먹심으로 윽박지르는 짓.

주먹밥 주먹처럼 둥글게 뭉친 밥덩이. 예~을 먹다.

주모자 우두머리가 되어 나쁜 짓·음모 등을 꾸미는 사람.

주:문【注文】 ①남에게 상품을 보내 달라고 부탁하여 청구함. ②물건을 미리 맞춤.

주:민 그 땅에 사는 사람.

주:민 등록 주민의 거주 관계 파악 및 행정 사무의 적정·간이한 처리를 위하여 모든 주민을 주소지의 시·군 등에 등록하게 하는 것. 예~증.

주:변 일을 주선하거나 변통하는 재간. 예~ 머리가 없다. 비수완. -하다.

주부【主婦】 ①한 집안의 살림을 맡은 아내. ②안주인.

주:사 기기로 액체나 약물을 혈관이나 근육 등에 넣는 일.

주사위 옥돌이나 짐승의 뼈, 또는 단단한 나무로 만든 놀 [주사위]

이 기구의 하나. 이를 굴려 점수의 많고 적음을 겨룸.

주산 주판을 가지고 하는 셈. 예~ 학원.

주산물【主産物】 어떤 곳의 산물 가운데 가장 으뜸되는 산물.

주:소【住所】 살고 있는 곳.

주:소록 여러 사람이나 거래처 등의 주소를 적어 두는 장부.

주시경[인명](1876~1914) 한글 학자. 한글을 체계적으로 연구한 선구자로서, 일생을 한글 연구에 바쳐 많은 제자들을 길러 내었음. [주시경]

주식 회:사【株式會社】 주주의 출자로 이루어진 유한 책임 회사.

주심【主審】 운동 경기에서 주장으로 심판을 하는 일. 또는 그 사람. 반부심.

주역【主役】 ①주되는 역할. ②연극이나 영화에서 주연하는 배역. 예~을 맡다. 반단역.

주요 가장 소중하고 긴요함.

주원료[-월-] 주되는 원료.

주원인 가장 근본이 되는 원인.

주:의【注意】 ①잘 알아듣도록 타이름. ②마음에 새겨 두어 조심함. ③어떤 일에 마음을 씀.

주인공 ①「주인」의 높임말. ②이야기·연극·영화 등의 중심 인물. 예소설의 ~.

주:입 ①흘러 들어가도록 쏟아서 넣는 것. ②교육에서, 기억

과 암송을 주로 하여 지식을 넣어 주는 것. 예~식 교육.

주자학【朱子學】 중국 송나라 때의 학문. 주자가 완성하였음.

주장【主張】 자기의 의견이나 생각을 내세움. -하다.

주:재【駐在】 ①한 곳에 머물러 있는 것. ②직무상으로 파견되어 그 곳에 머물러 있는 것. 예뉴욕 ~ 특파원. -하다.

주제【主題】 ①주장이 되는 문제. 예오늘 연설의 ~. ②문학 작품 등의 작가가 그 작품에서 나타내는 중심이 되는 생각.

주최【主催】 어떤 행사나 모임을 주장하여 개최함. -하다.

주춤주춤 주춤거리는 모양.

주춧돌 기둥 밑에 바치어 놓은 돌. 모퉁잇돌. 비초석.

주치의【主治醫】 어떤 사람의 병을 맡아서 치료하는 의사.

주:택 단지 계획적으로 건설된 큰 규모의 주택 지역.

주파수【周波數】 진동 전류나 전파·음파 등이 1초 동안에 방향을 바꾸는 도수.

주:해【註解】 본문의 뜻을 주를 달아 알기 쉽게 풀이하는 것. 또는 그 글. 예~를 붙이다.

주:판 셈을 하는데 쓰는 기구. 중국에서 발명되었음. 비산판.

죽마 고:우 어릴 때부터 같이 놀며 자란 친구.

죽부인 대오리로 사람의 키 만큼 긴 원통형으로 엮어 만든 옛 기구. 여름 밤에 서늘한 기운이 들도록 끼고 잠.

죽세:공 대를 재료로 한 작은 물건을 손으로 만들어 내는 일.

죽음의 세:계 생물이라고는 아무것도 살고 있지 않는 곳.

죽이다 ①목숨을 빼앗다. ②기운이나 소리를 줄이거나 작아지게 하다. ③불이 꺼지게 하다.

죽장【竹杖】[-짱] 대로 만든 지팡이. 대지팡이. 예~을 짚다.

준:공 건축 등의 일을 모두 마침. 예~식. 반기공. 착공.

준법 정신【遵法精神】 법을 올바로 지켜서 실천하는 정신.

준:비【準備】 미리 필요한 것을 마련함. 비채비. 예비.

준수【遵守】 규칙이나 명령을 잘 좇아서 지킴. -하다.

줄[1] ①새끼·노끈 등 무엇을 묶거나 동이는데 쓰임. ②가로나 세로로 걸린 선. ③벌여선 행렬. 예~을 맞춰 서다.

줄:[2] 쇠붙이를 쓸거나 깎는데 쓰는 강철로 된 연장.

줄거리 ①잎이 다 떨어진 가지. 예고구마 ~. ②그 글의 내용을 요약하여 쓴 골자.

줄기 ①물이 줄을 이어 흐르는 선. 예물 ~. ②식물의 가장 중심이 되는 부분. ③산이 갈라져 나간 갈래. 예산 ~.

줄다리기 여러 사람이 편을 갈라서 줄을 잡아당겨 많이 잡아 당기는 편이 이기는 놀이.

줄임표 문장 부호의 한 가지. 할 말을 줄였을 때나 또는 말이 없음을 나타낼 때에 사용하는

「……」의 이름. 점줄. 비생략표.

줄표 문장부호의 한 가지. 이미 말한 내용을 다른 말로 보태거나 할 때 쓰는 부호. 곧.「-」.

줄행랑(을) 치다 ①낌새를 채고 피하여 달아나다. ②쫓기어 도망하다. 예녀석은 냅다 ~.

줏대 마음의 중심이 되는 생각이나 태도. 예~가 없는 사람.

중: 절에서 불경을 공부하고 불교의 교리를 널리 베푸는 일을 하는 사람. 비승려.

중간 ①두 물건의 사이. 간격. ②한가운데. 중앙. ③아직 끝나지 않은 때나 장소를 말함.

중:개인【仲介人】 상품 매매를 중간에서 중개하는 사람.

중견【中堅】 어떤 단체나 사회에서 중심이 되는 중요한 사람들. 예~ 사원을 모집하다.

중경 고려 때 서울이던 개성을 서경·남경·동경에 대하여 사경의 하나로 일컫던 이름.

중계 방:송 야외 현장에서 하는 광경을 방송국에서 아나운서와 기술자가 나가서 청취자나 시청자에게 보내는 방송. -하다.

중계소【中繼所】 어떤 사물을 중계하는 장소나 건물.

중고【中古】 ①약간 낡은 물건. ②「중고품」의 준말.

중공군【中共軍】 중국 공산당의 지휘를 받는 군대.

중:공업【重工業】 부피에 비하여 무게가 무거운 큰 제품을 만드는 공업. 예~ 공장. 반경공업.

중:구 난방 「뭇 사람의 말을 막기 어렵다는 뜻」막기 어려울 정도로 여럿이 마구 지껄임.

중:금속【重金屬】 비중이 큰 금속. 금·은·동·수은·철·구리 등이 있음. 반경금속.

중:기【重機】 ①건설 공사에 사용되는 일정한 무게 이상의 기계.②중공업용의 기계.

중년【中年】 마흔 살 안팎의 나이.

중:노동 육체적으로 몹시 힘이 드는 노동. 반경노동. -하다.

중뇌 간뇌와 소뇌 사이에 있는 뇌의 한 부분. 시각·청각에 관계하는 외에 척추로 운동 신경을 전달하는 길이 됨.

중:대【重大】 ①매우 중요함. ② 큰 일. 비중요. 반경미.

중:대성[-썽] 어떤 사물의 내용이나 정도의 중대한 성질.

중독 음식물이나 약의 독성으로 인해서 몸의 한 부분 또는 여러 곳에 기능 장애가 생기는 일.

중동 유럽에서 보아 동쪽 땅 중에서 극동과 근동의 중간 지역. 일반적으로 서아시아 일대를 이름.

중등 교:육 초등 교육을 마친 사람에게 그 다음 단계로 실시하는 교육. -하다.

중략【中略】[-냑] 말이나 글에서 중간의 일부를 줄이는 것.

중:력【重力】 지구가 그 표면에 있는 물건을 지구 중심 쪽으로 당기는 힘. 예~을 받다.

중류층[-뉴-] 중류의 생활을 하고 있는 사회 계층.

중립국 전쟁하고 있는 어느 쪽에도 참가하지 않는 나라.

중매 남자와 여자를 소개시켜 혼인이 되게 하는 일. -하다.

중모음 입을 보통으로 열고 혀의 위치를 중간으로 하여 발음하는 모음.「ㅔ·ㅚ·ㅓ·ㅗ 따위」

중반【中盤】 게임이나 경기 등의 초반이 지나고 본격적인 대전으로 들어가는 국면. 예 ~전.

중:벌【重罰】 무거운 형벌.

중복【中伏】 삼복의 하나. 하지 후의 넷째 경일.

중부 지방 어떤 지역의 가운데쯤에 자리잡고 있는 지방.

중산층 자본가와 노동자와의 중간에 있는 계층. 생활 정도나 재산 상태가 중간 정도의 계층.

중:상【重傷】 큰 상처를 입음. 예 ~자. 반 경상.

중:석【重石】 아주 단단하고 질긴 쇠붙이 원소의 하나. 텅스텐.

중석기 시대[-끼-] 구석기 시대와 신석기 시대의 중간 시대. 정착 생활을 시작함.

중성 ①중간적 성질. ②산성과 염기성의 중간 상태. ③남자 같은 여자. 여자다운 맛이 없는 걸걸한 여자. 또는 여자같은 남자.

중성 모:음 혀의 가운데 면과 입천장의 중앙부 사이에서 조음되는 모음.「ㅡ·ㅏ·ㅓ 등」.

중성자【中性子】 양자와 함께 원자핵을 구성하는 소립자.

중세기 ①고대에서 근대에 이르는 중간의 시대. ②고려 시대가 이에 해당됨.

중소 기업 자본금이나 시설·종업원의 수 등이 중소 규모인 기업.

중:시 중요하게 여김. 반 경시.

중심¹【中心】 ①한가운데. ②매우 중요한 자리. 반 주위.

중:심²【重心】 무게 중심.

중:압 ①무겁게 내리누르는 것. 또는 그 압력. ②강요하는 힘.

중앙【中央】 ①사방의 중심이 되는 곳. ②그 나라의 서울.

중앙 관청 전국에 그 권한이 미치는 행정 관청.

중앙선【中央線】 서울 청량리와 경주 사이의 철도. 길이 382.7km. 1942년에 개통.

중앙 집권 국가의 통치 능력이 중앙 정부에 집중되어 있는 현상. 예 ~제도. 반 지방 분권.

중앙청【中央廳】 우리 나라 예전의 중앙 행정 관청.

중얼중얼 중얼거리는 모양.

중:역 회사의 중요한 임원.

중:요성【重要性】[-썽] 일의 중요한 성질. 비 중대성.

중:요시 중요하게 봄.

중용【中庸】 치우침이나 과부족이 없이 떳떳하며 알맞은 상태나 정도. 예 ~을 취하다.

중:유【重油】 원유를 증류하여 가솔린·석유·경유 등을 증류하고 남은 걸쭉한 기름.

중인【中人】 조선 시대에 양반과 평민의 중간에 있던 신분 계급.

중:장비【重裝備】 토목 건축에 쓰이는 중량이 큰 기계의 총칭.

중:재【仲裁】 다른 상대들의 사이에 끼어 들어 쌍방을 화해시킴.

중전 마:마 왕비 곧 중전을 높이어 마마의 호칭을 덧붙인 말.

중절 모자 꼭대기의 가운데가 접히고 챙이 둥글게 달린 모자.

중주【重奏】 둘 이상의 성부를 한 사람이 하나씩 맡아 동시에 악기로 연주하는 일.

중지【中止】 일을 중간에서 그만둠. 비중단. 반계속.

중진국 문화의 발달 정도가 선진국과 후진국의 중간쯤인 나라.

중창 둘 이상의 성부를 한 사람이 한 성부씩 동시에 노래함.

중:천금 무게가 천금 같다는 뜻. 그 가치가 매우 귀함.

중추【中樞】 중심이 되는 중요한 자리. 예회사의 ~ 역할을 하다.

중추 신경계 동물의 신경계에서 신경 섬유와 세포가 한데 모여 중심부를 이루고 있는 부분.

중:태【重態】 병이 위중한 상태.

중턱 산이나 고개의 허리쯤 되는 곳. 예산 ~.

중퇴【中退】 학업을 마치기 전에 학교를 그만둠. -하다.

중학교【中學校】 중등 보통 교육을 실시하는 학교. 준중학.

중:화상 정도가 심한 화상.

중:화학 공업 중공업과 화학 공업을 함께 일컫는 말.

쥐¹【동물】 들, 집에 살며 사람에게 해를 끼치는 동물. 집안에 흔히 살며, 몸 길이 15~23cm.

쥐² 몸의 한 부분에 경련이 일어나서 그 기능을 일시 상실하는 현상. 예발에 ~ 쥐가 났다.

쥐:다 ①손으로 잡다. 예주먹을 ~. 반펴다. ②권력 따위를 손아귀에 넣다.

쥐며느리【동물】 좀벌레와 비슷한 벌레. 햇볕을 싫어하며 음침한 곳의 돌 밑 또는 썩은 나뭇잎 같은 곳에 산다.  [쥐며느리]

쥐어짜다 ①쥐고서 비틀거나 눌러 액체 따위를 꼭 짜내다. ②눈물을 찔끔찔끔 흘리며 울다.

즈음 일이 되어 갈 무렵. 때. 비무렵. 준즘.

즉 ①다름이 아니라. ②더 말할 나위 없이. ③그리하여. 비곧.

즉결 심:판 가벼운 범죄의 처벌법.

즉시즉시 그때 그때마다 곧.

즉위【卽位】 임금이 된 이가 정해진 의식을 행한 뒤 임금 자리에 오르는 일. -하다.

즉효 ①약 따위의 효험이 즉시에 나타나는 것. 예이 약이 ~ 구나. ②즉시에 나타나는 반응.

즉흥【卽興】[즈킁] 바로 그 자리에서 일어나는 흥취.

즐기다 ①즐거움을 누리다. ②유별나게 좋아하다.

즙【汁】 과실 따위에서 짜낸 물. 예야채~.

증가【增加】 더 늘어나 많아짐. 예인구~. 凹감소. -하다.

증거【證據】 꼭 그렇다고 말할 수 있을 만한 근거.

증권 정부에서 발행하는 국채나, 회사의 주권 따위.

증권 거:래소 유가 증권의 매매 거래를 위하여 필요한 시장을 개설함을 목적으로 하여 설립한 법인.

증기 ①김. ②액체가 증발하여 생기는 기체. 원말은 수증기.

증기 기관【蒸氣機關】 열기관의 하나. 수증기의 압력을 이용하여 기계를 움직이는 장치.

증량【增量】[-냥] 수량이 느는 것. 또는 늘리는 것. -하다.

증류수[-뉴-] 보통 물을 증류하여 불순물을 제거한 물.

증명서【證明書】 어떤 사실을 증명하는 서류. 예학력~.

증발 액체가 그 표면으로부터 기체로 변하여 달아나는 현상. 예수증기가 ~하다. -하다.

증발 접시 물을 증발시켜 고체의 실험물을 얻는 데 쓰는 춤이 얕은 접시. [증발접시]

증보 새로운 것을 더 보태고 미미한 것을 보충함. 예~판.

증:상 ①증세. ②병이나 상처의 상태. 예~이 좋아진다.

증:세【症勢】 병으로 앓는 여러 가지 모양. 예독감 ~.

증손【曾孫】 손자의 아들.

증액【增額】 액수를 늘림. 또는 그 늘린 액수. 凹감액.

증언【證言】 말로써 사실을 증명함. 예~대에 서다.

증여【贈與】 ①선사하여 줌. ②재산을 무상으로 타인에게 양도하여 주는 행위. 예~세.

증오【憎惡】 몹시 미워함.

증원【增員】 사람을 늘림. 예인원을 ~하다. 凹감원.

증인 어떤 사실에 증거가 되는 사람. 예~으로 법정에 서다.

증정【贈呈】 남에게 물건을 줌.

증조【曾祖】 할아버지의 아버지.

증축 이미 지어져 있는 건축물에 덧붙여 늘려 짓는 것. -하다.

증표 증거가 될 만한 표.

지가【地價】[-까] 토지의 가격.

지각【遲刻】 정한 시각보다 늦음. 예~한 학생. -하다.

지갑 가죽 등으로 만든 돈을 넣는 작은 주머니.

지게 짐을 등에 얹어지는 기구.

[지게]

지겹다[-따] 진저리가 날 정도로 몹시 지루하고 싫다.

지구【地球】 사람이 살고 있는 땅 덩어리. 예~본.

지구력 오래 견디어 내는 힘.

지구본 지구를 본떠 만든 작은 모형. 비지구의.

지구전【持久戰】 오랫동안 끌어가며 벌이는 싸움. 장기전.

지그시 ①슬그머니 누르거나 당기는 모양. ②눈을 슬며시 감는 모양. 예 ~ 눈을 감다.

지극【至極】 더할 수 없이 마음과 힘을 다함. 비극진.

지금【只今】 이제. 바로 이 때.

지기【知己】 서로 마음이 통하는 벗. 예 십년 ~의 벗.

지끈지끈 ①골치가 쑤시며 몹시 아픈 상태. ②여러 개가 모두 부러지거나 깨지는 소리. -하다.

지나다 ①정도의 한도를 넘다. ②어디를 거쳐 가거나 오거나 하다. ③시간이 흐르다. ④수량·한도를 넘다. 예 기한이 ~.

지네[동물] 발이 많으며 독즙을 내어 작은 벌레를 잡아먹고 사는 벌레.

지난날 이미 지나가 버린 과거의 날. 예 ~의 추억.

지남철 쇠붙이를 끌어당기는 성질이 있는 쇠. 비자석.

지느러미 물고기가 물 속에서 몸의 균형을 유지하고 헤엄치는데 소용되는 몸의 부분.

지능【知能】 새로운 사물 현상에 부딪쳐 그 의미를 이해하고 처리 방법을 알아내는 지적 활동의 능력. 예 ~이 발달하다.

지능 지수 지능 검사의 결과로 얻은 정신 연령을 생활 연령으로 나눈 다음 100을 곱한 수임. 평균값을 100으로 보고 90~110은 보통, 그 이상은 지적 발달이 앞선 것, 그 이하는 뒤진 것을 나타냄. IQ.

지다 ①꽃이나 잎이 시들어서 떨어지다. 반피다. ②해나 달이 서쪽으로 넘어가다.

지략【智略】 슬기로운 계책. 슬기로운 꾀. 비꾀. 지혜.

지:렁이[동물] 땅 속에 사는 하등 동물. 몸길이는 소형종은 2~3㎜. 대형종은 2m나 됨. 몸은 가늘고 원통형이며 많은 체절로 이루어짐.

지레 작은 힘으로 물건을 움직일 때 어느 점을 괴어 그 물건을 움직이거나 작은 운동을 큰 운동으로 바꾸는 장치.
[지레]

지리【地理】 땅의 생긴 모양과 형편. 또는 그것을 연구하는 학문.

지리산 경상 남도 함양군·산청군과 전라 북도 남원시와 전라 남도 구례군에 걸쳐 있는 산. 높이 1,915m.

지리 학자 지구 위의 온갖 상태 및 모양 등을 연구하는 사람.

지망【志望】 뜻하여 바라는 것.

지명【地名】 땅의 이름. 마을이나 지방이나 산천 따위의 이름.

지명 수배 범죄인을 지명하여 수배함. 예 ~자. -하다.

지모 슬기 있는 꾀. 비지략.

지문【指紋】 손가락 끝마디 안쪽에 있는 살갗의 무늬.

지물포【紙物鋪】 여러 종류의 종이를 파는 가게. 예~를 한다.

지반【地盤】 ①땅의 표면. 비지각. ②일을 이루는 근거지.

지방[1]【地方】 ①서울 이외의 시골. ②나라 안의 어떤 넓은 지역. 예중부 ~.

지방[2]【脂肪】 동·식물에 들어 있는 보통 온도에서 굳는 기름기.

지방 문화재【地方文化財】 문화재 가운데 향토 문화 보존상 필요하다고 인정되는 문화재.

지방 법원 제1심 판결을 담당하는 하급 법원.

지방색【地方色】 ①그 지방의 특색. ②타지방 사람들을 배척·비난하는 파벌적인 색채.

지방 자치 단체【地方自治】 지방 자치 행정을 하는 도·시·군 등 지방 공공 단체.

지배 힘으로 다스려 자기 마음대로 일을 처리함.

지배인 주인을 대신하여 영업에 관한 일체의 업무를 관리하는 권한을 가진 최고 책임자.

지배자 지배하는 사람.

지불 물건 값을 내어 줌. 돈을 치러 줌. 예음식값을 ~하다.

지붕 비·이슬·햇빛 등을 막기 위해 가옥의 꼭대기 부분에 씌우는 덮개. 예기와 ~.

지사【支社】 본사에 딸리어 그 곳의 일을 맡은 곳.

지상 낙원 지상 천국.

지새우다 밤을 새우다.

지서【支署】 본서에서 갈려 나와 본서의 감독 아래 그 지역의 일을 맡아 보는 관서.

지석 죽은 사람의 이름이나 생년월일·행적 등을 기록하여 무덤 앞에 묻는 널조각 같은 돌.

지선【支線】 본선에서 갈려 나간 노선. 반본선. 간선.

지성【知性】 ①지적 작용에 관한 성능. ②이성적인 사고·판단의 능력. 예~있게 행동하다.

지성껏 지성을 다하여.

지세 땅의 형세.

지속 하던 일을 그치지 않고 계속 유지함. -하다.

지수 3^2(3의 제곱)에서 2를 가리키는 말.

지식 ①사물을 아는 마음의 작용. ②알려진 일. 비학식.

지신 밟기[-밥끼] 영남 지방에서 음력 정월 보름날에, 땅을 맡은 신을 누르는 뜻으로, 집집을 돌아다니면서 농악을 울리는 민속 행사. -하다.

지아비 남편을 낮추어 이르는 말. 반지어미.

지어미 아내를 낮추어 이르는 말. 반지아비.

지열【地熱】 지구 내부에 있는 고유한 열. 땅 밑으로 내려갈수록 점점 뜨거워짐.

지옥【地獄】 ①죄를 지은 사람이 죽어서 간다는 무섭고 끔찍한 곳. 반천당. ②괴로운 지경.

지온 지면 또는 땅 속의 온도.

지우다 ①묻거나 나타났던 것의 흔적을 없애다. 예얼룩을

~. ②짐 등을 지게 하다. 예짐을 지개에 ~.
지원【支援】 지지하여 도움. 예자금 ~. 비원조. 후원.
지원병【志願兵】 의무 또는 고용에 의하지 아니하고 현역을 자원하여 복무하는 병사.
지위【地位】 신분에 따르는 사회의 어떠한 자리나 계급.
지은이 책을 지어낸 사람. 저작자. 비저자. 작자.
지장¹【支障】 일을 하는데 있어서 거추장스러우며 방해가 되는 것. 비장애. 방해.
지장²【指章】 손도장.
지저귀다 새 등이 계속해서 시끄럽게 울다. 예종달새가 ~.
지저분하다 ①거칠고 어수선하여 깨끗하지 못하다. ②말이나 행실이 추잡하고 더럽다.
지적도【地籍圖】 토지의 소재·지번·지목·면적 등을 나타내기 위하여 만든 평면 지도.
지점【支店】 본점에서 갈려 나와 그 지휘에 따르는 영업소.
지정 ①어떤 일의 방법을 가리켜 정함. ②여럿 가운데서 하나만을 가려내어 정함.
지조【志操】 굳은 의지.
지주【地主】 ①땅의 주인. ②직접 경작하지 않는 땅의 소유자.
지중해 유럽·아시아·아프리카 대륙에 둘러싸인 바다.
지지 어떤 단체나 사람에 찬동하여 힘써 뒷받침함. 비찬성.
지지난달 지난달의 전달. 전전달. 예~에 수학여행을 갔다.

지지난해 그러께. 재작년.
지지다 ①국물을 조금 붓고 끓여 익히다. 예된장을 ~. ②지짐질로 익히다. 예빈대떡을 ~.
지지 부진【遲遲不進】 매우 더디어 일이 잘 진척되지 않음.
지진 땅 속의 변화에 의하여 땅이 크게 울리고 갈라지는 현상.
지질¹【紙質】 종이의 품질.
지질²【地質】 지각을 이루고 있는 여러 가지 암석이나 지층의 성질 또는 상태. 예~ 탐사.
지참【持參】 무엇을 가지고 참석함. 예이력서를 ~하다.
지체 집안이나 개인의 사회적 지위나 등급. 예~가 높다.
지출 어떤 목적을 위해 돈을 지불하는 일. 반수입. -하다.
지층【地層】 지표에 있어서 물·바람·빙설 등에 의해 운반된 진흙·모래·자갈 등이 쌓여서 이루어진 층. 땅켜.
지침서 지침이 된 내용이 담긴 글이나 책. 예학습 ~.
지키다 ①잃어버리지 않도록 조심하다. 예재산을 ~. ②약속 따위를 어기지 아니하고 실행하다. 예약속을 ~.
지탱【支撑】 버티어 나감.
지팡이 걸을 때 몸을 지탱할 수 있게 만든 막대기. 비단장.
지평선 끝없이 멀리 뻗어 있는 땅과 하늘이 맞닿아 보이는 넓고 평평한 경계선. 반수평선.
지폐 종이로 만든 돈.

지표¹【指標】 방향·목적 등을 가리키는 표지. 예생활의 ~.

지표²【地表】 지구의 표면.

지:프 보통 4분의 1톤의 4인승 자동차의 이름. 군대나 작업장에서 많이 씀. [지프]

지필묵【紙筆墨】 종이와 붓과 먹을 아울러 이르는 말.

지하 땅 속. 또는 건조물이 있는 땅 속의 공간. 예~ 100m를 파다.

지하도 사람이나 차들이 다니게 해 놓은 땅 밑으로 만든 길.

지하 상가 대도시의 지하도나 지하철역 등에 만들어진 상점가.

지하수 땅 속에서 나오는 물.

지하실【地下室】 지면보다 낮게 만들어 놓은 공간.

지하 자원 석탄·석유·철광 따위의 땅 속에서 얻어지는 자원.

지향【指向】 ①뜻하여 향함. 예~없이 가다. ②정해지거나 작정한 방향으로 나가는 것.

지향 없:다[-업따] 일정하게 지정한 방향이 없다.

지형도 지형을 나타낸 지도.

지혜 사물의 이치를 밝히고 옳은 것과 다른 것 등을 구별하는 능력. 비슬기.

지휘【指揮】 어떤 목적을 효과적으로 이루기 위하여 단체의 행동을 통솔하는 것. -하다.

지휘관 지휘관을 가지고 군대를 지휘 통솔하는 관직. 또는 그 사람. 예엄격한 ~. 비지도자.

지휘자 ①어떤 일을 지시하여 시키는 사람. ②음악에서 합주나 합창을 이끌어 가는 사람.

직각【直角】 수평선과 수직선이 이루는 각. 곧 90°.

직감【直感】 설명이나 증명을 거치지 않고 사물을 접촉함으로써 느껴지는 감각.

직공【職工】[-꽁] 공장에서 일하는 사람. 예여~. 비공원.

직렬 연결 전지를 다른 극끼리 이은 것. 반병렬 연결.

직사【直射】 직선으로 곧게 비침.

직사:각형【直四角形】 네 각이 모두 직각인 사각형. 직각사각형.

직사 광선【直射光線】 정면으로 곧게 비치는 빛살. 준직사광.

직선【直線】 ①곧은 선. ②두 점 사이를 가장 짧은 거리로 연결한 선. 반곡선.

직업【職業】 생활을 꾸려 나가기 위하여 매일 하는 일. 일자리.

직역【直譯】 외국어로 된 말이나 글을 그 자구대로만 충실하게 번역하는 것. 반의역.

직영【直營】 직접 관리하고 경영하는 것. 예회사에서 ~하는 점포.

직육면체[-뉵-] 서로 이웃하는 두 면이 모두 수직으로 교차할 때의 육면체. 비직방체.

직제【職制】 행정 기관이나 그 밖의 단체·조직 등의 직무 또는 직위에 관한 제도. 예~ 개편.
직조【織造】 피륙 따위를 짜는 일.
직종 직업이나 직무의 종류.
직지심경【책명】 현재 존재하는 세계 최초의 우리 나라 금속 활자본. 금속 활자로 인쇄한 불경.
직책【職責】 직무상의 책임.
직통【直通】 어떤 곳에서 다른 곳에 바로 통함. 비직방.
진【陳】 ①군사가 머물러 있는 곳. ②병사의 대열.
진가[-까] 참된 값어치.
진:갑【進甲】 환갑 다음 해의 생일. 비~이 지났다.
진골【眞骨】 신라 때 계급 제도의 하나. 부모 중 어느 한쪽만이 왕족의 혈통을 지닌 계급.
진공관【眞空管】 진공으로 된 유리관 속에 전극을 넣은 것. 라디오·텔레비전에 씀.
진공 상태 ①진공인 상태. ②아무것도 없는 상태.
진귀【珍貴】 흔하지 않고 귀중함.
진:급【進級】 등급·계급·학년 등이 오름. 비승급. -하다.
진기【珍奇】 귀하고 이상함.
진눈깨비 비가 섞여 내리는 눈.
진:단서 의사가 병을 진단한 결과를 적은 증명서. 예건강~.
진달래【식물】 진달래과의 낙엽 활엽 관목. 산간 양지에 남. 높이 2~3m. 우리 나라·일본·만주 등지에 분포함.
진:도¹【進度】 일이 되어 가는 정도. 예수업 ~표.
진:도²【震度】 지진이 일어났을 때 몸에 느껴지는 강도나, 건물이 받는 영향 등의 정도를 등급으로 나눈 것. 0도에서 7도까지 8등급으로 나눔.
진돗개[동물] 전라 남도 진도군에서만 나는 재래종의 개.
진:동【振動】 물체가 하나의
[진돗개]
점을 중심으로 같은 움직임을 주기적으로 되풀이하는 운동.
진두 군진의 맨 앞. 예~ 지휘.
진드기[동물] 절지 동물 거미류에 속하는 한 무리의 동물.
진득하다[-드카-] 몸가짐이 의젓하고 참을성이 있다.
진딧물[-딘-][동물] 진딧물과의 곤충의 총칭.
진:땀 몹시 어려운 일을 당했을 때 흐르는 끈끈한 땀.
진:로【進路】 앞으로 나아갈 길. 예~를 결정할 시기.
진:료【診療】 진찰하고 치료함. 예환자를 ~하다.
진리【眞理】[질-] 진실된 도리. 참된 이치. 예~ 탐구. 반허위.
진배없다[-업따] 그만 못할 것이 없다. 예사실과 ~.
진:보【進步】 점점 잘 되어 나감. 예나날이 ~하는 한국. 비향상. 반퇴보. -하다.
진분수 분자가 분모보다 작은 분수. 1/2, 2/3 따위. 반가분수.

진선미 참과 착함과 아름다움. 곧 이상에 합치된 상태.

진성 ①순진한 성질. ②만물의 본체. ③거짓없는 참된 증세.

진수 성:찬 맛이 좋고 많이 잘 차린 음식.

진술【陳述】 자세하게 말함.

진실【眞實】 ①바르고 참됨. ②헛되지 아니함. 凹허위. 거짓.

진심【眞心】 거짓이 없는 참된 마음. 凹진정. 凹허위.

진:압【鎭壓】 진정시켜 억누름. 凾폭동을 ~하다. -하다.

진열장[-짱] 상점에 파는 상품을 죽 벌여 놓도록 꾸민 장.

진영 군사가 주둔하고 있는 일정한 구역. 진. 凾아군 ~.

진:작 ①좀더 일찍이. 凾~ 가야 했는데. ②바로 그 때에.

진정【眞情】 ①참되고 진실한 정이나 마음. ②진실한 사정.

진정서 사정을 진술하여 관청이나 웃어른에게 내는 서류.

진:정제 신경 작용을 진정시키는데 쓰이는 약제.

진주 조개 껍질이나 그 살 속에 붙은 구슬. 凾~ 조개잡이.

진:지¹ 「밥」의 높임말.

진지²【陣地】 적과 교전할 목적으로 싸움터에서 군대가 자리잡은 곳. 凾적의 ~.

진지³【眞摯】 말이나 태도가 참되고 진실함. 凾~한 태도.

진지하다 참되고 착실하다.

진품¹【珍品】 진귀한 물품. 凾이런 ~을 어디서 구하셨소?

진품²【眞品】 가짜가 아닌 물품.

진하다 빛깔·냄새·안개 등이 짙다. 凾화장이 ~.

진:학【進學】 상급 학교에 들어감. 凾고등 학교에 ~하다.

진한[국명] 삼한의 하나. 1~3세기경까지 경상 남북도에 걸쳐 있었던 초기의 국가.

진:행【進行】 ①앞으로 나아감. ②일을 처리하여 나아감. 凾작업을 ~하다. 凹수행. 凹중지.

진형【陣形】 ①진지의 형태. ②전투의 대형. 凾공격 부대가 ~을 갖추고 있다.

진홍색 짙게 붉은 색.

진:화【進化】 생물의 단순하고 미세한 원시 생명으로부터 단계적으로 복잡 다양한 것으로 변화·발전하는 일. 凹퇴화.

진:화²【鎭火】 불이 꺼짐. 불을 끔. 凾~ 작업. -하다.

진흥왕 순수비 신라 진흥왕이 국토를 넓힌 뒤 국경을 돌아보고 기념으로 세운 비석.

진흥청 어떤 사업을 발전시키기 위해서 둔 관청. 凾농촌 ~.

질【質】 ①물건의 본바탕. ②타고난 성질. 凾~이 좋은 친구.

질그릇 진흙을 구워 만든 붉은 빛의 그릇.

질문 모르거나 의심나는 것을 캐어 물음. 凹질의. 凹대답.

질박【質朴】 꾸민 데가 없이 수수함. 凾~한 사람. 凹순박.

질병【疾病】 온갖 병. 凹질환.

질의 사리의 옳고 그름을 물어서 의논하는 것. -하다.

질주[-쭈] 빨리 달림.

질책 꾸짖어서 나무람.

질척하다 물기가 많고 차지게 질다. 예비가 와서 땅이 ~.
질투【嫉妬】 자기보다 나은 사람을 시기하여 미워함. -하다.
짊어지다 짐을 등에 메다.
짐승 ①몸에 털이 나고 네 발을 가진 동물을 모두 말함. 예들~. ②날짐승·길짐승을 모두 이르는 말.
짐작 어림으로 헤아림. 비추측.
짐짓[-진] 마음에는 그렇지 않으나 일부러 그렇게.
짐짝 묶어 놓은 짐의 덩어리.
집 ①사람들이 생활할 수 있도록 만들어 놓은 보금자리. 비주택. ②작은 물건을 넣어 두게 만든 것. 예안경 ~.
집계【集計】 다 함께 모아서 계산함. 예하루 수익을 ~하다.
집광 렌즈[-꽝-] 광학 기계에 쓰이는 렌즈, 단순히 빛을 모으기 위하여 사용하는 렌즈.
집권¹【執權】 정권을 잡음.
집권²【集權】 권력을 한 곳으로 집중시키는 것. 예중앙 ~.
집권자 정권을 잡은 사람.
집기병 과학 실험에서 쓰는 기체를 모으는 입이 큰 병.

[집기병]

집념【執念】 한 일에만 끈덕지게 온 정신을 쏟음. 예강한 ~.
집다 ①손으로 물건을 잡다. ②떨어진 것을 주워 가지다.
집단【集團】[-딴] 여러 사람이 한데 모여 일정한 조직 관계를 이룬 모임. 예사회 ~. 비사회.
집단 농장【集團農場】 여러 사람이 협동하여 조직적으로 경영하는 큰 규모의 농장.
집들이 이사한 후에 이웃과 친구를 불러 대접하는 일. -하다.
집문서【-文書】[집-] 집의 소유권을 증명하는 문서.
집배원 우편물을 모아서 배달하는 일을 하는 사람. 비우체부.
집산지【集散地】[-싼-] 생산지로부터 산물이 모여 들고 또 다른 지방으로 내어 보내는 곳.
집안 일[-닐] 집안에서 일어나는 일. 집에서 해야 할 일.
집약【集約】 한데 모아서 요약하는 것. 예의견을 ~하다.
집어먹다 ①집어서 먹다. 예손으로 떡을 ~. ②남의 것을 가로채어 제 것으로 만들다.
집오리【동물】 집에서 기르는 오리. 닭과 비슷하게 생겼으나 원래 물에서 살기를 좋아함.
집요【執拗】 ①고집스럽게 자기 의견을 뻗대어 끈질김. ②성가시게 따라 붙어 떨어지지 않음.
집중 호우 어느 한 지역에 집적으로 내리는 큰 비.
집짐승 집에서 기르는 짐승.
집착 어떤 것에 마음이 늘 쏠려 떨치지 못하고 매달리는 일.
집행부 정당 등의 단체에서, 의결 기관의 결정을 집행하는 부서.
집회【集會】 어떠한 공동의 목

-짓 몸을 놀리는 일. 예눈~. 비행동. 동작.
짓:다 ①재료를 가지고 만들어 세우다. 예밥을 ~. ②건물 등을 세우다. 예빌딩을 ~. ③논밭을 다루어 농사를 짓다.
징¹ 놋쇠로 만든 농악에 쓰이는 악기의 한 가지. 채로 쳐서 소리를 냄.

[징¹]

징² 신바닥에 박는, 쇠로 만든 물건.
징검다리 개울에 돌덩이나 흙더미를 드문드문 놓아 그것을 딛고 건너게 한 다리.
징계 위원회 징계 사범이 있을 대 이를 징계하기 위하여 두는 위원회.
징벌【懲罰】 ①부당한 행위에 대하여 제재를 가함. ②뒷일을 경계하기 위하여 벌을 줌.
징병 국가가 국민 중의 장정에게 병력 의무를 과하여 강제적으로 징집하여 소요 인원을 일정기간 병역에 복무시키는 일.
징수 세금이나 곡식·품물 등을 거둠. 예세금을 ~하다.
징역 형벌의 한 가지. 교도소에 가두어 두고 노동을 하게 하는 형. 예~ 1년을 받다.
징조 어떤 일이 일어나려고 하는 조짐. 예불길한 ~.
징크스 으레 그렇게 될 수밖에 없는 나쁜 운.
짚단[-딴] 짚뭇. 볏짚의 묶음.

짚더미 벼·밀·조 등의 이삭을 떨어낸 줄기의 무더기.
짚불 짚을 태운 불.
짚세기 짚신.
짚신 볏 짚으로 만든 신.

ㅉㅉ

ㅉ[쌍지음] 「ㅈ」의 된소리. 이름은 쌍지읒.
짜개 콩·팥 등을 둘로 쪼갠 것의 한쪽.
짜개다 단단한 물건을 연장으로 베거나 찍어서 갈라지게 하다.
짜다 ①소금 맛이 진하다. ②인색한 것을 속되게 이르는 말.
-짜리 얼마만한 수나 값어치로 된 물건을 가리키는 말.
짜릿짜릿하다 뼈·살이 연해 저리는 느낌이 든다.
짜부라지다 ①망하거나 허물어지다시피 되다. ②기운이 아주 줄어 더 버틸 수 없게 되다.
짜임새 만들어져 있는 모양의 정도. 비조직. 반쩸새.
짜증 기분이 언짢아 화가 남.
짝¹ ①몇 개가 모여서 한 벌이 되는 물건의 낱개. ②부부.
짝² 활짝 바라진 모양.
짝맞추다 제 짝과 맞도록 하다.
짝사랑[-싸-] 남녀 사이에서, 한쪽만이 상대를 사랑하는 일. [짝사랑에 외기러기] 짝사랑의 보람없음을 이르는 말.
짝수 젖먹이 애기가 손뼉을 치는 재롱. -하다.

짝수 2로 나누어 나머지가 생기지 않는 수. 2, 4, 6, 8 …. 우수. 凡홀수.

짝짜꿍 젖먹이 애기가 손뼉을 치는 재롱. -하다.

짠물 짠맛이 있는 물.

짠지 무나 배추 등을 통으로 소금에 짜게 절이어 묵혀 두고 먹는 반찬. 예무~.

짧다[짤따] ①시간이 길지 않다. ②길이가 작다. 사이가 가깝다. 凡길다.

짬: ①두 물건이 맞붙는 틈. ②한 일을 마치고 다른 일에 손대려는 겨를. 예~을 내다.

째:다 가죽이나 피륙 따위를 칼로 갈라지게 하다.

쨍쨍 볕이 따갑게 내리쬐는 모양. 예햇볕이 ~ 내리쬐다.

쩌렁쩌렁하다 목소리가 커서 울림이 크다. 쟉짜랑짜랑하다.

쩔쩔매다 어려운 일에 부닥쳐 어쩔 줄을 모르고 덤벙거리다.

쪼개다 ①둘 이상으로 가르다. 예사과를 ~. ②조각이 나게 부수거나 가르다. 예나무를 ~.

쪽[1] 부인네의 뒤통수에 땋아서 틀어 올려 비녀를 꽂은 머리털. 예~지다.

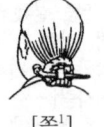
[쪽[1]]

쪽[2] 책의면.

쪽마루 한 조각이나 두 조각을 통널로 깔아 만든 뒷마루.

쪽문[쫑-] 대문짝의 가운데나 한편에 사람이 빠져 드나들도록 만든 작은 문.

쪽박 물을 뜨는 작은 바가지.

쪽빛 남빛. 예~ 하늘.

쪽지 작은 종이에 쓴 글.

쫄딱 더할 나위 없이 죄다. 예~ 망하다.

쫑그리다 귀·주둥이 등을 꼿꼿이 세우거나 뾰족이 내밀다. 예입을 ~. 큰쭝그리다.

쫑긋 입술이나 귀 따위를 쫑그리는 모양. 큰쭝긋.

쫓기다 ①남에게 쫓음을 당하다. 예경찰에 ~. ②일에 몹시 몰려 지내다. 예잡무에 ~.

쫓다 ①억지로 몰아내다. 예거지를 ~. ②뒤에서 급히 따라가다.

쫙 넓게 퍼지는 모양. 「좍」의 센말. 예우산을 ~ 펼치다.

쬐:다 볕이나 불에 쐬거나 말리다. 예젖은 옷을 난로에 ~.

쭈그러지다 ①눌리거나 옆으로부터 욱여 들어서 부피가 몹시 작아지다. ②살기가 빠져서 쪼글쪼글해지다. 쟉쪼그러지다.

쭈뼛하다 ①놀라거나 무서워 머리끝이 서는 듯하다. ②물건의 끝이 뻬죽이 튀어나와 있다.

쭉 ①무엇이 한 줄로 연이은 모양. ②종이 따위를 찢는 소리.

쭉정이[-쩡-] 껍질만 있고 알맹이가 들지 않은 곡식.

-쯤 어떤 말 아래에 붙어 「정도」를 나타내는 말.

쯧쯧 가엾다는 뜻으로 입천장

을 차는 소리. 예~ 가엾다.
찌 낚시의 위치와 물고기가 미끼를 먹는 상태를 알기 위해 낚싯줄에 달아 놓은 것. 본낚시찌.
찌개 고기·채소·고추장·된장 등을 섞어서 바특하게 끓인 반찬의 일종. 예된장 ~.
찌꺼기 좋은 것을 다 골라낸 나머지. 비찌끼.
찌다¹ ①뜨거운 김을 올리어 익히다. ②몹시 덥다.
찌다² 살이 올라서 뚱뚱하다.
찌르다 (찌르니, 찔러서) ①끝이 뾰족하거나 날카로운 것으로 속으로 들이 밀다. ②남의 비밀을 다른 사람에게 알리다.
찌르레기[동물] 찌르레기과에 속하는 새.
찌릿하다 살이나 뼈마디에 저린 느낌이 갑자기 세게 일어나다.
찌푸리다 ①몹시 찡그리다. ②날이 흐리다. 작째푸리다.
찍다 ①도장을 누르다. ②사진을 박다. ③날이 있는 연장으로 내려쳐 무엇을 베다.
찐득찐득 ①연해 검질기에 들러붙는 모양. ②검질겨서 계속해서 자르려고 해도 끊어지지 않는 모양. 작짠득짠득.
찐:하다 지난 일이 뉘우쳐져 마음이 언짢고 아프다.
찔끔 갑자기 놀라거나 겁이 나서 몸을 움츠리는 모양.
찔끔찔끔 조그만 분량을 여러 번에 나누어 조금씩 주는 모양. 예빚을 ~ 갚다.
찔레[식물] 줄기에 가시가 돋고, 꽃은 작고 빛깔은 희며, 향기가 좋은 장미과의 작은 나무.
찜 고기나 채소에 양념을 하여 흠씬 삶거나 쪄서 만든 음식. 예갈비 ~.
찜질 ①약물이나 더운 물 또는 얼음 따위를 헝겊에 적시거나 주머니에 넣어 아픈 자리에 대어 병을 고치는 일. 예얼음 ~. ②몹시 때리는 매를 속되게 이르는 말. 예몽둥이 ~.
찜찜하다 마음에 꺼림칙한 느낌이 있다. 예계약 내용이 ~.
찜통 불 위에 올려놓고 음식을 찌는 통. 예생선 ~.
찡 ①얼음장이나 굳은 물질이 갑자기 터질 때 울리는 소리. ②콧등이 시큰하면서 속으로 뻐근하게 울리는 듯한 모양.
찡얼거리다 ①어린아이가 자꾸 보채다. ②자꾸 중얼거리다. ③「칭얼거리다」의 센말.
찡하다 마음에 걸려 강한 느낌을 받다. 예마음이 ~.
찢다 물건을 갈라지게 하다. 예종이를 ~.

ㅊ

ㅊ[치읒] 한글 자모의 열째 글자. 이름은 치읓.

차¹【車】 기차·마차·자동차 등 사람이나 화물을 실어 나르는 것들의 총칭.

차²【茶】 차나무. 차를 달인 물.

차³ ①둘 이상의 사물을 비교할 때 서로 틀리거나 차이나는 정도. 예 빈부의 ~. ②어떤 수량에서 다른 수량을 덜어 내고 남은 것.

차갑다(차가워서) 살갗에 닿는 느낌이 찬 느낌이 나다.

차고【車庫】 차를 넣어 두는 곳간.

차곡차곡 물건을 가지런하게 포개거나 겹치는 모양. 예 벽돌을 ~ 쌓다.

차관【次官】 행정부에서 장관을 돕고 그를 대리할 수 있는 관직.

차근차근 일을 조리 있고 차례가 있게 하는 모양. 예 ~ 읽는다.

차남【次男】 둘째 아들. 반 차녀.

차내【車內】 자동차·전차·열차 등의 안. 예 ~에서는 금연이다.

차녀【次女】 둘째 딸. 반 차남.

차:단【遮斷】 막아서 통하지 못하게 하는 것. 예 교통 ~. -하다.

차:단기【遮斷器】 전기 회로를 개폐하는 장치.

차도¹【車道】 차가 다니는 길.

차도²【差度】 병이 조금씩 나아가는 정도. 예 ~가 없다.

차등【差等】 차이가 나는 등급. 예 임금에 ~을 두다. 반 균등.

차디차다 매우 차다.

차령 산맥【車嶺山脈】 태백 산맥의 오대산에서 시작하여 충청남도 태안 반도에 이르는 산맥. 길이가 200km 가량.

차례 음력 매달 초하룻날과 보름날. 또는 명절날·조상 생일 등의 날에 지내는 제사.

차례차례 차례를 따라서.

차리다 ①장만하여 갖추다. 예 밥상을 ~. ②마음을 가다듬다. 예 정신을 ~.

차림새 차린 그 모양.

차:마 어떤 말 위에 어찌할 수 없다는 뜻을 나타낸 말.

차별【差別】 차등이 있게 구별함. 비 구별. 반 평등. -하다.

차분하다 마음이 가라앉아 조용하다. 비 들뜨다.

차비¹【車費】 차를 타는 비용.

차비²【差備】 준비. 준비를 갖추어 차림. 채비. -하다.

차석【次席】 수석의 다음 자리. 또는 그 자리의 사람.

차선【車線】 도로에 자동차 1대

차:용【借用】 돈이나 물건 따위를 빌리거나 꾸어 씀.

차이【差異】 서로 같지 않고 다름. 예능력의 ~.

차이다 ①발로 참을 당하다. ②중간에서 가로챔을 당하다.

차이코프스키[인명](1840~1893) 러시아의 음악가. 그의 음악은 슬라브적 우수·정열, 그리고 서정적인 아름다운 선율로 되어 있음. 작품에는 「백조의 호수」·「호두까기 인형」·「비창」 등이 있음.

차:일 볕을 가리려고 치는 장막.

차일 피:일 이날 저날로 기한을 미루는 모양.

차:입【差入】 돈이나 물건을 꾸어 들임. 예~한 돈. -하다.

차장【車掌】 기차·버스 등에 딸려 차의 운행을 관리하고 승객의 편의를 도모하는 사람.

차전놀이 음력 정월 보름날의 민속놀이.

차점【次點】[-쩜] 최고점 다음 가는 점수. 예~자.

차중【車中】 차의 안.

차지 ①자기 소유로 만들다. 예우승컵을 ~하다. ②어떤 수량이나 비율을 가지거나 이루다.

차질 일이 실패로 돌아가는 것. 예사업에 ~이 생기다.

차창 기차나 자동차의 유리창.

차체【車體】 차량의 일부분으로 승객이나 화물을 싣는 부분.

차축【車軸】 바퀴의 굴대.

차츰 차차.

차:트 각종 자료를 알기 쉽게 정리한 일람표.

차표 차를 타기 위하여 차삯을 주고 사는 표. 비승차권.

차후 이 다음. 그 뒤.

착각【錯覺】 어떤 사실을 실제와 다르게 지각하거나 생각하는 일.

착공【着工】 공사를 시작하는 것. 예공사를 ~하다. 반준공.

착륙【着陸】[창뉵] 비행기가 땅에 내리는 것. 반이륙.

착복 ①옷을 입음. ②남의 금품을 부당하게 자기 것으로 함.

착석[-썩] 자리에 앉음.

착수【着手】 어떤 일에 손을 대어 시작함. 예일을 ~하다.

착안【着眼】 어떤 일을 주의 깊게 눈여겨 보아 그 일을 성취할 기틀을 잡음. 예~점.

착용【着用】 ①의복 등을 입는 것. 예교복을 ~하다. ②물건을 몸에 붙이거나 닮.

착지【着地】 ①체조에서 연기를 마치고 땅바닥에 내려서는 일. ②멀리 뛰기 경기에서 뛴 다음에 발을 땅에 닿는 일. -하다.

착취【搾取】 ①동물의 젖이나 초목의 즙을 짜내는 일. ②근로자나 농민에게 일한 만큼의 임금을 지급하지 않고 나머지 이익 부분을 자본가나 지주가 가로채는 일. 예임금을 ~하다.

착하다[차카-] 언행이나 마음씨가 곱고 어질다. 선하다.
찬: 「반찬」의 준말.
찬:가 ①찬미의 뜻을 나타내는 노래. 예조국 ~. ②찬송가.
찬:란 눈부시게 아름답게 빛남.
찬물 데우거나 끓이지 않은 맹물. 비냉수. 반더운물.
찬:미【讚美】 아름다운 덕을 기림. 예신의 은총을 ~하다.
찬:반【贊反】 찬성과 반대.
찬불 부처님의 공덕을 찬미함. 예~가. -하다.
찬:사 칭찬하는 말이나 글.
찬:성【贊成】 남의 의견과 자기의 의견을 같다고 느끼고 동의함. 반반대. -하다.
찬:송【讚頌】 칭찬하여 기림.
찬:스 어떤 일을 하는 데에 좋은 시기. 기회. 예득점 ~.
찬:양 아름다움을 기리고 착함을 드러내어 칭찬함. 반비난.
찬:장[-짱] 그릇이나 음식 등을 넣어 두는 장.
찬:탄 ①칭찬하여 감탄하는 것. ②마음에 아름답게 여김.
찬:탈 임금 자리를 빼앗는 것.
찬피 동:물 냉혈 동물.
찰거머리[동물] 몸이 작으며 빨판이 발달되어 잘 들러붙고 떨어지지 않는 거머리.
찰나【刹那】 지극히 짧은 시간. 짧은 동안. 비순간. 반영원.
찰상【擦傷】 스치거나 문질러서 살갗이 벗어진 상처.
참 ①거짓이 없음. ②옳고 바른 일. 비진리. 반거짓.
참가 어떠한 모임이나 단체에 참여함. 비참석. 반불참. -하다.
참견【參見】 남의 일에 간섭함.
참고【參考】 ①어떤 일을 하는 데 도움이 되는 것을 찾음. ②살펴서 생각함. 비참조.
참고서【參考書】 참고가 되는 책. 예영어 ~. 비지도서.
참고인【參考人】 의회의 위원회 등에서 참고가 될 만한 의견 진술을 요구받은 사람.
참관인 선거 때 투표와 개표의 진행 과정을 참관하는 사람.
참기름 참깨로 짠 기름.
참깨[식물] 밭 작물로 줄기는 곧고 높이는 약 1m임.

참나무[식물] 너도밤나무과에 속하는 굴참나무·물참나무·줄참나무 등의 총칭.

[참깨]

참:다[-따] 굳은 마음으로 어려운 고비를 잘 견디다.
참되다 거짓이 없고 진실되다.
참뜻 거짓이 없는 참된 뜻.
참마음 거짓이 없는 진실한 마음. 예~은 무엇이냐?
참모 일을 계획하고 꾸미는데 참여하는 일. 또는 그 일을 맡은 사람. 예선거 대책 ~.
참모 총:장 대장의 계급인, 육·해·공 각 군의 우두머리.
참배【參拜】 무덤이나 기념비 등의 앞에서 경의나 추모의 뜻을 나타내는 일. -하다.
참변 아주 끔찍한 사고.
참빗 빗살이 아주 가늘고 촘촘

참사【慘死】 아주 비참하게 죽는 것. -하다.

[참빗]

참새[동물] 참새과의 새. 몸빛은 다갈색, 부리는 검고 발톱은 누르며 배는 회백색임.

[참새]

참석【參席】 어떤 모임에 나감. 비참가. 반불참. 결석.

참선【參禪】 불교에서, 고요히 앉아서 도를 닦음. -하다.

참성단【塹城壇】 강화도 마니산에 있는 유적. 단군이 나라를 세우고 온 겨레와 나라를 위해 제사를 지내던 곳.

참:수【斬首】 목을 벰. -하다.

참:신【斬新】 처음 이루어져 새롭고 산뜻함. -하다.

참외[식물] 잎은 오이 같고 꽃은 누르며 타원형인 열매가 열리는 한해살이 식물.

참외밭 참외를 심은 밭.

참으로 정말로 아주. 실로.

참을성 참고 견디는 성질.

참전【參戰】 전쟁에 참가함.

참정【參政】 정치에 참여함.

참조【參照】 참고로 맞대어 봄. 예보기를 ~하다. 비참고.

참치[동물] 전쟁이과의 바닷물고기. 몸길이 30㎝ 정도며 몸빛은 청갈색임.

참호【塹壕】 야전에서 적의 공격에 대비하여 파놓은 구덩이.

참회【懺悔】 잘못을 깊이 뉘우쳐 마음을 고침. -하다.

찹쌀 찰벼를 찧은 쌀.

찻간【車間】 기차·전차 등의 사람이 타게 되어 있는 곳.

찻삯 차를 타는데 내는 돈. 차비. 예~를 낸다.

창【窓】 「창문」의 준말.

창【槍】 긴 나무 자루 끝에 양쪽에 칼날이 있는 쇠가 달려 있는 무기. 예~으로 싸운다.

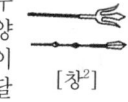
[창²]

창:간 신문·잡지·사보 등을 처음으로 펴냄. 반폐간. -하다.

창:건【創建】 사업을 일으키거나 집을 처음으로 지음.

창경궁【昌慶宮】 서울 종로구 원남동에 있는 궁궐. 1907년 조선 순종이 창덕궁으로 옮긴 뒤, 동물원과 식물원 등을 꾸며 창경원이라고도 했음.

창고【倉庫】 물건을 쌓아 두는 곳. 곳집. 비공간.

창구 ①창을 뚫어 놓은 곳. ②창을 통해 사람과 대화하고 돈의 출납 등 사무를 보는 곳.

창:극 우리 나라 고유의 음악인 판소리를 연극으로 꾸민 것.

창덕궁【昌德宮】 조선 초기에 세워진 대궐. 서울 원서동에 있는 궁궐의 하나. 조선 역대 왕들이 정치를 하던 곳.

창:립【創立】 처음으로 설립함.

창문【窓門】 공기나 빛이 들어올 수 있도록 벽에 만들어 놓은 작은 문. 준창.

창백 얼굴빛이 핏기가 없고 헬쓱함. 예 얼굴이 ~하다.

창:세기【創世紀】 구약 성서의 제1권. 세상과 인류의 창조, 죄의 기원, 최초의 하느님 말씀 등이 기록되어 있음.

창:업【創業】 ①나라를 처음으로 세우는 것. ②사업을 처음으로 시작하는 것.

창:의【創意】 처음으로 생각하여 낸 의견. 예 ~력.

창자 소장과 대장을 아울러 이르는 말. 비 장.

창:작【創作】 ①처음으로 생각하여 만듦. ②문예·그림·음악 등의 예술 작품을 자신이 생각하여 만들어 냄. 반 모방.

창:작 동:화 동화 작가들이 어린이들을 위하여 지은 이야기.

창파 푸른 물결.

창포[식물] 적갈색이며 특이한 향기가 있는 여러해살이풀.

창피 ①부끄러움. ②체면이 서지 않음. -하다.

창해【滄海】 넓고 푸른 바다.

채 ①「채찍」의 준말. ②북이나 장구 따위를 쳐서 소리를 내는 도구.

채:광【採鑛】 광석을 캐내는 것.

채:굴 땅 속에 묻혀 있는 광물 따위를 파냄. 예 금을 ~하다.

채:권【債權】 빚 준 사람의 받을 권리. 반 채무.

채:납【採納】 ①의견을 받아들임. ②사람을 골라서 들임.

채반 싸리같은 것을 엮어서 만든 납작하고 울이 없는 그릇.

채비 준비를 갖추어 차림.

채:색 ①그림에 색을 칠함. ②여러 가지 고운 빛깔. -하다.

채:석장 건축 등 여러 가지 공사에 쓰일 돌을 캐내는 곳.

채:소 온갖 푸성귀. 비 남새.

채:송화 [식물] 쇠비름과의 한해살이풀.

[채송화]

채:식 채소·과일 등 식물성 식품을 주로 먹음. -하다.

채:신 「처신」을 얕잡아 쓰는 말.

채:용【採用】 사람을 받아들여 씀. 예 사원을 ~하다.

채:점[-쩜] ①시험 답안을 살펴어 점수를 매기는 것. ②성적에 따라 점수를 주는 일.

채:집망 채집할 때 쓰는 물건.

채찍 나뭇가지로 만들어 마소를 모는데 쓰는 물건. 준 채.

채:취 ①땅에서 캐어 냄. ②연구·조사를 위해 필요한 것을 받아두는 일. 예 흙을 ~하다.

책【冊】 어떤 생각·사항을 글이나 그림으로 인쇄한 종이를 겹쳐서 만든 물건의 총칭.

책가방 책을 넣어 가지고 들거나 메고 다니게 된 물건.

책갈피【冊-】 책장과 책장 사이.

책꽂이[-꼬지] 책을 세워서 꽂아 두는 기구. 비 서가.

책받침 글씨를 쓸때 종이 밑에 받치는 물건.

책방[-빵] 서점. 책사.

책상【冊床】 책을 올려놓고 공부를 하는 상. 예 ~에서 공부하다.

책상다리 한쪽 다리를 다른 다리 위에 포개고 앉는 자세.

책임【責任】 맡아서 해야 할 일. ⑩모든 일에 ~을 지다.

책임자【責任者】 책임을 맡아 보는 사람. ⑩공사 ~.

책자【冊子】[-짜] 서적. 책.

챔피언 실력이 가장 뛰어난 선수. 우승자.

처【妻】 아내. 부인.

-처【處】「곳」을 나타내는 말.

처가【妻家】 아내의 본집.

처남【妻男】 아내의 오빠나 남동생. ⑩첫째 ~. ⑪매부.

처:녀 시집 갈 나이가 된 다 자란 여자. ⑪총각.

처량하다 거칠고 쓸쓸하여 구슬프다. ⑩신세가 ~.

처럼 말 아래에 붙여.

처마 서까래 끝이 내민 지붕의 부분. ⑪추녀¹.

처매다 다친 곳 등을 붕대 같은 것으로 감아 매다.

처:방【處方】 약을 조제하는 방법. 병을 다스리는 방법.

처:벌【處罰】 저지른 잘못에 대하여 벌을 줌. ⑪형벌.

처:서【處暑】 24절기의 하나. 양력 8월 22일경에 듦. 아침 저녁으로 싸늘한 기운이 느껴짐.

처:세【處世】 사람과 어울려 교제하며 세상을 살아가는 일.

처:신 세상을 살아감에 있어서의 몸가짐. ⑩올바로 ~을 하다.

처자【妻子】 아내와 자식.

처:지 ①자기가 당하며 몸을 둔 곳. 형편. ②지위 또는 신분. ③서로 사귀어 지내는 관계.

처:치【處置】 ①일을 처리하여 치르는 것. ⑩응급 ~. ②처리하여 치우거나 없애는 것.

처:칠[인명](1874~1965) 영국의 수상으로 제2차 세계 대전을 승리로 이끈 정치가. 그림과 문장에도 뛰어나 1·
[처칠]
2차 대전의 「회고록」으로 1953년 노벨 문학상을 받았음.

처:하다 ①어떤 처지나 형편에 놓이다. ⑩역경에 ~. ②어떤 형벌을 내리다. ⑩교수형에 ~.

처형【妻兄】 아내의 언니.

처:형【處刑】 형벌에 처함.

척¹ ①서슴지 않고 선뜻 행하는 행동. ②몹시 늘어지거나 휘어진 모양. ㉻착.

척²【隻】 배의 수효를 세는 말. ⑩어선 두 ~.

척³【尺】 길이의 단위. 약 30.3 cm. ⑩키가 6~ 장신이다.

척⁴ 체². ⑩잘난 ~한다.

척도【尺度】 ①자. ②측정하거나 평가하는 기준.

척박하다[-빠카-] 흙이 몹시 메마르고 기름지지 못하다.

척수 척추의 관 속에 있는 중추 신경. 뇌와 말초 신경 사이의 자극 전달과 반사 기능을 맡음.

척추 등골뼈. 척주.
척추 동:물 등골뼈를 가진 동물을 통틀어 이르는 말.
천¹【千】 백의 열 갑절.
천:² 옷·이불 따위의 감이 되는 피륙. 예~을 짜다.
천³【天】 하늘.
천:거【薦擧】 재주가 뛰어난 사람을 어떤 자리에 추천함. 예위원장에 ~되다.
천고 마:비 하늘은 높고 말이 살찐다는 뜻으로, 가을이 썩 좋은 계절임을 일컫는 말.
천냥【千兩】 한 냥의 천 갑절.
천당 하늘 위에 있는 신의 전당.
천도교 최재우가 창건한 동학을 제3대 교주인 손병희가 개칭한 종교. 인내천 사상을 중요시함.
천동설 지구는 우주의 중앙에 있고, 모든 천체가 지구 주위를 돈다고 하던 설. 반지동설.
천둥 공중에서 방전으로 말미암아 일어나는 소리. 비우레.
천렵[철-] 냇물에서 고기잡이하는 일. 예~을 가다.
천리[철-] ①아주 먼 길. ②십 리의 백 곱절.
천리경 망원경.
천리안 먼곳의 일까지도 다 꿰뚫어 알고 있음을 말함.
천사【天使】 ①하늘에서 내려온 사람. ②아름답고 어진 여자. 비선녀. 반악마.
천연기념물【天然記念物】 드물고 귀하여 나라에서 법으로 지정하여 보호하는 동물·식물.

천연두【天然痘】 몸에 열이 나고 머리가 아프며 잘못하면 얼굴이 얽게 되는 돌림병. 비마마.
천연색 자연 그대로의 빛깔.
천연 자원【天然資源】 자연에서 얻는 모든 자원. 예~의 보고.
천왕성【天王星】 태양계의 안쪽에서 7번째의 혹성. 약 84년 걸려서 태양을 한 바퀴 돎.
천우 신조 신과 하늘이 도움.
천운【天運】 ①하늘이 정한 운명. ②몹시 다행한 운수. 비천수.
천인 공:노 하늘과 사람이 함께 노한다는 뜻으로, 도저히 용서할 수 없음을 이르는 말.
천자문【千字文】 옛날 한문을 처음 배우는 과정에서 쓰던 책.
천장 마루나 방의 위가 되는 곳. 비천정. 반바닥.
천재¹【天才】 ①타고난 재능. ②뛰어난 재주. 반둔재.
천재²【天災】 자연 현상에 의한 재앙. 예~지변.
천재 지변 지진·홍수·태풍 따위의 자연의 재앙이나 괴변.
천적 먹이 사슬 관계에서 잡아먹는 생물을 말함. 꿩에 대한 매.
천주교 로마의 교황이 다스리는 예수교의 한 갈래. 비가톨릭.
천지¹【天地】 ①하늘과 땅. ②온 세상. 비우주. 천하.
천지²【天池】[지명] 백두산 꼭대기의 화산이 터진 구멍에 물이 괴어서 이루어진 호수. 가장 깊은 곳은 312.7m.
천:천히 말이나 행동을 느리게

천체 우주 공간에 있는 모든 물체. 곧 해·달·지구·별 등 모든 것을 통틀어 일컫는 말.

천치【天癡】 태어날 때부터 어리석고 못난 사람. 비바보.

천태 만:상 세상 사물이 한결같지 아니함을 이르는 말.

천태종 대승 불교의 한 파.

천품【天稟】 천성.

천하【天下】 하늘 아래의 온 세상.

천하 무적 세상에 겨룰 사람이 없음. 예~의 해병.

천하 장:사 세상에 드문 장사.

천하 태평 ①온 세상이 태평함. ②세상 걱정을 모르고 편안함.

천행【天幸】 하늘이 준 다행.

천후【天候】 기후. 예전~.

철강 강철. 무쇠와 강철의 총칭.

철도【鐵道】[-또] 기차가 다니는 길. 비철로.

철도청 교통부에 속하여, 철도에 관한 사무를 관장함.

철의 삼각 지대[지명] 6·25 동란 때 격전지였던 강원도 김화·철원·평강을 연결하는 지대.

철의 장:막 자유 세계와 공산 세계 사이의 장벽이란 뜻.

첨가【添加】 덧붙임. 보탬. 비첨부. 반삭감. -하다.

첨가물 덧붙이거나 더 넣는 물건.

첨단 ①물건의 뾰족한 끝. ②시대·유행 등의 앞장.

첨단 산:업 기술 집약도가 높고 관련 산업에의 파급 효과가 큰 산업. 항공기·전자·컴퓨터·정보 산업 등.

첨부【添附】 덧붙임. -하다.

첨삭【添削】 글을 보태고 깎고 고침. 예~을 기하다.

첨성대 신라 선덕 여왕 때 만든 동양에서 가장 오래된 천문 관측 시설의 하나. 국보 제31호. 경상 북도 경주시에 있음. 높이 9.17m.
[첨성대]

첩【貼】 약봉지에 싼 약을 세는 말. 예한약 10~.

첩경 ①지름길. ②쉽고 빠른 방법. 예학문에는 ~이 없다.

첩보【諜報】 적의 형편을 정탐하여 보고 하는 것. 예~ 활동.

첩첩 겹겹이 포개진 모양.

첩첩 산중 첩첩이 겹친 산 속.

첫 어떤 명사 앞에 서서,「맨 처음」의 뜻을 나타내는 말.

첫길 ①처음으로 가는 길. ②시집가거나 장가들러 가는 길.

첫눈¹[천-] 처음 보아서 눈에 뜨이는 느낌이나 인상. 예~에 알아보다.

첫눈²[천-] 그 해 겨울에 처음으로 내리는 눈.

첫돌 세상에 태어나서 처음으로 맞이하는 생일.

첫머리[천-] 어떤 일이 시작되는 머리. 반끝머리.

첫여름 여름의 처음.

첫인상[처딘-] 첫눈에 느끼는 인상. 예사람은 ~이 중요하

첫째 제일. 처음되는 차례.
첫해[처태] 처음의 해.
청¹【淸】[국명](1616~1912) 중국 최후의 왕조. 1636년에 나라 이름을 청이라고 고침.
청²【請】 무슨 일을 남에게 부탁함. 예무슨 ~이 있느냐? 비청탁.
청:각 귀로 소리를 듣는 감각.
청개구리【동물】 양서류 청개구리과의 한 종. 몸길이가 25~40㎜ 정도임.
청결 맑고 깨끗함. 비불결.
청과【靑果】 채소·과실 따위.
청과물 시:장 채소·과일을 전문으로 팔고 사는 시장.
청구【請求】 달라고 요구함.
청구서【請求書】 금품을 청구하는 문서나 쪽지. 예~를 내다.
청년【靑年】 20~30세 정도의 젊은 사람. 비청춘. 반노년.
청동【靑銅】 구리와 주석의 합금.
청동기 시대 청동기를 제조·사용한 시대로서, 석기 시대의 다음, 철기 시대의 앞에 해당함.
청동오리【동물】 오리과의 새. 몸길이 58㎝ 정도. 하천·호수·해안·농경지 등에 살며, 풀씨·열매·곤충 등을 먹음. 물오리.
청량【淸凉】 맑고 서늘함.
청량제【淸凉劑】 복용하면 기분이 상쾌하고 산뜻한 약재.
청:력[-녁] 귀로 소리를 듣는 힘.

청렴 결백【淸廉潔白】 욕심이 없고 마음도 깨끗함. -하다.
청명하다 날씨가 맑고 밝다.
청:문회【聽聞會】 행정 및 입법 기관이 법규의 제정·행정 처분 등의 결정에 앞서, 이해 관계인이나 제삼자의 의견을 듣기 위하여 여는 모임.
청백리【淸白吏】[-뱅니] 부정이 없어 청렴 결백한 관리.
청부 도급으로 일을 맡아서 하는 것. 예~ 살인.
청사【廳舍】 관청의 건물을 두루 이르는 말. 예정부 종합 ~.
청사진 선이나 글자, 물체의 모양 등이 청색 바탕에 흰색으로 나타나도록 한 도면.
청산리 대:첩[-살-] 1920년 만주의 청산리에서 김좌진 장군이 이끄는 독립군이 일본군을 크게 무찌른 싸움.
청산별곡 고려 가요의 하나.
청산 유수[-뉴-] 말을 거침없이 잘하는 것의 비유.
청색【靑色】 푸른 빛깔.
청소【淸掃】 깨끗이 치우는 일.
청소년【靑少年】 청년과 소년.
청순【淸純】 맑고 순백함.
청승 궁상스러워 언짢게 보이는 행동이나 태도. 예~맞다.
청심환【淸心丸】 심경의 열을 푸는데 쓰는 환약.
청어【동물】 청어과의 바닷물고기.
청와대【靑瓦臺】 경복궁 뒤 북악산 기슭의 넓은 터에 있는 대한 민국 대통령의 관저.
청원【請願】 어떤 허가 따위를

내주기를 청구하는 일.
청음【淸音】 맑고 깨끗한 소리.
청·일 전:쟁【淸日戰爭】 1894~1895년에 걸쳐 청나라와 일본 사이에 벌어진 전쟁.
청자【靑瓷】 고려 때 만든 푸른 빛깔의 자기. 비청자기.
청장년【靑壯年】 「청년」과 「장년」을 아울러 이르는 말.
청정 맑고 깨끗함. 예~ 해역.
청:진기 환자의 살갗에 대어 몸 안에 소리를 듣는 진찰 기구.
청천 벽력 ①뜻밖에 일어난 큰 변고. ②맑게 갠 하늘의 벼락.
청첩장[-짱] 경사스러운 일이 있을 때에 남을 청하는 글.
청춘【靑春】 젊은 시절. 비청년.
청:취【聽取】 ①사정을 잘 들음. ②라디어 방송을 들음.
청포도【靑葡萄】[식물] ①포도의 한 종류. 다 익어도 푸르스름하며, 껍질이 얇고 맛이 닮. ②설익은 푸른 포도.
청하다 ①바라다. 구하다. ②초대하다. 예친구들을 ~.
청해진[지명] 신라 시대의 장보고가 전라 남도 완도에 설치하였던 해군 군사 기지.
청혼【請婚】 결혼하기를 청함.
체¹ 가루를 치는데 쓰는 기구.
체² 그럴 듯하게 꾸미는 거짓 태도. 예잘난 ~.
체³【滯】 ①먹은 것이 잘 삭지 아니하고 위 속에 답답하게 처져 있음. ②「체증」의 준말.
체감【體感】 몸이 느끼는 감각.
체감 온도 몸으로 느끼는 추위·더위의 온도.
체결 계약이나 조약을 맺음.
체계 일정한 원리에 의하여 각기 다른 것을 계통적으로 통일한 조직. 예~를 세우다.
체급 권투·태권도·레슬링 등에서, 경기자의 체중에 의하여 매겨진 등급. 예~ 경기.
체납 세금이나 공과금을 정한 날짜에 내지 않음.
체내 몸의 안. 반체외.
체념 ①도리를 깨닫는 마음. ②희망을 버리고 생각지 않음.
체능 어떠한 일을 감당할 만한 몸의 능력. 예~ 시험.
체력 몸의 힘.
체력장 중·고등 학생들에게 실시하는 종합적인 체력 측정 및 그 검사 제도.
체면 남을 대하는 얼굴.
체온 사람이나 동물의 몸의 온도. 예~이 높다.
체육 신체의 발달·단련을 꾀하는 교육.
체육관 사람이 모여 체조나 경기 등을 할 수 있게 만든 건물.
체인지 ①변화. 변경. ②교환. 교체. -하다.
체전 체육 제전 「전국 체육 대회」를 달리 이르는 말.
체제 ①꾸밈새. ②사회적인 제도와 조직의 양식. ③생물체의 구조의 기본 형식. 방사 대칭·좌우 대칭 따위.
체조 몸의 발달을 돕고 동작을 민첩하게 하기 위하여 행하는 운동. 예맨손 ~.
체중 몸의 무게.
체질【體質】 타고난 몸의 바탕.

체크 ①대조. 검사. ②바둑판 모양의 옷감 무늬.

체통 지체나 신분에 알맞은 체면. 예~을 지키다.

체포【逮捕】 죄인을 뒤쫓아가서 잡음. 예살인범을 ~하다.

체험 몸소 치러 봄. 또는 그 경험. 비경험. -하다.

체험담 직접 겪은 이야기.

쳐내다 쓰레기 등을 쓸어 모아서 일정한 곳으로 가져 가다.

쳐:다보다 얼굴을 들어 위를 향하여 바라보다.

초¹ 불을 켜는 데 쓰는 물건.

초²【醋】 조미료의 하나로 시면서 단맛이 나는 액체. 예식~.

초³【秒】 시간의 단위로서 분의 60분의 1.

초-【初】「처음」의 뜻을 나타내는 말. 예~여름.

초가 볏짚·밀짚 따위로 이엉을 엮어 지붕을 이은 집. 반기와.

초가을 이른 가을. 가을의 첫 시기. 반늦가을.

초고 시나 문장의 초벌 원고.

초과 일정한 수를 넘음.

초급【初級】 초·중·고로 나누었을 때 가장 낮은 등급.

초기【初期】 맨 처음으로 비롯되는 시기나 그 동안. 반말기.

초년【初年】 ①일생의 초기. ②첫해 또는 처음의 시기. 반만년.

초능력【超能力】[-녁] 오늘날의 과학으로는 합리적으로 설명할 수 없는 초자연적인 능력. 텔레파시. 투시 등.

초단파 파장이 1~10m의 전파. 주파수 30~300메가헤르츠.

초당【草堂】 집의 원채에서 따로 떨어진 정원에 억새·짚 등으로 지붕을 인 작은 집채.

초대¹【招待】 남을 오라고 청하여 대접함. 비초청. -하다.

초대²【初代】 첫번째. 제1대.

초대권 공연장이나 극장에 오도록 초대하는 표.

초대형 극히 대형의 것.

초등 교:육 학교 교육의 맨 처음 단계로서 초보적·기초적인 교육. 초등 학교의 교육.

초등 학교【初等學校】 만으로 6~7세 되는 아동들이 다니는 학교로 수업 연한은 6년임.

초라하다 ①보잘것 없다. ②옷을 잘 입지 못하다.

초래 ①어떤 결과를 가져오게 하는 것. ②불러서 오게 하는 것.

초로 풀 끝에 맺힌 이슬.

초롱 석유나 물 따위 액체를 담는 양철통. 예석유 한 ~.

초립【草笠】 옛날에, 나이 어려서 관례한 남자가 쓰던, 누른 풀로 결어 만든 갓.

초막【草幕】 짚이나 풀 따위로 지붕을 인, 조그마한 막집.

초만원【超滿員】 정원 이상으로 사람이 많이 모인 것.

초면 처음으로 대하여 봄.

초목【草木】 풀과 나무.

초반전【初盤戰】 시작한 지 얼마 안 된 무렵의 싸움.

초벌구이 도자기를 초벌 굽는 일.

초범【初犯】 처음으로 저지른

죄.
초보 첫번에 하는 것. 첫걸음.
초봄 이른 봄. 첫 봄.
초빙 예를 갖춰 불러 맞아들임.
초산 신맛이 있는 무색의 액체. 탄소·산소·수소의 화합물.
초상【肖像】 어떤 사람의 모습을 그린 화상이나 조각.
초상집 초상이 난 집. 回상가.
초석 ①주춧돌. ②어떤 사물의 기초. 예나라의 ~이 되다.
초속【超速】 1초 동안에 간 거리.
초순 그 달의 1일에서 10까지의 열흘 동안. 回상순. 반하순.
초승달 음력으로 초승에 돋는, 눈썹처럼 가는 조각달.
초식 동:물【草食動物】 소·노루 등과 같이 식물성 먹이만 먹는 동물. 반육식 동물.
초안【草案】 어떤 글을 짓기 위해 줄거리를 짠 글.
초엽 한 시대를 셋으로 나눌 때, 맨 처음의 기간. 예21세기 ~.
초옥【草屋】 풀로 인 집. 초가집.
초원【草原】 풀만 자라는 넓은 평지. 回풀밭.
초월【超越】 어느 한도나 표준을 뛰어 넘음. 예상상을 ~하다.
초음속 소리보다 빠른 속도.
초음파【超音波】 진동수가 너무 크기 때문에 사람의 귀에는 들리지 않는 음파. 예~ 탐지기.
초인적 보통 사람보다 매우 뛰어난 능력을 가지고 있는 모양.
초인종 사람을 부르기 위한 신호로 울리도록 하는 종.
초저녁 ①이른 저녁. ②날이 어두워진지 얼마 안되는 때.
초점【焦點】[-쩜] ①사물의 가장 중요한 곳. ②빛이 한 곳에 모이는 점. 예~을 맞추다.
초지 일관 처음 뜻한 바를 굽히지 않고 끝까지 밀고 나감.
초청【招請】 청하여 부름. 예파티에 ~되다. 回초대. -하다.
초췌하다 고생이나 병으로 몸이 여위고 파리하다.
초침 초를 가리키는 시계 바늘.
초콜릿 코코아 가루에 설탕·향료·우유를 넣어서 굳혀 만든 서양과자의 하나.
초:크 ①분필. ②양재에서, 옷감의 마름질의 표를 하는데 쓰는 일종의 분필.
초토【焦土】 ①불에 타서 검게 된 흙. ②불타서 없어진 자리. 예~화 되었다.
초판【初版】 책을 최초로 인쇄하여 발행한 판. 예~을 내다.
초하루 그 달의 첫째 날. 예~에 만나자. 반그믐.
초행【初行】 처음 감. 또는 그 길. 예이 길은 ~이다.
촉:¹ 작은 물건이 길게 늘어지거나 처진 모양. 큰축.
촉²【鏃】 긴 물건의 끝에 박힌 뾰족한 물건의 총칭. 예펜~.
촉각【觸覺】 피부 감각의 하나. 물건에 닿았을 때 일으키는 감각.
촉감【觸感】[-깜] 살갗에 닿는 느낌. 손 끝으로 만져 본 느낌.

촉수 무척추 동물의 몸의 전단이나 입 주위에 있는 신축자재의 돌기 모양의 기관.

촉진 재촉하여 빨리 나아가게 함. 예소화를 ~시키다. -하다.

촌:【村】도시에서 멀리 떨어진 시골의 마을. 비시골.

촌뜨기 시골에 사는 촌스러운 사람의 별명. 반서울뜨기.

촌:수[-쑤] 친족 간의 멀고 가까움을 나타내는 수.

촌충【寸蟲】기생충의 한 가지로서, 척추 동물의 창자 속에 생기는 빛이 흰 벌레.

출랑이 출랑거리는 사람.

촘촘하다 빽빽하고 빈틈이 없다.

촛대 초를 꽂아 놓는 기구.

촛불 양초에 켜 놓은 불.

총¹【銃】사냥할 때나 싸움에서 쓰는 무기. 예기관~.

총:-²【總】온통. 예~선거.

총:각 장가갈 나이가 되고도 아직 장가가지 아니한 남자. 예노~. 반처녀.

총:계 전체를 한데 통틀어서 계산하는 것. 예~를 내다.

총:괄【總括】개별적인 여러 가지를 한데 묶는 것. 예~적.

총:궐기 전체의 궐기.

총기¹【銃器】소총·권총 등의 무기. 예~ 검사를 한다.

총기²【聰氣】총명한 기질.

총:독 남의 나라를 빼앗아 가지고 그 나라를 다스리는 우두머리.

총:력 안보【總力安保】나라의 모든 힘을 안전 보장에 쏟음.

총:리【總理】①국무 위원의 우두머리가 되는 관직. 국무 총리. ②전체를 모두 관리함.

총명【聰明】영리하고 기억력이 좋음. 예~한 아이. -하다.

총:무처【總務處】중앙 행정 기관의 하나. 법령 및 조약 공포, 공무원의 인사 관리, 행정 사무 개선 등의 일을 맡아 봄.

총:본산【總本山】우리 나라 불교의 전체 본사를 총할하는 최고 종교 행정 기관.

총:사령관【總司令官】전군을 통할 지휘하는 사령관.

총상【銃傷】총에 맞은 상처.

총알 총에 재어 쏘아 내보내는 탄알. 예~이 나간다. 비총탄.

총애 특별히 귀엽게 여겨 사랑함. 예~를 받다. -하다.

총:액【總額】전부를 합한 액수.

총:장 종합 대학교의 우두머리.

총:재 모든 사무를 총괄하여 결재하는 일. 또는 그 사람.

총:점[-쩜] 전체의 점수.

총총 일이 매우 급하고 바쁜 모양. 예~히 걸어가다.

총총 나무가 무성히 들어선 모양. -하다. -히.

총통【銃筒】대포와 비슷한 옛날의 무기. 화전·화통 등.

총:회【總會】어떤 기관이나 단체 전원의 모임. -하다.

촬영 어떤 물체의 형상을 사진이나 영화로 찍음. 예사진 ~.

최:강【最強】가장 셈.

최:고¹【最古】가장 오래됨.

최:고²【最高】가장 높음. 반최

저.
최:고봉 ①어느 지방이나 산맥 중에서 가장 높은 봉우리. 주봉. 예세계의 ~이다. ②어떤 분야에서 가장 뛰어난 수준의 비유.
최:근 ①가장 가까움. ②지나간 지 얼마 안되는 날. 비근래.
최남선[인명](1890~1957) 사학가이며 문학가. 호는 육당. 신문학 운동의 선구자로 잡지 「소년」 등을 간행하였고, 독립 선언문을 썼음.  [최남선]
최:다[最多] 가장 많음.
최:단[最短] 가장 짧음. 반최장.
최:대[最大] 가장 큼. 예~의 행복. 반최소. -하다.
최:대 공약수[最大公約數] 공약수 중 가장 큰 수. 반최소공배수.
최:대량[最大量] 가장 많은 양.
최면[催眠] 잠이 오게 함.
최면술[催眠術] 암시나 명령으로 잠이 오게 하는 술법.
최:상[最上] 맨 위. 지상. 예~의 방법. 반최하.
최:상급 가장 위의 등급.
최:상품 가장 좋은 물건.
최:선 ①가장 착하고도 좋음. 반최악. ②있는 힘을 다함.
최:선봉 맨 앞장.
최:소¹[最小] 가장 작음. 예~의 노력. 반최대. -하다.
최:소²[最少] 가장 적음.

최:소 공배수[最小公陪數] 공배수 중 0을 제외한 공배수로서 가장 작은 수. 반최대 공약수.
최:신[最新] 가장 새로움. 예~유행. 반최고.
최:신형 가장 새로운 모양.
최:악 가장 나쁨. 반최선.
최영[인명](1316~1388) 고려말의 장군. 랴오둥 정벌을 주장하다가 이성계와 대립하여 이성계 일파에게 붙잡혀 귀양갔다가, 죽음을 당하였음.  [최영]
최:우수[最優秀] 가장 뛰어남. 가장 우수함. 예~상.
최:장[最長] 가장 긺.
최:저[最低] 가장 낮음. 반최고.
최:저 가격 가장 싼 값. 비최저가. 반최고 가격.
최:적[最適] 가장 알맞음.
최:전방[最前方] 적과 가장 가까운 전방. 비최전선.
최:종 맨 나중. 예~목표.
최:첨단 유행이나 시대 따위의 가장 선두. 예유행의 ~을 걷다.
최:초[最初] 맨 처음. 반최종.
최:하급 가장 낮은 등급.
최:하품 품질이 가장 낮은 물품.
최:후[最後] 마지막 맨 끝.
최:후의 만:찬 예수가 십자가에 매달리기 전날 밤에 열두 제자와 함께 나눈 마지막 식사.
추[鍾] 저울추처럼 끈에 달려

추가【追加】 나중에 더 보탬.
추격 뒤쫓아서 공격함. -하다.
추계【秋季】 가을의 시기.
추곡 가을에 거두어들이는 곡식.
추구【追求】 끈기 있게 뒤쫓아 구함. 예이상을 ~하다.
추궁【追窮】 잘못한 일을 끝까지 따지어 밝힘. -하다.
추기경【樞機卿】 천주교에서, 교황 다음가는 성직.
추남【醜男】 얼굴이 못생긴 남자. 예정말 못생긴 ~. 반미남.
추녀[1] 처마 네 끝의 기둥 위에 끝이 번쩍 들린 큰 서까래.
추녀[2]【醜女】 보기 흉하게 얼굴이 못생긴 여자. 추부. 반미녀.
추다 남을 일부러 칭찬하다.
추도【追悼】 죽은 사람을 생각하여 슬퍼함. 예~회. 비애도.
추락【墜落】 높은 곳에서 떨어짐. 예비행기가 ~하다. -하다.
추리 이미 아는 사실을 전제로 아직 모르는 사실을 미루어 알아 냄. 예사건을 ~하다.
추방 죄 지은 사람을 조직 밖으로 멀리 쫓아냄.
추분【秋分】 태양이 적도 위를 직각으로 비추는 날. 양력 9월 21일경이며, 낮과 밤의 길이가 같음. 반춘분.
추사체 조선 말기 서예가 추사 김정희의 독창적인 글씨체.
추상【追想】 지나간 일을 생각하고 그리워함. 비추억.
추상화 실제 대상물의 모양에 얽매이지 않고 생각이나 느낌대로 그리는 그림. 예피카소의 ~.
추석【秋夕】 우리 나라 명절의 하나로 음력 8월 15일. 차례를 지내고 성묘 등을 함. 예~에 고향에 가다. 비한가위. 중추절.
추수 가을에 곡식을 거둬들이는 일. 비가을걷이.
추악【醜惡】 더럽고 지저분하여 아주 추함. 예~한 몰골.
추앙 높이 받들어 우러름.
추억【追憶】 지나간 일을 돌이키어 생각함. 비회상.
추위 겨울의 찬 기운. 반더위.
추잡【醜雜】 언행이 더럽고 지저분하고 추함. 예~한 짓.
추장【酋長】 미개한 종족이 사는 마을의 우두머리.
추적【追跡】 뒤를 밟아서 쫓아감. 예도둑을 ~하다.
추천【推薦】 ①어떤 조건에 적합한 대상을 책임지고 소개함. ②좋거나 알맞다고 생각되는 물건을 남에게 권함. -하다.
추첨 제비를 뽑음. -하다.
추측【推測】 미루어 생각해 헤아림. 비추량. -하다.
추켜세우다 위로 치올려 세우다. 예눈썹을 ~.
추태 더럽고 지저분한 태도.
추파【秋波】 ①가을철의 잔잔하고 맑은 물결. ②사모의 정을 나타내거나 남자의 관심을 끌기 위해 은근히 보내는 여자의 눈짓. 예~를 보내다.
추풍【秋風】가을 바람.
추하다 지저분하고 더럽다.
축¹ 같은 무리나 또래의 한 동아리. 예우등생 ~에 낀다.
축:² 무엇이 아래로 길게 늘어지거나 처진 모양. 예전깃줄이 ~ 늘어져 있다.
축³【軸】①굴대. ②도형 또는 물체의 중심이 되는 부분.
축구 11사람씩 두 패로 갈려 공을 발로 차거나 머리로 받아서 상대방 골에 넣어 득점하는 운동 경기. -하다.
축대[-때] 높게 쌓아 올린 대.
축복【祝福】[-뽁] 앞날의 행복을 빎. 비축사. 반저주. -하다.
축사【祝辭】[-싸] 축하하는 글이나 말. 반조사. -하다.
축사【畜舍】가축을 기르는 건물.
축산【畜産】[-싼] 가축을 기르거나 그것에 의한 생산.
축성 ①성을 쌓음. ②요새·포대·참호 등의 구조물을 통틀어 이르는 말. 예진지를 ~하다.
축소【縮小】[-쏘] 크기를 줄여서 작게 함. 예규모를 ~하다.
축의【祝意】축하의 뜻.
축의금 축하의 뜻으로 내는 돈.
축이다 물에 적셔 축축하게 하다. 예물로 목을 ~.
축재 재물을 모아 쌓음. 또는 모은 재산. 예부정 ~자. -하다.
축적 많이 모아서 쌓아 둠.

축전지【蓄電池】전기 에너지를 화학 에너지로 바꾸어 모아 두었다가 필요한 때에 전기 에너지로 재생하는 장치.
축제【祝祭】축하하여 벌이는 행사. 예~ 분위기.
축조【築造】쌓아서 만드는 것. 예성곽을 ~하다.
축하【祝賀】일의 잘 됨을 빌고 기뻐함. 비축복. 반애도.
춘계【春季】봄철. 춘기.
춘부장【春府丈】남의 아버지를 높이어 부르는 말.
춘분【春分】24절기의 하나. 태양이 적도 위를 직각으로 비추는 말. 양력 3월 21일경이며 낮과 밤의 길이가 같음. 반추분.
춘천[지명] 강원도의 도청 소재지.
춘추 ①봄과 가을. ②어른의 나이를 높여 일컫는 말. ③세월.
춘하추동 봄·여름·가을·겨울. 곧 일년의 계절을 말함.
춘향전[책명] 한국의 대표적인 고대소설의 하나.
출가【出嫁】처녀가 시집을 감.
출가【出家】집을 나감.
출격 항공기가 적을 공격하러 나감. 예~ 명령. -하다.
출고 물품을 창고에서 꺼냄.
출생률 인구 1,000명에 대하여 1년간의 출생 비율.
출생 신고 출생한 사실을 관청에 알리는 일. -하다.
출판【出版】책·그림 등을 인쇄하여 세상에 내놓음.
출판권【出版權】저작권의 기능

의 하나로, 어떤 저작물을 인쇄·간행할 수 있는 독점적·배타적 권리. 예~을 가지다.
출판사【出版社】 출판을 업으로 삼는 회사. 예유아 ~.
출품【出品】 전람회·전시회 같은 곳에 물건·작품을 내놓음.
춤 음악에 맞추거나 흥에 겨워 여러 가지 손짓·몸짓을 하며 우쭐거리고 뛰노는 예술적 동작.
춥다(추우니, 추위) ①날씨가 차다. ②찬 기운이 느껴지다.
충격【衝擊】 서로 세차게 부딪침. 예그 사고는 ~이었다.
충고【忠告】 참된 마음으로 남의 잘못을 타이름. -하다.
충돌【衝突】 ①서로 부딪침. 예~ 사고. ②쌍방의 의견이 맞지 아니하여 서로 맞섬. -하다.
충동【衝動】 마음을 들쑤시어 움직이게 함. 예~질. -하다.
충렬사【忠烈祠】 충성을 다하여 바른 도리와 절개를 지킨 사람의 영을 모시는 사당.
충매화【식물】 곤충이 꽃가루를 옮겨 주어 열매를 맺는 꽃. 분꽃·호박꽃·무꽃 따위.
충무공【忠武公】 이순신 장군이 죽은 뒤 그 공을 기리는 뜻으로 임금님이 내린 호.
충분【充分】 모자람이 없음.
충성【忠誠】 참마음에서 우러나는 정성. 비충절. 충의.
충신 나라와 임금을 위하여 충절을 다한 신하. 반역적. 역신.
충실【充實】 ①몸이 굳세고 튼튼함. 예~한 몸. ②내용·설비 등이 알참. 예~한 생활을 하다.
충심【忠心】 충성스러운 참마음.
충적【沖積】 하천에 의해 운반되어 온 흙과 모래가 퇴적하는 것. 예~ 평야.
충전【充電】 전력이 없는 축전지 등에 전력을 채우는 일.
충족 ①일정한 분량을 채움. ②분량이 차서 모자람이 없음.
충주댐 충청 북도 중원군에 있는 다목적 콘크리트 댐. 수력 발전을 하며, 경인지구를 포함한 한강 유역에 물을 대어 줌.
충청도 충청 남·북도를 합해 부르던 옛날의 행정 구역.
충치 벌레가 먹은 이.
충해【蟲害】 해충으로 인한 농작물의 피해. 예~를 방지하다.
충효【忠孝】 나라를 위한 충성과 부모를 섬기는 도리. -하다.
취:급【取扱】 일을 처리함. 다루어 처리함. 예~ 물품.
취:득【取得】 자기 소유로 함.
취:미 마음에 당기어서 자꾸 좋아지는 흥미. 예~는 독서다.
취바리 산대놀음에 쓰이는 괴상한 모양의 남자의 탈.
취:소 약속하거나 발표했던 것을 나중에 없었던 것으로 함.
취:업【就業】 취직함. 비취직.
취:임【就任】 맡은 자리에 나아가 임무를 처음 보기 시작함. 예장관으로 ~하다. 반이임.
취:주악 타악기나 관악기로 구

성되어 연주하는 음악.
취:지【趣旨】①어떤 일을 하려고 하는 근본 생각. 예~를 밝히다. ②말이나 글의 요점.
취:직【就職】 일자리를 얻음. 비취업. 반실직. -하다.
취:침 잠을 잠. 반기상. -하다.
취:하다【醉-】 ①술 기운이 온 몸에 퍼지다. 반깨다. ②반하여 마음을 빼앗기다.
취:향【趣向】 취미가 쏠리는 방향. 예~에 맞게 고치다.
-측【側】 어떠한 쪽의 뜻을 나타내는 말. 예상대~.
측근【側近】 ①곁의 가까운 곳. ②가까이 모시는 사람.
측량【測量】 ①물건의 높이·길이·넓이 따위를 잼. ②땅 위의 어떤 위치·각도·거리·방향 따위를 재어 표시함. 또는, 그런 일. 비측정. -하다.
측면【側面】 물체의 앞에서의 좌우 면. 예~ 공격. 반정면.
측면도【側面圖】 물체의 측면에서 바라본 도면. 예~를 그리다.
측선【側線】 물고기들의 몸 옆구리에 있는, 감각을 느끼는 줄.
측우기 조선 세종 때(1442) 장영실이 발명한 것으로, 비온 양을 재던 기구. 서양보다 200년이나 앞서 만들었음.

[측우기]

측정 ①재어서 정하는 것. ②추측하여 결정하는 것. ③일정한 양을 기준으로 하여, 같은 종류의 다른 양들의 크기를 재는 것. 예무게를 ~하다.
측후소【測候所】 기상을 관측하여, 예보·정보를 알려 주는 곳.
층【層】 ①층층대의 계단. 2~ 양옥집. ②여러 층으로 지은 건물에 있어서의 한 층.
치¹ 길이의 단위. 한 자의 십분의 일. 촌. 약 3cm임.
-치² 기미를 알아차리는 짓을 나타내는 말. 예눈~. 코~.
치과【齒科】[-꽈] 이를 전문적으로 치료·교정·가공하는 의학의 한 분야. 예~ 의사.
치다 바람·눈보라·물결·번개 따위가 몹시 일어나다.
치닫다 위로 향해 달리다.
치뜨다 눈을 위쪽으로 뜨다.
치레 잘 손질하여 모양을 내는 일. 예겉~. -하다.
치료 병이나 다친 데를 고침.
치르다 ①주어야 할 물건값을 내다. ②주요한 일을 겪어 내다.
치마 여자의 아랫도리에 입는 겉옷. 반저고리.
치:명상 죽을 지경에 이르게 하는 큰 상처. 예~을 입히다.
치밀다 ①아래에서 위로 북받치다. ②욕심·화·불길 따위가 힘차게 일어나다. 반내리밀다.
치사【恥事】 창피하고 남 부끄러운 일. 예~한 일만 한다.
치석 이의 안팎이나 틈 사이에 누렇게 굳어 붙은 단단한 물질.

치수 길이에 대한 몇 자 몇 치의 셈. 예) 양복 ~를 재다.

치아【齒牙】 사람의 「이」를 점잖게 이르는 말.

치약 이를 닦는데 쓰는 약품.

치열 형세가 세차고 사나움. 예) ~한 싸움. 비) 극렬.

치욕【恥辱】 부끄러움과 업신여김을 당하여 욕됨. 반) 영광.

치우다 ①물건을 다른 곳으로 옮기다. ②흩어진 것을 정돈하다. 예) 쓰레기를 ~.

치유 치료를 받고 병이 나음.

치읓 한글의 자음 글자. 「ㅊ」의 이름.

치이다 ①무거운 물건의 밑에 내리눌리거나 깔리다. 예) 차에 ~. ②덫 따위에 걸리다.

치장 보기 좋게 꾸밈. 비) 단장.

치:중【置重】 어떠한 것에 특히 중점을 두는 일. -하다.

치:즈 우유 중의 단백질을 굳혀 발효시킨 음식.

치질 항문의 안팎에 생기는 병을 통틀어 이르는 말.

치킨 ①닭고기. ②「프라이드 치킨」의 준말.

치:타【동물】 포유류 고양이과의 한 종. 몸길이 1.5m 정도. 포유류 중 가장 빠른 속도로 달림.

치통 이가 아픈 증세.

친구 오래도록 친하게 사귀어 온 벗. 비) 친우. 동무. 벗.

친권【親權】 부모가 미성년자인 자식에 대하여 가지는 재산상의 권리와 의무의 총칭.

친근【親近】 사이가 매우 가까움.

친남매【親男妹】 한 부모에게서 태어난 남매. 예) ~ 사이.

친밀【親密】 서로 사이가 가까움.

친부모【親父母】 자기를 낳아 준 아버지와 어머니.

친일파【親日派】 ①일본과 친근한 파. ②1945년 이전의 일제 때 반민족적 행위를 한 무리.

친절【親切】 매우 고분고분하고 정다움. 비) 다정. 반) 불친절.

친정【親庭】 시집간 여자의 본집. 비) 친가. 반) 시댁.

친척【親戚】 같은 조상의 피를 받아 태어난 자손들. 비) 친족.

친하다【親-】 ①사귀는 사이가 두텁다. ②가까이하다.

친형제 한 부모에게서 난 형제.

칠[1]【漆】 빛깔이나 광택을 내는 데 쓰는 물감. 「옻칠」의 준말.

칠[2]【七】 일곱. 칠.

칠기【漆器】 옻칠과 같이 검은 잿물을 입힌 도자기.

칠면조【동물】 닭과 비슷한 새. 꼬리를 벌리면 부채 모양으로 되고 때때로 볏빛이 빨강·파랑 등의 여러 색으로 변함.

[칠면조]

칠석【七夕】 [-썩] 음력 칠월 칠일. 견우성과 직녀성이 오작교에서 만난다는 날.

칠순 [-쑨] 일흔 살.

칠전 팔기 일곱 번 넘어져도 여덟 번 일어난다는 뜻.

칠중주 [-쭝-] 일곱 사람이 각

기 다른 악기로 하는 연주.
칠판【漆板】 검정이나 녹색 칠을 하여 분필로 글씨를 쓰게 만든 널 조각. 비흑판.
칠현금【七絃琴】 일곱 줄로 된 악기. 거문고 비슷함.
칠흑 검고 광택이 있음. 또는, 그 빛깔. 예~ 같이 어두운 밤.
칡[칙][식물] 콩과의 여러해살이 덩굴진 풀. 뿌리는 먹고 줄기는 끈으로 씀.

[칡]

침[1] 입 속의 타액선에서 분비되는 끈기있는 소화액.
침[2]【鍼】 병을 고치는데 쓰는 바늘. 예~을 놓다.
침[3]【針】 ①바늘. ②시계 바늘.
침:대【寢臺】 사람이 누워 자는 서양식 잠자리. 비침상.
침략[-냑] 남의 영토를 침범하여 빼앗음. 비침범. 반방어.
침몰【沈沒】 물 속에 가라앉음.
침묵 아무 말없이 가만히 있음.
침범【侵犯】 남의 나라를 쳐들어감. 비침노. 침략. -하다.
침샘 침을 내보내는 샘.
침수【浸水】 물이 들거나 잠김.

침술【鍼術】 침을 놓아 병을 치료하는 한방의 의술.
침식【浸蝕】 흐르는 물이 땅을 깎아 내거나 무너뜨리거나 하는 작용. 예~ 작용. -하다.
침식【浸蝕】 차츰 먹어 들어감.
침엽수 소나무·잣나무·전나무 등과 같이 잎이 바늘처럼 가늘고 긴 나무를 통틀어 이르는 말. 반활엽수.
침입【侵入】 침범하여 들어감.
침전 액체 속에 섞여 있는 물질이 밑바닥에 가라앉는 일.
침착 어떤 일에 당황하지 아니하고 마음이 가라앉아 있음.
침팬지[동물] 머리가 썩 뛰어난 원숭이의 한 종류. 키는 1.5m 정도.

[침팬지]

침해 침범하여 손해를 끼침.
칫솔 이를 닦는 솔.
칭찬 잘 한다고 추킴. 비칭송. 반꾸중. -하다.
칭탄 칭찬하고 감탄하는 것.
칭하다 일컫다.
칭호【稱號】 어떠한 뜻으로 부르는 이름. 비명칭.

ㅋ

ㅋ[키읔] 한글 자모의 열한번째 글자. 이름은 키읔.

카나리아[동물] 되새과의 새. 종달새와 비슷한데, 배와 허리는 누르스름하며 겨드랑이 부분에 검은 얼룩점이 있음. 방울 소리처럼 울어 가정에서 많이 기름. [카나리아]

카:네이션[식물] 석죽과에 딸린 여러해살이풀. 여름에 향기있는 홍색·백색의 아름다운 겹꽃이 핌.

카누: ①짐승의 가죽·나무 껍질·통나무 등으로 만든 작은 배. ②「카누 경기」의 준말.

카:드 어떤 사항을 기록해 자료로 보관하는 조그만 종이.

카메라 사진을 찍는 기계. 휴대용 사진기.

카멜레온[동물] 도마뱀과에 딸린 파충류. 몸 길이 30㎝ 정도며, 온도·빛에 따라 몸 색깔이 변하고 주위 환경에 잘 적응함.

카세트 ①녹음·재생할 수 있도록 만든 녹음기. ②「카세트 테이프」의 준말.

카우보이 ①목동. ②소몰이.

카운슬러 심리적인 문제·고민 등의 상담을 전문으로 하는 사람. 상담원.

카운트 ①운동 경기에서 행하는 득점 계산. ②권투에서, 녹다운의 경우에 초를 재는 일. ③계산. 셈.

카카오[식물] 카카오 나무의 열매. 오이와 비슷하며, 씨는 가루를 내어 코코아를 만듬.  [카카오]

카탈로그 ①상품 목록. 영업 안내. ②도서 목록.

칸 ①건물에서 일정한 규격으로 둘러막은 공간. ②사방을 둘러 막은 그 선의 안.

칸막이 공간 사이를 막는 일. 또는 물건. 예방 ~.

칼 물건을 베거나 써는데 사용하는 연장. 예부엌~. 비검.

칼국수 밀가루를 반죽하여 방망이로 얇게 민 후 가늘게 썰어 만든 국수. 손국수. 반틀국수.

칼로리 열량의 단위. 순수한 물 1g을 1기압에서 1℃ 올리는데 필요한 열량이 1칼로리임.

칼륨 은백색의 연한 알칼리 금속 원소.

칼슘 은백색의 가벼운 금속 원소. 석회암·뼈·조개 껍데기 등의 주성분.

캄캄하다 ①매우 어둡다. 반환

하다. 큰컴컴하다. ②희망이 없어 앞길이 까마득하다.

캐:다 ①땅에 묻힌 물건을 파내다. ②모르는 일을 더듬어 묻다. 예사건 전말을 ~ 묻다.

캐러멜 우유·버터·물엿·밀가루 등에 바닐라 따위의 향료를 넣어 고아서 굳힌 서양식 과자.

캐비닛 귀중품이나 사무용품 등을 넣어 보관하는 장.

캐어묻다[-따] 깊이 파고들어 묻다. 예꼬치꼬치 ~.

캐주얼 옷 따위를 간편하게 입는 일. 예~한 옷차림.

캐처 야구의 포수.

캐치 잡음. 파악함.

캔버스 유화를 그리는 삼베와 같은 헝겊.

캘린더 달력.

캠페인 사회적·정치적 목적을 위해 조직적으로 행하여지는 운동. 예~을 벌이다.

캠프 ①야영. 야숙. ②야영지. 예~ 생활.

캥거루 : [동물] 앞다리가 짧고 뒷다리와 꼬리가 길며, 암컷의 배에 주머니가 있어 새 [캥거루] 끼를 넣고 다님.

커닝 시험 중에 남의 것을 보고 부정 행위를 하는 일.

커:다랗다 매우 크다.

커버 덧씌우는 물건. 뚜껑.

커트 라인 끊어 버리는 선. 합격권의 최저선.

커플 ①한 쌍. ②남녀의 한 쌍.

커:피 커피나무 열매의 씨를 볶아서 만든 가루. 향기가 좋고 카페인이 많음.

컨디션 몸의 상태.

컨테이너 화물 수송에 쓰이는, 쇠붙이로 만든 커다란 상자.

컬러 색깔.

컴퍼스 제도 용구. 선의 길이를 재거나, 나누거나, 원을 그리는데 씀.

컴퓨:터 전자 장치를 이용하여 복잡한 계산을 하며, 많은 자료를 기억하고, 판단 능력이 있는 기계. 전산기.

케이블카 공중을 건너지른 강철선에 운반차를 달아 사람이나 짐을 나르는 장치.

케이비:에스 「한국 방송 공사」란 영어의 준말.

케이에스 「한국 공업 규격」의 약호.

케이 오 : 넉아웃. 권투에서 상대자가 10초 안에 다시 일어나지 못하게 때려 눕히는 일.

케이오:시: 한국 올림픽 위원회 예그는 ~의 위원이다.

케이크 밀가루·달걀·버터·우유·설탕 등을 주재료로 하여 만든 서양 과자의 총칭.

케첩 과일·채소 등을 끓여서 농축한 것에 감미료·식초 등을 섞어 만든 소스의 한 가지.

케케묵다 일이나 물건이 매우 오래 묵어서 쓸모가 없다.

켄트지 그림이나 제도용 등으로 쓰이는 종이.

켜다 ①불을 붙이다. ②톱으로

나무를 썰어 쪼개다. ③기지개를 하다. 예기지개를 ~.

켤레 신·버선 따위의 두 짝으로 된 것의 한 벌을 세는 말.

코 ①숨쉬는 것과 냄새를 맡는 일을 하는 오관의 하나. ②코에서 나오는 진득진득한 점액.

코끼리[동물] 몸이 크고, 눈은 작고, 코는 긴데 자유스럽게 놀릴 수 있으며, 육지에서 사는 동물 중 가장 큰 짐승.

코:너 일정한 공간의 구석. 예~를 돌다.

코:드 전등 또는 전기 기구에 접속하는 전선.

코뚜레 소의 코청을 꿰뚫어 끼는 고리 모양의 나무. 다 자란 송아지 때부터 고삐를 매는데 씀.

코리아 한국.

코리언 한국인. 한국어.

코미디 희극. 반비극.

코미디언 희극 배우.

코브라[동물] 파충류 코브라과의 독사. 적을 위협할 때 몸의 앞 부분을 세워 목 부분을 국자 모양으로 만드는 종류의 뱀.

코뿔소[동물] 포유류 코뿔소과에 속하는 동물의 총칭. 몸이 크고 몸높이 1.2~2m. 머리가 크며 코 위에 하나 또는 두 개의 뿔이 있음.

코:스 ①방향. 진로. ②경주 따위에서 선수가 나가는 길.

코스모스[식물] 국화과의 한해살이풀. 키가 크고 잎이 가늘게 째졌으며, 가을철에 여러 가지 빛깔로 떼지어 피는 꽃.

[코스모스]

코:치 운동 경기의 정신·기술을 지도·훈련시키는 일. 또는 그 사람. -하다.

코코아 카카오나무의 열매를 말려 얻은 가루. 음료·과자·약재로 씀.

코:트 테니스·농구·배구 등의 경기장. 예테니스 ~.

콘사이스 휴대용 사전. 소형 사전. 간결·간명이란 뜻임. 예미니 ~.

콘서:트 ①음악회. 연주회. ②연주 단체.

콘크리:트 시멘트에 모래·자갈 등을 물과 같이 섞어서 굳힌 것.

콘텍트 렌즈 안경 대신 눈알에 직접 붙이는 렌즈.

콘테스트 용모·작품·기능 등의 우열을 가리는 대회.

콜레라 몹시 열이 나고 설사를 하며, 또 토한 끝에 수분이 말라 죽는 무서운 병.「호열자」라고도 함. 예~ 환자.

콜레스테롤 동물의 신경 조직·혈액 속 등에 함유되어 있는 지방 비슷한 물질.

콧노래 기분이 좋아 흥겨워 콧소리로 부르는 노래. -하다.

콧수염 코 아래에 난 수염.

콩[식물] 콩과의 식물. 씨는 된장·두부의 원료로 쓰임.

콩나물 ①콩을 시루같은 것에 담아 그늘진 곳에 두고 콩에 물을 주어 뿌리를 내려 자라게 한 식료품. ②몹시 밀집되어 있는 것의 비유. 예~ 교실.

콩쥐 팥쥐[책명] 조선시대의 한글 소설. 신데렐라와 비슷한 이야기로, 계모의 학대를 그렸음. 지은이와 연대는 모름.

콩쿠:르 음악·무용·연극 등의 재주를 서로 견주는 경연회.

콩트 짧고 재치있게 쓴 단편.

콩팥 ①콩과 팥. ②오줌을 걸러내는 기관.

쾌감【快感】 상쾌하고 즐거운 느낌. 예~을 느끼다. 비쾌락.

쾌락【快樂】 기분이 좋고 즐거움. 예~에 빠지다. 비쾌감.

쾌속 속도가 매우 빠른 것.

쾌유 병이 개운하게 다 나음.

쾌적 몸과 마음에 알맞아 기분이 상쾌하다. -하다.

쾌차 병이 다 나음. -하다.

쾌청 하늘이 맑게 갬.

쾌활【快活】 마음이나 성질 또는 행동이 씩씩하고 활발함.

쿠데타 무력에 의해 정권을 빼앗는 일. 예군사 ~.

쿠베르탱[인명](1863~1937) 근대 올림픽 경기를 부흥시킨 프랑스의 체육인·교육자·남작. 올림픽의 부활을 계획하여 1896년에 그리스 아테네 [쿠베르탱] 에서 제1회 대회를 여는데 성공하였고, 국제 교육 협회를 조직하였음.

쿠키 밀가루를 재료로 하여 구운 서양식 비스킷.

퀴즈 문제를 말하고 답을 알아맞추는 게임.

퀸: 여왕. 왕비.

큐:피드 로마의 신화에 나오는 사랑의 신.

크낙새[동물] 딱따구리과의 새. 몸길이 46cm. 뾰족한 부리로 나무를 찍어 그 속의 벌레를 잡아먹음. 천연기념물 제11호.

크다¹ 자라다.

크다² ①작지 않다. 반작다. ②중대하다. ③심하다.

크라운 관. 왕관.

크레인 기중기. 무거운 물건을 들어올리거나 옮기는데 쓰이는 기계. 예~을 운전한다.

크레파스 그림을 그리는 용구의 하나. 크레용보다 색의 효과가 많음.

크리스마스 예수가 탄생한 날로 양력 12월 25일. 예~ 이브. 비성탄절.

크리스마스 트리: 크리스마스에 장식으로 세우는 나무.

크리스천 크리스트교를 믿는 사람. 기독교 신자.

크리스트교 예수 그리스도를 구세주로 믿는 종교. 서기 30년대에 유태교로부터 갈라져 나옴.

큰골 생각하고 외우고 명령을 내리고 보고·듣고·하는 일 등을 맡아하는 골 중의 하나.

큰따옴표 가로쓰기에 사용되는

따옴표의 하나.「" "」의 이름.
큰아버지 아버지의 맏형. 비 백부.
큰악절 두 개의 작은 악절이 합친 것. 보통 8마디·12마디로 이루어짐.
큰어머니 큰 아버지의 부인. 비 백모. 반 작은어머니.
큰절 어른 앞에 두 손을 바닥에 짚으며 무릎을 꿇고 얌전히 숙이는 절. -하다.
큰집 아우나 그 자손이 맏형이나 그 자손의 집을 일컫는 말.
클라리넷 목관 악기의 하나. 아름다운 음색과 넓은 음역 때문에 각종 합주에서 중요한 구실을 함.
클라이맥스 흥분이나 긴장 따위가 최고조에 이른 상태.
클래식 고전 음악.
클로:버 [식물] 토끼풀.
클로:즈업 영화에서, 대상의 일부를 화면에 크게 나타내는 일.
큼직하다 꽤 크다.
키¹ 배의 방향을 조절하는 기구.
키² ①신장. ②선 물건의 높이.
키:³ 열쇠.

키다리 키가 큰 사람의 별명.
키스 ①입을 맞춤. ②서양 예절에서 인사할 때 뺨·손 등에 입을 대는 일.
키우다 ①크게 하다. ②기르다.
키위 과일의 한 가지. 따뜻한 곳에서 재배함. 거죽은 녹갈색이며, 잔털이 있음.

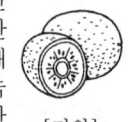
[키위]

키읔 한글 자모「ㅋ」의 이름.
키친 부엌. 주방.
킥 축구·럭비 등에서, 공을 발로 참.
킥복싱 발로 차기도 하고 팔꿈치·무릎을 쓰기도 하는 태국 특유의 권투.
킬러 살인자.
킬로 천의 뜻을 미터법의 기본 단위 이름 앞에 붙여 1,000배의 단위를 나타냄.
킬로그램 무게의 단위. 1kg은 1,000g임.
킬로미:터 길이의 단위. 약호는 ㎞. 1㎞는 1,000m임.
킬로와트 전기의 세기를 나타내는 단위. 1와트의 천 배.

ㅌ

ㅌ[티읕] 한글 자모의 열두째 글자. 이름은 티읕.
타:개【打開】 어렵고도 막혀 있는 일을 잘 처리함.
타:격 ①때려 침. ②손해를 당함. 예농가의 ~이 크다.
타계【他界】 ①다른 세계. ②어른이나 귀한 분의 죽음.
타고나다 선천적으로 지니고 태어나다.
타관【他官】 다른 고을.
타:구 야구에서, 공을 치는 일.
타국【他國】 남의 나라. 예~의 서러움. 비외국. 반고국.
타다¹ ①불이 붙다. ②가슴 속에 불이 붙는 듯하다.
타다² ①물에다 섞다. ②얼음 위에 미끄러져 닫다.
타:당성[-썽] 타당한 성질.
타:도 쳐서 부숨. 예적을 ~하다.
타:락【墮落】 품행이 좋지 못하여 나쁜 곳에 빠짐. -하다.
타래 실 등을 틀어 놓은 분량의 단위. 예실~.
타:령 ①음악 곡조의 한 가지. ②광대의 판소리나 민요 중 잡가를 함께 이르는 말.
타:박상【打撲傷】 매를 맞거나 부딪쳐서 생긴 상처. 예~를 입다.
타살【他殺】 남이 죽임. 또는 그 죽음. 반자살. -하다.
타:악기 두드려 소리를 내는 악기. 북·징 따위.
타:원【楕圓】 길쭉하게 둥근 원.
타월 무명실로 짠 천. 또는 그 천으로 만든 수건.
타의【他意】 ①다른 생각. 딴마음. ②다른 사람의 뜻.
타이르다 잘 하도록 가르치다. 알아 듣도록 말하다.
타이머 ①운동 경기 등에서 시간을 재는 사람. ②타임 스위치.
타인【他人】 다른 사람.
타임 ①때. 시간. ②걸리는 시간. 예~이 길다.
타임 머신: 과거나 미래로 갈 수 있다는 공상의 기계.
타입 모양. 유형.
타:자기 손가락으로 키를 눌러서 글자를 찍는 기계. 비타이프 라이터.
타:작 곡식의 이삭을 떨어서 알을 거두는 일.
타:전 전보를 침. -하다.
타:조[동물] 아프리카·아라비아 사막에 사는 큰 새. 키는 2m 가량이고 날지는 못하나 매우 잘 달리어 시속 90km

[타조]

타종【他種】 다른 종류.
타:진【打盡】 모조리 잡는 것. 예 간첩망을 일망 ~하다.
타향【他鄕】 제 고향이 아닌 고장. 비 객지. 반 고향.
타:협【妥協】 두 편이 좋도록 서로 의논하여 일을 처리함.
탁구 높은 상 위에 네트를 치고 공을 치는 실내 경기. 핑퐁.
탁상【卓上】 책상이나 식탁 등 탁자의 위. 예 ~ 시계.
탁상 시계【卓上時計】 책상 따위의 위에 놓고 보는 시계.
탁아소 부모들이 일하는 시간 동안 아이들을 맡아 보살피는 곳.
탁자 물건을 올려 놓도록 만들어진 가구의 총칭. 비 테이블.
탁하다 맑지 않고 흐리다.
탄:광【炭鑛】 석탄을 캐내는 광산.
탄:력 어떤 힘에 의해 변화가 생겼다가 그 힘이 없어지자, 그 전 상태로 돌아가는 힘. 예 ~성.
탄:로 비밀이 드러남.
탄:복 깊이 감탄하여 마음을 굽힘. 예 ~할 일이다. -하다.
탄:산가스 이산화탄소.
탄:생 사람이 태어남. 특히 귀한 사람에게 씀. 비 출생. 반 사망.
탄:수화물 탄소와 수소·산소의 화합물. 녹말·설탕 등이 이에 속함. 3대 영양소의 하나.
탄:식 한숨을 쉬며 한탄함.
탄:압【彈壓】 남을 억지로 을러메고 억누름. 예 언론 ~. -하다.
탄:약【彈藥】 탄환을 발사하기 위한 화약의 총칭. 예 ~ 창고.
탄탄하다 모양새가 굳고 단단하다. 큰 튼튼하다.
탄:환【彈丸】 총탄·포탄 등을 통틀어 일컫는 말. 탄알.
탈:¹ 종이·나무 따위로 만든 얼굴의 모양. 예 ~춤. 비 가면.

[탈¹]

탈:² 뜻밖에 일어난 사고나 변고. 비 고장. 사고.
탈:놀음 꼭두각시놀음이나 산대놀음 따위와 같이 탈을 쓰고 하는 연극. 비 가면극.
탈락【脫落】 어떤 곳에서 떨어져 없어짐. 예 예선 ~. -하다.
탈모【脫毛】 털이 빠짐. 또는 그 털. 예 ~ 현상. -하다.
탈:바가지 ①바가지로 만든 탈. ②「탈¹」의 낮춤말.
탈상 어버이의 삼년상을 마침.
탈선【脫線】[-썬] ①차가 선로를 벗어나는 사고. ②언행이나 글 따위가 나빠짐.
탈옥【脫獄】 죄수가 감옥에서 도망함. 예 ~수. -하다.
탈의【脫衣】 옷을 벗음. 예 ~장.
탈의실【脫衣室】 온천이나 목욕탕 등에서 옷을 벗는 방.
탈지면[-찌-] 지방분과 깨끗하지 못한 것을 빼고 소독한 솜. 소독면. 약솜.
탈진 기운이 다 빠져 없어짐.

탈:춤놀이 얼굴에 탈을 쓰고 춤을 추는 놀이. 가면무놀이.

탈취【奪取】 빼앗아 가짐.

탈퇴【脫退】 가입한 정당이나 단체에서 관계를 끊고 나옴. 비 이탈. 반 가입. -하다.

탐【貪】 욕심. 예 ~을 내다.

탐관 오:리 탐욕이 많고 행실이 깨끗하지 못한 관리. 반 청백리.

탐구【探求】 더듬어 찾아 구함.

탐구심【探求心】 깊이 살피어 사리를 밝히려는 마음.

탐내다 몹시 가지고 싶어 욕심을 내다. 비 욕심내다.

탐독 다른 일을 잊을 정도로 집중하여 책을 읽음.

탐라 「제주도」의 옛 이름.

탐문 아직 알려지지 않은 것을 더듬어 찾아가 물음.

탐스럽다 마음이 끌리도록 좋다.

탐욕 지나치게 탐하는 욕심.

탐정【探偵】 어떤 사건을 부탁받아 비밀리에 살려 알아냄. 또는 그 사람. 예 ~ 소설. 비 밀정.

탐지【探知】 더듬어 알아냄.

탐하다 지나치게 욕심을 부려 자기 것으로 하려 하다.

탐험【探險】 위험과 어려움을 무릅쓰고 찾아 다니며 살핌. 예 동굴 ~. 비 모험. 탐색. -하다.

탑【塔】 돌이나 벽돌로 여러 층을 쌓아 만든 집 모양의 건축물.

탓하다 잘못된 것을 원망하다.

탕:진하다 죄다 써 버리다.

태【胎】 태아를 싸고 있는 조직. 난막·태반·탯줄을 통틀어 이르는 말. 예 ~를 자른다.

태고【太古】 아주 오랜 옛날.

태권도 손과 발을 이용하는 우리 나라 고유의 무술.

태극기 우리 나라의 국기. 흰 바탕의 한가운데 양은 붉은 빛, 음은 남빛의 태극을 그리고, 검은 은빛으로 건·곤·감·이의 네 괘를 사방 대각선 상에 그렸음.

[태극기]

태견 손질·발질을 하여 상대를 제압하는 전통 무술. 택견.

태:도【態度】 ①몸을 가지는 모양이나 맵시. ②대상에 대한 자신의 생각이나 감정을 나타내는 외적 표현. 비 자태.

태만 게으르고 느림. -하다.

태몽【胎夢】 어머니가 아기를 가질 징조의 꿈. 예 ~을 꾸다.

태백 산맥 철령 부근에서 낙동강 어귀에 이르는 우리 나라에서 가장 긴 산맥. 길이 600 km.

태산【泰山】 굉장히 높은 큰 산.

태생【胎生】 ①사람이 일정한 곳에서 태어남. ②모체 안에서 어느 정도의 발달한 후에 태어남.

태아【胎兒】 어미의 태 안에서 자라고 있는 아기. 예 ~가 논다.

태양【太陽】 지구와의 거리는 1억 4천 945만 km. 크기는 지구의 약 130만 배이며 약

6,000℃의 광선을 발사함. ㈜해.

태양계【太陽系】 태양의 둘레를 돌고 있는 모든 별.

태양열 태양으로부터 나오는 열.

태어나다 처음으로 세상에 나오다. 예12월에 ~.

태연【泰然】 놀랄 만한 일에도 태도나 기색이 아무렇지도 아니하고 예사로움. -하다.

태우다¹ 수레 등에 몸을 얹게 하다. 예아기를 차에 ~.

태우다² ①불에 타게 하다. ②마음을 졸이다. 예애를 ~.

태자【太子】 황태자의 준말. 황제의 자리를 이어받을 아들.

태초【太初】 하늘과 땅이 맨 처음 생겨났을 때.

태평소【太平簫】 여덟 구멍이 뚫린 나무관에 깔대기처럼 생긴 놋쇠를 달아 부는 국악 목관 악기의 하나. 새납.

태평양 3대양의 하나. 아시아와 남·북 아메리카 및 오스트레일리아에 둘러싸인 넓은 바다.

태풍【颱風】 남양의 열대 지방에서 생겨 아시아 대륙·일본 열도·동지나 바다 동쪽 방면으로 불어 오는 초속 20~60m의 맹렬한 바람. 예사라호 ~.

택시 손님을 목적지까지 태워다 주고 돈을 받는 영업용 승용차.

택일 여럿 가운데서 하나를 고름.

택지【宅地】 주택을 짓기 위한 땅. 예집터. ~ 조성.

택하다 골라서 뽑다.

탤런트 ①재능. 수완. ②텔레비전 등 연기자.

탬버린 금속 또는 나무로 만든 테의 한 쪽에 가죽을 입히고 둘레에는 작은 방울을 단 타악기.
[탬버린]

탱자 탱자나무의 열매. 향기가 좋고 약으로도 쓰임.

탱자나무[식물] 가시가 많으므로, 흔히 울타리 대용으로 심음. 운향과의 낙엽 활엽 교목.

터 ①건축물을 지을 땅. ②일이 이루어진 밑자리. ③곳.

터널 땅 밑을 뚫어 차나 사람이 다닐 수 있게 만든 통로.

터:득 생각하여 이치를 깨달아 알아 냄.

터:뜨리다 터지게 하다.

터무니없다 ①허황하여 근거가 없다. ②이치나 도리가 맞지 않다.

터:미널 버스·열차 등의 출발점이나 종점.

터울 한 어머니에게서 난 자녀의 나이 차이. 예두 살 ~ 지다.

터전 밑바탕이 되는 자리. 예생활 ~. ㈜기반. 토대.

터주대감 단체나 마을의 구성원 가운데 가장 오래되어 터주격인 사람을 농담으로 이르는 말.

터:지다 ①사건이 갑자기 벌어

지다. 예 싸움이 ~. ②한 덩이로 된 것이 갈라지다.

턱 ①사람이나 동물의 입의 위 아래에 있어서 발성이나 씹는 일을 하는 기관. ②평평한 곳의 어느 한 부분이 갑자기 조금 높이 된 자리. 예 문~.

턱 ①자연스럽게 동작을 취하는 모양. ②긴장이 풀리는 모양.

턱걸이 ①철봉 따위를 손으로 잡고 몸을 달아 올려 턱이 그 위까지 올라가게 하는 운동. ②어떤 기준에 겨우 미침. 예 대학에 간신히 ~했다.

턱받이 어린아이의 턱 아래에 대어 음식물이나 침을 받아 내는, 헝겊으로 만든 물건.

[턱받이]

턱수염 아래턱에 난 수염.

털 ①사람이나 동물의 몸에 나는 가느다란 실 모양의 것. ②물건의 거죽에 부풀어 일어난 실 모양의 것.

털갈이 짐승이나 조류가 털이나 깃을 가는 일. -하다.

털:다 ①흩어지거나 떨어지도록 하다. ②지닌 물건을 모조리 내놓다. 예 주머니를 몽땅~.

털보 수염이 많거나 몸에 털이 많은 사람.

털실 짐승의 털로 만든 실.

텁텁하다[-터파-] ①입맛이나 음식맛, 또는 입 안이 시원하거나 깨끗하지 않다. ②성미가 소탈하여 까다롭지 않다.

텃밭 집터에 딸리거나 집 가까이에 있는 밭.

텃새[동물] 한 고장에 머물러 사는 새. 반 철새.

테 ①그릇의 조각이 어그러지지 못하게 단단히 둘러맨 줄. ②「테두리」의 준말.

테너 가장 높은 남자의 목소리.

테니스 중앙에 네트를 치고 양쪽에서 라켓으로 공을 주고받는 운동. -하다.

테두리 ①둘레의 줄. ②일정한 범위나 한계. 준 테.

테:마 주제. 제목. 문제.

테스트 검사. 시험.

테이블 물건을 올려놓는 서양식 탁자.

테이프 ①가늘고 길게 만든 종이나 헝겊의 오라기. ②녹음기에 쓰이는 긴 필름.

텐트 천막.

텔레비전 실지의 광경을 전파를 통해 먼 곳에서 보낸 것을 그대로 볼 수 있도록 꾸며진 기계.

텔레파시 감각 기관에 대한 자극 없이, 한 생명체로부터 다른 생명체로 관념이나 인상이 전달되는 것.

템포 ①악곡의 진행 속도, 또는 박자. ②사물의 진행 속도와 진도. 예 느린 ~.

토굴 ①흙을 파낸 큰 구덩이. ②땅 속으로 뚫린 큰 굴.

토기【土器】 진흙으로 만들어 볕에 구운 그릇. 예 ~그릇.

토끼[동물] 귀가 길고 눈알이

붉으며 수염이 긴 온순한 동물. 집토끼와 산토끼로 나눔.
토끼풀 [식물] 콩과의 여러해살이풀. 클로버.
토닥거리다 잘 울리지 않은 물건을 자꾸 두드리어 소리를 내다.
토담【土-】 흙을 쌓아 만든 담.
토대 ①흙으로 쌓아 올린 높은 대. ②모든 건물의 가장 아래에 있어 무게를 떠받고 있는 밑바탕. ③사물의 근본이나 기초.
토란 [식물] 땅 속에 살이 많은 알줄기가 있으며, 잎은 두껍고 넓음. 뿌리줄기는 잎자루와 함께 식용하는 여러해살이풀.
토:론【討論】 어떤 논제를 가지고 여러 사람이 모여서 비평하고 의논함. -하다.
토마토 [식물] 가지과의 한해살이풀. 높이 1.5~2m 가량이며, 여름에 노란 꽃이 피고 붉은 열매가 열리는 나무. 비 일년감. [토마토]
토막 ①크고 작은 동강. ②덩어리가 진 도막을 세는 말.
토목【土木】 ①흙과 나무. ②「토목 공사」의 준말.
토박이 일정한 곳에서 오래 살아온 사람. 「본토박이」의 준말.
토:벌【討伐】 군대를 보내어 반란자의 무리를 무찌름. -하다.

토산물【土産物】 한 고장에서만 생산되는 특수한 산물.
토성【土星】 태양계 중의 한 혹성. 태양에서 여섯 번째로 먼 행성. 고리 모양의 테가 있음.
토속【土俗】 그 지방의 특유한 풍속. 예~신앙.
토시 팔뚝에 끼워 추위나 더위를 막는 제구. 한 끝은 좁고, 다른 한 끝은 넓게 만들어졌음.
토양【土壤】 흙. 예산성 ~.
토옥【土沃】 땅이 걸고 기름짐. 예~한 논에 벼를 심었다.
토요일【土曜日】 칠요일의 마지막 날. 일요일의 전날.
토:의【討議】 어떤 문제에 대하여 토론하여 의논함. -하다.
토종 그 땅에서 나는 종자.
토지 ①땅. 흙. ②지면.
토질【土質】 땅의 성질. 특성. ~이 좋다. 비토성.
토픽 화제가 될 수 있는 이야기. 예해외 ~.
토:함산【吐含山】 경상 북도 경주시에 위치한 산. 불국사 뒤에 있음. 높이 745m.
톤 무게의 단위. 1톤은 1,000킬로그램.
톨:게이트 고속 도로나 유료 도로에서, 통행료를 받는 곳.
톱[1] 나무나 쇠붙이 등을 켜거나 자르는데 쓰는 연장. 예쇠~.
톱[2] 수석. 꼭대기.
톱 뉴:스 가장 중요한 뉴스.
톱니바퀴 톱니처럼 되어서 맞물려 돌아 동력이 전달되는 장치.

톱밥 [-빱] 톱질할 때 나무 등에서 나오는 가루.

통【桶】 물 따위를 담는데 쓰는 둥근 나무 그릇.

통 ①바짓가랑이나 소매 등의 속의 넓이. 예~이 좁은 청바지. ②사람의 도량이나 씀씀이. 예그는 ~이 작다.

통:계【統計】 한데 모아서 계산함. 예~를 내다.

통고【通告】 글이나 말로 알리어 줌. 비보고. -하다.

통:곡 소리를 높여 슬피 욺.

통과【通過】 ①통하여 지나가거나 옴. ②결정이 됨. -하다.

통나무 톱으로 켜거나 쪼개지 아니한 통째의 나무. 비원목.

통나무배 통나무 속을 파서 만든 작은 배. 예~를 타고 간다.

통로【通路】 사물이 다니는 길.

통보 통지하여 보고함. 또는, 그 보고. 예~를 꼭 해라.

통분【通分】 분모가 다른 두 개 이상의 분수와 각 분모를 그 최소공배수를 만들어 같은 분모로 만드는 일. -하다.

통속【通俗】 일반 세상에 널리 통하는 풍속. 예~ 소설.

통:솔 온통 몰아서 거느림.

통신【通信】 우편·전신 따위로 소식을 전함. 예~ 위성.

통신망 소식을 보내는 사람을 여러 곳에 보내어 통신하도록 하는 조직. 예비상 ~.

통신용 소식을 전하는 일에 쓰임. 예~ 인공 위성.

통신 위성 원거리 사이의 전파 통신의 중계에 쓰이는 인공 위성.

통역【通譯】 통하지 않는 한 나라의 말을 다른 나라의 말로 옮겨 통하게 하여 주는 일이나 그 사람. 예~관. -하다.

통용【通用】 널리 씀.

통운【通運】 물건을 실어서 운반함. 예대한 ~ 회사.

통:일【統一】 여럿을 모아 하나로 만드는 일. 예평화 ~. 비통합. 반분산. -하다.

통장【通帳】 은행이나 우체국 등에서 예금을 하거나 찾은 후에 그 상태를 기록해 주는 장부. 예예금 ~에 기입을 하다.

통:장²【統長】 통에 관한 사무를 맡아 보는 책임자.

통조림【桶-】 고기·과실 따위를 오래 보존하기 위하여 양철통에 넣고 봉한 물건.

통:증【痛症】 [-쯩] 아픈 증세.

통지 기별하여 알림. -하다.

통:찰 온통 밝히어 살핌.

통치¹【通治】 한 가지 약이 여러 병에 두루 잘 들음. 예만병 ~.

통:치²【統治】 ①도맡아 다스림. ②한 나라의 우두머리가 그 나라를 다스림. -하다.

통:쾌 뜻대로 잘 풀리어 썩 기분이 좋음. 예~한 승리. -하다.

통틀어(통틀어서) 있는 대로 모조리. 예~ 몇 개냐?

통풍【通風】 문을 열어 바람을 통하게 함. 예~을 시키다. -하다.

통하다 ①막힘이 없이 뚫리다.

②잘 알다. ③어떤 경로를 따라 움직여 가다. 반막히다.
통학【通學】 학교에 다님. 예걸어서 ~한다. -하다.
통:합【統合】 모두 몰아서 하나로 모음. 예조직을 ~하다.
통행【通行】 ①지나다님. ②길로 오고 가고 함. -하다.
통행증 어떤 지역이나 특정 시간에 통행을 허가하는 증서.
통화【通貨】 한 나라 안에서 일반에 유통되고 있는 화폐.
통화²【通話】 전화 따위로 말을 서로 통함. 예친구와 ~했다.
퇴:각 뒤로 물러감. 예~하다.
퇴:근 근무처에서 일 보는 시간을 마치고 나옴. 반출근.
퇴비【堆肥】 풀·짚·낙엽 등을 쌓아서 썩힌 거름. 두엄.
퇴:색【退色】 빛이 바램. -하다.
퇴:원 병원에서 건강을 회복하고 집으로 나옴. 반입원. -하다.
퇴:장 ①회의 장소에서 물러나옴. ②연극 무대 등에서 등장 인물이 밖으로 나감.
퇴적암 물에 떠내려간 진흙·모래·자갈 등이 바다 밑에 쌓인 다음에 큰 압력을 받아 암석으로 굳어진 것. 반수성암.
퇴적 작용【堆積作用】 흐르는 물에 의하여 운반된 흙이나 돌 등이 쌓이는 현상. 준퇴적.
퇴:직【退職】 다니던 근무처를 그만둠. 반취직. -하다.
퇴:짜 물품 따위가 수준에 이르지 못하여, 받아들이지 않고 물리치는 일. 또는 그 물품.

퇴:치【退治】 물리쳐 없애 버림. 예전염병이 ~되다. -하다.
퇴:학【退學】 학생이 학교를 그만두거나 학교에서 학생을 그만 다니게 함. 비퇴교.
퇴:행【退行】 ①뒤로 물러감. ②퇴화. ③다른 날로 물려서 행함.
퇴:화 진보 이전의 상태로 돌아감.
툇:마루 원마루 밖에 좁게 달아낸 마루. 예~에서 논다.
투견【鬪犬】 ①싸움을 하는 개. ②개끼리 싸움을 시킴.
투구¹ 옛날 사람들이 전쟁할 때에 쓰던 쇠로 만든 모자.
투구²【投球】 공을 던짐. [투구¹]
투기【投機】 요행을 바라보고 큰 이익을 보려고 하는 것.
투덜거리다 혼자 자꾸 불평의 말을 중얼거리다. 센뚜덜거리다.
투망【投網】 물고기를 잡기 위해 그물을 물속에 던지는 일.
투명 말갛게 비쳐 보이는 것.
투박하다 ①생김새가 볼품없이 둔하고, 튼튼하기만 하다. ②거칠고 다소곳하지 못하다.
투병 적극적으로 질병과 싸움.
투사【鬪士】 ①경기장이나 싸움터에 싸우려고 나선 사람. ②사회 운동 등에서, 나서서 투쟁하는 사람. 반애국~.
투서 자기의 생각이나 남의 잘못을 알리려고 글로 적어 이

투수【投手】 야구에서 내야 중앙에 서서 타자에게 공을 던지는 사람. 피처. 판포수.

투시 환히 꿰뚫어 봄.

투시도 어떤 시점에서 투시하여 본 물체의 형태를 눈에 보이는 그대로 나타낸 그림.

투약【投藥】 병에 알맞는 약을 지어 주거나 씀. 예 환자에게 ~하다.

투옥 옥에 가둠. -하다.

투우【鬪牛】 소싸움. 예 ~사.

투우사【鬪牛士】 투우 경기에 나와 소와 싸우는 사람.

투입【投入】 ①물자나 자금을 들여 넣음. ②정원 외에 사람을 충당해 넣음. -하다.

투자【投資】 이익을 목적으로 사업의 밑천을 댐. 回출자.

투쟁 다투어 싸움.

투지 싸우고자 하는 의지.

투척 경:기 필드 경기 중에서, 포환던지기·원반던지기·창던지기 따위를 통틀어 일컫는 말.

투표권 투표를 할 수 있는 권리.

투항【投降】 적에게 항복함. 예 적에게 ~하다. 回항복.

투혼 끝까지 투쟁하려는 기백.

툰드라 기온이 0℃ 이하로 눈과 얼음이 덮여 있고 여름이 짧으며, 이끼가 끼는 유러시아·북아메리카 북부의 대평원. 동토.

퉁기다 ①버티어 놓은 물건을 빠져 나오게 건드리다. ②뼈의 관절이 어긋나게 하다. ③기회가 어그러지게 하다.

퉁명스럽다 불쑥 하는 말이 듣기에 불쾌한 빛이 있다.

퉁소 앞에 구멍이 다섯 개 있고 뒤에 하나가 있으며 옆으로 부는대로 만든 악기의 하나.

튀김 요리의 한 가지. 생선·고기 따위에 밀가루를 묻혀 끓는 기름에 튀긴 것. 예 생선 ~ 요리.

트다¹(트니, 터) 막힌 것을 통하게 하다. 예 산을 ~.

트다² ①꽃봉오리나 싹이 벌어지다. ②새벽에 동쪽 하늘이 밝아지다. 예 동이 ~.

트라이앵글 타악기의 하나. 삼각형으로 구부린 것으로 강철봉을 쇠막대로 침.

트랙 육상 경기장 또는 경마장의 달리는 길.

트럭 짐을 실어 나르는 자동차.

트럼본 금관 악기의 하나. 두 개의 (U)자 모양의 관을 맞추어 만들며, 슬라이드 장치로 음의 높이를 변화시킴.

트럼펫 금관 악기의 한 가지. 음색은 대단히 날카롭고 쾌활함.
[트럼펫]

트렁크 들고 다닐 수 있는 커다란 가방.

트레이닝 주로 체력 향상을 위한 훈련. 예 ~ 캠프.

트로피 우승한 사람이나 단체에게 주는 우승컵.

트리오 ①삼중주. 예 피아노 ~.

②삼인조. ③삼중창.
특권 계급 일반 또는 특정 사회에서 우월권이나 지배권을 가지는 사람들. 또는 그 신분.
특급【特級】[-끕] 특별한 등급이나 계급. 예 ~ 호텔.
특기[-끼] 특수한 기능.
특대【特大】 특별히 큼. 또는, 그 물건. 킹사이즈.
특명【特命】 ①특별한 명령. ②특별히 임명함. -하다.
특별【特別】 보통과 다름. 비특수. 반보통. -하다. -히.
특별 활동 학교 교육 과정의 하나. 학생의 자치적인 활동을 주로 하는 자치회 활동·클럽 활동 따위. 준특활. -하다.
특사【特使】[-싸] 나라의 특별한 임무를 띠고 파견되는 사절. 예영국에 ~로 나가다.
특산물【特産物】[-싼-] 그 지방에서만 나는 독특한 산물.
특색【特色】[-쌕] 특히 눈에 뜨이는 점. 비특징. 반보편.
특선 ①특별히 골라 뽑음. ②특히 우수하다고 인정되는 작품.
특성 특별한 성질. 반특질.
특수【特殊】[-쑤] 보통과 다름.
특약【特約】 특별한 조건의 약속. 예 ~ 판매. -하다.
특용 작물【特用作物】 목화·삼·담배·인삼·박하 등과 같이 식용 이외의 특별한 데에 쓰이는 농작물. 공예 작물. -하다.
특이【特異】 다른 것과는 특별히 다름. 비특수. -하다.
특정【特定】[-쩡] 특별히 정함. 예 ~ 지식인. 반불특정.
특집【特輯】 신문·잡지 따위를 특별한 문제를 중심으로 엮음.
특파【特派】 특별한 임무를 띠고 파견하는 일. 예해외 ~.
특허【特許】[트커] ①특별히 허락함. ②어떤 사람의 창안으로 이루어진 공업적 발명의 전용권을 본인 또는 그 승계자에게만 부여하는 행위.
틈 ①벌어져 사이가 뜬 자리. ②겨를. 비간격.
티¹ 고체의 극히 잘게 부스러진 조각. 예눈에 ~가 들어가다.
티² 어떤 기색이나 태도.
티끌 아주 작은 먼지.
티눈 발가락 사이에 생기는 사마귀 비슷한 굳은 살. 예발에 ~이 박히다.
티:셔츠 「T」자 모양으로 생긴 반소매의 셔츠.
티:스푼 차를 저을 때 쓰는 작은 숟가락.
티켓 입장권·승차권·구매권 등의 표. 예 ~ 을 샀다.
틴:에이저 십대의 소년 소녀. 예그들은 ~이다.

[팀파니]

팀: 운동 경기의 단체.
팀파니 남비 모양의 북. 둘레에 있는 나사로써 소리를 조절하는 타악기.

ㅍ

ㅍ[피읖] 한글 자모의 열셋째 글자. 이름은 피읖.
파[식물] 백합과의 여러해살이풀. 양념으로 쓰는 채소의 한 가지.
파견【派遣】 일정한 임무를 띠게 하여 사람을 보냄. 예현장에 ~하다. 비파송.
파고들다 ①깊숙이 안으로 들어가다. ②깊이 캐어 알아 내다.
파:괴 깨뜨리어 헐어 버림.
파급【波及】 어떤 일의 영향이나 여파가 먼 데까지 미침.
파:기 ①깨뜨리거나 찢어서 내버림. 예문서 ~. ②계약 등을 지키지 아니하고 깸. 예계약 ~.
파나마 운:하 중앙 아메리카의 파나마 지협에 있는 태평양과 대서양을 잇는 운하.
파다 ①긁거나 쪼아 내다. ②도장을 새기다. 예웅덩이를 ~.
파도【波濤】 크고 센 물결.
파동【波動】 ①물결의 움직임. ②사회적으로 어떤 현상이 퍼지어 주위에 그 영향이 미치는 일. 예물가 ~이 심하다.
파랑새[동물] 파랑새과의 새. 몸빛은 암녹색이고 큰 나무의 높은 곳에

[파랑새]

집을 짓고 살며, 겨울에는 말레이시아, 미얀마 등지에서 월동함. 길조를 상징함.
파:랗다 아주 푸르다.
파래[식물] 파래과의 바닷말. 단물 섞인 바다에 나며, 김 비슷함. 푸른 빛깔을 내며 식용함.
파:래지다 ①파랗게 되다. ②창백하게 되다. 큰퍼레지다.
파:렴치 염치를 모르고 뻔뻔스러움. 예~한 놈. -하다.
파:리[동물] 파리목의 곤충. 잘 발달된 한 쌍의 날개가 있고 주둥이가 뾰족하게 나왔음.
파:멸 깨어져 멸망함. -하다.
파문【波紋】 ①잔 물결. ②어떤 일이 미치는 영향.
파묻다(파묻어, 파묻으니) ①땅속에 묻다. ②깊이 숨기다.
파발 조선 시대에 공문서를 빠르게 전달하기 위하여 설치했던, 역마를 갈아타던 곳. 역참.
파병【派兵】 군대를 파견함.
파브르[인명](1823~1915) 프랑스의 곤충학자. 곤충에 대하여 재미를 느껴 일생 동안 많은 연구를 하였음. 그가 연구한 것을 적은 책「곤

[파브르]

충기」 10권은 세계적으로 유명함.

파:산【破産】 재산을 모두 잃어버림. 비 도산. -하다.

파:상풍【破傷風】 상처로부터 파상풍균이 몸 안에 들어가서 일으키는 급성전염병.

파생【派生】 사물의 주체로부터 다른 사물이 갈려 나와 생김.

파:손 깨어져 못 쓰게 됨.

파수꾼 파수를 보는 사람.

파스텔 크레용의 한 가지. 빛깔이 있는 가루 원료를 굳힌 것.

파:슬리[식물] 미나리과의 두해살이풀. 줄기에서 많은 가지를 내며 잎은 짙은 녹색, 전체에 향기가 있어 식용함. 양미나리.

파악【把握】 어떠한 대상의 내용을 확실하게 이해하여 바로 앎. 예 주제 ~. -하다.

파:업 하던 일을 중지함. -하다.

파:열【破裂】 터져 파괴됨.

파울 규칙 위반. 반칙.

파이 밀가루와 버터를 반죽하여 과실·고기 등을 넣어서 구운 서양 과자. 예 애플 ~.

파이프 오르간 소리를 내는 여러 가지 파이프를 많이 갖추어 소리를 내는 오르간.

파인애플 더운 지방에서 나는 아나스라는 식물의 열매.

[파인애플]

파일럿 비행기를 조종하는 사람.

파장【波長】 파동에서 같은 위상을 가진 서로 이웃한 두 점 사이의 거리. 예 ~이 넓다.

파종【播種】 논밭에 곡식의 씨앗을 뿌림. 비 종파. -하다.

파출부 임시로 남의 집안 일 따위를 돌봐 주는 직업 여성.

파출소 경찰관이 파견되어 관할 구역의 치안을 맡아 보는 곳.

파충류 외부는 각질의 비늘 따위로 되어 있고 냉혈이며 허파로 호흡하는 동물. 거북·뱀 등.

파:티 친목을 목적으로 여러 사람이 모여 즐기는 모임.

파:편 깨어진 조각.

파:하다 일을 다하다. 마치다.

파헤치다 ① 안에 있는 것이 드러나도록 파서 젖히다.

판 ① 일이 일어난 자리. ② 처지. ③ 승부를 겨루는 일의 수효를 세는 말. 예 씨름 한 ~.

판가름 옳고 그름을 판단하여 가름. 예 승리로 ~났다. -하다.

판검사【判檢事】 판사와 검사.

판결 ① 잘잘못을 가리어 결정함. ② 법원에서 법률을 적용하여 소송 사건에 대해 결정함.

판관【判官】 ① 심판관. 재판관. ② 조선 시대 중앙 여러 관아의 정오품의 벼슬.

판단【判斷】 옳고 그름을 가리어 냄. 예 ~에 맡기겠다. 비 판별.

판독 뜻을 헤아리어 글을 읽음.

판로【販路】[팔-] 상품이 팔려 나가는 길. 예 ~가 좋다.

판매【販賣】 상품을 파는 일. 예

~ 구역. 반구입. -하다.
판명【判明】 분명하게 드러남.
판문점[지명] 경기도 개성시 동쪽에 있는 마을. 유엔군과 북한 공산당의 군사 연락 장교와 군사 정전 위원회 회장자이 있음.
판별【判別】 판단하여 구별함.
판본체【板本體】 한문 서예의 전서나 예서의 필법으로 쓴 글씨체.
판사【判事】 재판을 맡아 보는 대법관 이외의 법관.
판소리 조선 중기 이후에 발달한 민속 예술 형태의 하나. 광대한 사람이 북장단에 맞추어서 줄거리가 있는 이야기를 노래로 부르는 형식임.
판이하다 아주 다르다.
판자 나무로 된 널 조각.
판정【判定】 옳고 그름을 가려서 결정함. 예~승. -하다.
판지【板紙】 널빤지처럼 단단하고 두껍게 만든 종이.
판치다 어떤 판에서 그 판을 지배할 만큼 무엇을 잘하다.
판판하다 물건의 겉면이 높고 낮은 데가 없이 고르고 넓다.
판화【版畵】 판에 새겨서 먹물이나 그림 물감 등을 묻혀 종이나 천 따위에 찍어 낸 그림. 예피카소는 ~도 제작했다.
팔 사람의 손목과 어깨 사이의 부분. 예~과 다리.
팔각형【八角形】[-가켱] 여덟 개의 변으로 이루어진 다각형.
팔관회 고려 시대의 신에게 제사 지내던 국가적인 행사의 하나.
팔다 ①돈을 받고 물건을 남에게 주다. 반사다. ②눈이나 정신을 다른 곳으로 돌리다.
팔도【八道】 ①조선 시대에 전국을 8개의 행정 구역으로 나눈 것. 경기도·충청도·경상도·전라도·강원도·황해도·평안도·함경도. ②우리 나라 전체를 이르는 말. 예~ 강산.
팔뚝 팔꿈치로부터 손목까지의 부분. 예~이 굵다.
팔랑개비 어린이 장난감의 한 가지. 종이 따위로 바람을 받아 잘 돌게 만든 장난감. 바람개비.
팔레트 그림물감을 섞어서 필요한 색깔을 내는데 쓰는 그림 도구.
팔리다 ①물건 등을 다른 사람이 사가게 되다. ②정신이 한쪽으로 쏠리다.
팔만 대:장경 고려 고종 때 최우가 대장도감을 설치하여 15년 만에 완성 간행한 불경. 관목이 총 8만여의 장이나 되며 경남 합천 해인사에 보관되어 있음.
팔매 조그만 돌 따위를 멀리 내던지는 일. 예~ 질.
팔면체【八面體】 여덟 개의 평면으로써 이루어진 입체.
팔목 팔과 손을 잇는 부분.
팔방【八方】 ①동·서·남·북·동북·동남·서북·서남의 여덟 방위. ②모든 방향. 예~ 미

팔분음표 온음표의 8분의 1의 길이를 가진 음표. 부호는 「♪」.

팔씨름 팔의 힘을 겨루는 내기.

팔자【八字】[-짜] 한 평생의 운수. 예~가 사납다.

팔짱 두 팔을 엇걸쳐 손을 겨드랑 밑에 끼는 것.

팔찌 ①「팔가락지」의 준말. ②활을 쏠 때에 활을 쥐는 쪽의 팔소매를 걷어 매는 띠.

팜플렛 간단하게 엮은 작은 책.

팝콘: ①옥수수의 한 품종. ②옥수수에 간을 하여 튀긴 식품.

팡파:르 축하 의식 등에 쓰이는, 삼화음을 쓰는 트럼펫의 신호.

팥[식물] 콩과 같이 열매는 꼬투리이며 씨는 밥에 넣거나 죽을 쑤거나 떡을 만들어 먹음. [팥]

패 ①이름·특징 따위를 알리기 위하여 글씨를 쓰거나 그리거나 새긴 작은 종이나 나무의 조각. ②몇 사람이 모인 동아리나 무리.

패거리 「패」의 낮춤말.

패:기【霸氣】 뜻을 이루려는 씩씩한 기운. 예~가 넘치다.

패:다¹ 사정없이 마구 때리다.

패:다² 도끼로 장작 등을 쪼개다.

패:류【貝類】 조개의 종류.

패:륜【悖倫】 사람으로서 지켜야 할 도리에 어긋남. 비파륜.

패:망 싸움에 져서 망함.

패:물 사람의 몸에 차는 장식물.

패:배【敗北】 싸움에 짐.

패션 모델 유행하는 옷을 입고 관객에게 선보이는 것을 업으로 하는 사람.

패스 ①시험에 합격함. ②무임 승차권. 정기권. ③구기에서 같은 편끼리 공을 주고 받는 일.

패스포:트 ①나라에서 외국 여행자에게 주는 증명서. ②통행증 따위의 증명서.

패:자【敗者】 싸움이나 경기에 진 사람. 반승자.

패:지【敗紙】 못 쓰는 종이.

패키지 ①소포 우편물. ②물건의 포장 용기.

패:하다 싸움에 지다.

팩시밀리 문서나 도형 등을 점으로 분해하여 전송하고 수신측에서 원상태로 재생하는 통신 방식.

팬더 판다.

팬터마임 표정과 몸짓만으로 하는 무언극.

팬티 다리 부분은 거의 없는 허리에 꼭 붙는 속옷.

팻말 패를 붙였거나 거기에 글을 써 놓은 나뭇조각.

팽이 채찍으로 쳐서 돌리는, 나무로 만든 어린이의 장난감.

[팽이]

팽창【膨脹】 ①부풀어서 크게 퍼짐. 늘어남. ②세력·현상 등이 크게 늘어남.

퍼내다 깊숙한 데에 담긴 것을 떠내다. 예고인 물을 ~.
퍼:렇다 매우 푸르다. 멍이 퍼렇게 들다. 예물빛이 ~.
퍼레이드 축제나 축하 의식 등에서 많은 사람들이 시가지를 화려하게 행진하는 일.
퍼붓다 ①퍼서 붓다. ②비나 눈이 억세게 쏟아지다. 예비가 ~. ③마구 욕설을 하다.
퍼:센트 100을 기준으로 하였을 때 어떤 양의 비율. 기호는 「%」. 비백분율.
퍼:스널 컴퓨:터 개인용 컴퓨터. 피시(PC).
퍼즐 ①수수께끼. 알아맞히기. ②어려운 문제, 또는 생각하게 하는 문제. -하다.
퍼:지다 ①넓은 범위에 미치다. ②한쪽 끝이 넓어지다. ③수효가 많이 늘다. 예자손이 ~.
퍽 썩. 많이. 매우.
펄 ①바닷가나 강가의 개흙이 질척질척한 곳. 개펄의 준말. ②아주 넓고 평평한 땅.
펄프 나무나 짚 등에서 얻는 종이 등의 원료.
펌프 물을 빨아올리거나 또는 이동시키는 기계.
펑펑 ①눈이나 물이 세차게 쏟아지거나 솟는 모양. 예눈이 ~ 내린다. ②여러 번 거세게 나는 총소리. 작팡팡.
페가수스자리 북쪽 하늘의 가을 별자리. 안드로메다자리의 남서쪽, 백조자리의 남동쪽에 있음.

페니실린 푸른 곰팡이 일종에서 얻은 항생 물질. 1929년 영국의 플레밍이 발견. 세균에 하여 곪는 병에 뛰어난 치료의 효과가 있음.
페달 피아노·풍금·재봉틀 등의 발판. 또는 자전거 등의 발걸이.
페스탈로치[인명](1746~1827) 근대 새 교육의 싹을 트게 한 스위스의 교육자이며, 교육학자. 빈민 학교와 고아원을 경영했으며, 처음으로 초등 학교를 세웠음.

[페스탈로치]

페이지 책의 한 쪽 면.
페인트 칠감의 한 가지.
펜 잉크나 먹물을 찍어서 글씨를 쓰는 기구의 한 가지.
펜싱 서양식 검도. 에페와 사브르 두 종목이 있음.
펜 팔 편지로서 우정을 맺고 사귀는 벗.
펭귄[동물] 펭귄과의 바다새. 남극 지방에 떼지어 사는데, 날개는 짧고 지느러미 모양이며, 전혀 날지 못하고 곧추 서서 걸음.

[펭귄]

펴내다 ①널리 퍼뜨리다. 반포하다. ②잡지·책 등을 발행하다.
편¹【篇】책이나 시문을 세는 단위. 예책 한 ~.

편²【便】 ①일정한 방향. 예바깥~으로 돌아라. ②패로 나눈 한쪽. 예이쪽이 이긴 ~이다.

편가르다 사람을 몇 패로 나누다.

편견【偏見】 공정하지 못하고 한 쪽으로 기울어진 견해.

편경【編磬】 아악기의 한 가지. 두 층으로 된 걸이에 한 층에 여덟 개씩 경쇠를 매어 달았음.

편곡 어떤 곡을 다른 형식으로 바꾸어 꾸며서 연주 효과를 달리하는 일. 또는, 그 곡.

편도선염[-념] 편도선에 생기는 염증. 예~으로 고생하다.

편두통 갑자기 일어나는 발작성의 두통. 예~으로 고생하다.

편들다 한편이 되어 거들거나 도움을 주다. 예동생을 ~.

편리[펄-] 편하고 손쉬움.

편:마암 장석·운모·석영 등으로 이루어진 변성암. 수성암과 화성암의 두 종류가 있음.

편법 간편하고 쉬운 방법.

편성【編成】 ①엮어 모아서 만듦. ②조직 등을 짜서 이룸.

편식【偏食】 입에 맞는 음식만을 가려서 즐겨 먹는 일.

편안【便安】 불편하지 않고 한결같이 좋음. 비평안. -하다.

편애【偏愛】 어느 한 사람이나 한쪽만을 매우 사랑함. -하다.

편의【便宜】 편하고 좋음.

편종【編鍾】 아악기의 한 가지. 한 개가 한 음씩 내는 종을 16개 엮어서 만듦.

편중 ①치우치게 무거움. ②어느 한 쪽만 소중히 여김.

편:지 소식을 알리거나 어떤 용건을 적어 보내는 글. 비서신.

편집【編輯】 여러 가지 재료를 모아서 신문이나 책을 만듦.

편찬 여러 종류의 재료를 모아 책의 내용을 꾸며 냄. -하다.

편찮다 ①병으로 앓고 있다. ②「편하지 아니하다」의 준말.

편충【鞭蟲】【동물】 선충류 편충과의 선형 동물의 하나. 사람의 장, 특히 맹장에 기생함.

편하다 ①근심이 없다. ②거북하거나 근심·걱정이 없다.

펼치다 넓게 펴다.

평¹【評】 옳고 그름·좋고 나쁨·되고 못됨 등을 가려서 느낀 생각을 말하는 일. 예~이 좋다.

평²【坪】 땅 넓이의 단위로 사방 6자. 1평은 약 3.3058㎡.

평각 한 점에서 나간 두 반직선이 일직선을 이룰 때 그 두 반직선이 만드는 각. 곧 180°인 각.

평균값【平均-】 평균하여 얻어지는 값. 고른값. 예~이 좋다.

평균대【平均臺】 ①체조에서 신체의 평균을 취하는 운동을 할 때의 기구. ②여자 체조 경기 종목의 하나. 예~ 운동.

평균점 각 학과의 점수 총계를 과목의 수로 나눈 수.

평당 한 평에 대한 값이나 수량.

평등권 모든 국민이 차별이 없이 갖는 동등한 권리.

평:론【評論】 사물의 가치·우열 등을 비평하여 논함.

평면【平面】 평평한 면.
평면각 한 평면 위에 있는 각.
평면도 건물이나 물체 등을 똑바로 위에서 보고 그린 그림.
평민【平民】 벼슬이 없는 사람. 보통 사람. 町귀족.
평방【平方】 ①제곱한 수. ②네모꼴의 넓이. 예1킬로 ~.
평방형【平方形】 네 변과 네 각이 똑같은 네모꼴.
평범 뛰어난 점이 없이 보통임. 예~한 사람. 町비범.
평상【平床·平牀】 밖에다 내어 앉거나 드러누울 수 있도록 만든, 나무로 된 침상의 한 가지. 살평상과 널평상이 있음.
평생【平生】 사람의 일생.
평소【平素】 보통 때.
평시조【平時調】 초장·중장·종장으로 되어있는 보통시조. 글자수가 45자 안팎으로 가장 기본적이고 대표적인 시조임.
평안【平安】 걱정이나 괴로움이 없이 편함. 町편안.
평안도【平安道】 평안 남도와 평안 북도를 이르는 말.
평야【平野】 넓은 들. 예나주 ~.
평영【平泳】 수영 기법의 한 가지. 개구리 헤엄. -하다.
평온【平溫】 ①평상시의 온도. ②평균 온도. 예~이 낮다.
평원【平原】 평평하고 너른 들판. 예호남 ~. 町평야.
평일【平日】 ①평상시. 평일. ②보통날. 町상일.
평작【平作】 ①고랑을 치지 아니하고 작물을 심어 가꾸는 방법. ②「평년작」의 준말.

평정【平靜】 마음이 평안하고 고요함. 예마음의 ~. -하다.
평지【平地】 바닥이 편편한 땅.
평탄【平坦】 ①땅이 넓고 평평함. ②일이 순조롭게 되어 나감.
평:판 세상 사람의 비평. 세간의 비평. 예~이 나쁘다.
평:하다 사물의 시비·선악·우열 등을 논하여 말하다.
평행봉 기계 체조 용구의 하나. 두 개의 평행한 가로대를 버티어 놓은 것으로, 그 위에서 여러 가지 동작의 운동을 함.
평행 사:변형 마주 보는 두 쌍의 대변이 서로 평행한 사각형. 나란한꼴. [평행사변형]
평행선【平行線】 같은 평면 위에서의 서로 평행하는 선.
평화【平和】 ①평온하고 조용함. ②전쟁이 없이 세상이 평온함. 町평온. 町전쟁.
폐:¹【弊】 남에게 괴로움을 끼침. 예~를 끼치다.
폐:²【肺】 허파. 물에 사는 동물의 호흡기의 주요 부분.
폐:가 버려 두어 낡아빠진 집.
폐:간【肺肝】 폐와 간.
폐:결핵 결핵균의 침입으로 생기는 허파의 병. 기침·열·호흡 곤란 등의 증세가 일어나고 심하면 피를 토하는 전염병.
폐:교【閉校】 학교의 운영을 폐지하는 것. 또, 그 학교. 町개

폐:기【廢棄】 못 쓰게 된 것을 버림. 예~ 처리장.
폐:단 ①괴롭고 번거로움. ②좋지 못하고 해로운 점. 비결점.
폐:렴【肺炎】 폐렴균의 침입으로 일어나는 폐의 염증. 오한·고열 등의 증상을 보임.
폐:막【閉幕】 ①연극을 마치고 막을 내림. ②어떤 일이 끝남의 비유. 반개막. -하다.
폐:백 신부가 처음으로 시부모를 뵐 때 큰절을 하고 올리는 대추나 포 따위의 총칭. -하다.
폐:쇄【閉鎖】 자물쇠를 꼭 채워 문을 닫음. 예입구를 ~하다.
폐:수【廢水】 사용하고 난 뒤에 버린 물. 예~ 처리장.
폐:업【閉業】 문을 닫고 영업을 쉼. 비폐점. 반개업.
폐:인【廢人】 ①병으로 몸을 망친 사람. ②남에게 버림을 받아 쓸모없게 된 사람.
폐:지¹【廢止】 실시하던 제도·법규·일 등을 그만두거나 없앰.
폐:지²【廢紙】 못 쓰게 된 종이. 예~를 활용하자. 비휴지.
폐:품【廢品】 못 쓰게 되어 버린 물품. 예~ 활용.
폐:허【廢墟】 건물이나 성이 재해로 황폐하게 된 터.
폐:회【閉會】 집회 또는 회의를 마침. 반개회. -하다.
포:【砲】 「대포」의 준말.
포개다 여러 겹으로 겹치다.
포:경선 고래잡이 배.
포괄【包括】 사물·현상 따위를 온통 하나로 휩쓸어 쌈.
포근하다 ①감정이나 자리 따위가 따뜻하고 편안한 느낌이 있다. ②겨울철 날씨가 바람도 없이 따뜻하다. 예날씨가 ~.
포기¹ 풀이나 나무의 뿌리를 단위로 한 낱개. 예풀 한 ~.
포:기²【抛棄】 하던 일을 도중에 그만두어 버림. -하다.
포도[식물] 포도 나무의 열매. 덩굴이 길게 뻗어가며, 한 송이에 여러 개의 열매가 달림. [포도]
포도당 포도 열매·꿀 등에 널리 들어 있는 당분의 한 가지.
포:도 대:장【捕盜大將】 조선 시대 포도청의 우두머리.
포:도청 조선 시대에 범죄자를 잡기 위하여 설치한 관청.
포:로【捕虜】 전투 중에 사로잡힌 적의 군사. 예~ 수용소.
포르테 악보에서 셈여림을 나타내는 말. 「강하게」의 뜻. 기호는 「ƒ」.
포목【布木】 베와 무명.
포:물선[-썬] 비스듬히 던져진 물체가 떨어질 때까지의 통과 경로와 같은 곡선.
포:병【砲兵】 대포 종류로 무장된 군대. 또는 그에 딸린 군인.
포:부 마음속에 지닌 희망이나 자신. 예~가 크다. 비소신.
포상 칭찬하여 상을 줌.
포:섭【包攝】 상대를 자기 편에

받아들여 가담시킴. -하다.

포:수[捕手] 야구에서 본루를 지키는 선수. 반투수.

포:수[砲手] 총으로 짐승을 잡는 사냥꾼. 예호랑이 ~.

포스터[인명] 미국의 가곡 작곡가. 「미국 민요의 아버지」라고 불림. 작품에는「스와니강」·「오, 수재너」·「켄터키의 옛집」등이 있음.

[포스터¹]

포스터² 광고나 선전을 하기 위하여 내붙이는 그림 따위.

포:식자 생태계에서, 다른 생물을 식용하는 생물을 이르는 말.

포악[暴惡] 성질이 사납고 악함. 예~을 부리다. 비흉악. -하다.

포:옹[抱擁] 품에 껴안음.

포:용[包容] 너그럽고 아량있게 다른 이를 감싸 받아들임.

포:위[包圍] 뺑 둘러 에워쌈. 예강도를 ~하다.

포:유류[哺乳類] 가장 고등한 동물군으로 새끼를 낳아서 젖을 먹여 기름. 젖먹이 동물.

포인트 점·요점·목적·득점 따위의 뜻. 예두 ~ 앞서다.

포자[胞子] 민꽃 식물이 번식할 때에 모체를 떠나서 번식을 맡은 세포. 홀씨.

포장지 포장용으로 쓰이는 종이.

포:졸 포도청의 군졸.

포:즈 몸의 자세.

포:착 ①붙잡음. 예기회를 ~하다. ②요령을 얻음. -하다.

포:커 카드놀이의 한 가지. 미국에서 비롯됨.

포:크 양식에서 고기나 생선 또는 과일을 찍어 먹는 식탁 용구. 삼지창.

포:크 댄스 전통적인 민속 무용. 향토 무용.

포플러[식물] 버들과에 속하는 나무. 가로수로 많이 쓰임. 미루나무. 양버들.

포학[暴虐] 몹시 사납고 험함.

포함[包含] ①속에 들어 있음. ②어떤 무리에 다른 것을 보탬. ③둘러싸임. -하다.

포화 상태 더 이상의 양은 수용할 수 없는 상태.

포:화 용액[飽和溶液] 일정한 온도와 압력에서 용매에 용질을 녹일 수 있을 만큼 녹였을 때의 용액. 반불포화 용액.

포환 던지기 던지의 운동의 한 가지. 지름 2.135m의 원 안에서 일정한 무게의 포환을 한 손으로 던지어 그 거리를 겨루는 경기. 투포환. -하다.

포:획[捕獲] ①적병을 사로잡음. ②짐승이나 물고기를 잡음.

폭[幅] ①가로의 길이. ②피륙 따위의 넓이. 예~이 넓다. ③그림·족자를 셀 때 쓰는 말.

폭격 비행기에서 폭탄을 떨어뜨려 적 진지나 시설물을 부수는 일.

폭동 여러 사람이 떼를 지어 난폭한 행동으로 질서를 어지럽히고 소동을 일으킴. 비난동.

폭등[-뜨] 물건값이 갑자기 뛰어 오름. 반폭락.

폭락【暴落】 물건값이 별안간 떨어짐. 반폭등. -하다.

폭력【暴力】[퐁녁] 사나운 힘. 억지로 윽박지르는 힘. 비완력.

폭로[퐁노] 음모·비밀 등의 감추어진 일을 드러냄. -하다.

폭발【爆發】[-빨] 불꽃을 일으키며 갑작스럽게 터짐. -하다.

폭설 갑자기 많이 내리는 눈.

폭소 별안간 터져나오는 웃음.

폭약 갑자기 폭발하는 화약류.

폭언 거칠고 사납게 하는 말.

폭우 갑자기 많이 쏟아지는 비.

폭죽【爆竹】 가는 대통에 불을 지르거나, 화약을 재어 터뜨리어서 소리가 나게 하는 물건.

폭탄【爆彈】 화약을 써서 사람이나 물건을 파괴하는 폭발물.

폭파 폭발시켜 부수어 버림.

폭포【瀑布】 폭포수.

폭풍【暴風】 사납고 세찬 힘으로 부는 바람. 예~이 거세다.

폭행 사납고 거친 행동. -하다.

폼: 모습. 자태.

표결【票決】 여러 사람이 회의할 때 찬성과 반대의 의사를 표시하여 결정함. -하다.

표고[식물] 송이과의 버섯. 밤나무·떡갈나무 등의 고목에 붙어 살며, 인공 재배도 함.

표구【表具】 병풍·족자 따위를 꾸미는 일. 예~점. -하다.

표기 ①겉으로 표시하여 기록함. 또는, 그런 기록. ②글자 또는 음성기호로 언어를 표시하는 일.

표독 사납고 독살스러움.

표면【表面】 겉으로 드러난 면.

표명 드러내어 명백히 함.

표방【標榜】 ①어떤 명목을 세워 자기 주장을 내세움. ②남의 선행을 기록하여 널리 여러 사람에게 보임. -하다.

표백 깨끗이 빨아 희게 함.

표범[동물] 범과 비슷하게 생겼으며 온몸에 검은 점이 찍혀 있고 꼬리가 길며, 성질이 매우 사나운 짐승.

[표범]

표본【標本】 본보기가 됨.

표상【表象】 ①상징. ②외적 자극과는 관계없이 과거의 경험에 기초하여 구체적·감각적으로 마음 속에 재생되는 상.

표시【表示】 알 수 있도록 나타내어 보임. 비표현. -하다.

표어【標語】 어떤 생각이나 이상 등을 짤막하고 간단하게 나타낸 말. 예반공 ~.

표음 문자 말의 소리를 기호로 나타낸 글자. 기음 문자.

표의 문자 하나하나의 굴자가 일정한 뜻을 나타내는 글자.

표적【標的】 목표가 되는 물건.

표절 남의 시나 문장·학설 따위를 자기의 것으로 발표하는 일.

표준말 한 나라의 본보기로 정해 놓은 말. 비표준어. 반사투리.

표지판 표지를 하거나 표지로 쓰이는 판자. 예 안내 ~.

표창¹【表彰】 남이 잘 한 일을 칭찬하여 세상에 알림. -하다.

표창² 무기로 사용하는 창의 한 가지. 끝이 뾰족하고 잘록하며 앞이 무거워서 던져 맞히기에 편리함.

표창장[-짱] 표창하는 글발.

표피【表皮】 식물체 각 부분의 표면을 덮은 세포층. 겉껍질.

표하다【表-】 태도·의견 등을 나타내다. 예 감사를 ~.

표현【表現】 나타냄. 또는 형상이나 모양. 예 ~의 자유.

푸근하다 ①물건이 탄력성이 있고 부드러우며 따뜻하다. ②날씨가 바람도 없고 따뜻하다.

푸념 마음에 품은 불평을 퍼부어 말함. 예 ~하지 마라.

푸다(퍼) 물을 떠내다.

푸대접 아무렇게나 하는 대접. 냉대. 박대. 예 ~ 받다.

푸르다(푸르러) 보통 하늘 빛이나 초록빛과 같다.

푸르름 빛깔이 온통 푸르게 되어 있는 것.

푸른 곰:팡이 밥·떡·메주 등에서 생기는 녹색·청록색 곰팡이를 통틀어 일컫는 말.

푸석하다 살이 핏기가 없이 조금부어 오른 듯하다.

푸성귀 사람이 가꾼 채소나 저절로 난 나물의 총칭.

푸줏간 쇠고기 또는 돼지고기 등을 파는 가게. 비 정육점.

푸짐하다 꽤 양이 많아 넉넉하다.

푹신하다 매우 부드럽고 탄력성이 있다. 예 침대가 ~.

푼: 백에 대한 비율로, 할의 10분의 1, 한 치의 10분의 1.

푼:돈[-똔] 적은 돈.

풀[식물] ①줄기가 대개 연하고 나무의 성질로 되지 아니한 초본 식물의 총칭. 예 ~을 뽑다. ②「갈풀」의 준말.

풀리다 ①맺힌 것이나 얽힌 것이 풀어지다. ②춥던 날씨가 누그러지다. 예 날씨가 ~.

풀숲 풀이 많은 수풀.

풀이 뜻을 쉬운 말로 밝히어 말함. 예 어려운 낱말을 ~하다.

풀이말 문장 중에서「어찌하다」「어떠하다」「무엇이다」에 해당하는 말. 서술어.

풀잎[-립] 풀의 잎.

품 ①무슨 일에 드는 힘. 또는 수고. 예 ~을 팔다. ②옷의 넓이. ③가슴. 몸. ④말이나 동작이 됨됨이.

품:격【品格】 사람된 바탕과 타고난 성품. 인격.

품:목【品目】 물건의 종류를 나타내는 이름. 예 ~이 다양하다.

품:사【品詞】 낱말을 그 성질·구성·형식에 따라 갈라 놓은 갈래. 명사·대명사·수사·조사·동사·형용사·관형사·부사·감탄사 등 9가지로 분류함. 비 씨.

품삯[-싹] 일을 해 주는 값으로 받는 돈. 비 노임. 품값.

품:성【品性】 타고난 성질.

품앗이 힘드는 일을 서로 거들어, 품을 지고 갚고 하는 일.

품:위 아름다움과 의젓함을 잃지 않는 몸가짐. 예~를 지켜라.

품:절 물건이 다 팔리어 없어짐. 예음료수가 ~되다. 비절품.

품:종【品種】 농작물이나 가축을 그 특성에 따라 나눈 종류.

품:질【品質】 물건의 좋고 나쁜 바탕이나 성질. 예~ 개량.

품팔다 품삯을 받고 일하다.

품:평【品評】 물건 등의 물질이 좋고 나쁨을 평하여 정함.

품:행【品行】 타고난 성질과 하는 행동. ~이 단정하다.

풋 명사 앞에 붙어서「새로운 것」「처음 나온 것」「덜 익은 것」「미숙한 것」을 나타내는 말. 예~고추. ~사과. ~나물.

풍【風】 중풍·경풍 따위와 같이 정신·근육·감각에 탈이 생긴 병.

풍경【風磬】 절등의 건물 처마 끝에 달아서 바람에 흔들려 소리가 나게 하는 금속, 사기 따위로 만든 작은 종 모양의 방울.  [풍경¹]

풍경²【風景】 ①산과 물 등의 자연의 아름다운 모습. 비경치. ②「풍경화」의 준말.

풍금【風琴】 페달을 밟아 공기를 불어 넣어 소리를 내는 건반 악기. 오르간. 예~을 치다.

풍기다 냄새를 퍼뜨리다.

풍년【豊年】 곡식이 잘 되어 많은 수확을 거두는 일. 반흉년.

풍뎅이【동물】 껍데기가 단단하고 몸 길이는 약 2cm 정도이며 몸은 번쩍이는 짙은 녹색인 곤충.  [풍뎅이]

풍랑[-낭] 바람과 물결.

풍력【風力】 바람의 세기.

풍류【風流】 속된 일을 떠나서 풍치가 있고 멋지게 노는 일.

풍속【風俗】 옛적부터 내려오는 습관. 비풍습.

풍속계【風速計】 풍속을 재는 기구. 바람개비가 바람을 받아 회전한 수로써 풍속을 잼. [풍속계]

풍압계 풍압을 재는 기계.

풍:자 사회·인물의 잘못 등을 재치있게 빗대어 말함. 예~만화

풍치 ①아름답고 매우 멋진 경치. 풍경. ②격에 맞는 멋.

풍토【風土】 그 지방의 기후와 토지의 상태. 예~에 알맞는 나무.

풍향계 풍향을 관측하는 기계.  [풍향계]

풍화【風化】 지표면의 암석이 공기나 온도 따위의 작용으로 차차 부스러지는 일. 예~작용.

퓨:마【동물】 고양이과의 동물.

표범과 비슷하나 몸빛깔이 갈색이고 얼룩무늬가 없음. 사슴·토끼 따위를 잡아먹음.

퓨:즈 센 전류가 흐르면 녹아 떨어져 전류를 끊고 위험을 막는 금속선.

프랑스 [국명] 서유럽에 있는 공화국·기계·귀금속·섬유·건축·화학공업 등이 성함. 수도는 파리.

프로그램 ①라디오·텔레비전 등의 방송 순서. ②예정. 계획.

프로듀서 연극·방송 프로 등을 만드는 사람.

프로 야:구 직업 선수들이 흥행을 목적으로 하는 야구.

프로판 가스 프로판을 주성분으로 하는 메탄계의 액화 탄화수소 가스. 가정용의 연료로 많이 쓰임.

프로펠러 비행기·선박 등에서 엔진의 출력을 추진력으로 변환하는 회전 날개.

프리즘 정삼각 기둥, 또는 직각 삼각 기둥 모양으로 만든 유리로서, 빛을 여러 가지 색으로 나눔.

프린트 ①인쇄. ②강연·강의의 내용을 등사판에 박은 것.

플레밍 [인명] (1881~1955) 1922년 항생물질 라이소짐을 발견한 영국의 세균학자. 1928년 푸른 곰팡이로부터 페니실린을 발견하여 1945년 노벨 생리·의학상 받았음.

[플레밍]

피 ①동물의 몸 안을 돌며 영양을 날아 주는 붉은 빛의 액체. 비 혈액. ②「혈연」이나 「겨레」를 비유하는 말.

피겨 스케이팅 스케이트를 신고 얼음판에서 여러 가지의 재주를 부리는 스케이팅.

피고름 피가 섞인 고름.

피:고인 형사 소송에서, 공소제기를 당한 사람. 비 피고.

피곤【疲困】몹시 지쳐서 피로함.

피골【皮骨】살가죽과 뼈.

피끓다 ①감정이 복받쳐오르다. ②씩씩하고 힘차다.

피:난【避難】재난을 피하여 거처를 옮겨 다님. -하다.

피다 ①꽃봉오리 따위가 벌어지다. 예 꽃이 활짝 ~. ②포동포동하게 살이 오르고 혈색이 좋아지다.

피땀 ①피와 땀. ②온갖 정성을 다하여 일할 때 나는 진땀.

피라미 [동물] 잉어과의 민물 고기. 몸길이 10~16cm. 몸빛은 등 쪽이 청갈색, 배 쪽은 은백색이며, 암청색의 가로띠가 있음.

피라미드 기원전 3000년 무렵 이집트에 세워진 삼각형 모양의 왕의 무덤.

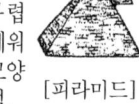
[피라미드]

피로【疲勞】지나친 활동으로 지쳐 있는 상태. 비 피곤.

피:뢰침 벼락을

[피뢰침]

피하기 위하여 높은 건물이나 굴뚝 따위에 세워놓은 뾰족한 쇠붙이.

피리 속이 빈 대에 8개의 구멍을 뚫고 불어서 소리를 내는 악기를 통틀어서 이르는 말.

피복【被服】 옷. 의복.

피:복선[-썬] 전선 겉을 전기의 부도체로 싼 전선.

피봉【皮封】 편지 따위의 겉봉.

피부 동물의 살을 싼 껍질. 비 살갗. 살가죽.

피사리 농작물 가운데에 섞여서 자란 피를 뽑아 내는 일.

피:살【被殺】 죽음을 당함.

피:서【避暑】 시원한 곳으로 더위를 피하는 일. 반 피한.

피:선거권 선거에 입후보하여 당선될 수 있는 권리.

피스톤 증기 기관·내연 기관 따위의 실린더 속에서 왕복 운동을 하는 부품을 통틀어 일컬음.

피:신 위급한 상황에서 몸을 피함. 예~처. 은신. -하다.

피아노 건반을 누르면 금속 줄(현)을 쳐 소리를 내는 악기. 건반 악기.

피아니스트 피아노를 직업적으로 치는 사람.

피:의자【被疑者】 범죄 혐의를 받았으나 아직 기소되지 않은 사람. 비 혐의자. 용의자.

피자 밀가루 반죽에 야채·햄·치즈 등을 얹어 구운 파이.

피:제수[-쑤] 나눗셈에서 나눔을 당하는 수. 12÷3=4에서 「12」따위. 반 제수.

피:차 ①저것과 이것. ②서로.

피콜로 관악기의 하나. 플루트 중에서 가장 높은 음역을 맡는 가장 작은 악기.

피크닉 소풍. 산보.

피하 지방 포유류의 피부의 피하 조직에 다량으로 들어 있는 지방 조직.

피:해【被害】 재산·명예·신체상의 손해를 보다. 예~를 보다.

핀셋 손으로 집기 어려운 것을 집는데 쓰는 집게.

핀잔 남을 쌀쌀하게 꾸짖는 말.

필[1]【匹】 말이나 소들을 세는 단위. 예 말 두 ~.

필[2]【疋】 피륙을 셀 때에 쓰는 단위. 예 명주 한 ~.

필기 ①글씨를 씀. 예~구. ②말을 받아 쓰는 일.

필:드 육상 경기장의 트랙 안쪽에 만들어진 넓은 경기장.

필:드 하키 11명씩으로 구성된 두 팀이 그라운드에서 스틱을 가지고 나무공을 다루어 더 많은 점수를 내는 것을 겨루는 경기.

필라멘트 전구·진공관 속에 전류를 통하면 열전자를 내는 가느다란 선.

필름 투명한 셀룰로이드에 빛을 받으면 변화하는 약을 칠한 것. 영화·사진 등의 촬영에 쓰임.

ㅎ

ㅎ[히읃] 한글 자모의 열넷째 글자. 이름은 히읗.

하¹ 입을 크게 벌리고 목구멍으로부터 김을 내어 부는 소리.

하:² 기쁨·슬픔·걱정·놀람 따위의 감정을 나타내는 소리.

하:³【下】 품질에 등급이나 차례를 매길 때「상」「중」「하」의 맨 끝째. 반상.

하:강【下降】 높은 데서 아래로 내려옴. 예비행기가 ~ 중이다.

하:객【賀客】 축하하는 손님.

하:계 올림픽 여름철에 하는 올림픽. 반동계 올림픽.

하구【河口】 바다로 흘러 들어가는 강물의 어귀. 비강어귀.

하:급【下級】 낮은 등급.

하:급생【下級生】 학년이 낮은 학생. 예~ 모임. 반상급생.

하:기【夏期】 여름의 시기.

하:기 방학 여름철의 더운 때에 정기로 학교에서 수업을 쉬는 일. 여름 방학. 반동기 방학.

하나 ①수의 처음. 일. ②오직 그것뿐. ③한 몸.

하나님 기독교에서 오직 하나뿐인 신이라는 뜻으로 하느님을 일컫는 말.

하늘 해와 달과 무수한 별들이 널려 있는 높고 너른 공간.

하늘소[-쏘][동물] 딱정벌레목 하늘소과에 속하는 곤충의 총칭. 촉각이 길고 몸이 가늘며, 날개가 딱딱함.

하늘하늘 힘없이 늘어져서 가볍게 흔들리는 모양. 큰흐늘흐늘.

하늬바람[-니-] 농가나 어촌에서「서풍」을 이르는 말.

하다 ①의식적으로 또는 무의식적으로 무슨 목적을 위하여 움직이다. 예독서를 ~. ②표정을 나타내다.

하:드웨어 컴퓨터를 구성하고 있는 기계 장치의 총칭.

하:등【下等】 품질이 낮은 등급. 예~동물. 반상등.

하:락【下落】 ①등급이나 가치가 떨어짐. 예가치 ~. 반상승. ②물건값이 떨어짐. 반등귀.

하루속히 하루바삐.

하루 종일 하루의 아침부터 저녁까지. 예~ 공부를 했다.

하루살이[동물] 여름 저녁에 떼지어 날아다니는 벌레.

하룻강아지 ①난 지 얼마 안 되는 어린 강아지. ②세상에 대한 경험이 적고 아는 것도 없는 어린 사람을 이르는 말.

하룻밤 ①한 밤. 예~ 묵다. ②어떤 날 밤.

하르방 ①「할아버지」의 제주도

사투리. ②돌하르방.
하마[동물] 아프리카 열대 지방의 강이나 호수에서 주로 사는 큰 짐승. 몸의 길이가 4m정도임.
[하마]
하마터면 자칫 잘못하였더라면.
하:모니 ①화성. 화음. ②조화. 원만한 일치.
하:반기 일 년을 둘로 나눈 것의 나중 기간. 반상반기.
하:반신【下半身】 몸의 아래쪽 절반이 되는 부분. 반상반신.
하:복 여름에 입는 옷. 반동복.
하:복부 척추 동물. 특히 사람의 복부의 가장 밑 부분.
하:사【下賜】 임금이 신하에게 물건을 내리어 줌. -하다.
하:사관 육·해·공군에서 상사·중사·하사를 통틀어 이르는 말.
하:산【下山】 산에서 내려옴. 또는 내려감. -하다.
하:선【下船】 배에서 내림. 반상선. 승선. -하다.
하:소연 억울하고 딱한 사정을 간곡히 말함. -하다.
하:수구 하수가 흘러 빠지도록 만든 도랑. 예~가 좁다.
하:수 처:리장 빗물이나 더러운 물등을 모아 인공적으로 정화시키는 곳. 예~을 만들다.
하:숙【下宿】 기간을 정하고 남의 집에 돈을 내고 묵음. -하다.
하:순 그 달 스무하룻날부터 그믐날까지의 열흘 동안. 반상순.
하안【河岸】 하천 양쪽의 둔덕.
하여간 어쨌든지. 비하여튼.
하여금「로」「으로」로 끝나는 말 아래 붙어서「~로 인하여」
하우스 ①집. 주택. ②「비닐 하우스」의 준말.
하이든[인명](1732~1809)「교향곡의 아버지」라고도 불리는 오스트리아의 고전파 음악가. 작품에는「군대」·「시계」등의 교향곡이 있고, [하이든] 「사철」·「천지 창조」등의 악곡이 있음.
하:지 일 년 중 낮이 가장 길고, 밤이 가장 짧은 날. 양력 6월 21일경. 반동지.
하회탈 탈의 한 가지. 우리 나라에서 가장 오래된 탈놀이로, 하회 별신굿을 할 때 쓰던 나무로 만든 탈.
학【鶴】[동물] 두루미.
학과【學課】[-꽈] 학문이나 교육의 과정. 비공과.
학교【學校】 공부를 가르치고 배울 수 있도록 시설해 둔 곳.
학급 같은 교실에서 같이 가르침을 받는 학생의 모임. 비반.
학기 한 학년 동안을 나눈 기간. 우리 나라에서는 한 학년을 두학기로 나눔. 예1학년 1~.
학년【學年】 학교에서 공부하는 햇수에 따라 나눈 단위.
학당【學堂】 글방. 또는, 학교.
학대【虐待】[-때] 혹독한 짓으

로 남을 괴롭히는 것. -하다.
학력【學力】 ①학문의 실력. ②학문 쌓은 정도. 예~ 검사.
학부모【學父母】 학생의 어버이.
학비【學費】 공부하는 데 드는 비용. 예~가 모자란다. 비학자금.
학생 운:동 학생들이 교내 문제, 또는 정치·사회·문화·민족 문제에 관하여 일으키는 운동.
학술 조사 학술상의 연구나 확인 등을 위하여 실지로 하는 조사.
학습【學習】[-씁] 배워서 익힘.
학연【學緣】 같은 학교를 나온 관계로 맺어지는 인간 관계.
학예【學藝】 학문과 예능.
학식 학문을 통하여 얻은 지식.
학용품 연필·노트·지우개 등의 공부하는 데 필요한 물품.
학위 어떤 부분의 학술을 닦아, 그에 능통한 사람에게 주는 칭호. 학사·석사·박사가 있음.
학정【虐政】 악독한 정치.
학질【虐疾】[-찔] 말라리아.
학질모기[동물] 모기과의 곤충. 말라리아 원충을 매개함.
학회【學會】 학술의 연구·장려를 목적으로 조직된 단체.
한:¹【限】 넘지 못하게 정하여진 정도. 예슬프기 ~이 없다.
한:²【恨】 마음에 맺힌 원통한 마음. 예~ 맺힌 세월.
한³ 「하나」의 뜻으로 쓰는 말.
한가운데 한복판. 반둘레.
한가위 음력 8월 15일의 명절. 추석 또는 중추절이라고도 함.
한가지 사물의 형태·성질·동작 등이 서로 같은 종류.
한갓지다 ①한가하고 조용하다. ②잘 정돈되어 난잡하지 않다.
한:강【漢江】 우리 나라의 중부 태백 산맥에서 강원도·충청북도·경기도·서울로 흘러 황해로 들어가는 강. 길이 514km.
한결같다 처음부터 끝까지 변함이 없이 똑같다.
한:계【限界】 ①할 수 있는 범위. ②사물의 정해 놓은 범위.
한고비 가장 중요하거나 긴요한 때. 예병이 ~를 넘기다.
한국【韓國】 ①우리 나라의 국호. ②「대한 민국」의 준말.
한국어 한국인이 쓰는 언어.
한국 은행 한국 은행권을 발행하고 각 은행에 자금을 빌려주는 우리 나라의 중앙 은행.
한국 은행권 한국 은행에서 발행하는 지폐.
한글 홀소리 10자, 닿소리 14자, 모두 24자로 된 우리 나라 글자의 이름. 본래는 「훈민정음」
한글날 세종 대왕이 훈민정음을 펴낸 것을 기념하기 위하여 제정된 날. 양력 10월 9일.
한글 맞춤법 한글을 바르게 적도록 규정한 법칙. 1988년 1월에 교육부에서 확정 고시하였음.
한글 창:제 세종 대왕이 훈민정

음을 1443년에 처음 만든 일.
한기 ①추위. ②병적으로 몸에 생기는 추운 기운.
한꺼번에 모아서 한번에. 예 ~해치우다. 비동시에.
한:껏 할 수 있는 데까지.
한끝 한쪽의 맨끝.
한끼 한 번의 끼니. 한 차례의 식사. 예점심 ~.
한낮[-낟] 낮의 한 가운데. 곧 낮 열두 시가 되는 때. 정오.
한날[-날] ①오직. 단지 하나 뿐인. ②하잘것없는.
한눈 한 번에 바라보는 범위. 시계. 예~에 시내가 보인다.
한달음에 중도에 쉬지 않고 계속 달음질하여. 예~ 올라오다.
한담【閑談】 심심풀이로 하는 이야기. 예~을 나누다.
한대 기후 한대에서 볼 수 있는 기후로, 1년의 평균 기온이 빙점 이하이며 추운 계절이 긺.
한더위 한창 심한 더위.
한:데 집채의 바깥. 곧 하늘을 가리지 아니한 곳. 비노천.
한동안 꽤 오랫동안.
한:되다 마음에 걸려 평생에 원한이 되다. 예지난 일이 ~.
한두해살이꽃 싹이 난 지 한 해나 두 해째에 시들어 죽는 식물.
한때 한동안. 같은 때. 예그 사람은 ~ 유명했다.
한 뜻 같은 생각.
한:라산[지명] 국립 공원의 하나. 제주도 중앙에 자리잡은 높이 1,950m의 산.

한랭 전선[할-] 찬 공기가 따뜻한 공기를 밀고 갈 때에 생기는 전선. 소나기가 내리고 기온이 급격히 내리는 일이 있음.
한:량없다 끝이 없다.
한려수도 경상 남도 한산도에서 전라 남도 여수까지의 뱃길로서 국립 해상 공원.
한류【寒流】[할-] 한대 지방에서 적도 쪽으로 흐르는 찬 바닷물의 흐름. 반난류.
한:문 한자로 쓴 문장이나 학문.
한:문책 한자로 씌어진 책.
한민족 한반도와 만주 일대, 제주도 등에 사는 민족.
한바퀴 한 둘레. 예공원을 ~돌다. 비일주.
한바탕 한 번 일이 크게 벌어진 사건. 예~ 놀이가 시작되다.
한반도 우리 나라 국토 전역을 하나로 휩싸고 있는 반도.
한:방약 「한약」의 본디말.
한방 의학 중국에서 발달하여 동양 여러 나라에 퍼진 의학.
한배검 대종교를 믿는 사람들이 단군을 높여 부르는 이름.
한번 한 차례. 예언제 ~ 보자.
한복【韓服】 한국의 고유한 의복. 예설에 ~ 입다. 반양복.
한복판 복판의 바로 중심이 되는 가운데. 반가장자리.
한산도 대:첩 1592년 임진 왜란때 이순신 장군이 한산도 해전에서 일본 해군을 쳐부수어 큰 승리를 거둔 싸움.
한세상【-世上】 ①한평생 동안. ②한창 잘 사는 한 때.

한숨에 단숨에. 예~ 달려가다.
한시【-時】 ①같은 시각. ②잠깐 동안. 예~도 잊지 마라.
한시름 큰 시름. 예~ 놓다.
한식【寒食】 동지로부터 105일째 되는날로 조상의 무덤에 제사 지냄. 양력 4월 5, 6일경.
한:약방 한약을 지어 파는 약국. 비한약국. 반양약방.
한:양【漢陽】[지명] 우리 나라 서울의 옛 이름.
한얼님 대종교에서 하느님. 곧, 단군을 높여 이르는 말.
한울님 천도교에서 하느님.
한의원 한약이나 침 등으로 병을 치료하는 곳. -하다.
한:자【漢字】 중국의 고유한 글자.
한적 한가하고 고요함. 반번잡.
한:정【限定】 수량·범위를 제한하여 정함. 비제한.
한:정판 책의 부수를 제한하여 펴낸 출판물. 예~을 내다.
한:족 중국에서 살아온 종족. 인종적으로는 황색 인종에 속함.
한줌 손아귀에 들어갈 만한 분량. 예~의 흙.
한중록【책명】 조선 제22대 정조의 어머니이며, 사도 세자의 부인인 혜경궁 홍씨가 쓴 내간체의 책.
한 집안 ①같은 집의 안. 예~식구. ②같은 일가 친척.
한쪽 한편 쪽. 예~ 손을 들다.
한창 가장 성하고 활기가 있을 때. 예꽃이 ~이다.
한창 나이 기운이 한창 성할 때의 젊은 나이. 예~의 젊은이들.
한철 ①봄·여름·가을·겨울 중의 한 계절. ②가장 성한 시기.
한:탄 원통하거나 뉘우침이 있을 때에 한숨 쉬며 탄식함.
한편 ①한쪽. 일방. ②한짝.
한평생 살아 있는 동안. 예~ 농사를 지었다. 비일평생.
한푼 돈 한 닢. 적은 돈.
한:풀이 원한을 푸는 일. -하다.
한해살이풀 한 해 동안 싹터 자라고 열매 맺고 말라 죽는 풀.
할당 몫을 갈라 나누는 것.
할머니 아버지의 어머니. 비조모. 반할아버지.
할미 ①늙은 여자. ②「할머니」를 낮추어 일컫는 말.
할미꽃[식물] 온 몸에 흰 털이 많이 있으며 이른 봄에 자줏빛의 꽃이 피는 여러해살이풀. 흔히 백발 노인에 비유함.
할부 판매 대금을 여러 번에 나누어 내게 하는 판매 방식.
할아버지 ①아버지의 아버지. 비조부. 반할머니. ②나이 많은 남자를 높이어 일컫는 말.
할·푼·리·모 비율을「할·푼·리·모」로 나타내는 방법. 비율을 소수 첫째 자리를「할」, 둘째 자리를「푼」, 셋째 자리를「리」, 넷째 자리를「모」로 나타냄.
함께 서로 더불어. 반따로.
함:락 ①땅이 무너져 내려앉음. ②적진을 쳐서 빼앗음. -하다.
함량【含量】 어떤 물질 속에 함

함양 능력이나 품성을 기르고 닦는 것. 예)애국심을 ~하다.
함지 나무로 네모지게 짜서 만든 그릇.
함지박 통나무의 속을 파서 바가지나 양푼같이 만든 그릇.
함축 ①깊이 간직하여 드러나지 아니함. ②의미심장함. -하다.
합【合】 ①여럿을 한데 모음. ②덧셈을 하여 나오는 답. -하다.
합격【合格】 시험이나 검사에 통과함. 반)불합격. -하다.
합계【合計】 한데 합하여 셈함.
합당【合當】 꼭 알맞음. 예)~하게 처리하다. 비)적당. 반)부당.
합방【合邦】 두 나라를 한 나라로 합침. 비)합병. 반)분할.
합법 법령에 맞음. 반)불법.
합병증[-쯩] 어떠한 병에 관련하여 일어나는 다른 병.
합성【合成】 두가지 이상의 것이 합쳐서 한 개로 됨. 예)~수지.
합주【合奏】[-쭈] 많은 종류의 악기로 동시에 연주함. 반)독주.
합죽선【合竹扇】[-쭉썬] 얇게 깎은 댓조각을 맞붙인 것을 부채의 살로 하여 만든 부채.
합집합[-찌팝] 두 집합의 모든 원소로 이루어진 집합으로, 기호는 U
[합집합]
로 나타냄.
합창 여러 사람이 소리를 맞추어 같은 노래를 부름. 반)독창.
합판 여러 개의 얇은 판자를 붙여서 만든 넓은 널빤지.
합하다[하파-] ①여럿이 하나가 되다. 예)두 반이 ~. ②마음에 들어맞다. 예)마음을 ~.
핫- 솜을 둔 것을 나타내는 말. 예)~이불. ~바지.
항:공【航空】 항공기를 타고 하늘을 남. 예)~우편. -하다.
항:공기 사람·화물을 싣고 하늘을 날 수 있는 교통 기관.
항:공 모:함【航空母艦】 항공기가 이륙·착륙할 수 있는 넓은 갑판을 가진 큰 군함.
항:공 우편 항공기를 이용하는 우편. 특수 취급 우편물의 하나.
항:구【港口】 바닷가에 배가 드나들 수 있도록 시설을 갖추어 놓은 곳. 예)~ 도시.
항:균성[-썽] 항생 물질 등이 세균의 발육을 저지하는 성질.
항:목【項目】 조목. 낱낱이 들어 벌인 일의 가닥.
항문 똥구멍. 고등 포유 동물의 소화기의 끝부분. 비)분문.
항복 힘에 눌려서 상대방이나 적에게 굴복함. 비)굴복. 반)저항.
항상 늘. 언제나. 예)넌 ~ 웃는 얼굴이다. 비)항시. 반)가끔.
항:생 물질[-찔] 미생물이나 세균의 발육을 막거나 살균하는 물질. 페니실린·스트렙토

마이신 · 테라마이신 따위.
항:생제 항생 물질로 된 약제.
항성【恒星】 천구상에서 서로의 상대 위치를 바꾸지 않고 별자리를 구성하는 별. 凹행성.
항:의【抗議】 그렇지 아니하다고 반대의 뜻을 주장함.
항:일 운:동 일본 제국주의에 대해 항거하고 투쟁한 운동.
해¹①태양. ②지구가 태양을 한 바퀴 도는 동안.
해:²【害】이롭지 못함. -하다.
해:갈 ①목마름을 풀어 버림. ②비가 내려 가뭄을 면함. -하다.
해:결【解決】어려운 일이나 문제를 풀어서 처리함. 凹미결.
해:고【解雇】고용주가 고용한 사람을 내보냄. 예~되다.
해골【骸骨】①살이 전부 썩은 사람의 머리뼈. ②살이 전부 썩고 남은 송장의 뼈.
해괴 망측하다 말할 수 없이 해괴하다. 예꼴이 ~.
해:구【海溝】바다의 밑바닥에 좁고 깊게 우묵 들어간 곳. 보통 깊이 6,000m 이상임.
해:내다 맡은 일을 거침없이 치러 내다. 예어려운 일을 ~.
해:녀【海女】바다 속에 들어가 해삼 · 전복 · 미역 등을 따는 것을 직업으로 하는 여자.
해:당화【海棠花】 [식물] 장미과의 낙엽 관목. 해변의 모래땅이나 산기슭에서 잘 자라는

[해당화]

꽃.
해:독¹【害毒】 해와 독.
해:독²【解毒】 독을 풀어 없앰.
해돋이[-도지] 해가 막 돋아오르는 때. 凹일출. 凹일몰.
해:동【解凍】 얼었던 것이 녹아서 풀리는 것. 예~기.
해:리 바다 위의 거리를 나타내는 단위. 1해리는 약 1,852m.
해마다 그해 그해. 매년. 연년.
해맑다 매우 맑다.
해머 쇠망치.
해:먹다 ①음식을 만들어 먹다. ②나쁜 짓으로 재물을 모으다.
해:면【海面】 바닷물의 표면. 예~ 동물. 凹해저.
해:명 의문을 풀어 분명히 함.
해:몽 꿈에 나타난 일을 풀어서
해:물【海物】「해산물」의 준말.
해바라기【식물】 높이가 2m 이내로 자라는 한해살이풀.
해박【該博】 여러 방면으로 아는 것이 많음. -하다.
해:부【解剖】 생물의 일부 또는 전부를 쪼개어 그 구조나 각 부분 간의 관계를 연구하는 일.
해:빙 얼음이 풀림. 凹결빙.
해:산¹【解散】 모였던 사람이 흩어짐. 凹분산. 凹집합. -하다.
해:산² 아이를 낳음. 예딸을 ~ 하다. 凹분만.
해:산물 물고기 · 조개 · 소금 등 바다에서 나는 온갖 물건.
해:삼[동물] 바닷속 바위에 붙어 사는 길이 40cm정도의 동

물.
해:석【解釋】 어려운 내용이나 뜻을 알기 쉽게 풀어 설명함.
해:설 어떤 문제를 알기 쉽게 풀어서 설명함. 예스포츠 ~.
해:수면 바닷물의 표면.
해:수욕 바닷물에서 수영하는 일.
해:수욕장 해수욕하기에 알맞은 환경과 설비가 갖추어진 바닷가의 장소.
해시계 햇빛에 의한 그림자로 시각을 헤아리는 옛날 시계. [해시계]

해쓱하다 얼굴에 핏기가 없고 창백하다. 예얼굴이 ~.
해:안 바닷가. 또는 바닷가의 기슭. 해변. 예~ 도시.
해:양 자원【海洋資源】 바다에서 얻어지는 여러 가지 자원.
해어지다 닳아서 떨어지다.
해:연 해구 중에서 특히 깊은 곳.
해:열【解熱】 몸의 열기를 풀어 내리게 하는 것. 예~ 제.
해:왕성【海王星】 태양에서 여덟 번째로 멀리 떨어져 있는 태양계의 한 행성.
해:외【海外】 바다를 사이에 둔 다른 나라. 비외국. 국외.
해:외 이민【海外移民】 다른 나라의 영토에 이주하는 일.
해:일【海溢】 지진이나 화산의 폭발, 또는 폭풍우로 바다의 큰 물결이 일어 갑자기 육지로 넘쳐 들어오는 일. 예~이 일다.
해:저【海低】 바다의 밑바닥.
해:저 자:원 바다 밑에 있는 광물이나 수산물 따위.
해:적 배를 타고 다니면서 다른 배를 쳐서 재물을 빼앗는 도둑.
해:치다 ①해롭게 만들다. ②남을 상하게 하거나 죽이다.
해:파리【동물】 강장 동물 해파리류를 통틀어 이르는 말. 몸은 우산 모양임. 조류에 따라 움직임. 주로 플랑크톤을 먹음. 여러 개의 촉수가 있음.
해:풍【海風】 바다에서 불어 오는 바람. 비바닷바람. 반육풍.
해:협 육지와 육지 사이의 넓은 바다로 통하는 좁고 긴 바다.
해:후 오랫동안 헤어졌다가 우연히 만나는 것.
핵【核】 ①세포의 중심이 되는 알갱이. ②사물이나 행동의 중심이 되는 곳. ③원자핵.
핵가족[-까-] 한 쌍의 부부와 그 미혼 자녀로 구성된 가족.
핵무기 원자 폭탄·수소 폭탄 등 원자핵이 분열하거나 융합할 때 생기는 힘을 이용한 무기.
핵발전소【核發電所】 원자력 발전 방식에 의한 발전소.
핵심【核心】 사물의 중심이 되는 가장 중요한 부분. 비중심.
핸드백 여성들이 들고 다니는 작은 손가방.
핸드볼 구기운동의 하나.
햄버거 둥근 빵에 햄버거 스테

이크를 끼운 음식.
햅쌀 그 해에 난 쌀.
햇- 주로 농산물 이름 앞에 붙어서,「그 해에 새로 나온」의 뜻을 나타내는 말. 예 ~과일.
햇발 사방으로 뻗친 햇살. 예 ~이 눈부시다.
햇볕 해에서 쬐는 따뜻한 기운. 예 따가운 ~.
햇수 해의 수. 연수.
행【行】 글의 세로 또는 가로의 줄. 예 ~을 바꾸다.
행군【行軍】 군대나 학생이 대열을 지어 계속 걸음. -하다.
행글라이더 알루미늄 등으로 만든 틀에 화학 섬유의 천을 발라 만든 항공기의 한 가지.
행동【行動】 몸을 움직여 하는 동작. 비 행위. -하다.
행랑방 행랑.
행렬 여러 사람이 줄을 지어 감.
행선지【行先地】 떠나가는 목적지. 가는 곳. 예 ~가 어디냐?
행성【行星】 지구처럼 태양의 둘레를 도는 별들. 수성·금성·지구·화성·목성·토성·천왕성·해왕성·명왕성 등 9개의 별.
행세【行世】 ①사회에서 사람답게 행함 또는 그 태도. ②제법 그럴듯한 노릇을 하는 것.
행:실 일상 하는 행동. 품행.
행:여 만일에. 바라건대.
행정 ①정치를 행함. ②3권의 하나. ③관리하고 운용함.
행정 기관 행정 사무를 그 대상으로 하는 국가의 기관.
행정부 입법·사법 이외의 행정을 맡아 보는 국가 기관. 비 정부.
행:주 대:첩 임진 왜란 때 권율 장군이 행주 산성에서 1만의 군사로 3만이나 되는 왜군을 무찔러서 대파시킨 싸움.
행주치마 여자들이 부엌일을 할 때 치마 위에 덧입는 짧은 치마.
행차 웃어른의 길 가는 것을 높여서 일컫는 말. -하다.
행패 도리에 벗어나는 짓을 함.
향【香】 ①향내를 풍기는 물건. ②향기로운 냄새.
향:하다 ①바라보다. ②마주 서다. ③마음을 기울이다.
허¹ 가볍게 감탄할 때 쓰이는 말.
허:² 입을 벌리고 입김을 한 번 내부는 소리. 또는, 그 모양.
허가 법령에 의한 어떤 행위를 적법하게 할 수 있도록 하는 행정 행위. 비 승낙. 반 불허.
허겁 마음이 실하지 못하여 겁이 많은 것. 예 ~을 떨다.
허겁지겁 마음이 아주 급해서 허둥거리는 모양. 비 허둥지둥.
허공【虛空】 아무것도 없이 텅 빈 공간. 예 ~을 날다.
허기¹【虛氣】 ①속이 비어 허전한 기운. ②기운을 가라앉힘.
허기²【虛飢】 굶어서 몹시 심한 시장기. 예 ~가 들다.
허니문: ①결혼한 첫 한 달 동안. ②신혼 여행.
허둥지둥 다급하여 정신을 못 차리고 몹시 허둥거리는 모

허드레 허름하여 함부로 쓸 수 있는 물건이나 일.

허드렛일 중요하지 않은 일.

허락【許諾】 청하고 바라는 바를 들어줌. 町승낙. 町거절.

허례 실속 없이 겉으로만 꾸미는 번거로운 예절. 예~ 허식.

허리 사람의 몸의 갈빗대 아랫배 옆의 잘록한 부분.

허무 맹랑[-냥] 거짓되고 터무니없음. -하다.

허물¹ ①그릇된 실수. ②비웃을 만한 거리. 町흉.

허물² ①살갗의 꺼풀. ②뱀·매미 따위가 벗는 껍질.

허벅 제주도에서, 물을 길어 등에 지고 다니는 물항아리.

허벅지[-찌] 허벅다리의 안쪽.

허비【虛費】 헛되어 써 버림.

허사【虛事】 헛된 일. 町헛일.

허세 실상이 없는 기세.

허송【虛送】 세월을 헛되게 보냄.

허송 세:월 하는 일 없이 세월만 헛되이 보냄. 예~을 보내다.

허수아비 ①새를 쫓기 위해 세워 놓은 사람 모양의 물건. ②쓸모 없는 사람을 비웃는 말.

허심 탄:회 마음에 거리감이 없이 솔직함. 예~하게 말하다.

허약 기력이 약함. 町쇠약.

허영【虛榮】 필요 이상으로 하는 겉치레. 예~심.

허영심 허영에 든 마음.

허울 겉 모양. 실속 없는 겉치레. 예~ 좋은 말.

허위¹【虛僞】 진실이 아님을 알면서 진실인 것처럼 보이는 일.

허위【虛威】 겉으로만 꾸민 위세. 예~로 진술하다. 町허세.

허탈 정신이 멍하여 손에 잡히지 않는 몽롱한 상태. -하다.

허탕 소득이 없는 일.

허튼 명사 위에 써서「헤프게·함부로」등의 뜻을 나타내는 말. 예~ 수작을 부리다.

허파 가슴의 양쪽에 들어 있는 호흡을 맡아 하는 기관. 폐.

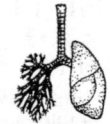
[허파]

허풍【虛風】 실제보다 지나치게 과장하는 말과 행동.

허허 기뻐 크게 웃는 소리.

허허벌판 넓고 큰 벌판.

허황 헛되고 황당하여 미덥지 못함. 예터무니없이 ~한 사람.

헌: 명사 위에 붙어서「성하지 아니한」,「낡은」등의 뜻을 나타내는 말. 예~ 옷. 町낡은.

헌:것 성하지 못하고 낡은 물건. 또는, 오래되어 허술한 물건.

헌:금【獻金】 돈을 바침. -하다.

헌:법【憲法】 나라를 다스리는 데에 바탕이 되는 법. 국가의 최고 법규임. 예~ 제정.

헌:병【憲兵】 군대에서 경찰과 같은 구실을 하는 군인.

헌:신 자기의 이익을 생각하지 않고 몸을 바쳐 있는 힘을 다함.

헌:신적 헌신하는 정신으로 일하는 상태. 예~인 사랑.

헌:장 국가 따위가 어떤 행동의 기준으로 삼기 위하여 의논하여 정한 규범. 예 국민 교육 ~.

험:난【險難】① 몹시 어려움. ② 몹시 험함. 예 산길이 ~하다.

험:악 성질이 거칠고 악함.

헛배 음식을 먹지 않아도 부른 배. 예 ~가 부르다.

헛소리 ① 정신없이 중얼거리는 말. ② 실속 없는 말. 군소리.

헛소문 헛되이 떠도는 소문.

헛수고 아무 보람이 없는 수고.

헛일[헌닐] 쓸모 없는 일.

헤: 입을 조금 벌리고 힘없이 웃는 모양. 예 ~, 좋다! 작 해.

헤드라이트 기차·자동차 등의 앞에 단 등.

헤드폰: ① 라디오를 들을 때, 또는 녹음이나 방송을 할 때 모니터로 쓰는 두 귀를 덮는 작은 스피커. ② 두 귀에 고정시키는 전화 수신기.

헤딩 ① 표제. 제목. ② 공을 머리로 받아 치는 것. ③ 박치기.

헤매다 ① 이리저리 돌아다니다. ② 갈피를 잡지 못하다.

헤벌어지다 어울리지 않게 넓게 벌어지다. 작 해바라지다.

헤:아리다 ① 수량을 세다. 예 별을 ~. ② 미루어 생각하다.

헤어나다 벗어나다.

헤어지다 ① 이별하다. ② 살이 갈라지다. 준 헤지다.

헤엄 손과 발을 놀리어 물 속에 몸을 뜨게 하는 짓. 비 수영.

헬리콥터 활주로 없이 곧장 뜨고 내릴 수 있는 비행기의 일종.

헬멧 머리를 보호하기 위하여 쓰는 투구 모양의 모자. 안전모.

혀 동물의 입 안의 아래쪽에 붙어 자유로이 움직이는 살덩이로 된 기관. 맛을 구별하고 음식을 삼키며, 특히 사람에게 있어서는 발음을 하는 데에 일정한 구실을 함.

혁신 묵은 것을 고쳐 아주 새롭게 함. 반 보수. -하다.

현:¹【縣】 옛날에 두었던 지방 행정구역의 하나.

현²【絃】 현악기에 켕겨 맨 줄.

현:³【現】 명사 앞에 붙어,「현재의」「지금의」뜻을 나타내는 말.

현:격 동떨어져서 차이가 큼.

현관 서양식 집의 정면 문간.

현:금【現金】① 현재 가지고 있는 돈. ② 수표나 어음이 아닌 곧 쓸수 있는 돈. 비 현찰.

현:기증[-쯩] 눈이 아찔하고 머리가 어지러워지는 증세.

현:대 지금의 시대. 반 고대.

현:대화【現代化】 현대에 알맞는 새로운 것으로 하는 것.

현:란[혈-] 눈이 부시도록 휘황찬란함. 예 ~한 서울거리.

현모 양처 어진 어머니이면서 또한 착한 아내. 양처 현모.

현:몽【現夢】 죽은 사람이나 신령 등이 꿈에 나타남.

현미 벼의 껍질만 벗기고 등겨가 그대로 남아 있는 쌀. 반 백미.

현:미경 눈으로는 볼 수 없는 몹시 작은 물체를 확대하여

크게 보려고 만든 기계.

현:상【現狀】 현재의 상태. 지금의 형편. 예 ~대로 유지하라.

[현미경]

현수막【懸垂幕】 ①방이나 극장 따위에 드리운 막. ②선전문 등을 적어 드리운 막.

현숙【賢淑】 여자의 마음이 어질고 정숙하다. 예 ~한 부인.

현실 지금 사실로 나타나 있는 그 일이나 상태. 예 ~주의자.

현악기 가야금·바이올린·첼로 따위와 같은 악기에 붙어 있는 줄을 타서 연주하는 악기.

현:장【現場】 ①사물이 현재 있는 곳. ②사건이 발생한 곳.

현:재【現在】 ①이제. 지금. 과거. ②이 세상.

현:저 뚜렷하게 드러남. -하다.

현제명[인명](1902~1960) 우리 나라의 테너 가수이며 작곡가. 작품에는 가극으로 「춘향전」·「왕자호동」등과 가곡으로 「고향 생각」등이 있음.
[현제명]

현:존【現存】 현재 존재하는 것.

현:주:소【現住所】 자기가 지금 살고 있는 곳의 주소.

현:지【現地】 현재 어떤 일이 행하여지고 있는 곳.

현:지 답사 현지에 직접 가서 조사하는 일. 실지 답사.

현:직【現職】 현재의 직업.

현:충사 충청 남도 아산시에 있는 이순신 장군의 사당.

현:충일【顯忠日】 나라를 위하여 싸우다 순직하신 분들의 명복을 빌고, 그 뜻을 기리기 위하여 제정한 날. 양력 6월 6일.

혈압【血壓】 혈관 속으로 흐르는 피의 압력. 예 정상 ~.

혈액【血液】 피. 예 ~ 검사.

혈액 검:사 피를 뽑아서 하는 검사법을 통틀어 이르는 말.

혈액형 사람의 혈액 중에서 볼 수 있는 여러 가지 피의 분류형. O·A·B·AB·RH(+)·RH(-) 등

혐오 싫어하고 미워함.

혐오감 싫어하고 미워하는 감정.

혐의 죄를 지었으리라고 생각되는 의심. 예 ~가 있다.

협동【協同】 여러 사람들이 힘과 마음을 함께 합함. 예 ~ 정신.

협박【脅迫】 윽박지르고 억누름.

협상【協商】 협의하여 의논함. 예 남북 ~. 비 협정. 약정. -하다.

협의 의견을 모으도록 서로 의논함. 예 ~를 통해 결정하다.

협정【協定】 의논하여 결정함. 예 ~을 맺다. 비 약정. -하다.

협주곡 ①독주 악기를 관현악의 반주로 연주하는 곡. ②두 가지 이상의 악기로 연주하는 곡.

협찬【協贊】 협력하여 돕는 것.

협회【協會】 어떤 사업을 하기 위하여 같은 목적을 가진 사람들이 모여서 이룬 단체.

혓바늘 혓바닥에 좁쌀처럼 돋아오르는 붉은 것. 예~이 돋다.

형¹【兄】 형제 중에 자기보다 나이가 많은 사람. 예~이 최고다. 비언니. 반동생. 아우.

형²【型】 어떠한 특징을 형성하는 형태. 타이프.

형벌【刑罰】 죄를 지은 사람에게 주는 벌. 예~을 가하다.

형부【兄夫】 언니의 남편.

형사 사복으로 수사·정보를 담당하는 경찰관의 통칭.

형:설지공【螢雪之功】 고생을 하면서 공부하여 얻은 보람.

형성【形成】 어떤 모양을 이룸.

형세 형편이나 모양. 형편.

형식【形式】 바깥으로 나타나 보이는 격식. 비격식. 반내용.

형제【兄弟】 형과 아우. 비동기.

형제 자매 형제와 자매.

형체【形體】 물건의 생김새.

형편 ①일이 되어 가는 모양. 형세. ②살림살이의 되어 가는 모양. 예~이 어렵다.

형형 색색 가지 각색.

혜:성【彗星】 ①긴 꼬리를 날리며 태양의 둘레를 도는 별. ②어떤 분야에서 갑자기 나타나 두각을 나타냄을 비유하는 말.

혜:택 베풀어 주는 고마움. 예원호처의 ~을 받다. 비은혜.

호:【戶】 집의 수효를 나타내는 말. 예10~ 남짓한 마을.

호가 ①날라리, 또는 풀잎 피리. ②태평소.

호:각 입으로 불어서 소리를 내는 물건.

호:국 나라를 외적으로부터 지킴. 예~ 정신을 가지다.

호:기【好機】 좋은 기회.

호:기심 새롭고 이상한 것을 좋아하는 마음. 예~이 많다.

호남【湖南】 전라 남·북도 지방을 일컫는 말. 예~ 지방.

호도 「호두」의 본디말.

호돌이 제24회 서울 올림픽 대회의 마스코트.

호되다 매우 심하다.

호두 호두나무의 열매.

호:랑나비[동물] 날개의 무늬가 담녹황색이나 암황색에 검은 점이 있는 큰 나비.

호:랑이[동물] ①범. ②몹시 무서운 사람. 예~ 선생님.

호:령【號令】 ①지휘하여 명령함. 비구령. ②큰 소리로 꾸짖음.

호롱 석유등에 석유를 담는 그릇. 사기·유리 등으로 작은 병처럼 만듦.

호롱불[-뿔] 호롱에 켠 불.

호루라기 신호용으로 쓰는 불어서 소리를 내는 물건. 호각.

호르몬 동물의 몸 속에서 나오며, 몸 안을 돌며 화학적으로 여러 가지 중요한 작용을 하는 물질의 총칭.

호른 금관 악기의 하나. 활짝 핀 나팔꽃 모양이며, 음색은 부드럽고 윤택이 있음. [호른]

호리호리하다 키가 날씬하게 좀 크다. 예~한 몸매.

호명【呼名】이름을 부름. 예선생님이 내 이름을 ~하셨다.

호미 김을 맬 때 쓰는 농기구.

[호미]

호박[식물] 박과에 속하는 일년생 만초. 여름에 노란꽃이 피며, 크고 긴 담홍색의 열매를 맺음. 열매로 여러 가지 요리를 하여 먹으며, 잎과 순도 먹음.

호:사¹【好事】①좋은 일. ②일을 벌이기를 좋아하는 것.

호사²【豪奢】호화롭게 사치하는 것. 또는, 그 사치. -하다.

호패 옛날에 열여섯 살 이상되는 남자가 차던 길쭉한 패.

[호패]

호:평【好評】좋게 말함. 또는 그 평판. -하다.

호화 찬란 매우 화려하고 눈부심. 예~한 거리. -하다.

호:황【好況】경기가 좋음.

호흡【呼吸】공기 속의 산소를 몸 속으로 받아들이고, 활동할 때 생긴 이산화탄소를 몸 밖으로 내보내는 일. -하다.

혹【或】어쩌면. 만일.

혹독 ①정도가 매우 심함. ②성질·행동 따위가 매우 나쁨.

혼【魂】넋. 정신. 얼.

혼나다 ①몹시 놀라다. 예길을 잃어 ~났다. ②야단맞다.

혼동 ①이것 저것을 뒤섞음. ②뒤섞어 보거나 잘못 판단함.

혼:란¹【混亂】①한데 뒤죽박죽이 됨. ②뒤범벅이 되어 질서가 없음. 비문란. 반정연.

혼:란²【昏亂】정신이 흐리고 어지러움. 예정신이 ~해 지다.

혼령 죽은 사람의 넋. 비영혼.

혼례【婚禮】혼인할 때의 예절.

혼:선 ①전신·전화 따위의 선이 서로 닿아 신호·통신이 엉클어지는 것. ②언행이 앞뒤가 안맞아 종잡을 수 없는 것.

혼:성【混聲】①뒤섞인 소리. ②남녀의 목소리를 혼합하여 노래하는 일. 예~ 합창.

홍난파[인명] (1898~1941) 우리 나라의 음악가. 본 이름은 영후. 난파는 호. 와이엠시에이를 중심으로 음악계에서 크게 활약하였음. 작품에는 「봉선화」·「옛 동산에 올라」·「성불사의 밤」등이 있음.

[홍난파]

홍어[동물] 가오리과에 속하는 바닷물고기. 몸길이 약 1.5m. 몸이 넓고 등은 갈색 바탕이며, 배는 흼. 예~회.

홍역【紅疫】열이 많이 오르고 온몸에 좁쌀 같은 것이 돋고 기침이 나는 어린이의 전염병.

홍익【弘益】①매우 큰 이익. ②널리 이롭게 함.

홍익 인간 널리 인간 세계를 이롭게 한다는 뜻.

홍일점【紅一點】[-쩜] ①많은

남자들 속에 하나뿐인 여자를 이르는 말. ②여럿 가운데 오직 하나 이채를 띠는 것.

홍차 달인 물이 붉은 빛깔을 띠고 향기가 있는 차의 한 가지. 차나 무의 잎을 발효시켜 말린 것.

화:¹【禍】 몸과 마음에서 일어나는 모든 불행한 사고나 사나운 운수. 예~를 당하다.

화:²【火】 몹시 못마땅하거나 언짢아서 나는 성.

-화³【畫】 그림의 뜻을 나타내는 말. 예인물~를 그리다.

화:가【畫家】 그림 그리기를 직업으로 삼는 사람. 또는 취미로 하는 사람. 비화백.

화:공 약품【化工藥品】 화학 공업에서 만들어 내는 약품.

화교【華僑】 중국 사람이 외국에 가서 생활하는 사람.

화:급【火急】 걷잡을 수 없이 타는 불과 같이 매우 급함.

화:기【火氣】 ①불의 뜨거운 기운. ②몹시 화를 낸 기운.

화:기【火器】 화약의 힘으로 탄알을 멀리 내쏘는 병기.

화기 애애 여럿이 모인 자리에 온화한 기색이 가득한 모양.

화끈 뜨거운 기운을 받아서 몸이나 쇠 따위가 갑자기 몹시 달아오르는 모양. -하다.

화:나다【火-】 ①몹시 못마땅하여 노하다. ②큰 근심이 있어 마음이 답답하다.

화답【和答】 시나 노래에 대하여 대답함. -하다.

화:랑【畫廊】 그림 따위를 진열하여 전시하는 곳. 갤러리.

화랑도 화랑이 지켜야 할 도리.

화려【華麗】 빛나고 매우 고움. 찬란. 소박. -하다.

화:력【火力】 ①불의 힘. 예~이 강하다. ②총포의 위력.

화:력 발전소[-전-] 불을 때서 물을 끓여 수증기의 힘으로 발전기를 돌려 전기를 일으키는 곳. 빤수력 발전소.

화:로 숯불을 담아 놓은 그릇.

화목 서로 뜻이 맞고 정다움.

화:물선 짐을 실어 나르는 배.

화:물 열차[-렬-] 짐만을 실어 나르는 열차.

화:물차 짐을 싣는 자동차.

화:백【畫伯】 「화가」의 높임말.

화병¹【花瓶】 꽃을 꽂는 병.

화:병²【火病】 속이 답답하여 생기는 병. 예~으로 죽다.

화:보【畫報】 여러 가지 그림을 모아 만든 책자.

화사【華奢】 화려하고 사치스러움. 예~한 옷차림. -하다.

화:산【火山】 땅 위로 흘러 나온 마그마가 식은 용암과 뿜어 나온 암석의 크고 작은 알갱이들이 쌓여서 이루어진 산.

화:산 활동[-똥] 지구 내부에서부터 용암이나 가스 따위가 분출하는 활동.

화살 가는 대에 위에는 새 깃을 꽂고 아래는 쇠촉을 박은 무기.

화살표 ①방향을 나타내는 화살꼴의 부호. ②부호 「→」「←」의 인쇄상의 이름.

화:상¹【畫像】 사람의 얼굴을 그

림으로 그린 초상.
화:상『火傷』 불에 데어 생긴 상처. 예뜨거운 물에 ~을 입다.
화:상『畵商』 그림을 사고 파는 사람. 또는, 사고 파는 일.
화:석『化石』 지질 시대에 살던 동·식물이 오래 땅 속에 묻히어 돌에 박힌 채로 남아 있는 것.
화:선지『畵宣紙』 종이의 한 가지. 붓글씨 쓸 때 주로 사용.
화:성 붉은 빛을 내는 행성. 태양 둘레를 687일만에 한 바퀴 돌고 있는 떠돌이별.
화:실『畵室』 화가 또는 조각가가 일을 하는 방.
화씨 온도계 독일의 파렌하이트가 만든 온도계. 어는 점을 32°F, 끓는 점을 212°F로 하고 그 사이를 180등분하여 만든 것.
화:약『火藥』 초석·목탄·유황 등을 섞어서 만든 폭발물.
화:염『火焰』 불꽃.
화요일『火曜日』 7요일의 하나. 일요일부터 셋쨋날.
화원 꽃을 심는 동산.
화음 높낮이가 다른 둘 이상의 소리가 함께 어울리는 소리.
화:장『化粧』 분 따위를 발라 얼굴을 곱게 꾸밈. 예~하다.
화:장품 화장할 때 쓰는 물건. 크림·분·연지·향수 등.
화:재『火災』 ①불. ②불이 나서 당하는 불행. 반수재.
화:재 보:험 화재로 생긴 손해를 보상해 주는 손해 보험.
화:전민 화전을 하는 사람.
화:차『貨車』 짐을 실어나르는 기차. 예~가 들어오다.
화창 날씨가 따뜻하며 맑음.
화채『花采』 꿀·설탕물 등에 과일을 썰어 넣어 만든 음료.
화초『花草』 보기 위해서 심는 꽃과 풀. 예~를 가꾸다.
화촉『華燭』 ①혼례. ②색을 들인 밀초. 예~를 밝히다.
화친 ①서로서로 의좋게 지내는 정분. ②나라와 나라 사이의 친밀한 교류. -하다.
화평『和平』 ①마음이 편안함. ②나라 사이가 화목하고 평온함.
화:폐『貨幣』 물건을 사거나 팔거나 할 때 쓰는 쇠붙이. 돈과 종이돈의 총칭. 금전. 돈.
화:풀이 화를 다른 사람이나 딴 일에 내는 것. -하다.
화:학『化學』 모든 물질의 성질·변화·법칙 등을 연구하는 학문.
화합『和合』 화목하게 합함.
화해『和解』 싸움을 그치고 서로 양보하여 다시 친함. -하다.
확고[-꼬] 확실하고 굳다.
확고 부동 확실하고 견고하여 흔들리거나 움직이지 않음.
확답『確答』 확실한 대답.
확산『擴散』 ①흩어져 번지는 것. ②서로 농도가 다른 물질이 혼합할 때 시간이 지나면서 점차 같은 농도가 되는 현상.
확실성[-썽] 틀림없는 성질.
확약『確約』 확실하게 약속함.

확언【確言】 확실한 말.
확인【確認】 똑똑히 알아냄.
환: 현금을 쓰지 않고 어음·수표 따위로 돈을 주고받는 방법.
환:각【幻覺】 자극을 받지 않아도 받은 것같이 느끼는 감각.
환갑【還甲】 나이 예순한 살을 가리키는 말. 비 회갑. 주갑.
환경【環境】 자기를 둘러싸고 있는 모든 것. 자기가 살아가는 주위의 사정. 예 ~ 미화. 비 주위.
환경 오:염 동식물이나 인간의 생활 환경이 악화되어 있는 상태.
환급【還給】 도로 돌려줌.
환:기【喚起】 불러일으킴.
환:기²【換氣】 탁한 공기와 새 공기를 바꾸어 넣음. -하다.
환:난【患難】 불행한 일로 말미암은 근심과 걱정.
환대【歡待】 정성껏 후하게 대접하는 것. 예 ~를 받다.
환:등기 등불을 켜서 그림자를 늘여 막에 비치게 하는 기계.   [환등기]

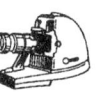

환락 기뻐하고 즐거워하는 것.
환:멸 이상이나 공상이 깨어질 때 느끼는 허무감 또는 쓰라림.
환:부 병이나 상처가 난 곳.
환:산 어떤 단위로 표시된 수량을 다른 단위로 고쳐 셈하는 일.
환:상¹【幻像】 없는 것이 있는 것 같이 보이는 상태.
환:상²【幻想】 현실적으로 있을 수 없는 여러 가지 사물을 상상하는 일. 예 ~적. 비 공상.
환:영【幻影】 눈앞에 있지 않은 사람이나 물건의 모습이 있는 것처럼 삼삼거려 보이는 형상. 비 허깨비. 환상.
환:자 병을 앓는 사람. 비 병자.
환:전 돈을 바꾸는 일.
환:절【換節】 계절이 바뀜.
환:하다 ①앞이 막힌 것이 없다. 비 밝다. ②매우 밝다. ③얼굴이 잘 생기다. ④사리가 분명하다. 반 깜깜하다.
환호성 기뻐서 부르짖는 소리.
환희【歡喜】 매우 즐겁고 기쁨.
활 댓개비·나무로 만들어, 시위에 걸어 화살을 쏘는 무기.
활개 ①새의 두 날개. ②사람의 두 팔. 예 ~를 치다.
활동력[-똥-] 활동하는 힘.
활동 사진【活動寫眞】[-똥-] 계속적으로 이어 나오는 사물의 활동 상태를 비치는 환등의 한 가지. 비 영화.
활력소 활동하는 힘의 본바탕.
활보 큰 걸음으로 힘차게 당당하게 걷는 것. 또는, 그 걸음.
활약【活躍】 ①기운차게 뛰어다님. ②눈부시게 활동함. -하다.
활엽수【闊葉樹】 잎이 넓고 편편한 나무의 종류. 떡갈나무·오동나무 등. 반 침엽수.
활용【活用】 여러 가지로 잘 응용함. 예 폐품 ~. -하다.
활자【活字】[-짜] 인쇄에 쓰는

글자 모양의 쇠붙이.

활주로[-쭈-] 비행장 안에 닦아 놓은, 비행기가 뜨고 앉을 수 있도록 만든 길. 예공항 ~.

활짝 ①생각보다 매우 크고 넓게. ②매우 넓게 벌어진 모양. 예문을 ~ 열다. 큰훨쩍.

활화산【活火山】지금도 불을 내뿜고 있는 화산. 반사화산.

황【黃】낮은 온도에서 녹고, 독특한 냄새를 내며 타는 물질. 노란색의 고체로, 잘 부서짐.

황공 무지 황공하여 몸둘 데가 없음. 예~로소이다.

황금 빛이 누렇고 아름다운 귀한 쇠붙이. 금. 비순금. 돈. 금전.

황급【遑急】어리둥절하고 급함. 예전보를 받고 ~히 달려갔다. 비황망. -하다.

황당 터무니없고 허황함. -하다.

황당 무계【荒唐無稽】말과 행동이 터무니없고 허황함. -하다.

황무지 손을 대어 거두지 아니하여 거칠어진 땅. 예~를 개척하다. 비불모지. 반옥토.

황산벌[-뻘] 지금의 충청 남도 연산 벌판. 백제 의자왕 때 계백 장군이 결사대 5천 명을 거느리고 신라의 5만 대군을 맞아 겨루었던 곳.

황:새【동물】두루미과에 속하는 새. 온 몸이 희고 부리는 흑색. 눈 가장 자리의 살갗이 빨간색임. 천연기념물 제199호.

황색【黃色】누른 빛.

황색 인종 살갗이 누른 빛이고 머리털이 검은 인종.

황소【동물】①털빛이 누르고 큰 숫소. ②미련하거나 기운이 세거나 많이 먹는 사람의 비유.

황소걸음 황소처럼 느리게 걷는 걸음. -하다.

황소바람 심한 외풍이나, 좁은 곳으로 불어드는 센 바람.

황족 황제의 가까운 친족.

황천【黃泉】저승. 예~ 길.

황태자【皇太子】황위를 이을 황자. 동궁. 준태자.

황토 누르고 거무스름한 흙.

황폐【荒廢】땅이나 집 등을 그냥 두어 거칠고 못쓰게 됨.

황해【黃海】우리 나라 서쪽에 있는 바다. 서해. 예~ 바다.

황해안 한반도 서쪽과 중국 대륙과의 사이에 있는 바다의 연안.

황혼【黃昏】①해가 지고 어둑어둑할 때. 예~이 깃들다. ②나이가 들어 늙어진 시기. 예~기에 접어든 노인들.

황홀 정신이 홀릴 만큼 찬란함. 예경치가 너무나 ~하다.

홰 새장이나 닭장 속에 새나 닭이 올라가서 앉도록 가로지른 나무 막대. 예닭이 ~에 오른다.

-회:¹【會】같은 목적을 위한 여

러 사람의 모임. 또는 그 단체.

회²【回】 몇 번임을 세는 말. 예 제10~ 동창회.

회:³【膾】 고기·물고기·푸성귀 따위를 날로 먹게 한 음식.

회갑【回甲】 나이 예순한살 을 가리키는 말. 예~연. 비 환갑.

회갑연 환갑 잔치. 61살 생일에 베푸는 잔치. 예~을 가지다.

회:개【悔改】 잘못을 뉘우치고 고침. 예잘못을 ~하다.

회:견【會見】 서로 만나 봄. 예 기자 ~. 비회합. -하다.

회:계【會計】 ①따져서 셈함. 예~사. ②금품 출납의 사무.

회고¹【回顧】 ①지난 일을 돌이켜 생각함. ②돌아다 봄. 비회상.

회고²【懷古】 옛 자취를 돌이켜 생각함. 예옛 자취를 ~하다.

회고록【回顧錄】 지난 일을 회고하여 적은 기록. 예처칠 ~.

회:관 여러 사람이 모여서 회를 할 수 있도록 만든 집.

회:담【會談】 만나서 의논함. 또는 그 일. 비회의. -하다.

회답【回答】 물음에 대한 대답.

회:동 여러 사람이 같은 목적으로 모이는 것. 예여야 대표가 ~.

회로【回路】 전류가 흘러서 도체를 돌아 다시 제자리로 되돌아오기까지의 통로. 예전기 ~.

회:보【會報】 회에 관계되는 일을 회원에게 알리는 보고 간행물. 예~를 발행하다.

회복 전과 같은 상태로 돌아옴.

회:비 회의 경비에 쓰려고 회원에게 걷는 돈.

회상【回想】 지나간 일을 돌이켜 생각함. 비회고¹. -하다.

회오리바람 바람이 갑자기 빙빙 돌면서 사납게 일어나는 바람. 돌개바람.

회:원【會員】 어떤 모임을 이루는 사람들. 예~권.

회:의【會議】 여러 사람이 모이어 의논함. 예학급 ~. -하다.

회전 어떤 축을 중심으로 하여 빙빙 돎. 또는 빙빙 돌림. -하다.

회진【回診】 의사가 환자의 병실을 돌아다니며 진찰함.

회충[동물] 회충과에 속하는 기생충의 총칭. 알이 채소나 물 따위에 섞여 몸에 들어와 기생함.

회포【悔抱】 마음 속에 품어 잊혀지지 않는 생각. 비감회.

회피 ①몸을 피하여 만나지 아니함. ②책임을 지지 아니하고 피함. 예책임을 ~하다.

회합【會合】 여러 사람의 모임.

획¹ 그림이나 글씨에서 한 번 그은 줄이나 점.

획² ①재빨리 돌아가는 모양. ②바람이 갑자기 세게 부는 모양. ③갑자기 힘차게 던지는 모양. 예공을 ~ 던지다.

획기적 어떤 과정에서 전연 새로운 시대가 열릴 만큼 뚜렷이 구분되는 것. 예성과가 ~이다.

획득 손에 얻음. -하다.

횡단 보:도 보행자가 차도를 횡

횡설수설【橫說竪說】 조리에 안 맞는 말을 마구 지껄임. -하다.

효:【孝】 부모를 잘 섬기는 일. 예~자. 맨불효.

효:녀【孝女】 부모를 잘 섬기는 딸. 예~ 심청.

효:능【效能】 효험이 나타나는 능력. 예~이 좋다. 비효력.

효:도【孝道】 부모를 잘 섬기는 도리. 비효심. 효성. -하다.

효:력 ①보람. ②효과를 나타내는 힘. 예~이 뛰어나다.

효:부【孝婦】 효성스러운 며느리. 예~ 상을 받다.

효:심【孝心】 부모에 대하여 지성으로 섬기는 마음. 비효성.

효:율 기계가 하는 일과 기계에 공급된 모든 에너지와의 비율.

효:자문 지난날, 효자를 표창하여 기리고자 세우는 붉은 문.

효:자비 지난날, 효자를 표창하여 기리고자 세우는 비.

효:행 부모를 효성으로 잘 섬기는 행실. 예~이 지극하다.

효:험【效驗】 일의 좋은 효과. 예약의 ~이 크다.

후:【後】 ①다음. ②뒤. 맨전.

후:기【後期】 ①「후반기」의 준말. ②뒤의 시기, 또는 기약.

후끈 뜨거운 기운을 받아 갑자기 달아오르는 모양. -하다.

후:대【厚待】 잘 대접함.

후:대²【後代】 앞으로 올 세대. 예~에 물려주다.

후:덕 언행이 어질고 두터움.

후련하다 답답하던 마음이 거뜬하고 시원하다.

후련히 후련하게.

후:렴【後斂】 노래 끝에 붙어서 같은 가락으로 되풀이하여 부르는 짧은 가사.

후리후리하다 키가 늘씬하게 크다. 좍호리호리하다.

후:면 뒤쪽에 있는 면.

후:방【後方】 일선보다 훨씬 뒤쪽의 안전한 곳. 맨전방.

후:배 ①경험·나이 등이 자기보다 낮거나 늦은 사람. ②학교 따위를 자기보다 뒤에 나온 사람. 예대학 ~. 맨선배.

후보【候補】 ①어떤 자리에 나아가기를 바람. 또는 그 사람. ②장래에 어떤 자리에 나아갈 자격이 있음. 또는 그 사람.

후:사【厚謝】 물품 따위를 후하게 내려주는 것. -하다.

후:세【後世】 ①뒤의 세상. 예~에 이름이 나다. ②죽은 뒤에 오는 세상. 비내세. 맨전세.

후:손【後孫】 몇 대가 지나간 뒤의 자손. 맨선조.

후:송【後送】 ①후방으로 보내는 것. ②뒤에 보내는 것.

후:원【後援】 뒤에서 도와 줌. 비응원. 원조. -하다.

후:유증[-쯩] ①병을 앓다가 다 나은 뒤에도 남아 있는 병적 증세. ②일을 치르고 난 뒤에 생기는 여러 가지 부작용.

후:의 두텁고 인정있는 마음.
후:진국【後進國】 산업·기술·학문 등 문명이 다른 나라보다 뒤떨어진 나라. 땐선진국.
후:퇴【後退】 뒤로 물러남. 비퇴각. 땐전진. -하다.
후:하다 ①인심이 좋다. 땐박하다. ②얇지 않고 두껍다.
후:환【後患】 뒷날의 걱정과 근심. 예~이 걱정이다.
후:회【後悔】 잘못을 깨닫고 뉘우침. 비참회. -하다.
훈:계 잘 타일러 경계함. -하다.
훈:련【訓練】 어떤 능력이나 기술을 배우기 위해 연습을 되풀이함. 예~을 받았다. -하다.
훈:련병 훈련을 받는 병사.
훈:련소【訓練所】 훈련을 받기 위하여 마련한 처소.
훈:민정:음【訓民正音】 조선 4대 세종 대왕이 지은 우리 나라 글자. 주시경 선생이「한글」로 바꿈. 모음(홀소리) 11자, 자음(닿소리) 17자로 되었음.
훈:방【訓放】 경범자를 훈계하여 놓아 주는 일. -하다.
훈:수【訓手】 바둑·장기 따위에서 옆에서 방법을 가르쳐 줌.
훈:시 ①가르쳐 보임. ②아랫사람에게 주의 사항을 일러 줌.
훈:장【訓長】 글방의 스승.
훈장【勳章】 나라에 공을 세운 사람에게 주는 휘장.
훈제 소금에 절인 고기 등을 그슬러 건조시킴과 동시에 그 연기의 성분을 흡수시킨 식품.

훔쳐먹다 남의 것을 몰래 먹다.
훔쳐보다[-처-] ①몰래 엿보다. ②남모르게 흘깃흘깃 보다.
훔치다 ①물기나 때를 닦다. ②남의 물건을 몰래 가지다.
훗:날 후일. 뒷날.
훗:일[훈닐] 뒷일.
훤:하다 ①앞이 탁 틔어 넓고 시원하다. ②일의 이치나 속내가 분명하다. ③얼굴이 잘 생겨 보기에 시원하다. 예인물이 ~.
훤:히 훤하게. 예앞이 ~보인다.
훼:방【毁謗】 남의 일을 잘 못하게 함. 비방해. -하다.
훼:손【毁損】 ①헐거나 깨뜨리어 못 쓰게 함. ②체면이나 명예를 손상함. -하다.
휘감다[-따] 휘둘러 감다. 예목도리를 ~.
휘날리다 ①깃발 따위가 바람에 펄펄 날리다. ②명성·이름 등을 널리 떨치다.
휘다 꼿꼿하던 것을 구부러지게 하다. 예철사줄을 ~.
휘덮다[-덥따] 온통 뒤덮다.
휘돌다 ①휘감고 흐르다. ②마구 돌다. ③공기가 휘몰아치다.
휘두르다 ①물건을 들고 둥그렇게 돌리다. ②남의 얼을 빼다. ③흥청거리다. 예권력을 ~.
휘둥그러지다 뜻밖에 놀라거나 두려운 일이 있어 눈이 둥그렇게 되다. 예놀라서 눈이 ~.
휘몰다 한 군데로 몰다. 예소를

휘몰아치다 외양간으로 ~.
휘몰아치다 비·바람 등이 휘몰아치다.
휘발성[-썽] 휘발하는 성질.
휘발유【揮發油】[-류] 원유를 정제하여 얻는 불이 잘 붙는 기름. 예~차. 비가솔린.
휘슬 호르라기.
휘어잡다 ①구부려 거머잡다. 예팔을 ~. ②사람을 손아귀에 넣고 부리다. 예부하 직원을 ~.
휘어지다 꼿꼿하던 것이 힘을 받아 구부러지다.
휘영청 달이 높이 떠서 넓게 고루 밝게 비치는 모양.
휘장【揮帳】 사방을 둘러치는 장막. 예~을 치다. 비포장.
휘젓다(휘저으니, 휘저어서) ①골고루 섞이게 마구 젓다. ②팔을 심하게 뒤흔들다. ③마구 흔들어 어지럽게 만들다.
휘청거리다 ①가늘고 긴 물건이 휘어지며 흔들리다. ②다리에 힘이 없어 똑바로 가누지 못하고 흔들거리다. 예다리가 ~.
휘파람 입술을 오므리거나 손가락을 입 속에 넣고 입김을 내불어 소리를 내는 짓.
휘호【揮毫】 붓을 휘둘러 글씨를 쓰거나 그림을 그림. -하다.
휘황 찬:란하다 광채가 빛나서 눈이 부시다. 예네온 사인이 ~.
휩쓸다 ①모조리 쓸다. ②행동을 제 마음대로 하다.
휩쓸리다 힘센 것에 한데 몰려 들어가다. 예파도에 ~.
휴가 ①얼마 동안 직장에 나가지 않고 쉬는 일. ②말미.
휴게【休憩】 일을 하거나 길을 걷다가 잠깐 쉬는 것. 휴식.
휴교【休校】 학교나 과업이나 수업을 한동안 쉼. 또는 그런 일.
휴대 손에 들거나 몸에 지니는 것.
휴식【休息】 일을 하다가 잠깐 쉼. 예~을 취하다. 비휴게. -하다.
휴양 피로나 병의 회복을 위하여 몸을 편히 쉬는 일. 비정양.
휴일【休日】 일을 쉬고 노는 날. 예~에 산에 갔다. 비공일.
휴전【休戰】 전쟁을 하다 한때 싸움을 멈추는 일. -하다.
휴지【休紙】 ①못 쓰게 된 종이. 예~통. ②밑을 닦거나 코를 푸는데 쓰이는 종이. 화장지.
휴지통 휴지 등을 넣는 그릇.
휴직【休職】 봉급 생활자가 그 신분과 자격을 유지하면서 일정한 기간 직무를 쉬는 것. -하다.
휴학 학업을 얼마 동안 쉼.
흉 ①다친 곳의 나은 자리. ②비난을 받을 만한 점. 예그의 ~을 보다. 비결점. 흠.
흉기【凶器】 사람을 다치게 하거나 죽이는데 쓰이는 기구.
흉내 남이 하는 말이나 행동을 그대로 따라서 하는 짓. 예가수의 ~를 내다. 비모방.
흉년 농작물이 잘 되지 못한 해. 예올해는 ~이다. 반풍년.

흉복【胸腹】 가슴과 배.
흉부【胸部】 가슴 부분.
흉상 가슴 윗부분의 사람 형상을 나타낸 조각상이나 초상화.
흉악【凶惡】 성질이 거칠고 사나움. ㉠~한 인상. ㈜범. -하다.
흉악범 흉악한 범죄를 저지르는 사람. ㉠~을 잡다.
흉터 상처가 아문 자리.
흐느끼다 설움이 복받쳐 올라서 흑흑 느끼어 울다.
흐드러지다 ①썩 탐스럽다. ②잘 익어서 무르녹다. ③물에 불어서 썩 무르다.
흐려지다 흐리게 되다.
흐르다(흐르다, 흘러서) ①물이 내려 가다. ②세월이 가다. ③액체가 넘치어 떨어지다. ④어느 방향으로 쏠리다.
흐리다 ①기억력·판단력 같은 것이 분명하지 않다. ②더러운 것이 섞이어 맑지 못하다.
흐림 하늘의 70% 이상을 구름이 덮고 있을 경우의 날씨를 나타내는 말. ㈜갬.
흐릿하다 조금 흐리다.
흐물흐물 ①푹 익어서 매우 무른 모양. ②엉길 힘이 없어 아주 흐무러진 모양.
흐뭇하다 마음에 가득차서 모자람이 없다. ㈜흡족하다.
흐지부지 결과를 맺지 못하고 흐리멍텅하게 넘겨 버리는 모양.
흑【黑】「흑색」의 준말. ㈜백.
흑백 사진 실물의 형상이 검은색 하나의 짙고 엷음으로 나타난 사진. ㈜천연색 사진.
흔들거리다 이리저리 움직이다.
흔들다(흔드니) 위아래나 좌우로 움직이게 하다.
흔적【痕迹】 남은 자취.
흔하다 ①사물이 아주 많이 있다. ②얻기 쉽다. ㈜드물다.
흔해빠지다 아주 흔하다.
흔히 귀하지 않고 자주 많이. ㉠~ 볼 수 있다. ㈜자주.
흙 ①지구 외각을 이루는 토석의 총칭. ②바위가 부서져서 가루가 된 것. ㈜토양.
흙투성이 온 몸에 진흙이 묻은 모습. ㉠흙탕물에 ~가 되다.
흠:【欠】 ①흉. ㉠명성에 ~이 가다. ②완전하지 못한 것. ③물건이 썩거나 좀먹어서 성하지 않은 부분. ④결점.
흠:가다 흠이 생기다. ㈜흠지다.
흠모 공경하며 사모하는 것.
흠칫 놀라거나 겁이 나서 어깨나 목을 반사적으로 움츠리는 모양.
흡사【恰似】 거의 같음. 비슷함.
흡수【吸收】 ①빨아들임. ㉠물을 잘 ~한다. ②모아들임.
흡족 모자람이 없어 아주 넉넉함. ㉠~하게 여기다. -하다.
흡혈귀【吸血鬼】 사람의 피를 빨아먹는다는 전설상의 귀신.
흥¹ ①업신여기거나 아니꼬울 때 코로 비웃는 소리. ②신이 나서 감탄하는 소리.
흥:²【興】 좋아서 즐거움이나 재미를 느끼는 마음.

흥건하다 ①물 같은 것이 잠기거나 많이 괴어 있다. 예물이 ~. ②음식에 국물이 많다.

흥:겨워하다 크게 흥이 나서 마음이 들뜨고 재미가 있다.

흥망 성:쇠【興亡盛衰】 흥하고 망함과 성하고 쇠함. 예나라의 ~.

흥:미【興味】 흥을 느끼는 재미. 예~진진. 비재미.

흥:미롭다(흥미로우니, 흥미로워) 마음이 이끌리는데가 있다.

흥:미 진진 흥취가 넘칠 만큼 많음. 예~한 동화책. -하다.

흥부【興夫】 고대 소설인 흥부전의 주인공. 반놀부.

흥부전【興夫傳】 조선 시대에 나온 소설. 확실한 연대와 지은이는 모름. 욕심이 많은 형 놀부와 착한 아우 흥부의 이야기.

흥분【興奮】 ①감정이 복받쳐 일어남. ②자극을 받아 신경이 날카로워짐. -하다.

흥선 대:원군【인명】(1820~1898) 조선 말기의 정치가. 고종의 아버지. 이름은 이하응. 정치를 바로잡기 위하여 과감한 개혁 정치를 펴는 한편, 쇄국정책을 단행했음. 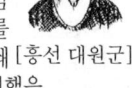[흥선 대원군]

흥얼거리다 ①흥이 겨워서 입속으로 노래를 부르다. ②입속으로 지껄이다.

흥정 물건을 팔 때 품질이나 값 등을 정하는 것. -하다.

흥행【興行】 연극·영화·서커스 등을 하여 값을 받고 여러 사람에게 구경시키는 일. -하다.

희곡 상연을 목적으로 씌어진 문학의 한 형식. 등장 인물의 대화를 통하여 사건이 전개되고 성격이 나타남. 비극본.

희귀【稀貴】 드물어서 매우 귀함. 예~ 동물. -하다.

희:극【喜劇】 웃음과 즐거움을 주는 연극. 예~ 배우. 반비극.

희다 순수한 눈빛과 같다.

희디희다 매우 희다.

희:로【喜怒】 기쁨과 노여움.

희:로 애락【喜怒哀樂】 기쁨과 노여움과 슬픔과 즐거움.

희:롱 말이나 행동으로 실없이 놀리는 짓. 비조롱. -하다.

희망【希望】 앞으로 이루고자 하는 일에 대한 바람. 예~을 가진다. 비소원. 반절망. 실망.

희박【稀薄】 ①액체나 기체가 짙지 못하고 묽거나 엷음. ②감정이나 정신 상태 같은 것이 엷고 약함. ③일의 가망이 적다.

희:비【喜悲】 기쁨과 슬픔.

희:사【喜捨】 남을 위하여 기쁜 마음으로 재물을 기꺼이 내어놓음. 예교실 신축 비용을 ~하다.

희:색【喜色】 기뻐하는 얼굴 빛.

희:색 만:연 얼굴에 기쁜 빛이 가득함. 예~한 얼굴.

희생【犧牲】 ①하늘에 제사 지낼 때 바치는 산 짐승. 예~물.

흉복【胸腹】 가슴과 배.
흉부【胸部】 가슴 부분.
흉상 가슴 윗부분의 사람 형상을 나타낸 조각상이나 초상화.
흉악【凶惡】 성질이 거칠고 사나움. 예~한 인상. 비범. -하다.
흉악범 흉악한 범죄를 저지르는 사람. 예~을 잡다.
흉터 상처가 아문 자리.
흐느끼다 설움이 복받쳐 올라서 흑흑 느끼어 울다.
흐드러지다 ①썩 탐스럽다. ②잘 익어서 무르녹다. ③물에 불어서 썩 무르다.
흐려지다 흐리게 되다.
흐르다(흐르다, 흘러서) ①물이 내려 가다. ②세월이 가다. ③액체가 넘치어 떨어지다. ④어느 방향으로 쏠리다.
흐리다 ①기억력·판단력 같은 것이 분명하지 않다. ②더러운 것이 섞이어 맑지 못하다.
흐림 하늘의 70% 이상을 구름이 덮고 있을 경우의 날씨를 나타내는 말. 반갬.
흐릿하다 조금 흐리다.
흐물흐물 ①푹 익어서 매우 무른 모양. ②엉길 힘이 없어 아주 흐무러진 모양.
흐뭇하다 마음에 가득차서 모자람이 없다. 비흡족하다.
흐지부지 결과를 맺지 못하고 흐리멍텅하게 넘겨 버리는 모양.
흑【黑】 「흑색」의 준말. 반백.
흑백 사진 실물의 형상이 검은 색 하나의 짙고 옅음으로 나타난 사진. 반천연색 사진.
흔들거리다 이리저리 움직이다.
흔들다(흔드니) 위아래나 좌우로 움직이게 하다.
흔적【痕迹】 남은 자취.
흔하다 ①사물이 아주 많이 있다. ②얻기 쉽다. 반드물다.
흔해빠지다 아주 흔하다.
흔히 귀하지 않고 자주 많이. 예~ 볼 수 있다. 비자주.
흙 ①지구 외각을 이루는 토석의 총칭. ②바위가 부서져서 가루가 된 것. 비토양.
흙투성이 온 몸에 진흙이 묻은 모습. 예흙탕물에 ~가 되다.
흠:【欠】 ①흉. 예명성에 ~이 가다. ②완전하지 못한 것. ③물건이 썩거나 좀먹어서 성하지 않은 부분. ④결점.
흠:가다 흠이 생기다. 비흠지다.
흠모 공경하며 사모하는 것.
흠칫 놀라거나 겁이 나서 어깨나 목을 반사적으로 움츠리는 모양.
흡사【恰似】 거의 같음. 비슷함.
흡수【吸收】 ①빨아들임. 예물을 잘 ~한다. ②모아들임.
흡족 모자람이 없어 아주 넉넉함. 예~하게 여기다. -하다.
흡혈귀【吸血鬼】 사람의 피를 빨아먹는다는 전설상의 귀신.
흥¹ ①업신여기거나 아니꼬울 때 코로 비웃는 소리. ②신이 나서 감탄하는 소리.
흥:²【興】 좋아서 즐거움이나 재미를 느끼는 마음.

흥건하다 ①물 같은 것이 잠기거나 많이 괴어 있다. ⑩물이 ~. ②음식에 국물이 많다.

흥:겨워하다 크게 흥이 나서 마음이 들뜨고 재미가 있다.

흥망 성:쇠【興亡盛衰】 흥하고 망함과 성하고 쇠함. ⑩나라의 ~.

흥:미【興味】 흥을 느끼는 재미. ⑩~진진. ⑪재미.

흥:미롭다 (흥미로우니, 흥미로워) 마음이 이끌리는데가 있다.

흥:미 진진 흥취가 넘칠 만큼 많음. ⑩~한 동화책. -하다.

흥부【興夫】 고대 소설인 흥부전의 주인공. ⑪놀부.

흥부전【興夫傳】 조선 시대에 나온 소설. 확실한 연대와 지은이는 모름. 욕심이 많은 형 놀부와 착한 아우 흥부의 이야기.

흥분【興奮】 ①감정이 복받쳐 일어남. ②자극을 받아 신경이 날카로워짐. -하다.

흥선 대:원군[인명](1820~1898) 조선 말기의 정치가. 고종의 아버지. 이름은 이하응. 정치를 바로잡기 위하여 과감한 개혁 정치를 펴는 한편, 쇄국정책을 단행했음.

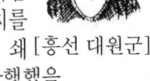
[흥선 대원군]

흥얼거리다 ①흥이 겨워서 입속으로 노래를 부르다. ②입속으로 지껄이다.

흥정 물건을 팔 때 품질이나 값 등을 정하는 것. -하다.

흥행【興行】 연극·영화·서커스 등을 하여 값을 받고 여러 사람에게 구경시키는 일. -하다.

희:곡 상연을 목적으로 씌어진 문학의 한 형식. 등장 인물의 대화를 통하여 사건이 전개되고 성격이 나타남. ⑪극본.

희귀【稀貴】 드물어서 매우 귀함. ⑩~ 동물. -하다.

희:극【喜劇】 웃음과 즐거움을 주는 연극. ⑩~ 배우. ⑪비극.

희다 순수한 눈빛과 같다.

희디희다 매우 희다.

희:로【喜怒】 기쁨과 노여움.

희:로 애락【喜怒哀樂】 기쁨과 노여움과 슬픔과 즐거움.

희:롱 말이나 행동으로 실없이 놀리는 짓. ⑪조롱. -하다.

희망【希望】 앞으로 이루고자 하는 일에 대한 바람. ⑩~을 가진다. ⑪소원. ⑫절망. 실망.

희박【稀薄】 ①액체나 기체가 짙지 못하고 묽거나 엷음. ②감정이나 정신 상태 같은 것이 엷고 약함. ③일의 가망이 적다.

희:비【喜悲】 기쁨과 슬픔.

희:사【喜捨】 남을 위하여 기쁜 마음으로 재물을 기꺼이 내어 놓음. ⑩교실 신축 비용을 ~하다.

희:색【喜色】 기뻐하는 얼굴 빛.

희:색 만:연 얼굴에 기쁜 빛이 가득함. ⑩~한 얼굴.

희생【犧牲】 ①하늘에 제사 지낼 때 바치는 산 짐승. ⑩~물.

②어떤 사물을 위하여 자기 몸을 돌보지 않음. 예)자식을 위해 ~하다. 비)헌신.
희생 정신 남이나 어떤 사물을 위해 자기의 목숨이나 재물을 바치겠다는 마음씨.
희소 가치 드물기 때문에 인정되는 가치. 예)~로 비싸다.
희:소식 기쁜 소식. 좋은 기별.
히스테리 정신적 원인으로 일시적으로 일어나는 병적인 흥분 상태의 통칭.
히:터 난방 장치.
히트 ①야구에서의 안타. ②명중. 예)~치다.
히트 송 인기를 끈 노래. 작품으로 성공한 가요.
히프 엉덩이.
힌두교 인도에서 많이 믿고 있는 인도 고유의 종교. 인도교.

힌트 넌지시 깨우쳐 줌. 예)~를 주다. 비)암시.
힘 ①사람이나 동물이 몸에 갖추고 있으면서 스스로 움직이고 또는 다른 것을 움직일 수 있는 근육의 작용. ②도움이 되는 것. ③능력. 세력.
힘들다(힘드니) ①힘이 소비되다. ②하기에 어렵다.
힘부치다 힘이 모자라다.
힘쓰다 ①힘을 다하다. ②고난을 참아가며 부지런히 해 나가다. ③남을 도와 주다.
힘입다 남의 도움을 받다.
힘주다 ①힘을 한 곳에 기울이다. ②어떠한 말이나 일을 강조하다. 예)~어 말하다.
힘줄[-쭐] ①근육의 밑바탕이 되는 최고 질긴 살의 줄. ②혈관·혈맥 등의 총칭.

초등학생용
새 국 어 사 전

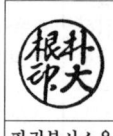

판권본사소유

1월　10일　인쇄
1월　15일　발행

편　　저 : 유아교실 편집부
발행자 : 박　대　근

발행처 : 유　아　교　실
안양시 동안구 관양동 1440
전　　화 : **02-856-4983**
등　　록 : 1992년 4월 10일
등록번호 : 제 1072-67 호
인　　쇄 : (주) 신 일 인 쇄
제　　본 : (주) 이 우 제 책

정가 10,000원